Basics Systematischer Theologie

Martin Dürnberger

Basics Systematischer Theologie

Eine Anleitung zum Nachdenken über den Glauben

Verlag Friedrich Pustet
Regensburg

Gedruckt mit freundlicher Unterstützung durch Erzbischof Franz Lackner (Erzdiözese Salzburg), Bischof Manfred Scheuer (Diözese Linz), Erzabt Korbinian Birnbacher (Erzabtei Stift St. Peter, Salzburg) sowie die Stiftungs- und Förderungsgesellschaft der Paris-Lodron-Universität Salzburg.

Bibliografische Information der Deutschen Nationalbibliothek

Die Deutsche Nationalbibliothek verzeichnet diese Publikation in der Deutschen Nationalbibliografie; detaillierte bibliografische Daten sind im Internet über http://dnb.dnb.de abrufbar.

ISBN (Print) 978-3-7917-3051-6
© 2020 by Verlag Friedrich Pustet, Regensburg
Umschlaggestaltung: Martin Veicht, Regensburg
Coverabbildung: Missional Wear
Druck und Bindung: Friedrich Pustet, Regensburg
Printed in Germany 2020

eISBN 978-3-7917-7235-6 (PDF)

Weitere Publikationen aus unserem Programm finden Sie auf www.verlag-pustet.de
Informationen und Bestellungen unter verlag@pustet.de

Inhaltsverzeichnis

Vorwort 17

1 Theologisch denken? 21
1.1 "Theology is simply that part of religion that requires brains" 21
1.2 Zwei klassische Referenzsysteme: Vernunft und Glaube 23
    1.2.1 Vernunftgemäß: Die Rationalitätsorientierung der Theologie 23
    1.2.2 Evangeliumsgemäß: Die Glaubensbasis der Theologie 25
1.3 Systematische Theologie in externen und internen Wissenschaftsbezügen 26
    1.3.1 Systematische Theologie, Religionsphilosophie und Religionswissenschaft 26
    1.3.2 Father Brown und die Aufgaben systematischer Theologie 29
1.4 Ein Reiseplan. Oder: Zum Aufbau dieses Buchs 31

2 Religiös glauben? 33
2.1 Was heißt es, zu glauben? Ein Gleichnis 33
2.2 Wie funktioniert Vertrauen? Zur Tiefendimension der *fides qua* 34
    2.2.1 Zur inneren Struktur des Glaubens 34
    2.2.2 Zur epistemischen Logik des Glaubens 37
    2.2.3 Zur praktischen Verfasstheit des Glaubens 43
2.3 Was ist im Glauben Sache? Zum Reichtum der *fides quae* 45
2.4 Nochmals: Das Gleichnis… 47
2.5 … und eine Überhangfrage 48

3 Vernünftig sein? 49
3.1 Geschichtliche Rekonstruktion: Drei Paradigmen 49
    3.1.1 Antike und christliche Perspektiven: Das Ideal der Spekulation 50
    3.1.2 Neuzeitlich-moderne Einsichten: Vernunft als Kritikverfahren 53

      3.1.3   Modern-spätmoderne Vernunftkritik: Rationalitäten im Plural 55
3.2   Systematische Rekonstruktion: Rationalität [1, 2, 3, 4] 60
3.3   Intersubjektive Koordination von Perspektiven – und die Entdeckung der Objektivität 63

Erste Zwischenreflexion 67

4   Gott definieren? 69
4.1   Regelkunde am Spielfeldrand 69
4.2   Aufwärmen mit lockeren Pässen 70
      4.2.1   Drei Wege von Gott zu reden 70
      4.2.2   Wellensittiche, Teenager, Gott: Über Analogien 71
      4.2.3   Negative Theologie: *Nicht so, sondern anders* 73
4.3   Drei klassische Spielsysteme 74
      4.3.1   Nikolaus Cusanus: Gott als *non-aliud* 74
      4.3.2   Thomas von Aquin: Gott als *ipsum esse per se subsistens* 77
      4.3.3   Anselm von Canterbury: Gott als *id quo maius cogitari non potest* 83

5   Gott beweisen? 87
5.1   Das Projekt der Gottesbeweise 87
5.2   Anselm von Canterbury und das *unum argumentum* 89
      5.2.1   Einordnungen 89
      5.2.2   Anselm und sein famoses *unum argumentum* 90
      5.2.3   Kritische Anfragen 93
5.3   Thomas von Aquin und die *quinque viae* 96
      5.3.1   Einordnungen 96
      5.3.2   Thomas und der Domino-Day: *Die kosmologische Argumentation* 96
      5.3.3   Thomas und die faszinierende Welt der Pilze: *Die teleologische Argumentation* 99
      5.3.4   Kritische Anfragen 101

5.4	Immanuel Kant und das moralisch notwendige Postulat der Existenz Gottes	104
	5.4.1 Einordnungen	104
	5.4.2 Kant und das *Sméagol-Gollum*-Problem der Vernunft	105
	5.4.3 Kritische Anfragen	110
5.5	Zum *status quaestionis*	110

6 Gott beschreiben? ... 113

6.1	Gottes Einzigkeit und Einheit	113
	6.1.1 Biblische Einsichten: Über Polytheismus, Monolatrie, Polyjahwismus und Monotheismus	113
	6.1.2 Spätantike Entdeckungen: Plotin denkt nur an das Eine	115
	6.1.3 Postmodernes Unbehagen: Monotheismus als Machtform?	117
6.2	Gottes Allmacht	118
	6.2.1 Eine Annäherung, zwei Paradigmen, drei Probleme	118
	6.2.2 Aktuale und potentielle Allmacht	120
	6.2.3 Ein anderes Verständnis von Allmacht	124
6.3	Gottes Ewigkeit, Allwissenheit und Unveränderlichkeit	125
	6.3.1 Allzeitlichkeit oder Zeitlosigkeit? Über Ewigkeit	125
	6.3.2 Leguane, Pizzas, Schachspieler: Über Allwissenheit	127
	6.3.3 Die Dynamik unverbrüchlicher Treue: Über Unveränderlichkeit	131
6.4	Gott als Schöpfer	133
	6.4.1 Gott als Mafia-Pate? Nicht Erschöpfung, sondern Schöpfung	133
	6.4.2 Kierkegaard über Schöpfung und Allmacht	135
	6.4.3 Ein Ausflug auf die Metaebene: Die „Je mehr Gott, desto mehr Mensch"-Regel	136

Zweite Zwischenreflexion ... 139

7 Gott anthropologisch freilegen? ... 143
7.1 Transzendentalphilosophie: Immanuel Kants Ansatz ... 143
7.1.1 Kants Diskursort: Ein Problem in einer Schlüsselfrage ... 143
7.1.2 Kants Option: Ein apriorisches Mehr in unserer Erkenntnis (feat. Gonzo, der Hamster) ... 144
7.1.3 Kants Tableau: Wie Erkennen funktioniert ... 147
7.2 Theologische Folgefragen ... 148
7.2.1 Gottes Existenz: Kann man Gottes Dasein beweisen? ... 148
7.2.2 Gottes Offenbarung: Kann man Gottes Wort vernehmen und darf man es annehmen? ... 150
7.3 Transzendentaltheologie: Karl Rahners anthropologische Wende ... 151
7.3.1 Prolog: Ein Exkurs zu Thomas von Aquin ... 151
7.3.2 Hauptakt: Karl Rahners anthropologische Wende (feat. Gonzo, der Hamster) ... 154
7.3.3 Nachspiel: Lehramtliche Perspektiven ... 158

8 Gott genealogisch entlarven? ... 161
8.1 Vier übliche Verdächtige ... 161
8.2 Feuerbachs Projektionsverdacht: Im Kino unserer Sehnsüchte ... 162
8.3 Marx' soziale Profilierung: Kranke Gesellschaften ... 165
8.4 Freuds psychologische Rückführung: Familiäre Kompensation ... 166
8.5 Nietzsches Kritik der Hinterwelt: Friedrich verabscheut Coldplay ... 168
8.6 Nachidealistische Theologie bei J. B. Metz ... 173
8.6.1 Metz als Schüler Rahners: Kampf um das Subjekt-sein-Können aller Menschen ... 174
8.6.2 Die bleibende Relevanz religionskritischer Anfragen bei Metz ... 177
8.6.3 Zusatz: Ein infralapsarisches Caveat ... 178

9	**Gott sprachlich dekonstruieren?**	181
9.1	Sprache – das erste und letzte Organon der Vernunft	181
	9.1.1 Philosophiegeschichtliche Einordnung	181
	9.1.2 Sinnlosigkeitsverdacht: Sind religiöse Aussagen bloß Blabla?	182
9.2	Akzeptanz der STT: Punkrock und eschatologische Verifikation	184
	9.2.1 Punkrock, Metaphysik, Religion: non-kognitivistische Gefühlsausbrüche	184
	9.2.2 Mögliche Wahrheit nach dem Tod: kognitivistische Gegenperspektiven	185
9.3	Kritik der STT: Theken-Smalltalk und Leberprobleme	186
	9.3.1 Sprachspiele an der Bar: Whiskey! Wasser! Bier!	186
	9.3.2 Theorien und Erfahrungen: Von fehlenden Lebern	189
9.4	Philosophisch-theologische Anschlussperspektiven	190
	9.4.1 Die Wirklichkeit, der Geist und die Kultur	191
	9.4.2 *Cultural turns*, kontextuelle und interkulturelle Theologien	194

Dritte Zwischenreflexion 199

10	**Gott rechtfertigen?**	201
10.1	Vorklärungen in systematischer Absicht	201
10.2	Diskurse auf dem Forum der theoretischen Vernunft	203
	10.2.1 Was meint Güte, was bedeutet Allmacht?	203
	10.2.2 Wie soll das *malum* verstanden werden? (feat. Irenäus von Lyon, Augustinus und Origenes)	208
	10.2.3 Liebe, Freiheit, Natur: Das Welt-Gott-Verhältnis in der *free will defense* und der *natural law defense*	219
10.3	Der Protest der praktischen Vernunft	235
	10.3.1 Gott – ein Fahrerflüchtiger, der später Schmerzensgeld zahlt?	235
	10.3.2 Gott, Sinn, Moral – kann und darf man zu seinem Leben Ja sagen?	237

	10.3.3 Gott als *Schrei des Protests* gegen das Leid und das Absurde?	239
10.4	*reductio in mysterium:* Gott in seiner Unbegreiflichkeit annehmen	242

Vierte Zwischenreflexion 245

11 Jesus lebt? 251
11.1 Über den Glauben: Autofahrten, Beifahrer, Sicherheitssysteme 251
11.2 Jesu Leben, Botschaft, Tod: Orientierungen..253
    11.2.1 Jesus und Johannes der Täufer: Begegnung und Loslösung..............253
    11.2.2 Jesus und seine Frohe Botschaft: Das Reich Gottes..........................255
    12.2.3 Jesus und seine Hinrichtung am Kreuz: Ein tödlicher Konflikt.........256
11.3 Auferstehung: Jesus ist von Gott auferweckt worden!..................................257
    11.3.1 Semantisch-existentielle Klärungen: Was meint Auferstehung?..........257
    11.3.2 Metaphysische Herausforderungen: Ist Auferstehung
          ontologisch möglich? 259
    11.3.3 Epistemologische Diskurse: Wie kann man erkennen,
          dass Jesus auferstanden ist?..260
11.4 Das Kreuz, ein Skandal...264
    11.4.1 Der Kreuzestod als Heilsereignis? Deutungen eines Skandals............264
    11.4.2 Das Kreuz als Quantum der Liebe Gottes: Über Poolpartys
          und Knochenmarkspenden...266
    11.4.3 Ein Wechsel in die Metaebene: Maßnehmen an Jesus Christus.........267

12 Christus erlöst?...269
12.1 Erlösung: Zwischen Seelenreifung und Firmenübernahme 269
12.2 *Cur deus homo?* Anselms satisfaktionstheoretische Soteriologie 271
    12.2.1 Problemhorizont und Anspruch...271
    12.2.2 Diagnose: Verlorene Schönheit und Ordnung.................................272
    12.2.3 Therapievorschläge für vergiftete Verhältnisse 273
    12.2.4 Partizipation und Hingabe: Menschwerdung und Kreuzestod...........275

12.2.5 Kritische Würdigung 276
12.3 Eine jüngere Alternative: Thomas Pröppers freiheitstheoretische
Soteriologie 279
    12.3.1 Problemhorizont und Anspruch 279
    12.3.2 Die äußerst subtile Traurigkeit nach dem Kauf von Sneakers 280
    12.3.3 ... und das Problem mit Plastikringen aus Kaugummiautomaten 281
    12.3.4 Gottesbegriff und Erlösungsmotiv 283
    12.3.5 Kritische Würdigung 285
12.4 Von der Heilserfahrung zur Frage nach dem Geheimnis Jesu 287

13 Hypostatisch vereint? 289
13.1 Frühe Entwicklungen in der Christologie 289
13.2 Das Konzil von Nicäa (325) 292
    13.2.1 Arius als neuralgische Figur 292
    13.2.2 Das Nizänum 294
13.3 Das Erste Konzil von Konstantinopel (381) 295
    13.3.1 Interpretationskonflikte nach Nicäa 295
    13.3.2 Das Erste Konzil von Konstantinopel 298
13.4 Das Konzil von Ephesos (431) 298
    13.4.1 Ein konfliktiver Kristallisationspunkt: Marias Mutterschaft –
    und eine umstrittene WG 298
    13.4.2 Das Konzil von Ephesos und die spätere Unionsformel 300
13.5 Das Konzil von Chalcedon (451) 300
    13.5.1 Labiler Frieden und verschärfter Miaphysitismus 300
    13.5.2 Notwendige Klärungen: Chalcedon 301
    13.5.3 Die schwierige Rezeption: Neuchalcedonismus 303
    13.5.4 Das geheime Schlüsselchen des Chalcedonense 304
13.6 Und heute? Rahner'sche Skizzen zwischen Musik, Tanz
und Komposition 305

14 Trinitarisch eins? ...311
14.1 Biblische Grundierung und frühe Konturierung ...311
    14.1.1 Biblische Grundorientierungen und systematische Regieanweisungen ...311
    14.1.2 Theologische Konflikte und konziliante Bestimmungen ...312
    14.1.3 Scones und Rosen zum Tee: Das revolutionäre Moment der Trinitätstheologie ...315
14.2 Intra- und interpersonale Modellierungen des trinitarischen Monotheismus ...318
    14.2.1 Zwischen Innenraum der Subjektivität und Zwischenraum von Subjekten ...318
    14.2.2 Augustinus und die irreduzible Facettierung menschlicher Subjektivität ...318
    14.2.3 Richard von St. Viktor und das *Don-Juan-Problem* der Liebe ...319
14.3 Im Modus methodischer Naivität: Worum geht es eigentlich? ...322
    14.3.1 Die Entfaltungslogik der Trinitätslehre ...322
    14.3.2 ...in Rahners Axiom: Die ökonomische Trinität ist die immanente Trinität und umgekehrt ...323
    14.3.3 Trinitarischer Monotheismus: Gott als Liebe denken ...324

Fünfte Zwischenreflexion ...325

15 Heil verkörpern? ...327
15.1 Jesus Christus, der Heilige Geist, die Kirche – und die Sünde ...327
    15.1.1 Was jetzt? ...327
    15.1.2 Die bleibende Wirklichkeit der Zuwendung Gottes ...328
    15.1.3 ...in der Gemeinschaft der Kirche ...329
    15.1.4 ...inmitten ihrer verstörenden Hinfälligkeit ...331
    15.1.5 Ein reiches Bündel von Folgefragen ...336

15.2 Bilder, Eigenschaften und Vollzüge der Kirche 337
    15.2.1 Bilder der Kirche 337
    15.2.2 Wesenseigenschaften der Kirche 340
    15.2.3 Grundvollzüge der Kirche – und die Frage nach der päpstlichen Infallibilität 341
15.3 Kirche als Apriori: Von riskanten Bergtouren und bisweilen nostalgischen Müttern 345

16 Heil performen? 347

16.1 Antike Orientierungen: Über heilige Zeichen und ihre Feier 347
    16.1.1 Das Mysterium der Teilhabe an Gottes Heilsprojekt 347
    16.1.2 Blumen, Küsse, Schokolade: Augustinus und der semiotische Charakter der Sakramente 348
16.2 Scholastische Verschiebungen: Über göttliche Arzneien und ihre Verabreichung 351
    16.2.1 Übernatürliche Medizin: Sakramente als Ursachen der Heil(ig)ung 351
    16.2.2 Vertiefte Reflexionen auf Wirksamkeit, Gültigkeit, Erlaubtheit und Notwendigkeit 353
    16.2.3 Erweiterte Bestimmungen des semiotischen Charakters 354
16.3 Moderne Neuaufbrüche: Über Zigarettenstummel und Gnadenanämie 355
    16.3.1 Eine kopernikanische Wende in drei exemplarischen Neuorientierungen 355
    16.3.2 Extraterrestrischer Exkurs: Brot, Wein und Außerirdische 358
    16.3.3 Was das Evangelium mit Neujahrskonzerten zu tun hat: Die performative Dimension des Glaubens 360

17 Heillos zerstritten? ... 363

17.1 Ökumenische Dynamiken in Zeiten globalen Christentums ... 363

    17.1.1 Ökumenische Dynamiken in Zeiten globalen Christentums 363

    17.1.2 ... die Perspektiven der katholischen Kirche 366

    17.1.3 ... und eine offene Zukunft: Von Wunderkammern und Wimmelbildern ... 369

17.2 Zwei Expeditionen: Rechtfertigung und Amt ... 370

    17.2.1 Das Problem der Rechtfertigung im feinen Ineinander von Freiheit und Gnade ... 370

    17.2.2 Die fragmentierte und vielschichtige Frage nach dem Amt ... 376

17.3 Epistemologische und hermeneutische Grundlagenfragen ... 379

    17.3.1 Ignatius und Karl und Ludwig und Donald: Vier Köpfe für ein wenig Wohlwollen ... 379

    17.3.2 Sie stehen da und können nicht anders: Das Problem stabiler Dissense ... 381

    17.3.3 Keine Frage der Höflichkeit: Aussagen des Nächsten retten ... 382

18 Heil monopolisieren? ... 383

18.1 Religionstheologische Jobbeschreibung ... 383

18.2 Exklusivismus: Ötzi zwischen Feuer und Eis ... 384

18.3 Inklusivismus: Albus Dumbledore und der Tod ... 388

    18.3.1 Der Meteoriteneinschlag der Offenbarung Gottes ... 388

    18.3.2 "After all, death is but the next great adventure" – Karl Rahners anonymes Christentum ... 389

    18.3.3 Das Zweite Vatikanum: Eine heilsoptimistischere Neuorientierung ... 392

    18.3.4 Am spirituellen Existenzminimum? Rückfragen an inklusivistische Perspektiven ... 393

18.4 Pluralismus: Ein Elefant im Raum der Religionen ... 396

    18.4.1 Die elefantöse Intuition des Pluralismus ... 396

18.4.2 John Hicks religionstheologischer Pluralismus 397
18.4.3 Welche Gewinne bei welchen Verlusten? Kritische Würdigung 399
18.5 *A new kid in town?* Das Projekt der komparativen Theologie 401

Sechste Zwischenreflexion 405

19 Leben erhoffen? 407
19.1 Ein schulbuchübliches Modell der Eschatologie 407
19.2 Zur Hermeneutik eschatologischer Aussagen 409
    19.2.1 Rahners Razor und das christologische Sparsamkeitsprinzip 409
    19.2.2 Die irreduzibel politische Dimension der christlichen Hoffnung 411
19.3 Umbrüche: Klassische Problemorte des 20. Jh. 412
    19.3.1 Ganztodhypothese: Unsterblichkeit der Seele *oder*
           Auferstehung der Toten? 413
    19.3.2 Auferstehung-im-Tod-Hypothese: Caesar, Napoleon, JFK –
           und wir 414
    19.3.3 Endentscheidungshypothese: Kann man erst *im Tod* Ja oder
           Nein zu Gott sagen? 419
19.4 Was bedeutet es, mit unbedingter Liebe konfrontiert zu sein? 420
    19.4.1 Gericht: Von der Gefährlichkeit des Nachhausekommens 420
    19.4.2 Purgatorium: Das transformative Moment der Liebe Gottes 422
    19.4.3 Hölle: Reale Möglichkeit absoluter Selbstbezogenheit, Hoffnung
           auf den späten Nachmittag 425
    19.4.4 Himmel: Wirkliches Nachhausekommen, *further up and further in* 429
19.5 Ein letzter Wechsel auf die Meta-Ebene: *Deus semper maior* 430

20 Theorietheorien entwickeln? 433
20.1 Caritasmensch oder Immobilienhai? Zur Rationalität von
     Lebensentscheidungen 433

20.2 Erste Achse: Das Sein, das Subjekt und die intersubjektiven Apriori s 436
    20.2.1 Orientierung am Sein 436
    20.2.2 Orientierung am Subjekt 437
    20.2.3 Orientierung an intersubjektiven Apriori s 437
20.3 Zweite Achse: Vernunftbegriff und Begründungsanspruch 438
    20.3.1 Lebensweltlich determinierte Vernunft: Im Gehäuse
           lebensweltlicher Plausibilitäten 438
    20.3.2 Das Ideal der Letztbegründung: Die Freilegung
           unhintergehbarer Bezugspunkte 440
    20.3.3 Schwankende Schale Vernunft: Die Arbeit mit falliblen
           Sicherheiten 442

Siebte Zwischenreflexion: Wir Hobbits 445

Lektüre- und Arbeitsorientierung 447
Vorbemerkungen 447
Fragen- und Arbeitssets 447

Literaturverzeichnis 461
Vorbemerkungen 461
Quellen mit lehramtlichem Charakter 461
Quellen der Theologie- und Philosophiegeschichte 464
Allgemeine Literatur 473
Bildquellen 495

Namenregister 497

Sachregister 503

Vorwort

Das vorliegende Buch wurde in einem Jahr geschrieben, ist aber zehn Jahre lang entstanden: Es ist das Ergebnis von Lehrveranstaltungen an der Universität zu Köln und der Universität Salzburg, deren Ziel es primär war, *fundamentale Theologie* zu vermitteln – *Basics Systematischer Theologie*, was Inhalte und Kompetenzen betrifft. Das Buch versteht sich dabei als eine Art *Anleitung*: nicht in dem Sinn, dass wie in einem Kochbuch Zutaten, Schritte und Zeiten notiert sind, sondern in dem Sinn, den ich selbst als am inspirierendsten erfahren habe. Als Student fand ich es – *facile dictu* – meist am hilfreichsten, wenn ich nachvollziehen konnte, wie eine Dozentin, ein Dozent grundlegende Probleme und Zusammenhänge mit anschaulichen Beispielen in verständlicher Sprache aufschlüsselte; wenig stimulierte das eigene Nachdenken aber mehr als ein leicht schräges Gedankenexperiment, eine kreative Analogie, ein vogelwildes Szenario – oder der eigene Versuch, bessere Beispiele zu entwickeln. Auch wenn es vielleicht nicht immer akademisch seriösem Vortrags- und Formulierungshabitus entspricht, erwies sich das auch in den Kursen als wertvoll, die ich als Dozent halten durfte. Ich hoffe, dass diese Erfahrungen bzw. dieser *drive* in der vorliegenden Publikation produktiv integriert sind – ihnen verdanken sich jedenfalls nicht wenige der Beispiele und Formulierungen. Ich weiß – auch im Blick darauf – um die Kontingenz, die dem Buch anhaftet: Es arbeitet mit bestimmten denkerischen Traditionen, entwickelt ein bestimmtes Narrativ, konzentriert sich auf bestimmte Perspektiven. Andere Narrative wären möglich, zusätzliche Traditionen wählbar, alternative Perspektiven denkbar, mehr Diversität sinnvoll und nötig. Kurzum: Es gibt Lücken – und zumindest manche davon sind mir schmerzlich bewusst. Hier schlummern, um das mindeste zu sagen, die ungeschriebenen in den geschriebenen Büchern; dennoch hoffe ich, dass das Buch, so wie es vorliegt, helfen kann, grundlegende theologische Perspektiven zu erschließen und zu vermitteln – eben *Basics*.

Dazu ist es an dieser Stelle weder möglich noch nötig, leitende didaktische Hintergrundüberlegungen auszuleuchten oder diese (für sich stehende) Publikation *in extenso* ins Gesamt einer möglichen, idealisierten Lehrveranstaltung einzupassen. *Einige* solcher Reflexionen zu *Kompetenzniveaus, learning outcomes, constructive alignment* etc. finden sich auf www.gutelehre.at: Das vorliegende Buch ist *eine* wichtige Grundlage eines Lehrkonzepts, das 2018 mit dem *Ars docendi*, dem österreichischen Staatspreis für exzellente Lehre, ausgezeichnet wurde. Ausgewählte didaktische Orientierungen finden sich auf der genannten Seite, wo sie unter dem Label „Theologie und Glaube I&II – ein postsäkulares Theorielabor" einsortiert sind; in eher praktischer Weise, aber minimalistisch werden didaktisch relevante Anschlüsse auch am Ende des Buchs vorgeschlagen, wenn es um mögliche Lektüre- und Arbeitsorientierungen geht.

Was an dieser Stelle sehr wohl *in extenso* nötig und ein aufrichtiges Anliegen ist, sind Danksagungen. Mein Dank gilt den Kollegen und Kolleginnen am Fachbereich Systematische Theologie an der Uni Salzburg – besonders *Gregor Maria Hoff* hat mir als Fachbereichsleiter immer wieder den Rücken für das Projekt freigehalten. Mein Dank gilt vor allem auch *Hans-Joachim Höhn* an der Universität zu Köln: Er hat mir in meinen Kölner Jahren in einer Weise Räume zum eigenen Denken und Arbeiten eröffnet, die nicht selbstverständlich ist, und ist mir ein überaus wertvoller und inspirierender Gesprächspartner geworden. Der Dank gilt auch jenen Tutorinnen und dem Tutor, die meine Kurse mit Kompetenz und Humor begleitet haben: *Anne Weber, Aaron Langenfeld, Judith Krain* und *Anna Stade* (in zeitlicher Reihung). Sie belebten den Vorlesungs- und Seminaralltag nicht nur mit neuen Musiktipps und geistreichen Lektürerunden, sondern lieferten auch die feinsten Messungen dazu, was funktionierte und was überforderte, was wirklich sinnvoll war und was bloß eitle Spielerei. Dank gilt auch vielen anderen Wegbegleiter*innen und Helfer*innen in ganz unterschiedlichen Kontexten: *Nikodém Bartošík, Bettina Brandstetter, Reinhard Brandstetter, Martin Breul, Andreas Dohm, Judith Falch, Herwig Grimm, Henning Klingen, Br. Julian OFMCap, Michael Karger, Elisabeth Kendlbacher, Christina M. Kreinecker, Gregor Reimann, Christoph Stender*, den Brüdern in Taizé, *Isabel Ana Virgolini, Lukas Wiesenhütter, Michael Zichy* u. a. m. Auch dem Verlag möchte ich sehr herzlich danksagen: *Fritz Pustet, Rudolf Zwank* und *Willibald Butz* haben das Projekt von Beginn an ausgesprochen wohlwollend und geduldig begleitet. Aufrichtig danken darf ich vor allem auch jenen, die die Drucklegung des Buchs großzügig unterstützt haben: *Bischof Manfred Scheuer* in meiner biographischen Herkunftsdiözese Linz, *Erzbischof Franz Lackner* in der Erzdiözese Salzburg, *Erzabt Korbinian Birnbacher* von der Erzabtei St. Peter in Salzburg sowie die *Stiftungs- und Förderungsgesellschaft* der Paris-Lodron-Universität Salzburg.

Einige Namen möchte ich nochmals in ganz besonderer Weise hervorheben: Der bereits erwähnte *Aaron Langenfeld* ist mir über die Jahre nicht nur zu einem sehr guten Freund, sondern auch zu einem äußerst wichtigen theologischen Diskussionspartner geworden – mit ihm konnte ich nochmals ganz grundsätzlich und ohne akademische Maskenspielerei viele theologische Probleme durchsprechen, die sich naturgemäß stellen, wenn lockere Skripte in eine seriöse Publikation transformiert werden. Das gilt analog auch für den Dekan der Katholisch-Theologischen Fakultät Salzburg, *Alois Halbmayr*, der trotz seiner vielfältigen Agenden jedes Kapitel gelesen und ebenso ausführlich wie präzise Feedback gegeben hat. Ohne diese beiden hätte das Buch nicht die Form, die es hat (auch wenn Fehler oder Unstimmigkeiten natürlich ausschließlich mir zuzuschreiben sind). Eigens und sehr herzlich bedanken möchte ich mich auch bei *Hannes Vogel*, der an der Uni Salzburg die Entstehung des Buchs als Lektor begleitet hat: Er hat dies in einer Kombination von Witz und Akribie getan, die unglaublich produktiv ist – ein echter Glücksfall! Was schließlich *meine Frau, meine Kinder, meine Eltern und Schwiegereltern, meine (leiblichen und angeheirateten) Geschwister und deren Familien* zu diesem Buch beigetragen haben, lässt sich (bis auf wenige Ausnahmen – die *glück-*

sigen Quamas lassen grüßen!) propositional ebenso wenig sauber versprachlichen wie der Dank, den ich dafür sagen möchte.

Das Buch wurde aus dem Vertrauen heraus geschrieben, dass *in Jesus das unbedingte Ja Gottes zu uns verwirklicht ist* (vgl. 2 Kor 1,19) und dass der Glaube daran Welt, Kirche und Leben bleibend neu und heilsam zu erschließen, zu orientieren vermag – auch heute noch, in kirchlich und gesellschaftlich disruptiven Zeiten, um das mindeste zu sagen. Damit ist auch die tiefe Überzeugung verbunden, dass dies *redlich* nicht ohne Theologie möglich ist: Leben aus dem Vertrauen auf Gott heraus zu gestalten, impliziert das *sapere aude* – die Suche nach Reflexion, Argument, Diskurs.

Zu dieser Suche will dieses Buch einen kleinen Beitrag leisten. Es ist jenen gewidmet, die sich auf dieses Abenteuer eingelassen haben und denen mein Dank *last, but not least* ganz besonders gilt: meinen Studierenden in Salzburg und Köln.

Maria Neustift, 8. Dezember 2019
Martin Dürnberger

1 Theologisch denken?

First things first! Das ist eine kluge Regel in Alltag und Wissenschaft, auch in der Theologie. Aber mit den klugen Regeln beginnen die Probleme bekanntlich erst: *Was sind denn „die ersten Dinge" und womit sollte man sich daher* zuerst *beschäftigen?* In der Theologie liegt die Antwort nahe: *Gott!* Aber damit gerät man unversehens an die nächste Frage: *Was meint der Ausdruck „Gott"?* Konsultiert man Lexika, finden sich unterschiedliche Definitionen, bloß: *Welche davon ist angemessen?* Und: *Wie lässt sich entscheiden, ob eine Definition angemessen ist?* Weiter: *Kann man Gott denn definieren?* Vielleicht ist man hier indirekt auf einen pragmatisch sinnvollen Ansatzpunkt gestoßen: Bevor über Gott nachgedacht wird, soll erst einmal übers *Nachdenken über Gott* nachgedacht werden. Das liegt auch deshalb nahe, weil dieses Nachdenken eine lange, spannende Geschichte hat – in der Philosophie, aber besonders in der Theologie. Das erste Kapitel widmet sich daher in drei Schritten einer einfach klingenden Frage: *Was ist Theologie?*

1.1 "Theology is simply that part of religion that requires brains"

Diese Antwort gibt der britische Schriftsteller Gilbert K. Chesterton (1874–1936) auf die Frage, was Theologie sei (1997, 25). Sie trifft den entscheidenden Punkt: Theologie hat mit Religion und Gott, aber auch mit Rationalität zu tun, wie bereits die griechischen Grundbegriffe *theos* (θεός, Gott) und *logos* (λόγος, Wort, Lehre, Vernunft) andeuten. Folgen wir dieser Spur, lässt sich Theologie in erster Lesung als a) *Nachdenken* b) über *Gott* verstehen, das c) gleichermaßen *glaubensbasiert und vernunftorientiert* ist. Was das in erster Lesung heißen kann, beschäftigt uns in den folgenden drei Punkten.

a) *Was heißt „Nachdenken"?* Der Begriff ist bewusst weit gewählt: Theologie hat viele Gesichter. Sie geschieht nicht nur an Universitäten und Hochschulen, sondern auch in Pubs und Bibelkreisen, auf Parkplätzen oder beim Bergsteigen. Sie beginnt, wo man kurz innehält, einen Schritt aus dem Alltag heraustritt und zu fragen beginnt, was es mit den eigenen (Glaubens-)Überzeugungen auf sich hat, d. h. was wie warum sinnvoll geglaubt und gelebt werden sollte. Nicht selten geschieht das da, wo man der Konfrontation mit eigenen oder Fragen anderer nicht ausweicht: *Ist das Leben absurd? Kann Gott den Sinn des Lebens garantieren? Gibt es so etwas wie eine Gotteserfahrung? Was in der Bibel ist wörtlich, was metaphorisch zu verstehen? Worauf verpflichtet mich die Forderung, den Nächsten zu lieben, wenn ich einen Obdachlosen sehe? Kann es eine Gerechtigkeit im Himmel geben – oder käme sie zu spät? Warum handelt Gott nicht im Leid?* U. a. m.

Oft werden dabei Begriffe wie Gott, Kirche oder Nächstenliebe eine Rolle spielen, aber es ist nicht ausgeschlossen, dass auch dort theologisch nachgedacht wird, wo derlei nicht explizit vorkommt – wie wir sehen werden, hängt viel davon ab, wie man Glaube versteht (vgl. Kapitel 2; 18.3). Wer jedenfalls solche großen und kleinen Fragen zulässt und sie ernst nimmt, wer versucht, sie denkerisch und glaubend zu bearbeiten, wer sich dabei müht, sich selbst oder anderen den Glauben besser verständlich und rational nachvollziehbar zu machen – der und die treibt Theologie.

> Solche Momente des Innehaltens sind alltäglich, es gibt aber auch eine wissenschaftliche Spielart davon: *akademische Theologie*. Diese verhält sich zu Theologie im Alltag gewissermaßen wie *La Masia*, die Nachwuchsakademie des FC Barcelona, zum Straßenkick: Beides ist Fußball, beides macht Spaß, es gibt auch wechselseitige Berührungspunkte und man kann sogar voneinander profitieren – aber natürlich ist *La Masia* anders als Straßenfußball aufgestellt: Dort versucht man konsequent, professionelle Trainingsstandards zu berücksichtigen und Fußball gemäß neuesten Herausforderungen und Erkenntnissen weiterzuentwickeln. Auf unser Thema und das vorliegende Buch übertragen bedeutet das in erster Annäherung: Akademische Theologie ist an methodischen Standards orientiertes, d.h. wissenschaftlich gesichertes Nachdenken über Gott.

b) Was heißt „über Gott"? Tatsächlich ist Gott als Gegenstand der Reflexion eine zu weite und zugleich zu schmale Auskunft. Sie ist *zu weit*, weil sie nicht weiter erkennen lässt, was mit dem Ausdruck „Gott" gemeint ist – man mag versucht sein, alles Mögliche darunter zu verstehen. Auch wenn es im Folgenden um Gott geht, wie ihn der christliche Glaube versteht, erspart das die Arbeit an einem adäquaten Gottesbegriff nicht: Es bleibt stets nachzudenken, was wir *vernünftigerweise* unter dem Begriff „Gott" verstehen sollten – und wie das *mit dem eigenen Glauben* kompatibel ist (vgl. Kapitel 4). Zugleich ist die obige Auskunft *zu schmal*, weil sie suggeriert, es ginge Theologie *exklusiv, explizit und nur* um Gott. Das ist unpräzise: Wer etwa über den Sinn des Daseins nachdenkt, mag implizit an die Gottesfrage rühren, ohne den Begriff explizit zu verwenden – man könnte das also unter bestimmten Bedingungen als eine Form anonymen Theologietreibens deuten (auch wenn man hier eine gewisse Übergriffigkeit als mögliches Problem im Blick haben sollte; vgl. 18.3.4).

Zugleich ist das Thema der Theologie nicht Gott allein: Es ist vielmehr Gott *und die gesamte Wirklichkeit in Bezug auf* Gott. Beide zusammen bilden das sog. *Materialobjekt*, den Gegenstand der Theologie: Gott und alle Wirklichkeit. Davon zu unterscheiden ist Gott als das sog. *Formalobjekt*, als Frageperspektive der Theologie: Theologie reflektiert gewissermaßen alles unter der Frageperspektive, was es mit Gott zu tun hat.

c) Was heißt „glaubensbasiert und vernunftorientiert"? Im gängigen Verständnis nutzt Theologie zwei große Erkenntnisquellen, um ihre Fragen zu adressieren: *Glaube und Vernunft*. Sie bezieht sich auf das, was der Glaube als Offenbarung Gottes bekennt (d.h. vor allem auf Jesus Christus) sowie auf das, was die Vernunft erkennt und fordert. Beides soll im nächsten Punkt erläutert werden.

1.2 Zwei klassische Referenzsysteme: Vernunft und Glaube

1.2.1 Vernunftgemäß: Die Rationalitätsorientierung der Theologie

Theologie hat den Anspruch, *vernunftorientiert und -gemäß* über Gott und den Glauben an Gott nachzudenken: *mit Argumenten, nachvollziehbar, kritisierbar*. Der Gedanke ist biblisch grundgelegt: „Seid stets bereit, jedem Rede und Antwort zu stehen, der von euch Rechenschaft fordert über die Hoffnung, die euch erfüllt; antwortet aber bescheiden und ehrfürchtig, denn ihr habt ein reines Gewissen" (1 Petr 3,15 f.).

Wer jemandem Rede und Antwort stehen will, tut gut daran, den Glauben *nicht allein aus dem Glauben* heraus zu erklären – denn dieser ist es ja, der erläuterungsbedürftig ist. Es gilt vielmehr, sich auf das zu beziehen und das zu nutzen, was (zumindest nach klassischer Auffassung) allen Gesprächspartnern gemeinsam ist. Die Tradition gibt hier eine klare Antwort: Dieses allen Gemeinsame ist die Rationalität. Es steht außer Frage, dass man diesen affirmativen Vernunftbezug problematisieren kann und er selbst erläuterungsbedürftig ist (vgl. Kapitel 3), aber er liefert den Rahmen, in dem das Projekt der Theologie angesiedelt ist, gerade in seinen katholischen Varianten. Glaube und Vernunft, so etwa Johannes Paul II. in seiner Enzyklika *Fides et ratio*, „sind wie die beiden Flügel, mit denen sich der menschliche Geist zur Betrachtung der Wahrheit erhebt" (Fides et ratio, Segen). Das poetische Bild hat eine nüchterne Pointe: Mit *einem* Flügel lässt sich's schlecht fliegen. Vernunft ist nichts, was man in religiösen Fragen vernachlässigen dürfte, andernfalls droht der Absturz. Die katholische Tradition präzisiert diesen Gedanken noch: Man darf nicht nur *nicht ohne Vernunft* über Gott nachdenken – man darf auch nichts glauben oder theologisch behaupten, was *wider die Vernunft* ist. Widerspricht das, was man für eine Glaubenswahrheit hält, einer Einsicht der Vernunft, ist das ein sicheres Zeichen dafür, dass man es letztlich mit keiner Glaubenswahrheit zu tun hat bzw. diese (noch) nicht richtig verstanden hat. Das Erste Vatikanische Konzil hält in diesem Sinn 1870 in der Dogmatischen Konstitution *Dei Filius* über den katholischen Glauben fest:

> Der unbegründete Anschein [!] eines ... Widerspruchs [zwischen Vernunft und Glaube] aber entsteht vor allem daraus, dass entweder die Lehrsätze des Glaubens nicht im Sinne der Kirche verstanden und erläutert [!] wurden oder Hirngespinste für Aussagen der Vernunft gehalten werden. (DH 3017)

Auf ihre Weise hat diesen Gedanken bereits die mittelalterliche Theologie notiert: *omne verum omni vero consonat* – alles Wahre harmoniert mit allem anderen Wahren, d. h. Wahrheiten des Glaubens und der Vernunft können einander nicht widersprechen.

Freilich lösen solche allgemeinen Regeln nicht alle konkreten Probleme und ist damit auch noch nicht geklärt, was genau unter Vernunft zu verstehen ist, was sie eigentlich besagt und was als eines ihrer ‚Hirngespinste' zu gelten hat. Das gilt analog auch für den Glauben selbst: Auch er muss sich immer wieder neu vergewissern, worauf seine Wahrheiten *tatsächlich* festlegen und worauf nur *vermeintlich*, was sie *verbindlich* bedeuten und was nur *scheinbar* (vgl. 15.1.1; 15.2.1 a). Ein Blick in die Geschichte zeigt jedenfalls beides: *sowohl* eine fehlbare Vernunft *als auch* einen lernenden Glauben. Aber selbst wenn man in den zitierten Aussagen ‚nur' eine allgemeine Regel hat, die die detaillierte Lösung einzelner Fragen nicht vorwegnimmt, sondern diese ‚bloß' anleitet – theologisch ist diese Regieanweisung von entscheidendem Wert: *Das, was rational ist, ist auch für das Verständnis des Glaubens verbindlich.*

Die unscheinbare Formulierung darf nicht übersehen lassen, dass darin vielfältiges Konfliktpotential steckt. Der Einspruch der Vernunft kann in existentielle Glaubenskrisen führen und harte kirchliche bzw. gesellschaftliche Debatten erzeugen – man denke nur an die Frage, ob die Evolutionstheorie Charles Darwins kirchlich akzeptabel ist. Irritationen im Verhältnis von Vernunft und Glaube, so der englische Philosoph und Theologe John Henry Newman (1801–1890), sind weder zu verschweigen noch zu skandalisieren, sondern unaufgeregt als Aspekt eines fragenden, reflexiven Glaubens anzuerkennen:

> Wenn es eine leitende Maxime in der geistigen Anschauung des (katholischen; Anm. d. Hg.) Akademikers gibt, so ist es die, dass Wahrheit und Wahrheit sich nicht entgegen sein können; und wenn es eine zweite gibt, dann die, dass eine Wahrheit oft einer andern Wahrheit entgegen scheint; und wenn es eine dritte gibt, ist es der praktische Schluss, dass wir gegenüber solchem Anschein jeweils geduldig sein müssen und nicht vorschnell behaupten dürfen, es handle sich wirklich um etwas Erschreckendes ... Es ist sicher, und nichts wird daran zweifeln lassen: wenn etwas durch Astronomen oder Geologen, Chronologen, Archäologen oder Ethnologen bewiesen scheint, was anscheinend im Widerspruch zu Glaubensdogmen steht, so wird sich schließlich ergeben, entweder, dass es überhaupt nicht bewiesen ist, oder zweitens, dass es nicht unvereinbar ist, oder drittens, dass es nicht etwas wirklich Offenbartem widerspricht, sondern irgendeiner Vorstellung, die man mit Offenbarung vermischt und verwechselt hatte ... (1965, 100 f.)

Newmans Perspektive ist klar: nämlich dass vernünftig „freie Rede und Gegenrede, um das wenigste zu sagen, für die Religion harmlos, oder besser sehr förderlich ist" (ebd., 101). Der Glaube fürchtet die Vernunft, ihre Einsichten und Fragen nicht, er scheut die Diskussion nicht, er sucht sogar das Gespräch mit ihr, denn er hat viel zu gewinnen und wenig zu verlieren (vgl. 3.3). Wer Theologie treibt, macht mit diesem Gedanken Ernst.

1.2.2 Evangeliumsgemäß: Die Glaubensbasis der Theologie

Wir müssen die bisherigen Ausführungen präzisieren. Fluchtpunkt christlicher Theologie ist nicht bloß Gott, wie ihn die Vernunft thematisiert – das wäre eine rein ‚philosophische Gotteslehre'. Theologie orientiert sich an deren Einsichten, hat aber einen weiteren, spezifischeren Bezugspunkt: Sie denkt über diesen Gott nach, *wie ihn der christliche Glaube bezeugt.*

Dabei bezieht sie sich vor allem auf die Glaubensüberzeugung der Christen und Christinnen, dass Gott sich selbst den Menschen in der Geschichte als Liebe mitgeteilt hat – und zwar endgültig in Jesus von Nazaret: In dessen Leben, Sterben und Auferstehen wird (so eine Kurzformel des christlichen Glaubens) offenbar, dass Gott dem Menschen als bedingungslose Liebe zugewandt ist. Diese ‚Frohe Botschaft' ist nicht widervernünftig, aber nicht allein aus der Vernunft ableitbar: Dass jeder Mensch im Letzten seiner Existenz unbedingt geliebt ist (und zwar von jener schöpferischen Wirklichkeit, der er diese Existenz verdankt), ergibt sich nicht umstandslos aus dem Nachdenken über die Welt und das Leben, sondern erschließt sich durch Offenbarung (vgl. die vierte Zwischenreflexion). Glaube ist gleichsam die existentielle, denkerische, praktische u. a. Antwort darauf. Theologie ist folglich beides, vernunftgemäß *und* glaubensbasiert, und hat deshalb zwei Maßstäbe, an denen sie sich messen lassen muss: Rationalität *und* Evangelium. Über die Zeit hat sich dabei eine bestimmte Arbeitsteilung innerhalb der akademischen Theologie herausgebildet, die sich in einer gewissen inneren Logik entfalten lässt. Allgemein gesprochen geht es darum, den Glauben an die unbedingte Zuwendung Gottes zu uns

a) in seiner biblischen Grundlegung und Bezeugung,
b) seinen sich geschichtlich entwickelnden Gestalten und damit verbundenen Problemen,
c) seiner vernunftgemäßen Bedeutung und rationalen Annehmbarkeit sowie
d) hinsichtlich der Bedingungen seiner geglückten Kommunikation und praktischen Lebbarkeit in der Gegenwart zu reflektieren.

Diese Aspekte spiegeln sich in der Arbeitsteilung akademischer Theologie, die sich entsprechend darstellen lässt.

Was ist Grund und Basis des Glaubens?	Welchen Weg geht der Glaube historisch?	Was bedeutet der Glaube bzw. ist er vernünftig?	Wie lebt man den Glauben heute konkret?
Reflexion auf die biblische Grundlegung und Bezeugung des Glaubens	Reflexion auf historische Formen und Interpretationen des Glaubens	Reflexion auf den Glauben im Licht gegenwärtiger Fragen und Probleme	Reflexion auf den Versuch, heute Christus in seinem Leben nachzufolgen
Biblische Theologie	**Historische Theologie**	**Systematische Theologie**	**Praktische Theologie**

1.3 Systematische Theologie in externen und internen Wissenschaftsbezügen

Das vorliegende Buch ist ein theologischer Grundkurs in systematischer Absicht. Weil dafür innerhalb der Theologie traditionell die systematische Theologie zuständig ist, soll sie im Folgenden ausführlicher dargestellt sein, und zwar (a) sowohl im Blick auf ihre Unterscheidung von *verwandten wissenschaftlichen Perspektiven* (wie sie etwa die Religionsphilosophie oder die Religionswissenschaften darstellen) als auch (b) in ihrer *Binnendifferenzierung*.

1.3.1 Systematische Theologie, Religionsphilosophie und Religionswissenschaft

Die Aufgaben von systematischer Theologie, Religionsphilosophie und Religionswissenschaften lassen sich wie folgt skizzieren:

α) *Systematische Theologie* ist kritisch-rationale Auseinandersetzung mit Bedeutung und Rationalität des christlichen Glaubens vom Standpunkt des Glaubens aus: Kann Gottes Existenz bewiesen werden? Was meint Allwissenheit? Warum lässt Gott all das Leid zu? Kann man Gott vertrauen? U. a. m. Die Reflexion auf diese und andere Fragen erfolgt mit Mitteln der Vernunft, aber gleichsam aus dem Inneren des Glaubens heraus. Systematische Theologie referiert dabei nicht bloß beschreibend vorhandene Positionen, sondern muss selbst Urteile fällen, Gründe gewichten und Argumente entwickeln, gerade weil sie nach Wahrheit und Vernünftigkeit des Glaubens fragt. Daher ist die Erste-Person-Perspektive konstitutiv: Interessant ist ja nicht nur, was andere für wahr oder vernünftig halten – sondern was man selbst aus welchen Gründen für wahr und vernünftig vertretbar erachtet.

β) *Religionsphilosophie* ist Auseinandersetzung mit Angebot und Anspruch der Religion mit Mitteln der Vernunft. Auch hier fragt man in der beschriebenen Weise in der Erste-Person-Perspektive, allerdings spielt die Glaubensdimension keine Rolle. Eine Religionsphilosophin mag etwa für die Existenz eines göttlichen *unbewegten Bewegers* argumentieren, ohne deshalb in einem *religiösen Sinn* an ihn zu glauben, d. h. diesem Gott im Leben und Sterben zu *vertrauen*. Es liegt auf der Hand, dass solches Nachdenken große Nähen zur systematischen Theologie aufweist, insbesondere zur sog. *Natürlichen Theologie*, die ebenfalls versucht, religiös relevante Überzeugungen mit Mitteln der Vernunft als nachvollzieh- und annehmbar zu erweisen.

γ) *Religionswissenschaften* hingegen untersuchen Religion gleichsam als kulturwissenschaftlich relevantes Phänomen: Sie wollen aufschlüsseln, wie Religion als Ensemble kultureller Praktiken, Narrative u. a. zu verstehen ist, Biographien und Gesellschaften prägt, sich in ihren Formen wandelt etc. Ob religiöse Überzeugungen vernünftigerweise für wahr gehalten werden können, ist dabei kein primäres Forschungsinteresse.

An dieser Stelle kann man die Frage stellen, auf welche *Methoden* die Theologie (insbesondere die systematische) zurückgreift, gerade weil die Frage nach der Wissenschaftlichkeit der Theologie damit verbunden ist – saubere Methoden und Verfahren sind schließlich der wichtigste Hinweis für Wissenschaftlichkeit. Theologie *insgesamt* nutzt ein breites Bündel wissenschaftlicher Methoden, die sich oftmals an dem orientieren, was in verwandten Feldern *state of the art* ist: Bibelwissenschaften arbeiten textkritisch, Kirchengeschichte nutzt Mittel historischer Forschung, Religionspädagogik hat empirische Forschungsanteile u. a. In der systematischen Theologie zeigt sich allerdings eine Art sanfte Methodenanarchie: Hier wird auf vielfältige Weise das je bessere Argument für eine Position gesucht, vorgebracht, verteidigt etc.

Nicht nur in dieser Hinsicht ähneln sich (bestimmte Spielarten von) Philosophie und systematische Theologie, sondern auch im Blick auf ihre Themen – beiden geht es um die großen Fragen: *Was ist der Mensch? Was ist der Sinn des Lebens? Hat der Tod das letzte Wort? Gibt es Glück, das nie wieder vergeht? Kann man Schuld loswerden? Woher das Schöne in der Welt? (Wie) Kann man mit dem Leid in der Welt umgehen? U. a. m.* Theologie und Philosophie stellen sich gewissermaßen *beide* in methodisch offenen, aber argumentativ nachvollziehbaren Formen den großen Fragen. Eine Differenz ist allerdings, dass Theologie Fragen wie diese im Licht eines Vertrauens reflektiert, konkret: im Licht des Vertrauens auf einen Gott, der (so die christliche Tradition) dem Menschen liebend zugewandt ist. Das ist eine Schlüsseldifferenz, genau hier setzen Diskurse zur Wissenschaftlichkeit der Theologie an. Wir wollen für erste nur zwei Fragen markieren, die dabei eine Rolle spielen.

Eine *erste Frage* liegt auf der Hand: Ist es legitim, in seinem Denken von einer solch voraussetzungsreichen Prämisse (wie dem Vertrauen auf einen guten Gott) *auszugehen* – oder ist das eine Form von Befangenheit und Ideologie? Die Antwort darauf ist weniger klar als es scheint: Gehen nicht auch andere Wissenschaften von normativ starken Voraussetzungen aus, die in ihr Nachdenken einfließen? Keine historische

Rekonstruktion des Zweiten Weltkriegs wird dadurch problematisch, dass sie dem Gebot ‚Nie wieder Krieg!' verpflichtet ist, keine Pädagogik fragwürdig, weil sie Kinder als ernst zu nehmende kleine Menschen betrachtet (und nicht als lustige Maschinen). Ist zudem völlige Neutralität und Voraussetzungslosigkeit in der Reflexion auf die Welt als ganze und das Leben als solches überhaupt möglich? Wenn aber Wertungsurteile stets Prämissen unserer Reflexion und Deutung der Wirklichkeit darstellen – warum sollte man dann nicht *mit offenen Karten* im Rekurs auf ein letztes Vertrauen versuchen, über erste und letzte Fragen nachzudenken (während *andere* die gleichen Fragen im Licht der Annahme reflektieren mögen, es sei im Letzten alles absurd)? Diese Überlegungen sind keine letzten Antworten auf damit verbundene Fragen (etwa weil noch zu klären wäre, warum nicht *jede beliebige* Prämisse akzeptabel ist, aber theologische Prämissen angemessen sein können); sie deuten allerdings an, dass das Problem selbst (nämlich: *dass* es Prämissen gibt, in deren Licht sich eigenes Nachdenken vollzieht) wissenschaftstheoretisch nicht völlig ungewöhnlich ist (vgl. 15.3).

Eine *zweite Frage* legt sich ebenfalls sofort nahe: Welche Rolle spielt der Glaube für theologische Erkenntnis? Bedeutet das Gesagte, dass man Theologie nur aus dem Inneren des skizzierten ‚letzten Vertrauens' treiben kann, d. h. nur glaubend? *In gewisser Hinsicht* wird das in klassischen Modellen so gedacht: *It's part of religion*, wie Chesterton sagen würde. So wie eigenes Farbsehen relevant ist, wenn man Farben verstehen will, ist auch eigenes Glauben relevant, wenn man theologisch nachdenkt. Und so wie sich das adäquate Verständnis einer anderen Person erst dann erschließen mag, wenn man ihr mit grundsätzlichem Wohlwollen begegnet, so ist auch denkbar, dass erst Glaube und Vertrauen eine gewisse Sicht der Welt und des Lebens eröffnen – so in etwa würde zumindest die klassische Position formulieren. Warum dann aber die vorsichtige Formulierung „in gewisser Hinsicht"? Das hängt damit zusammen, dass Glaube und Vertrauen subtiler gewoben sind, als die Logik von Nullen und Einsen erfassen kann. Diese Wahrnehmung findet sich bereits im Neuen Testament: Manche, die gut vernehmbar „Herr! Herr!" rufen, haben wenig davon verstanden (Mt 7,21), und viele, die explizit zustimmen, handeln nicht danach (Mt 21,28–32). Jesus selbst findet Glaube auch dort, wo er nach allgemeinem Dafürhalten nicht gesehen wird, und wirkt selbst erstaunt darüber (Lk 7,9); nicht wenige wiederum glauben, nehmen zugleich aber auch Unglauben in sich selbst wahr – *Ich glaube; hilf meinem Unglauben!* (Mk 9,24)

Offenkundig funktioniert Glaube nicht wie eine Schwangerschaft, d. h. es gibt nicht nur ein Entweder-Oder, sondern eher ein Spektrum von Zuständen (ähnlich wie auch Vertrauen zwischen Menschen sehr nuancenreich sein kann). Man sollte also behutsam sein: Glaube kann auch da sein, wo man ihn nicht vermutet (vgl. ausführlicher 18.3.2). Und zudem gilt: Ob eine Argumentation einen logischen Fehler aufweist oder nicht, hängt nicht davon ab, ob derjenige, der sie vorträgt, religiös glaubt oder nicht (vgl. 2.2.2 c).

1.3.2 Father Brown und die Aufgaben systematischer Theologie

Wie ist systematische Theologie intern gegliedert? Der oben bereits zitierte Chesterton hat seine bekannteste literarische Figur, den detektivischen Priester Father Brown, diese Frage beantworten lassen. Im Gespräch mit einem atheistischen Gegenüber sagt er: Es

> ist sicherlich wahr, dass ich an viele Dinge glaube, an die Sie wahrscheinlich nicht glauben. Aber es würde lange Zeit dauern, um all die Dinge zu erklären, an die ich glaube, und all die Gründe, weshalb ich annehme, dass ich damit recht habe. (2008b, 121)

An dieser Aussage ist nicht nur bemerkenswert, dass Father Brown an entscheidender Stelle vorsichtig ein *wahrscheinlich* einfügt (weil von außen nicht bestimmbar ist, ob der Andere wirklich nicht glaubt oder vielleicht bloß *anders* als man selbst), sondern interessant ist auch, dass er damit die interne Gliederung systematischer Theologie *in ihrer traditionellen Form* umreißt. Vorweg sei angemerkt, dass oftmals auch die theologische Ethik in der systematischen Theologie verortet ist; da sie aber im vorliegenden Buch keine Rolle spielt, wird sie in diesem Kontext nicht näher dargestellt – der Fokus gilt Dogmatik und Fundamentaltheologie. Wie sind diese üblicherweise einander zugeordnet?

Dogmatik beschäftigt sich mit der *Bedeutung des christlichen Glaubens*, sie erarbeitet und entfaltet gleichsam seine Gehalte. In diesem Sinn sagt Brown, er müsse erklären und verständlich machen, was er glaubt; denn es ist nicht einfachhin klar, was dazugehört und was nicht oder was es bedeutet, dass Jesus Gott *und* Mensch, Maria Jungfrau oder Gott dreifaltig ist. Dogmatik ist *im traditionellen Setting* binnenorientiert, d. h. spricht vor und mit Gläubigen über die Bedeutung des Glaubens; sie gliedert sich in bestimmte *Traktate*, d. h. Themenfelder (z. B. Gotteslehre, Christologie, Ekklesiologie, Eschatologie, Pneumatologie etc.)

Fundamentaltheologie hingegen versucht, die *Rationalität christlichen Glaubens* auszuweisen. Sie reflektiert auf dem Forum der Vernunft, warum es *rational geboten / vernunftgemäß / nicht irrational / plausibel etc.* ist, zu glauben. Das meint Brown mit seinem Hinweis auf „Gründe". Fundamentaltheologie orientiert sich *in ihrer traditionellen Form* an Nicht- oder Andersglaubenden, um im Gespräch mit ihnen die Legitimität der eigenen Position auszuweisen (eine Aufgabe, die früher meist als *Apologetik* firmierte). Je nach Glaubens- und Rationalitätskonzept werden dabei bei verschiedenen Fragen unterschiedliche Ziele verfolgt: Es können rationale *Begründungen* anvisiert sein (mit dem Anspruch, dass es rational ist, zu glauben – und irrational, es nicht zu tun), es kann versucht werden, den eigenen Glauben *kritisch zu verantworten* (mit der Perspektive, dass der Glaube vernünftig möglich ist, aber auch andere Positionen rational vertreten werden können), es können auch andere Ziele im Blick sein. Kurz: Es gibt hier ein weites Spektrum an Positionen und Schattierungen (vgl. 20.3; Müller 2010).

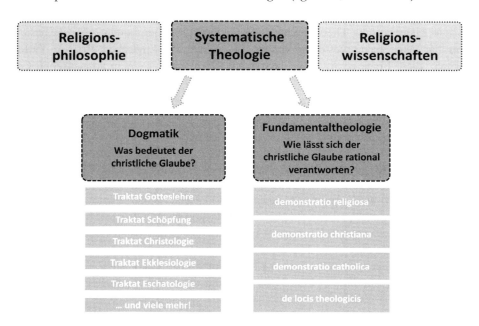

In traditioneller Lesart unterscheidet man innerhalb der Fundamentaltheologie jedenfalls drei Argumentationsgänge (die sog. *demonstrationes*), die von einer erkenntnistheoretischen Reflexion *(de locis theologicis)* ergänzt bzw. ständig begleitet werden:

> α) Die *demonstratio religiosa* fragt, ob und warum es rational ist, religiös zu sein bzw. an Gott zu glauben; im Zentrum stehen hier Religion und die Gottesfrage im Allgemeinen. Imaginierte Gesprächspartner sind v. a. Atheisten, Agnostikerinnen oder (externe) Religionskritik.
> β) Die *demonstratio christiana* fragt, warum und in welchem Sinn es rational ist, unter all den möglichen Religionen das Christentum zu wählen; im Zentrum steht hier die Beschäftigung mit der Offenbarung Gottes (in Jesus von Nazaret). Imaginierte Gesprächspartnerinnen sind v. a. bereits religiöse bzw. religiös suchende Menschen oder sog. *Deistinnen* (i. e. Menschen, die an die Existenz einer göttlichen Wirklichkeit glauben, ohne dieser allerdings existentielle Relevanz zuzusprechen).
> γ) Die *demonstratio catholica* fragt in ihrer traditionellen Fassung, warum es (trotz aller Mängel und anderer Möglichkeiten) rational ist, in der Gemeinschaft der (katholischen) Kirche zu sein bzw. zu bleiben; im Zentrum steht hier meist die Frage danach, was Kirche überhaupt ist, bzw. nach ihrem Verhältnis zu anderen Konfessionen und Religionen.
> δ) Ein viertes Reflexionsfeld wird schließlich mit *de locis theologicis* umschrieben: Es geht dabei traditionell um die Frage, auf welche „Erkenntnisorte" man sich in theologischen Argumentationen und Konflikten auf welche Weise sinnvoll beziehen kann bzw. sollte (vgl. 2.3). Diese Beschäftigung mit erkenntnistheoretischen und hermeneutischen Fragen (etwa: Wie funktionie-

ren religiöse Überzeugungen? Was macht ein Argument triftig? Kann man Aussagen über Gott wortwörtlich verstehen? U. a. m.) ist nicht notwendig ein eigenes, losgelöstes Projekt, sondern vielfach eine mitlaufende Reflexionsperspektive in konkreten Problemen. Dabei geht es nicht zuletzt um die Frage, welches Glaubens- und Rationalitätsmodell angemessen ist bzw. in welchem Verhältnis Glaube und Vernunft stehen.

Der mehrfache Hinweis darauf, dass Dogmatik und Fundamentaltheologie *in traditioneller Lesart* auf diese Weise gedacht werden und zugeordnet sind, ergibt sich daraus, dass die Sache live und in Farbe natürlich nicht so statisch und linear läuft, wie die Darstellung eben nahelegte: Oftmals beginnen Diskurse nicht bei der Gottesfrage, sondern entzünden sich an der Kirche; zugleich präzisiert, wer den Glauben rational verantwortet, damit ja auch seine Bedeutung; und wer seine Bedeutung erschließt, fragt auch nach Gründen und Gegengründen – und gerät so an die Frage danach, was überhaupt vernunftgemäß ist etc. Kurz: Die Lage ist fraglos komplexer als das traditionelle Schema suggeriert. Gleichwohl ist die skizzierte Struktur sinnvoll, weil sie eine erste Orientierung bietet und zugleich erkennen lässt, dass die Fragen nach *Gott, Jesus Christus* und der *Kirche* die großen materialen Schnittflächen von Dogmatik und Fundamentaltheologie bilden.

1.4 Ein Reiseplan. Oder: Zum Aufbau dieses Buchs

Was heißt das eben Gesagte für dieses Buch? Es bedeutet, dass eben diese drei großen Fragen nach Gott, Jesus Christus und Kirche auch hier eine strukturierende Funktion haben werden – und zwar im Verbund mit epistemologischen und hermeneutischen Reflexionen. Stellt man sich dieses Buch als Reise vor, dann lässt sich der Reiseprospekt in aller Kürze wie folgt skizzieren:

a) Die ersten beiden Kapitel im Anschluss führen uns ins weite Feld *de locis theologicis*: Sie widmen sich den zwei zentralen epistemischen Ressourcen theologischer Reflexion, d. h. jenen *Erkenntnismedien*, mit denen nach klassischem Verständnis theologisch primär gearbeitet wird – nämlich Glaube und Vernunft (Kapitel 2 und 3).
b) Danach folgen Kapitel, die in drei unterschiedlichen Ausflügen die *Frage nach Gott* thematisieren: Ein *erster Ausflug* beschäftigt sich traditionell mit Gottesbegriffen und -beweisen sowie Eigenschaften Gottes (Kapitel 4 bis 6); der *zweite Ausflug* lässt dann exemplarische Anfragen an die Rede von Gott sichtbar werden, wie sie primär mit Neuzeit und Moderne entstehen (Kapitel 7 bis 9). Eine *dritte und etwas längere Wegstrecke* behandelt schließlich die wohl wichtigste Herausforderung für den Glauben an Gott, nämlich die Frage nach dem Leid (Kapitel 10).

c) Im Anschluss finden sich vier Kapitel, die sich mit der *Frage nach Jesus von Nazaret* auseinandersetzen, den der christliche Glaube als *Christus* bzw. näherhin als *Selbstmitteilung Gottes* versteht. Die einzelnen Reiseetappen widmen sich dabei Fragen nach dem historischen Jesus, nach der mit ihm verknüpften Heilserfahrung sowie den christologischen Dogmen der ersten Konzilien (Kapitel 11 bis 13). Am Ende gelangen wir auf diesem Weg – insofern der christliche Glaube an den dreifaltigen Gott in Jesus Christus erschlossen ist – auch in das Feld der Trinitätstheologie (Kapitel 14).
d) Vier weitere Kapitel führen in Diskurslandschaften rund um die *Frage nach der Kirche*: Einzelne Touren beschäftigen sich mit Kirche im engeren Sinn, mit den Sakramenten im Allgemeinen sowie mit konfessionellen Konflikten und ökumenischen Konsensen (Kapitel 15 bis 17). Den Abschluss dieses Teils bilden Reflexionen darauf, wie aus christlicher Perspektive andere religiöse Traditionen eingeschätzt werden können (Kapitel 18).
e) Am Ende der Reise stehen schließlich Ausfahrten in zwei unterschiedliche thematische Gegenden: Zuerst geht es auf eschatologischen Pfaden in Diskurse rund um die christliche Auferstehungshoffnung (Kapitel 19), ehe gewissermaßen eine wissenschaftstheoretische Landpartie den Abschluss des Buches bildet (Kapitel 20).

All diese Reiseabschnitte sowie die wichtigsten Übergänge werden von insgesamt *sieben Zwischenreflexionen* zusammengehalten: Sie sollen helfen, bisherige Wegstrecken mit neuen Etappen zu verbinden und den Überblick zu behalten – und können zum Einstieg auch da sinnvoll sein, wo man nicht die gesamte Reise unternimmt, sondern sich nur einige Tagesausflüge, also Kapitel vornimmt. Hinweise für die etwaige Arbeit mit dem Buch sind in einer sog. *Lektüre- und Arbeitsorientierung* am Ende gesammelt, während Erläuterungen zu Textgestaltung, Literatur, Zitation etc. in den *Vorbemerkungen des Literaturverzeichnisses* zu finden sind.

Damit ist zwar der ungefähre Weg bezeichnet, aber natürlich noch nicht absehbar, was er tatsächlich bringen wird – das übersteigt die Möglichkeiten einer Reiseplanung. Um es mit J.R.R. Tolkien bzw. seinen Hobbits zu sagen: „Still around the corner there may wait / A new road or a secret gate" (2002, 76). Aber die Möglichkeit des Unerwarteten spricht ja nicht gegen das Reisen, sondern ist ein Versprechen: Die Neugierde und Zuversicht, die darin liegen, leiten uns in die nächsten Kapitel.

2 Religiös glauben?

Theologie ist Nachdenken über Gott – aus dem Glauben heraus, an Vernunft orientiert: So simpel war Theologie in erster Annäherung erläutert worden. Die Formulierung lädt zu weiteren Reflexionen insbesondere hinsichtlich ihrer konstitutiven Begriffe *Glaube* und *Vernunft* ein. In der folgenden Einheit soll der Begriff des Glaubens reflektiert werden: Ausgangspunkt ist ein Gleichnis, in dem verschiedene Aspekte religiösen Glaubens eine Rolle spielen (2.1); diese Aspekte sollen dann im Blick auf Glauben als Vertrauen (2.2) und auf den Inhalt des Glaubens (2.3) erörtert werden. Es folgt eine Zusammenfassung der Überlegungen (2.4) sowie der Blick auf eine offene Frage, die ins nächste Kapitel überleitet (2.5).

2.1 Was heißt es, zu glauben? Ein Gleichnis

Beginnen wir die Beschäftigung mit der Frage, was Glauben im christlichen Verständnis meint, über einen Seiteneingang: mit einer Geschichte des englischen Philosophen Basil George Mitchell (1917–2011).

> In Kriegszeiten trifft in einem besetzten Land ein Mitglied der Widerstandsbewegung einen Fremden, der einen tiefen Eindruck auf ihn macht. Sie verbringen die Nacht im Gespräch miteinander. Der Fremde eröffnet dem Partisanen, dass er selbst auf der Seite des Widerstands stünde, diesen sogar anführe, und bittet ihn eindringlich, Vertrauen zu ihm zu haben, was immer auch geschehe. Der Partisan wird bei diesem Treffen vollständig von der Aufrichtigkeit und Zuverlässigkeit des Fremden überzeugt und verpflichtet sich, ihm zu vertrauen.
> Nie wieder treffen sie sich unter vertraulichen Umständen. Aber zuweilen wird beobachtet, wie der Fremde Mitgliedern der Widerstandsbewegung hilft, und der Partisan sagt dankbar zu seinen Freunden: „Er steht auf unserer Seite."
> Zuweilen aber wird auch gesehen, wie er in Polizeiuniform Patrioten an die Besatzungsmacht ausliefert. Bei solchen Vorfällen murren die Freunde des Partisanen; aber dieser sagt weiterhin: „Er steht auf unserer Seite." Er glaubt immer noch, dass ihn der Fremde gegen allen Augenschein nicht getäuscht hat. Zuweilen bittet er den Fremden um Hilfe und erhält sie auch. Dann ist er dankbar. Zuweilen aber bittet er vergeblich. Dann sagt er: „Der Fremde wird es schon wissen." Zuweilen fragen seine Freunde verbittert: „Was müsste er denn tun, um dich zu überzeugen, dass du unrecht hattest und er nicht auf unserer Seite steht?" Doch der Partisan verweigert darauf die Antwort und erklärt sich nicht bereit, den Fremden auf die Probe zu stellen. Und zuweilen klagen seine Freunde: „Wenn du das damit meinst, dass er auf unserer Seite steht, je eher er dann zur anderen Seite überläuft, desto besser."
> Der Partisan im Gleichnis lässt nichts als entscheidenden Einwand gegen den Satz „Der Fremde steht auf unserer Seite" zu; und zwar deshalb, weil er sich zum Vertrauen dem Fremden gegenüber verpflichtet hat. Aber er sieht natürlich, dass das zweideutige Verhalten des Fremden ein Argument gegen seinen Glauben an ihn ist; denn genau diese Situation macht ja seine Glaubens-

prüfung aus. Was kann der Partisan tun, wenn er vergeblich um Hilfe bittet? Er kann folgern, dass der Fremde nicht auf seiner Seite steht; oder daran festhalten, dass er auf seiner Seite steht, aber Gründe hat, seine Hilfe vorzuenthalten. Das Erste zu tun, wird er sich weigern. Wie lange aber kann er die zweite Position einnehmen, ohne dass dies einfach töricht wird?
Ich denke, das lässt sich nicht im Vorhinein sagen. (1985, 216–217)

Die Geschichte ist als Gleichnis konzipiert: Sie will erhellen, wie religiöser Glaube funktioniert, und legt nahe, den Glauben an Gott in Analogie zum Vertrauen des Widerstandskämpfers auf den Fremden zu verstehen. Es geht um Vertrauen, bestimmte Überzeugungen, eine Entscheidung, um Unverständnis und eine ‚Prüfung' – und es geht um Fragen nach der Vernünftigkeit dieses Vertrauens. Diese und andere Elemente kehren in den folgenden Punkten wieder, wenn es um die Eigenart dessen geht, was es heißt, in einem religiösen (spezifischer: in einem christlichen) Sinn zu glauben.

Eine erste Unterscheidung, die sich dabei aus dem Gleichnis ergibt und die die folgende Darstellung strukturiert, ist jene von *Glaubensinhalt* und *Glaubensakt*. Offenkundig bezieht sich der Glaube des Partisanen auf bestimmte Inhalte (etwa dass der Fremde auf Seiten des Widerstands steht), ist aber auch eine zutiefst persönliche Haltung, ein Akt des Vertrauens. Diese Differenz ist auch aus der sog. *theologischen Erkenntnislehre* bekannt, die innerhalb der Theologie darüber nachdenkt, wie christlicher Glaube ‚funktioniert'. Die Unterscheidung entspricht der Beobachtung, dass man nach dem Glauben zweifach fragen kann: „*Was* glaubt jemand, der glaubt?" und „Was *tut* jemand, der glaubt?". Die erste Frage zielt auf die sog. *fides quae (creditur)*, den Glaubensinhalt, der verbindlich zu glauben ist. In traditioneller Sprechweise ist der Inhalt das sog. *depositum fidei*, das Glaubensgut, welches die Kirche in Form wahrer Sätze (so eine klassische Vorstellung) aus der göttlichen Offenbarung empfangen hat, um sie zu lehren, auszulegen und weiterzugeben. Die zweite Frage fragt nach dem Glaubensakt, die sog. *fides qua (creditur)*: Hier geht es um die Haltung, mit der geglaubt wird. Die Frage nach dieser Haltung soll uns im nächsten Punkt beschäftigen.

2.2 Wie funktioniert Vertrauen? Zur Tiefendimension der *fides qua*

2.2.1 Zur inneren Struktur des Glaubens

Was tut, wer glaubt? Glauben, so schreibt Frère Roger Schutz (1915–2005) zu dieser Frage, ist „ganz einfaches Vertrauen auf Gott, ein unerlässlicher, im Leben unentwegt neuer Aufbruch des Vertrauens" (2005). Es ist vielleicht die einfachste und passendste Antwort auf die Frage nach der *fides qua*: *Was tut diejenige, die glaubt? Sie vertraut auf Gott.*

Dieses Vertrauensmoment religiösen Glaubens hat man im Blick, wenn man vom sog. *fiduziellen Glauben* spricht; es lässt sich etwa mit Thomas von Aquin weiter verfeinern, der im Blick darauf drei Aspekte unterscheidet (vgl. STh II-II q2 a2): Wer religiös glaubt, der

- *glaubt, dass Gott existiert (credere Deum esse).* Hier spricht man vom sog. *doxastischen Glauben* (von δόξα, Meinung), bei dem es darum geht, dass *etwas für wahr gehalten* wird (nämlich der Gehalt der *fides quae*). Im Gleichnis ist das offensichtlich: Der Partisan, der dem Fremden vertraut, hält zugleich bestimmte Aussagen über ihn für wahr (etwa dass der Fremde nicht lügt, dass er auf ihrer Seite steht, dass er nach seinen Möglichkeiten für sie agiert etc.). Auch aus dem Alltag ist die doxastische Dimension von Vertrauen bekannt: Wer seinem Arzt vertraut, wird zugleich eine Reihe von Aussagen über ihn für wahr halten (etwa dass er nicht lügt, medizinisch kompetent ist, seinen Job professionell erledigt etc.). Entsprechend wird, wer Gott vertraut, analog bestimmte Überzeugungen für wahr halten (etwa dass Gott existiert, gütig ist etc.). Kurzum: Fiduzieller Glaube (im Sinne von Vertrauen) *umfasst* doxastischen Glauben (im Sinne des Fürwahrhaltens von Aussagen).
Will man doxastisches Glauben näher erhellen, zeigt sich folgendes Bild: „Glauben" im doxastischen Sinn bezeichnet eine Einstellung des Fürwahrhaltens im Blick auf einen sog. *propositionalen Gehalt*, einen Inhalt, der in der Satzform „dass p" ausgedrückt werden kann (wobei p in der Folge immer für einen propositionalen Gehalt steht, vgl. 3.3). Wenn der Partisan glaubt, dass der Fremde auf Seiten des Widerstands steht, dann ist „Der Fremde steht auf Seiten des Widerstands" der propositionale Gehalt p, auf den sich der Partisan mittels des sog. *doxastischen Operators* „glauben" bezieht; man spricht auch von einer sog. *propositionalen Einstellung*. Dabei sind Gewissheitsgrade denkbar: Doxastisches Glauben ist schwach, wenn man p bloß für wahrscheinlich hält, es ist stark, wenn man von p überzeugt ist. In beiden Fällen wird p für wahr gehalten, die subjektive Gewissheit ist aber unterschiedlich. Thomas geht für religiösen Glauben davon aus, dass er tendenziell mit starken Überzeugungen einhergeht; das Gleichnis unterstützt diese Interpretation: Würde der Partisan *bloß vermuten*, dass der Fremde *vielleicht* für den Widerstand agiert, würde er seine Vermutung wohl beim ersten Bedenken aufgeben; zugleich scheinen starke Überzeugungen aber Zweifel auch nicht ganz auszuschließen, wie die Geschichte ebenfalls andeutet – diese Wahrnehmung ist für später zu notieren. Der entscheidende Punkt fürs Erste jedenfalls ist, dass religiöser Glaube das Fürwahrhalten von Sätzen einschließt *(belief that)*.
- *glaubt Gott (credere Deo).* Was Thomas mit diesem Aspekt der *fides qua* meint, lässt sich am Gleichnis leicht nachvollziehen: Der Partisan glaubt das, was er doxastisch für wahr hält, *weil er dem Fremden glaubt*. Das Vertrauen in den Fremden ist also der *formale Grund* dafür, dass er doxastisch für wahr hält, was er für wahr hält. Das ist deshalb von Interesse, weil man fragen kann, ob, wie und in welchen Fällen es möglich ist, Überzeugungen im Rekurs auf Autorität, Verlässlichkeit, Kompetenz Dritter zu begründen; und unter welchen Umständen es moralisch legitim ist, sich darauf zu verlassen (vgl. dazu 7.2.2). *Unter bestimmten Umständen* scheint beides möglich zu sein: Im Alltag ist es jedenfalls nichts Ungewöhnliches, aber auch im Gleichnis erscheint es nicht *per se* irrational. Auch dieser Aspekt ist Thomas zufolge für christlichen Glauben in Rechnung zu stellen: Gott ist der formale Grund dafür, dass wir glauben, was wir glauben.
- *glaubt an Gott (credere in Deum).* Schließlich betont Thomas, dass Glaube auch eine Dimension freier Entscheidung umfasst: Es gibt keinen Zwang, keinen Automatismus zu glauben – und das „Glauben an" soll das ausdrücken. Auch im Gleichnis scheint dieser Aspekt auf:

Die Situation ist keineswegs so, dass der Widerstandskämpfer den Fremden als Verbündeten verstehen *muss*. Es gibt eine gewisse Ambivalenz, die erklärt, warum der Fremde eindringlich darum bittet, ihm zu glauben; und es gibt offensichtlich einen gewissen Spielraum, der sich nicht einfach durch Beweismaterial endgültig ausräumen lässt. Auch das kennt man analog aus dem Alltag. Wenn sich ein Paar einen Ruck gibt und sich entscheidet zu heiraten, könnte es sagen: *„Let's do this* – glauben wir an unsere Beziehung!" In der (unangenehm pathetischen) Formulierung steckt eben dieser Gedanke: Glaube hat etwas damit zu tun, in einer ambivalenten Situation bewusst Ja zu sagen. Thomas zufolge ist das für den christlichen Glauben wesentlich: Er betrifft nicht bloß den Intellekt (der propositionale Gehalte für wahr hält, weil er dessen Quelle, Gott, als vertrauenswürdig einschätzt), sondern hat auch mit unserer Freiheit zu tun. Er ist ein bewusstes Ja, ein „zustimmendes Denken" (STh II-II q2 a1 c).

Diese Analyse schlüsselt auf, welche Aspekte fiduzieller Glaube im Sinne von Vertrauen *umfasst*. Vor allem der zweite Aspekt regt zu weiteren Überlegungen an, weil hier am offensichtlichsten jene personale Dimension involviert ist, die für das christliche Verständnis von Glauben von entscheidender Bedeutung ist. Stellen wir uns kurz folgendes Szenario vor: Man ist auf einer Bergtour und fühlt sich etwas kränklich; zufällig hat man sein altes, nicht mehr ganz zuverlässiges, aber lange bewährtes Fieberthermometer mit im Rucksack und misst seine Körpertemperatur. Wenn man der Messung des Thermometers Glauben schenkt, glaubt man rein formal – so könnte man sagen – im eben beschriebenen Sinn: Es gibt einen propositionalen Gehalt p („Ich habe 37,5°"), einen formalen Grund des Glaubens (die *prinzipielle* Vertrauenswürdigkeit der Messung) und das Moment bewusster Entscheidung (da die Angaben *im Einzelnen* nicht mehr völlig zuverlässig sind, muss man entscheiden, ob man sie noch als Richtwert verwenden will oder nicht mehr). Das Beispiel macht *ex negativo* ein wichtiges Charakteristikum christlichen Glaubens sichtbar: Dieser denkt Gott als *personales* Gegenüber, d. h. seine Vertrauenswürdigkeit gleicht nicht der eines Messapparats, sondern jener von Personen. Religiöses Vertrauen wird in der christlichen Theologie also (wie auch das Gleichnis deutlich macht) grundlegend in Analogie zu zwischenmenschlichem Vertrauen begriffen.

Das hat Konsequenzen auch hinsichtlich der spannenden Frage, was genau es ist, das jemanden zum Glauben bewegt bzw. was Vertrauen weckt. Thomas etwa hält fest, dass man keineswegs meinen solle, spektakuläre Wunder o. Ä. wären eigentlich der formale Grund des Glaubens oder würden uns zum Glauben bringen: „Viele sehen das gleiche Wunder und hören die gleiche Predigt, glauben aber nicht, während andere glauben" (STh II-II q6 a1 c; vgl. Lk 17,11–19). Was ist es also, wenn es nicht „äußeres" Beweismaterial ist, das Vertrauen erweckt? Thomas wählt leise Töne und formuliert dezent: Es ist Gottes stilles Werben in uns, das zum Glauben an ihn einlädt und Vertrauen weckt (vgl. STh II-II q2 a9 ad3). Wir können offenlassen, wie still und zurückhaltend dieses Werben sein mag, wie es sich vernehmen lässt, wie man überhaupt wissen kann, dass es nicht bloß eingebildet ist, oder wie leise das eigene Ja sein kann, um als Ja zu gelten – entscheidend ist die existentielle Dimension dieses Geschehens: Glauben ist eine Antwort auf das Werben Gottes, es ist letztlich Vertrauen auf Gott.

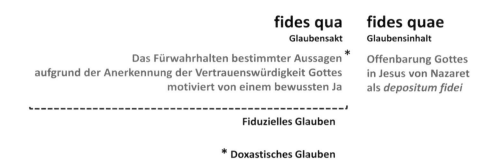

2.2.2 Zur epistemischen Logik des Glaubens

a) Hasen und Enten: Die Eröffnung einer neuen Sicht der Dinge

Die letzten Bemerkungen streiften die subtile Frage, *wie* man zum Glauben kommt. Man kann diesen Vorgang auch in anderer Hinsicht thematisieren und fragen, *was* geschieht, wenn man zum Glauben kommt: Was für eine Art von Erfahrung ist es, die den Widerstandskämpfer zum Vertrauen bewegt, und was geschieht dabei epistemisch? Die folgenden Abschnitte stellen diese und damit verbundene Fragen aus der Perspektive der sog. *religious epistemology*. Diese fragt nicht spezifisch nach der Eigenart *christlichen* Glaubens, sondern philosophisch-epistemologisch orientiert, wie *religiöse Überzeugungen allgemein* funktionieren.

Kommen wir dazu nochmals auf das Gleichnis zurück: Was geschieht im Gespräch jener langen Nacht? Eine bekannte Deutung liefert der englische Theologe Ian T. Ramsey (1915–1972), mit dem man hier von einer sog. *disclosure*-Erfahrung sprechen kann (1957): Dem Partisanen wird im Gespräch der Nacht eine neue Sicht der Dinge erschlossen, ihm erscheinen die Dinge wie in ein neues Licht getaucht. Das Vertrauen, das er fasst, ist also mit einer epistemisch-hermeneutischen (Neu-)Erschließung *(disclosure)* verbunden: Plötzlich erkennt der Partisan, dass der Widerstand nicht nur die Sache einer kleinen Gruppe ist, sondern es auch innerhalb des Regimes Verbündete gibt, dass er und seine Freunde nicht allein kämpfen, sondern es eine größere Bewegung zum Umsturz der Besatzungsmacht gibt. Man kann diese *disclosure*-Erfahrung mit einem Gedanken des österreichischen Philosophen Ludwig Wittgenstein (1889–1951) erhellen, der zwischen dem „stetigen Sehen' eines Aspekts und dem ‚Aufleuchten' eines Aspekts" unterschieden hatte (PU Teil II, XI) und das mit dem Hasen-Enten-Kopf von Joseph Jastrow (1863–1944) illustrierte: Man sieht eine Ente – und plötzlich kippt das Bild und man erblickt den Hasen. Der Hase ‚leuchtet' gewissermaßen auf, d. h. es erschließt sich ein neuer Blick auf das, was ist. Eben dies kann man auch für das Gespräch jener Nacht geltend machen: Dem Partisanen eröffnet sich durch sein Vertrauen in den Fremden eine neue Deutung der Dinge – nicht die Welt ändert sich, aber sein Verständnis der Welt. Das lässt sich als Vorlage für ein besseres Verständnis religiösen Glaubens verwenden: Wer religiös glaubt, sieht keine andere Welt, sondern sieht die Welt anders, d. h. er deutet, was ihm begegnet und widerfährt, im Licht seines Vertrauens auf Gott. Anders formuliert: Im Vertrauen auf Gott ist ein bestimmter Deutungs- und Interpretationsrahmen eröffnet, ein bestimmtes Weltbild. Das ist (ganz unabhängig von der Frage, *wie* man zum Glauben kommt, d. h. ob man in ihn und sein Weltbild hineingeboren wurde oder konvertiert ist) ein systematisch anregender Gedanke: dass sich Glauben als  Einstellung zu Welt und Leben verstehen lässt, in deren Licht gedeutet und bewältigt wird, was darin begegnet. Um diese Überlegung weiterzuverfolgen, kann man sich auf andere Überlegungen aus der Spätphilosophie Wittgensteins berufen – sie bilden die Leitlinien für den folgenden Abschnitt (vgl. dazu allg. von Stosch 2001).

b) Aliens und Geheimagenten: Die epistemische Logik von Weltbildüberzeugungen

Beginnen wir bei einem Gemeinplatz, von dem sich leicht vorstellen lässt, dass ihn auch die Freunde des Widerstandskämpfers in Gesprächen mit ihm verwendet haben: „Du *glaubst*, dass jener Offizier auf unserer Seite steht, aber Du *weißt* es nicht: *Glauben heißt nichts wissen!*" Wer so spricht, ruft das Bild eines epistemischen Spektrums auf: Links ist *bloßes Vermuten* und rechts *sicheres Wissen* vermerkt. In diesem Bild erscheint alles, was nicht Wissen ist, als defizitär – und es ist klar, wo religiöser Glaube eingetragen ist (ganz weit links) und wonach man streben sollte (nach ganz weit rechts): Wissen ist der epistemische Goldstandard, Glaube demgegenüber bloß Katzengold. Aber ist religiöser Glaube eine Form von Vermuten? Und ist er deshalb gleichsam strukturell defizitär?

An dieser Art zu denken regt sich Wittgensteins Unbehagen, und zwar im Kontext einer gänzlich nicht-religiösen Fragestellung, die wir kurz darstellen wollen. Im posthum erschienenen Werk „Über Gewissheit" beschäftigt er sich unter anderem mit dem berühmten Beweis für die Existenz einer Außenwelt, den der britische Philosoph

George E. Moore (1873–1958) vorgelegt hatte. Moore ging dafür in Vorträgen ganz einfach vor: Er hob eine Hand, dann die andere und hielt fest, er wisse, dass da zwei Hände seien; da Hände Objekte der Außenwelt seien, wisse er folglich auch, dass eine Außenwelt existiere. *As simple as that*. Wittgenstein irritiert an diesem ‚Beweis' die Verwendung des Wortes *Wissen*, denn Wissen hängt ihm zufolge mit der Möglichkeit eines Irrtums zusammen – wo man sich sinnvollerweise nicht irren kann, kann man daher auch nichts wissen. Wie aber wäre denkbar, dass man sich darüber irrt, zwei Hände zu haben? Kann man in der Küche stehen und sagen: „Huch, ich habe mich geirrt, ich habe doch keine Hände!", so wie man sagen kann: „Huch, ich habe mich geirrt, es ist doch kein Olivenöl mehr da!"? Natürlich sind solche Szenarien in der Literatur denkbar, wo man auch schon mal als Käfer aufwacht – aber das ist eben der Unterschied: Um einen solchen Irrtum überhaupt als möglich denken zu können, muss man fiktionalen Aufwand betreiben. Im Alltag spielen solche Gedankenexperimente keine Rolle – es reicht höchstens für *paper doubt*, nicht für ernsthaften Zweifel.

Die Folgefrage ist klar: Wie soll man Überzeugungen wie „Ich habe zwei Hände" einordnen, wenn es *nicht* sinnvoll ist, sie als Wissen zu etikettieren? Wittgenstein führt hier den Gedanken des Weltbilds bzw. der Weltbildüberzeugungen ein: In Sätzen wie „Das Universum ist älter als 10 Jahre", „Menschen sind anders zu behandeln als Steine" oder „Naturgesetze gelten überall" drückt sich kein Wissen aus, sondern wird ein Weltbild ansichtig. Weltbildüberzeugungen werden nicht wie Wissen erworben, sondern praktisch ‚erhandelt', sie regeln unser Leben und bewähren sich darin: Durch ihre Brille nehmen wir die Welt wahr, in ihrem Licht sehen wir die Welt und handeln wir. Weltbildüberzeugungen sind in dieser Lesart kein Wissen, aber nicht epistemisch defizitär, sondern sie haben eine wichtige epistemische Funktion: Sie sind das Biotop für unsere Argumente, sie sind, wie Wittgenstein schreibt, der „überkommene Hintergrund, vor welchem ich zwischen wahr und falsch unterscheide" (ÜG 94).

> Man kann sich diese epistemische Funktion an einem fiktionalen Beispiel veranschaulichen: Zu den Weltbildüberzeugungen des FBI-Agenten F. Mulder gehört es, dass Aliens existieren, die die Erde besucht haben und ihre Existenz vom Geheimdienst der USA in einer großen Verschwörung verschleiert wird (sog. *Area-51-Überzeugung*). Entsprechend deutet er alles, was er liest, hört und wahrnimmt, im Licht dieser fundamentalen Überzeugung: Außenpolitische Aktionen sind Ablenkungsmanöver, Flugzeuglichter am Nachthimmel intergalaktische Kommunikationssysteme, Familienmitglieder von Kollegen verdeckte Agenten u. a. Kurz: Die Area-51-Überzeugung regelt Mulders Leben und seine Deutung der Welt umfassend. Das erklärt auch, warum die Gegenargumente seiner FBI-Kollegin D. Scully nicht überzeugen: Alles, was ihm Scully als Gegenargument anbietet („Das da drüben ist keine Agentin, meine Güte! Es ist Lotte, die Tochter der Chefin – und sie ist gerade erstmal drei Monate!"), deutet Mulder im Licht der noch fundamentaleren Area-51-Überzeugung anders: „Die Aliens sind uns weit voraus, sie haben geheimes medizinisches Wissen, das ihnen erlaubt, auch Säuglinge zu Geheimagenten auszubilden! Und *gerade* die Tochter der Chefin ist prädestiniert dafür!"

Das Beispiel atmet Irrsinn, aber die freigelegte epistemische Logik ist *rein formal* nichts Außergewöhnliches. Das ist eine Pointe von Wittgensteins Ausführungen: *Wir alle haben fundamentale Überzeugungen, die unser Leben regeln und nach denen wir bemessen, ob wir etwas für plausibel halten oder nicht.* Die Überzeugung etwa, dass Belebtes anders zu behandeln ist als Unbelebtes, funktioniert grundsätzlich analog: Sie reguliert die Art und Weise, wie wir mit Menschen und Dingen umgehen, sie prägt unsere Wahrnehmungen und Praktiken – und sie ist Argumenten offenkundig nur bedingt zugänglich. Wenn man uns z. B. erklären würde, dass Batterien eine Seele hätten (sie tragen ja Energie in sich!) und daher besondere Rechte besäßen, würden wir verständnislos reagieren: Nach den Maßstäben unseres Weltbilds gibt es schlicht nichts, was diesen Gedanken für uns auch nur annähernd lebenspraktisch plausibel machen könnte.

Brechen wir die Darstellung an dieser Stelle ab, um zur Frage nach der Eigenart religiöser Überzeugungen zurückzukehren: Warum sind Wittgensteins Ausführungen für das Verständnis religiösen Glaubens relevant? Der Grundgedanke ist simpel: Religiöse Überzeugungen partizipieren an der epistemischen Logik von Weltbildüberzeugungen. Überzeugungen wie jene, dass der Mensch Gottes Ebenbild ist, dass er mehr als sein Scheitern ist und von Gott unbedingt geliebt wird, regulieren offenkundig den Umgang religiöser Menschen mit anderen Menschen: Im Licht dieser Überzeugungen nehmen wir andere wahr, halten wir bestimmte Aussagen für plausibel oder nicht, bewerten wir den Umgang mit unseren Mitmenschen und orientieren wir uns im Handeln. Das ist eine gänzlich andere Sache als *bloßes Vermuten* – und es ist keineswegs epistemisches Katzengold.

c) Papayas und Pitayas: Das Immunisierungsproblem des Glaubens

Bezieht man diese Bemerkungen auf das Miteinander von religiösen und nicht-religiösen Weltbildern, können die Ausführungen des letzten Punktes durchaus Unbehagen bereiten: Folgt daraus nicht, dass sich religiöse und nicht-religiöse Zeitgenossen voller Unverständnis gegenüberstehen? „Die Welt des Glücklichen ist eine andere als die des Unglücklichen", schreibt Wittgenstein in früheren Jahren (TLP 6.43). Man kann fragen, ob das auch für religiöse und säkulare Bürger gilt – weil die religiöse Deutung der Welt für den säkularen Bürger ebenso unverständlich ist wie die säkulare Deutung für die religiöse Bürgerin. Ist das die Konsequenz der bisherigen Überlegungen?

Man muss den Ertrag der letzten Darlegungen (nämlich dass religiöse Überzeugungen an der Logik von Weltbildüberzeugungen partizipieren) gerade unter diesem Gesichtspunkt auf mögliche problematische Implikationen hin gegenlesen. Solche lassen sich anhand einer griffigen Formulierung des mittelalterlichen Denkers Bernhard von Clairvaux (1090–1153) freilegen: *fides piorum credit, non discutit* (Epistula 338,1) – der Glaube der Frommen glaubt, er diskutiert nicht: Er lebt gleichsam aus der

Erfahrung des Glaubens, nicht von der Diskussion. So markig, wie es hier formuliert ist, wird eine argumentativ heikle Struktur sichtbar. Diese sieht wie folgt aus, wenn man sie auf das Gleichnis umlegt: *Wer nicht die Nacht im Gespräch mit dem Fremden verbracht hat, wer nicht weiß, wie diese Nacht war und wie überzeugend, authentisch und vertrauenswürdig der Fremde war – dem fehlt Entscheidendes. Er kann in gewisser Weise gar nicht mitreden. Seine Einwände sind nicht plausibel, sie treffen nicht wirklich, denn ihnen fehlt die Erfahrung dieser Nacht.* Man muss die starke Seite darin sehen, bevor man das Problem benennt: Es ist tatsächlich nicht ausgeschlossen, dass sich bestimmte *Gehalte* nur in bestimmten *Vollzügen* erschließen (vgl. 16.3.3). Anders formuliert: Es ist denkbar, dass eine spezifische Erfahrung eine Perspektive oder Einsicht eröffnet, die (anderen) ohne diese Erfahrung verschlossen ist und bleibt. Wer etwa noch nie Papayas und Pitayas gegessen hat, weiß schließlich auch nicht, wie Papayas und Pitayas schmecken – und sollte sich vielleicht besser zurückhaltend darüber äußern.

> Das Beispiel des Schmeckens – i. e. eines sog. *Qualia*-Phänomens, einer Erfahrung, *wie* etwas ist – ist nicht zufällig gewählt, weil es Anknüpfungspunkte zu religiösen Traditionen gibt. In der Mystik ist etwa immer wieder vom Schmecken Gottes die Rede, d. h. einer Gotteserfahrung, die sich nicht einfach in propositional strukturierte Sätze überführen lässt. Wie es ist, eine Pitaya zu essen, lässt sich jemand anderem nicht einfach durch Sätze der Form „Es ist der Fall, dass p" mitteilen – und Analoges gilt für eine religiöse Erfahrung: Sie lässt sich nicht vollständig kommunizieren oder in eine Form doxastisch-propositionalen Glaubens überführen. Daher unterscheidet u. a. Bonaventura (1221–1274) eine *cognitio Dei quasi experimentalis*, die gleichsam erfahrungsgetragene Erkenntnis Gottes, von einer *cognitio Dei speculativa*, der propositional strukturierten Gotteserkenntnis (u. a. Sent. III d34/1 a2 q2 ad2; vgl. auch STh II-II q97 a2 ad2).

Die Versuchung, die darin steckt, ist ebenso real wie das Problem, das darin schlummert: Erhebt man diese Form der Argumentation zur Maxime im Umgang mit Rückfragen, immunisiert man sich strukturell gegen jede Kritik, d. h. man verkapselt sich in seinem Glauben wie in einer Ideologie. Die Anfrage einer Atheistin könnte dann einfach mit dem Hinweis abgelehnt werden, dass sie ja nicht wisse, *wie es ist*, aus dem Vertrauen auf Gott zu leben, und daher gar nicht verstehe, worum es *eigentlich* geht – und deshalb ihre Kritik gegenstandslos sei. Analog ließe sich diese Form der Argumentation innerhalb der eigenen Glaubensgemeinschaft anwenden, man sieht darin das dunkle Leuchten fundamentalistischen Denkens: *Wer Fragen stellt oder gar zweifelt, hat bloß zu wenig Glauben; wenn er oder sie wirklich und genügend glauben würde, würden sich diese Fragen nicht mehr stellen.* Freilich ist damit der tiefste Punkt noch nicht erreicht: Man kann den Hinweis auf die je eigene Innenperspektive nämlich *immer und in allem* anbringen. Niemand weiß schließlich, *wie es für mich ist, ich zu sein und die Dinge wie ich zu sehen* – und entsprechend kann man jedem allezeit das Recht bestreiten, Kritik an irgendetwas zu üben, was mit mir zu tun hat!

Eine solche Argumentationsform ist gleichermaßen falsch wie toxisch: Sie vergiftet Denken *und* Glauben, gerade die letzte Überlegung zeigt ihre Absurdität. Besonders in religiösen Kontexten deckt sie mit *moralischer* Geste (mit dem subtilen Vorwurf, zu wenig zu glauben bzw. im paternalistischen Mitleid, zu wenig stark zu glauben) zu, dass es etwas *in der Sache* zu diskutieren gibt. Vermutlich ist diese Form zu argumentieren besonders in jenen Kontexten eine Versuchung, in denen lebenstragende Überzeugungen involviert sind (wie man auch aus der Geschichte politischer Bewegungen weiß, die ebenfalls gefährdet sind, in ihren Programmen ideologisch zu verhärten). Der entscheidende Punkt ist allerdings, dass Immunisierung und Ideologisierung keineswegs strukturell notwendig mit religiösem Glauben verbunden sind. Mehr noch: Das Gleichnis vom Beginn des Kapitels macht deutlich, dass Glaube in spezifischer Weise mehr als andere Weltbildüberzeugungen sensibel für Irritationen und Anfragen ist. Dies soll im nächsten Punkt erläutert werden.

d) Vertrauen und Zweifel: Die Irritationssensibilität des Glaubens

In Basil Mitchells Gleichnis erfährt der Widerstandskämpfer Grenzen, den Mitstreitern seine Sicht der Dinge plausibel darzulegen: Der Fremde hilft den Widerstandskämpfern immer wieder, aber nicht regelmäßig, zudem erzeugen von ihm mitverantwortete Verhaftungen Rückfragen – die Freunde zeigen sich in ihrer enttäuschten Hoffnung verbittert, der Partisan aber vertraut weiterhin auf den Fremden. Freilich tut er dies nicht unbeirrt, und eben diese Beobachtung ist in unserem Zusammenhang von Interesse: Sein Vertrauen ist offensichtlich irritationssensibel, d. h. seine Wahrnehmung der Welt ruht nicht selbstgenügsam in sich oder verschließt die Augen vor Problemen. Wenn der Partisan „natürlich" sieht, „dass das zweideutige Verhalten des Fremden ein Argument gegen seinen Glauben an ihn ist", ist das ein Hinweis darauf, dass sein Vertrauen gerade nicht ideologisch blind ist. Mehr noch: So wie Mitchell die Geschichte entwickelt, leidet der Widerstandskämpfer selbst an der Ambivalenz der Ereignisse. Es ist von einer „Glaubensprüfung" die Rede, eine Wortwahl, die auf einen existentiell belastenden Vorgang hinweist.

Das macht darauf aufmerksam, dass eine Haltung religiösen Vertrauens Fragen, Zweifel oder Anklage keineswegs ausschließt: Wer auf Gott vertraut, wird weder für andere noch für sich selbst Antworten auf alle Fragen haben, er wird auch die Komplexität, Probleme und Herausforderungen des Lebens nicht los – und sollte dies weder erwarten noch anderen oder sich selbst vorspielen: „Ich bilde mir nicht ein, das Ziel schon erreicht zu haben", schreibt Paulus sinngemäß, wie um sich selbst und andere genau daran zu erinnern (vgl. Phil 3,13): Noch sind wir alle gemeinsam auf dem Weg. Man kann den Gedanken in Rekurs auf den Hasen-Enten-Kopf auch lockerer formulieren: *Wer die Ente sieht, muss für den Hasen nicht blind geworden sein* – das ist keineswegs Zeichen eines *schwachen Vertrauens*, sondern Moment eines *wachen Glaubens*, der sich nicht verhärtet hat oder abgestumpft ist. Daran wird deutlich, dass religiöser Glaube bzw. religiöse Überzeugungen zwar *in gewisser Hinsicht* an der Logik von Weltbildüberzeugungen partizipieren, aber anders funktionieren als etwa die fundamentale

Überzeugung, zwei Hände zu haben oder noch nie am Mond gewesen zu sein: Letzteres mag man Zeit seines Lebens niemals ernstlich infrage stellen, während das für religiöse Überzeugungen gerade angesichts der Theodizee-Frage (vgl. Kapitel 10) reichlich ungewöhnlich wäre.

Religiöser Glaube – so eine Einsicht, die man am Ende dieses Punkts notieren kann – lässt sich so als eine lebensorientierende Haltung des Vertrauens auf Gott verstehen, die irritationssensibel ist. Oder mit Thomas formuliert: Es kann sich auch „im Glaubenden eine Bewegung [des Fragens, Überlegens, Zweifelns] erheben, die [gleichsam] im Gegensatz zu dem steht, woran er mit großer Festigkeit vertrauend festhält" (De ver. q14 a1 c). Das ist allerdings nichts Außergewöhnliches, denn wer glaubt, ist noch nicht am Ziel – sondern auf dem Weg (vgl. 1 Kor 13,12).

2.2.3 Zur praktischen Verfasstheit des Glaubens

Man kann im Gleichnis eingangs auf eine weitere Dimension religiösen Glaubens aufmerksam werden. So lässt sich leicht vorstellen, dass das Vertrauen auf Verbündete in den Reihen des Regimes auch Einfluss darauf hat, wie der Partisan seine Aktivitäten plant und durchführt. Etwas allgemeiner formuliert: *Glauben eröffnet nicht einfach einen Deutungsrahmen, sondern ist mit einer Praxis verknüpft, d. h. mit gelebtem Leben* – er orientiert nicht allein, wie man die Dinge wahrnimmt und einschätzt, sondern zugleich auch das eigene Tun und Lassen.

> Man kann diesen Gedanken *formal* von Wittgenstein her präzisieren, der Weltbilder als praktisch ‚erhandelt' versteht. Ein Weltbild wird *nicht* zuerst theoretisch vergewissert, um dann in die Praxis umgesetzt zu werden, etwa nach dem Muster: *Zuerst lernt man kognitiv, zwei Hände zu haben – und dann handelt man entsprechend.* Ein Weltbild ist vielmehr intrinsisch praktisch verfasst: Es reguliert die Art und Weise, wie wir leben. Das gilt, insofern religiöse Überzeugungen wie gezeigt Eigenschaften von Weltbildüberzeugungen teilen, auch für religiösen Glauben: Auch er ist intrinsisch praktisch. Weil er sich allerdings nicht darauf reduzieren lässt, ist zu wiederholen, was analog schon in 2.1 deutlich wurde: Die praktisch-regulative Dimension religiösen Vertrauens schließt eine doxastisch-propositionale Dimension nicht aus, sondern ein, d. h. es gibt spezifische Gehalte, Rationalitäts- und Wahrheitsansprüche, die mit religiösen Überzeugungen erhoben werden. Die Überzeugung, dass Gott die Welt erschaffen hat, regelt z. B. nicht nur das Leben vieler religiöser Menschen und die Art und Weise, wie sie die Welt sehen; damit wird auch ein *Wahrheitsanspruch* erhoben (nämlich dass es sich *wirklich* so verhält, dass Gott die Welt erschaffen hat), von dem beansprucht wird, dass er *vernunftgemäß* ist (weil er Einsichten der Vernunft nicht widerspricht bzw. sich aus solchen sogar nahelegt).
> Man kann sogar mutmaßen, ob das Fürwahrhalten einer Überzeugung inneres Moment dessen ist, dass sie überhaupt regulativ wirksam ist – so wie der Umstand, dass der Partisan es doxastisch für wahr hält, dass der Fremde für den Widerstand arbeitet, ein Grund dafür ist, seine Aktionen so zu planen, wie er sie plant. Im Gleichnis mag das ein relevanter Aspekt sein, aber als *umfassende* Erklärung greift das zu kurz, denn offensichtlich gilt auch umgekehrt (und biographisch viel früher!), dass die praktische Dimension gelebten Lebens das doxastische Glauben

stützt: Ein Weltbild und die damit verbundene Lebenspraxis erzeugen Plausibilitäten, an denen sich ausrichtet und mitentscheidet, was wir für wahr halten.

Man kann an dieser Stelle wieder zu Einsichten der theologischen Erkenntnislehre zurückkehren, um die Praxisdimension religiösen Vertrauens *material* spezifischer zu fassen, d. h. konkret auf *christlichen* Glauben zu blicken. Der deutsche Theologe Johann Baptist Metz (1928–2019) hat in diesem Zusammenhang darauf hingewiesen, dass christlicher Glauben praktisch sei, weil auch der „christliche *Gottesgedanke* ... aus sich selbst ein praktischer Gedanke" ist (1992a, 63): Bereits ein kurzer Blick ins Alte Testament zeigt, dass es beim Glauben an Gott um Befreiung aus Sklaverei, den Kampf gegen Pharaonen, Fragen der Gerechtigkeit u. Ä. geht – und das gilt analog für das Neue Testament. Entsprechend pocht Metz darauf, Glauben nicht als theoretische Spekulation zu begreifen, sondern als *Praxis der Nachfolge Jesu*: „Nur [!] ihm nachfolgend wissen Christen, auf wen sie sich eingelassen haben und wer sie rettet" (ebd., 64), d. h. nur in der *Praxis der Nachfolge* erschließt sich die *Bedeutung des Glaubens*. Der in El Salvador lehrende Jesuit Jon Sobrino notiert ähnlich: „Nur [!] in der Nachfolge Jesu rücken wir in die Nähe der Wirklichkeit Jesu, und aus dieser verwirklichten Nähe heraus wird es möglich, Christus innerlich kennenzulernen" (1995, 580).

Sowohl Metz als auch Sobrino halten also fest, dass die *fides qua* am besten als *Praxis* zu denken ist, nämlich als *Praxis der Nachfolge Jesu*. Es ist Vertrauen auf Gott, das in der Nachfolge Jesu konkret wird – und konkret werden muss. Beide Theologen teilen auch den Gedanken, dass diese Praxis erkenntnisgenerierenden bzw. -transformierenden Charakter hat: Wer etwas praktisch lebt, „erhandelt" sich eine spezifische Form von Wissen. Er versteht manches anders als jemand, der bloß theoretisches Wissen hat, dem es aber an Praxis fehlt. Es ist ein wenig wie der Unterschied zwischen einem Tischler, der alle Angaben und Skizzen des Werkbuchs auswendig kennt *(knowing that)*, und einem Tischler, der alle Werkstücke darin auch getischlert hat, d. h. der *know-how* hat. In beiden Fällen ist doxastisches Wissen involviert, aber die handwerkliche Praxis generiert einen epistemischen Mehrwert, der sich nicht vollständig propositional erfassen und in Buchwissen abbilden lässt: Der erfahrene Tischler weiß einfach, wie man es angeht, um ein Werkstück nach allen Regeln der Kunst zu fabrizieren. Auch hier lauert freilich das Problem ideologischer Selbstabkapselung, das in 2.2.2 d bereits Thema war – und es ist entsprechend zu wiederholen, was dort gesagt wurde: Man muss diese Gefahr nüchtern sehen, denn sie ist real. Man darf aber nicht meinen, sie sei unvermeidlich: Glaube ist vielleicht gerade da, wo er sich im Leben bewähren muss, irritationssensibel.

Man kann diese Wahrnehmung im Blick auf die Frage nach der *fides qua* einspielen: *Christlicher Glaube ist fundamental eine Praxis des Vertrauens in der Nachfolge Jesu*. In dieser Praxis wird der Inhalt des Glaubens *(fides quae)* lebendig und bedeutsam, in ihr müssen sich die eigenen Deutungen des Lebens und der Welt bewähren, in ihr wird man irritiert und herausgefordert.

2.3 Was ist im Glauben Sache? Zum Reichtum der *fides quae*

Es war im letzten Punkt mehrfach die Rede davon, dass sich Glaube nicht auf das Fürwahrhalten propositionaler Gehalte *reduzieren* lässt, es aber sehr wohl eine konstitutive Rolle spielt. Tatsächlich ist das gar nicht so selbstverständlich: Wenn Christen glauben, dass Gott in Jesus von Nazaret als unbedingte Liebe offenbar wurde – dann folgt daraus, dass Offenbarung *nicht* primär die Mitteilung von Sätzen ist. Dieses *Offenbarungsverständnis* legt ein entsprechendes *Glaubensverständnis* nahe: Wenn Gott in Jesus offenbar wird, wird sich Glaube vertrauend auf seine *Person* beziehen – und nicht primär auf ein satzhaft strukturiertes *depositum fidei*. Gerade ein Blick auf das Gleichnis eingangs macht aber darauf aufmerksam, dass fiduzielles Glauben und doxastisches Glauben einander nicht ausschließen. Der Partisan, der dem Fremden vertraut, hält zugleich eine Reihe von Aussagen über ihn für wahr. Das legt nahe, im nächsten Schritt auf die *fides quae* zu blicken: den Glaubensinhalt, der verbindlich zu glauben ist. Dabei findet man sich gleich am Beginn vor elementare Fragen gestellt: Was gehört zur *fides quae* – und wer kann das verbindlich bestimmen?

Beginnen wir mit einer Überlegung bei Paulus, nämlich der Unterscheidung zwischen *Schatz* und *Gefäß* (vgl. 2 Kor 4,7): Der Schatz des Glaubens, so lässt sich das Bild verstehen, kann in verschiedenen Gefäßen transportiert werden. Vielleicht würde man heute von verschiedenen ‚Medien' sprechen, in denen der Gehalt des Glaubens codiert sein kann: Man kann in der Bibel, in Schriften der Kirchenväter, einer Predigt, im Gespräch mit anderen u. a. m. auf das stoßen, was im Glauben Sache ist. Wer wissen will, was im Glauben Sache ist, hat daher (positiv formuliert) eine ganze Reihe von Möglichkeiten (selbst wenn diese nicht alle gleichermaßen relevant oder verbindlich sind); er hat aber umgekehrt auch einiges zu berücksichtigen. In der katholischen Theologie wird das nicht rein deskriptiv, sondern normativ verstanden: Man *kann* den Inhalt des Glaubens nicht nur in Rekurs auf eine Vielzahl von ‚Medien', Codes, Repräsentationsinstanzen u. a. freilegen – sondern man *soll* das auch tun, weil anders kein hinreichend differenziertes Verständnis des Glaubens möglich ist.

> Eine prominente Interpretation dieses Gedankens ist die Lehre von sog. *loci theologici* des Dominikaners Melchior Cano (1509–1560; vgl. auch 1.3.2). Der Terminus bezeichnet *Quellen des Glaubens* (Albert Lang), seine *Auffindungsorte* und *Bezeugungsinstanzen* (Elmar Klinger) bzw. *Autoritäten hinsichtlich dessen, was im Glauben verbindlich gilt* (Hans Waldenfels). Mit Cano kann man festhalten, dass sich Gottes Wort (das letztlich den Inhalt des Glaubens konstituiert) an verschiedenen ‚Orten' finden lässt bzw. von verschiedenen Instanzen authentisch bezeugt wird. Die sog. *loci theologici proprii* bilden dabei die eigentlichen Orte dafür; sie sind in zwei Kategorien unterteilt: jene *loci*, die Offenbarung *konstituieren* (die Heilige Schrift sowie ihre Überlieferung, i. e. Tradition) sowie jene *loci*, die die Offenbarung *interpretieren* (das Glaubensbewusstsein der gesamten Kirche, Konzilien, Papst, Kirchenväter, scholastische Theologen). Cano kennt aber auch sog. *loci theologici alieni*: Es gibt Autoritäten für das, was im Glauben verbindlich ist, die selbst außer-

halb des Glaubens stehen – nämlich menschliche Vernunft im Allgemeinen, die Philosophinnen und Philosophen sowie die Geschichte. Auch sie sind relevant, will man die Gehalte der *fides quae* bestimmen, verstehen und plausibilisieren.

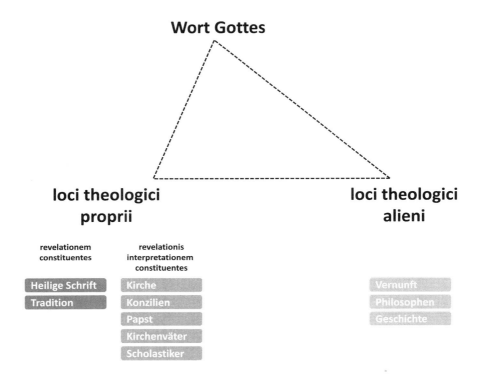

Die Pointe der bisherigen Überlegungen liegt auf der Hand: Der Gehalt des Glaubens kann nur in einem komplexen Geflecht von Quellen und Bezeugungsinstanzen bestimmt und verstanden werden. Dabei sind wechselseitige Beziehungen konstitutiv: Wenn ein Konzil den Glauben verbindlich auslegt, ist es darin nicht völlig frei, sondern an das Wort Gottes gebunden, wie es die Bibel bezeugt; diese wiederum ist nicht einfach an sich klar, sondern hat auslegungsbedürftige Stellen, die wiederum in Interpretationsprozessen der Tradition verbindlich ausgelegt wurden, womit sich ein Rahmen für die eigenen Deutungen ergibt; dabei muss man unterscheiden, was an diesen hermeneutischen Rahmungen bloß zeitbedingt ist und was nicht – entsprechend muss man sie mit Mitteln der Vernunft gegenlesen oder mit Einsichten aus der Geschichte konfrontieren, um derlei wahrnehmen zu können etc. etc. etc. Es gibt also einen spannungsreichen Prozess wechselseitiger Verwiesenheit und Auslegung der einzelnen *loci* – aber diese Komplexität ist wichtig: Sie lässt sich nur um den Preis drohenden Fundamentalismus ausblenden. Unter dem Niveau solcher Komplexität ist die *fides quae*

nicht adäquat zu bestimmen. Das ist herausfordernd, aber kein Grund zur Verzweiflung: Es liegt Reichtum darin, schließlich heißt es, dass man immer wieder neu und tiefer im Glauben lernen kann – von denen, die glauben, ebenso wie von jenen, die dies nicht oder anders tun. Frère Roger hat den Gedanken, der darin steckt, so formuliert: „Niemand kann für sich allein das gesamte Evangelium begreifen. Jeder Mensch kann sich [aber] sagen: In der einzigartigen Gemeinschaft, welche die Kirche ist, verstehen und leben andere, was ich vom Glauben nicht begreife" (2004).

2.4 Nochmals: Das Gleichnis ...

Es legt sich am Ende nahe, nochmals auf das Gleichnis des Anfangs zu blicken. Rückblickend findet sich darin eine Reihe von Aspekten wieder, die für das Verständnis christlichen Glaubens relevant sind: Das Vertrauen des Partisanen

- impliziert propositionale Gehalte, die doxastisch für wahr gehalten werden und mit entsprechenden Wahrheitsansprüchen verbunden sind, z. B. „Der Fremde ist im Widerstand tätig!" (vgl. *credere Deum*; *fides quae*);
- basiert auf einem Urteil über die Vertrauenswürdigkeit des Fremden: Diese ist der *formale Grund* dafür, dass der Partisan für wahr hält, was er für wahr hält (vgl. *credere Deo*);
- umfasst ein Moment der Entscheidung: Die Situation ist so, dass der Widerstandskämpfer nicht gezwungen ist, den Fremden als Verbündeten zu verstehen, daher ist ein Moment freier Entscheidung im Spiel (vgl. *credere in Deum*);
- lässt sich als Erschließungserfahrung deuten: In dem Moment, in dem der Widerstandskämpfer dem Fremden Glauben schenkt und ihm vertraut, erschließt sich ein neuer Blick auf die Dinge (vgl. *disclosure-Erfahrung*; vgl. *Hasen-Enten-Kopf*);
- eröffnet ihm einen bestimmten Deutungsrahmen bzw. eine bestimmte Einstellung: Der Partisan interpretiert, was um ihn herum geschieht, im Licht seines Vertrauens auf den Fremden. Dieses Vertrauen orientiert die Art und Weise, wie er Ereignisse deutet, Aktivitäten plant oder die allgemeine Lage einschätzt (vgl. Funktion von *Weltbildüberzeugungen*);
- reguliert und orientiert die Art und Weise seines Handelns, d. h. es ist nicht bloß eine theoretische Spekulation, sondern realisiert sich in und als Praxis – nur so wird erfahren, was es heißt, jemandem wirklich zu vertrauen (vgl. *praktische Verfasstheit* des christlichen Glaubens);
- lässt sich nicht problemlos kommunizieren, d. h. es gibt Grenzen für den Partisanen, sein Vertrauen und seine darin begründeten Deutungen von Geschehnissen seinen Freunden plausibel zu machen, gerade weil das Vertrauen aus einer persönlichen Erfahrung herrührt. Hier schlummert die Versuchung trotziger Selbstabkapselung bzw. Ideologisierung (vgl. das *non discutit-Problem* bei Bernhard von Clairvaux);
- ist irritationssensibel, weil der Widerstandskämpfer wahrnimmt, dass man die Dinge anders sehen kann als er; er leidet selbst an der Ambivalenz im Verhalten des Fremden, hält aber an seinem Vertrauen fest. Christlicher Glaube weist damit eine eigentümliche Verbindung von lebensorientierendem Vertrauen und existentieller Fragilität auf (vgl. *Irritationssensibilität christlichen Glaubens*).

2.5 ... und eine Überhangfrage

Es ist offensichtlich, dass in den bisherigen Ausführungen *eine* Frage weitgehend ausgeblendet wurde: die Frage, ob das Vertrauen des Partisanen als rational gelten darf. Ist es vernünftig, dem Fremden zu vertrauen – oder ist es das nicht? Und analog: Ist es vernünftig, auf Gott zu vertrauen oder nicht? Die Frage erscheint hier sogar noch dringlicher: Wie kann man auf Gottes Vertrauenswürdigkeit verweisen, wenn (anders als beim Fremden) umstritten ist, ob er überhaupt existiert bzw. sich offenbart hat?

Lesen wir das Gleichnis nochmals von der Frage her, *wer* darin vernunftgemäß agiert: der Partisan oder seine Freunde? Es gibt gute Gründe, die Logik des Entweder-oder, die hier unterstellt wird, infrage zu stellen. Denn *zum einen* lässt sich festhalten: Die Freunde des Partisanen mögen zwar verbittert wirken, sie agieren aber keineswegs dumm oder bösartig, wenn sie die Perspektive ihres Freundes skeptisch einschätzen – sie haben nachvollziehbare Gründe für ihre Position, gerade im Blick auf Verhaftungen durch den Fremden. Das gilt freilich *zum anderen* auch für den Partisanen: Weder sein ursprüngliches Vertrauen noch sein Festhalten daran sind offenkundig irrational, auch er hat nachvollziehbare Gründe für seine Position (nämlich die Erfahrung des nächtlichen Gesprächs, aber auch manche Hilfe des Fremden; dass der Fremde nicht immer hilft, lässt sich für den Widerstandskämpfer damit erklären, dass er vorsichtig agieren muss, um nicht enttarnt zu werden – und das scheint nicht unplausibel zu sein). Auch wenn letztlich nur die eine *oder* andere Überzeugung zutrifft, d.h. *entweder* die Freunde *oder* der Widerstandskämpfer Recht haben: Es ist möglich, beide Positionen rationalerweise zu vertreten, weil es nichts gibt, was die Tätigkeit des Fremden für den Widerstand definitiv widerlegen noch beweisen würde. Rationalität funktioniert offensichtlich anders als Wahrheit: Zwei widersprüchliche Behauptungen können zwar nicht gleichermaßen wahr, aber durchaus gleichermaßen rational sein.

Was Mitchell am Ende des eingangs zitierten Gleichnisses schreibt, gilt daher wohl für beide Seiten: Es gibt in der Frage der Rationalität einen gewissen Spielraum „freier Beweiswürdigung" und es lässt sich nicht einfach vorab festlegen, was geschehen müsste, damit *entweder* das Vertrauen des Widerstandskämpfers *oder* das Misstrauen seiner Freunde töricht oder irrational wird. Deshalb lohnt es sich vielleicht umso mehr, darüber nachzudenken, was Rationalität oder Irrationalität ausmacht und kennzeichnet. Genau damit beschäftigt sich das folgende Kapitel.

3 Vernünftig sein?

Das erste Kapitel hatte Theologie als rationale Verantwortung des eigenen Glaubens entwickelt, das zweite endete mit der Frage nach der Rationalität religiösen Glaubens. Es liegt deshalb nahe, in einem nächsten Schritt zu fragen, was unter Vernunft bzw. Rationalität zu verstehen ist: Wenn Glaube die Vernunft als „Kontrollorgan" benötigt, von dem her er sich „immer wieder neu reinigen und ordnen lassen muss" (Ratzinger 2005, 56), d. h. wenn Vernunftgemäßheit ein zentrales Anliegen der Theologie ist, scheint es sinnvoll, sich auf diesem Feld Orientierung zu verschaffen. Dabei geht es weniger um Einzelfragen, sondern einen allgemeinen Überblick. Im Folgenden soll dies sowohl historisch als auch systematisch geschehen (3.1. und 3.2), ehe noch einige grundlegende Bemerkungen folgen (3.3).

3.1 Geschichtliche Rekonstruktion: Drei Paradigmen

Sucht man einen groben Überblick, wie Vernunft im Lauf der Geistesgeschichte verstanden wurde, so lassen sich mit Herbert Schnädelbach drei große Paradigmen unterscheiden (2007); sie strukturieren die folgende Darstellung.

Label	Idealtypus
Spekulative Vernunft	als Vermögen, die wahre Natur der Dinge hinter der Oberfläche bloßen Meinens zu erkennen
Kritische Vernunft	als Vermögen, Erkenntnisansprüche kritisch zu prüfen und konstruktive ‚Eigenanteile' zu berücksichtigen
Plural verfasste Rationalität	als vielgliedriges, kontextuell relatives Vermögen: instrumentell, sprachabhängig, fehleranfällig etc.

3.1.1 Antike und christliche Perspektiven: Das Ideal der Spekulation

a) Die spekulative Durchdringung der Wirklichkeit...

Die griechische Antike, die gemeinhin mit der Geburt der westlichen Philosophie gleichgesetzt wird (vgl. allg. Schupp 2003a), entwickelt ein Verständnis von Vernunft, das dieses als spekulatives Vermögen begreift. Es ist das Vermögen, „in der Erkenntnis die Grenzen der Alltagsvernunft hinter sich zu lassen und im reinen Denken das wahre Wesen der Welt zu erfassen" (Schnädelbach 2007, 33). Vernunft dringt hinter den Augenschein der Dinge, d. h. hinter die Art und Weise, wie uns Wirklichkeit erscheint, und hinter die bloße Meinung: Sie vermag zu erkennen, wie sich die Dinge tatsächlich verhalten.

Dieses Vernunftmodell entsteht nicht jenseits eines Geflechts bestimmter sozialer, politischer, ökonomischer u. a. Bedingungen (körperliche Arbeit wird von Sklaven erledigt, wodurch eine Elite Freiräume für geistige Beschäftigung erhält; die demokratischen Verfahren der *polis* verlangen argumentatives Können; der Zerfall der *polis* lässt fragen, wo in einer unsicheren Welt objektiv Halt zu finden ist u. a. m.), von denen ein Faktor besonders erwähnt sein soll: Der Kontakt mit anderen Kulturen in Kleinasien, Sizilien und Unteritalien macht die Relativität eigener Lebens-, Glaubens- und Regierungsformen bewusst. Die eigenen Mythen, die eigenen Götter, der eigene *common sense* sind kontingent: Man muss die Dinge nicht so sehen, wie man sie selbst sieht. In der Differenz der Perspektiven nistet die Frage danach, wie sich die Dinge *wirklich* verhalten. Zwar gibt es in der Antike auch radikale Skepsis, wirkmächtiger aber werden Positionen, die es für möglich halten, die Frage positiv zu beantworten – etwa bei Platon (428/427–348/347). Den Grund für ein solches Vertrauen liefern denkerische Erfahrungen: Obwohl etwa niemand von uns jemals einen *wirklichen* Kreis gesehen hat (jeder Kreis in der materiellen Welt ist unsauber), sind wir doch in der Lage, zu verstehen, was ein Kreis ist. Wir erkennen, was verschiedenen materiellen Realisationsformen des Kreises zugrunde liegt, nämlich: die Idee des Kreises. Das ist möglich, weil unsere Vernunft offensichtlich in der Lage ist, hinter den bloßen Augenschein zu spähen *(speculari)* und die geistige Struktur hinter den Dingen, gleichsam das *Wesen der Dinge* zu erkennen. Was ist die Bedingung dafür, dass derlei möglich sein kann? Die Antwort liegt nahe: Der subjektive, menschliche Geist korrespondiert offenkundig mit jener geistigen, objektiven Struktur, die den Erscheinungen der Welt zugrunde liegt. Anders formuliert: Es gibt eine Art harmonischer Korrespondenz der (kleinen) menschlichen Vernunft mit jener (großen) Vernünftigkeit, die den Kosmos strukturiert. Die menschliche Vernunft (so etwa die hellenistische Philosophie der sog. *Stoa*) hat Anteil an der kosmischen Vernunft und gelangt deshalb – sofern sie *lege artis* angewandt wird – von bloßen Meinungen (δόξα, doxa) über die Dinge zu dem, wie es sich die Dinge wirklich verhalten (φύσει, physei).

b) … in ihrer christlichen Interpretation

Das Christentum kann in gewisser Weise elegant an diese Vorgaben anknüpfen und sie integrieren: Sie kann die objektive Vernünftigkeit der Welt und die natürliche Hinordnung des menschlichen Geistes darauf als Schöpfung Gottes deuten – Gott ist es, der die Welt vernünftig ordnet und den Menschen so schafft, dass er an dieser Ordnung durch die Vernunft teilhat: Das erklärt, warum a) die Welt überhaupt vernünftig strukturiert ist (und kein blankes Chaos) und b) der Mensch in der Lage ist, durch die Vielfalt von Eindrücken und Fragen hindurch zu erkennen, was das Ideal der Gerechtigkeit oder das Wesen des Menschen ist etc. Zugleich lässt die Vernünftigkeit der Welt *prinzipiell* Rückschlüsse auf Gott als ihren Schöpfer zu: „Seit Erschaffung der Welt wird nämlich seine unsichtbare Wirklichkeit an den Werken der Schöpfung mit der Vernunft wahrgenommen, seine ewige Macht und Gottheit", so Paulus (Röm 1,20; vgl. Weish 13,1–9). Woher stammt dann die Einschränkung, die das Wörtchen *prinzipiell* markiert?

Es gibt verschiedene Justierungen, die in der christlichen Tradition am Ideal spekulativer Vernunft vorgenommen werden, hier sollen nur zwei Punkte genannt werden. *Erstens* gibt es etwa den (neuen) Gedanken, dass das sog. *peccatum originale* (oft als *Erbsünde* übersetzt) zu Leistungseinbußen der spekulativen Vernunft geführt habe – zumindest die volle Rechenleistung wird nicht mehr erreicht (vgl. 10.2.2 b). Während diese neue Deutung der *conditio humana* wohl zu eher kleineren Justierungen im Verständnis von Vernunft führt (weshalb z. B. kein harter Skeptizismus daraus folgt), sind es vor allem Diskurse zum Gottesbild, die rationalitätstheoretisch eine echte Transformation mitinitiieren. Dazu müssen wir *zweitens* etwas ausführlicher ein Problem in den Blick nehmen, das im Spätmittelalter aufbricht; auch wenn es sehr speziell wirkt, rührt man darin an Grundsätzliches. Ausgangspunkt ist eine Aussage, die oben beiläufig vorkam: „Gott ist es, der die Welt vernünftig ordnet." Wie ist das zu verstehen: Ist die Ordnung der Welt vernünftig, weil Gott entschied, dass diese Ordnung vernünftig ist? Oder entschied sich Gott für die Ordnung unserer Welt, weil diese vernünftig ist? Darin steckt ein entscheidendes Problem: *Ist etwas vernünftig, weil Gott es will – oder will Gott etwas, weil es vernünftig ist?* Tendiert man zu letzterer Position, dem sog. *Intellektualismus*, erscheinen Gott und sein Wille der Vernunft untergeordnet: Gott will letztlich, was vernünftig ist, d. h. sein Wille orientiert sich an dem, was die Vernunft gebietet. Dieses Bild, in dem Gott ein wenig wie ein Gefangener dessen erscheint, was die Vernunft als notwendig erkennt, führt im späten Mittelalter zu Unbehagen: Ist Gott denn nicht frei zu tun, was er will? Der sog. *Voluntarismus* insistiert darauf: Gottes Wille ist nicht dem Intellekt unterworfen. Gott ist absolut frei, d. h. er kann wollen, was er will – und was er will, ist auch vernünftig. Kurzum: Vernunft erscheint hier relativ auf einen göttlichen Entschluss. Und insofern Entschlüsse nicht determiniert sind, sondern auch anders hätten ausfallen können, könnte das, was vernünftig ist, eigentlich ganz anders sein.

> Man kann das an einem harmlosen Beispiel illustrieren. Vereinfacht gesagt ist die spekulative Vernunft nach klassischer Auffassung in der Lage, das Wesen des Menschen zu erkennen, d. h. gleichsam die Idee des Menschseins und ihre Einbettung in eine größere vernünftige Ordnung epistemisch freizulegen. So mag man etwa erkennen, dass der Mensch *an sich* ein *animal risible* ist: das Tier, das lachen kann. Der Voluntarismus (etwa Wilhelm von Ockham, um 1286–1347) hakt genau hier ein: Wenn Gott bei der Erschaffung der Welt und des Menschen *wirklich* frei war, dann hätte er den Menschen auch anders erschaffen können – etwa als Tier, das nicht lachen, sondern schnifzeln kann (auch wenn das Wort *in unserer Welt* nichts besagt). Wenn aber das, was man für das Wesen des Menschen hält, von der Welt abhängt, in die hinein er erschaffen wurde – welchen Sinn macht es dann noch, von einem solchen Wesen, einer *Idee des Menschseins an sich*, zu sprechen? *In dieser Welt* mag der Mensch das Tier sein, das lachen kann – aber *an sich* verhält es sich offenkundig *nicht notwendig* so. In einer verschärften Interpretation wird dieser Gedanke auch in heikleren Fällen durchgespielt, etwa im Blick auf das oben angesprochene ,Wesen' des Kreises. Wenn Gott in seinem Wollen radikal frei ist, dann könnte er auch wollen, dass ein Kreis viereckig ist – was völlig im Widerspruch zu dem steht, was *wir* als Wesen des Kreises verstehen, mehr noch: was sogar völlig unverständlich ist, weil es mit dem Nichtwiderspruchsprinzip konfligiert (denn *entweder* die Kreislinie hat einen konstanten Abstand zu einem Mittelpunkt *oder* nicht). Das Problem verschärft sich nochmals und weiter, wenn man zusätzlich in Rechnung stellt, dass Gott seine einmal getroffene Entscheidung (etwa dafür, dass ein Kreis rund ist) revidieren könnte: Falls Gottes Wille tatsächlich absolut frei ist, ist nicht ausgeschlossen, dass er sich um-entscheidet (und *ab morgen* Kreise rund *und* viereckig sind).

Man muss die vielen Probleme, die damit verbunden sind, nicht weiterverfolgen, um festzuhalten, dass bereits das erste Beispiel die Rede von einem *Wesen der Dinge* nachhaltig erschüttert. Offensichtlich gibt es keine Notwendigkeit, dass die Dinge so sind, wie sie sind – sie sind nicht-notwendig, d. h. kontingent: *Es könnte alles auch ganz anders sein.* Diese Erschütterung stützt den sog. *Nominalismus*, der geistesgeschichtlich bereits sehr viel früher diskutiert worden war: Man sollte nicht länger davon ausgehen, dass sich in Allgemeinbegriffen (Universalien) das Wesen der Dinge spiegelt bzw. auf ein solches Bezug genommen wird (wie der sog. *Universalienrealismus* meint); vielmehr ist eine ungleich sparsamere Interpretation ratsam: Allgemeinbegriffe (wie „Mensch" oder „Kreis") sind nichts anderes als Namen, i. e. Größen, die vom Menschen konstruiert sind (eben: *Nomen*, daher die Rede vom Nominalismus).

Die denkerischen Tendenzen, die sich hier aus einem theologischen Diskurs heraus entwickeln, werden geistesgeschichtlich bestimmend (vgl. 6.2.2 b). Sie hebeln gemeinsam mit anderen Problemen und Aporien (vgl. Schnädelbach 2007, 44–77) die frühere Selbstverständlichkeit des Konzepts spekulativer Vernunft aus: Wenn es kein Wesen der Dinge gibt, dann kann es auch kein Vermögen geben, das ein solches spekulativ erkennt – und dann muss man auch Vernunft anders als bisher denken.

3.1.2 Neuzeitlich-moderne Einsichten: Vernunft als Kritikverfahren

In Voluntarismus und Nominalismus wird eine (auch theologisch motivierte) geistesgeschichtliche Entwicklung sichtbar, die wesentlich das mitinitiiert, was man später Neuzeit nennt (vgl. alternativ/ergänzend zur bisherigen Rekonstruktion Blumenberg 1996; Taylor 2009; Habermas 2019a, 759–918; ders., 2019b, 7–211). Zwei der prominentesten neuzeitlichen Auslegungen des Vernunftbegriffs lassen sich jeweils auf die eben skizzierten Entwicklungen beziehen.

a) Wenn morgen alles anders wäre: Eine rationalistische Perspektive auf Vernunft

Das Vernunftverständnis des sog. *Rationalismus* kann exemplarisch bei René Descartes (1596–1650) rekonstruiert werden. Nicht nur, aber auch vor dem geistesgeschichtlichen Hintergrund der skizzierten Erschütterung sucht er ein *fundamentum inconcussum* aller Erkenntnis, i. e. etwas, in Bezug auf das ihn nicht einmal ein absolut bösartiger Willkürgott täuschen könnte. Ein solcher *deus deceptor* kann nämlich als Konsequenz eines besonders radikal interpretierten Voluntarismus gelten: Wenn das, was vernünftig ist, relativ auf eine Entscheidung Gottes ist, aber nicht ausgeschlossen werden kann, dass Gott seine Entscheidung revidiert – dann ist auch nicht ausgeschlossen, dass morgen etwas anderes vernünftig ist als heute. Wenn Gott will, kann eben ab morgen ein Kreis vier Ecken haben, und ich hätte mich getäuscht, was das Wesen des Kreises betrifft (vgl. 6.2.2 b). Hier lässt sich Descartes' Frageinteresse situieren: Kann es etwas geben, in Bezug auf das ich mich nicht täuschen kann, selbst wenn morgen *alles* anders wäre? Descartes entdeckt als Antwort auf diese Frage das berühmte *cogito ergo sum* als unerschütterliches Fundament, das *Ich denke, also bin ich*: Es ist die Unmöglichkeit, sich über sich selbst in seiner Existenz zu täuschen, da auch Täuschung immer noch ein Subjekt voraussetzt, das sich denkend täuscht bzw. getäuscht wird. Selbst wenn es also einen „allmächtigen und höchst verschlagenen Betrüger[gott]" geben sollte, „der mich geflissentlich stets täuscht", so ist doch „unzweifelhaft, dass ich bin. Er täusche mich, soviel er kann, niemals wird er doch fertigbringen, dass ich nichts bin, solange ich denke, dass ich etwas sei" (Meditationes II 3; vgl. 14.2.2).

Descartes findet so rein denkerisch einen letzten, unhintergehbaren Punkt, von dem Vernunft ausgehen kann, darf und muss. Von hier aus entwickelt er – argumentativ über das Konzept angeborener Ideen *(ideae innatae)*, über einen Gottesbeweis und andere Elemente ‚abgesichert' – ein gleichsam erneuertes Vertrauen in die spekulativen Möglichkeiten der Vernunft und des reinen Denkens, das als idealtypisch rationalistisch gelten darf. Allerdings ist der Punkt, von dem aus dies konstruiert wird, nicht mehr die *vorausgesetzte* Anteilhabe der Vernunft des Subjekts an der umfassenden Vernünftigkeit der Welt, sondern es ist das Subjekt und sein *Ich denke*, das sich seiner Möglichkeiten erst vergewissern muss.

b) Blitz und Donner: Eine empiristische Perspektive auf Vernunft

Der sog. *Empirismus* teilt die skeptische Ausgangsfrage Descartes', wie wir sichern können, ob wir unserer Erkenntnis trauen können. Er beantwortet sie aber anders. In seiner Standardvariante (etwa bei John Locke, 1632–1704) findet man etwa folgendes Bild: Der Geist des Menschen ist bei der Geburt eine *tabula rasa*, i.e. eine leere Tafel, auf der es keine angeborenen Ideen (wie Descartes annimmt) gibt. In diese Tafel prägen sich durch Erfahrung gewonnene Vorstellungen *(ideas)* ein, die entweder aus sinnlicher Wahrnehmung *(sensations)* oder innerer Selbstwahrnehmung *(reflection)* stammen und dann (ebenfalls erfahrungsgeleitet) zu komplexen Ideen verbunden werden. Freilich garantiert die beschriebene Struktur des Erkenntnisprozesses keineswegs, dass wir die Welt so erkennen, wie sie ist. Das zeigt David Humes (1711–1776) sog. *Induktionsproblem* deutlich. Induktion ist ein Schlussverfahren, bei dem von vielen beobachteten Fällen auf eine gesetzesartige Aussage geschlossen wird: Wir sehen Blitze und hören Donner folgen; entsprechend folgern wir induktiv die gesetzesartige Aussage, dass Blitze Donner verursachen. Im Empirismus bietet sich ein solch erfahrungsbasiertes Verfahren als Standard für die eben erwähnte Verknüpfung von einfachen zu komplexen Ideen an. Hume identifiziert darin aber ein Problem: *Zum einen* kann der „Zusammenhang [zwischen zwei beobachteten Größen] ... ja willkürlich oder zufällig und kein Grund vorhanden sein, das Dasein des einen aus dem Auftreten des anderen abzuleiten" (Untersuchung V, 52). Die Verknüpfung von Blitz und Donner nach dem Schema von Ursache und Wirkung ist keine reine Tatsache, sondern eine Interpretation unsererseits; das zeigt sich daran, dass sie falsch sein könnte (während Tatsachen nicht falsch sein können, sie ‚sind' einfach): Es könnte ja z.B. eine dritte Größe geben, die *erst* den Blitz und *dann* den Donner verursacht. *Zum anderen* folgt selbst aus *tausend* Blitz-Donner-Beobachtungen nicht, dass *alle* Blitze einen Donner erzeugen – hier springt man offensichtlich in problematischer Weise von *vielen* auf *alle* Fälle. Darin zeigt sich der skeptische Ton des Empirismus wie ein Echo von Voluntarismus und Nominalismus: Das ‚wahre Wesen der Dinge', ‚Wirklichkeit an sich' oder ‚notwendige Gesetze' sind keine sinnvollen Kategorien, auf die sich unser Erkenntnisbemühen richten kann und sollte. Was bleibt, ist der Rückgriff auf Erfahrung und Empirie, in denen sich die Welt zwar nicht zu erkennen gibt, wie sie *an sich* ist, aber die uns (durchaus erfolgreich) helfen, uns in der Welt zurechtzufinden und Probleme zu bewältigen – etwa weil die Annahme von Kausalität uns (z.B. in der Medizin, aber auch im Alltag) außerordentlich gute Dienste erwiesen hat. Der skeptische Zweifel wird vom Empirismus also weniger widerlegt als vielmehr pragmatisch gezähmt.

c) Kein Ausstieg aus der Erkenntnis: Kants Zuordnung verschiedener Motive

Beide Ansätze tragen bereits Motive in sich, die dann bei Immanuel Kant (1724–1804) neu angeordnet werden. Da er später noch ausführlicher behandelt wird (vgl.

Kapitel 7), kann man es hier bei den Grundlinien belassen: Spätestens mit ihm wird das Modell von Vernunft als *kritischem Vermögen* leitend. Wie etwa bei Hume klar wird, lässt sich die Lücke zwischen dem, wie wir die Welt *erfahren*, und dem, wie sie *wirklich ist*, nicht überbrücken – wir müssten dazu aus unserer Erkenntnis aussteigen, einen Gottesstandpunkt einnehmen und klären, ob unsere Überzeugungen wirklich den Tatsachen der Welt entsprechen. Das ist aber unmöglich: Man kann aus der eigenen Erkenntnis nicht aussteigen wie aus einem Bus. Mehr noch: Wir können insgesamt die *Teilnehmer*perspektive nicht vollständig abstreifen oder rückstandslos in eine reine *Beobachter*perspektive umwandeln.

Damit verändert sich endgültig auch das Konzept von Vernunft: Ihre Aufgabe ist nicht mehr die spekulative Aufdeckung und Durchdringung der geistigen Strukturen der Wirklichkeit, sondern vielmehr die kritische Prüfung von Erkenntnisprozessen und -ansprüchen. Vernunft prüft, ob in unseren Ansprüchen darauf, etwas als wahr oder richtig erkannt zu haben, Fehler stecken – ob neue Wahrheitsansprüche mit alten kompatibel sind, ob unser System von Überzeugungen Inkonsistenzen aufweist, ob mehr vorausgesetzt oder gefolgert wurde, als epistemisch erlaubt ist u. a. m. Entsprechend ist die neue Leitperspektive der Vernunft nicht mehr Wahrheit, sondern das Spiel des Verlangens und Gebens von Gründen, das Ineinander von Kritik und Rechtfertigung – was die hochspannende Frage erzeugt, wie Wahrheit und Rechtfertigung zusammenhängen (vgl. allg. u. a. Wellmer 2016, 212–277).

3.1.3 Modern-spätmoderne Vernunftkritik: Rationalitäten im Plural

In unserem Fragezusammenhang sind in der Folge weniger affirmative Anschlüsse an und Transformationen von Ideen Kants interessant (wie sie im sog. *Deutschen Idealismus* Hegels, Fichtes oder Schellings freizulegen wären), sondern jene Entwicklungen, in denen sich neue Töne ins Nachdenken über die Vernunft mischen. Hier sind vor allem die Ansätze Arthur Schopenhauers (1788–1860) und Friedrich Nietzsches (1844–1900) zu nennen, die im Blick auf den Menschen und seine Vernunft nachvollziehen, was der Voluntarismus im Blick auf Gott vollzog: *Sie denken Vernunft jeweils relativ auf den Willen*.

Im 20. Jh. verbinden sich diese und andere vernunftkritische Motive, um *zum einen* Vernunftskepsis oder gar -absage zu befördern, *zum anderen* aber auch einen neu bestimmten Begriff von Vernunft lancieren. Was sind die wichtigsten gedanklichen Motive? Man mag versuchen, diese erstmal in einem Fünfeck zu sichten, ohne gleich eine Wertung damit zu verbinden.

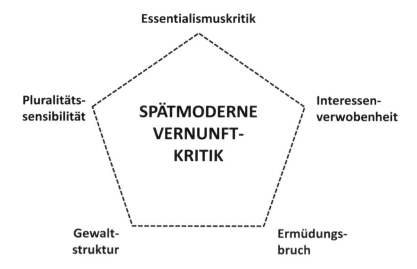

a) Essentialismuskritik

Philosophie- und Theologiegeschichte hatten den Menschen in der Regel als ζῷον λόγον ἔχον (zoon logon echon) begriffen: *als sprach- und vernunftbegabtes Lebewesen*. Vernunft wurde geradezu als das identifiziert, was das Wesen bzw. die Natur des Menschen definiert. Wirklich brüchig wird dieses Bild (trotz der spektischen Überlegungen im vorletzten Punkt) erst mit den evolutionstheoretischen, philosophischen u. a. Aufbrüchen im 19. Jh.: Wenn die Vernunft erkennt, dass der Begriff des *Wesens* problematisch ist (Essentialismuskritik), muss sie diese Einsicht auch auf den Menschen und sich selbst anwenden, d. h. auf die doppelte Idee, es gäbe a) ein vernünftiges Wesen des Menschen bzw. b) ein fixes, definierbares Wesen der Vernunft.

In der Folge wird Vernunft nicht mehr als streng uniformes Phänomen verstanden: Oft ist von *Rationalitäten* im Plural die Rede, wobei der Begriff *Rationalität* die Differenz von Vorstellungen andeutet, die mit dem Begriff *Vernunft* verbunden waren; oder man spricht – wie Jürgen Habermas – von einer Einheit der Vernunft in der Vielfalt ihrer Stimmen, wobei die Vielfalt noch in einer schwachen Einheit gehalten wird (2009b). Ebenso wenig wird Vernunft gemeinhin noch im strengen Sinn als Wesenseigenschaft des Menschen gedeutet. Es handelt sich vielmehr um ein Prädikat, das eine Disposition meint, i. e. eine Anlage, die in bestimmten Kontexten in der Regel zu bestimmten Verhalten führt. Man kann das anhand der Disposition illustrieren, die wir üblicherweise Vögeln zuschreiben: *der Fähigkeit zu fliegen*. Damit erfasst man tatsächlich eine zentrale (und faszinierende) Eigenschaft, wenn es darum geht, Vögel zu verstehen. Aber daraus folgt weder a), dass ein Vogel ständig fliegen müsste, um das Vorhandensein der Fähigkeit unter Beweis zu stellen und als Vogel zu gelten (so wie Vasen nicht ständig zerbrechen müssen, um zu zeigen, dass sie zerbrechlich sind), noch folgt daraus b), dass jeder Vogel diese Eigenschaft haben müsste (Kiwis, Vogelstrauße oder Pinguine haben sie nicht). Ähnlich verhält es sich mit Rationalität: Es ist eine Eigenschaft, die in bestimmten Situationen in der Regel bestimmtes Verhalten erzeugt (nämlich das Verlangen und Liefern von Gründen für das, was man denkt oder tut, vgl. Brandom 2000; 2001); aber es heißt nicht, dass man dies ständig tun müsste, noch dass man nur dann als Mensch gilt, wenn man derlei tut – auch wenn diese Fähigkeit und ihre Entwicklung sicherlich zu den faszinierendsten Eigenschaften gehört, die Menschen entwickelt haben.

b) Pluralitätssensibilität

Es war bereits die Rede davon, dass von Rationalität gegenwärtig nicht selten im Plural gesprochen wird. Der Gedanke lässt sich in erster Annäherung erhellen, wenn man Rationalität als Eigenschaft von Meinungen in den Blick nimmt: Die Meinung, *dass p*, ist *prima facie* genau dann rational, wenn es gute Gründe dafür gibt, *dass p*. Eine Meinung ist folglich *nicht* an sich rational, sondern in Relation zu den Gründen, die man dafür anführen kann, bzw. zu den Zwecken, die man verfolgt. Der Folgegedanke liegt auf der Hand: Man kann, was rational ist, nicht ohne Bezug auf ein System anderer Überzeugungen bestimmen (oder mit Wittgenstein: nicht ohne Bezug auf ein rahmendes Weltbild, vgl. 2.2.2 b); wenn es aber viele solcher Bezugssysteme gibt, gibt es vieles, was man rational nennen mag – oder metaphorisch: *viele Rationalitäten*. Die entscheidende Frage ist, wie man diese Verwobenheit und Situiertheit des Denkens deutet: Bedeutet die Einsicht, dass Argumentationen jeweils *relativ auf ein vorausliegendes Weltbild* rational einsichtig bzw. *relativ auf bestimmte Zwecke* plausibel sind, Relativismus – wie etwa Richard Rorty (1931–2007) meint? Oder ist diese Einsicht mit Habermas moderat zu interpretieren, d. h. so, dass Verständigung über das, was für alle gilt, weiterhin sinnvoll denkbar und möglich bleibt (selbst wenn es keinen Ort jenseits aller Bezugssysteme gibt)?

> Es ist an dieser Stelle nicht möglich, diese Frage detailliert darzustellen, es scheint aber *prima facie* ratsam, die Situiertheit der Vernunft nüchtern zu sehen: Wenn man ‚vernünftig' tatsächlich bloß als *‚vernünftig in meinem Weltbild'* verstehen wollte, müsste man immer auch andere Meinungen als gleichermaßen vernünftig anerkennen (nämlich *‚vernünftig in einem anderen Weltbild'*). Damit findet man sich aber erst recht vor die Frage gestellt, was verbindlich vernünftig ist und was man für wahr oder richtig halten sollte (was ein Hinweis darauf ist, dass man Weltbilder ein Stück weit transzendieren kann: Offensichtlich kann man sich fragend dazu verhalten). Es mag durchaus sein, dass zwei gegenteilige Positionen gleichermaßen rational sind (vgl. 2.5), aber man kann unterschiedliche Einschätzungen anders erklären als im Rekurs auf die Unvermittelbarkeit bzw. Inkommensurabilität zweier Weltbilder bzw. Bezugssysteme (vgl. 9.4.1): Unterschiedliche Beurteilungen kommen auch *innerhalb* eines Weltbilds vor. Entsprechend ist es nicht geboten, aus der Perspektivität der Vernunft unmittelbar Relativismus abzuleiten (vgl. 20.3.3).

Unabhängig von einer detaillierten Auseinandersetzung mit dieser Diskussion lässt sich festhalten: Es gibt spätestens seit dem 20. Jh. verstärkte Sensibilität für die Situiertheit, Perspektivität und damit einhergehend für die Pluralität von Rationalität.

c) Interessenverwobenheit

Eine veränderte Perspektive auf Vernunft liefern v. a. auch Überlegungen Friedrich Nietzsches (vgl. 8.5), dessen Grundgedanken sich an Wahrnehmungen des letzten Punkts anschließen lassen. Seine Ausgangsbeobachtung lässt sich durchaus im Alltag nachvollziehen: Offenkundig hängt das, was jemand als (ir)rational beurteilt, von Faktoren ab, die nichts mit Vernunft zu tun haben, sondern mit Biographie, Sozialisation, Kultur, Sprache, Geschlecht u. a. – und vor allem auch (sei es bewusst oder unbewusst) *mit eigenen Interessen*.

Nietzsche hat vor allem den letzten Punkt im Blick, wenn er Vernunft als eine Funktion des Willens zur Macht deutet. Was heißt das? Anders als beinahe alle Philosophie vor ihm begreift er den *Willen zur Macht* als die entscheidende Eigenschaft, um den Menschen zu verstehen: Was der Mensch im Wesentlichen anstrebt, sind nicht Wissen, Wahrheit oder Sittlichkeit, sondern Macht. Die Vernunft steht diesem Streben nicht korrigierend zur Seite, wie wir oftmals gerne denken, sondern erfüllt vielmehr Hilfsdienste: Sie liefert jenes Wissen und jene Argumente, die der Wille zur Macht braucht, um sich durchzusetzen und erfolgreich zu sein. Vernunft ist folglich kein neutrales *Erkenntnismedium*, das uns in die Lage versetzt, von eigenen Interessen abzusehen, um möglichst objektiv und fair zu urteilen – sondern Nietzsche identifiziert sie als nichts anderes denn als *Medium der Macht*. Selbst wenn man die These skeptisch einschätzt (vgl. die Kritik unten; 8.5), lässt sich der starke Punkt darin kaum leugnen: Engagements der Vernunft sind immer auch mit Interessen verwoben.

d) Gewaltstruktur

Eine vor allem im deutschen Sprachraum wirkmächtige, defaitistische Perspektive auf Vernunft formulieren Theodor W. Adorno (1903–1969) und Max Horkheimer (1895–1973). Sie notieren 1944 in ihrem Werk „Die Dialektik der Aufklärung" zumindest zweierlei: *Zum einen* findet sich bei ihnen das (eben angedeutete) Motiv einer sog. *instrumentellen Vernunft* wieder. Vernunft, so die These, ist wesentlich die Fähigkeit, Mittel (quasi: Instrumente) zu finden, um Zwecke zu erreichen. Das erklärt ihre Leistungen, aber auch ihren problematischen Charakter, denn es bedeutet, dass Vernunft alles, was ihr begegnet, unter dem Gesichtspunkt von Mittel-Zweck-Relationen wahrnimmt. Damit wird das Begegnende aber nicht mehr in seinem eigenen Sein und Wert wahrgenommen, sondern in seiner Funktion *für etwas* analysiert. Ganz anders als die Tradition annahm, ist Vernunft nicht ein Vermögen, das Wissen *um des reinen Wissens* willen sucht – sondern will verstehen, um zu beherrschen.

Zum anderen notieren Horkheimer/Adorno, dass Vernunft auf das Identische geeicht ist. Um den Gedanken zu erhellen, muss man sich nur vor Augen führen, dass Vernunft mit Begriffen arbeitet: Begriffe erfassen immer nur das, was all jenen *gemeinsam* ist, die mit dem Begriff bezeichnet werden. Wenn etwa von *Migranten* die Rede ist, wird nur das in den Blick genommen, was einer sehr heterogenen Gruppe von Menschen gemeinsam ist – und alle Differenzen innerhalb dieser Gruppe ausgeblendet. Das ist ein Grundzug der Vernunft: Sie zielt in allem auf das, was identisch ist bzw. sich wiederfindet, d. h. sie interessiert sich für das Wiederhol- und Messbare. Diese Abstraktionsleistung ist ihr Erfolgsgeheimnis, aber darin zeigt sich das bereits freigelegte problematische Muster: Vernunft wird dem, was ihr begegnet, nicht gerecht, weil sie es immer nur als Fall von etwas Allgemeinem einordnet. Sie erfasst immer nur das, was sich vergleichen lässt – aber niemals das, was unvergleichlich ist, i. e. das Lebendige und Individuelle. Auf diese Weise *verdinglicht* der Blick der Vernunft alles, was er analysiert: Er macht das, was ihm begegnet, zu einem Untersuchungsgegenstand, d. h. zu einem Etwas – und blendet aus, dass es kein bloßes Etwas, kein bloßes Exemplar von etwas ist (vgl. v. a. zu Adorno: Wellmer 1985).

Beide Beobachtungen (Vernunft als instrumentelles Vermögen bzw. als begriffliches Verfahren) beziehen sich Horkheimer/Adorno zufolge auf ein strukturelles Problem. Sie rühren nicht aus einer falschen Anwendung der Vernunft (die man beheben könnte), sondern hängen mit dem zusammen, was diese ausmacht: Vernunft tut allem, was ihr begegnet, Gewalt an. Das ist der tiefste Grund, warum die Geschichtskatastrophen des 20. Jh. Horkheimer und Adorno zufolge nicht verwunderlich sind – diese erscheinen den beiden Denkern nicht wie ein schlechthin unerklärlicher Unfall der Aufklärung, sondern als deren Konsequenz (vgl. allg. 1969).

e) Ermüdungsbruch

Eine letzte Beobachtung bezieht sich weniger auf philosophische Reflexionen der Vernunftkritik, sondern auf eine soziologisch beschreibbare Vernunftmüdigkeit, die besonders an die letzten Überlegungen anschlussfähig ist. Was ist gemeint? Es gibt eine Reihe von Erfahrungen, die den Imperativ der Aufklärung nach *Mehr Vernunft!* fragwürdig werden lassen: Die rein rationale Gestaltung des eigenen Lebens führt nicht zu intensiverem Leben, Rationalisierungsprozesse in der Wirtschaft bedeuten nicht notwendig mehr Wohlstand für alle, vernünftige Verwaltung der Gesellschaft erzeugt nicht notwendig mehr Humanität. Mehr noch: Es gibt den Verdacht, dass die Imperative der Rationalität sogar ursächlich für entsprechende Problemlagen sind, etwa wenn ökonomische Rationalität die ökologische Krise befeuert. Hier zeigt sich eine „entgleisende Moderne" (Habermas) bzw. die „Dialektik der Aufklärung" (Horkheimer/Adorno), die die Plausibilität der Imperative der Vernunft erodieren lassen: Warum sollte man dem Slogan *Mehr Vernunft!* noch trauen, wenn die Dauerorientierung an Vernunft letztlich ins Burnout führt, ökologisch katastrophale Folgen hat und die Welt zu einem Ort macht, an dem Reichtum immer ungleicher verteilt ist? Man kann das unter dem Stichwort *Ermüdung* fassen: Man wird der Versprechen müde, die einst mit Vernunft verbunden waren. Entsprechend steigt das Interesse am „Anderen der Vernunft" (Böhme): Re-Mythisierung, alternative Heilmethoden, Krafttierseminare, Mondkalender etc. sind beredter Ausdruck eines Unbehagens an der *ratio* (vgl. allg. Höhn 1994).

Diese *fünf Schlaglichter* sollten einen kurzen Überblick über vernunftkritische Motive in der Philosophie seit dem 19. Jh. geben. Tritt man einen Schritt zurück, um sie vor dem Horizont der vorangegangen historischen Skizze einzuordnen, so lässt sich Folgendes notieren: *Zum einen* zeigt sich, dass „die Geschichte des Vernunftbegriffs wesentlich eine Geschichte der Kritik des Vernunftbegriffs" ist (Schnädelbach 2007, 14). Herausforderungen wie der Voluntarismus führen zu neuen Konzeptualisierungen der Vernunft, die vorangegangene Kritik integrieren. Daran zeigt sich *zum anderen* eine aufschlussreiche Verschaltung: Vernunft ist ineins Gegenstand *und* Mittel der Kritik. Rationalität hat Möglichkeiten zur Selbstkorrektur gleichsam in sich eingebaut, sie ist imstande sich kritisch auf sich selbst zu beziehen und zu lernen. Deshalb ist Vernunftkritik, die sich nicht auf einzelne Problemlagen bezieht, sondern total wird, paradox: *Sie beansprucht, was sie bestreitet*, nämlich dass Vernunft in der Lage ist, uns darüber aufzuklären, wovon wir überzeugt sein sollten. Wenn etwa argumentativ erläutert wird, dass *alle* Vernunfterkenntnis bloß Machtinteressen verfolgt, muss das auch für diese Argumentation selbst gelten. Warum aber sollte man diese anerkennen, wenn darin bloß ein bestimmtes Interesse zum Ausdruck kommt – und keine Einsicht, die nach fairer Abwägung allen Für und Widers als begründet eingesehen wurde? Es lässt sich *drittens* nicht bestreiten, dass Vernunft immer wieder ein (äußerst erfolgreiches) Mittel ist, um einzelne Perspektiven absolut zu setzen oder Interessen zu legitimieren. Es lässt sich aber sehr wohl bestreiten, dass die Geschichte damit auserzählt ist: Zweifellos ist Rationalität historisch und sozial situiert, begrifflich verfasst oder mit Machtinteressen verwoben – aber sie ist *zugleich* die Fähigkeit dies *zu transzendieren*, d. h. sich diese Faktoren bewusst zu machen, zu thematisieren und zu fragen, was unabhängig von Herkunft und Einzel- oder Gruppeninteressen dasjenige ist, was für alle gilt oder akzeptabel ist.

3.2 Systematische Rekonstruktion: Rationalität [1, 2, 3, 4]

Der letzte Punkt führte bereits sanft an die Frage heran, was gegenwärtig sinnvollerweise unter *Rationalität* verstanden werden kann. Der deutsche Philosoph Stefan Gosepath etwa versucht eine systematische Klärung des Begriffs, indem er seine zentralen Verwendungsweisen sichtet und sortiert (1992). Orientiert man sich lose an seinen Überlegungen, kann man eine Matrix entwickeln, die auf vier Merkmalen aufbaut: Rationalität ist grob gesprochen eine Eigenschaft, die a) *Personen (Akteuren)* oder deren *Überzeugungen/Handlungen (Akten)* zugeschrieben bzw. b) *deskriptiv-beschreibend* oder *normativ-bewertend* gebraucht wird.

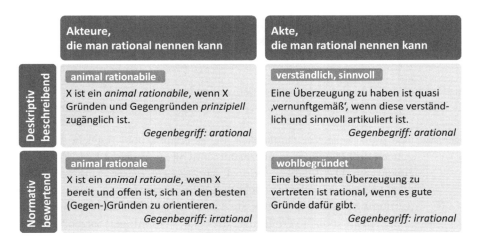

Was heißt das im Einzelnen? Im Blick auf das, was unter ‚Akteure' firmiert, meint Rationalität

deskriptiv das Vermögen, Gründe und Gegengründe für eine Überzeugung oder Handlung erfragen und liefern zu können – der entsprechende Gegenbegriff ist *arational*. Rationalität wird hier beschreibend und neutral verwendet (etwa in einer Aussage wie „Der Mensch ist im Gegensatz zum Igel ein rationales Lebewesen, weil er nach Gründen fragen bzw. Begründungen liefern kann – dieses Vermögen fehlt dem Igel") = Rationalität[1];

normativ die Bereitschaft, sich an den jeweils besten verfügbaren Gründen und Gegengründen zu orientieren – der einschlägige Gegenbegriff ist *irrational*. In diesem Fall ist eine Wertung involviert (etwa in Aussagen wie „Katjana ist eine besonnene, rationale Person – sie geht in allem wohlüberlegt und -begründet vor; ich weiß nicht, warum sie mit Florentin zusammen ist, der wirklich ein irrationaler Typ ist – dauerempört, überempfindlich, ständig emotionalisiert") = Rationalität[2].

Diese Unterscheidung korrespondiert mit einer Überlegung Immanuel Kants: Er versteht den Menschen als *animal rationabile*, d.h. vernunftbegabtes Lebewesen, das diese Begabung aber kultivieren muss, um auch ein *animal rationale* zu sein, d.h. ein Lebewesen, das sich an der Vernunft orientiert (Anthropologie A 315). Anders formuliert:

Ein *animal rationabile* ist ein Lebewesen, das grundsätzlich die nötigen Fähigkeiten hat, um an *games of giving and asking for reasons* teilzunehmen – ein *animal rationale* hingegen ist ein Lebewesen, das dieses Spiel auch wirklich spielt und beherrscht. Rationalität in diesem Sinn meint die Bereitschaft, nach den je besten Gründen oder Gegengründen zu suchen bzw. sich daran zu orientieren – womit zugleich angedeutet ist, dass das variabel und voraussetzungsreich ist: In manchen Institutionen wird man ermutigt, das zu tun, in anderen nicht, in manchen Bereichen fällt es leichter, an manchen Tagen schwerer u. a.

Im Blick auf das, was als ‚Akte' bezeichnet werden kann, d. h. vor allem im Blick auf das *Haben von Überzeugungen bzw. Ausführen von Handlungen*, meint Rationalität

deskriptiv   jene prinzipielle Verständlichkeit, die es erlaubt, über fragliche Überzeugungen und Handlungen überhaupt sinnvoll zu sprechen bzw. in Diskurs einzutreten. Das Prädikat ‚rational' wird nicht in diesem Sinn verwendet, es gibt aber eine solche (wenngleich seltene) wertneutrale Verwendung von ‚vernünftig': Wenn der gestresste Vater das nuschelnde Kind auffordert „Jetzt sprich endlich vernünftig!" (bzw. „in vernünftigen Sätzen!"), ist das eine Aufforderung, verständlich zu sprechen = Rationalität[3];

normativ   die Eigenschaft, dass die fraglichen Überzeugungen und Handlungen wohlbegründet sind, d. h. dass gute Gründe dafür bestehen bzw. alle Einwände dagegen hinreichend ausbalanciert, entkräftet oder zurückgewiesen sind; diese wertend-normative Verwendung von rational ist äußerst häufig (etwa in Sätzen wie „Es ist rational geboten, den Ausstoß von CO_2 zu bepreisen") = Rationalität[4].

Von besonderem Interesse ist nicht nur, ob auch Vorlieben, Gefühle u. a. rational sein können, sondern zugleich, welche Eigenschaften Überzeugungen und Handlungen ‚rational machen'. Evident scheint, dass es mindestens logische Konsistenz (Nichtwidersprüchlichkeit mit anderen Überzeugungen) braucht, aber mehr nötig ist, damit eine Meinung als begründet gelten kann: Berücksichtigung aller relevanten vorhandenen Informationen, Kohärenz mit anderen Überzeugungen, Bewährung in der Praxis u. a. m. Zugleich ist es wichtig nochmals daran zu erinnern, dass die Rationalität einer Überzeugung keine Eigenschaft ist, die sich direkt auf deren *Gehalt* oder *Wahrheit* bezieht: Die Aussage etwa, dass Marley tot ist, ist a) *semantisch klar* und b) *sachlich wahr*, aber beides enthält keine Auskunft darüber, ob es auch vernünftig ist der Meinung zu sein, dass Marley tot ist. Kurz: Rationalität bezieht sich nicht unmittelbar auf Wahrheit oder Gehalt einer Überzeugung, sondern primär auf die Art und Weise, wie eine Überzeugung vertreten wird, d. h. ob sie begründet bzw. gegen Einwände bewährt ist.

3.3 Intersubjektive Koordination von Perspektiven – und die Entdeckung der Objektivität

Was bedeutet die doppelte Rekonstruktion des Begriffs der Vernunft? Sie schärft zumindest das Bewusstsein dafür, dass die Rede von *der* Vernunft viele Nuancierungen und Entwicklungen ausblendet: *Die* Vernunft ist eine sehr komplexe, dynamische Gesprächspartnerin des Glaubens. Der *historische Blick* zeigt, dass sich Rationalitätsstandards weiterentwickeln, weil sich verändert, was als Vernunft und mithin als rational gilt – mit der Folge, dass auch die Theologie neu herausgefordert ist auszuweisen, dass Glaube vernunftgemäß ist. Wer z. B. davon ausgeht, dass menschliche Vernunft Anteil an einer kosmischen Vernünftigkeit hat und dass sie daher nicht nur begrifflich-denkerisch, sondern metaphysisch notwendige Strukturen aufdecken kann, wird den ontologischen Gottesbeweis (vgl. Kapitel 5.2) eher akzeptabel finden als jemand, der Kants Vernunftbegriff teilt. Die *systematische Rekonstruktion* wiederum zeigt, auf welchen Feldern die Vernunftgemäßheit des Glaubens formal zu bedenken ist.

> Dabei leuchtet unmittelbar ein, dass die Rationalität des Glaubens primär mit der Begründung und Bewährung religiöser Überzeugungen zu tun hat (Rationalität[4]). Ein Rationalitätsausweis ist aber auch da gefordert, wo religionskritisch der Verdacht im Raum steht, Religion unterminiere die Bereitschaft und Fähigkeit, sich an den besten Gründen zu orientieren, d. h. Glaube erzeuge strukturell Unmündigkeit (Rationalität[2]) – zwar wird man auch hier mit Argumenten arbeiten, es gibt allerdings zugleich eine praktische Dimension der Glaubensbewährung (vgl. Kapitel 8.6). In anderer Weise liefern die beiden anderen Felder zumindest Themen theologischer Reflexion: Diese ist nötig, wo sinnkritisch gemutmaßt wird, religiöse Aussagen seien unverständlich und kognitiv sinnlos (Rationalität[3], vgl. Kapitel 9); sie ist aber auch angesichts der Vermutung gefordert, Religion stelle menschheitsgeschichtlich oder entwicklungspsychologisch eine Übergangsstufe dar, die mit je größerer Entfaltung rationaler Potenziale verschwinde oder andernfalls als regressives Phänomen zu deuten sei (Rationalität[1], vgl. Kapitel 8.4).

Kommen wir zum Schluss nochmals auf eine Funktion der Vernunft zu sprechen, die bislang vielleicht zu wenig belichtet war. Man kann dazu nochmals auf die Anmerkung verweisen, dass Rationalität weder mit dem *Gehalt* noch der *Wahrheit* einer Aussage verwechselt werden sollte. Gerade Letzteres mag irritieren, denn es heißt, dass wir die besten Gründe für eine Überzeugung haben mögen – und sie dennoch falsch sein kann. Macht das Rationalität zu einem wertlosen Instrument? Das ist unter anderem deshalb voreilig, weil Rationalität auch andere als epistemische Funktionen hat: Sie ist etwa auch ein herausragendes Medium sozialer Koordination. Das betont etwa der Philosoph Nicholas Rescher:

> Die zentrale Rolle der Rationalität als ein Prinzip der Koordination muss ebenfalls hervorgehoben werden. Die *conditio humana* ist derart beschaffen, dass der adäquate Umgang mit unseren eigenen individuellen Interessen eine ernsthafte Koordination mit anderen erfordert und die Notwendigkeit zu Kooperation und Zusammenarbeit erzwingt. Aber dies ist nur dann zu erreichen, wenn wir uns gegenseitig „verstehen". Und hier wird Rationalität entscheidend wichtig.

> Sie ist eine wesentliche Ressource des gegenseitigen Verstehens, des Sich-verständlich-Machens der Menschen untereinander wie auch der Möglichkeit effektiver Kommunikation und Kooperation. (1999, 256)

Auch Habermas betont diese Dimension, wenn er festhält, dass Vernunft wesentlich kommunikativ ist: Sie ist ein Vermögen, sich *mit anderen über etwas zu verständigen* (vgl. ausführlichst 1981). Formen solcher Verständigung lassen sich früh nachweisen (vgl. Tomasello 2006; 2010): Schon einjährige Kinder verfolgen, worauf sich die Aufmerksamkeit Erwachsener richtet, und können Informationen mit Zeigegesten mitteilen; etwas später lässt sich die Entwicklung eines ‚Wir'-Modus nachweisen, d. h. ein Bewusstsein, dass man *gemeinsam mit Anderen* seine Aufmerksamkeit auf etwas richtet; und spätestens mit eineinhalb Jahren können Kinder in Spielen die Rolle anderer einnehmen, d. h. haben ein Verständnis verschiedener Perspektiven auf das gemeinsame Objekt des Interesses. Die Experimente, die diesen Einsichten zugrunde liegen, liefern Belege, dass menschliche Kooperationsformen offenkundig damit zu tun haben, verschiedene Perspektiven auf ein geteiltes Objekt der Aufmerksamkeit hin zu koordinieren. Der US-amerikanische Anthropologe Michael Tomasello spricht im Blick darauf von einer „Art sozialer Rationalität" (2010, 44), die sich schon früh nachweisen lässt; von ihr aus ist die weitere Entwicklung jener Form kommunikativer Rationalität verständlich zu machen, die Perspektiven und Objekte geteilter Aufmerksamkeit nicht mehr mit Signalsprachen (Zeigegesten u. Ä.) intersubjektiv koordiniert, sondern sehr viel komplexer mittels propositionaler Sprache im Medium der Gründe.

> Dazu ist kurz zu klären, was eine propositionale Sprache ist: Es ist eine Sprache, mit der man sich über propositionale Gehalte verständigen kann (vgl. 2.2.1). U. a. mit Ernst Tugendhat lassen sich drei Eigenschaften festhalten (vgl. allg. 1976): *Erstens* bildet die Grundeinheit einer solchen Sprache der sog. *prädikative Satz*, mit dem auf etwas Bezug genommen (referiert) wird, um etwas davon auszusagen (prädizieren) – etwa: „*Das Workout ist langweilig.*" Genau das konstituiert in der Regel den propositionalen Gehalt. *Zweitens* erlauben propositionale Sprachen anzugeben, in welchem Modus ein Satz gebraucht wird, etwa assertorisch (behauptend) oder praktisch (Absichten, Befehle, Wünsche etc. vermittelnd). Daher kann der propositionale Gehalt p unterschiedlich vorkommen: „*Ich vermute*, dass du eine Playlist für das Workout erstellst!" hat den identischen propositionalen Gehalt wie „*Ich bitte dich*, dass du eine Playlist für das Workout erstellst!", der aber in unterschiedlichen *Modi* verwendet wird. Diese Differenz ist in Signalsprachen nur bedingt möglich: Zeigt das Gegenüber auf eine Nuss, ist unklar, ob er bloß darüber informieren will, man die Nuss aufheben soll oder vor ihr gewarnt wird. *Drittens* erlauben propositionale Sprachen Subjekten, sofern sie frei sind, dass man sich zu ihren Aussagen (z. B. positiv oder negativ) verhalten kann: „Ich gebe zu, dass ich eine Playlist für das Workout erstelle! (Ich hege die Hoffnung, dass es dann weniger langweilig ist.)" Von Interesse ist vor allem aber die Negation, weil sie Perspektivendifferenzen offenbart, die nach Gründen fragen bzw. Gründe geben lassen: „Warum sollte gerade ich eine Playlist erstellen? Nenne mir nur einen vernünftigen Grund – ich bin musikalisch doch völlig Banane!" Es liegt auf der Hand, dass Rationalität (als Vermögen des Gebens und Verlangens von Gründen) mit der Fähigkeit verzahnt ist, eine propositionale Sprache zu sprechen.

Die naheliegende Rückfrage lautet: Wird Vernunft in dieser Lesart nicht auf ein leistungsstarkes soziales Verfahren der Perspektivenkoordination reduziert? Wo bleibt der Bezug zu sachlicher Wahrheit und moralischer Richtigkeit, der Vernunft üblicherweise zugeschrieben wird – ist dieser getilgt? Tatsächlich erklärt sich dieser gerade aus der genannten Leistung. Gerade wo Perspektiven differieren oder konfligieren, stellt sich nämlich nicht nur die Frage ein, was aus unterschiedlichen Perspektiven gleichermaßen akzeptabel ist (Intersubjektivität). Man kann auch dafür argumentieren, dass sich gerade hier das Bewusstsein für Objektivität entzündet: Sobald ich erkannt habe, dass ich mit meiner Perspektive falschliegen kann (worauf mich die Existenz einer anderen Perspektive aufmerksam macht), lässt sich nicht mehr prinzipiell ausschließen, dass auch jene Deutung der Dinge falsch sein könnte, auf die ich mich mit meinem Gegenüber geeinigt habe – ja, mehr noch: Es ist auch nicht mehr ausschließbar, dass selbst jene Deutung falsch sein könnte, der *alle* zustimmen. Die Entdeckung der Fallibilität unserer Überzeugungen (d. h. dass diese falsch sein könnten, weil die Dinge anders liegen, als man denkt) ist mit dem regulativen Ideal der Objektivität verzahnt. Der Konflikt der Perspektiven ist so gewissermaßen die Urszene der Objektivität. Es mag also sein, dass Rationalität nicht notwendig zu Wahrheit führt – aber Wahrheit ist als Ideal überhaupt nur verständlich, sofern es Rationalität gibt. Der Ausgriff auf Intersubjektivität sowie das Ideal der Objektivität ist Rationalität strukturell eingeschrieben: Die Idee der Vernunft entsteht, so Thomas Nagel, überhaupt erst „aus dem Versuch, das Subjektive vom Objektiven zu unterscheiden" (1999, 38).

Das wichtige Wörtchen in diesem Zitat ist *Versuch*: Aus den bisherigen Überlegungen folgt nicht, dass Vernunft absolute Objektivität, Unparteilichkeit, Fairness *einfachhin garantieren* oder überhaupt jemals *umfassend erreichen* könnte – Vernunftkritik macht hier zu Recht darauf aufmerksam, wie sehr sich unsere Interessen immer wieder mit Argumenten tarnen, wie bedingt unsere Überzeugungen durch andere Faktoren sind u. a. m. Wir können auch keinen Blick von nirgendwo einnehmen, d. h. aperspektivisch auf die Welt blicken, so wie wir den Horizont nicht erreichen können, obwohl er unser Sichtfeld strukturiert – Objektivität ist immer nur aus dem Inneren verschiedener Perspektiven als Orientierungsgröße verständlich. Aber zugleich ist zu wiederholen, was oben gesagt wurde: Es ist die Vernunft selbst, die die Unmöglichkeit der Aperspektivität entdeckt oder sich bewusst zu werden vermag, wo sie unfair und interessengeleitet agiert – und zwar gerade weil sie sich implizit am Ideal der Objektivität orientiert, das einzelne Perspektiven immer wieder zu befragen und zu transzendieren vermag. Abgesehen davon sollte man sich nicht von Absolutheitsfantasien narren lassen: Selbst wenn OP-Säle niemals absolut steril sind, ist es immer noch besser, dort zu operieren als auf einer Club-Toilette – und selbst wenn Vernunft weder absolute Objektivität erreichen noch sichere Wahrheit garantieren kann, ist es besser, nach Gründen und Gegengründen zu fragen als völlig willkürlich zu agieren. Aus der *möglichen* Falschheit unserer Überzeugungen und Begründungen folgt jedenfalls nicht, dass sie *wirklich* falsch sind oder *alle zugleich* falsch sein könnten.

Das jedenfalls ist die Stärke der Vernunft: dass sie kreativ mit verschiedenen Perspektiven zu arbeiten vermag (und zwar bereits ‚in' einem Subjekt, wo sie zwischen Beobachter- und Teilnehmerperspektiven zu changieren vermag, vgl. 5.4.1) bzw. eine hochentwickelte Kunst sozialer Perspektivenkoordination darstellt – und *gerade darin* auf die Frage geeicht ist, was zwischen verschiedenen Standpunkten vermittelt, was perspektivenübergreifend akzeptabel ist bzw. objektiv gilt. Diese Stärke macht sie zur unverzichtbaren Gesprächspartnerin für den Glauben. Sie ist es deshalb, weil die ständige Frage nach Gründen, die Konfrontation mit Kritik und die Orientierung an dem, was nicht nur subjektiv gut klingt, sondern intersubjektiv nachvollziehbar ist bzw. objektiv gilt, die besten Chancen bietet, zu verstehen, was der eigene Glaube eigentlich bedeutet, bzw. zu klären, ob man guten Gewissens religiös sein kann. Das mag mühsam sein, weil das Fragen der Vernunft niemals aufhört, weil Vernunft fehlbar ist und manche Wegstrecken umsonst sind und weil immer neu Justierungen im Verständnis des eigenen Glaubens gefordert sein können. Aber es gibt keine sinnvolle Alternative dazu: Wer bequemere Gesprächspartner bevorzugt, weil es so leichter fällt, selbst zu glänzen, oder weil dann keine Kritik zu erwarten ist – der hat in der Regel nicht nur selbst wenig zu bieten. Er bringt sich auch um Möglichkeiten, seinen eigenen Glauben lernend zu vertiefen.

Erste Zwischenreflexion

Die bisherigen Kapitel fragten nach *Theologie, Glauben, Vernunft*. Es war ein Nachdenken darüber, was es heißt, über Gott nachzudenken, und welche Ressourcen dafür üblicherweise genutzt werden und zur Verfügung stehen, allerdings war Gott selbst nur indirekt Thema. Das soll im Folgenden anders werden.

Wieder gilt dabei: *first things first!* Und wieder stellt sich sofort die Frage: *Was sind die so oft bemühten „ersten Dinge", mit denen man sich „zuerst" beschäftigen sollte?* Kommt das Gespräch auf Gott, wird man oftmals gleich mit der Frage konfrontiert, ob (und wie man wissen könne, dass) er existiert. Das klingt wie ein sinnvoller Anfang, ist aber kein rundum plausibler Einstieg, weil noch nicht klar ist, was der Ausdruck „Gott" überhaupt bedeutet. Erst wenn eine *erste Vorverständigung* darüber erzielt ist, was darunter zu verstehen ist, scheint ein Gespräch darüber sinnvoll, ob und wie Gottes Existenz zu beweisen wäre bzw. was man rationalerweise von ihm aussagen muss (auch wenn sich beides nicht trennen lässt, vgl. dritte Zwischenreflexion). Die Schrittigkeit, die sich hier abzeichnet, liefert die Struktur für die nächsten drei Kapitel:

a) In einem ersten Schritt steht die Reflexion darauf an, was der Ausdruck „Gott" bedeutet. Darum wird es wesentlich in Kapitel 4 gehen, nämlich um Gottes*begriffe*.

b) In einem zweiten Schritt sind in Kapitel 5 Gottes*beweise* das zentrale Thema, d.h. die Frage danach, ob es möglich ist, die Existenz Gottes mit Mitteln der Vernunft zu beweisen.

c) In einem dritten Schritt wird schließlich in Kapitel 6 nach *Eigenschaften* Gottes gefragt: Welche Attribute wurden Gott philosophie- und theologiegeschichtlich üblicherweise zugeschrieben und was ist darunter zu verstehen?

Es ist gleich vorweg anzumerken, dass in den nächsten Kapiteln oftmals *klassische Positionen* eine Rolle spielen (etwa wenn die drei vorgestellten exemplarischen Gottesbegriffe in 4.3. allesamt mittelalterlichen Theologien entnommen sind). Das ist weniger nerdigen Überlegungen als dem Gedanken geschuldet, dass auf diese Weise ein Hintergrund aufbereitet wird, vor dem spätere Kapitel deutlich machen können, mit welchen Herausforderungen besonders *die klassische Moderne* die etablierte Rede von Gott konfrontiert (Kapitel 7–9). Aber diese Wegstrecken liegen noch weit vor uns; erstmal geht es, spannend genug, um *Begriffe, Beweise und Eigenschaften Gottes*.

4 Gott definieren?

Die erste Zwischenreflexion hatte nahegelegt, dass die Frage nach Gottes*begriffen* eine sinnvolle erste Frage für die nächsten Passagen sein mag; sie liefert daher die Leitperspektive des anstehenden Kapitels. Um aber nicht ohne jedes Aufwärmen auf den Platz zu laufen, sollen vorher ein paar allgemeine Bemerkungen stehen: aus der Tradition ererbte sprachphilosophische Dehnübungen und Hinweise, wie man von Gott (nicht) reden sollte (4.1) sowie Bemerkungen dazu, welche Probleme man zu erwarten hat bzw. ein wenig Regelkunde (4.2). Erst dann geht's an drei exemplarische Gottesbegriffe der theologischen Tradition (4.3).

4.1 Regelkunde am Spielfeldrand

In gewisser Hinsicht ist „Gott" ein Ausdruck der deutschen Sprache wie jeder andere: Er kommt in sehr unterschiedlichen sprachlichen Kontexten vor, ist in die Dynamik lebendiger Sprachen eingebettet und auch für ihn gelten allgemeine orthographische und grammatische Regeln. Zugleich findet sich in religiösen Traditionen sowie in Theologie- und Philosophiegeschichte die Überlegung, dass in der Verwendung des Ausdrucks „Gott" auch spezifischere Regeln zu berücksichtigen sind. Zwar unterscheiden sich die Ansichten, welche Regeln das konkret sind, aber das berührt nicht die grundsätzliche Einsicht, die sich durch die Geschichte des Nachdenkens über Gott zieht: Wer von Gott sprechen will, sollte es nicht so tun, wie er von Eichhörnchen, Toasts oder Unwetterwarnungen spricht.

Die prominenteste Referenzstelle ist wohl das *biblische Bilderverbot*: „Du sollst dir kein Kultbild machen" heißt es dort und problematisiert kultische Darstellungen Gottes (Ex 20,4). Auch wenn natürlich zu fragen ist, was dieses Verbot historisch meinte oder wie Kultbilder, Bilder und Begriffe korrelieren, wird hier grundsätzlich zu Vorsicht gemahnt: Gott ist nicht wie anderes in der Welt abbildbar, weil er (wie in der Folge vertieft wird) *kein Teil dieser Welt* ist. Auch die *kirchliche Tradition* hat das sprachliche Problem, das in dieser Differenz steckt, immer wieder betont. Mit höchster lehramtlicher Autorität formuliert sie etwa am Vierten Laterankonzil (1215) folgende Einsicht als Dogma: „Denn von Schöpfer und Geschöpf kann keine Ähnlichkeit ausgesagt werden, ohne dass sie eine größere Unähnlichkeit [maior dissimilitudo] zwischen beiden einschlösse" (DH 806). Wer von Gott etwas aussagen will, muss also in Rechnung stellen, dass das, was positiv von ihm aussagbar ist, von einer je größeren Unähnlichkeit umfangen ist. Wer ihm etwa Wissen zuspricht (ähnlich wie wir Wissen haben), mag Zutreffendes behaupten; zugleich muss man aber sehen, dass Gottes

Wissen unserem unähnlicher ist als es ihm ähnlich ist: Gemäß der traditionellen Gotteslehre gibt es dabei keine vorausliegende Irrtumsmöglichkeit, zudem ist kein allmähliches Lernen oder Verstehen involviert etc.

Ähnlich finden sich auch in der *Theologie- und Philosophiegeschichte* zahlreiche eindringliche Warnungen, Gott nicht wie jeden anderen Gegenstand des Denkens zu verstehen. *finitum non capax infiniti* – Endliches kann das Unendliche nicht fassen, warnt etwa eine klassische Denkregel. Wer meint, Gott verstanden zu haben, hat es nicht mit Gott zu tun, schreibt etwa Augustinus (vgl. Sermo 52,16); und Thomas von Aquin merkt an, dass weder die, die glaubt, noch der, der nicht glaubt, das Wesen Gottes erkennen könne (vgl. STh I q13 a10 ad5). Auf dieser Linie hat auch der wohl wichtigste katholische Theologe des 20. Jh. im deutschsprachigen Bereich, der Jesuit Karl Rahner (1904–1984), immer wieder festgehalten, dass Gott am besten mit dem Begriff des Geheimnisses zu umschreiben sei: „Unbegreiflichkeit ist nicht eine Eigenschaft Gottes neben anderen, sondern die Eigenschaft seiner Eigenschaften" (1978, 116). Gott ist also nicht wie ein Rubik-Würfel eine Art *Rätsel*, das komplex, aber eben doch zu lösen ist – sondern Unbegreiflichkeit ist Teil seines Wesens (vgl. auch 19.4.4; 19.5).

4.2 Aufwärmen mit lockeren Pässen

4.2.1 Drei Wege von Gott zu reden

Orientieren wir uns im Folgenden an diesen Warnungen: Man denkt Gott falsch bzw. spricht falsch von ihm, wenn man ihn wie einen Teil dieser Welt versteht. Wenn Gott aber kein Teil dieser Welt und wesenhaft unbegreiflich ist – wie kann man dann überhaupt angemessen von ihm sprechen?

In dieser Frage schwingt der Verdacht mit, dass vielleicht überhaupt nicht von Gott gesprochen werden kann: Ist nicht denkbar, dass Gott radikal unbeschreibbar ist? Das ist eine berauschende These, aber sie ist nicht konsistent formulierbar: Würde es zutreffen, dass es keine Eigenschaft gibt, die Gott *und* Welt zuzusprechen ist, müssten wir *beiden* erst recht eine *gemeinsame* Eigenschaft zusprechen – nämlich die Eigenschaft, mit dem jeweils anderen keine Eigenschaft zu teilen (vgl. Kreiner 2006, 47 f.). Das räumt den Erstverdacht aus, Gott wäre radikal unbeschreibbar zu denken. Es liefert aber keine neuen Anhaltspunkte: Zwar ist nun einsehbar, dass manche Aussagen in Bezug auf Gott angemessener sind als andere (etwa: Es ist angemessener, die radikale Unbeschreibbarkeit Gottes zurückzuweisen als sie zu behaupten) – aber daraus folgt weder positiv, wie in weiterer Folge *gehaltvoll* über Gott gesprochen werden kann, noch wie dieses Sprechen mit seiner Unbegreiflichkeit *versöhnbar* ist.

Orientieren wir uns im Blick auf dieses Schlüsselproblem aller Rede von Gott an Ressourcen der Tradition. Theologisch werden an dieser Stelle klassisch drei Wege, von Gott zu sprechen, unterschieden:

- die *via affirmationis*, der Weg der Bejahung, der gehaltvolle Aussagen über Gott macht: Was immer an Gutem in der Welt vorhanden ist, das muss (so könnte man sagen) grundsätzlich auch Gott zugesprochen werden – etwa Gerechtigkeit, Personalität oder Erkenntnis;
- die *via negationis*, der Weg der Verneinung, der die unmittelbare Anwendung dieser Begriffe auf Gott problematisiert: Gott ist *nicht in dem Sinn* gut, personal oder erkennend, wie dies innerweltliche Größen sind, denn er unterliegt nicht jenen Beschränkungen, die innerweltlich konstitutiv sind: Gott erkennt etwa *nicht* so wie wir mithilfe der Sinne oder auf der Grundlage eines gemeinschaftlich geteilten Wissens;
- die *via eminentiae*, der Weg des Überstiegs, der „überbietend" interpretiert, was im Blick auf Gott ausgesagt wird: Gott ist also *unüberbietbar* gerecht, gut, barmherzig – er ist nicht bloß mächtig, sondern *all*mächtig; er liebt nicht nur, sondern *ist* die Liebe u. Ä. Solche Sätze mögen fromm klingen, haben aber eine kritische Funktion: Sie sollen ausdrücken, dass Aussagen über Gott nicht wie Aussagen über andere Entitäten funktionieren.

Diese Unterscheidung führt aber nochmals zur Grundfrage zurück, gerade angesichts dieser drei Nuancen: Wie genau ist nun verstehbar, dass eine Aussage auf Gott *zutrifft*?

4.2.2 Wellensittiche, Teenager, Gott: Über Analogien

Eine klassische Antwort auf diese Frage will die sog. *Analogielehre* liefern, die sich wesentlich Thomas von Aquin verdankt. Ihren Hintergrund bildet eine Beobachtung, wie Sprache bzw. Begriffe funktionieren: So gibt es Begriffe, die

- *univok* sind. Damit ist gemeint, dass ein Begriff in verschiedenen Kontexten mit gleicher Bedeutung verwendet wird – etwa *Rose* in einem Biologielehrbuch und einem Gartenprospekt;
- *äquivok* sind. Damit ist gemeint, dass ein Begriff in verschiedenen Kontexten unterschiedliche Bedeutungen hat, wie z. B. *Bank* einmal eine *Sitzgelegenheit* und einmal ein *Geldinstitut* meinen kann.
- *analog* sind. Damit ist gemeint, dass ein Begriff in verschiedenen Zusammenhängen *weder* eine völlig identische *noch* eine völlig unterschiedliche, sondern eine ähnliche Bedeutung haben kann – so kann *gesund* unterschiedlich verwendet werden, wie Thomas von Aquin festhält: für gesundes Essen, einen gesunden Körper, eine gesunde Hautfarbe, eine gesunde Abreibung u. a. m. (vgl. STh I q13 a5 c).

Der analoge Gebrauch von Begriffen ist theologisch interessant: Offensichtlich kann man einen Begriff in sehr unterschiedlichen Konstellationen angemessen verwenden, wobei Bedeutungsverschiebungen im Spiel sind, aber semantische Kontinuität gewahrt wird. So kann man etwa im Blick auf ein verliebtes Wellensittichpärchen von

Zuneigung sprechen wie auch im Blick auf zwei Teenager: Natürlich ist tierisches Gefallen etwas anderes als menschliche Verliebtheit, aber die Phänomene sind hinreichend ähnlich, um in beiden Fällen von Zuneigung zu sprechen – präziser: Man kann den identischen *Begriff analog verwenden*, weil man voraussetzt, dass die damit bezeichneten *Wirklichkeiten ähnlich sind*. Das Konzept analogen Begriffsgebrauchs ist in der Regel so mit ontologischen Annahmen verzahnt, dass auch die Wirklichkeiten, auf die referiert wird, einander ähnlich sind. Man spricht von einer Analogie des Seienden *(analogia entis)*, die in der Analogie des Begriffs quasi gespiegelt wird.

Diese Überlegungen leiten auch die Analogielehre in der Rede von Gott. Wenn man Gott etwa *Existenz* zuspricht, dann korrespondiert das, was hier Existenz meint, in bestimmter Hinsicht mit dem, was der Begriff auch innerweltlich meint – es gibt also eine Ähnlichkeit. In anderer Hinsicht ist diese nicht gegeben: Gott als die Größe, die allem Seienden seine Existenz verleiht, existiert selbst nicht in der gleichen Weise wie das Seiende, dem es Existenz verleiht – hier ist ein Unterschied in Rechnung zu stellen. Eben darin fußt der Gedanke, dass Aussagen über Gott nicht univok oder äquivok, sondern analog zu verstehen seien: Es gibt semantische Kontinuitäten bei gleichzeitigen Bedeutungsverschiebungen.

In der Regel werden dabei zwei Arten von Analogien unterschieden:

- Die sog. *Attributions- (oder Proportions-)Analogie* setzt eine Analogie von Dingen voraus, denen daher *Eigenschaften* in analoger Weise zugeschrieben werden: In der Satzreihe „*Der Goldhamster ist süß. Das Eis ist süß. Der neue Religionslehrer ist süß*" stehen Goldhamster, Eis und Religionslehrer in einem Ähnlichkeitsverhältnis zueinander, das durch das Attribut „süß" spezifiziert wird. Dies kommt im religiösen Sprachgebrauch vor, wenn Gott etwa in einem analogen Sinn *Güte, Gerechtigkeit* oder *Barmherzigkeit* zugesprochen wird.
- Die sog. *Proportionalitäts-Analogie* setzt hingegen eine Analogie von Verhältnissen voraus, d.h. es sind *Verhältnisse*, die zueinander im Verhältnis der Analogie stehen: *Der Spielmacher verhält sich zum Team (= Verhältnis A) so, wie sich die Seele zum Körper verhält (= Verhältnis B)*. Auch solche Analogien sind religiös bekannt: *Gott verhält sich zu uns Menschen wie ein liebender Vater zu seinem Kind*.

Es war eben beiläufig die Rede davon gewesen, dass Existieren im Blick auf Gott *in bestimmter Hinsicht* das meint, was existieren auch innerweltlich bedeutet (auch wenn *in anderer Hinsicht* Unterschiede anzuerkennen sind). Eine entscheidende Anfrage an die Analogielehre von Johannes Duns Scotus (um 1265–1308) setzt hier an. Bleibt man nämlich nur bei der *einen* Hinsicht, dann – so Scotus – liegt letztlich doch univoker Sprachgebrauch vor: Existieren hat *in dieser Hinsicht* die gleiche Bedeutung sowohl im Blick auf Gott als auch im Blick auf Weltliches (i.e. Menschen, Zahlen, Birnen). Stellt man in Rechnung, dass sich Unterschiede nur auf dem Hintergrund von Gemeinsamem bestimmen lassen, dann bildet Univozität letztlich doch das zentrale Element jeder Rede von Gott.

Tatsächlich gibt es (auch wegen dieser Anfrage) bis heute anhaltende Diskussionen, wie die Analogielehre verstanden werden kann (vgl. Kreiner 2006, 75–91). Ihre Intention scheint jedenfalls klar: Sie steht sowohl gegen die These radikaler Unbeschreibbarkeit Gottes als auch die Gegenthese, Gott sei letztlich nicht anders denn als ein Teil dieser Welt beschreibbar. Vielleicht ist gerade der Gedanke *verschiedener Hinsichten*, die in Bezug auf Gott *zugleich* zu bedenken sind, bleibend aktuell – er birgt kritisches Potential gegen jede Vereinfachung: Es ist im Blick auf Gott falsch, sich bloß auf *eine* Hinsicht zu konzentrieren, sondern es sind stets *mehrere* Hinsichten mitzudenken. Damit kommt das eigene Denken niemals zu jener behäbigen Ruhe, die glaubt, das Entscheidende in Bezug auf Gott bereits verstanden zu haben.

4.2.3 Negative Theologie: *Nicht so, sondern anders*

Genau diese Intuition steht vielleicht auch hinter einer der wichtigsten theologischen Traditionen in der Rede von Gott. Es lässt sich nämlich fragen, wie die Analogie zwischen Göttlichem und Menschlichen qualifiziert ist: *Wie ähnlich ist die Ähnlichkeit, von der gesprochen wird?* Die sog. *negative Theologie* macht mit der Idee einer *je größeren Unähnlichkeit* Ernst, die dabei in Rechnung zu stellen ist und von der das bereits zitierte Vierte Laterankonzil spricht (vgl. DH 806). Als wichtiger Ahnherr gilt Pseudo-Dionysius Areopagita (um 500): Es ist, so schreibt er,

> undenkbar [!] für alles Denken das über dem Denken stehende Eine, und ist unaussprechlich [!] für jederlei Wort das über alle Worte erhabene Gute, die Einheit, die jedes Einzelne erst zur Einheit macht, die überwesenhafte Wesenheit, der unausdenkbare Geist, das unaussprechbare Wort, das Unsagbare, das Undenkbare, Unnennbare, das nicht so ist wie irgendein Wesen, und doch allen Wesen Grund ihrer Wesenheit ist, selbst nichts seiend, weil es jenseits alles Seienden ist. (Von den Namen, 36)

Traditionell setzen an solchen Aussagen kritische Rückfragen an: Meint das letztlich nicht doch radikale Unbeschreibbarkeit? Folgt man einem der profiliertesten Vertreter negativer Theologie in der gegenwärtigen Diskussion, Hans-Joachim Höhn, dann wird klar, dass das nicht gemeint ist. Negative Theologie

> will weder sagen, es sei in jedem Fall besser von Gott zu schweigen, noch will sie die gänzliche Unmöglichkeit und Vergeblichkeit eines jeglichen Gott-Denkens demonstrieren. Ihr geht es um „bestimmte Negationen" des Redens von Gott und nicht um die Bestimmung der puren Negation ... Der Hauptsatz der negativen Theologie „Gott ist (ganz) anders" formuliert keine „für sich" bestehende Aussage, sondern eine Kritik und Korrektur am vorausgehenden „Gottesdiskurs" und eine Aufforderung, ihn in veränderter Weise fortzusetzen. (2008, 93 f.)

So wie man auch nach 30 Jahren Beziehung den Partner noch neu entdecken kann, gilt das auch für den Glauben: Auch hier kann man stets neu erfahren, was etwa Gottes Gerechtigkeit meint, weil sie mehr ist als das, was man bislang davon verstanden hat – und entsprechend wird man sein Nachdenken darüber dann „in veränderter Weise" fortsetzen. Das mag ein Motiv der Kritik an univoker Gottesrede sein, es ist auch ein Anliegen negativer Theologie: Es geht um Lernbereitschaft. „Bestritten wird jeweils ein ‚so und nicht anders'; dagegengesetzt wird stets ein ‚nicht so, sondern anders'" (ebd., 98; vgl. den Diskurs in Halbmayr/Hoff 2008).

4.3 Drei klassische Spielsysteme

Eingangs war „Gott" neutral als Ausdruck bezeichnet worden. Damit ist noch nicht klar, was für ein Typ von Ausdruck „Gott" ist: ein Eigenname, ein gut getarntes Verb, ein Indexwort, ein ganzes Bündel von Eigenschaften? Im Folgenden sprechen wir der Einfachheit halber von Gottesbegriffen: Es geht darum, wie der Ausdruck „Gott" in klassischen theologischen und philosophischen Theorien exemplarisch eingebettet ist und welche Konzepte darin damit verbunden werden – so wie im Fußball ein *Spielzug* erst im Rahmen von *Spielsystemen und -situationen* seine systematische Bedeutung erhält, erhält auch ein *Ausdruck* erst im Kontext weiterer *Überlegungen* sein begriffliches Profil. Dazu sollen im Folgenden drei Vorschläge von Meisterdenkern des Mittelalters vorgestellt werden.

4.3.1 Nikolaus Cusanus: Gott als *non-aliud*

Der erste Vorschlag, was unter „Gott" zu verstehen ist, stammt von Nikolaus Cusanus (1401–1464) aus dem Spätmittelalter. Der Beginn bei ihm ist anspruchsvoll, bietet sich aber an, weil er an die letzten Überlegungen anschließt: Cusanus weiß sich dem Ansatz negativer Theologie verpflichtet. Wie lässt sich seine Denkbewegung nachzeichnen?

a) Im Jenseits aller Differenz

Cusanus insistiert ganz grundsätzlich darauf, dass Gott nicht wie ein Seiendes zu verstehen ist, das gewissermaßen ‚bloß' mächtiger, wissender oder besser als endlich Existierendes ist; er will eine solche Logik überhaupt verlassen: Man muss Gott gemäß der negativen Theologie *(ganz) anders* denken. Genau darin lauert aber eine Falle: Andersheit ist stets Andersheit *relativ zu etwas Bekanntem* und damit wird Gott implizit doch relativ zur Welt bestimmt. Was hier auftaucht, ist weniger ein theologisches Problem als ein epistemischer Gemeinplatz: Denken arbeitet stets mit Differenzen (etwa wenn wir Tennis- von Volleybällen unterscheiden). Geht es aber um Gott, muss man Cusanus zufolge ein solches Denken in Differenzen transzendieren – andernfalls wird Gott nie *absolut*, sondern *stets relativ* (nämlich: *relativ auf anderes*) gedacht. Gesucht ist folglich eine *Denkform*, die dem ‚Gegenstand' ihres Nachdenkens (dem Absoluten) insofern entspricht, als sie die Differenzstruktur des Denkens transzendiert. Gesucht ist ein Denken, das Unterschiede nicht negiert, aber übersteigt. Die Königsfrage liegt auf der Hand: Ist derlei auch zu finden?

Man kann das u. a. anhand mathematischer Beispiele überlegen. Nimmt man etwa einen Kreis und eine Gerade, haben diese unterschiedliche Eigenschaften (gekrümmt vs. gerade). Vergrößert man den Kreis aber unendlich, ändert sich das: Letztlich verschwindet der Unterschied zwischen Gerade und Kreislinie.

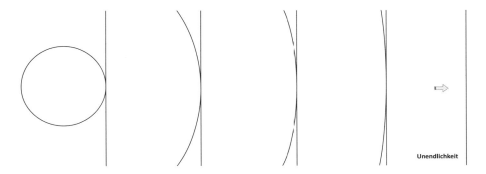

Skaliert man ins Unendliche, fallen die von uns im Endlichen konstatierten Gegensätze zusammen: In dieser Überlegung ortet Cusanus theologisches Potential. Hier hat man es mit einer *Denkform* zu tun, in der Gegensätze *im Denken überstiegen* werden. Diese ist theologisch interessant, weil wir da, „wo wir mit Satz und Gegen-Satz arbeiten und in diesem Schema denken, noch gar nicht bei der letzten und tiefsten Ebene des Denkens und Lebens angekommen sind" (Schupp 2003b, 517). Das ist auch im Blick auf den oben erwähnten Gemeinplatz anzumerken: Zwar mag unser Denken stets mit Differenzen operieren, aber Differenzen setzen Einheit voraus (Bälle unterscheiden sich etwa hinsichtlich ihrer Größe, wobei ‚Größe' das ist, was *beiden* vorab zukommt – es ist das Gemeinsame, in Bezug auf das ein Unterschied sichtbar wird). Einheit ist Bedingung der Möglichkeit von Differenz, sie liegt der Differenz logisch voraus. Genau diese Ebene muss man anzielen, will man den Begriff ‚Gott' angemessen verstehen: *die Einheit vor allen Gegensätzen, das Jenseits vor aller Differenz, die vorausliegende gegensatzlose Einheit.*

An dieser Überlegung setzt Cusanus' Konzept des Zusammenfalls aller Gegensätze, der sog. *coincidentia oppositorum* an: Diese ist eine Art *Verfahren* (vgl. Flasch 1998, 61) bzw. eine *Vernunftregel* oder „Anleitung ..., beim Denken vom Absoluten [= Gott] nicht bei Sätzen stehenzubleiben, die nicht die letzte Einheit zur Sprache bringen können" (Schupp 2003b, 517). Wie sieht allerdings diese letzte Einheit jenseits aller Gegensätze aus, die man sich durch das Verfahren der *coincidentia oppositorum* bewusst macht und ohne die man Gott nicht angemessen verstehen kann? Stellen wir dazu zwei Fragen:

- *Was heißt: jenseits* aller *Gegensätze?* Cusanus denkt an *alle* denkbaren Unterschiede, d. h. nicht nur Unterschiede wie ‚gerecht' und ‚barmherzig' (die in Gott in eins fallen), sondern *auch* an kontradiktorische Gegensätze, die das logische Nichtwiderspruchsprinzip antasten: So ist etwa die Aussage *Gott ist* nicht wahrer als die Aussage *Gott ist nicht* [!] – denn Gott ist schlicht jenseits der Gegensätze von Sein und Nicht-Sein. Gott als „Ursprung also, der vor [!] dem kontradiktorischen Widerspruch ist, faltet alles ein, was der kontradiktorische Widerspruch umschließt", schreibt Cusanus (De principio, n36).
- *Was heißt: gegensatzlose* Einheit*?* Die in der Methode der *coincidentia oppositorum* als Fluchtpunkt anvisierte Einheit jenseits aller Gegensätze darf selbst nicht (!) im Gegensatz zur Vielheit verstanden werden. Man darf also das Absolute selbst nicht als *Gegensatz* zum Relativen denken: Das Eine, das jenseits aller Gegensätze ist, ist nur dann das Eine, wenn es den Gegensatz zum Vielen verliert. „Ihr denkt das Eine erst dann wirklich als das Eine, wenn ihr einseht, dass ihr es ebensogut ‚das Viele' nennen könnt. Nur dann *denkt* ihr, was ihr *meint*" (Flasch 1998, 69). Anders formuliert: Das Absolute wird erst dann korrekt gedacht, wenn man sie nicht im Gegensatz zum Relativen bzw. relativ zum Relativen versteht – erst dann kommt man dem Absoluten, Gott auf die Spur.

Die letzten Überlegungen sind für den cusanischen Gottesbegriff entscheidend, sie lassen nämlich nicht zu, die Einheit vor allen Gegensätzen wiederum in Begriffen der Differenz zu beschreiben. Die treffendste Beschreibung Gottes ist für Cusanus daher *non-aliud*: Gott ist das Nicht-Andere. Natürlich ist klar, dass dieser Ausdruck keinen Schluss-, sondern vielmehr einen Fluchtpunkt markiert, d. h. dass er in der Dynamik des Denkens stets neu davor zu retten ist, in Differenz zu etwas anderem verstanden zu werden:

Da wir aber ... unsere Erkenntnisse nur durch die Bedeutung der Worte offenbar machen können, kommt uns nichts Genaueres entgegen [!] als das Nicht-Andere [non-aliud], wenn es auch nicht [!] der Name Gottes ist, der vor jedem nennbaren Namen im Himmel und auf Erden ist, so wie auch der Weg, der den Wanderer zur Stadt führt, nicht der Name der Stadt ist. (Das Nicht-Andere, II)
[Das Nicht-Andere] ist das, was ich während vieler Jahre vermittels der Koinzidenz der Gegensätze gesucht habe ... [Es ist] weder Grundbestand [Substanz] noch Seiendes noch das Eine noch irgendein Anderes. ... [Es ist] auch nicht ein Nicht-Seiendes und nicht Nichts. (ebd., IV)

Die damit anvisierte letzte Einheit (die nochmals den Gegensatz von Einheit und Vielheit übersteigt) ist weder positiv vorstell- noch aussagbar, lässt sich aber (wie eben versucht wurde) als angemessener *Fluchtpunkt* unseres Denkens über Gott rekonstruieren.

Die Rede vom Fluchtpunkt ist bezeichnend: Es ist ein Punkt am Horizont, der das eigene Denken perspektivisch orientiert, ohne jemals erreicht werden zu können. In diesem Sinn hält Cusanus fest, dass *alle* unsere Urteile fragmentarisch sind und sie immer nur Annäherungen bzw. *coniectura* sein können: *Vermutungen.* Das zu verstehen ist allerdings Cusanus zufolge das Höchste, was wir im Blick auf das Absolute epistemisch erreichen können – sog. *docta ignorantia*: ein Nicht-Wissen, das zugleich darum weiß, warum es Nicht-Wissen ist und sein muss.

b) Ein Affront des *common sense*?

Versucht man eine knappe *kritische Auseinandersetzung*, ist wohl vor allem das zu nennen, was der Philosoph Kurt Flasch „Affront gegen den ‚gesunden Menschenverstand'" (1998, 60) nennt: Cusanus' Überlegungen sind eine Herausforderung für den *common sense*. Ist wirklich denkbar, dass widersprüchliche Urteile (‚Gott existiert' vs. ‚Gott existiert nicht') im Unendlichen ihren Widerspruchscharakter verlieren – und man erst da zu ahnen beginnt, wie Gott wirklich zu denken ist: nämlich beispielsweise jenseits von Existenz und Nicht-Existenz? Aber kann man ahnen, was sich allem Verstehen entzieht? Der *common sense* kann nachvollziehen, dass es je nach Einschätzung der vorgebrachten Argumente rational sein mag, Gottes Existenz zu behaupten *oder* zu bestreiten – aber er hält daran fest, dass *nur eine* These wahr sein kann: *Entweder existiert Gott oder eben nicht*. Cusanus will genau solches Denken übersteigen: Wollen wir ein angemessenes Verständnis Gottes entwickeln, müssen wir unser Denken in Gegensätzen konsequent transzendieren.

Der *common sense* wird hier wieder unruhig: Bezieht Cusanus damit nicht selbst Position, wie Gott angemessen zu denken ist – *und wie nicht*? Ist er darin nicht selbst jenem Denken in Differenzen verhaftet, das er eigentlich übersteigen will? Cusanus würde das vermutlich bejahen: Unser Denken erreicht den Horizont nicht, auf den es zustrebt. Aber das ist nicht negativ: Ein Denken, das seine eigene Differenzstruktur als „Problem" identifizieren kann (und daher weiß, dass es nur zu Vermutungen gelangen kann), ist angemessener als eines, das derlei nicht mal als Problem wahrnimmt.

Es ließen sich noch andere Anfragen historisch nachzeichnen bzw. systematisch anbringen (etwa ob damit ein Pantheismus eröffnet ist, weil die Differenz zwischen Gott und Welt fragil wird) – die Charakteristik des cusanischen Denkens sollte aber bereits ebenso klar geworden sein wie der darin entwickelte Gottesbegriff: Wer Gott *wirklich* als absolut denken will, muss den *common sense* in Frage stellen und die Denkoperationen des Alltags übersteigen. Es überrascht nicht, dass viele hier Nähen zur Mystik sehen, die ihrerseits wieder Nähen zur negativen Theologie hat.

4.3.2 Thomas von Aquin: Gott als *ipsum esse per se subsistens*

Zwei Jahrhunderte vor Cusanus formuliert einer der einflussreichsten Theologen der christlichen Tradition einen Gottesbegriff: Thomas von Aquin (1225–1274) bezeichnet Gott als *ipsum esse per se subsistens*, d. h. als Sein, das sein Sein aus sich selbst ‚hat'.

Dieser Gottesbegriff wird nicht freischwebend eingeführt, sondern vor dem Hintergrund einer Metaphysik entwickelt, einer Großtheorie über das, was *alle* Wirklichkeit auszeichnet und strukturiert – erst wenn man vor einem solchen Bild aller Wirklichkeit steht, lässt sich (so die Intuition) gewissermaßen sinnvoll fragen, welchen Platz Gott darin (nicht) einnimmt. Daher muss vorab die thomasische Metaphysik skizziert werden, auch wenn diese natürlich bereits vor dem Hintergrund des Glaubens an Gott entwickelt wird.

a) Über Kühe, Kekse und Formalprinzipien

Was ist deren Ausgangspunkt? Thomas orientiert sich an Aristoteles, wenn er beim Seienden ansetzt: Alles, was wirklich ist, *ist*, d. h. es ist in irgendeiner Form ein *Seiendes (ens)*. Das ist gewissermaßen die kleinste Einheit aller Wirklichkeit (vgl. allg. De ente). Metaphysik wird also als Ontologie entfaltet, d. h. als Lehre vom Sein bzw. Seienden, und steht vor der Aufgabe, das Seiende als Seiendes weiter zu analysieren: *Wodurch ist ein (jedes) konkretes Seiendes konstituiert?* Thomas schlägt vor, in der Antwort darauf konsequent zwei formale Hinsichten zu unterscheiden: Alles, was ist (d. h. jedes Seiende), existiert nicht aus sich selbst heraus, sondern es

α) existiert überhaupt, weil es *durch das Sein im Allgemeinen existiert (esse)*; und
β) existiert jeweils *als das, was es ist, durch seine Wesensform (essentia)*.

Die beiden Formalprinzipien *esse* und *essentia* sind die Leitbegriffe der thomasischen Metaphysik, weil sie *formal* in jedem Seienden analysierbar sind – auch im mittelalterlichen Alltag außerhalb der Pariser Vorlesungssäle: Eine Kuh etwa ist ein konkretes *ens*. Wie jedes konkrete Seiende ist es ein *compositum*, d. h. eine ‚Komposition' von *esse* und *essentia*. Die Kuh *existiert* nämlich *überhaupt* durch den *actus essendi*, i. e. den Seinsakt, d. h. sie existiert, insofern sie *durch das esse* wirklich ist; und sie existiert *als Kuh*, insofern sie im Seinsakt Anteil an der *Wesensform ‚Kuh'* hat (wobei die Denkfigur *Teilhabe* weniger aristotelisch als platonisch zu deuten ist). Die Folgefrage liegt auf der Hand: Was lässt sich über die beiden Formalprinzipien und ihr Verhältnis zueinander sagen?

Zuerst ist zu notieren, dass mit Thomas das *esse* in neuer Weise ins Zentrum der Aufmerksamkeit rückt. Existenz lässt sich nicht als etwas verstehen, das zu einer (gewissermaßen immer schon) gegebenen Idee, einer *essentia* quasi hinzutritt oder wieder wegfällt. Eine solche Perspektive (die bereits im Kontext des Ideals der spekulativen Vernunft dargestellt worden war, vgl. 3.1.1) hatte das Augenmerk notwendig auf das gelegt, was in der chaotischen Dynamik der Welt stabil blieb, weil es dieser strukturierend vorauslag: das Wesen der Dinge. Folgerichtig hatte das Interesse primär den *essentiae* gegolten, ihrer Definition und Hierarchie (Was ist das wahre Wesen des Menschen? Wie ist seine Stellung auf der Stufenleiter des Kosmos? U. Ä.). Thomas erinnert daran, dass *essentiae* nicht reichen, um Wirklichkeit zu verstehen: Sie stellen für sich nur (begrifflich bestimmbare) Möglichkeiten, keine Wirklichkeiten dar. Man mag die Wesensform der Kuh als ‚weibliches Rind nach dem ersten Kalben' definieren – aber damit ist nur eine *Möglichkeit* erfasst, aus der sich nicht ableiten lässt, es gäbe *wirkliche* Kühe. Genau das ist aber faszinierend: dass wirkliche Menschen, Kühe oder Birnen existieren, obwohl nichts davon existieren müsste! Dazu bedarf es des *esse*, das in einem konkreten Seienden aktualisiert, was in der *essentia* als Möglichkeit vorliegt: Das *esse* ist das Wirklichsein (in) jeder Wirklichkeit, ja, es ist der Inbegriff von Wirklichkeit schlechthin, die *perfectio omnium perfectionum*, die *Vollkommenheit aller Vollkommenheiten* (vgl. De pot. q7 a2 ad9) – denn *überhaupt zu existieren* heißt in einem fundamentalen Sinn bereits *gut und vollendet zu sein* (vgl. STh I q5 a3 c). Der Gedanke hat Sprengkraft: Wenn alles, was ist, bereits fundamental dadurch großartig, vollkommen und faszinierend ist, dass es *überhaupt* ist – dann hat man es *in jedem Wirklichkeitsbereich* mit Vollkommenheit zu tun, im Materiellen etwa nicht weniger als im Geistigen (vgl. allg. Pieper 1990, 185–204; ergänzend ist anzumerken, dass für Thomas wie auch andere Denker der Tradition das Übel nicht im eigentlichen Sinn *existiert* und daher auch nicht *gut* genannt werden muss, vgl. 10.2.2 b).

Freilich darf man zweitens das Sein nicht absolut setzen, denn auch wenn beide real verschieden sind, sind *esse* und *essentia* wechselseitig aufeinander verwiesen. Um ein Thomas ganz fremdes Bild zu bemühen: Die *essentia* ist wie eine Keksform, die aus dem formlosen Teig des *esse commune* Figuren aussticht und auf diese Weise Kekse (Seiendes) realisiert – ohne Keksform gäbe es ebenso wenig konkrete Kekse wie ohne Teig, *beides* ist nötig. Die Wesensform ist also das formgebende, verendlichende Prinzip, das die unbegrenzte ‚Wirklichkeitsmacht' des Seins zu konkreten Seienden formt und dabei ausdifferenziert (ohne freilich das Sein damit zu erschöpfen). Allerdings ist diese Illustration an einer Stelle scharf zu korrigieren: Während im Bild Teig, Keksform und Keks gleichsam voneinander unabhängig bzw. nebeneinander existieren, ist das Thomas zufolge fundamental irreführend. *Wirkliche* Existenz kommt nur dem konkreten Seienden zu, in dessen Analyse *esse* und *essentia* rein als *formale* Prinzipien rekonstruierbar sind. Ein anderer Vergleich mag hier hilfreicher sein: So wie es nicht *das Laufen* an sich gibt, sondern nur konkrete Läufe, in Bezug auf die *formal* vom *Laufen* gesprochen werden kann, so verhält es sich z. B. auch mit dem *esse* – es ist das Prinzip, *durch das* das Seiende existiert, aber es selbst ‚existiert' an sich ebenso wenig wie etwa ‚das Laufen' selbst läuft. Das gilt analog auch von der *essentia*, die ebenso wenig unabhängig vom *actus essendi* freischwebend für sich existiert (auch die Form der Bewegung, die man abstrakt *Laufen* nennt, ist nur im konkreten Lauf real). Für das Verhältnis der beiden Formalprinzipien zueinander heißt das Gesagte jedenfalls: Das *esse* ist zwar als das allgemeine Prinzip vorgängig (die *essentia* ist ein darauf bezogenes, spezifisches Prinzip), es ist allerdings nicht absolut (sondern auf die *essentia* verwiesen und daher relativ).

Belassen wir das metaphysische Gemälde so, wie es sich bislang zu zeigen beginnt, und stellen die entscheidende Frage: Wo ist hier Gott zu verorten? Es sollte klar geworden sein, dass der terminologische Dreh- und Angelpunkt für einen Gottesbegriff der Begriff des Seins sein muss. Zwar darf Gott nicht einfachhin mit dem Sein identifiziert werden (insofern es nicht absolut ist), allerdings lassen sich im Blick darauf definitorische Mindeststandards auslesen: Gott kann *rein begrifflich* nicht unterhalb der metaphysischen Mächtigkeit des Seins angesiedelt werden. In diesem Sinne lässt sich mit Thomas festhalten, dass Gott *dem Begriff nach*

– sein Sein nicht dem allgemeinen *esse* verdanken kann (von dem er sonst abhängig wäre), sondern nur sich selbst: *Deus est suum esse* (vgl. STh I q2 a1 c; STh I q3 a4 c). Gott ist sein eigenes Sein, er ist durch sich selbst wirklich – das meint die prägnanteste Definition Gottes bei Thomas als *ipsum esse in se / per se subsistens* (vgl. STh I q44 a1; ScG II 15). In diesem Sinn beschreibt er ihn auch als *actus purus*, d. h. als reine Wirklichkeit: In Gott ist nichts, was noch auf Verwirklichung wartet, in ihm ist alles restlos realisiert und entfaltet. Insofern Gottes Wirklichsein von nichts anderem abhängt, kann er schließlich auch als *causa prima non causata* qualifiziert werden: Er ist das, was unser Denken sucht, wenn es im Blick auf die Welt fragt, warum überhaupt etwas ist und nicht vielmehr nichts – Gott ist diese erste Ursache von allem, ohne selbst von einem anderem verursacht zu sein, weil er sein Sein ja aus sich selbst hat;
– keine *essentia* realisiert, d. h. kein Wesen besitzt. Das klingt irritierend, ist aber folgerichtig, wenn man das Wesen als das begreift, als was es rekonstruiert wurde: als formgebendes, *verendlichendes* Prinzip. Gott ist aber weder aus zwei grundlegenderen Prinzipien zusammengefügt noch empfängt er sein Sein oder sein göttliches Wesen (als endlich begrenzte Form seines Seins) gleichsam ‚anderswoher'. Er ist aus sich selbst – und er ist auch aus sich selbst *das, was er ist*, nämlich Gott. Aus diesem Grund identifiziert Thomas Gottes Wesen mit seinem Sein: *Gottes Sein ist sein Wesen*. Gottes Wesen besteht gleichsam darin, dass er durch sich selbst wirklich ist.

Damit sollte das Profil des thomasischen Gottesbegriffs deutlich geworden sein: Gott ist ein Sein, das sein Sein aus sich selbst hat – und genau das ist sein Wesen.

b) Ein kleines Bündel an Rückfragen

Die *kritische Auseinandersetzung* kann an verschiedenen Stellen ansetzen. So lässt sich etwa fragen, wie sich dieser *metaphysische* Gottesbegriff mit dem vermitteln lässt, was *biblisch* von Gott bezeugt wird – referieren religiöse Tradition und philosophische Rekonstruktion wirklich auf das Gleiche? Man kann das an der Bezeichnung *actus purus* überlegen: Sie impliziert, dass in Gott keine *potentia passiva* vorhanden ist, d. h. es nichts mehr gibt, das Gott nicht bereits realisiert hätte. So gibt es kein Wissen, über das Gott erst *potentiell* verfügte – er weiß bereits aktual alles, weil er im umfassenden Sinn reine

Wirklichkeit ist: *actus purus*. Wie verträgt sich das aber mit der Dynamik biblischer Gotteserzählungen oder dem Glauben an die Mensch*werdung* Gottes? Wie verhält sich, um ein Motiv von Blaise Pascal (1623–1662) aufzugreifen, der lebendige *Gott Abrahams, Isaaks und Jakobs* zum abstrakten Gott der Philosophen und Gelehrten (vgl. Memorial)? Man hat daher die vorgestellte Form des Nachdenkens über Gott als Onto-Theologie problematisiert, prominent etwa Martin Heidegger (1889–1976):

> Zu diesem Gott kann der Mensch weder beten, noch kann er ihm opfern. Vor der Causa sui kann der Mensch weder aus Scheu ins Knie fallen, noch kann er vor diesem Gott musizieren und tanzen. Demgemäß ist das gott-lose Denken, das den Gott der Philosophie, den Gott als Causa sui preisgeben muss, dem göttlichen Gott vielleicht näher. Dies sagt hier nur: Es ist freier für ihn, als es die Onto-Theo-Logik wahrhaben möchte. (2006, 77)

Thomas nimmt diese Spannungen wahr, die hier angesprochen sind, scheint die Dinge aber pragmatisch zu sehen: Der metaphysische Gottesbegriff liefert Mindeststandards, wie auch im Glauben über Gott nachzudenken sei; es bedeutet zwar eine Menge Arbeit, etwa Gottes Unveränderlichkeit mit seiner Reue (vgl. Gen 6,5) zu versöhnen – aber das ist nun mal das Geschäft der Theologie (vgl. STh I q19 a7). Allerdings scheint Thomas durchaus den Zweifel zu kennen, ob unser Denken Gott wirklich angemessen sein kann: Nach einem Zusammenbruch während der Messe, den manche als religiöse Erfahrung deuten, beendet er am Nikolaustag 1273 seine Arbeit. Es ist überliefert, er solle gesagt haben: „Alles, was ich geschrieben habe, kommt mir vor wie Stroh im Vergleich zu dem, was ich gesehen habe."

Eine andere Anfrage gilt dem metaphysischen Denken als solchem, d. h. seinem Anspruch im Allgemeinen und seinen Grundbegriffen im Speziellen. Thomas notiert zwar auch schon mal erkenntniskritisch, dass die menschliche Erkenntnisfähigkeit so schwach sei, dass „bisher noch kein Philosoph das Wesen einer Fliege hat ergründen können" (In Apost., Prooemium) – aber er stellt die Grundbegriffe *esse* und *essentia* bzw. das Projekt philosophischer Metaphysik als solches nicht infrage. Ist dieses aber sinnvoll, wenn es darum geht, Wirklichkeit zu verstehen? Konkret gefragt: Was etwa ist das Wesen des Vogels? Hat es mit Flugfähigkeit zu tun, was ist dann mit Pinguinen oder Kiwis (vgl. 3.1.3a)? U. a. m. Wer so fragt, stellt implizit infrage, es gebe überhaupt ein klar definierbares Wesen der Dinge – ein Echo von Nominalismus und Voluntarismus (vgl. 3.1.1). Ludwig Wittgenstein hat die Fixierung des Denkens auf das Wesen der Dinge eindrücklich kritisiert:

> Schau z. B. die Brettspiele an, mit ihren mannigfachen Verwandtschaften. Nun geh zu den Kartenspielen über: hier findest du viele Entsprechungen mit jener ersten Klasse, aber viele gemeinsame Züge verschwinden, andere treten auf. Wenn wir nun zu den Ballspielen übergehen, so bleibt manches Gemeinsame erhalten, aber vieles geht verloren. – Sind sie alle ‚unterhaltend'? Vergleiche Schach mit dem Mühlfahren. Oder gibt es überall ein Gewinnen und Verlieren, oder eine Konkurrenz der Spielenden? Denk an die Patiencen. In den Ballspielen gibt es Gewinnen und Verlieren; aber wenn ein Kind den Ball an die Wand wirft und wieder auffängt, so ist dieser

> Zug verschwunden. Schau, welche Rolle Geschick und Glück spielen. Und wie verschieden ist Geschick im Schachspiel und Geschick im Tennisspiel. Denk nun an die Reigenspiele: Hier ist das Element der Unterhaltung, aber wie viele der anderen Charakterzüge sind verschwunden! Und so können wir durch die vielen, vielen anderen Gruppen von Spielen gehen. Ähnlichkeiten auftauchen und verschwinden sehen. (PU 66)

Daran lässt sich die Anfrage anschließen, die bereits im Empirismus skizziert wurde (3.1.2 b): Naturwissenschaften etwa arbeiten mit weniger ‚ehrwürdigen' und ‚mächtigen' Begriffen, entwickeln diese kontinuierlich weiter (etwa ‚Atom') oder lassen sie fallen (etwa ‚Äther'), wenn sie sich nicht bewähren. In ganz anderer Form entsteht daraus ebenfalls Druck auf Denkformen wie jene Thomas': Diese bringen zwar erstaunlich große Theoriegebilde hervor, aber keinen erkennbaren Nutzen – weder Dampfmaschinen noch Medikamente. Der Philosoph Francis Bacon (1561–1626) schreibt in diesem Sinne:

> Zur Frage der Nützlichkeit muss man offen gestehen, dass jene Weisheit, die wir besonders den Griechen verdanken, der Kinderstube der Wissenschaft angehört und teilweise das Eigentümliche der Kinder an sich hat. Zum Reden ist sie recht bereit, aber zum Schaffen untauglich und noch nicht reif. Sie ist fruchtbar an Streitfragen, aber arm an Werken. … Die ganze Überlieferung und Folge der Disziplinen bringt nur Lehrer und Schüler hervor, aber keinen Erfinder und keinen, der den vorhandenen Erfindungen etwas Nennenswertes hinzufügen könnte. (Instauratio, 15)

Es wäre noch ungleich detaillierter nachzuzeichnen, welche *anderen* Motive und *weiteren* (Lern-)Prozesse sog. *nachmetaphysisches Denken* motivieren und wie dieses im Detail zu konzeptualisieren ist (vgl. Habermas 1988; 2019a/b); zudem wäre vor allem auch zu diskutieren, ob Metaphysik tatsächlich *in toto* obsolet ist oder in veränderter Form weiterhin möglich ist (vgl. Schmidinger 2000; Meixner 2004) – viel hängt schlicht vom beanspruchten Metaphysikbegriff ab (vgl. Breul 2019, 161–172). Unabhängig von diesen Debatten ist allerdings die folgende Wahrnehmung von Interesse: Wir müssen in Rechnung stellen, dass die Entfremdung von bestimmten Denkformen dazu führen kann, dass auch das darin Gedachte unplausibel oder irrelevant wird oder erscheint. Wie allerdings bereits der Vergleich zwischen Cusanus und Thomas zeigt, lässt sich über Gott offenkundig nicht nur in einer Denkform nachdenken – zwar mag *nicht jede* Denkform angemessen sein, wohl aber *mehrere* (z. B. eine metaphyische Form ebenso wie eine personal-dialogische, freiheitstheoretische, existentialistische etc.). Für Cusanus etwa war der thomasische Ansatz nicht mehr überzeugend – und er wählte einen anderen Zugang. Kurzum: Der Gottesbegriff kann (und muss) in neuen Kontexten und Denkformen in neuer Weise bestimmt werden.

Gerade deshalb ist der nächste Gottesbegriff von besonderem Interesse: Er markiert gewissermaßen einen *Wechsel auf die Metaebene*, denn er bildet zugleich eine Regel, *wie* ein Gottesbegriff zu bilden ist.

4.3.3 Anselm von Canterbury: Gott als *id quo maius cogitari non potest*

Nochmals zwei Jahrhunderte vor Thomas legt Anselm von Canterbury (1033–1109) im Kontext des sog. *ontologischen Gottesbeweises* einen der berühmtesten Gottesbegriffe der Geschichte vor: In seiner *famosa descriptio* bestimmt er Gott als etwas bzw. dasjenige, worüber hinaus Größeres nicht gedacht werden kann – *aliquid/id quo maius cogitari non potest* (vgl. Proslogion, II).

a) Eine Regel des Denkens über Gott

Eine ‚Pointe' dieses Gottesbegriffs ist, dass er ohne starke inhaltliche Vorüberlegungen (wie bei Cusanus oder Thomas) eingeführt wird und auch unmittelbar keine materialen Gehalte mit sich bringt – er ist völlig formal. Man hat daher von einer *Maxime der Rede von Gott* gesprochen, von einer „Regel des *Denkens* über Gott" (1981, 88), wie prominent der evangelische Theologe Karl Barth schreibt (1886–1968): Anselms Formulierung ist eine Regel, *wie* von Gott zu sprechen und zu denken ist. In einfachste Form übersetzt: *Sprich von Gott so, dass darüber hinaus nichts Größeres gedacht werden kann – denn wenn es möglich ist, etwas Vollkommeneres zu denken als das, was eben von Gott ausgesagt wurde, dann war vorher nicht von Gott die Rede (sondern einer endlichen Größe)*. Man hat es also mit einer Anleitung zu tun, Gottesbegriffe zu entwickeln oder zu kritisieren; da die Anleitung als solche nicht spezifisch theologisch ist, werden wir sie als *religionsphilosophische Maxime* zur Bildung eines Gottesbegriffs verstehen (und später immer wieder darauf zurückkommen).

Wie kann die Bildung eines gehaltvollen Begriffs aussehen? Man könnte etwa die These aufstellen, dass es besser sei, Möglichkeiten zu haben, als keine zu haben – man kann das in einem sehr einfachen Sinn ‚Macht' nennen und Gott daher gemäß Anselms Regel Macht zuzuschreiben. Damit ist die Frage im Raum, welche Form von Macht das sein kann: Wenn Macht, die andere freisetzt und befähigt, wertvoller ist als Macht, die andere unterdrückt und manipuliert, folgt daraus, dass Gott *zumindest* auf dem Niveau der erstgenannten Variante gedacht werden muss. Weiters kann man dafür argumentieren, dass es besser ist, wenn ein Gegenüber nicht aus Kalkül befähigt und freigesetzt wird, sondern aus Wertschätzung – und dass Gott bzw. Gottes Macht begrifflich eher hier anzusiedeln ist etc.

Bereits diese sehr einfache Schrittfolge zeigt ein Zweifaches: *Zum einen* fordert Anselms Formulierung das *eigene* Denken heraus. Man hat stets *selbst* zu überlegen, *was auf Basis welcher Kriterien wirklich maius*, also: größer, wertvoller, vollkommener ist (Cusanus und Thomas setzen das gleichsam um: Sie liefern im Rahmen *ihrer* Denkhorizonte Vorschläge, wie das *maius* inhaltlich auszufüllen ist). Darin eröffnet sich *zum anderen* eine Dynamik des Denkens und Glaubens, die keinen festen Endpunkt hat. Man kann etwa (durch Lebenserfahrung, Austausch, Literatur u.a.m.) stets tiefer begreifen lernen, was ‚Macht' meint – und so auch je besser verstehen, in welchem Sinn Gott Macht zuzuschreiben ist (oder nicht). Diese Lernbewegung ist keine Sache von einigen Jahren Studium – idealiter dauert sie ein Leben lang und ist an das Gespräch mit anderen rückgebunden: Es ist idealerweise ein gemeinsames Ringen und Lernen, in welche Richtung man unterwegs ist, wenn man Gottes *maius* nachdenkt.

b) Duns Scotus und der perfekte Hund

Die *kritische Auseinandersetzung* kann an folgender Überlegung ansetzen: Wer Gott so zu denken versucht, dass darüber hinaus Größeres nicht gedacht werden kann, muss auch denken, dass Gott größer ist, als gedacht werden kann – wäre er nämlich nicht größer, als gedacht werden kann, wäre er eine endliche Größe (und damit nicht Gott). Anders formuliert: Impliziert die Bestimmung „worüber hinaus Größeres nicht gedacht werden kann" nicht auch „größer, als gedacht werden kann" (wie Anselm auch selbst festhält, vgl. Proslogion, XV) – und gerät man damit nicht sofort in einen Widerspruch?

Man mag hier anmerken, dass kein platter Widerspruch vorliegt, weil zwei Ebenen zu unterscheiden sind: Die Bestimmung „größer, als gedacht werden kann" liegt nicht auf einer Ebene mit der Regel, sondern wird *in der Befolgung der vorausliegenden Regel* argumentativ gewonnen. Dennoch scheint auch das problematisch: Setzt die Regel nicht implizit eine wie auch immer geartete Denkbarkeit Gottes voraus, die in der Befolgung der Regel dann kassiert wird? Das eigentliche Zentrum der Anfrage bildet so vermutlich das Problem, was „größer als gedacht" bedeutet. Vielleicht hilft hier in erster Lesung eine Analogie aus der Mathematik: Die *formale* Bestimmung der Zahl π als Verhältnis des Umfangs eines Kreises zum Durchmesser ist eine Regel, die *konkrete Inhalte* (= Zahlen hinter dem Komma der 3) errechnen lässt. Zwar übersteigt es unsere Möglichkeiten, π auf Basis dieser Bestimmung zu fassen, d.h. π ist größer als gedacht werden kann. Aber daraus folgt nicht, dass man völlig im Dunkeln tappt, welche Zahlen hinter der 3 folgen. Analog trifft das auch für Bestimmungen Gottes zu, die sich begrifflich aus der anselmianischen Regel ergeben: Zwar ist Gott größer, als gedacht werden kann, aber das heißt nicht, dass er absolut undenkbar und radikal unbeschreibbar ist.

Eine *zweite Anfrage* kann man mit dem Franziskaner Johannes Duns Scotus formulieren. Er stellt fest, dass Anselms Regel u. a. wegen absurder Konsequenzen präzisierungsbedürftig ist. So könnte man etwa den Begriff eines perfekten Hundes entwickeln und behaupten, dass darüber hinaus Größeres nicht gedacht werden kann (vgl. Lectura I, dist. 2, pars 2, qu. 4, n. 250). Der ideale Hund ist nämlich *per definitionem* in jeder Hinsicht *als Hund* vollkommen. Der Umstand, dass er z. B. nicht propositional kommunizieren kann, ist kein Mangel, sondern Teil der Hundenatur: Könnte ein Hund das, wäre er schlicht kein Hund mehr. Auf diese Weise zu kommunizieren ist für Hunde keine relevante Eigenschaft, daher kann man sie auch nicht begrifflich fordern – und der Umstand, dass sie nicht vorhanden ist, spricht nicht gegen die Vollkommenheit des Hundes. Bildet man also den Begriff eines idealen Hundes, hat man den Begriff von etwas gebildet, über das hinaus Größeres nicht gedacht werden kann – und das ist absurd. Duns Scotus selbst überlegt, wie diese Konsequenz vermeidbar ist. Seine Fluchtlinie ist der Begriff der *perfectiones simpliciter*, i. e. von Vollkommenheiten schlechthin: Für einen Hund *als Hund* ist es besser, nicht propositional kommunizieren zu können, weil es seiner Hundenatur widerspricht – aber *an sich und schlechthin* ist propositionale Kommunikation eine wertvolle Eigenschaft, weil sie eine Vollkommenheit schlechthin darstellt. Damit gerät man aber erst an das eigentliche Problem, das Scotus selbst klar benennt: (Wie) Lässt sich bestimmen, was eine Vollkommenheit schlechthin ist?

Es ist nicht erforderlich, die damit verbundenen Herausforderungen weiter auszuarbeiten. Sie müssen jedenfalls nicht *per se* irritieren: *Nur Banalitäten erzeugen keine Rückfrage.* Fragend-kritische Auseinandersetzung ist hingegen eines der wichtigsten Medien theologischer Lernprozesse und der anselmianische Gottesbegriff fordert sie geradezu – in ihnen kann man jeweils besser verstehen lernen, worauf ein Begriff wirklich festlegt, welche Folgerungen er erlaubt oder mit welchen er nicht kompatibel ist. Einer der spannendsten Auseinandersetzungen begegnen wir dabei im nächsten Kapitel: Sie kreist um die Frage, ob sich die Existenz Gottes auch beweisen lässt.

5 Gott beweisen?

Das Thema der nächsten Einheit liegt auf der Hand: Die Überlegungen zum Gottes*begriff* führen zu den Gottes*beweisen*, i. e. zur Frage, ob Gott auch existiert bzw. seine Existenz bewiesen werden kann. Im Folgenden sollen nach einer kurzen Übersicht (5.1) die drei wohl wichtigsten Argumentationen in diesem Bereich vorgestellt werden, die drei Denkern zugeordnet sind: Anselm von Canterbury (5.2), Thomas von Aquin (5.3) und Immanuel Kant (5.4). Das Ende bildet ein kurzer Blick auf den erreichten Diskussionsstand (5.5).

5.1 Das Projekt der Gottesbeweise

Beginnen wir die knappe Übersicht über das Projekt der Gottesbeweise abermals mit Father Brown. In der Erzählung „Das blaue Kreuz" überführt dieser einen als katholischen Priester verkleideten Verbrecher und legt lapidar dar, wodurch sich der falsche Geistliche verraten habe: „Sie haben die Vernunft angegriffen", bemerkt Brown und fügt trocken an: „Das ist schlechte Theologie" (Chesterton 2008a, 38). Die Vernunftskepsis, die der falsche Priester an den Tag legt, passt nicht zu jenem Vertrauen in die Vernunft und ihre Möglichkeiten, welches sich die katholische Tradition – wie Father Brown nur zu gut weiß – auf ihre Fahnen geheftet hat. Am deutlichsten zeigt sich dieses Vertrauen vielleicht darin, dass der Vernunft katholisch zumindest prinzipiell zugetraut wird, Gottes Existenz zu erkennen. So wird etwa auf dem Ersten Vatikanischen Konzil (1869–1870) in der dogmatischen Konstitution *Dei Filius* verkündet: Die

> heilige Mutter Kirche hält fest und lehrt, dass Gott, der Ursprung und das Ziel aller Dinge, mit dem natürlichen Licht der menschlichen Vernunft [naturali rationis lumine] aus den geschaffenen Dingen gewiss [certo] erkannt werden kann [cognosci posse]; „das Unsichtbare an ihm wird nämlich seit der Erschaffung der Welt durch das, was gemacht ist, mit der Vernunft geschaut" [Röm 1,20; Anm. im Original] … (DH 3004)

Diese *theologische* Bestimmung der Möglichkeiten der Vernunft mag Folgefragen hervorrufen (‚In welchem Sinn maßt sich hier der Glaube an, Möglichkeiten und Grenzen der Vernunft zu kennen?' U. a. m.), wir sollten darüber aber nicht die genuin *philosophische* Relevanz der Gottesbeweise übersehen: Diese sind ein Anliegen der Vernunft selbst und führen geradezu ins „Zentrum der Philosophie: zur Frage, was wir mit rationalen Mitteln überhaupt zu wissen vermögen – und wo die Grenzen unseres Wissens liegen" (Bromand/Kreis 2011, 10). Gottesbeweise versuchen zu zeigen, dass sich die Aussage „Gott existiert" aus anderen Aussagen (die ihrerseits als wahr gelten) ableiten und auf diese Weise als wahr erweisen lässt; sie argumentieren entsprechend dafür, dass es daher rational möglich oder gar geboten ist, die Aussage „Gott existiert" zu vertreten.

Eine mögliche Unterscheidung von Argumentationen lässt sich dabei anhand der Differenz von theoretischer und praktischer Vernunft treffen. Was meinen die Begriffe und wie sieht diese Unterscheidung aus? a) Die *theoretische Vernunft* orientiert sich in klassischer Lesart an der Frage ‚Was kann ich wissen?' und ist an einem konsistenten und kohärenten System unserer wissensförmigen Überzeugungen interessiert. Die Gottesbeweise Anselms und Thomas' sind hier angesiedelt, d. h. sie behandeln Gottes Existenz im Horizont des Wissens bzw. Wissbaren. Im Blick auf sie ist nochmals ein Unterschied zu berücksichtigen: Anselms sog. *ontologischer Gottesbeweis* ist erfahrungs*unabhängig* angelegt, d. h. er will die Existenz Gottes aus reinen Vernunftwahrheiten ableiten (apriorischer Beweis); Thomas von Aquin hingegen operiert erfahrungs*abhängig*, d. h. er will Gottes Existenz auf Basis von Erfahrungstatsachen aufweisen (aposteriorische Beweise). b) Die *praktische Vernunft* hingegen orientiert sich in klassischer Lesart an der Frage ‚Was soll ich tun?' und ist an einem konsistenten und kohärenten System unserer moralischen Normen interessiert. Als bekannteste Argumentation in diesem Feld ist Kants Postulat der Existenz Gottes zu nennen: Entscheidend ist hier nicht, ob die Aussage „Gott existiert" als wahr ausweisbar ist, sondern dass Gottes Existenz moralisch gefordert und es daher auch geboten ist, gemäß dieser Überzeugung zu leben.

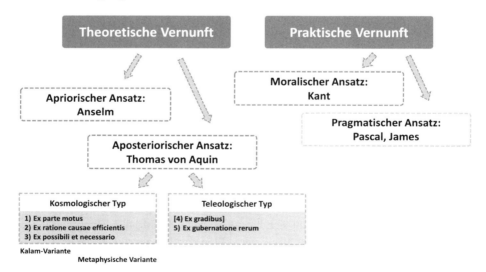

Hier lassen sich vielleicht auch Argumentationen einordnen, die im Folgenden nicht vorgestellt werden, aber doch kurz genannt sein sollen (vgl. für einen differenzierten Überblick Löffler 2013, 46–118). Blaise Pascal etwa hält für theoretisch nicht klärbar, ob Gott existiert oder nicht, und argumentiert daher wahrscheinlichkeitstheoretisch: Falls Gott nicht existiert, hat man wenig verloren, wenn man so lebt, als ob er existieren würde; stellt sich am Ende des Lebens aber heraus, dass er existiert, hat man auf diese Weise mit dem nur kleinen, endlichen Einsatz (einer moralischen Lebensführung) unendlich viel (nämlich: ewige Seligkeit) gewonnen. Daher ist es rational, auf Gottes Existenz zu wetten und entsprechend zu leben (vgl. Pensées, Nr. 233). William James (1842–1910) übt zwar Kritik am Kalkülcharakter in Pascals Wette, ist aber grundsätzlich auf nicht unähnliche Weise pragmatisch: In theoretisch nicht klärbaren Entscheidungssituationen *kann* die Option für eine Überzeugung *unter bestimmten Bedingungen* legitim sein (vgl. Will to Believe). Man denke etwa an die rein theoretisch nicht sicher entscheidbare Frage, ob man einen Heiratsantrag annehmen soll: *Erstens* ist *Enthaltung nicht möglich* (zumindest nicht auf Dauer), *zweitens* handelt es sich zweifelsohne um eine *wichtige Option* (weil man mit einem ‚Nein' Entscheidendes verlieren, mit einem ‚Ja' Wertvolles gewinnen *kann*) und *drittens* ist die *praktische Relevanz* eminent (immerhin geht es um echte Lebensfragen). Unter Bedingungen wie diesen lässt sich James zufolge für das bewusste Wagnis eines Ja argumentieren, zumal dann, wenn dieses *viertens* unseren *Bedürfnissen* entgegenkommt. Das gilt analog auch im Blick auf die Frage nach der (Überzeugung von der) Existenz Gottes, die deshalb legitimerweise bejaht werden kann (auch wenn sie theoretisch unentscheidbar ist; vgl. alternativ auch Peirce, Neglected Argument).

Nach diesem Überblick ist klar, wohin die nächsten Passagen führen: zu Anselm, Thomas und Kant.

5.2 Anselm von Canterbury und das *unum argumentum*

5.2.1 Einordnungen

Nehmen wir einmal an, so schreibt Anselm von Canterbury am Beginn seiner Schrift *Monologion*,

> es sei da ein Mensch, der wisse nichts davon, dass es ein Wesen, das höchste von allen, die da sind, gibt, das sich selbst in seiner ewigen Glückseligkeit genügt, das allen anderen Dingen durch seine Allmacht und Güte verleiht und gibt, dass sie überhaupt sind und dass sie in irgendeiner Weise gut sind …; ich denke, solch ein Mensch müsste, wenn er nur einigermaßen bei Verstand ist, sich durch bloße Vernunft davon zu überzeugen vermögen [potest ipse sibi saltem sola ratione persuadere]. (Monologion, I)

Anselm umreißt hier Anliegen und Form der Gottesbeweise: Es geht darum, die Existenz Gottes ohne Rückgriff auf Offenbarungswahrheiten und Glaubensüberzeugungen einsichtig zu machen. Explizit erwähnt er, dass der Wunsch nach solcher Einsicht dem Glauben selbst inhärent ist – sein eigener Beweis im *Proslogion* steht im Kontext eines Gebets und ist im Gespräch mit Gott entwickelt; zudem verdankt er sich der Initiative seiner Mitbrüder: Diese hätten für den Gedankengang

> eine bestimmte Form verlangt, wobei sie mehr ihre Wünsche als die Leichtigkeit der Aufgabe oder mein Können im Auge hatten: ich solle mich in meiner Beweisführung nicht auf die Autorität der (Heiligen) Schrift stützen, sondern jeden Schlusssatz der einzelnen Untersuchungen in gewöhnlichen Ausdrücken darstellen, so dass infolge allgemein verständlicher Gründe und einfacher Erörterungen sowohl die Notwendigkeit des Gedankengangs zwingend, als auch die Einsichtigkeit der Wahrheiten offenkundig werde. (Monologion, Vorrede)

Die literarische Rekonstruktion illustriert das scholastische Motiv der *fides quaerens intellectum*: Der Glaube selbst sucht das Gespräch mit der Vernunft, um einzusehen, was er glaubt.

5.2.2 Anselm und sein famoses *unum argumentum*

Im Folgenden soll Anselms *unum argumentum* (das er selbst so bezeichnet, weil es ein einziges, in sich geschlossenes und vollständiges Argument ist) in fünf Schritten skizzenhaft rekonstruiert werden.

(1) Erkenntnistheoretische Voraussetzung: Es ist möglich, mit Argumenten, die völlig ohne Erfahrung auskommen, zu wahren Aussagen über das zu gelangen, was wirklich ist

Die *erste* Voraussetzung des anselmianischen Arguments bezieht sich auf die Möglichkeit valider nichtsinnlicher Erkenntnis. Sie besagt in weiter Lesart, dass (in manchen Fällen) Wahrheiten erkannt werden können, ohne dass unsere Sinne involviert sind. Wenn etwa erkannt werden soll, wie ein Kreis mathematisch zu berechnen ist, braucht es vorab keinen Tagesausflug in den Zoo der geometrischen Tiere und keine empirische Erforschung freilebender Kreise – mathematische Wahrheiten können rein im Denken erkannt werden. Das meint die Rede von einem *apriorischen* Gottesbeweis, den Anselm vorlegt: Er geht nicht von Tatsachen der Welt aus, sondern bezieht sich auf das, was sich *erfahrungsunabhängig* in der reinen Vernunft findet.

(2) Ontologisches Werturteil: Wirkliche Existenz ist vollkommener als bloß gedachte Existenz

Das *zweite* Element ist ein Werturteil, das verschiedene Formen des Existierens bewertet: Anselm zufolge ist vernünftig einsehbar, dass wirklich und denkunabhängig zu existieren vollkommener ist, als bloß in der Vorstellung oder im Denken von jemandem zu existieren. Wäre etwa das Ticket für die Weltreise bloß gedacht, gäbe es etwas, das vollkommener wäre – nämlich das real existierende Ticket für die Weltreise. Es ist nämlich zu unterscheiden,

> ob eine Sache im Erkennen [in intellectu] sei, oder ob erkannt werde, dass die Sache (in Wirklichkeit da) sei. Wenn ein Maler sich ein Bild ausdenkt, so hat er dieses in seinem Denken, aber er kann es nicht als daseiend erkennen, da er es noch nicht gemacht hat. Hat er es aber gemalt, so hat er es sowohl in seinem Denken als auch erkennt er, dass das von ihm Gemachte (wirklich da) sei. (Proslogion, II)

Zwar lässt sich fragen, ob diese Logik für *jedes* Bild zutrifft (es mag auch Bilder geben, die so schrecklich sind, dass sie besser nicht existierten), aber es ist einsehbar, dass das im Blick auf Gott kein relevanter Einwand ist. Gott ist schließlich (wie sich aus dem nächsten Element ergibt) gut und *zumindest für Gutes* gilt immer: *Real existierendes Gutes ist stets besser als bloß vorgestelltes* (vgl. dazu auch 10.2.2 b α).

(3) Religionsphilosophische Definition: Gott ist *aliquid/id quo maius cogitari non potest*

Wie im letzten Kapitel erläutert, steht Anselms Gottes*begriff* im Kontext seines Gottes*beweises*: Gott wird als *aliquid/id quo maius cogitari non potest* (im Folgenden: *iqm*) bestimmt. Eine solche begriffliche Klärung ist nötig, damit Atheistin und Theistin in der Diskussion nicht aneinander vorbeireden und klar ist, *wessen* Existenz jeweils bestritten oder behauptet wird. Der Dissens zwischen Atheistin und Theistin bezieht sich dabei präzise darauf, ob iqm in Wirklichkeit existiert *[in re]*; dieser Dissens in der Sache setzt aber einen Konsens der Begriffe voraus, d. h. diese müssen sich auf das Gleiche beziehen. In diesem Sinne spricht Anselm davon, dass iqm als gemeinsamer Bezugspunkt des Streits *zumindest im Verstand* der Gesprächspartnerinnen *[in intellectu]* existiert und existieren muss:

> Wir glauben aber von Dir [Gott], dass über Dich hinaus Größeres nicht gedacht werden kann. [Et quidem credimus te esse aliquid quo nihil maius cogitari possit.] Oder gibt es etwa kein solches Wesen, weil der Tor in seinem Herzen spricht: es ist kein Gott? Aber selbst dieser Tor versteht meine Worte, wenn ich sage: etwas, worüber hinaus Größeres nicht gedacht werden kann [aliquid quo maius nihil cogitare potest]; und was er versteht, ist in seinem Erkennen, auch wenn er nicht versteht, dass es dieses Etwas wirklich gibt. (Proslogion, II)

(4) Indirekte Beweisführung zugunsten der Existenz Gottes

Anselm arbeitet im Folgenden mit einem indirekten Beweis: Er spielt eine Annahme durch, die sich als unmöglich herausstellt – und folgert aus dieser Unmöglichkeit indirekt, dass die gegenteilige Annahme wahr sein muss. Wie sieht der Gedankengang konkret aus?

Ausgangspunkt ist die Überlegung, dass iqm als Thema des Streitgesprächs zwischen Theistin und Atheistin *zumindest im Verstand* der beiden Gesprächspartnerinnen existiert. Genau hier endet auch der Konsens: Die Atheistin würde nämlich festhalten, dass iqm zwar im Verstand, *aber eben nur und ausschließlich im Verstand* existiere – und nirgends sonst. Die Annahme, die im Raum steht, besagt also, dass dasjenige, worüber hinaus Größeres nicht gedacht werden kann, *nur im Verstand* existiert. Hier identifiziert die Theistin im Rückgriff auf das ontologische Werturteil allerdings ein Problem: Behauptet man, dass iqm *nur im Verstand* existiert, lässt sich sofort etwas denken, das vollkommener als ein solches bloß gedachtes iqm ist – nämlich ein iqm, das *sowohl* als Gesprächsthema im Verstand ist *als auch* denkunabhängig real existiert. Kurzum: Wird iqm so gedacht, wie die Atheistin vorschlägt, nämlich so, dass es *bloß gedacht* ist (und nicht mehr) – dann wird iqm eigentlich verfehlt: Ein iqm, das nur im Intellekt existiert, ist nicht iqm. Daher lässt sich die Annahme, dass iqm allein im Verstand existiert, nicht aufrechterhalten – und indirekt ist damit gezeigt, dass iqm auch wirklich existiert. Das heißt: iqm

> kann nicht nur im Denken sein. Ist es nämlich nur in unserem Denken, so kann man sich es auch als wirklich seiend vorstellen; das aber ist mehr (als bloß in Gedanken wirklich sein). Wenn also das, worüber hinaus Größeres nicht gedacht werden kann, nur im Denken ist, so ist eben das, worüber hinaus Größeres nicht gedacht werden kann, etwas, über das hinaus etwas Größeres denkbar ist. Dies ist aber offenbar [ohne Selbstwiderspruch] unmöglich. Das ist zweifellos etwas, worüber hinaus Größeres nicht gedacht werden kann, sowohl dem Denken als der Sache nach wirklich. (Proslogion, II)

(5) Präzisierung: Qualifikation der Existenz Gottes als notwendig

Die letzten Formulierungen deuten bereits an, wie Gottes Existenz näherhin zu denken ist: Sie ist *notwendig*. Anselm beansprucht also nicht nur, Gottes faktische Existenz gezeigt zu haben, sondern argumentiert in Kapitel III des *Proslogion* nochmals ergänzend,

> dass das Nicht-sein Gottes nicht einmal gedacht werden kann. Es ist eine Wirklichkeit denkbar, deren Nicht-Sein [sic!] undenkbar ist, und das ist noch mehr, als dass etwas als nicht-seiend [sic!] gedacht werden kann. Wenn das Nichtsein dessen, worüber hinaus Größeres nicht gedacht werden kann, gedacht werden kann, so ist das, worüber hinaus Größeres nicht gedacht werden kann, nicht das, worüber hinaus Größeres nicht gedacht werden kann, und das ist ein Widerspruch. Es gibt also wahrhaft etwas, über das hinaus Größeres nicht gedacht werden kann, derart, dass nicht einmal der Gedanke an dessen Nicht-sein möglich ist. Und das bist Du, Herr, unser Gott. (Proslogion, III)

Wäre Gottes Nicht-Existenz zumindest als Möglichkeit denkbar, ließe sich etwas Vollkommeneres denken – nämlich ein iqm, dessen mögliche Nicht-Existenz ausgeschlossen ist, weil es notwendig existiert. Daraus folgt, dass Gott notwendige Existenz zuzuschreiben ist.

5.2.3 Kritische Anfragen

Anselms *unum argumentum* (und seine Varianten, vgl. etwa Descartes, Meditationes V) gehört zu den faszinierendsten der gesamten Geistesgeschichte. Von Beginn weg kreisen Anfragen daran immer neu um das Verhältnis von Sprache, Erkenntnis und Wirklichkeit (eine erste entsprechende Kritik liefert bereits ein Zeitgenosse Anselms, der Mönch Gaunilo, vgl. Pro insipiente). Die folgende streng exemplarische Darstellung von Kritikpunkten orientiert sich lose an den ersten drei Beweis-Elementen.

a) Erkenntnistheoretische Rückfrage: Wie funktioniert Erkenntnis?

Eine erste und allgemeine Anfrage bezieht sich auf die epistemologische Voraussetzung. Diese ist ein Erbstück des Platonismus, der eine wesentlich geistige Struktur aller Wirklichkeit annimmt, an der der menschliche Geist partizipiert bzw. die er im Denken freilegen und erkennen kann (vgl. 3.1.1). Daran macht sich das Unbehagen von Denkern wie Thomas und Kant fest, die andere epistemologische Leitkonzepte verfolgen: Wer Wahres über die Wirklichkeit jenseits unseres Denkens oder unserer Begriffe zu erkennen beansprucht, muss an irgendeiner Stelle seines Erkenntnisprozesses in Kontakt mit dieser Wirklichkeit gewesen sein. Verbleibt man konsequent im Raum der Begriffe bzw. des Denkens, kann dessen genaue Analyse wohl erhellen, wie Begriffe bzw. unser Denken funktionieren – aber daraus folgt keine Aussage über die Wirklichkeit *jenseits davon*. Daher folgt etwa aus Anselms Gedankengang nicht, wie Thomas nüchtern festhält,

> dass man dieses durch den Namen „Gott" bezeichnete Wesen auch als wirklich existierend erkenne, sondern nur, dass es sich in unserem Denken findet. (STh I q2 a1 ad2)

Wenn Anselm sagt, iqm befinde sich im Verstand, kann damit nur der *Begriff von* iqm gemeint sein – daraus folgt aber nicht, dass auch real existiert, *was damit bezeichnet ist*. Was Anselm also liefert, ist kein Beweis der Existenz Gottes, sondern eher eine Rekonstruktion der Art und Weise, wie wir denken bzw. unsere Begriffe funktionieren. Damit wird zwar auf beeindruckende Weise der *Gedanke* der notwendigen Existenz Gottes freigelegt, aber nicht, dass diesem Gedanken auch etwas in der Wirklichkeit entspricht – dazu hätte Anselm relevanten Input aus dieser Wirklichkeit in die Argumentation einspeisen müssen.

Thomas etwa ist überzeugt, dass Gottes Existenz anders bewiesen werden muss: Gott kann „nur in seinen [wahrnehmbaren!] Wirkungen" erschlossen werden (ScG I 11), d. h. im Ausgang von dem, was in der Welt wahrgenommen wurde.

b) Sprachphilosophische Kritik: Wie funktionieren Begriffe?

Eng damit verbunden ist eine sprachphilosophische Anfrage. Thomas gibt abermals die Linie vor: Er merkt an, dass bei einem Begriff zwischen der damit *bezeichneten Sache* und dem *begrifflichen Gehalt* zu unterscheiden sei (vgl. ScG I 11), und bemerkt, dass in Anselms Beweis diese Unterscheidung nicht passend vorgenommen wird.

Der Grundgedanke ist folgender: In Bezug auf einen Begriff *(nomen)* muss man zwischen *Intension* (Bedeutung, *ratio nominis*) und *Extension* (Umfang, *res*) unterscheiden. Die *Intension* eines Begriffs ist seine *Bedeutung*, die in einer Definition angegeben wird; die *Extension* hingegen ist sein *Umfang*, d. h. das, was in der Realität ‚unter den Begriff fällt'. Die Intension des Ausdrucks ‚Einhorn' ist etwa ‚Pferd mit geradem Horn auf der Stirn', seine Extension hingegen ist leer (weil es kein Wesen gibt, das realiter darunterfällt – auch wenn die dreijährige Fritzi ‚wirkliche Existenz' als Bestandteil der Einhorn-Definition auffasst).

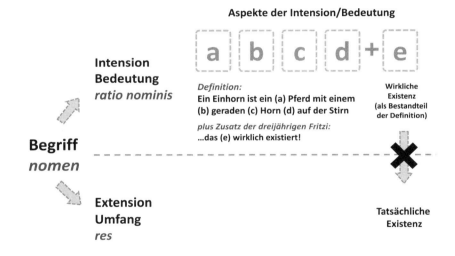

Thomas zufolge ist Anselm genau an diesem Punkt unpräzise: Bei ihm ergibt sich aus begrifflichen Gründen, dass Gott notwendig existiert, d. h. notwendige Existenz ist Bestandteil der *Intension*. Daraus folgt aber nicht, dass auch die *Extension* gefüllt ist: Anselm hat damit bloß den *Begriff* eines Wesens gebildet, das (wie er rein begrifflich folgernd zeigt) notwendig existiert (ähnlich wie Fritzi Einhörner so *definiert*, dass sie auch wirklich existieren). Ob allerdings ein Wesen, das so *definiert* ist, dass es notwendig existiert, auch *wirklich* existiert, ist damit eben noch nicht entschieden. Mit Kant formuliert, dessen Anselm-Kritik eine viel längere Darstellung beanspruchen würde:

> Unser Begriff von einem Gegenstande mag also enthalten, was und wie viel er wolle, so müssen wir doch aus ihm herausgehen, um diesem die Existenz zu erteilen. (KrV B 629)

c) Religionsphilosophisches: (Wie) Funktioniert der Gottesbegriff?

Kritik an Anselms Gottesbegriff war bereits skizziert worden, sie wird ähnlich bereits vom erwähnten Gaunilo geäußert: Anselm zeigt nicht, dass der Gottesbegriff widerspruchsfrei gefüllt werden kann; da dies bereits Thema war (vgl. 4.3.3 b), soll ein weiteres Mal eine kritische Rückfrage Thomas' vorgestellt werden. Wo setzt seine Kritik an?

Erstens ist der anselmianische Gottesbegriff keineswegs selbstverständlich; bereits ein kurzer Blick in die Geschichte zeigt, wie viele andere Gottesbegriffe entwickelt wurden. Selbst wenn man den Begriff akzeptiert, ergibt sich *zweitens* aber ein anderes Problem. Folgt man Anselms Denken, dann ist ‚Existenz' gewissermaßen ebenso notwendig im Begriff ‚Gott' enthalten wie ‚Rund' im Begriff ‚Kreis'. Hier lauert ein Problem: Wie wir heute wissen, ist etwa *im Begriff* ‚Wasser' notwendig ‚H_2O-Moleküle' enthalten; anders als die *Kreis-Rund*-Relation war diese Notwendigkeit aber lange Zeit nicht bekannt, sondern ist das Ergebnis von Forschung – es handelt sich um eine notwendige, aber erfahrungs*abhängige* Wahrheit, d. h. eine Wahrheit, die uns nicht immer schon bekannt war, sondern erst durch empirische Forschung entdeckt werden musste. In diesem Sinn ist der begriffliche Zusammenhang zwischen ‚Wasser' und ‚H_2O' also gewissermaßen *notwendig, aber erfahrungsabhängig*.

Der entscheidende Punkt ist nun, dass der Ausdruck ‚Gott' mehr mit ‚Wasser' als mit ‚Kreis' gemein hat: An sich und schlechthin gehört Existenz notwendig zu Gott (so wie analog ‚Wasser' *an sich* und *immer schon* notwendig ‚H_2O' ist) – aber daraus folgt nicht, dass uns das immer schon bekannt war oder sein musste:

> [S]chlechthin [= an sich] ist allerdings unmittelbar einleuchtend, dass Gott ist, da das eben selbst, was Gott ist, sein Sein ist. Da wir aber gerade das, was Gott ist, mit dem Geist nicht begreifen können, bleibt es *in Bezug auf uns* [= für uns] unerkannt. (ScG I 11)

Während Thomas allerdings zuversichtlich ist, Gottes Existenz *erfahrungsabhängig* rekonstruieren zu können, ist Kant auch diesbezüglich skeptisch: Für ihn ist (nicht nur) der (anselmianische) Gottesbegriff leer, weil ihm jedes Moment direkter oder indirekter Anschauung fehlt, d. h. *jegliche* Anbindung an eine sinnliche Erkenntnisdimension. Was aber beide Denker eint, ist die gleiche epistemologische Grundintuition: Wahre Aussagen über die Wirklichkeit können nicht rein begrifflich oder denkerisch gewonnen werden, sondern müssen im ‚Kontakt' mit der Wirklichkeit gewonnen werden.

d) Summe: Die Differenz zwischen Erkenntnis, Begriff und Wirklichkeit

Die Wiederkehr der kritikrelevanten Motive machte bereits deutlich, dass alle Anfragen einen gemeinsamen Bezugspunkt haben: die Differenz zwischen Erkenntnis, Begriff und Wirklichkeit. Klaus Müller formuliert dies so: Anselms Argument zeigt, dass die Vernunft etwas denken *muss*, von dem unmöglich ist, zu denken, dass es nicht existiere. Das entscheidende Wort in dem Satz soeben ist das „muss". ... Was ist damit über das als notwendig existierend zu denkende Sein hinsichtlich seines Seins gesagt? Gar nichts! Denn es könnte genauso sein, dass unsere Vernunft – modern gesprochen – so programmiert ist, dass sie nicht anders kann, als so zu denken, wie das ontologische Argument es dokumentiert, ohne dass dieser Gedanke in der Realität einen Anhalt hätte. (Müller 2001, 63)

Kurz: Begriffliche oder denkerische Notwendigkeiten lassen sich nicht als Beleg für oder Reflex von Notwendigkeiten verstehen, die in der außersprachlichen oder -mentalen Wirklichkeit gelten.

5.3 Thomas von Aquin und die *quinque viae*

5.3.1 Einordnungen

Wie bereits in der Kritik an Anselm deutlich wurde, optiert Thomas von Aquin für einen aposteriorischen Gottesbeweis. Konkret legt er *fünf Wege (quinque viae)* vor, um Gottes Existenz aufzuweisen. Diese sind unterschiedlich aufgesetzt: *Kosmologische Beweise* gehen von der Tatsache aus, dass überhaupt etwas existiert, um davon ausgehend die Existenz Gottes zu folgern – die ersten drei Wege sind diesem Typ zuzuordnen. *Teleologische Beweise* hingegen gehen von der inneren Zweckmäßigkeit und Zielgerichtetheit der Welt aus, um die Existenz eines göttlichen Ordners zu folgern; die fünfte *via* arbeitet auf diese Weise. Der vierte Weg ist dem fünften insofern ähnlich, als auch er bei der spezifischen Geordnetheit der Welt (hier: in Grade von Vollkommenheit) anhebt, die letztlich auf Gott verweist, er hebt sich in seinem Duktus aber klar von den anderen Wegen ab. Im Folgenden werden ein kosmologischer und der teleologische Beweisweg exemplarisch vorgestellt.

5.3.2 Thomas und der Domino-Day: *Die kosmologische Argumentation*

Der zweite Beweisweg *ex ratione causae efficientis* (STh I q2 a3) ist wie folgt aufgebaut:

Prämisse 1: „Wir finden ... bei den sinnlich wahrnehmbaren Dingen eine Ordnung der Wirkursachen"

Seiner epistemologischen Grundüberzeugung folgend, beginnt Thomas die Beweisführung bei einer empirischen Wahrnehmung: Es ist allgemein einsichtig, dass es in der Welt Ereignisse gibt, die von Ursachen bewirkt sind. Das Schmelzen des Eiswürfels wird durch die Sonne verursacht, das Erdbeben hat seine Ursache in einer tektonischen Verschiebung – in alldem zeigen sich Ursache-Wirkung-Ketten.

Prämisse 2: Es „wird nicht gefunden und ist auch nicht möglich, dass etwas die Wirkursache seiner selbst wäre, weil es so früher als es selbst sein müsste, was unmöglich ist"

In diesen Ketten findet man keine Ereignisse, die sich selbst verursacht hätten: Ein Eiswürfel mag die Potenz zu schmelzen haben, aber er verursacht sein Schmelzen nicht selbst – es ist die Sonne, die diese Wirkung erzeugt. Wirkungen haben Ursachen – und offenkundig fungiert empirisch nichts in der Welt als Ursache seiner selbst, weil dies logisch auch nicht der Fall sein kann.

Prämisse 3: „Es ist aber nicht möglich, bei den Wirkursachen ins Unendliche fortzuschreiten"

Die bisherigen Überlegungen initiieren wie von selbst folgende Frage: Ist denkbar, dass diese Kette unendlich zurückreicht, d.h. dass Wirkungen Ursachen haben, die ihrerseits Ursachen haben, die wiederum Ursachen haben – und so fort, unendlich lang? Thomas ist hier sehr klar: Er hält einen *regressus ad infinitum*, i.e. ein Zurückschreiten ins Unendliche, für ausgeschlossen.

> Man kann zu den Überlegungen im Hintergrund in erster Annäherung das folgende absurde Gedankenexperiment anstellen. Man stelle sich vor, man will einen neuen Rekord fallender Dominosteine aufstellen und hat es *irgendwie* geschafft, in einer unendlich langen Halle eine unendlich lange Reihe von Dominosteinen aufzustellen – der Rekord scheint sicher. Man bezieht also Position an einer spektakulären Stelle und ein Teammitglied stößt die Reihe an. Was wird passieren, was wird man sehen? Da eine unendlich lange Kettenreaktion *per definitionem* unendlich lange braucht, um zur eigenen Position zu kommen, wird man unendlich lange warten – und das heißt: Es wird nichts passieren, was man sehen könnte. Anders formuliert: Eine Kettenreaktion, die *wirklich unendlich lange* läuft, kann an der eigenen Position nichts bewirken, weil sie unendlich lange Zeit braucht, um zu dieser Position zu kommen und dort eine Wirkung zu entfalten. Umgekehrt formuliert: Gibt es eine wahrnehmbare Wirkung an der eigenen Position, dann kann die Ursachenkette nicht unendlich lange gewesen sein. Es muss also einen zeitlichen Beginn gegeben haben (vgl. STh I q46 a2 arg6).

Das Beispiel stellt eine erste Möglichkeit dar, einen infiniten Regress auszuschließen: im Rückgriff auf *zeitliche* Kategorien. Da in der Gegenwart nun mal Dominosteine fallen, kann die Ursachenkette davor nicht unendlich lang sein – sie muss einen Anfang haben. Man spricht in diesem Fall von einer (v.a. in der islamischen Theologie prominenten) *kalām-kosmologischen Argumentation* (von arab. *kalām* Wort, Theologie), in der Gott als erste Ursache für einen zeitlich endlichen Kosmos verstanden wird. Thomas hingegen glaubt als Leser der Bibel zwar an die Endlichkeit der Welt, will diese Glaubensüberzeugung aber nicht in den Gottesbeweis einspeisen – von einem

Urknall kann er noch nichts wissen und philosophisch hält er es für nicht entscheidbar, ob die Welt zeitlich unendlich ist. Denn die Überlegung oben lässt sich auch umstülpen: Wenn in der Gegenwart Dominosteine fallen – was spricht dagegen, nach der zeitlich früheren Ursache dafür zu fragen? Und was spricht *im Prinzip* dagegen, diese Frage *nochmals und nochmals* zu wiederholen und so von der Gegenwart unendlich lange in Richtung Vergangenheit fortzuschreiten? Es gibt keinen Grund anzunehmen, dass die Frage ‚Was war vorher?' an einem Punkt nicht mehr möglich sein sollte – und daher ein *zeitlich* infiniter Regress unmöglich ist.

Der entscheidende Punkt für Thomas ist freilich, dass ein unendlicher Regress *logisch* ausgeschlossen ist, weil er *logisch keine hinreichende Erklärung* dafür liefert, dass jetzt geschieht, was geschieht. Wenn eine *endlich lange* Reihe von Domino-Steinen sich nicht von selbst in Bewegung setzen kann – warum sollte das eine Reihe können, die *unendlich lang* ist? Auch eine *unendlich lange* Kette von Ursachen und Wirkungen kann sich nicht *selbst* in Bewegung setzen, d. h. auch der Hinweis auf eine zeitlich unendliche Kette erklärt metaphysisch und logisch nicht, warum überhaupt etwas in Gang gekommen ist und es eine Dynamik von Ursachen und Wirkungen gibt. Der deutsche Philosoph Gottfried Wilhelm Leibniz (1646–1716) hat den Gedanken, dass eine zeitlich unendliche Ursache-Wirkung-Kette zwar in sich stimmig ablaufen kann, *insgesamt* aber kontingent ist und einen sog. *zureichenden Grund* verlangt, besonders betont (vgl. Monadologie §§31–45; De rerum, 35–36). Wie Thomas schließt er einen infiniten Regress aus logischen Gründen aus und legt (neben einer Variante des ontologischen Beweises) auch eine *metaphysisch-kosmologische Argumentation* vor.

Konklusion und Identifikation: „Also ist es notwendig, irgendeine Wirkursache als die erste anzusetzen; und diese nennen alle Gott"

Unterschreibt man diese drei Prämissen, ist nach Thomas die Folgerung klar: Man muss annehmen, dass es eine erste Ursache gibt, die selbst nicht von etwas anderem bewirkt wurde, sondern seine Existenz durch sich selbst hat – eben das meint der Ausdruck *ipsum esse subsistens*. Thomas ist bewusst, dass nicht einfachhin evident ist, dass diese erste Ursache identisch mit jenem Gott Abrahams, Isaaks und Jakobs ist, den der Glaube bekennt – entsprechend stellt er die Verbindung explizit her: Er identifiziert das, was technisch als *„primum movens, quod a nullo movetur"* bezeichnet wird, mit dem, worauf die Glaubende *eigentlich* Bezug nimmt, wenn sie von „Gott" spricht. Der Beweis leistet so ineins „eine Aufklärung des semantischen Gehaltes des Begriffs ‚Gott'" (Slenczka 2016, 294).

Ein Zweites ist zu notieren: Von Gott ist hier erst ganz am Ende die Rede. Anselm führt den Ausdruck ‚Gott' im Verlauf der Argumentation ein, Thomas hingegen (wie auch in 4.3.2 ersichtlich) widmet sich in seinen Prämissen einem allgemein einsehbaren, aber erklärungsbedürftigen Phänomen in der Welt. Im Versuch, dieses Phänomen zu verstehen, wird dann der Ausdruck ‚Gott' eingeführt – durchaus analog zu naturwissenschaftlichen Theoriebildungen, bei denen (um bestimmte Phänomene zu erklären) z. B. die Existenz des Higgs-Teilchens o. Ä. angenommen wird. Thomas spricht dabei von *Dass*-Beweisen: Seine Beweise können nur zeigen, dass eine Größe existieren muss, die als unverursachte Ursache fungiert; diese Funktion lässt aber noch keinen Rückschluss darauf zu, wie diese Größe in sich selbst ist, d. h. sie erfassen sein Wesen nicht (vgl. 4.1; 4.3.2).

Wir müssen noch einen Gedanken anfügen, um die Argumentation besser zu verstehen. Thomas interpretiert diese wie seine anderen Argumente deduktiv: Sie führen nicht bloß zu wahrscheinlichen, sondern zu sicheren Wahrheiten. Aktuelle Neuauflagen der kosmologischen Beweise, die vor dem Hintergrund moderner naturwissenschaftliche Erkenntnisse entwickelt werden, sind in der Regel induktiv: Sie wollen zeigen, dass es *wahrscheinlich(er)* ist, dass Gott existiert (als dass er nicht existiert), bzw. dass die Hypothese der Existenz Gottes eine *bessere, elegantere Erklärung* für die Existenz der Welt liefert als die Spekulation mit Multiversen o. Ä. Eine der prominentesten Neuformulierungen, die zumindest erwähnt sein soll, liefert der US-amerikanische Religionsphilosoph und Theologe William Lane Craig, der das *kalām*-kosmologische Argument vor dem Hintergrund der Urknalltheorie neu auflegt (vgl. 2011).

5.3.3 Thomas und die faszinierende Welt der Pilze: *Die teleologische Argumentation*

Der fünfte Weg *ex gubernatione rerum* soll vorweg vollständig dargestellt werden:

> Der fünfte Beweis für das Dasein Gottes geht von der Leitung (bzw. Gerichtetheit) der Dinge aus.
> [Prämisse 1] Wir sehen nämlich, dass einiges, was keine (Vernunft-)Erkenntnis besitzt, nämlich die sog. natürlichen Körper [corpora naturalia], zielgerichtet tätig ist; das zeigt sich daran, dass sie immer oder doch meistens auf dieselbe Weise aktiv sind, um das zu erlangen, was für sie jeweils das Beste ist. Daraus wird klar, dass sie nicht aus Zufall, sondern durch eine bestimmte Absicht zu diesem ihrem Ziel gelangen.
> [Prämisse 2] Was aber keine (Vernunft-)Erkenntnis besitzt, strebt nicht zu einem Ziel – außer es wird von jemandem bzw. etwas, der/das über Erkenntnis und Vernunft verfügt, ausgerichtet, so wie etwa der Pfeil von einem Schützen.
> [Konklusion und Identifikation] Also gibt es ein vernünftiges Sein, von dem alle natürlichen Körper auf ein Ziel hin geordnet werden; und dieses Sein nennen wir Gott. (STh I q2 a3 c)

Die Intuition dahinter lässt sich wie folgt erläutern: Es gibt ein Zusammenspiel von Naturgesetzen, unbelebten Entitäten und Lebewesen, das Thomas zufolge erstaunlich und nicht selbsterklärend ist. So bilden z. B. Pilze keine komplexen Theorien über ihre Umgebungen aus, verfügen über kein Nervensystem – und sind dennoch weltweit äußerst erfolgreich präsent (in Oregon wurde z. B. ein dunkler Hallimasch mit einer Größe von 965 Hektar und 600 Tonnen Gewicht gefunden). In den Augen

Thomas' liegt hier eine Form zielgerichteter Aktivität vor: Pilze erreichen erfolgreich das Doppelziel, zu überleben und sich fortzupflanzen, selbst wenn sie dieses gar nicht bewusst als solches ausgezeichnet haben und nicht fähig sind, sich zu überlegen, mit welchen Mitteln sie es am besten erreichen. Die sinnvolle Struktur in einem Bereich, der sich diese nicht selbst gegeben haben kann, weil die dafür nötigen geistigen Fähigkeiten fehlen, führt Thomas auf eine ordnende Größe zurück – und identifiziert diese wieder mit dem, was religiös unter ‚Gott' verstanden wird.

Die *Rohstruktur* dieses Arguments findet sich gegenwärtig in verschiedenen aktuellen Beweisvarianten wieder, etwa in sog. *intelligent design-* oder sog. *fine tuning*-Argumenten.

a) Der Begriff des *intelligent design* wurde wesentlich durch das 1991 erschienene Buch *Darwin on Trial* durch Philipp E. Johnson bekannt. Der Titel zeigt bereits den völlig veränderten Kontext an – *intelligent design*-Argumente richten sich gegen evolutionstheoretische Erklärungsmodelle. Ihre Grundstruktur ist folgende: Ausgangspunkt ist die Identifikation komplexer Strukturen in der Natur, die etablierte Theorien nicht hinreichend erklären können. Die Lücken verlangen nach einer besseren Erklärung des fraglichen Phänomens. An dieser Stelle wird Gott als mögliche Erklärung eingeführt: Komplexe Strukturen in der Natur, die evolutionstheoretisch nicht hinreichend erklärt werden können, lassen sich *eleganter erklären*, wenn die Existenz eines *Designers*, i. e. einer planenden Intelligenz angenommen wird – und diese kann mit Gott identifiziert werden (vgl. in kritischer Darstellung Kummer 2006).

b) Der Begriff des *fine tuning* steht im konzeptuellen Umfeld des *intelligent design*, ist aber in ein Argument eingebettet, das nicht im Konflikt mit der Evolutionstheorie steht. Die zweckmäßige Struktur, die erklärungsbedürftig ist, ist die Feinabstimmung des Universums. Es lässt sich nämlich in aufwändigen Modellrechnungen zeigen,

> dass das Universum feinabgestimmt ist. Wenn man Gesetze von der heute anerkannten Art voraussetzt (die vier Kräfte, beschränkt durch die Auflagen der Quantentheorie), dann musste die Materie-Energie zur Zeit des Urknalls eine bestimmte Dichte und Fluchtgeschwindigkeit gehabt haben; eine Erhöhung oder Verminderung von einem Millionstel hätte den Effekt gehabt, dass das Universum kein Leben hätte hervorbringen können (Swinburne 2011, 533).

Offenkundig ist das Universum so eingerichtet, dass sich menschliches Leben entwickeln konnte – und das ist erstaunlich, denn es scheint „höchst unwahrscheinlich, dass die Gesetze und Anfangsbedingungen durch Zufall eine Beschaffenheit besitzen sollten, die Leben hervorbringen kann" (ebd., 534). Nimmt man allerdings an, dass es eine Größe gibt, die diese Feinabstimmung organisiert, verfügt man über eine *elegantere Erklärung* des fraglichen Phänomens, als wenn man die Unwahrscheinlichkeit als glücklichen Zufall interpretiert, mit aufwändigen Theorien wie Multiversen spekuliert o. Ä. Diese organisierende Größe wird, wie bei Thomas, mit Gott identifiziert.

5.3.4 Kritische Anfragen

Die Beweisführung des Thomas wurde im Lauf der Geschichte unterschiedlich kritisiert. Wir wollen die wichtigsten Anfragen skizzieren und orientieren uns dazu an sechs Fragen.

a) Wie legitim ist der Regressausschluss?

Eine erste Rückfrage zielt auf den Ausschluss eines *regressus ad infinitum*. Wenn man anerkennt, dass wir keinen Grund zur Annahme haben, die Frage ‚Was war die *zeitlich* vorhergehende Ursache?' müsse an irgendeinem Punkt enden (wie Thomas zugesteht) – welchen Grund hat man dann zur Annahme, dass nicht auch die Frage nach einem logisch zureichenden Grund *immer weiter* gestellt werden kann? Es mag sein, dass ein unendlicher Regress denkerisch unbefriedigend ist, weil stets etwas offen bleibt (das ist ja der Grund dafür, warum immer weiter gefragt wird) – aber es zeichnet unseren Geist eben aus, dass er stets neu nach Gründen fragen kann: Was etwa ist der Grund dafür, dass alles einen zureichenden Grund haben muss? (vgl. auch 7.3.2 b) Das Bedürfnis des menschlichen Geistes, einen zureichenden Grund für alles zu suchen bzw. anzunehmen, lässt sich jedenfalls nicht als sicherer Ausweis dafür nehmen, dass es einen zureichenden Grund auch geben muss (sondern als Hinweis darauf, wie unser Denken funktioniert; hier wiederholen sich Anfragen aus 5.3.4).

b) Was heißt, dass alles eine Ursache haben muss?

Akzeptiert man den Regressausschluss, stellen sich hingegen andere Rückfragen, etwa im Ausgang von der zweiten Prämisse der oben dargestellten kosmologischen Version: Es ist „nicht möglich, dass etwas die Wirkursache seiner selbst wäre". Im Umkehrschluss heißt das, das alles eine Ursache haben muss. Der englische Philosoph Bertrand Russell hat das als entscheidende Schwäche identifiziert: „Wenn alles eine Ursache haben muss, dann muss auch Gott eine Ursache haben. Wenn es etwas geben kann, das keine Ursache hat, kann es ebenso gut die Welt wie Gott sein ..." (1965, 20).

Man könnte nun einen anderen Gesichtspunkt starkmachen und antworten, dass die Welt offenkundig *nicht notwendig* existiert: Sie ist entstanden und wird vergehen, d.h. ihre Existenz ist nicht notwendig. Auf genau diese Weise argumentiert Thomas in seinem dritten Weg, dass die Existenz von Nicht-Notwendigem nur erklärbar ist, wenn ein notwendig Existierendes angenommen wird – und er identifiziert dieses mit Gott (vgl. STh I q2 a3 c). Hier verfängt Russells Einwand, man könne das Fragen auch bei der Welt enden lassen, weil ja auch die Welt notwendig existieren könne, zumindest nicht in der gleichen Weise. Laut gängigen Theorien wird das Universum einmal zu existieren aufhören (was zumindest *prima facie* heißt, dass es nicht *notwendig* existiert, auch wenn hier weitere Klärungen nachzuschießen wären). Gott existiere demgegenüber *notwendig* – und es sei ebenso witzlos weiter zu fragen, warum dies der Fall sei, wie sich die Frage zu stellen, warum ein Kreis rund ist.

An dieser Stelle regt sich freilich der Verdacht Kants, Thomas denke letztlich anselmianisch: Lässt sich *empirisch* zeigen, dass etwas *notwendig* existiert? Thomas frage nur deshalb nicht weiter, wer Gott erschaffen habe oder warum Gott existiere, da er letztlich wie Anselm aus *begrifflichen Gründen* voraussetzt, dass Gott *notwendig existiert* (vgl. KrV B 631–641). Eine weitere Anfrage kommt hinzu: Kann die Argumentation sicherstellen, dass es *eine einzige* erste Ursache gibt – wäre nicht auch ein Zusammenspiel mehrerer Ursachen denkbar?

c) Wessen Existenz beweisen die fünf Wege?

Selbst wenn man auch diese Kritik nicht für überzeugend hält, stellt sich in einem nächsten Schritt die Frage, wessen Existenz eigentlich aufgewiesen wurde. Bei der teleologischen Argumentation liegt das Problem auf der Hand: Sie kann, so Kant, „höchstens einen Weltbaumeister" beweisen, einen Planer, was aber nicht heißt, dieser müsse auch der „Weltschöpfer" sein (KrV B 655). Kosmologische Argumente hingegen weisen andere Lücken auf: Im Idealfall beweisen sie ein *ens necessarium*, die Existenz eines notwendigen Existierenden, das als erste unverursachte Ursache fungiert – aber „was dieses für Eigenschaften habe, kann der empirische Beweisgrund nicht lehren" (KrV B 634). Es folgen daraus also nicht alle weiteren Vollkommenheiten (ohne die es uns schwer fallen würde, etwas als *göttlich* zu bezeichnen) bzw. es ergibt sich daraus nicht von selbst, dass dieses notwendige Existierende der Gott des christlichen Glaubens sei.

d) Wie belastbar ist der Rückgriff auf das Kausalitätsprinzip?

Eine weitere Anfrage zielt auf das Kausalitätsprinzip. *Erstens* ist es seit Hume und Kant nicht mehr möglich, unbefangen von einer kausalen Ordnung der Wirklichkeit zu sprechen. Kant bezeichnet Kausalität als Grundsatz des reinen Verstandes (Kant KrV B 232): Wir lesen Kausalität nicht an der Welt ab, sondern ordnen damit die Welt – *wir* sind es, die zwei Wahrnehmungen in der Zeit (etwa Blitz und Donner) gemäß Kausalitätsprinzip verknüpfen (vgl. 3.1.2b). Will man anders als Kant Kausalität weiterhin als objektive Struktur der Wirklichkeit behaupten, könnte man *zweitens* einwenden, dass nicht alle Wirklichkeitsbereiche kausal funktionieren: Quantenphysikalische Phänomene lassen sich nicht einfach kausal erklären. *Drittens* ist wohl auch anfragbar, ob und wie ein *innerweltliches* Strukturprinzip (sei es objektiv, sei es epistemisch) auf das Verhältnis Gottes zur Welt anwendbar ist, wie Thomas annimmt.

e) Lässt sich die Idee einer teleologisch geordneten Welt aufrechterhalten?

Wendet man sich dem teleologischen Argument zu, so wird dies bereits von David Hume fundamentaler Kritik unterzogen (Untersuchung, X) – etwa dass Rückführung einer Ordnung der Welt auf einen göttlichen Plan Folgefragen erzeugt, weil auch die Existenz eines göttlichen Plans erklärungsbedürftig ist: Woher stammt die Ordnung, die in diesem Plan steckt? Besonders unter Druck geriet das Argument aber durch die Evolutionstheorie: Dass Pilze seit einer Milliarde Jahren überleben, obwohl sie keine komplexen Theorien über die Welt entwickeln, verdankt sich keinem Plan, sondern dem Umstand, dass ihre Lebensform hinreichend anpassungsfähig war. Will man Evolution hingegen als Teil des göttlichen Plans begreifen, entstehen neue Herausforderungen: Kann ein solch grausamer Prozess wie die Evolution noch einem Gott zugeschrieben werden, der zugleich als Gott Jesu identifiziert wird? Es ist offensichtlich, dass zusätzliche Theorien zur Einordnung des Leids nötig sind, um eine solche Gleichsetzung möglicherweise aufrechterhalten zu können (vgl. 10.2.3 b/c).

f) Was bedeuten höhere Wahrscheinlichkeit oder größere Eleganz?

Eine letzte exemplarische Anfrage stellt sich in Bezug auf moderne Reformulierungen der Beweise. Die Beschäftigung mit ihnen führt zu Fragen danach, was als hinreichende Erklärung gelten kann, ab wann Erklärungslücken problematisch sind oder woran zu erkennen ist, dass auch spätere Erkenntnisse sie nicht werden schließen können. Weil keine neue Erkenntnis *alles in jeder Hinsicht* erklärt, wird z. B. der *intelligent design*-Vertreter stets neue Lücken finden können – aber das gilt auch gegengleich: Da keine Theorie ohne Erklärungslücken auskommt (und daher auch *intelligent design* Erklärungslücken aufweist: Warum plant Gott eine so blutige Evolutionsgeschichte? Warum greift er hier ein, dort nicht? etc.), sind stets Erklärungsleistungen und -defizite gegeneinander abzuwägen. Der Umstand, dass die *intelligent design*-Argumentation bei Lücken im Rahmen ihrer Theorie auf Gottes (nicht weiter) erklärbaren Willen verweisen muss, während die Naturwissenschaften Lücken möglicherweise durch Forschung schließen können (und bislang auch oftmals konnten), spricht hier für letztere.

Problematisch ist auch der Anspruch, die Hypothese der Existenz Gottes mache bestimmte Phänomene eleganter erklärbar, weil ihr Auftreten dann wahrscheinlicher sei. Das zeigt sich exemplarisch beim *fine tuning*-Argument: Hat man hundert Millionen Hamster vor sich, kann man empirisch nachvollziehen, wie unwahrscheinlich es statistisch ist, dass sie aus Karotten Türme bauen. Im Blick auf das Universum ist das nicht der Fall: Man hat keine hundert Millionen ‚Nichtse' vor sich, die man daraufhin beobachten könnte, ob nach dem Urknall eine entsprechende Feinabstimmung auftritt oder nicht – man kann daher nicht mit Wahrscheinlichkeiten operieren. Man könnte sogar wieder gegengleich argumentieren: Weil ein allmächtiger Gott selbst in einem nicht feinabgestimmten Universum Leben hätte entstehen lassen können, wäre Gott *in einem solchen Universum* eine elegante Erklärungshypothese, nicht aber in unserem Universum. Gleich wie man die Überlegung bewertet: Sie deutet an, wie unterschiedlich Einschätzungen von Eleganz, Erklärungswert, Wahrscheinlichkeit sind.

5.4 Immanuel Kant und das moralisch notwendige Postulat der Existenz Gottes

5.4.1 Einordnungen

Kommen wir damit zum letzten Denker in diesem Kapitel: Immanuel Kant. Die bisherige Darstellung hatte ihn uns vor allem als subtilen Kritiker klassischer Gottesbeweise gezeigt, insofern diese Gott mit Mitteln der theoretischen Vernunft als quasiwissbaren Gegenstand thematisieren. Die theoretische Vernunft kann Kant zufolge aber weder wissen, dass Gott existiert, noch dass er nicht existiert, weil der Gottesbegriff leer ist: Er hat keinen Bezug zu direkter oder indirekter sinnlicher Anschauung (vgl. Kapitel 7.1). Die epistemologische Position war bereits als Hintergrund seiner Kritik an Anselms Beweis sichtbar geworden – und wo Kant Thomas als Erben anselmianischen Denkens liest, trifft diese Kritik auch ihn. Der entscheidende Punkt ist freilich, dass Gott deshalb nicht als Thema der Philosophie ausscheidet. Zwar mag der Begriff leer sein, dennoch hat er für die theoretische Vernunft eine bestimmte Funktion (vgl. 7.2) und ist vor allem für die praktische Vernunft bedeutsam: Kant argumentiert, dass Gottes Existenz geradezu moralisch gefordert ist. Das deutet bereits an, dass seine Reflexion letztlich moralphilosophisch motiviert ist: Es geht ihm nicht um den Nachweis der Rationalität des Glaubens an Gott, sondern um die Vernünftigkeit der Sittlichkeit.

> Diese steht zumindest zweifach in Frage. *Zum einen* scheint die praktische Vernunft in sich selbst widersprüchlich zu sein, *zum anderen* scheinen sich aber auch theoretische und praktische Vernunft zu widersprechen. Das *erste* Problem wird im Folgenden ausführlich dargestellt, wir widmen uns aber zuvor kurz dem *zweiten*: In seiner Bearbeitung zeichnet sich nämlich jene *Grundfigur postulatorischen Denkens* ab, die bei Kant auch für die Gottesfrage entscheidend ist.
> Worin besteht das angesprochene Problem? Es hängt damit zusammen, dass die theoretische Vernunft nicht anders kann, als die physische Natur kausal strukturiert zu ordnen: Sie beobachtet *überall* Ursache und Wirkung, wobei die Ursache die Wirkung determiniert. Die praktische Vernunft hingegen kann nicht umhin, sich selbst als frei wahrzunehmen: Sie geht davon aus, dass der Mensch (obwohl er Teil der physischen Natur ist) frei handeln kann (und *nicht* qua Kausalität zu einer Handlung determiniert ist, wie der sog. *Determinismus* behauptet). Die *eine* Vernunft des Menschen in ihren *beiden* Gestalten verpflichtet damit das Subjekt aber auf sich widersprechende Standpunkte, die nicht einfach ineinander übersetzbar sind – gleichsam eine *Beobachterperspektive*, die (in der 3. Person) *alles* als streng kausal geordnet wahrnimmt, und eine

Teilnehmerperspektive, in der man sich selbst (in der 1. Person) und andere (in der 2. Person) als in seiner/ihrer Freiheit angesprochen und moralisch gefordert wahrnimmt. Damit steht aber der Verdacht im Raum, dass Vernunft *in sich selbst inkonsistent und unvernünftig* sei: Entweder ist *alles determiniert* oder *es gibt Freiheit*. Wie geht Kant mit Blick auf diesen Verdacht bzw. dieses Problem vor? Vor allem unterlässt er es, eine Perspektive absolut zu setzen, um die andere als irrelevant oder illusionär zu kennzeichnen. Im Blick auf die Freiheit heißt das etwa, dass diese Kant zufolge empirisch weder beweis- noch widerlegbar ist: Ihre Existenz oder Nicht-Existenz erschließt sich nicht aus der Beobachtung, sondern gleichsam aus ihrem *Vollzug* in Teilnehmerperspektiven (vgl. analoge Motive in 2.2, 9.3.1 sowie 16.3.3). Konkreter: Da a) das Phänomen sittlicher Verpflichtung nicht geleugnet werden kann (etwa weil wir einen moralischen Imperativ in uns wahrnehmen, wenn wir nachts z. B. ein schreiendes, verlassenes Baby im Park finden) und da man sich b) nur dann als moralisch verpflichtet erkennen kann, wenn man sich zugleich als frei denkt (denn nur dann hat man die Möglichkeit zu entscheiden, ob man dem Baby hilft oder nicht), darf und soll man voraussetzen, dass man frei ist – alles andere wäre schlicht irrational. Man würde andernfalls die Wahrnehmung unbedingter sittlicher Verpflichtung, die sich in der Teilnehmerperspektive erschließt, rundweg leugnen – und das wäre unvernünftig. Kant postuliert folglich Freiheit: Man darf, mehr noch: *soll* als vernünftiger Mensch Freiheit annehmen.

Damit ist aber keine Lizenz verbunden, die beschriebene Beobachterperspektive abzuwerten, vielmehr ist diese weiterhin konstitutiv im Spiel: „denken wir uns ... als [sittlich] verpflichtet, so betrachten wir uns als zur [kausal strukturierten] Sinnenwelt und doch zugleich [!] *zur* [freiheitsgeprägten] Verstandeswelt gehörig." (GMS BA 110). Anders formuliert: Wenn wir handeln, setzen wir handelnd *beides* voraus: dass wir a) frei sind *und* dass b) die Welt kausal geordnet ist (insofern es nicht möglich wäre, in einer Welt zu handeln, in der Ursachen keine oder völlig diffuse Wirkungen haben). In dieser pragmatischen *Voraussetzung* wurzelt eine *Hoffnung*: nämlich die Hoffnung, dass unsere Vernunft zwar *epistemisch* nicht ineinander übersetzbare Perspektiven einnimmt, dass aber *ontologisch* keine Widersprüche vorliegen – auch wenn wir dies nicht *wissen* können (vgl. einführend O'Neill 2003; vgl. auch 10.2.3 a, Prämisse 1).

Auf diese Weise gelangt Kant zum Freiheitspostulat als dem ersten von drei Postulaten – die anderen beiden werden uns im nächsten Abschnitt beschäftigen.

5.4.2 Kant und das *Sméagol-Gollum*-Problem der Vernunft

Kants Überlegungen zum Gottesbeweis werden im Folgenden in sechs Schritten rekonstruiert werden. Es geht dabei nicht um eine historisch-kritische Darstellung verschiedener Fassungen und Stränge, sondern allein um die Grundstruktur. Das leitende Problem bildet dabei ein Ensemble widersprüchlicher Verpflichtungen *innerhalb der praktischen Vernunft*.

(1) Der Mensch soll sittlich handeln

Es ist für Kant ein unbestrittenes „Faktum der reinen Vernunft" (KpV A 56), dass der Mensch unter dem Anspruch des Sittengesetzes steht: Der Mensch soll moralisch handeln. Das Bewusstsein eines solchen sittlichen Imperativs, „der kategorisch gebietet, weil das [moralische] Gesetz unbedingt ist" (KpV A 57), drängt sich dem Menschen von selbst auf. Kant illustriert das anhand des sog. Galgen-Beispiels (vgl. KpV A 54): Selbst wenn man unter Androhung des Todes den Befehl erhält, gegen einen Unschuldigen falsch auszusagen, weiß man, *dass man dies nicht tun soll*. Daraus folgt nicht, dass man den Unschuldigen nicht doch verraten kann – aber in dieser Erfahrung zeigt sich an, dass die sittliche Forderung unhintergehbar ist: Man nimmt sehr wohl den moralischen Anspruch wahr, dass man es eigentlich nicht tun sollte.

(2) Der Mensch strebt notwendigerweise nach Glückseligkeit

Es ist ebenso ein unbestrittenes Faktum, dass der Mensch nach Glück strebt: „Glücklich zu sein, ist notwendig das Verlangen jedes vernünftigen aber endlichen Wesens" (KpV A 45) – und folglich ist es für die Vernunft geboten, dieses notwendige (!) Verlangen nicht zu negieren, sondern anzuerkennen.

(3) Es gibt eine natürliche Zuordnung von Moralität und Glückseligkeit

Zwischen diesen beiden Fakten, die jeder vernünftigerweise anerkennen muss, gibt es, wie Kant festhält, eine Verbindung: Wer sittlich handelt, ist würdig, glücklich zu sein. Zwar gibt es keinen ‚Anspruch' auf Glückseligkeit, der sich aus moralischer Tugend ableiten ließe – das wäre problematisch, weil Moralität dann wie ein Mittel erschiene, um glücklich zu werden, und damit ausgehöhlt würde: Man würde dem schreienden Baby im Park nicht um seiner selbst willen helfen, sondern in Erwartung einer Belohnung. Diese Logik weist Kant zurück: Moral ist niemals bloß Mittel zu anderen Zwecken. Dennoch kann ihm zufolge niemand vernünftigerweise einem Zustand zustimmen, in dem der Mensch gleichsam verurteilt wäre, „der Glückseligkeit bedürftig, ihrer [durch sein tugendhaftes Handeln] auch würdig, dennoch aber derselben nicht teilhaftig zu sein" (KpV A 199). In der Ablehnung einer solchen Konstellation zeigt sich invers, dass wir letztlich voraussetzen, dass Sittlichkeit und Glückseligkeit *eigentlich* zusammengehören – und wir deshalb empört sind, wenn der Tugendhafte leidet: Es ist kein Zustand, den die Vernunft als akzeptabel auszeichnen kann. Kant bezeichnet den Zusammenfall von Glückswürdigkeit und Glückseligkeit als „höchstes Gut" – es ist letztlich unsere wichtigste Pflicht, dieses höchste Gut zu realisieren.

(4) Moralität und Glückseligkeit fallen de facto auseinander

Die letzten Überlegungen harmonieren freilich nicht mit unseren alltäglichen Erfahrungen: *Zum einen* führt das, was sittlich gefordert ist, nicht immer bzw. nur sporadisch zu (mehr) Glückseligkeit, und nicht immer entspricht das, was glücklich macht, der sittlichen Forderung – der natürliche Zusammenhang, den die praktische Vernunft in ihren Urteilen konstatiert, findet sich nicht immer realisiert: Wer schreienden, verlassenen Babys in Parks hilft, wird nicht notwendig von Leid verschont. *Zum anderen* scheitert der Mensch *als endliches Wesen* daran, das höchste Gut zu verwirklichen:

> Die völlige Angemessenheit des Willens aber zum moralischen Gesetze ist *Heiligkeit*, eine Vollkommenheit, deren kein vernünftiges Wesen der Sinnenwelt, in keinem Zeitpunkte seines Daseins, fähig ist. (KpV A 220)

(5) Die Vernunft zeigt sich in sich selbst widersprüchlich

Hier wird (ein weiteres Mal) ein *vernunft*theoretisches Problem sichtbar. Schematisch stellt sich die Lage etwa so dar:

Die Vernunft sagt uns:	Handle sittlich!
	Daher ist es unvernünftig, nicht sittlich zu handeln.
Die Vernunft sagt uns:	Glück zu suchen, gehört zum Menschsein!
	Daher ist es unvernünftig, nicht glücklich sein zu wollen.
Die Vernunft sagt uns:	Sittlichkeit und Glückseligkeit gehören zusammen!
	Daher ist es unvernünftig, diese natürliche Verbindung zu leugnen.
Die Vernunft sagt uns:	Sittlichkeit und Glückseligkeit fallen de facto auseinander!
	Daher ist es unvernünftig, diese Erfahrung zu leugnen.

Die Vernunft, die all das sagt, kann jedes dieser Urteile für sich begründen, gerät aber in ihrer Zusammenschau ins Trudeln: Irgendein Urteil muss sie aufgeben, obwohl jedes für sich rational nachvollziehbar ist. Wenn Glück und Sittlichkeit faktisch auseinanderfallen, wäre es dann nicht klüger, nicht sittlich zu handeln, um zumindest glücklich zu werden? Das wäre freilich unvernünftig, weil damit der sittliche Anspruch an uns negiert werden müsste. Ähnlich verhält es sich, wenn man nur mehr moralisch, aber nicht mehr glücklich sein wollte – das wäre eine Verleugnung der menschlichen Suche nach Glück.

Allgemein wird hier ein irritierendes Problem sichtbar: Wenn das höchste Gut (als Inbegriff moralischer Verpflichtung) unerreichbar ist, ist nicht mehr einleuchtend, warum man sich darum bemühen solle: Soll die Vernunft etwas anstreben, von dem sie zugleich weiß, dass sie es nicht erreichen kann? Damit ist aber letztlich auch die Instanz in Frage gestellt, die all diese Urteile produziert und so die Aporie erst erzeugt hat: *die Vernunft*. In Anlehnung an eine Figur aus J. R. R. Tolkiens ‚Der Herr der Ringe' mag man von einem *Sméagol-Gollum-Problem* sprechen: So wie für die beiden Helden Frodo und Sam unklar ist, ob sie dem Rat ihres Führers vertrauen sollen, der in sich zerrissen ist und gleichsam mit zwei Persönlichkeiten spricht (nämlich einmal als *Sméagol*, einmal als *Gollum*, vgl. 1997, 45–48 u. a. m.) – so verhält es sich auch mit dem Menschen und seiner Vernunft. Die Vernunft erweist sich als inkonsistent – und es wird fragwürdig, warum man ihrem Rat vertrauen soll, wenn sie sich selbst widerspricht. Was für Kant auf dem Spiel steht, ist also die *Vernünftigkeit der Vernunft*, die scheinbar in sich selbst widersprüchlich ist, sowie die *Vernünftigkeit der Moral*, die auf offensichtlich unerreichbare Ziele verpflichtet.

(6) Die Differenz von *aktueller* und *prinzipieller* Unmöglichkeit

Kant zufolge ist damit das letzte Wort freilich noch nicht gesprochen. Man kann die vier Urteile einander so zuordnen, dass die Vernünftigkeit der Moral denkbar bleibt. Die Lösung, die er vorschlägt, hängt gewissermaßen an der Einfügung eines kleinen Wortes: *aktuell*. Damit erhält der vierte Satz eine neue Bedeutung:

Die Vernunft sagt uns: Sittlichkeit und Glückseligkeit fallen *aktuell* de facto auseinander.

Kant anerkennt, dass Glückswürdigkeit und Glückseligkeit *de facto* nicht konvergieren und wir an einer endgültigen Realisierung ihres Zusammenfalls scheitern – aber das ist eine *aktuelle* Beobachtung, aus der sich nicht ergibt, dass dies *notwendig* so sein müsste. Selbst wenn es *derzeit* so ist, ist nicht ausgeschlossen, dass es sich *später* anders verhält, weil es *prinzipiell* möglich ist. Mit diesem *später* ist nicht gemeint, dass moralische Tugend zumindest langfristig mit einem glücklichen Leben einhergeht – auch dagegen sprechen die Fakten. Dennoch eröffnet sich eine Perspektive, wenn man zwei Gedanken einführt: dass die Seele unsterblich ist und Gott existiert. Die Argumentation ist dabei in etwa folgende: Wenn Moral als das gedacht werden soll, was sie Kant zufolge definitiv ist, nämlich: *vernünftig* – dann muss man postulieren (denkerisch annehmen, fordern), dass

a) *die Seele unsterblich ist*. Nur wenn die Seele unsterblich ist, ist denkbar, dass möglich ist, was gefordert ist: nämlich die Übereinstimmung zwischen menschlichem Willen und moralischem Gesetz, die oben als für ein endliches Wesen unerreichbar identifiziert wurde. Um die Möglichkeit einer solchen Übereinstimmung denken können, muss man „die Voraussetzung einer ins Unendliche fortdauernden Existenz und Persönlichkeit" machen (KpV A 220);

b) *Gott existiert*. Eine unsterbliche Seele allein garantiert nicht, dass Glückswürdigkeit und Glückseligkeit konvergieren – beide könnten auch ewig unverbunden nebeneinander herlaufen. Aus diesem Grund muss die praktische Vernunft auch eine Instanz postulieren, die die Konvergenz von Glückseligkeit und -würdigkeit notwendig garantiert: Gott. Dieser fungiert als „der heilige Gesetzgeber (und Schöpfer), der gütige Regierer (und Erhalter) und der gerechte Richter" (KpV A 236). Kants Folgerung ist also, dass der Mensch, „wenn er moralisch konsequent denken will", postulieren muss, dass Gott existiert (KdU B 425). Kurzum: Es „ist moralisch notwendig [!], das Dasein Gottes anzunehmen" (KpV A 226).

(7) Der epistemische Status von Postulaten

Damit ist Kants Postulatenlehre vollständig: Sie umfasst die Freiheit des Menschen, die Unsterblichkeit der Seele und die Existenz Gottes. Ist aber ein solcher Rekurs auf Postulate legitim? Kant hält fest, dass seine Argumentationen keine Beweise liefern wollen. Es handle sich dabei vielmehr jeweils um ein

> Postulat der reinen praktischen Vernunft (worunter ich einen theoretischen, als solche aber nicht erweislichen Satz verstehe, so fern er einem a priori unbedingt geltenden praktischen Gesetze unzertrennlich anhängt). (KpV A 220)

Die Unsterblichkeit der Seele etwa *muss* man annehmen, wenn man denken können will, dass Moral vernünftig ist (wovon Kant überzeugt ist), d. h. die praktische Vernunft fordert diese Annahme. Die theoretische Vernunft wiederum erhebt keinen Einspruch gegen das Postulat, weil es keiner ihrer Erkenntnisse widerspricht: Sie kann die Unsterblichkeit der Seele weder beweisen noch widerlegen.

Kurzum: Die Postulate sind legitim, weil die theoretische Vernunft keinen Einspruch erhebt, während die praktische Vernunft sie fordert, damit die Vernünftigkeit der Moral gedacht werden kann.

Man könnte Kants Gedankengang mit einer klassischen Denksportaufgabe illustrieren, dem sog. *Neun-Punkte-Problem*. Dieses besteht darin, neun quadratisch angeordnete Punkte mit einem Stift durch vier gerade Linien zu verbinden, ohne den Stift abzusetzen. Die Aufgabe lässt sich lösen, wenn man gleichsam zusätzliche ‚Punkte' außerhalb des Feldes annimmt. Kants Postulate funktionieren ähnlich: Sie verstoßen nicht gegen Regeln der theoretischen oder praktischen Vernunft, auch wenn die Möglichkeit, über das Gegebene hinauszugehen, nicht explizit im Regelwerk genannt ist. Zugleich erlauben sie, die Aufgabe zu lösen, i. e. Vernunft vernünftig und Moral sinnvoll zu denken. Anders als Thomas oder Anselm behauptet Kant allerdings nicht, dass damit die Existenz dieser Punkte (die Unsterblichkeit der Seele, die Existenz Gottes) beweisbar oder gar bewiesen sei: Sie sind postulierte und praktisch in Anspruch genommene Größen, keine theoretisch bewiesenen.

5.4.3 Kritische Anfragen

Versuchen wir, auch Kants Argument mit zwei exemplarischen Rückfragen zu konfrontieren.

a) Zum Verständnis von Moralität

Eine Reihe von Anfragen betrifft Kants Verständnis von Moral. So ließe sich etwa bezweifeln, dass Moralität auf ein umfassendes höchstes Gut ausgerichtet ist – vielleicht geht es ‚nur' darum, situativ der Verletzlichkeit im Antlitz des Anderen gerecht zu werden (wie Emmanuel Levinas formulieren würde), vielleicht geht es schlicht um evolutionäre Vorteile. Aus evolutionstheoretischer Perspektive lässt sich auch die strikte Trennung von Kausalität und Freiheit, mithin Natur und Moral anfragen (die ja erst den Grund dafür bildet, dass Gott diese Sphären versöhnen ‚muss'): Evolutionstheoretisch sind Freiheit und Moralität aus der Natur hervorgegangen, d. h. Natur kann nicht in der Weise freiheitsfremd oder moralfrei sein, wie Kant annimmt. Natürlich erzeugen diese Anfragen selbst Rückfragen (etwa deshalb, weil Kant ja selbst eine *Konvergenz der beiden Perspektiven* anspricht, wenn auch als pragmatische Voraussetzung und rationale Hoffnung, nicht als bereits eingesehenes Wissen); der entscheidende Punkt ist aber klar: Ohne Kants Verständnis von Moralität verliert das Gottespostulat an Plausibilität; und dieses Verständnis ist in aktuellen Diskursen nicht ohne Weiteres vorauszusetzen und selbst plausibilisierungsbedürftig.

b) Zum Verhältnis von Vernunft und Wirklichkeit

Argumentationslogisch ist vor allem der Übergang von Interesse, den Kant von moralischen Imperativen zur Annahme der Existenz Gottes vornimmt: Kant nimmt an, dass die Vernunft nicht auf etwas verpflichten kann, das unmöglich ist. Damit bürgt aber gewissermaßen die Vernunft für das, was wirklich sein kann und muss! Genau diese Konstellation hatte Kant bei Anselm strikt zurückgewiesen: Man kann ohne direkten oder indirekten sinnlichen Input keine legitimen Aussagen über die Wirklichkeit machen. Allerdings ist in Rechnung zu stellen, dass Kant die Argumentation eben deshalb als Postulat auszeichnet: Darin wird nichts bewiesen, sondern nur eine moralisch notwendige Forderung aufgewiesen.

5.5 Zum *status quaestionis*

Die Darstellung Anselms, Thomas' und Kants lässt die Frage nach dem *status quaestionis* aufkommen: Wie sind Gottesbeweise nun einzuschätzen? Dass in der Darstellung oben jeweils der Kritik das letzte Wort gegeben wurde, darf nicht darüber hinwegtäuschen, dass die Diskurse über die jeweiligen Argumente und Prämissen nach wie vor im Gange sind – und sehr voraussetzungsreich geführt werden. Die beiden Philosophen Joachim Bromand und Guido Kreis beginnen ihre Darstellung und Diskussion von Gottesbeweisen etwa mit dem Hinweis auf den ontologischen Beweis des Logikers und Mathematikers Kurt Gödel (1906–1978), den dieser 1970 verfasst hat: Gödels

> Beweis führt zu der Schlussfolgerung, dass Gott notwendig existieren muss. Der Beweis ist formal gültig. Die modallogischen Voraussetzungen, von denen er Gebrauch macht, sind anspruchsvoll, aber nirgends inakzeptabel. Die wenigen Definitionen, Axiome und Theoreme, die der Beweis enthält, sind auch bei genauerem Zusehen weder offenkundig falsch noch offenkundig unsinnig. Gödels ontologischer Gottesbeweis scheint also sein Ziel zu erreichen. Auch wenn Zweifel an seiner Gültigkeit bestehen, ist es bis zum heutigen Tage nicht gelungen, einen klaren Fehler im Beweis auszumachen. (2011, 9)

Damit ist nicht gesagt, dass es keine Kritik gibt oder nicht in Zukunft ein Fehler gefunden werden mag, aber das wiederum ließe nicht den Schluss zu, dass nicht spätere Reformulierungen wieder erfolgreich sein könnten. Es scheint schlicht so zu sein, „dass es unter intelligenten, reflektierenden, gut informierten, wohlmeinenden und entsprechend versierten Personen Uneinigkeit" (Oppy 2011, 640) gibt, was einen Beweis der Existenz Gottes betrifft (vgl. auch Kapitel 17.3.2).

Was aber folgt aus dem Umstand, dass es kein unumstrittenes Argument für Gottes Existenz gibt? Oder was würde ein allgemein akzeptierter Beweis ändern? Beide Fälle sind keine Anlässe für theologische Schnappatmung. Für die Vernunftgemäßheit des Glaubens wäre die wasserdichte Widerlegung einer möglichen Existenz Gottes ein Problem, das Fehlen eines weithin anerkannten Gottesbeweises ist es nicht: Weder ist damit etwas über die tatsächliche Existenz Gottes gesagt (die nicht daran gekoppelt ist, dass sie auch bewiesen werden kann) noch würde ein Beweis Glauben im Sinne von Gottvertrauen evozieren können (die Existenz *causa prima non causata* verträgt sich blendend auch mit dem sog. *Deismus*, einer Auffassung, derzufolge Gott zwar existiert, aber keinerlei Einfluss oder Relevanz für unser Leben hier und heute hat). Dennoch sollte man sich von dieser nüchternen Perspektive nicht dazu verleiten lassen, die Gottesbeweise als intellektuelles Glasperlenspiel abzutun: Selbst wo sie nicht in letzte Beweise münden, zeigen sie idealiter zumindest, dass Gott ein Gegenstand rationaler Auseinandersetzung sein kann, und dienen dabei nicht zuletzt der Aufklärung und Verständigung darüber, woran eigentlich glaubt, wer an Gott glaubt – in ihnen wird der Gottes*begriff* also in seiner Bedeutung bestimmt bzw. präzisiert.

6 Gott beschreiben?

Die bisherigen Einheiten widmeten sich Gottes*begriffen* und *-beweisen*. Es legt sich nahe, nun nach *Eigenschaften* zu fragen, die Gott zuzuschreiben sind bzw. mit denen Gott zu *beschreiben* ist. Die klassische Gotteslehre nennt Eigenschaften wie Allmacht, Allwissenheit, Ewigkeit, Unveränderlichkeit u. a. m. und versucht zu klären, was darunter zu verstehen ist. Für das folgende Kapitel heißt das u. a., dass ein sanfter Relaunch stattfindet. War bei den Gottesbeweisen der Bezug auf Bibel und Glaubenstradition ausgeblendet (Gottes Existenz soll unabhängig von religiösen Vorannahmen als vernünftig ausgewiesen werden), ändert sich das nun wieder: Im Nachdenken über Gottes Eigenschaften ist *zum einen* aufzugreifen, was philosophisch argumentiert werden kann, und *zum anderen* denkerisch einzubeziehen, was der Glaube an Einsichten und Fragen zuspielt.

Wieder legen sich exemplarische Annäherungen nahe: Gottes Einzigkeit und Einheit (6.1), Allmacht (6.2) sowie seine Ewigkeit, Unveränderlichkeit und Allwissenheit (6.3). Hinsichtlich dieser Prädikate lässt sich argumentieren, dass sie Gott notwendig zukommen: Ein Gott, der nicht allmächtig ist, wäre nicht Gott. Ein letzter Punkt bringt dann einen Gesichtspunkt ein, mit dem es sich anders verhält: Gottes Eigenschaft, Schöpfer dieser Welt zu sein. In der Logik christlichen Glaubens ist diese Eigenschaft nicht-notwendig: Gott wäre auch dann noch Gott, wenn er diese Welt nicht erschaffen hätte. Dennoch ist das Bekenntnis zu Gott als „Schöpfer des Himmels und der Erde" (so das Glaubensbekenntnis) von zentraler Bedeutung – und soll folglich in einem eigenen Punkt behandelt werden (6.4).

6.1 Gottes Einzigkeit und Einheit

6.1.1 Biblische Einsichten: Über Polytheismus, Monolatrie, Polyjahwismus und Monotheismus

Eine zentrale Eigenschaft, die Gott nicht nur in der jüdisch-christlichen Tradition zugesprochen wird, ist seine Einzigkeit: „Höre, Israel! Der Herr, unser Gott, der Herr ist einzig!" (Dtn 6,4). Der Monotheismus ist kein Merkmal, das in Israels Glaubensgeschichte *immer schon* nachweisbar ist, sondern weist eine differenzierte Entfaltung auf; im Christentum war dafür in weiterer Folge insbesondere die Auseinandersetzung mit spätantiker Philosophie prägend (6.1.2). Beide Stränge sollen im Folgenden ausgelesen werden, wobei wir mit einer biblischen Skizze beginnen.

Es gehört zu den großen Erträgen der sog. *historisch-kritischen Auseinandersetzung* mit der Bibel, ein besseres Verständnis dafür zu eröffnen, wie theologisch unterschiedlich inspirierte (Gruppen von) Autoren dieses Sammelwerk sehr unterschiedlicher Texte verfasst, geordnet, redigiert oder angesichts neuer Herausforderungen weiterentwickelt haben. Das zeigt sich auch im Blick auf das, was man Monotheismus nennt: Auch dieser weist eine komplexe Entfaltungsgeschichte auf.

> Selbst wenn die Diskussionslage nicht vollständig stabilisiert ist, zeichnet sich folgendes Bild ab: Die frühe Zeit Israels ist durch eine Götterwelt geprägt, die unterschiedliche Götter kennt, z. B. El als oberste Gottheit. Reflexe eines solchen Polytheismus finden sich in Stellen wie diesen: „Als der Höchste den Göttern die Völker übergab, als er die Menschheit aufteilte, legte er die Gebiete der Völker nach der Zahl der Götter fest" (Dtn 32,8 in der Einheitsübersetzung von 1980). Innerhalb dieses Pantheons wird eine „Jahwe" genannte Gottheit an verschiedenen Orten als besondere Schutzgottheit verehrt, wie in der Festung Kuntillet Agrud gefundene Inschriften (aus dem 9.–7. Jh.) nahelegen: Dort ist etwa vom „Jahwe von Samaria" oder von „Jahwe von Teman" die Rede. Offensichtlich werden unterschiedliche Manifestationsformen Jahwes differenziert, man spricht von einem sog. *Polyjahwismus*. Zugleich zeichnet sich für bestimmte Familienverbände bzw. zumindest zu bestimmten Zeiten eine besondere Stellung verschiedener Götter ab. Auch die Verehrung Jahwes kann so verstanden werden, wobei er v. a. für die Königsfamilie eine besondere Rolle spielt, die seine Verehrung zum Staatskult in Jerusalem macht. In der Literatur nennt man diese besondere Verehrung meist *Monolatrie*: Die monolatrische Verehrung Jahwes leugnet die Existenz anderer Götter nicht, misst ihnen aber keine größere Relevanz zu.
>
> Damit verschwindet freilich die Verehrung anderer Götter nicht, ein Umstand, der gerade in politischen Krisen (etwa angesichts assyrischer Invasionsabsichten im 8. Jh.) zum Thema wird: Die sog. *„Jahwe-allein"-Bewegung* ist davon überzeugt, dass nicht politische Kompromisse und religiöse Annäherungen an die kulturelle und militärische Übermacht Rettung bringen, sondern allein die exklusive Verehrung Jahwes. Der Prophet Hosea bringt das auf den Punkt: „Ich aber, ich bin der Herr, dein Gott, vom Land Ägypten her; einen Gott außer mir sollst du nicht kennen. Es gibt keinen anderen Retter als mich" (Hos 13,4). Es bildet sich so (wie etwa der deutsche Alttestamentler Bernhard Lang argumentiert, vgl. 1981; 2003) nach und nach ein Bewusstsein für die besondere Stellung Jahwes heraus, die eine Grundlage für jenen Monotheismus ist, der nach der Verwüstung des Jerusalemer Tempels und der Exilierung der judäischen Oberschicht im sog. *babylonischen Exil* (597–539) freigelegt wird.

Mit dem Exil beginnt Israel Jahwe nicht bloß als jenen Gott zu verstehen, der mit ihm einen Bund geschlossen hat und deshalb besonders zu verehren ist – sondern er wird überhaupt als *einziger* Gott begriffen. Die Logik dahinter lässt sich wie folgt skizzieren: Wenn Gott Israel selbst nach der Verwüstung seines Tempels in Jerusalem (i. e. nach der Vernichtung seiner sichtbaren Präsenz in jenem Volk, mit dem er einen Bund geschlossen hat) nicht verlässt und wenn er auch im Exil weiterhin erfahrbar bleibt – dann ist das ein Hinweis darauf, dass er nicht wie andere Götter funktioniert: Nichts in der Geschichte kann ihn zerstören, erschöpfen oder auszehren, weil er nicht der Geschichte unterworfen ist. Er ist ihr aber nicht deshalb nicht unterworfen, weil er z. B. eine *geschichtslose Naturgottheit* wäre, sondern weil er aller Geschichte gleichsam *schöpferisch gegenübersteht*. Hier deutet sich bereits an, wie eng die monotheistische Grundeinsicht mit dem Schöpfungsglauben verbunden ist, der ebenfalls im Exil ausformuliert wird (vgl. ausführlich in 6.4.1).

Biblische Autoren(gruppen) dieser Zeit bemühen sich in weiterer Folge, vorhandene Traditionen entlang dieser Zentraleinsicht narrativ zu ordnen: Sie machen deutlich, dass in verschiedenen prägenden Glaubensgeschichten Israels zwar unterschiedliche Gottesnamen vorkommen, diese aber jeweils den gleichen, den einzigen und einen Gott meinen. Das kommt an zentralen Stellen zum Ausdruck: „Ich bin Abraham, Isaak und Jakob als El-Schaddai erschienen, aber unter meinem Namen Herr [=Jahwe] habe ich mich ihnen nicht zu erkennen gegeben" (Ex 6,3). El ist also *kein anderer* als Jahwe und der Gott Abrahams, Isaaks und Jakobs *kein anderer* als jener Gott, der Mose ruft, um Israel aus der Sklavenherrschaft in Ägypten zu befreien. Es gab in der Geschichte Israels nur *einen* Gott, der zugleich der *einzige* Gott überhaupt ist: „So spricht der Herr, Israels König, sein Erlöser, der Herr der Heerscharen: Ich bin der Erste, ich bin der Letzte, außer mir gibt es keinen Gott" (Jes 44,6).

Der sehr rasche Überblick darf *zum einen* nicht übersehen lassen, wie dramatisch und differenziert die skizzierte Entwicklung vor sich ging, und soll *zum anderen* nicht suggerieren, dass damit alle relevanten Linien erfasst sind, die eine Rolle spielen. Gleichwohl lässt sich ein fortschreitendes Bewusstsein für die Einzigkeit Gottes festhalten, das Israel als Offenbarungsgeschichte deutet: Gott gibt sich als der zu erkennen, der er ist – kein Gott neben anderen Göttern, sondern der einzige.

6.1.2 Spätantike Entdeckungen: Plotin denkt nur an das Eine

Philosophiegeschichtlich kann man auf ganz anderen Wegen eine analoge Entwicklung hin zur denkerischen Entdeckung des „Einen" nachzeichnen. Ideengeschichtlich äußerst einflussreich ist der Neuplatonismus, der wesentlich mit Plotin verbunden ist (um 204–270). Sein Ertrag besteht in nichts weniger als „in der *philosophischen* Entdeckung der *Transzendenz*" (Schmidinger 2000, 93).

> Plotin stellt die Grundfrage der Metaphysik, nämlich was die Welt im Innersten zusammenhält: Was ist das Prinzip, von dem die ganze Wirklichkeit ‚herkommt' und bestimmt ist? Während bekannte Antworten auf diese Frage die Welt oftmals dialektisch begreifen (etwa als *Wechselund Zusammenspiel* von Sein und Vergehen, Form und Materie, *esse* und *essentia* u. a. m.), hebt Plotin darauf ab, dass das Grundprinzip der Wirklichkeit die Einheit bzw. das Eine ist:

>> Alles, was ist, ist durch das Eine: das, was im primären Sinne ist, ebenso wie alles, was sonst irgendwie unter das gerechnet wird, was ist. Was wäre es denn schon, wenn es nicht eins wäre? ... Ein Heer ist nicht, wenn es nicht eins ist; ein Chor, eine Herde ist nicht, ohne eins

> zu sein. Und ebensowenig ist ein Haus oder ein Schiff, wenn sie das Eine nicht haben ... (Über das Eine, VI 9 [9] 1)

Die Überlegung ist klar: Ohne Einheit keine Herde, kein Heer, kein Haus – es braucht ein Prinzip, das aus Vielem etwas Bestimmtes macht (z. B. den Schäfer, General, Zweck). Plotin entwickelt den Gedanken, dass etwas, um etwas Bestimmtes zu sein, in fundamentaler Hinsicht eine Einheit sein muss – und er folgert, dass das Eine *das* konstituierende Prinzip aller Wirklichkeit schlechthin sei. Um das Beispiel der Kuh neu aufzugreifen (vgl. 4.3.2): Wo Thomas *esse* und *essentia* als Formalprinzipien ansetzt, würde Plotin erwidern, dass ein noch fundamentaleres Prinzip anzunehmen ist. Die Kuh kann nur existieren, weil sie eine bestimmte Kuh ist, d. h. sie kann nur *als eine* sein – und ist so wesentlich durch Einheit konstituiert (so wie eine Idee wesentlich *eine* sein muss, damit sie eine *bestimmte* Idee ist sowie das *esse* wesentlich *eins* sein muss, damit alles, was daran teilhat, *gleichermaßen* existiert etc.). Das Prinzip der Einheit wiederum kann in sich selbst nicht plural sein, weil Pluralität ja ebenfalls *eine* Pluralität ist und entsprechend durch Einheit konstituiert ist; deshalb kann das Eine auch nicht in sich differenziert sein, zumal (wie man im Anschluss an Cusanus formulieren könnte, vgl. 4.3.1) Einheit der Differenz logisch vorausliegt. Es ist offensichtlich, dass sich damit starke Nähen zur negativen Theologie ergeben: Das Eine konstituiert alles, was ist, transzendiert aber selbst alle Qualitäten oder Prädikate radikal – auch jene des Existierens (vgl. 4.2.3).

Aus diesen Überlegungen ergibt sich für Plotin, dass die letzte Wirklichkeit, die alles konstituiert bzw. an der alles teilhat, was existiert, nur radikal als eins und eines gedacht werden muss. Und genau dieses Eine, τὸ ἕν, ist Plotin zufolge als göttlich zu bezeichnen – das Eine ist wahrhaft Gott: Es ist *eines, einzig* und *einfach*. Es verwundert nicht, dass das frühe Christentum im Neuplatonismus Plotins Denkfiguren sah, die dem Monotheismus der eigenen Tradition entsprachen – und dass daher der Neuplatonismus die christliche Theologie wesentlich prägte (vgl. 9.4.2 a).

Zumindest drei Herausforderungen, die damit einhergingen, seien angedeutet: *Zum einen* denkt der christliche Glaube Gott monotheistisch, allerdings trinitarisch als einen Gott in drei Personen; das bedeutet (auch im Blick auf die jüdische Tradition) ein gerüttelt Maß an weiterem Reflexionsbedarf: Wie lässt sich beides verbinden – und was meint das überhaupt (vgl. Kapitel 14)? *Zum anderen* ist die Welt im Neuplatonismus etwas, das aus der Überfülle des Einen herausfließt. Diese sog. *Emanationslehre* ist aber dem jüdisch-christlichen Motiv einer Schöpfung nicht einfach zuzuordnen: Es gibt im Einen Plotins keinen positiven Entschluss zur Schöpfung (was mit radikaler Einheit auch nicht problemlos vermittelbar wäre, sofern es dann das Eine *und* seinen Entschluss gäbe). Die Welt wird vom Einen nicht frei gewollt, sondern geht aus der Überfülle des Einen hervor, so wie Strahlen aus dem Licht: mit Notwendigkeit. *Ein drittes Problem* schließlich ist ideologiekritischer Natur: Es hängt an der Frage, ob die Denkform der Einzigkeit, des Einen und Einfachen nicht problematisch ist. Damit setzt sich der nächste Punkt auseinander.

6.1.3 Postmodernes Unbehagen: Monotheismus als Machtform?

Hans Blumenberg (1920–1996) hat festgehalten, „dass der Gott des Monotheismus, ständig von der Einzigkeit seines Ranges und seiner Macht okkupiert, nicht lachen darf. Jean Paul hat das in den einzigen Satz gefasst: *Götter können spielen; aber Gott ist ernst*" (2003, 208). Das ist eine beiläufige, aber keine zufällige Bemerkung, weil in ihr ein tiefes Unbehagen nicht nur am christlichen Glauben transparent wird: Monotheismus ist als Denkform problematisch, weil er auf Einheit, Uniformität und Gleichheit eicht und Andersheit, Pluralität oder Differenz als Problem begreift (vgl. analoge Motive der Vernunftkritik in 3.1.3 b/d). Der Verdacht, der im Raum steht, zielt nicht auf logische Inkonsistenzen oder kognitive Paradoxien, sondern ist ideologiekritisch: Vielleicht ist die Geschichte monotheistischer Religionen nicht zufällig gewaltdurchsetzt, sondern deshalb, weil die zugrundeliegende Denk- und Glaubensform des Einen in besonderer Weise dazu disponiert.

In diese Kerbe schlagen etwa Überlegungen des deutschen Philosophen Odo Marquard (1928–2015): „Im Monotheismus negiert der eine Gott – eben durch seine Einzigkeit – die vielen Götter. Damit liquidiert er zugleich die vielen Geschichten dieser vielen Götter zugunsten der einzigen Geschichte, die nottut: der Heilsgeschichte" (2003, 229). Monotheismus muss Andersheit als Devianz begreifen, die nicht sein soll – sodass er *Spiritualität* als Rückkehr zum Einen denkt (wie das bereits Plotin propagiert) und in der *Politik* bzw. im *Zusammenleben* alle Abweichung als Problem markiert. In der Perspektive des Monotheismus, so Peter Sloterdijk, ist folglich „Originalität beim Menschen unbejahbar, weil sie nur als Raub an der Ursprünglichkeit Gottes gedacht werden kann" (2001, 23). Das erklärt auch die Individualitäts-, Identitäts- und Bekenntnisfixierung des Monotheismus: Warum neigt der monotheistisch Glaubende dazu, sich als Individuum zu begreifen, das sich ständig seiner Identität zu vergewissern hat, dabei primär nach möglichen Normabweichungen (Sünden) forscht und diese bekennen will? Die Antwort: Weil der Monotheismus den Einzelnen auf *einen* Gott, *eine* Geschichte, *ein* Heil hin normiert. Er liefert gleichsam *einen* Maßstab, an dem sich alle zu messen haben, während der Polytheismus viele Maßstäbe kennt. Vor diesem Hintergrund lässt sich Marquards Plädoyer für sog. *Polymythie* lesen, i. e. für die vielen Geschichten, die Menschen über sich erzählen können sollen:

> Gefährlich ist immer und mindestens der Monomythos; ungefährlich hingegen sind die Polymythen. Man muss viele Mythen – viele Geschichten – haben dürfen, darauf kommt es an; wer – zusammen mit allen anderen Menschen – nur einen Mythos – nur eine einzige Geschichte – hat und haben darf, ist schlimm dran. Darum eben gilt: Bekömmlich ist Polymythie, schädlich ist Monomythie. (2003, 226–227)

Die Beschäftigung mit dieser Kritik muss zumindest zweierlei anvisieren. Sie muss *zum einen* sehen, dass hier ein Gesichtspunkt der Kritik markiert ist, mit dem sich sensible Religiosität nüchtern konfrontieren muss: Wo und auf welche Weise wird der eigene Glaube zur politisch-sozialen Legitimationsmöglichkeit, um Interessen durchzusetzen, Pluralismus zu unterdrücken oder Andersheit zu denunzieren (vgl. 8.6)? *Zum anderen* darf man aber nicht übersehen, dass sich Fehlformen nicht pauschal in Monotheismus zurückrechnen lassen: Auch tribalistisches Denken, das auf Differenz und Abgrenzung setzt, kann gewaltförmig sein – und eine Welt, in der jeder seine und ihre eigene Geschichte erzählt, ist inhuman, wenn Mächtige ihre Geschichten gegen Schwächere durchsetzen oder das Wirrwarr der (wahren und falschen) Storys dafür nutzen, eigene Interessen zu verfolgen. Polymythie ist folglich nicht als Wert *an sich* sinnvoll, sondern nur da, wo gewisse Standards *für alle* gelten. Der biblische Monotheismus ist gerade von diesem Gedanken her sprechend zu machen: Er ist in seiner Genese keine herrschaftliche Denkfigur der Macht, sondern eine Entdeckung von Exilierten, eine Geschichte von Besiegten und Geschlagenen. Aber diese ist nicht stumpf gegen jene gerichtet, die *andere* Götter anbeten und *andere* Geschichten erzählen, sondern relativiert zugleich Konkurrenz, Missachtung oder Feindschaft, weil „über die gemeinsame Vaterschaft des einen Schöpfergottes auch der Fremde zum Bruder wird" (Neuhaus 2003, 126). Gerade indem Israel die Einzigkeit des *eigenen* Gottes entdeckt, erkennt es, dass dieser *für alle* da ist. Oder wie der Prophet Amos lange vor dem Exil formuliert hatte: „Seid ihr nicht wie die Kuschiten für mich, ihr Israeliten? Spruch des Herrn. Habe ich Israel nicht heraufgeführt aus dem Land Ägypten und ebenso die Philister aus Kaftor und Aram aus Kir?" (Am 9,7). Es darf also nicht übersehen werden, dass der biblische Monotheismus einen ethischen Spin hat, der eigene wie fremde Machtansprüche und Inhumanitätskonzessionen in Frage stellt. Auch wenn selbst dieser *ethische Monotheismus* (Kuenen) durch die Geschichte hindurch immer wieder missbraucht wurde, um Gewalt zu legitimieren, folgt daraus nicht, dass er intrinsisch und notwendig gewaltförmig wäre (vgl. ausführlich Halbmayr 2000).

6.2 Gottes Allmacht

6.2.1 Eine Annäherung, zwei Paradigmen, drei Probleme

Wir kommen damit zu einer zweiten Eigenschaft, die nicht nur im Glaubensbekenntnis als zentrales Attribut Gottes gilt: Allmacht. Es ist *prima facie* einsichtig, dass Gott, insofern er derjenige ist, über den hinaus Größeres nicht gedacht werden kann, auch Macht zuzuschreiben ist, über die hinaus größere nicht gedacht werden kann – eine

Macht, die als Allmacht bezeichnet wird und *vielfach* als *Omnipotenz* interpretiert wird, d. h. als Macht, der zufolge Gott alles Mögliche kann. (Das kursive *vielfach* wird später noch eine Rolle spielen, im Folgenden gehen wir fürs Erste aber dezent darüber hinweg.) Die Rede von der Allmacht Gottes ist mit Anfragen konfrontiert, die meist mit der Theodizee assoziiert sind (vgl. Kapitel 10), sie ist aber auch unabhängig von der Frage nach dem Leid nicht selbstverständlich. Man kann das an drei *exemplarischen* Rückfragen erhellen, die die Rede von Allmacht problematisieren bzw. in der Reflexion darauf adressiert werden müssen.

α) Eine *erste* Anfrage stammt vom Philosophen Hans Jonas (1903–1993), der nach Auschwitz über die Rede von göttlicher Macht nachdenkt und dabei eine Inkonsistenz im Begriff der Allmacht selbst identifiziert. Diese ergibt sich daraus, dass Macht ein Relationsbegriff ist: Macht gibt es immer nur *in Bezug auf* etwas oder jemanden. Das gilt auch für Allmacht und eben darin liegt das Problem: Auch Allmacht ist auf die Existenz eines Gegenübers angewiesen, um sein zu können, was sie ist – und gerade deshalb ist sie nicht allmächtig. Absolute Macht hat

> in ihrer Einsamkeit keinen Gegenstand, auf den sie wirken könnte. Als gegenstandslose Macht aber ist sie machtlose Macht, die sich selbst aufhebt. ‚All' ist hier zugleich ‚Null'. Damit sie wirken kann, muss etwas anderes da sein, und sobald es da ist, ist das eine nicht mehr allmächtig, obwohl seine Macht bei jedem Vergleich beliebig hoch überlegen sein kann. (1987, 35)

β) Ein *zweites* exemplarisches Problem ist das bereits im Mittelalter diskutierte *Stein-Paradoxon*, das die Unmöglichkeit von Allmacht an spezifischen Herausforderungen nachzeichnet: Kann Gott einen Stein erschaffen, der schwerer ist, als er zu heben vermag? Das Dilemma ist offenkundig: Kann Gott einen solchen Stein schaffen, findet seine Macht ihre Grenze darin, ihn nicht mehr heben zu können; kann er keinen solchen Stein erschaffen, ist von vornherein offenkundig, dass Gott nicht allmächtig ist. Das klingt in dieser Form wie ein lustiger, kognitiver Rubikwürfel: Kann man alle Teile so anordnen, dass sich ein schönes Bild ergibt? Letztlich rührt man aber existentielle Fragen, etwa jene, wie das Gott-Welt-Verhältnis zu denken ist: Kann Gott etwas schaffen, das er nicht mehr ‚heben' kann, d. h. das er nicht mehr unter Kontrolle hat – etwa menschliche Freiheit? Und ergibt sich daraus ein Widerspruch zu seiner Allmacht?

γ) Ein *drittes* Problem ergibt sich aus der Existenz anderer Prädikate, die Gott zugeschrieben werden, etwa Allwissenheit: Kann Gott wissen, wie es ist, wirklich Angst zu haben – wenn er doch niemals wirklich Angst haben kann, weil er *zugleich* weiß, dass er allmächtig ist (womit es nichts geben kann, was er zu fürchten hat)? Schließen sich Allwissenheit und Allmacht wechselseitig aus? Probleme dieser Art zeigen sich insbesondere in der christlichen Gotteslehre, die Gott ja als Liebe begreift (vgl. 1 Joh 4,16). Stellen wir uns etwa das Wesen BCN vor, das über die gleiche Macht wie Gott verfügt, aber bösartig ist (BCN ist das Akronym von *Bad Chuck Norris*). Es scheint offensichtlich, dass BCN mächtiger als Gott ist: Er vermag Unschuldige zu quälen, wozu Gott (weil er in sich selbst Liebe ist) aufgrund seines Wesens nicht in der Lage ist; ihm stehen somit offensichtlich weniger Möglichkeiten zur Verfügung als BCN. Auch das erscheint wie eine gedankliche Spielerei, enthält aber ein Argument dafür, den Begriff der Allmacht differenziert auf den Gott Jesu zu beziehen.

Die wenigen Überlegungen deuten an, dass näher zu bestimmen ist, a) was *philosophisch* sinnvollerweise unter Allmacht verstanden werden kann und b) wie dies dann *theologisch* als Eigenschaft Gottes zu denken ist, wie ihn der christliche Glaube begreift.

Zur ersten Orientierung können wir zwei Paradigmen unterscheiden: Das *Konzept potentieller Allmacht* identifiziert Allmacht als das Vermögen, gleichsam *zu allem fähig zu sein*, d. h. alle möglichen Zustände realisieren zu können; dieses Vermögen lässt sich intellektualistisch oder voluntaristisch interpretieren. Das *Konzept aktualer Allmacht* hingegen identifiziert Gottes Allmacht darin, dass er *in allem, was ist, wirksam* ist. Auch hier sind zwei Varianten möglich: als *Allein*wirksamkeit oder *All*wirksamkeit. Die beiden Paradigmen strukturieren die folgende Darstellung.

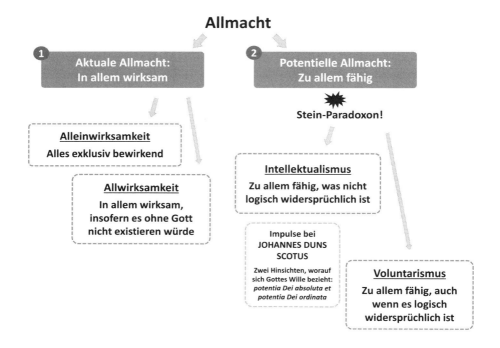

6.2.2 Aktuale und potentielle Allmacht

a) Aktuale Allmacht: Gott ist in allem wirksam

Beginnen wir bei aktualer Allmacht im Sinn von *Allein*wirksamkeit. Das Konzept besagt, dass Gott exklusiv alles in allem wirkt – alles, was geschieht, geschieht ausschließlich aufgrund göttlichen Handelns. Diese Interpretation ist logisch möglich, in Varianten auch theologiegeschichtlich nachweisbar (etwa in Ansätzen und Varianten reformatorischer Theologie im Blick auf heilsrelevantes Handeln des Menschen, vgl. 17.2.1), allerdings wird sie im vorliegenden Kontext nicht näher behandelt: Bereits *prima facie* führt sie in eine Reihe von Problemen. So ist weder einsichtig, wie man die Position elegant mit der alltäglichen Wahrnehmung unserer selbst als frei und moralisch verantwortlich vermitteln könnte, noch absehbar, wie man hohe Folgekosten in der Theodizee vermeiden kann (vgl. Kapitel 10), noch erscheint es plausibel, dass über einen solchen Gott hinaus Größeres nicht gedacht werden kann.

Eine prominente Interpretation aktualer Allmacht im Sinn von *All*wirksamkeit hat hingegen der deutsche Jesuit Peter Knauer vorgelegt: Gottes Allmacht besteht darin, dass Gott in allem, was passiert, mächtig ist, denn nichts von dem, was geschieht oder existiert, wäre ohne Gott wirklich. Das impliziert nicht, dass Gott alles determiniert, d.h. dass es keine innerweltliche Kausalität gibt oder wir nicht mehr frei sind. Es meint vielmehr, dass weder Kausalität noch Freiheit existieren würden, wenn Gott sie nicht geschaffen hätte und erhalten würde – in dieser Hinsicht ist Gott auch *in Kausalität und in Freiheit* mächtig, ohne sie zu determinieren. In diesem Sinn ist die Allmacht Gottes *aktual*, d.h. sie bezieht sich nicht auf (Handlungs-)Möglichkeiten, die Gott potentiell noch realisieren könnte, sondern meint, dass Gott *bereits jetzt und immer schon in allem* wirkt:

> So heißt es in Mt 10,29: „Verkauft man nicht zwei Sperlinge für ein paar Pfennig? Und doch fällt keiner von ihnen zur Erde ohne den Willen eures Vaters." Selbst das Allergeringste kann nicht ohne Gott sein. Gottes Allmacht wird hier als eine „aktuale" und nicht nur eine „potentielle" verstanden. Er ist in allem mächtig, was tatsächlich geschieht. Diese Allmacht ist nicht steigerungsfähig. (2003, 200)

Der letzte Satz deutet die Pointe dieses Allmachtkonzepts an: Alles, was existiert und geschieht, ist bereits jetzt *restlos und unüberbietbar* von Gott abhängig – gerade das zeichnet Allmacht aus. Deshalb ist es sinnlos, Allmacht auf einzelne Ereignisse zu beziehen, die Gott gegebenenfalls über seine aktuale Allwirksamkeit hinaus noch zusätzlich verwirklichen könnte (etwa ein Wunder): Ein Ereignis, das gleichsam *noch mehr, noch direkter, noch unmittelbarer* von Gott abhängig wäre als das, was wir bereits jetzt wahrnehmen, ist nicht denkbar. Der Kern der Überlegung ist also die Kritik an dem Gedanken, Gottes Allmacht bestünde darin, dass er noch eine Reihe anderer Ereignisse realisieren könnte (wenn er nur wollte).

Es ist einsichtig, dass damit bestimmte Antworten auf die drei exemplarischen Probleme oben verbunden sind. Das Stein-Paradoxon ist achselzuckend als irrelevant zurückgewiesen: Wenn Allmacht nicht bedeutet, alle möglichen Zustände realisieren zu können, kann sie auch nicht daran scheitern, gewisse Zustände nicht realisieren zu können; das gilt analog auch für die dritte Anfrage. Jonas' Einwand erscheint hingegen integriert: Gottes Allmacht besteht in Knauers Lesart nicht darin, die Existenz *eines anderen* zu bestimmen oder bestimmen zu können (weil er immer neue Handlungen zu setzen vermag) – sondern seine Allmacht zeigt sich darin, dass nichts, was ist, ohne Gott zu sein vermag, obwohl das umgekehrt nicht der Fall ist: Gott wäre auch Gott, wenn es *nichts* gäbe; genau diese *Nicht-Bezogenheit* auf ein Anderes ist zentral. Allerdings ergeben sich offensichtlich neue Herausforderungen: Die Problematisierung eines besonderen Handelns Gottes führt etwa zu Fragen in der Christologie (Ist, etwas flapsig gefragt, Gott in Jesus von Nazaret *ausschließlich in der gleichen Weise* wirksam wie in anderen geschöpflichen Wirklichkeiten?) oder Eschatologie (Wenn Gott nicht spezifisch zu agieren vermag, wie lässt sich dann noch denken, dass er die Geschichte zu einem guten Ende zu führen vermag? Braucht es dafür nicht in irgendeiner Weise besonderes Handeln?). Damit ist nicht gesagt, dass sich für diese Fragen nicht Antworten finden lassen – aber es ist angedeutet, dass mit dieser Konzeptualisierung von Allmacht weitere, anspruchsvolle Justierungen verbunden sind.

b) Potentielle Allmacht: Gott ist zu allem fähig

Das Konzept *potentieller Allmacht* denkt Allmacht als Fähigkeit gleichsam alles tun zu können – Macht meint hier also ein Handlungspotential. Man kann den entscheidenden Gedanken (vgl. Kreiner 2006, 308–311) wie folgt fassen: *Für jeden Zustand Z gilt, dass Gott die Macht hat, Z auch zu aktualisieren*. Das Stein-Paradoxon bezieht sich auf das Verständnis von Allmacht, das darin zum Ausdruck kommt, und will deutlich machen, dass weder Gott noch irgendein anderes Wesen allmächtig sein kann. Wie angedeutet, kann man das Problem zumindest aus der Perspektive einer intellektualistischen oder voluntaristischen Position adressieren.

Für den *idealtypischen* Voluntarismus stellen die skizzierten Anfragen kein echtes Problem dar, insofern sie auf einer falschen Voraussetzung aufruhen: der Bindung an die Logik. Genau das ist aber eine Prämisse, die für bestimmte Spielarten des Voluntarismus infrage steht.

> Erlauben wir uns einen kurzen geschichtlichen Exkurs. Wie bereits in 3.1.1 rekonstruiert wurde, entwickelt sich der Voluntarismus nicht zuletzt aus dem Unbehagen, Gottes Macht und Handeln in den Bahnen und Grenzen logischer Notwendigkeiten zu denken, weil Gott so mitunter ein Gefangener „griechischen Notwendigkeitsdenkens" (Gilson) zu sein scheint. Das irritiert nicht nur Theologen, sondern erbost auch kirchliche Autoritäten: Man argwöhnt eine Selbstüberschätzung der Vernunft (Die Vernunft maßt sich an, Gottes Handeln als vernünftig rekonstruieren zu können – was für eine Hybris!) und spricht entsprechende Lehrverurteilungen aus (etwa in den Pariser Lehrverurteilungen von 1277). Der Voluntarismus betont folglich den freien Willen Gottes, der will, was er will, ohne dass es möglich wäre, Vernunftgründe dafür ausfindig zu machen: Nach theoretischen Gründen für den Willen Gottes zu fragen (etwa: Warum hat Gott das Schnabeltier mit einem Schnabel und nicht mit einem Henkel erschaffen?), ist laut Duns Scotus in etwa so klug wie zu fragen, „warum Hitze Hitze ist" (Ordinatio I, dist. 8, pars 2, q. un., n. 299) – es ist nun mal so (auch wenn es anders möglich war).
> Der eben zitierte Johannes Duns Scotus liefert wichtige Impulse für voluntaristische Diskurse der Folgezeit, wenn er etwa zwei Hinsichten göttlichen Wollens unterscheidet: *Zum einen* spricht er von einer *potentia Dei absoluta*, einer absoluten Macht Gottes, die ihre einzige Grenze im Nichtwiderspruchsprinzip hat. In dieser Hinsicht kann Gott alles wollen, was logisch nicht wider-

sprüchlich ist, z. B. eine Welt, in der Schnabeltiere Henkel haben oder Bonsai-Pflege ein zentrales moralisches Gebot ist. *Zum anderen* spricht Scotus von der *potentia Dei ordinata*, der geordneten Macht: In dieser Hinsicht erweist sich Gottes Wille geordnet, insofern er sich für eine bestimmte ‚Ordnung' (der Welt) entschieden hat und dadurch strukturiert ist (in einer Ordnung, in der Bonsai-Pflege kein zentrales Gebot ist, wäre es eher irrational zu wollen, dass alle Menschen besondere Kenntnisse über Bonsais haben – *an sich*, d. h. aus der Perspektive der *potentia absoluta*, ist es das aber nicht). Warum Gott sich für eine bestimmte (logisch widerspruchsfreie) Ordnung entschieden hat, ist allerdings nicht weiter auf theoretisch vernünftige Gründe hin transparent zu machen.

Wo Scotus den Willen Gottes selbst in absoluter Hinsicht als durch das Nicht-Widerspruchsprinzip begrenzt denkt, relativieren idealtypische Vertreter eines Voluntarismus auch diese Bindung: Sie konstatieren nicht nur, dass Gott den Menschen als *animal schnifzel* und das Schnabel- als Henkeltier hätte erschaffen können (was auch ein Intellektualist so unterschrieben hätte), sondern halten auch für möglich, dass Gott einen Berg ohne Tal bewirken könne oder dass 1 plus 2 nicht 3 seien (so etwa Descartes, vgl. dazu Frankfurt 1964, 262–263, Fn 3). Letzteres läuft auf die Zurückweisung des Nicht-Widerspruchsprinzips hinaus, womit eine entsprechende „Lösung" des Stein-Paradoxons auf der Hand liegt: Dieses ist bloß ein Problem unseres Denkens – nicht Gottes. Wenn Gott will, kann er einen Stein erschaffen, den er nicht heben, *und dennoch allmächtig bleiben*. "If an omnipotent being can do what is logically impossible, then he can not only create situations which he cannot handle but also, since he is not bound by the limits of consistency, he can handle situations which he cannot handle" (Frankfurt 1964, 263). Das ist logisch widersprüchlich, aber da das Nicht-Widerspruchsprinzip irrelevant ist, ist der Verweis darauf gegenstandslos: *So what*, würde ein Voluntarist erwidern und achselzuckend von dannen ziehen.

Diese „Lösung" und die damit verbundene Konzeption göttlicher Allmacht mag fromm klingen (weil sie Gott *alles* zutraut und die Begrenztheit des *eigenen* Denkens betont, vgl. zu dieser Denkform kritisch 6.4.3), aber das ist kein Aspekt systematisch-theologischen Denkens: Das, was vernünftig ist, ist für die Frömmigkeit bindend – und nicht das, was fromm klingt, für die Vernunft. Der fromme Sound kann die entscheidenden Probleme nicht zum Verschwinden bringen, sondern nur kaschieren. Wenn man etwa sagt: „Gott kann um runde Ecken schauen", oder

> "God can give a creature free will and at the same time withhold free will from it", you have not succeeded in saying *anything* about God: meaningless combinations of words do not suddenly acquire meaning simply because we prefix to them the two other words "God can". (Lewis 2007, 561)

Das ist die klassische Position des Intellektualismus, dem zufolge Allmacht logisch qualifiziert gedacht werden muss, weil andernfalls nichts ausgesagt wird, was überhaupt sinnvoll verstanden werden kann. Thomas von Aquin hält nüchtern fest, „dass Gott, obwohl er allmächtig ist, dennoch einiges nicht kann" (ScG II 25) – etwa bewirken, „dass die vom Mittelpunkt zum Kreisumfang gezogenen Linien nicht gleich wären, oder dass ein geradliniges Dreieck nicht drei Winkel hätte, die zwei rechten gleich sind" oder dass „der Mensch ein Esel sei, was einschlösse, dass Vernünftiges nicht vernünftig wäre" (ScG I 84) u. a. Die logische Qualifikation ist keine Begrenzung von Allmacht, sondern Bedingung der Möglichkeit, dass der Begriff überhaupt sinnvoll ist. Entsprechend ist für eine intellektualistische Position Allmacht wie folgt bestimmt: „Für jeden widerspruchsfrei beschreibbaren Zustand Z gilt, dass Gott die Macht hat, Z zu realisieren" (Kreiner 2006, 310) – einen anderen Handlungsraum gibt es sinnvoll denkbar nicht.

> Auf dieser Linie adressieren Intellektualisten auch das Stein-Paradoxon: Ein Universum, in dem ein unhebbarer Stein existiert, der zugleich gehoben werden kann, ist nicht logisch widerspruchsfrei beschreibbar. Deshalb muss ein allmächtiges Wesen einen solchen Stein auch nicht erschaffen können, weil das hieße, dass es einen logisch widersprüchlichen Zustand hervorbringen können müsste: nämlich den Zustand, in dem ein unhebbarer Stein zugleich hebbar ist. Die Fähigkeit, logisch Widersprüchliches zu bewirken, impliziert Allmacht allerdings nicht. Etwas unsauber formuliert: Wenn Gott kein Rot schaffen kann, das gestriger ist als bergig, liegt keine Grenze der Macht Gottes vor, sondern bloß ein sinnloser Sachverhalt – und das gilt auch für das Stein-Paradoxon. Die Vorgabe logischer Qualifikation ist auch die Maßgabe, nach der das erste und dritte Problem zu bearbeiten sind; für Thomas ist auch die Fähigkeit zu sündigen oder überhaupt nur Schlechtes wollen nichts, was Gott ohne logischen Widerspruch zugeschrieben werden könnte.

Auch wenn es an dieser Stelle primär um die *Art und Weise* geht, wie das Stein-Paradoxon und andere Probleme im Intellektualismus adressiert werden, muss man *in der Sache* festhalten, dass die skizzierte Lösung gerade bei Denkern, die dem intellektualistischen Paradigma verpflichtet sind, nicht unumstritten sind (vgl. Swinburne 1993, 157–163): Warum sollte es logisch unmöglich sein, einen unhebbaren Stein zu erschaffen bzw. warum sollte ein allmächtiges Wesen keinen solchen Stein erschaffen können? Es würde sich mit seiner Erschaffung zwar dazu entscheiden, auf seine Allmacht zu verzichten, aber diese Fähigkeit ist eine Dimension von Allmacht: Ein Wesen, das nicht fähig ist, auf seine Allmacht zu verzichten, ist nicht allmächtig. Aus der Fähigkeit selbst folgt nicht, dass Gott sie auch anwenden müsste – aber er muss sie besitzen.

6.2.3 Ein anderes Verständnis von Allmacht

Verfolgen wir die Diskussion an dieser Stelle nicht mehr weiter, um einen Schritt zurückzutreten und Folgendes festzuhalten: Die intellektualistische Bearbeitung bestimmter Probleme, die mit dem Allmachtsbegriff verbunden sind, orientiert sich am Maßstab des Nicht-Widerspruchsprinzips – Allmacht ist logisch qualifiziert. Das ist zugleich eine Präzisierung dessen, was unter Allmacht sinnvoll verstanden werden kann, wobei die vorgeschlagenen Lösungen hinsichtlich Konsistenz und Folgekosten kontrovers diskutiert werden. In diesen Diskursen tauchen neue Folgeprobleme auf – oder, um es bildlich zu formulieren: Man kann die Falte im Teppich zwar verschieben, wird sie aber offenkundig nicht los. Das ständige Auftauchen von Folgefragen mag als Ausdruck der Endlichkeit unserer Vernunft interpretiert werden: Diese kann in bestimmten Bereichen Probleme angemessen lösen, aber daraus folgt nicht, sie könne *alle* Probleme in *allen* Bereichen lösen.

Man mag diese Wahrnehmung als Anlass verstehen, einen anderen begrifflichen Zugriff zu versuchen – allerdings ohne den intellektualistischen Grundimpuls aufzugeben. Dabei wird jenes *vielfach* schlagend, das im ersten Absatz der Überlegungen zur Allmacht kursiviert war: *Vielfach* wird Allmacht als Omnipotenz interpretiert, der zufolge ein omnipotentes Wesen alles bewirken können muss, was logisch möglich ist. Aber ist die (quasi quantitative) Ausmessung eines logischen Handlungsspielraums (über den hinaus ein größerer nicht gedacht werden kann) der einzige Weg, um zu bestimmen, was unter einer Macht zu verstehen ist, über die hinaus größere nicht gedacht werden kann? Oder ließe sich solche Macht nicht auch (quasi qualitativ) bedenken, d.h. von dem her, was zu bewirken eine solche Macht in der Lage sein müsste, damit darüber hinaus Größeres (im Sinne von: Wertvolleres) gedacht werden kann? Diese Spur war bereits in der Darstellung der aktualen Allmacht kurz aufgeblitzt, sie soll in den späteren Erläuterungen zu *Gottes Schöpfungshandeln* weiter verfolgt werden. *Theologisch* legt sich das nicht zuletzt deshalb nahe, weil Allmacht im christlichen Glauben kein freischwebendes Gottesprädikat ist, sondern im Glaubensbekenntnis eine wohlbestimmte Position einnimmt: zwischen der Anrede Gottes *als Vater* und *als Schöpfer*. Das wird der Rahmen für die spätere Neuauflage der Reflexion auf Allmacht sein (vgl. 6.4.2).

6.3 Gottes Ewigkeit, Allwissenheit und Unveränderlichkeit

6.3.1 Allzeitlichkeit oder Zeitlosigkeit? Über Ewigkeit

Blicken wir vor diesem Hintergrund auf ein ganzes Bündel klassischer Gottesattribute, die jeweils eng mit der Frage verknüpft sind, wie Gottes Verhältnis zu Zeit gedacht wird: Ewigkeit, Allwissenheit und Unveränderlichkeit. Die Eigenschaft der Ewigkeit etwa führt unmittelbar in das Problem, wie diese zu verstehen ist: als *Allzeitlichkeit bzw. Omnitemporalität*, der zufolge Gott zu aller Zeit ist – oder als *Außerzeitlichkeit bzw. Atemporalität*, der zufolge Gott schlechthin aller Zeit enthoben ist?

a) Ansatz und Kritik der Omnitemporalität: Pilger und Beobachter

Die Bibel und die ersten Christinnen verstehen nach verbreiteter Auffassung Gottes Ewigkeit *omnitemporal*: Gott herscht von „von Ewigkeit zu Ewigkeit", d. h. er ist zu aller Zeit. Das führt denkerisch zu Irritationen, weil Allzeitlichkeit zu implizieren scheint, dass Gott in der Zeit existiert bzw. umgekehrt „die Zeit außerhalb Gottes steht, der in ihrem Strom gefangen ist" (Swinburne 1998, 196). Legt man Plotins Überlegungen von weiter oben daneben, ist unmittelbar klar, wie unbefriedigend ein solches Bild sein muss: Gott wäre nicht mehr streng transzendent, sondern zeitlich in Immanenz verstrickt. Zeit wäre folglich metaphysisch vorrangig, weil sie die Bedingungen vorgibt, unter denen alles existiert, was existiert – selbst ein Wesen, das zu aller Zeit existiert. Alles aber, so der spätantike Philosoph Boethius (um 480–um 525), der hier Bedenken anmeldet, „was in der Zeit lebt", also „die Bedingung der Zeit erleidet", umfasst „das Zukünftige noch nicht, das Geschehene nicht mehr" (De consolatione philosophiae, V 6). Das kann auf ein Wesen, über das hinaus Größeres nicht gedacht werden kann, nicht zutreffen. Folglich ist Ewigkeit anders zu verstehen: Ewig ist, was „die ganze Fülle des unbegrenzbaren Lebens in gleicher Weise umgreift und besitzt, wem nichts Zukünftiges fern ist und nichts Vergangenes verflossen" (ebd.). Gottes Ewigkeit ist deshalb atemporal: Gott existiert außerhalb der Zeit, für ihn gibt es schlechterdings kein Vorher oder Nachher. Daher ist es auch falsch, Gott ein *Vorher*wissen über das zuzuschreiben, was *in Zukunft* geschehen wird, denn für Gott gibt es kein Früher oder Später. Er ist vielmehr wie ein Beobachter auf einem hohen Berg, der einen Weg am Fuße des Berges überblickt. Während wir als Pilger am Fuße des Bergs diesen Weg nur teilweise sehen und deshalb ein Vorher und Nachher kennen, gilt das für Gott nicht – von oben aus ist der gesamte Weg zur gleichen Zeit sichtbar. Thomas von Aquin hat dieses Bild einer atemporalen Ewigkeit Gottes präziser zu fassen versucht und eine Analogie mit einem Kreis vorgeschlagen: Da

> das Sein des Ewigen nie aufhört, so ist die Ewigkeit jeder Zeit und jedem Augenblick der Zeit gegenwärtig. Dafür kann man, wenn man will, als Bild den Kreis ansehen. Ein auf der Kreislinie gegebener Punkt ist nämlich, obwohl er unteilbar ist, dennoch der Lage nach nicht zugleich mit jedem anderen Punkte mit da; denn der Zusammenhang der Kreislinie wird durch die räumliche Anordnung bewirkt. Der Mittelpunkt aber, der außerhalb der Kreislinie liegt, steht jedem auf der Kreislinie gegebenen Punkt unmittelbar gegenüber. Alles also, was in irgendeinem Teile der Zeit ist, ist mit dem Ewigen mit da, gleichsam ihm gegenwärtig, obwohl es im Hinblick auf einen anderen Teil der Zeit vergangen oder zukünftig ist. ... Es ergibt sich also, dass Gott Kenntnis von dem hat, was dem Zeitablauf nach noch nicht da ist. (ScG I 66)

Es ist offensichtlich, dass ein atemporales Ewigkeitskonzept mit Gottesbegriffen harmoniert, die Gott als τὸ ἕν (vgl. 6.1.2) oder *ipsum esse subsistens* (vgl. 4.3.2) begreifen; dennoch oder gerade deshalb erzeugt es Rückfragen, die wir im nächsten Punkt adressieren.

b) Ansatz und Kritik der Atemporalität: Gefangen in der Matrix der Zeit?

Skepsis an einem atemporalen Konzept göttlicher Ewigkeit ist unterschiedlich begründet. Exemplarisch entzündet sie sich an der Frage, ob daraus nicht folgen muss, dass Gott uns in die Zeit wie in eine Matrix gesetzt hat. Wenn nämlich *für Gott* kein Vorher-Nachher existiert und wir zugleich annehmen müssen, dass Gottes Perspektive die eigentlich objektive ist, d. h. dass er die Dinge (qua Allwissenheit) so sieht, wie sie *wirklich* sind – folgt daraus dann nicht, dass Zeit und alles, was wir konstitutiv zeitlich erleben und erleiden, bloße Illusion sind?

> Wenn die Zeit aus der Perspektive der göttlichen Ewigkeit quasi ein offenes Buch ist, dann existiert für Gott kein Unterschied zwischen unveränderlicher Vergangenheit und offener Zukunft. Und wenn für Gott kein solcher Unterschied existiert, dann ist wohl zu vermuten, dass er überhaupt nicht existiert, was bedeuten würde, dass die Zeit illusionär ist. (Kreiner 2001, 153)

Auch hier lässt sich die anselmianische Frage stellen: Ist ein Gott, der seine Schöpfung in eine Illusion hinein erschafft, einer, über den hinaus Größeres nicht gedacht werden kann? Hält man hingegen daran fest, dass das, was wir erleben und erleiden, *nicht* illusionär ist, erhält der Gedanke ein anderes Fragezeichen: Er legt nahe, dass die äußerste Verzweiflung, die wir zu einem bestimmten Zeitpunkt erleben, *sub specie aeternitatis* niemals vorbei, sondern immer gegenwärtig sein wird. Entsprechend lässt sich fragen, ob die Zeitlosigkeit Gottes (so schwierig die zeitliche Kategorie hier ist) nicht eine Eternalisierung des Leidens impliziert bzw. was dies für die Theodizee oder die Soteriologie bedeutet. Auch Offenbarung und Menschwerdung stellen rigide Atemporalität in Frage, denn christlich „bleibt doch wahr, dass der *Logos* Mensch *wurde*, dass die Werdegeschichte dieser menschlichen Wirklichkeit *seine* [= Gottes] eigene Geschichte" wurde, wie etwa Karl Rahner vermerkt (1960a, 146; vgl. auch 10.2.2 c).

Auch wenn hier noch eine Reihe neuzeitlicher Diskurse (aus Philosophie und Naturwissenschaften) zu berücksichtigen wäre, lässt sich festhalten, dass nicht zuletzt im 20. Jh. ein atemporales Verständnis Gottes aus verschiedenen Gründen fragwürdig wird (auch wenn es weiter diskursrelevant ist, vgl. die Debatten in 19.3.2). Die Kritik daran mündet *nicht* in ein Plädoyer zugunsten eines radikal zeitlichen Verständnisses Gottes, sondern in die Einsicht, dass Gott sowohl zeit*sensibel* als auch *-souverän* zu denken ist: in einer Weise, dass er Zeit weder unterworfen noch ihr völlig enthoben ist. Ein Feld, in dem sich diese Überlegung in besonderer Weise zu bewähren hat, ist die Eigenschaft der Allwissenheit Gottes.

6.3.2 Leguane, Pizzas, Schachspieler: Über Allwissenheit

Es ist wenig überraschend, dass auch diese Eigenschaft eine Reihe von Fragen erzeugt. In ihnen spiegeln sich Probleme des Allmachts- sowie des Zeitdiskurses. Drei Fragerichtungen tun sich unmittelbar auf: Kann Gott *erstens* wissen, wie es ist, ich zu sein, präziser: Kann er wissen, wie es *für mich* ist, ich zu sein (oder wie es *für eine Fledermaus* ist, eine Fledermaus zu sein, vgl. Nagel 2008)? Kann er *zweitens* wissen, wie es ist, bösartig zu sein oder zu sündigen? Und *drittens*: Kann Gott *heute* schon sicher wissen, wozu ich mich *morgen* entscheiden werde? Umfasst Gottes Allwissenheit ein Wissen um die Zukunft – und ist dieses (zweifellos unfehlbare) göttliche Wissen um die Zukunft mit menschlicher Freiheit kompatibel? Wir konzentrieren uns im Folgenden allein auf dieses dritte und letzte Problem (vgl. in analytischer Perspektive einführend Kreiner 2006, 343–367; Stump/Gasser/Grössl 2015; vgl. spezifischer Grössl 2015; vgl. für eine alternative Perspektive Höhn 2017a).

> Beginnen wir im Blick darauf mit einem häufig zitierten Beispiel, das vom US-amerikanischen Philosophen Thomas P. Flint stammt (1988) und das wir hier sehr frei wiedergeben. Stellen wir uns vor, der Austauschstudent Cuthbert habe ein Faible für exotische Tiere. Auf seinem Weg ins Zoologische Institut in Köln überlegt er regelmäßig, ob er sich das faszinierendste aller Schuppenkriechtiere zulegen soll – einen Leguan. Legt man ein bestimmtes Verständnis von Allwissenheit zugrunde, scheint die Sache klar: Qua Allwissenheit weiß Gott unfehlbar, was in Zukunft geschehen wird – und daher weiß er immer schon, dass Cuthbert sich am folgenden Aschermittwoch mit genügend Restmut vom Kölner Karneval einen Leguan kaufen wird. Das Problem ist klar: Wenn Gott immer schon unfehlbar weiß, dass Cuthbert an Aschermittwoch einen Leguan kaufen wird – *kann* Cuthbert sich dann, wenn der Tag schließlich gekommen ist, noch gegen den Kauf entscheiden? (Wie) Lässt sich denken, dass Cuthbert in seiner Entscheidung dann noch frei ist?

Der Verdacht, der im Raum steht, ist also, dass Cuthbert nicht frei sein kann, wenn Gott schon *vorab unfehlbar* weiß, was *zeitlich später* passieren wird. Man könnte dem entgegnen, dass Gott – zumindest im Rahmen eines atemporalen Ewigkeitskonzepts – nichts *vorher*weiß, weil das eine unangemessene zeitliche Kategorie ist. Zugleich lässt sich einwenden, dass bloßes Wissen um Handlungen diese ja nicht verursache: "just as my seeing you sitting, in the present, does not necessitate your sitting, so neither does God's knowledge, in the 'eternal present', of your actions necessitate those actions" (Hasker 2001, 100). Thomas etwa hält in diesem Sinn fest, dass Gott die freie Entscheidung *als freie Entscheidung* erkenne (vgl. ScG III 94).

Dennoch bleiben Einwände. Denn *in unserer endlichen, zeitlich gebundenen Perspektive* ist es schlicht wahr, dass schon an Weiberfastnacht unfehlbar gewusst wurde, was erst an Aschermittwoch passiert – und es ist nicht ganz einsichtig, wie Freiheit damit kompatibel ist: Sollte nicht nur unser Erleben von Zeit eine Illusion sein, sondern ineins auch unsere Selbstwahrnehmung als frei? Zusätzlich wird der Einwurf des australischen Philosophen John Leslie Mackie (1917–1981) in der Theodizee schlagend: Wenn Gott immer schon weiß, wie Menschen sich *aus freien Stücken* entscheiden, warum erschafft er dann in seiner Allwissenheit nicht nur solche Menschen, von denen er immer schon weiß, dass sie sich *aus freien Stücken* faktisch immer zum Guten entscheiden werden (vgl. 1983, 260–264)? Gravierend ist auch die klassische Zusatzannahme, dass Gottes Wissen nicht von den Tatsachen *abhängt*, sondern völlig in sich selbst ruht: „Die von Gott gewussten Dinge sind ... nicht, wie das bei uns der Fall ist, früher als sein Wissen, sondern ... später als dieses" (ScG I 67). Das heißt: Während *wir sehen*, wie Cuthbert den Leguan kauft und *deshalb wissen*, dass er den Leguan kauft, gilt das in der skizzierten atemporalen Standardvariante nicht: Gottes Wissen um den Kauf geht dem tatsächlichen Kauf logisch voraus, weil Gott andernfalls von einem externen Faktor bestimmt wäre und implizit als veränderlich gedacht werden müsste – die freien Entscheidungen endlicher Wesen hätten dann Einfluss darauf, was Gott denkt. Eben dies allerdings hielt man „unvereinbar mit einem Begriff von Gott, nach dem Er unabhängig ist und nicht von Ereignissen in der natürlichen Welt beeinflusst werden kann" (Pike 1998, 138). Damit scheint Determination aber endgültig unausweichlich – wie sollte man so noch von der Freiheit des Menschen sprechen?

Es ist offensichtlich, dass hier ein streng atemporales Ewigkeitskonzept im Verbund mit einer starren Konzeption von Unveränderlichkeit eine Reihe problematischer Konsequenzen erzeugt. Entsprechend versucht man aktuell, Gottes Allwissenheit so zu denken, dass diese Folgen vermieden werden. Exemplarisch sollen wieder zwei solcher Versuche skizziert werden.

a) Theologisch angewandter Kompatibilismus: Frei wählen, was ohne Alternative ist

Ein erster Vorschlag geht davon aus, dass es trotz der genannten Einwände denkbar bleibt, dass Gott sich aus alles (vorher) weiß und wir dennoch wirklich frei sind; man kann diesen Vorschlag mit dem Label *Kompatibilismus* versehen. Diese philosophische Position bestreitet den Gedanken, *dass Freiheit eine Alternative voraussetzt*: Selbst dann, wenn Cuthbert niemals eine andere Wahl hatte, als den Leguan zu kaufen, ist denkbar, dass seine Entscheidung frei war.

Um zu verstehen, was damit gemeint ist, müssen wir kurz fragen, wie Freiheit und Determinismus kompatibel sein könnten. Der Philosoph Harry G. Frankfurt hat prominent dafür argumentiert (1969), wir erlauben uns, seine Überlegungen für unsere Zwecke in folgendes Gedankenexperiment zu vereinfachen: Stellen wir uns vor, man ist um fünf Uhr nachts nach einer langen Nacht nach Hause unterwegs, als man Heißhunger verspürt. Zufällig hat an der nächsten Ecke noch ein kleiner Laden offen und verkauft Pizza: Schläfrig stolpert man rein und ist von der Auswahl dezent überwältigt – es stehen 107 Pizzas zur Auswahl. Nachdem man die Liste studiert hat, wählt man selbstbestimmt und frei von allem Zwang Nummer 37 („Pizza Lövenich"), die der freundliche Mitarbeiter ebenso übermüdet wie automatisch belegt, backt und serviert. Stellen wir uns nun vor, dass Pizza 37 (was weder der Mitarbeiter noch man selbst wusste) zufällig die einzige in diesem Laden war, die nach einer langen Schicht überhaupt noch verfügbar war. Ändert dieser Umstand (von dem niemand wusste und den auch später niemals jemand entdecken wird) etwas daran, dass man sich im Moment der Bestellung völlig *frei* für Nummer 37 entschied?

Diesen Punkt macht Frankfurt stark: Freiheit ist auch dann denkbar, wenn objektiv besehen nur eine Option besteht. Der Gedanke ist simpel: Ist nicht denkbar, dass wir uns aus freien Stücken genau für das entscheiden, was einzig möglich ist: dass wir nach einer extralangen Schicht im Büro genau jenen Ausgang aus dem Bürogebäude wählen, der als einziger noch offen ist, oder nach Durchsicht des Streaming-Angebots die einzige Serie wählen, die gerade wirklich technisch verfügbar ist? Ist folglich nicht auch analog möglich, dass Cuthbert sich wirklich frei zum Leguan-Kauf entscheiden kann, ohne dass jemals eine andere Möglichkeit bestand? Die Extrapolation liegt auf der Hand: Gott kann immer schon wissen, wie wir uns entscheiden – und wir können in unseren Entscheidungen doch frei sein.

Es gibt verschiedene Rückfragen daran, philosophisch wie theologisch. Hängt hier Freiheit nicht wesentlich mit Unwissen zusammen – und ist nicht genau die Extrapolation dieses Zusammenhangs problematisch: weil Freiheit zwar *hin und wieder* mit Unwissenheit verträglich sein mag, aber nicht *strukturell*? Gerade im Blick auf Gottes Allwissenheit wären die Beispiele nicht Ausnahmen, sondern der Standardfall, sodass sich eine weitere Frage stellt: Was genau führt dazu, dass wir *ausnahmslos* aus freien Stücken genau jene Entscheidung wählen, die objektiv einzig möglich ist (und Gott immer schon kannte)? Die Probleme verschärfen sich, wenn man Mackies Frage danebenlegt: Gilt nicht auch hier, dass Gott dann doch nur Menschen hätte erschaffen können, von denen er immer schon unfehlbar wusste, dass sie *frei* nur das Gute wählen würden (vgl. 10.2.3 a, Prämisse 4)? Kurzum: Ob Frankfurts Überlegung philosophisch valide ist und sie theologisch adaptierbar ist, ist eine offene Frage, die aktuell diskutiert wird (vgl. allg. Habermas 2009c).

b) Allwissenheit: Souveränes Know-how

Ein anderer Vorschlag geht davon aus, dass man nicht annehmen sollte, Gott wisse bereits die gesamte Zukunft inklusive unserer zukünftigen freien Entscheidungen. *Zum einen* wird analog zur Allmacht auch im Blick auf Allwissenheit argumentiert, dass Gott nur wissen kann, was nicht in *logische Widersprüche* führt – und dass er deshalb nicht immer schon unfehlbar wissen kann, wozu wir uns in Zukunft frei entscheiden, weil solches Wissen nicht logisch widerspruchsfrei darstellbar ist. So wie ein viereckiger Kreis nicht erschaffbar ist, sind auch freie Entscheidungen in der Zukunft nicht jetzt schon unfehlbar wissbar – woraus folgt, dass auch Gott in gewisser Hinsicht in eine offene Zukunft blickt. Unabhängig davon ist *zum anderen* zu überlegen, ob eine determinierte oder kompatibilistische Schöpfung wirklich einem Schöpfer entspricht, über den hinaus Größeres nicht gedacht werden kann. Man kann hier auf eine grammatische Grundregel christlicher Theologie verweisen, die später noch Thema sein wird: *Wer gering von den Geschöpfen denkt, denkt gering vom Schöpfer.* „Der Vollkommenheit der Geschöpfe etwas abzusprechen heißt …, der Vollkommenheit der göttlichen Kraft etwas abzusprechen" (ScG III 69). Es ist geradezu die Grammatik christlicher

Rede von Gott: Man darf Gottes Gottsein nicht *auf Kosten der Geschöpfe* denken, denn wer gering vom Geschöpf denkt, denkt auch gering vom Schöpfer (vgl. 6.4.3). Wer Freiheit als Illusion denkt oder strukturell mit Nichtwissen koppelt, muss entsprechende Folgerungen im Blick auf Gott als Schöpfer dieser Freiheit vornehmen.

Sofern es logisch widersprüchlich ist, dass die Schöpfung frei ist *und* Gott zugleich *von sich aus* unfehlbar weiß, was in ihr geschehen wird, und sofern es problematisch ist, Gottes Allwissenheit auf Kosten menschlicher Freiheit zu denken, ist Allwissenheit anders zu bestimmen – und zwar so, dass Gott (im beschriebenen Sinn) sowohl zeitsensibel als auch -souverän ist. Ein Versuch, beides zusammenzudenken, findet sich in einem bekannten Gleichnis des US-amerikanischen Philosophen William James:

> Suppose two men before a chessboard, – the one a novice, the other an expert player of the game. The expert intends to beat. But he cannot foresee exactly what any one actual move of his adversary may be. He knows, however, all the possible moves of the latter; and he knows in advance how to meet each of them by a move of his own which leads in the direction of victory. And the victory infallibly arrives, after no matter how devious a course, in the one predestined form of check-mate to the novice's king. (Dilemma, 181)

Das Beispiel legt nahe, Gott analog zum meisterhaften Schachspieler zu verstehen: Seine Meisterschaft (die im Sinne des Scotus ‚ordiniert' zu nennen wäre, d.h. sich gerade *in der Bindung* an die Regeln des Spiels zeigt) impliziert, dass er alle möglichen Varianten des Spiels kennt und darauf zu reagieren weiß; sie schließt aber nicht ein, dass er die Zugfolgen des Gegners voraussagen kann – ja, er mag sogar von dem überrascht sein, was sich am Brett abspielt. Dennoch ist letztlich klar, dass der Schachgroßmeister das Spiel für sich entscheiden wird; oder für unseren Fall formuliert: Gott weiß, wie das Spiel ausgehen wird – und dass es *in seinem Sinn* ausgehen wird. Gottes Allwissenheit meint hier nicht bloß das Wissen um *mögliche* Verläufe der Zukunft, sondern ist auch ein *Gewusst-wie*. Auch wenn es Grenzen der Analogie gibt (etwa weil Heilsgeschichte keine Konkurrenzveranstaltung ist), scheint der Gedanke dahinter interessant: Er erlaubt, Gott als geschichtssensibel und -souverän zu denken. Gott blickt in eine offene Geschichte, bleibt aber zugleich ihr Herr, sodass er sie zu einem guten Ende zu führen vermag.

6.3.3 Die Dynamik unverbrüchlicher Treue: Über Unveränderlichkeit

Kommen wir damit zur Eigenschaft der *Unveränderlichkeit* Gottes. Wie nicht nur das Zitat Rahners in 6.3.1 b bereits andeutete, erzeugt ihre Interpretation gerade für das christliche Bekenntnis eine Reihe von Problemen: Wenn Gott Mensch *wurde*, lässt sich dieses *Werden* kaum anders denn als *Veränderung* verstehen. Gerade deshalb muss man den Hintergrund der Eigenschaft freilegen.

> Gott ist in klassischer Auffassung primär deshalb unveränderlich, weil ihm in keiner Hinsicht etwas fehlt. Die klassische Metaphysik deutet Veränderung als Reflex eines Mangels, wie die obigen Zitate Boethius' exemplarisch zeigen: Entweder führt Veränderung zu einem Verlust an etwas, das man vorher besaß, oder Veränderung erzeugt eine Verbesserung (an Wissen, Macht, Glück o. ä.) – was bedeutet, dass *zuvor* das Optimum noch nicht realisiert sein konnte. Wo aber Veränderung auf diese Weise mit Mangel assoziiert ist, erscheint bereits die bloße Möglichkeit von Veränderung denkerisch an das Zugeständnis gekoppelt, dass prinzipiell etwas fehlen könnte. Wer folglich Veränderlichkeit behauptet, konzediert unter der Hand bereits die prinzipielle Möglichkeit eines Mangels – und das ist in Bezug auf Gott witzlos: Wie soll denkbar sein, dass τὸ ἕν morgen etwas erfährt, das es heute noch nicht wusste, dass das *ipsum esse subsistens* morgen glücklicher ist, als es jetzt schon ist, oder dass das *non-aliud* in Zukunft mächtiger ist als jetzt? Das Denken in Mangel oder Fortschritt erscheint problematisch anthropomorph; es setzt voraus, dass Gott etwas fehlt und Besseres kommen könnte – und das ist ein unmöglicher Gedanke (vgl. analoge Motive in 14.2.3).

Wo ein solcher Nexus von Defizit und Veränderung besteht, ist das Pochen auf Unveränderlichkeit tatsächlich naheliegend; allerdings ist der Nexus als solcher nicht selbstverständlich. So mag sich etwa die Liebe zu den eigenen Kindern über die Jahre verändern, aber daraus folgt nicht, dass die Matrix von Defizit und Fortschritt ein passender hermeneutischer Schlüssel ist, um diese Erfahrung zu verstehen: Der Liebe zu den eigenen vierjährigen Kindern *mangelt* es im Vergleich zur Liebe zu ihnen mit vierzehn Jahren an nichts, sie ist nicht besser oder schlechter, sondern *einfach anders*. Das Beispiel macht zugleich deutlich, in welchem Sinn Unveränderlichkeit eminent bedeutsam bleibt: nämlich verstanden als *bleibende, verlässliche, sichere Zuwendung*, in der die Dynamik der Beziehung wurzelt.

Genau das scheint analog der im engeren Sinn religiöse Grund für die Rede von Gottes Unveränderlichkeit zu sein: Sie reflektiert die Erfahrung der unverbrüchlichen Treue Gottes zu seinem Volk, selbst wo dieses den Bund mit ihm bricht. „Der Herr, dein Gott, ist der Gott; er ist der treue Gott; noch nach tausend Generationen bewahrt er den Bund und erweist denen seine Huld, die ihn lieben und seine Gebote bewahren" (Dtn 7,9). Die systematische Rede von Gottes Unveränderlichkeit lässt sich theologisch nicht von dieser Erfahrung ablösen: Sie will Bedingungen freilegen, unter denen Gottes unverbrüchliche Treue gedacht werden kann, denn das ist der theologische Kern der Gott zugesprochenen Unveränderlichkeit.

6.4 Gott als Schöpfer

6.4.1 Gott als Mafia-Pate? Nicht Erschöpfung, sondern Schöpfung

Wenden wir uns zum Abschluss einem Attribut zu, in dem sich viele bisherige Reflexionen nochmals wie in einem Brennglas zeigen: die Eigenschaft Gottes, Schöpfer dieser Welt zu sein. Gott als Schöpfer war in Kapitel 5.3.2 im Kontext des kosmologischen Gottesbeweises bereits *philosophisch plausibilisiert bzw. entfaltet* worden, deshalb geht es im Folgenden um die *biblische Grundierung und Profilierung* dieses Motivs.

> Der Einstiegspunkt dazu war bereits in 6.1.1 aufgeblitzt: Gott als Schöpfer zu denken ist eine Entdeckung Israels, die mit dem babylonischen Exil verknüpft ist. Um das näher zu erläutern, legt sich eine Frage nahe, die *davor* angesiedelt ist: Wie deutete und verstand Israel sich selbst und seine Geschichte mit Gott *vor dem Exil*? Erlaubt man sich eine gewisse idealtypische Vergröberung, kann man wie folgt antworten: Die primäre Deutungskategorie, mit der Israel diese Fragen beantwortet, ist der *Bund*. Gott schließt mit Israel einen Bund, der sich im Exodus (i.e. in der Befreiung aus der Unterdrückung durch eine Großmacht) bewährt und in der Institution des Königtums sowie des Jerusalemer Tempels ‚materialisiert'. Dieses Modell steht immer wieder unter Druck, gerät aber schließlich mit dem babylonischen Exil in seine entscheidende Krise: Wenn die politische Großmacht Babylon Israel kriegerisch schlägt, den Jerusalemer Tempel verwüstet und Teile seines Volkes verschleppt, hat sich dann nicht die Rede von einem Bund erübrigt? Präziser: Haben sich nicht die Götter Babylons stärker als Jahwe erwiesen, dessen Wirklichkeit und Macht sich in dieser Konfrontation aufgezehrt, verbraucht, *erschöpft* haben? Mit Israel, so scheint es, ist auch sein Gott geschichtlich nichtig geworden.

Allerdings macht Israel im Exil eine andere Erfahrung: Gott weicht nicht von seiner Seite. Nicht alles versinkt im Chaos, auch ohne Tempel und Königtum stellen sich Erfahrungen von Barmherzigkeit, Güte und Gerechtigkeit ein, von vollem Leben und Solidarität. Fassen wir das als jenes Erfahrungsgeflecht, das Israel zur Überzeugung kommen lässt, dass Gott auch im Exil weiterhin präsent ist; diese Überzeugung provoziert eine Folgefrage: Wie lässt sich erklären, dass sich Gottes Macht und Wirklichkeit trotz der Niederlage gegen Babel nicht erschöpft hat? Grob lassen sich zwei Deutungen unterscheiden:

– Eine *erste Deutung* greift das Konzept des Bundes mit Gott auf und fokussiert den Bruch dieses Bundes durch Israel: Gott wurde nicht geschlagen, sondern ließ zu, dass Israel geschlagen wurde, weil Israel den Bund mit Gott nicht hielt (d. h. Gebote verletzte etc.). Propheten hatten dies ja bereits lange zuvor verkündet: „Glaubt ihr nicht, so bleibt ihr nicht" (Jes 7,9). Damit ließ sich auch das Exil deuten: Israel hatte nicht geglaubt – und war deshalb geschlagen worden.

— Eine *zweite Deutung* interpretiert Gottes bleibende Präsenz anders. Das hängt damit zusammen, dass die zugrundeliegende Logik der ersten Interpretation infrage gestellt wird. Erscheint Gott hier nicht wie ein Mafia-Pate: Wer sich wohl verhält, erhält Schutz – wer nicht zahlt, bekommt Ärger? Ein solcher Zusammenhang von Tun und Ergehen ist aber unterkomplex: Der Prophet Jesaja singt etwa vom leidenden Gottesknecht, d. h. einem Gerechten, der trotz seiner Gerechtigkeit Leid erfährt (vgl. Jes 53). Damit ist die skizzierte Logik insgesamt in Frage gestellt: Gott ist kein Pate, der für uns die Dinge regelt, wenn wir nur genügend Schutzgeld zahlen – nein, er ist überhaupt kein tribalistischer Stammesgott dieser Art. Daher kann das Exil nicht als direkte Folge eigenen Fehlverhaltens, d. h. eines Bundes- und Vertragsbruchs, gedeutet werden – diese Logik ist theologisch falsch.

Gerade hier wird die Deutungskategorie ‚Schöpfung' relevant: Sie ist eine hermeneutische Möglichkeit, Gottes bleibende Gegenwart verständlich zu machen. Die Pointe ist rasch skizziert: Der Gott Israels ist auch im Moment der schlimmsten Niederlage Israels noch präsent und erfahrbar, weil kein geschichtliches Ereignis ihn und seine Macht aufzehren kann und weil andere Götter keine Konkurrenten darstellen – Gott ist nämlich weder Teil dieser Geschichte noch des polytheistischen Pantheons, sondern *der eine und einzige Gott, der der Welt und allem in ihr schöpferisch gegenübersteht*.

> Schlägt man von hier aus den Bogen zu dem, wie in Kapitel 2 Glaube als Vertrauen bestimmt wurde, kann man formulieren: Angesichts der chaotischen Erfahrung des Exils artikuliert der Schöpfungsglaube Israels eine Haltung zum Leben als solchem und zur Welt als ganzer, die vertrauensbasiert ist. Die Welt als Gottes Schöpfung zu bekennen heißt drauf zu vertrauen, dass jenes Gute, das Israel selbst im Exil noch erfährt, kein irrlichternder Zufall ist, sondern sich darin etwas anzeigt, was Gott der Welt als ihr Schöpfer selbst eingestiftet hat – eine ursprüngliche, prinzipielle Gutheit, die zwar immer neu vom Chaos bedroht, aber nicht von ihm verschlungen wird. Deshalb besagt weder Israels Exil noch das Leiden des Gottesknechts etwas darüber, was es mit Israel oder Gottesknecht eigentlich auf sich hat: Ihr innerweltliches Scheitern ist nicht das *eigentliche Wort* über sie, weil es ein *erstes, ein unverlierbares Wort* gibt, das besagt, wer sie eigentlich sind: *nämlich für immer nach Gottes Bild geschaffen*.

War im Blick auf Plotin von der philosophischen Entdeckung der Transzendenz Gottes die Rede gewesen (6.1.2), so wird sie hier gleichsam im Glauben entdeckt: Gott ist kein Teil der Immanenz und nicht unmittelbar in ihre Geschichten verstrickt. Diese Souveränität rückt Gott in gewisser Hinsicht in weite Ferne: Die erlebte Gegenwart, so der deutsche Theologe Herbert Vorgrimler (1929–2014), steht nun

> unter dem Vorzeichen einer Verborgenheit Gottes. Diese Sicht verbindet sich im Monotheismus mit einem immer stärkeren Auseinandertreten von Gott und Welt (verglichen etwa mit der Religion der Vorväter): Gott wird als absolut weltüberlegen, die Welt als entgöttlicht gedacht. Die Tendenzen sowohl zur Weltflucht (um in einem Aus- und Aufstieg Gott zu erreichen) als auch zu einer gott-losen Weltbewältigung sind hier mit grundgelegt. (1993, 52 f.)

Man kann das auch als eine theologische Entdeckung der Weltlichkeit der Welt verstehen: Wo zuvor Sterne und Sternbilder mit Gottheiten identifiziert worden waren, spricht Gen 1,14–18 lässig von bloßen „Lichtern". Die Sterne mögen noch so eindrucksvoll sein, sie sind dennoch nicht mit Göttern assoziiert, sondern reflektieren höchstens ein Licht, das bereits zuvor in Gen 1,3 erschaffen wurde – und zwar vom einzigen Gott, den es gibt. Kurzum: Die Welt wird entzaubert (womit sich im Übrigen interessante Verbindungslinien zu jener ‚Entzauberung' nahelegen, die der Voluntarismus freisetzt, vgl. 3.1.1). Es ist offensichtlich, dass damit theologische Herausforderungen einhergehen: Wenn Gott nicht unmittelbar in die Geschichte der Welt verwickelt ist, wie kann er überhaupt in ihr ‚vorkommen' oder erfahrbar sein? Technischer formuliert: Wie verhalten sich Immanenz und Transzendenz zueinander – und wie sind sie miteinander zu vermitteln, d. h. wie lässt sich Offenbarung denken? Notieren wir die Fragen für das nächste Kapitel. Fürs Erste ist noch eine andere Bemerkung dringlicher: Das Schöpfungsmotiv löst den Bundesgedanken nicht ab, sondern spezifiziert ihn. Es macht verständlich, warum der Bund Gottes mit Israel trotz des Exils weiterhin fortbesteht, und hilft Israel sich selbst besser zu verstehen – es ist im Bund mit jenem Gott, der die Welt erschaffen hat und überhaupt der einzige Gott ist. Darin liegt aber eine Relativierung der eigenen Position in ganz spezifischer Art: Die *eigene* heilvolle Gottesbeziehung steht nicht gegen eine heilvolle Beziehung Gottes *zur ganzen Welt*, sondern ist in sie eingelassen.

6.4.2 Kierkegaard über Schöpfung und Allmacht

Gehen wir mit diesen Überlegungen nochmals an die Frage danach, was Allmacht bedeutet. Am Ende von 6.2.3 war davon die Rede gewesen, dass Allmacht im Glaubensbekenntnis zwischen Gott als *Vater und Schöpfer* positioniert ist; damit war der Gedanke verbunden, dass über diese Zwischenposition im Credo zu dechiffrieren sei, was der christliche Glaube unter einer Macht versteht, über die hinaus größere nicht gedacht werden kann. Der letzte Punkt liefert die leitenden Perspektiven: Wenn sich Gottes Allmacht darin zeigt, dass er *Schöpfer* der Welt ist, dann ist sie als Macht zu verstehen, die freisetzt – ganz wie *Vaterschaft* und Elternschaft allgemein idealiter darauf bezogen ist, Kindern *ins eigene Leben* zu helfen (und sich nicht darin realisiert, sie möglichst abhängig zu machen, weil damit die eigene Wichtigkeit dokumentiert wird). Mit diesem Gedanken korrespondiert das Wort, mit dem in Gen 1,1 der Schöpfungsakt beschrieben wird: Das hebräische *bara*, das üblicherweise mit „erschuf" übersetzt wird, meint kein Agieren oder Intervenieren auf dem Spielfeld der Welt (wobei Gott mächtiger, klüger, smarter wäre als andere Mächte und Gewalten) – sondern das Wort meint die souveräne Freisetzung von Welt und Geschichte *als eigenständigen Größen*: gewissermaßen die Erschaffung von Spielfeld, Spielern, Spielerinnen. Darin zeigt sich eine Macht, über die hinaus größere tatsächlich nicht gedacht werden kann: Es ist

Macht, *die anderes als anderes in Freiheit setzt* – und es nicht nötig hat, alles zu beherrschen. Diese Einsicht hat der dänische Philosoph Sören Kierkegaard (1813–1855) so prägnant wie prominent formuliert, sodass er ausführlich zitiert sein soll:

> Das Höchste, das überhaupt für ein Wesen getan werden kann, höher als alles, wozu einer es machen kann, ist dies: es frei zu machen. Eben dazu, dies tun zu können, gehört Allmacht. Dies scheint absonderlich, da Allmacht gerade abhängig machen müsste. Aber falls man Allmacht denken wird, wird man sehen, dass eben in ihr zugleich die Bestimmung liegen muss, sich selbst wieder solchermaßen in der Äußerung der Allmacht zurücknehmen zu können, dass eben deshalb das durch die Allmacht Entstandene unabhängig werden kann … Allein die Allmacht kann sich zurücknehmen, indem sie sich hingibt, und dies Verhältnis ist ja eben die Unabhängigkeit des Empfangenden. Gottes Allmacht ist darum seine Güte. Denn Güte kann sich ganz hingeben, aber dergestalt, dass man, indem man allmächtig sich selbst zurücknimmt, den Empfangenden unabhängig macht. Alle endliche Macht macht abhängig, Allmacht allein vermag unabhängig zu machen, aus dem Nichts hervorzubringen, was dadurch inneres Bestehen empfängt, dass die Allmacht sich ständig zurücknimmt. Die Allmacht ist nicht in einem Verhältnis zu andern gelegen, denn es gibt kein Anderes, zu dem sie sich verhält, nein, sie vermag zu geben, ohne doch das Mindeste von ihrer Macht preiszugeben, d. h. sie kann unabhängig machen. Das ist das Unbegreifliche, dass Allmacht nicht bloß vermag, das Allerimposanteste, das sichtbare Weltganze, hervorzubringen, sondern auch das Allergebrechlichste hervorzubringen vermag: ein der Allmacht gegenüber unabhängiges Wesen … Die Schöpfung aus Nichts ist abermals der Ausdruck der Allmacht dafür, dass sie unabhängig machen kann. (Reflexionen, 124 f.)

Was Kierkegaard vorschlägt, ist so einfach wie herausfordernd: nämlich Allmacht als Liebe zu denken, weil „Größeres nicht denkbar ist als eine Liebe, die andere Freiheit will", und zwar selbst da noch, wo sie von der anderen Freiheit zurückgewiesen oder negiert wird (Pröpper 1993, 416); diese Denkfigur weist bereits in spätere Kapitel, etwa in Fragen nach Jesus von Nazaret. An dieser Stelle reicht es, sie als solche kenntlich gemacht zu haben: Vielleicht ist auf diese Weise eine hilfreiche Spur erschlossen, um Schöpfung und Allmacht zu verstehen.

6.4.3 Ein Ausflug auf die Metaebene: Die „Je mehr Gott, desto mehr Mensch"-Regel

Wechseln wir für allerletzte Bemerkung kurz in die Metaebene: Es geht nicht um eine weitere Eigenschaft Gottes oder eine zusätzliche inhaltliche Überlegung, sondern das theologische Nachdenken über Gott und seine Eigenschaften sowie darum, welche Regeln man dabei zu berücksichtigen hat.

Eine Regel, die in der jüdisch-christlichen Schöpfungstheologie wurzelt (und die deshalb hier Thema ist, auch wenn man sie anders entfalten kann, vgl. 13.5.4 bzw. 14.3.1), könnte man mit etwas Nonchalance als die „*Je mehr Gott, desto mehr Mensch*"-Regel bezeichnen. Ist der anselmianische Gottesbegriff eine (religions-)*philosophische Maxime*, wie ein Gottesbegriff zu bilden ist (4.3.3 a), so hat man hier eine Art *theologische*

Regel, nach der man verfahren sollte, wenn man Anselms Maxime in spezifisch christlicher Perspektive anwendet. Eine ihrer Varianten war bereits zitiert worden: „Der Vollkommenheit der Geschöpfe etwas abzusprechen heißt …, der Vollkommenheit der göttlichen Kraft etwas abzusprechen" (ScG III 69). Das ist eine Festlegung, wie jenes *maius* näherhin zu verstehen ist, das die anselmianische Maxime vorgibt: niemals so, dass Gottes *maius* ein *minus* des Menschen ist; auch diese Regel ist *formal* (weil im Einzelnen wieder zu diskutieren ist, was es inhaltlich bedeutet), aber graduell spezifischer. Man findet das Motiv in christlichen Theologien immer wieder. Stets geht es in verschiedenen Formulierungen darum, dass zwischen Schöpfer und Schöpfung, zwischen Gott und Mensch kein Konkurrenzverhältnis gedacht werden kann: Was dem Menschen dient, kann nicht gegen Gott sein – und was Gott ehrt, kann nicht inhuman sein. Oder negativ formuliert: Was inhuman ist, steht im Widerspruch zum Schöpfer. Darauf hebt etwa eine frühe, implizite Formulierung des Gedankens ab, die man bei Irenäus von Lyon (um 135–202) findet: *gloria Dei homo vivens* (Contra Haereses IV, 20,7). *Der lebendige Mensch ist Gottes Ehre* – nicht der Mensch, der im Staub kriecht, sich ständig klein macht oder schlechtredet. Die feministisch-ökologische Theologin Sallie McFague (1933–2019) hat den Gedanken auf alle Kreaturen ausgeweitet und eine Folgerung abgeleitet: „The glory of God is every creature fully alive and, therefore, we live to give God glory by loving the world and everything in it" (2001, 128).

In der aktuell bekanntesten Fassung hat diese Grundregel christlicher Rede wohl Karl Rahner festgehalten. Er nennt es das „christliche Grundgesetz, dass Nähe und Abstand zu Gott im gleichen (nicht im umgekehrten) Maße wachsen, dass Gott dadurch seine Göttlichkeit an uns erweist, dass wir sind und werden" (1954a, 29; vgl. 1984, 86–87). Rahner identifiziert die „Grundwahrheit des Schöpfer-Geschöpf-Verhältnisses" darin, dass „radikale Abhängigkeit" von Gott „nicht in umgekehrter, sondern in gleicher Proportion mit einem wahrhaftigen Selbstand vor ihm" wächst (1954b, 183) – es liegt also ein Verhältnis gleicher Proportionalität vor, weshalb auch vom sog. *Proportionalitätsaxiom* die Rede ist (vgl. Lerch 2015, 403–422). Dieses besagt nach Rahner letztlich, dass Gott (und das soll die letzte Einsicht dieses Kapitels sein) *niemals* derjenige ist,

> der tötet, um selber lebendig zu sein. Er ist nicht das ‚Eigentliche', das vampyrartig die Eigentlichkeit der von ihm verschiedenen Dinge an sich zieht und gewissermaßen aussaugt; er ist nicht das esse omnium. Je näher man ihm kommt, um so wirklicher wird man; je mehr er in einem und vor einem wächst, umso eigenständiger wird man selber. (1956, 53)

Zweite Zwischenreflexion

Das bisherige Vorgehen in der Frage nach Gott orientierte sich an einem klaren Muster: Es ging darum zu klären, was der Ausdruck „Gott" meint, welche Beweise für Gottes Existenz diskutiert werden und wie einige der wichtigsten Eigenschaften Gottes verstanden werden können.

Dabei zeigte sich, dass bereits im Mittelalter in der Theologie- und Philosophiegeschichte eine Pluralität verschiedener Positionen besteht, was etwa Gottesbegriffe und -beweise anlangt; bereits die scholastische Theologie ist weniger homogen, als das Klischee vom finsteren Mittelalter suggeriert. Gerade die Darstellung zum Voluntarismus (3.1.1) sowie die Kritik der wichtigsten Gottesbeweise durch Kant (5.2.3; 5.3.4) waren aber Hinweise dafür, welche Komplexitätsschübe Neuzeit und Moderne mit sich bringen: Sie verändern die Bedingungen, über Gott nachzudenken, nochmals in ganz eigener Weise. Diese geistes- und kulturgeschichtlichen Dynamiken sowie ihre Bedeutung für die Theologie sollen in den folgenden Kapiteln *exemplarisch* erhellt werden – und zwar anhand von drei philosophischen Neuaufbrüchen der Moderne. Man kann diese Auf- oder Umbrüche (auch wenn sie zum Teil heterogene Positionen zusammenfassen) für unsere Zwecke auf folgende Schlagworte bringen:

a) *Subjekt, Erkenntnis, Moral:* Philosophie und Theologie, so wie sie in den letzten Kapiteln rekonstruiert wurden, hatten ein relativ klares Hauptinteresse: spekulative Durchdringung aller Wirklichkeit und deren theoretische Erfassung in Form einer metaphysischen Großtheorie. Mit der Neuzeit rückt eine andere Frage ins Zentrum: (Wie) Kann man wissen, dass man sich über das, was wirklich ist und was man tun soll, nicht täuscht? (Wie) Kann man sich sicher sein, dass das erkennende und moralische Subjekt keinem Irrtum unterliegt? Wie in 3.1.2a gezeigt, ist spätestens seit Descartes das Subjekt *der* Bezugspunkt neuzeitlicher Philosophie. Immanuel Kant ist ein Klassiker dieser Denkform: Wer klären will, was man überhaupt wie erkennen kann bzw. was man aus welchen Gründen tun soll oder hoffen darf, muss beim Subjekt ansetzen – denn es ist immer ein Subjekt, das etwas erkennen kann, tun soll oder hoffen darf. Die Voraussetzungen, Bedingungen und Möglichkeiten des Subjekts sind der unhintergehbare Ausgangspunkt von Philosophie: Nicht mehr Metaphysik, sondern Erkenntnistheorie ist *prima philosophia*, d. h. erstes und wichtigstes Geschäft der Philosophie. Man bezeichnet den Umbruch, den Kants Philosophie bedeutet, als *transzendentale Wende*: Es geht wesentlich darum, die Bedingungen zu rekonstruieren und zu verstehen, unter denen einem Subjekt Erkenntnis überhaupt möglich ist – nicht zuletzt die Erkenntnis Gottes (Kapitel 7).

b) *Gesellschaft, Macht, Existenz:* Unter diesen sehr heterogenen Schlagworten kann man *zum einen* die vier Großmeister der Religionskritik einordnen: Feuerbach, Marx, Nietzsche und Freud. Ihre Kritik bezieht sich primär auf Religion, geht aber darüber hinaus: Sie sensibilisieren dafür, dass in dem, was wir für wahr, richtig und heilig halten, auch andere Faktoren als Erkenntnis oder Moral eine Rolle spielen. Das heißt: Oftmals sind es *angstbesetzte Projektionen (Feuerbach), gesellschaftliche Faktoren (Marx) oder psychologische Mechanismen (Freud)*, die uns glauben lassen, was wir glauben. Nietzsche wendet das konsequent auch abseits der Religion an: Die gleichen Faktoren, die uns religiös glauben lassen, was wir religiös glauben, lassen uns auch vernünftig erscheinen, was wir für vernünftig halten – auch hier ist Projektion im Spiel (vgl. 3.1.3 c). Man kann dies (in Anlehnung an den französischen Philosophen Paul Ricœur, 1913–2005) als philosophische *Wende hin zu einer Hermeneutik des Verdachts* verstehen: Wenn es oftmals andere als die angegebenen und bewussten Gründe sind, die unser Denken, Handeln und Glauben beeinflussen, muss man *stets und strukturell skeptisch* bleiben und allen Positionen mit Verdacht begegnen. *Zum anderen* kann man aus dieser denkerischen Bewegung heraus auch Verbindungen hin zu einer anderen philosophischen Entwicklung ziehen: hin zur sog. *Existenzphilosophie*. Diese wird in der Regel mit Namen wie Sören Kierkegaard, Martin Heidegger, Albert Camus (1913–1960) oder Jean-Paul Sartre (1905–1980) verbunden. Im Folgenden werden jene Fragen, die in dieser *existenzphilosophischen Wende* erschlossen werden, allerdings primär von Nietzsche her entwickelt: Er ist gleichsam der denkerische Verbindungsmann der beiden Entwicklungen, insofern er jeder *Behauptung existentiellen Sinns* konsequent mit einer *Hermeneutik des Verdachts* begegnet – und so die Theologie in besonderer Weise herausfordert (Kapitel 8).

c) *Sprache, Performanz, Kulturen:* Das 20. Jh. entwickelt besonderes Bewusstsein für die Rolle der Sprache in unseren Erkenntnis- und Verstehensprozessen: Wir erkennen immer durch jene Brillen, die uns unsere Sprachen zur Verfügung stellen. Das eigentliche Medium unseres Erkennens und Verstehens ist also Sprache – fehlen uns Begriffe, fehlen uns Möglichkeiten, etwas zu begreifen. Nicht zuletzt im Blick darauf spricht man vom sog. *linguistic turn* – der Wende hin zur Sprache als zentralem Topos der Philosophie. Spätestens in der zweiten Hälfte des 20. Jh. werden neue Orientierungen leitend, etwa in den sog. *cultural turns*, mit denen andere Faktoren neben der Sprache in den Fokus rücken: Bild, Raum, Gender u. a. m. Auch damit geht eine Reihe neuer Herausforderungen und Impulse für theologisches Nachdenken einher (Kapitel 9).

Mit diesen drei beispielhaften Entwicklungen sind natürlich nicht alle theologisch relevanten Diskurse der philosophischen Moderne abgedeckt (vgl. Habermas 1985; vgl. auch Nassehi 2006), sondern nur *einige* ihrer Dynamiken benannt. Da eine umfassende

Darstellung entsprechender anderer Strömungen (wie Pragmatismus, Phänomenologie, Postmoderne, Poststrukturalismus, Kritische Theorie, Systemtheorie u. a. m.) in diesem Kontext nicht möglich ist, können die folgenden drei Kapitel nur Schlaglichter liefern. Es wird darum gehen, die drei genannten Entwicklungen in ihren *Grundzügen* vorzustellen, zu verstehen, welche *Herausforderungen* darin für Glaube und Theologie liegen, sowie zu fragen, wie diese *exemplarisch* aufgegriffen bzw. verarbeitet wurden.

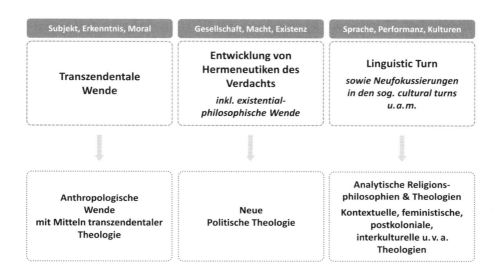

7 Gott anthropologisch freilegen?

Der Inhalt des folgenden Kapitels war bereits in der Zwischenreflexion vorgezeichnet: Es geht darum, Kants transzendentale Wende darzulegen (7.1), zu verstehen, welche Folgen sich daraus für die Theologie ergeben (7.2), und Karl Rahners Adaption transzendentalen Denkens zu rekonstruieren, die idealtypisch für eine produktive Verarbeitung dieser Denkform in der Theologie steht (7.3).

7.1 Transzendentalphilosophie: Immanuel Kants Ansatz

7.1.1 Kants Diskursort: Ein Problem in einer Schlüsselfrage

Der Name Immanuel Kant (1724–1804) ist untrennbar mit der sog. *transzendentalen Wende* verbunden. Seine Bedeutung kann philosophie- und theologiegeschichtlich kaum zu hoch angesetzt werden, deshalb soll sein Ansatz im Folgenden etwas ausführlicher dargestellt werden.

Den Hintergrund dafür bildet jener erkenntnistheoretische Konflikt, der bereits in 3.1.2 skizziert wurde und maßgeblich für die Frage ist, ob und in welcher Weise Metaphysik – die spekulative Durchdringung aller Wirklichkeit in ihrer Gesamtheit – möglich ist: Ist Erkenntnis möglich, die rein aus dem schöpft, was *unabhängig von aller Erfahrung* in der Vernunft zu finden ist (wofür die Rationalisten votieren, z. B. der zu Lebzeiten Kants einflussreiche Christian Wolff, 1679–1754)? Oder kommt *alles*, was in der Vernunft zu finden ist, *aus der Erfahrung*, und ist entsprechend vorbehaltlich einzuschätzen (wie die Empiristen annehmen)? Dieses epistemologische Schlüsselproblem, an dem für Kant die Möglichkeit von Metaphysik oder Mathematik hängt, verdichtet sich für ihn in der Frage, ob Erkenntniszuwachs ohne Erfahrung möglich ist. Oder mit Kant formuliert: *Wie sind synthetische Urteile a priori möglich?*

> Die Frage mag griffig sein, die Formulierung Kants ist aber erläuterungsbedürftig. Kant unterscheidet, ob ein Urteil aposteriorisch oder apriorisch bzw. ob es analytisch oder synthetisch ist. Sehen wir uns zur Erklärung etwa einen fiktiven Satz aus einer ebenso fiktiven Salzburger Botanik des späten 17. Jh. an: *„Die Salzburger Rosen, welche daselbst um den Dom gepflanzet seyen, habent als Eygentlichkeit, dass sie nicht mehr als 13 Blätter tragen."* Dieser Satz ist doppelt qualifiziert:
> – Er ist *aposteriorisch*, d. h. aus der Erfahrung gewonnen: Es ist nicht einfachhin klar, dass Salzburger Domrosen nicht mehr als 13 Blätter tragen; vielmehr brauchte es eine Naturforscherin, die nachzählte und herausfand, dass diese spezielle Züchtung nicht mehr als 13 Blätter hervorbringt – es ist also Ergebnis empirischer Forschung. Anders verhält es sich mit einem Satz wie ‚Kreise sind rund': Dass Kreise rund sind, ist nichts, was man empirisch nachprüfen

müsste, weil Kreise *per definitionem* rund sind – das gilt unabhängig von aller Erfahrung, i. e. *apriorisch*.
- Der Satz über die Rosen ist zugleich *synthetisch*, d. h. er bringt einen echten Erkenntnis*zuwachs*, weil er dem Subjekt (,Salzburger Domrose') ein Prädikat (,nicht mehr als 13-blättrig') hinzufügt und so eine Synthese betreibt (i. e. eine Zusammensetzung) – entsprechend kann man auch von einem Erweiterungsurteil sprechen. Der Satz ,Kreise sind rund' ist hingegen *analytisch*, weil kein Erkenntniszuwachs im eigentlichen Sinn stattfindet: Das Prädikat ,rund' ist bereits im Subjekt ,Kreis' enthalten, man kann von einem Erläuterungsurteil sprechen. Kant charakterisiert apriorische Erkenntnisse als streng notwendig, d. h. sie gelten uneingeschränkt allgemein.

Damit erhält die Frage oben einen wohlbestimmten Sinn: *Synthetische Urteile a priori* sind Aussagen, die a) *erfahrungsunabhängig*, aber b) dennoch *erkenntniserweiternd* sind. Das erklärt die Brisanz der Frage auch für Metaphysik und Theologie: Ist es *erfahrungsunabhängig* im reinen Denken möglich, legitimerweise zu einem *erkenntniserweiternden* Urteil wie z. B. jenem zu gelangen, dass Gott existiert? Sind Erkenntnisse möglich, die ohne empirische Grundierung rein aus dem Denken generiert werden können? Als Doppelfrage formuliert: Ist eine erfahrungsunabhängige Erweiterung unseres Wissens möglich? Und wenn ja: Wie und in welchem Sinn ist sie das?

7.1.2 Kants Option: Ein apriorisches Mehr in unserer Erkenntnis (feat. Gonzo, der Hamster)

Wir können an dieser Stelle bereits Kants Antwort *auf die erste Frage* festhalten: Synthetische Urteile a priori, d. h. Urteile, die erfahrungsunabhängig unsere Erkenntnisse erweitern, sind möglich. Das Urteil „7 + 5 = 12" ist erfahrungsunabhängig, aber nicht analytisch, denn anders als „Rundsein" in „Kreis" enthalten ist, ist die „12" nicht einfach links vom Gleichheitszeichen „enthalten". Wie auch immer man nämlich diesen Teil aufschlüsselt und erläutert, kurz: ihn *analysiert*, „so werde ich doch darin die Zwölf nicht antreffen" (KrV B 15).

	Analytisch (erläuternd)	**Synthetisch** (erweiternd)
Aposteriorisch (erfahrungsabhängig)	*Für Kant nicht denkbar.*	„Salzburger Domrosen haben nicht mehr als 13 Blätter."
Apriorisch (erfahrungsunabhängig)	„Kreise sind rund." „Körper sind ausgedehnt."	**„7 + 5 = 12." „Ein gleichseitiges Dreieck hat drei gleich große Winkel."**

In erster Lesung klingt das nach forciertem Rationalismus, Kants Antwort ist aber anders aufgesetzt. Der Rationalismus war ihm nach der Lektüre Humes zur Kausalität fremd geworden, Kant war – wie er es ausdrückt – aus seinem „dogmatischen Schlummer" aufgewacht (Prolegomena, A 13): Der Gedanke, dass Kausalität als objektives Prinzip der Wirklichkeit erkannt werden könne, verlor seine Plausibilität (vgl. 3.1.2 b). Damit ist ein Bruch mit einem robusten Rationalismus markiert, der das Prinzip von Ursache und Wirkung als metaphysisch-objektive Wahrheit dachte, die in unserem Geist entdeckt werden konnte. Gleichwohl ist die spezifische Art und Weise, wie Kant an dieser Stelle die Dinge anders zu sehen beginnt, ein Dissenspunkt mit Hume. Was irritiert Kant am Empirismus?

> Hume hatte im Blick auf die Kausalität nicht mehr von Wissen um einen objektiven Zusammenhang, sondern einer Gewohnheit gesprochen: Wenn wir wahrnehmen, dass Donner auf Blitze folgen, nehmen wir *gewohnheitsmäßig* eine kausale Verknüpfung an. Aber das ist Kant zufolge unterkomplex, wie auch die zugrundeliegende Theorie, dass unser Geist eine *tabula rasa* sei, unterkomplex ist: Wenn wir gewohnheitsmäßig erwarten, dass ähnliche Ereignisse (wie Blitze) ähnliche Folgen (wie Donner) haben, setzt das voraus, dass wir wissen, *was überhaupt in relevanter Weise ähnlich ist*. Genau das ist aber nicht selbsterklärend, weil es niemals völlig identische Fälle gibt: In einem Fall erfolgt der Blitz im Gebirge ohne Regen, im anderen in der Stadt im Platzregen, d.h. die einzelnen Blitz-Ereignisse sind einander immer auch unähnlich. Da auf unseren Geist *nie* zwei völlig identische Wahrnehmungen auftreffen, ist fraglich, wie sich daraus *gewohnheitsmäßig* eine Verknüpfung ergeben soll. Genau diese findet aber statt, denn offensichtlich ist unser Geist nicht einfach rezeptiv, sondern interpretiert aktiv hinsichtlich dessen, was relevant ähnlich ist und was nicht – Ähnlichkeit ist nichts, das bloß wahrgenommen wird, sondern *etwas, das auf Basis bestimmter Ordnungsgesichtspunkte identifiziert wird*.
>
> Diese Intuition eines aktiven, strukturierten Engagements unseres Geistes im Erkenntnisprozess mag plausibilisieren, warum Kant mit Humes Antwort unzufrieden ist: Der Rekurs auf bloße Gewohnheit erklärt nicht hinreichend, was geschieht, wenn wir Blitz und Donner verknüpfen. Das ist umso offensichtlicher, wenn man zur Kenntnis nimmt, wie unterschiedlich sich über den Globus politische oder kulturelle Gewohnheiten entwickelt haben – und wie einheitlich sich die Gewohnheit nachweisen lässt, die Welt kausal zu ordnen oder bei 7 + 5 zum Ergebnis 12 zu kommen. Der Verdacht liegt nahe, dass der Geist nicht bloß mit Erfahrungen gefüttert wird, sondern zugleich aktiv in der Generierung, Filterung, Verarbeitung, Interpretation dieser Erfahrungen beteiligt ist – und dass dabei nicht bloß Gewohnheiten eine Rolle spielen, sondern zuvor bereits bestimmte allgemeine geistige Strukturen im Erkenntnissubjekt, die in diesen Verarbeitungsprozessen beansprucht werden.

Versuchen wir, die sehr allgemeinen Überlegungen an einem (skurrilen) Beispiel zu veranschaulichen. Stellen wir uns dazu vor, dass wir mit einem Patenkind und *(for the sake of argument!)* dessen völlig zugedrogtem Hamster Gonzo ein Fußballspiel besuchen. Kurz vor der Halbzeit ist der Ball endlich im Tor: Uns allen bietet sich ein chaotisches und wildes Ineinander von Farben, Formen, Gestalten, Größen u.a.m., das auf unsere Sinne trifft und im Geist ankommt. Diese Eindrücke klatschen aber nicht einfach wie Farbkleckse auf eine Leinwand, um sinnlos kleben zu bleiben, sondern das bunte Gewusel wird (zumindest vom Patenkind und einem selbst) *als Spiel-*

geschehen interpretiert. Dem Hamster hingegen fehlt nicht nur Verständnis für Fußball, sondern noch viel mehr: Da Gonzo auf seinem Drogentrip a) die Kategorien von Raum und Zeit zerflossen sind und ihm b) jeder Begriff von Kausalität verlorengegangen ist, bietet sich ihm bloß ein grellbunter Matsch von Eindrücken. Das ist Kants entscheidende Intuition: Offensichtlich gibt es etwas, das nicht *an den Dingen* wahrgenommen wird, sondern *mit dem und durch das* wahrgenommen wird. Raum, Zeit und Kausalität sind z. B. nichts, *was man an diesem bunten Gewusel wahrnimmt, sondern womit bzw. wodurch man das Ereignis überhaupt als Ereignis wahrnimmt*. Sie sind kein Erkenntnisgegenstand, sondern vielmehr Erkenntnismedien: Raum und Zeit sind sog. *reine Anschauungsformen* (i. e. Formen, in denen das sinnliche Element einer Erfahrung aufbereitet wird), Kausalität hingegen ist ein sog. *reiner Verstandesbegriff* (i. e. eine Kategorie, mit welcher der Verstand operiert). Wie sich Anschauungsformen und Verstandesbegriffe verbinden, ist eine eigene komplexe Frage, entscheidend ist hier aber die Feststellung, dass beide nicht durch Beobachtung auf eine *tabula rasa* gelangen, sondern dass sie der Erfahrung von Erkenntnissubjekten strukturierend vorausliegen: Ohne sie zeigte sich dem Geist nicht mehr als nichtssagendes Pixelrauschen. Verfügt ein Erkenntnissubjekt nicht über die Form ‚vorher/nachher' oder die Kategorie ‚wenn/dann' (sowie über Schemata der Verknüpfung beider Elemente), wird es schlicht nichts wahrnehmen. Anders formuliert: Wir haben es bei Raum, Zeit oder Kausalität exemplarisch nicht mit *Gegenständen von Erkenntnis* zu tun, sondern rühren an *Bedingungen der Möglichkeiten von Erkenntnis*, i. e. Bedingungen, die unseren Erkenntnisaktivitäten apriorisch vorausliegen und sie erst möglich machen.

Eben das meint der Ausdruck *transzendental* (der sich auf das bezieht, was „Bedingungen der Möglichkeit" unserer geistigen Aktivitäten darstellt – es geht *nicht* um Transzendenz!) bzw. die Rede von einer *transzendentalen Wende*: Es geht darum, Erkenntnis nicht vom Erkenntnisgegenstand her zu denken, sondern jene Bedingungen freizulegen, die Erkenntnis überhaupt möglich machen, und zu verstehen, wie unser Denken seine Erkenntnisgegenstände generiert. Kant selbst bezeichnet diesen Perspektivenwechsel als *kopernikanisch*: Offenkundig richtet sich unsere Erkenntnis nicht einfach nach den Dingen – vielmehr richtet sie sich die Dinge, die sie erkennt, auch zurecht. Mit Kant:

> Bisher nahm man an, alle unsere Erkenntnis müsse sich nach den Gegenständen richten; aber alle Versuche, über sie a priori etwas durch Begriffe auszumachen, wodurch unsere Erkenntnis erweitert würde, gingen unter dieser Voraussetzung zunichte. Man versuche es daher einmal, ob wir nicht in den Aufgaben der Metaphysik damit besser fortkommen, dass wir annehmen, die Gegenstände müssen sich nach unserem [sic] Erkenntnis richten, welches so schon besser mit der verlangten Möglichkeit einer Erkenntnis derselben a priori zusammenstimmt, die über Gegenstände, ehe sie uns gegeben werden, etwas festsetzen soll. Es ist hiermit eben so, als mit den ersten Gedanken des Kopernikus bewandt, der, nachdem es mit der Erklärung der Himmelsbewegungen nicht gut fortwollte, wenn er annahm, das ganze Sternenheer drehe sich um

den Zuschauer, versuchte, ob es nicht besser gelingen möchte, wenn er den Zuschauer sich drehen, und dagegen die Sterne in Ruhe ließ. (KrV B XVI)

7.1.3 Kants Tableau: Wie Erkennen funktioniert

Was heißt das bisher Gesagte für die Frage, *wie* synthetische Urteile a priori möglich sein können? Wir können die genaue Argumentation an dieser Stelle nicht darlegen, der entscheidende Punkt ist freilich klar: *Synthetische Urteile a priori* hängen mit jenen Ordnungsstrukturen zusammen, mit denen unser Geist Erfahrungen generiert und interpretiert – *aus ihnen heraus wird synthetisiert*. Mathematische Einsichten wie jene, dass ein gleichschenkeliges Dreieck auch drei gleich große Winkel hat, erweitern apriorisch Erkenntnis, „indem der Verstand sieht, dass er unter Voraussetzung bestimmter, selbst aufgestellter Begriffe *mit Notwendigkeit* andere Begriffe folgern kann" (Schupp 2003c, 336). In solchen Einsichten zeigt sich, wie die Vernunft aus ihren eigenen Denkstrukturen heraus und in ihnen konstruktiv tätig ist – und zwar nicht willkürlich, sondern gemäß von Gesetzen, weshalb etwa Erkenntnisse in der Mathematik allgemein und notwendig sind: Dass wir 5 und 7 zu 12 summieren, ist eben keine bloße Gewohnheit. Mit allem Nachdruck ist aber festzuhalten, dass solche Erkenntnisse keine Aussagen über das darstellen, *was empirisch gilt*. Wenn es um die Frage geht, wovon wir überzeugt sein sollten, dass es *in der Welt* der Fall ist, müssen „zwei Stämme der menschlichen Erkenntnis" involviert sein, „nämlich Sinnlichkeit und Verstand" (KrV B 29). Nur wo ein sinnliches Element (das Kant ‚Anschauung' nennt) und ein geistiges Element (das man als ‚Begriff' bezeichnen kann) zusammenspielen, ist *Erfahrung* möglich:

> Gedanken ohne Inhalt sind leer, Anschauungen ohne Begriffe sind blind. Daher ist es eben so notwendig, seine Begriffe sinnlich zu machen (d.i. ihnen den Gegenstand in der Anschauung beizufügen), als, seine Anschauungen sich verständlich zu machen (d.i. sie unter Begriffe zu bringen). (KrV B 75)

Die Einsicht, dass die Ordnungsstrukturen des menschlichen Geistes aktiv aufbereiten, was wir wie als etwas erfahren, bringt ein entsprechendes Verständnis von Erkenntnis mit sich: Der menschliche Geist ist weder eine *tabula rasa* oder *Wachstafel*, auf die sich Eindrücke einprägen, noch eine Art *Spiegel*, der die Wirklichkeit widerspiegelt – sondern er erkennt stets nach Maßgabe der involvierten Anschauungsformen, Kategorien, Verknüpfungsschemata u.a. Daher kann man nicht (mehr) sagen, dass wir die Welt so erkennen, wie sie *an sich* ist: Wir erkennen sie vielmehr so, wie sie unser Geist epistemisch aufbereitet. Mehr ist nicht möglich oder denkbar.

> Dieser Gedanke war uns bereits in den Kant-Passagen in 3.1.2 begegnet: Da wir nicht aus unserer Erkenntnis aussteigen können, ist es unmöglich zu eruieren, ob unsere Überzeugungen den Tatsachen der Welt entsprechen, wie sie an sich sind. Auch ein Abgleich zwischen Überzeu-

gungen und Tatsachen, zwischen Wissensanspruch und Wirklichkeit wäre ja ein Vorgang, der mit Überzeugungen operieren würde. Entsprechend können wir in unserer Erkenntnis nicht vorankommen, indem wir Überzeugungen mit der Welt vergleichen, sondern indem wir Überzeugungen mit anderen Überzeugungen konfrontieren, nach Gründen fragen, nach Inkonsistenzen suchen etc.

In dieser Überlegung wurzelt die Unterscheidung von dem Ding, *wie es an sich selbst ist*, und dem Ding, *wie es uns erscheint*: Unser Geist kann etwas nur wahrnehmen, wie es ihm in der eigenen Erkenntnisaktivität erscheint (Kant spricht hier von den sog. *Phaenomena*, Erscheinungen). Davon zu unterscheiden ist das *Ding an sich selbst* (das sog. *Noumenon*), das für unsere Erkenntnis unerreichbar ist und nur „als Grenzbegriff" (KrV B 311–312) anzusetzen ist: Wir müssen schlicht annehmen, dass sich unser Verstand in seinem Erkennen auf etwas bezieht, das dem Erkennen *vorausliegt* – auch wenn wir das, was dieses ‚etwas' an sich selbst ist, ‚nur' so erkennen können, wie wir es nun mal erkennen. Folgt daraus, dass wir die Welt nur *zum Schein* erkennen? Kant liegt epistemologischer Skeptizismus oder Pessimismus fern. Was er mit der Differenz von Phaenomenon/Noumenon festhält, ist die Einsicht, dass wir nichts jenseits der Erkenntnis erkennen können – und dass wir daher immer nur so über die Welt sprechen können, wie wir sie nun mal erkennen. Dieses Erkennen geschieht freilich keineswegs willkürlich, sondern verläuft in festen Bahnen, weil die Ordnungsstrukturen des Geistes Kant zufolge streng allgemein sind: Sie gelten *für jeden Menschen*, insofern er Erkenntnissubjekt ist.

7.2 Theologische Folgefragen

7.2.1 Gottes Existenz: Kann man Gottes Dasein beweisen?

Was bedeutet die transzendentale Philosophie Kants für das Nachdenken über Gott? Stellen wir uns dieser Frage in zwei Schritten: zum einen im Blick auf den Begriff und die Existenz Gottes, zum anderen im Blick auf die Möglichkeit, Offenbarung zu denken.

Beginnen wir beim Nächstliegenden. Es war im Kontext der Gottesbeweise bereits deutlich geworden, dass Kant die traditionellen Argumentationen in dieser Frage für nicht zielführend erachtet (5.2.3, 5.3.4). Das zentrale Problem dabei ist jeweils eine unzulässige Extrapolation dessen, was eigentlich mit der Struktur des Erkenntnisprozesses auf Seiten des Erkenntnissubjekts zu tun hat, auf das, was in der empirischen Wirklichkeit der Fall ist – etwa, weil Kausalität als *metaphysisches* Ordnungsprinzip verstanden wird (obwohl es eigentlich ein Ordnungsprinzip des Verstandes ist) oder weil man meint, dass Begriffe wie „Gott" gewissermaßen auf etwas *in der Welt* referieren (obwohl ihnen jedes Moment sinnlicher Anschauung fehlt und sie daher leer sind). Gott wird wie ein Gegenstand der theoretischen Vernunft, letztlich: wie ein möglicher Gegenstand von Erfahrung behandelt – und das ist irreführend. Aus diesem Vorbehalt folgt wiederum nicht, dass der Begriff „Gott" bedeutungslos oder gar Gottes Existenz ausgeschlossen ist: „Gott" ist ein „bloßes, aber doch fehlerfreies Ideal, ein Begriff, welcher die ganze menschliche Erkenntnis schließt und krönt, dessen objektive Realität … zwar nicht bewiesen, aber auch nicht widerlegt werden kann" (KrV B 669).

> Kant versteht Gott als reinen Vernunftbegriff, als *transzendentale Idee* bzw. *regulatives Prinzip*. Was heißt das?
>
> α) Gott ist eine *transzendentale Idee*, weil es hier um Bedingungen der Möglichkeit von Erkenntnis zu tun ist. Gott ist kein Gegenstand der Erkenntnis, sondern der Inbegriff einer zweckmäßigen Einheit aller Wirklichkeit – und insofern notwendig, weil die Vernunft in ihren Erkenntnisaktivitäten notwendig voraussetzt, dass alle Wirklichkeit letztlich *eine* ist bzw. diese Einheit zweckmäßig zusammenhängt. „Gott" steht genau für diese Idee.
>
> β) Gott ist (gerade als transzendentale Idee) ein *regulatives Prinzip*, das menschliche Erkenntnistätigkeit orientiert. So wie ein Architekt, der eine Kuppel baut, einen obersten Punkt annehmen muss, an dem alles zusammenläuft, so braucht es auch in der Architektur unseres Wissens einen solchen Punkt: einen *focus imaginarius* (KrV B 672), auf den hin wir alles, was wir epistemisch unternehmen, als zweckmäßig ausgerichtet begreifen (selbst wenn die Kuppel des Wissens *niemals* vollständig sein wird, weil endliche Wesen niemals *alles in jeder Hinsicht* wissen werden). Dieser Orientierungspunkt im Prozess vernünftiger Erkenntnis ist Gott, wobei die Frage nach seiner Existenz *für die theoretische Vernunft* keine Relevanz hat (so wie auch am architektonisch errechneten Punkt einer Kuppel kein Ziegelstein schweben muss, um als Orientierung zu dienen – die Frage nach der Existenz eines solchen Ziegelsteins ist für die Konstruktion als solche witzlos).

Kants Rede von einer *transzendentalen Idee* zeigt, dass Gott ein *Regulativ unserer Erkenntnis* ist, kein Gegenstand, den man erkennen kann. Es sorgt in gewisser Weise für Einheit und Richtung in unseren Erfahrungen und Erkenntnissen, insofern in seinem Licht alles in der Welt so angesehen wird, *als ob es aus einem Prinzip entspringt und von diesem her zweckmäßig strukturiert ist* (vgl. KrV B 647). Kant zufolge ist das freilich die Quelle ständiger Verwirrungen, weil unser Denken dazu neigt, Ideen (neben „Gott" sind das auch die „Welt" und das „Ich") als mögliche Gegenstände des Wissens zu begreifen. Das aber ist in etwa so irreführend, wie den *Horizont* als mögliche Raststation auf einer Wanderung auszuzeichnen: Man kann den Horizont niemals erreichen. Versucht man es dennoch oder begreift man den Horizont als Gegenstand einer möglichen Erfahrung, unterliegt man schlicht einer Täuschung – dem sog. *transzendentalen Schein*. Auch wenn Gottes Existenz für die theoretische Vernunft daher weder beweisnoch widerlegbar ist, darf das freilich nicht übersehen lassen, dass sie Kant zufolge von der praktischen Vernunft gefordert ist: Auch wenn wir nicht *wissen* können, ob Gott existiert, sollten wir aus moralischen Gründen *hoffen*, dass er existiert bzw. so *leben*, als ob er existiert. Während sich die theoretische Vernunft konsequent des Urteils zu enthalten hat, muss die praktische Vernunft ein entsprechendes Postulat auszeichnen; in dieser Hinsicht lässt sich Gottes Existenz als Gehalt einer vernünftigen Hoffnung rekonstruieren (vgl. 5.4).

7.2.2 Gottes Offenbarung: Kann man Gottes Wort vernehmen und darf man es annehmen?

Es ist klar, dass diese Überlegungen auch da Folgen für die Theologie haben, wo sie sich auf den Glauben an eine Offenbarung Gottes in der Welt bezieht. Wie lässt sich der Gedanke, dass Gott sich offenbart habe, aufrechterhalten, wenn zugleich gilt, dass Gott kein Gegenstand möglicher Erfahrung ist? In Worten Kants:

> wenn Gott zum Menschen wirklich spräche, so kann dieser doch niemals wissen, dass es Gott sei, der zu ihm spricht. Es ist schlechterdings unmöglich, dass der Mensch durch seine Sinne den Unendlichen fassen [... bzw.] ihn von Sinnenwesen unterscheiden [solle] (Streit, A 102).

Hier wird ein epistemologisches Bedenken akut: Wie kann die Erkenntnis des Menschen eine etwaige Offenbarung Gottes *vernehmen*? Die Frage lässt sich nicht erst von Kant her oder nur epistemologisch formulieren; erinnert man sich an grundlegende schöpfungstheologische Einsichten (6.4.1), ist ersichtlich, dass sie sich auch in ontologischem Vokabular nahelegt: Wenn Gott und Welt ontologisch prinzipiell unterschieden sind, wenn Gott also *per definitionem* kein Teil dieser Welt ist – wie kann es dann zugleich etwas in der Welt geben, in dem Gott dennoch in besonderer Weise (oder gar: als er selbst) offenbar ist?

Daneben gibt es noch ein zweites Bedenken der praktischen Vernunft: Dürfte man denn *annehmen*, was man grundsätzlich nicht überprüfen kann? Ist der Bezug auf Offenbarung nicht strukturell mit Unmündigkeit gekoppelt, weil man bloß aufgrund von Autorität, Tradition, Gewohnheit etwas glaubt, das man mit Mitteln der Vernunft nicht selbst prüfen kann? (vgl. das *credere Deo* in 2.2.1) Ist Offenbarung daher letztlich nicht ein Signalwort für Fremdbestimmung? Da dieses Problembündel besonders in Kapitel 8 akut werden wird, widmen wir uns im Folgenden vor allem der ersten Problemkonstellation. Stellt man die Frage so, rührt damit jedenfalls bereits an die sog. *demonstratio christiana* (vgl. 1.3.2 a). In Sichtweite dazu soll im Folgenden nachgezeichnet werden, wie die katholische Theologie Kants Herausforderungen exemplarisch aufgenommen und produktiv verarbeitet hat.

7.3 Transzendentaltheologie: Karl Rahners anthropologische Wende

Kants Herausforderungen und Impulse werden von der zeitgenössischen katholischen Kirche nicht positiv aufgenommen: Die *Kritik der reinen Vernunft* landet auf dem *Index Librorum Prohibitorum*, i. e. jenem Verzeichnis von Büchern, deren Lektüre lehramtlich von der Kirche verboten war. Erst im 20. Jh. wird das Potential, das darin liegt, auch theologisch angeeignet – vor allem aufgrund der Arbeiten des belgischen Jesuiten Joseph Maréchal (1878–1944) und des bereits mehrfach zitierten deutschen Jesuiten Karl Rahner. Was beide auszeichnet, ist eine hervorragende Kenntnis der Theologie des Thomas von Aquin sowie des sog. *Neuthomismus*. Dieser war lange Zeit Schultheologie: Er wurde an theologischen Fakultäten weltweit einheitlich gelehrt und versuchte strikt auf jener Grundlage zu arbeiten, die Thomas von Aquin gelegt hatte. Gerade das führte ironischerweise zu Erstarrung und Schematismus: Wo Thomas neue Denkansätze (wie jenen des Aristoteles) furchtlos genial rezipiert hatte, verkapselte sich der Neuthomismus in sich selbst und schätzte neue Denkangebote strukturell negativ ein; gerade deshalb fehlte ihm bei aller gedanklichen Brillanz oft jene Weite und Dynamik, jene Dimension von Aufbruch, Frische und Zeitgenossenschaft, die Thomas ausgezeichnet hatte. Die Leistung von Denkern wie Karl Rahner besteht darin, die Wende hin zum Menschen *in Sichtweite der Theologie des Thomas* vollzogen zu haben, d. h. nicht gegen die Stärken der damit verbundenen Tradition, sondern mit ihr.

Es liegt deshalb nahe, vorab *in einem Exkurs* einige Motive im Denken des Thomas von Aquin zu erläutern, die im vorliegenden Kontext theologiegeschichtlich interessant sind (7.3.1); es ist aber auch möglich, ohne diese Vergewisserung direkt zu Rahners anthropologischer Wende zu wechseln (7.3.2). Den Abschluss bilden einige Bemerkungen zu Folgen dieser Wende (7.3.3).

7.3.1 Prolog: Ein Exkurs zu Thomas von Aquin

Im Blick auf das Frageinteresse des vorliegenden Punktes, nämlich Rahners Aneignung transzendentalen Denkens, konzentrieren wir uns kursorisch auf *zwei Fragen*: In welcher Weise ist der Mensch bei Thomas auf Gott verwiesen? Und wie kann der Mensch Gottes Offenbarung erkennen?

a) Gottesverwiesenheit: *bonum complens appetitum*

Wie in den Kapiteln 4.3.2 und 5.3 ausführlich dargelegt wurde, entwickelt Thomas seinen Gottesbegriff im Kontext metaphysischer Überlegungen. Klammern wir an dieser Stelle die Kritik Kants an der Denkform als solcher ein, um eine andere Frage zu stellen: Ist ein Gott, der als *ipsum esse per se subsistens* gedacht wird, für den Menschen auch existentiell relevant? Es mag sein, dass der Mensch rationalerweise eine *erste unverursachte Ursache* denken muss – aber was *bedeutet* das? Findet er darin Trost, Halt, Hoffnung, Freude? Ist es ein Schlüssel, um das eigene Menschsein zu verstehen? Und ist der Mensch auch *anders als* denkerisch auf Gott verwiesen? Bei Kant hat diese Frage eine klare Antwort: Der Mensch muss Gottes Existenz postulieren, damit Vernunft nicht absurd bzw. der Mensch nicht als absurde, in sich selbst widersprüchliche Angelegenheit begriffen werden muss (vgl. 5.4; vgl. ausführlichst Langthaler 2014). Hier ist angedeutet, dass Gott *mehr* als eine denkerische Figur ist, insofern der Mensch *existentiell* darauf angewiesen ist, dass es Gott gibt – andernfalls wäre sein Dasein in sich widersprüchlich. Eine Verwiesenheit des Menschen auf Gott findet sich auch bei Thomas, allerdings anders. Bei ihm deutet sich an, dass sich philosophisch zeigen lässt, dass der Mensch immer schon auf Gott als *bonum complens appetitum* verwiesen ist, d. h. auf Gott, insofern er jenes Gut ist, welches das menschliche Streben (nach Glück) erfüllt: Wenn a) das Glück des Menschen *im Erkennen* liegt und b) das höchste Glück in der *höchstmöglichen Erkenntnis des bestmöglichen ‚Gegenstands'* liegt (was sich beides mit Aristoteles argumentieren lässt) – dann ist die Erkenntnis des Wesens Gottes das höchste Glück des Menschen (auch wenn der Mensch auf Erden nur *in unklarer, konfuser Weise* weiß, dass die Erkenntnis Gottes jenes höchste Glück ist, das er *eigentlich* sucht, vgl. STh I q2 a1 ad1). Hier blitzt die anthropologische Relevanz des Gottesgedankens *und* des Offenbarungsglaubens auf: Mit ihnen kommt der Mensch *auf den Weg* (nicht bereits das Ziel!) jener vollendeten Erkenntnis des Wesens Gottes, auf die hin er eigentlich angelegt ist, weil darin sein Glück liegt (vgl. ScG III 37; ebd., 63; vgl. ergänzend die Ausführungen in 19.4.4 β).

Die genaue Auslegung dieser Überlegung gehört zu den umstrittensten und spannendsten Partien noch der jüngeren Theologiegeschichte, kann hier jedoch nicht weiterverfolgt werden. Warum aber ist die Überlegung als solche von Interesse? Sie deutet an, dass Thomas zumindest ansatzweise den Menschen als das Wesen denkt, das konstitutiv und immer schon auf Gott verwiesen ist – ein Gedanke, der bei Karl Rahner eine wichtige Rolle spielen wird.

b) Offenbarungslogik: *secundum conditionem naturae humanae*

Gerade wenn Erkenntnis als Medium von Glück begriffen wird, ist von Interesse, wie Thomas Erkenntnis denkt. Auch hier können wir nur *eine* relevante Überlegung herausgreifen, eine Art epistemologische Grundregel: „*quiquid recipitur in aliquo, est in eo per modum recipientis, non per modum suum*" (De ver. q12 a6 arg4 u. a. m.). Das heißt: Alles, was von jemandem erkannt wird, wird mit und in jenen Kategorien erkannt, die dem Erkennenden zur Verfügung stehen. Dreijährige erkennen, was sie erkennen, *nach Art von Dreijährigen* – und Vierzigjährige *nach Art von Vierzigjährigen*. Das ist *keine* Vorwegnahme der Position Kants, weil Thomas (wie sich bei den Gottesbeweisen zeigt, vgl.

5.3) insgesamt dem Leitbild der spekulativen Vernunft verpflichtet ist (vgl. 3.1.1): *Auf unsere Weise* können wir doch erkennen, wie die Welt ist (vgl. aber kritischere Töne in 4.3.2 b). Dennoch ist es eine wichtige epistemologische Reflexion, die etwa im Blick auf die Offenbarung relevant ist. Auch Offenbarung kann nämlich nur *secundum conditionem cognoscentis* bzw. *secundum conditionem naturae humanae*, d. h. gemäß der menschlichen Natur verstanden werden: „Das Göttliche kann Menschen nicht anders als gemäß ihrer Erkenntnismöglichkeiten offenbar werden" (STh I-II q101 a2 ad1). Anders formuliert: Der Mensch kann Gottes Offenbarung immer nur nach Maßgabe jener Begriffe, Erfahrungen etc. wahrnehmen und verstehen, über die er verfügt bzw. die er lernend zu erweitern vermag. Wer etwa – um das Beispiel in 2.2.2 a aufzugreifen – nicht zumindest grob zu verstehen imstande ist, was ein Hase ist, wird im Hasen-Enten-Kopf kaum anderes als eine Ente erkennen können. Wir heute könnten diese Überlegung so verstehen, dass Offenbarung nicht unmittelbar und ohne lernend interpretative Aneignung zu denken ist: Bestimmte Erfahrungen sind nicht einfach aus sich heraus *Offenbarungen*, sondern sie werden immer auch *als solche interpretiert* und *lernend angeeignet* (vgl. Dürnberger 2017a, 276–294). Das entspricht dem Gedanken, dass Offenbarung *nicht* als Überwältigung des freien Willens gedacht werden darf, sondern diesen voraussetzt (vgl. 6.4.2), bzw. dass Glaube ein eigenes (hier: interpretatives, lernendes) Moment der Freiheit involviert (vgl. 2.2.1).

> Diese Überlegungen stehen bei Thomas im Kontext eines sog. *instruktionstheoretischen* Offenbarungsverständnisses: Offenbarung wird *primär* unter dem Gesichtspunkt von *Erkenntnis und Belehrung* verstanden, i. e. hinsichtlich dessen, was der Mensch darin im Blick auf sein Heil *lernen und erkennen* kann (wobei Heil, wie oben skizziert, selbst den Charakter einer Erkenntnis hat). Damit setzt Thomas einen anderen Akzent als das sog. *epiphanische Offenbarungsverständnis*, in dem Offenbarung primär als Ereignis begriffen wird: als ein Hereinbrechen des Göttlichen in die Immanenz, als heilvolles Aufbrechen der Geschichte in ihren Unheilsstrukturen. Wer instruktionstheoretisch denkt, dem reicht der Hinweis auf den *Ereignischarakter der Offenbarung* (den die Theologie früherer Zeiten betonte) allein nicht: Er will wissen und verstehen, was dieses Ereignis für die Menschheit bedeutet, was sich darin an Informationen identifizieren lässt, wie diese systematisch darstellbar ist etc. – und was sich darin von Gott *erkennen* lässt.

Warum sind diese Überlegungen von Interesse? Sie deuten an, dass Thomas über Gottes Offenbarung nicht ohne Reflexion auf menschliche Erkenntnismöglichkeiten nachdenken kann; auch das ist ein Gedanke, der bei Karl Rahner eine wichtige Rolle spielen wird.

7.3.2 Hauptakt: Karl Rahners anthropologische Wende (feat. Gonzo, der Hamster)

a) Die transzendentale als anthropologische Wende

Kommen wir damit zu Rahners theologischem Ansatz. Dieser steht idealtypisch für die Aneignung der transzendentalen Denkform: Rahner setzt nicht mehr wie Theologen vor ihm beim *Sein des Seienden*, der *kausalen Struktur der Wirklichkeit* o. Ä. an, um davon ausgehend Gott zu thematisieren – sondern beim Menschen, um nach jenen Bedingungen fragen, unter denen die Erkenntnis Gottes bzw. das Vernehmen und Annehmen einer Offenbarung Gottes möglich ist. Freilich geschieht die Aneignung transzendentalen Denkens bei Rahner mit eigenen Konturen: Wo Kant den *Menschen primär als Erkenntnissubjekt* analysiert, interessiert sich Rahner für den *Menschen in seiner gesamten Existenz*, d. h. in seiner Erlösungsbedürftigkeit, mit seinen Fragen nach dem Sinn des Daseins, seiner Fähigkeit zu lieben u. a. m. Das ist ein Ertrag eines Denkens, das in der zweiten Zwischenreflexion kurz angedeutet war und das u. a. über Rahners philosophischen Lehrer Martin Heidegger eingespielt wird: Es ist *existentialistisches* bzw. *existenzphilosophisches Denken*. Entsprechend vollzieht Rahner zwar formal Kants transzendentale Wende mit, interpretiert sie aber umfassend als *anthropologische Wende*: Es geht nicht allein um den Menschen, *insofern er erkennen oder moralisch handeln kann* – sondern (abstrakt, aber doch) um den Menschen *in seiner gesamten Existenz*.

Versuchen wir im Folgenden in kleinteiligen Schritten stark vereinfachend zu rekonstruieren, wie dieser Ansatz konkret entwickelt wird.

b) Architektur des Ansatzes: Verwiesen auf das Unbedingte (feat. Gonzo, der Hamster)

Gehen wir dabei von einer These aus, die Rahner, Kant und Thomas teilen: Der Mensch ist ein Wesen, das seine Erfahrungen kategorial macht, d. h. stets etwas *als etwas* erkennt: einen braunen Fellhaufen *als Hamster*, die Lautgruppe „A-U-A" *als Schmerzensschrei*, spitz zulaufende weiße Dinger *als Gartenzaunlatten* etc. Menschliche Erfahrung ist also kategorial-begrifflich vermittelt: Sie basiert auf und vollzieht sich in jenen Kategorien und Begriffen, über die der Mensch verfügt.

Damit ist aber nicht alles gesagt, was über menschliche Erkenntnis bzw. den menschlichen Geist zu sagen ist. Man kann das an einer Wahrnehmung illustrieren, die wir in der Kritik der *quinque viae* gemacht haben: *am Umstand, dass man immer weiter fragen kann* (5.3.4 a). Das ist nichts, was bloß für kleine Kinder bezeichnend ist („Was ist hinter Opas Gartenzaun?" – „Der Garten der Nachbarin." – „Und dahinter?" – „Der nächste Garten." – „Und dahinter?" – *ad infinitum*), sondern zeichnet Rahner zufolge den menschlichen Geist als solchen aus: Der Mensch ist das Wesen, das alles immer neu infrage stellen kann. Gerade deshalb ist es ein *Wesen der Transzendenz*, weil es alles Endliche, das ihm begegnet, stets zu überschreiten *(transzendieren)* vermag: Jede kategoriale Antwort, die der Mensch auf eine kategoriale Frage findet, kann er neu befragen – und er kann es deshalb, weil sie nicht unbedingt gilt, weil all unser Erkennen endlich, relativ, begrenzt ist, *und er weiß, dass dies der Fall ist*. Eben darin gründet aber die angesprochene Dynamik ständigen Überschreitens: Wer eine Grenze *als Grenze* wahrnimmt, hat implizit schon darüber hinausgedacht; wer Endliches *als Endliches* wahrnimmt, hat darin epistemisch auf Unendliches vorgegriffen; und wer etwas *als bedingt* begreift, hat darin formal Unbedingtes beansprucht. Wir können an dieser Logik sehen, wie der menschliche Geist funktioniert: Er arbeitet *kategorial, aber er weiß auch darum und um die damit verbundenen Grenzen; gerade deshalb gilt aber, dass der Geist nicht nur kategorial* verfasst ist, denn er transzendiert das Kategoriale auch. Er ist also immer schon und immer auch auf die Überschreitung des Kategorialen, Endlichen, Begrenzten, Bedingten und Relativen gepolt: auf das Unendliche, Unbedingte und Absolute.

Mit diesen beiden Fixpunkten ist die Struktur des menschlichen Geistes umrissen: Die Offenheit des menschlichen Geistes für das Endliche (das er kategorial wahrnimmt) ist mit seinem Offensein für das Unendliche verschaltet. Man muss sogar präziser sagen: Das Offensein des menschlichen Geistes für das Unendliche, „seine Entschränktheit auf die unbegrenzte Weite aller möglichen Wirklichkeit" (Rahner 1984, 31) ist die *Möglichkeitsbedingung* dafür, für das Endliche, Konkrete und Gegenständliche offen zu sein. Endliches lässt sich *als Endliches* nur wahrnehmen, wenn implizit Unendlichkeit involviert ist – und daher ist Unendliches die Bedingung der Möglichkeit, Endliches *als Endliches* zu identifizieren. Im Blick darauf entwickelt Rahner nun einen Gedanken, der Kant und seiner Terminologie fremd ist: Er spricht von einer *transzendentalen Erfahrung*. Damit ist gemeint, dass der Mensch in einer konkreten kategorialen Erfahrung implizit *mit-erfährt*, auf das Unendliche hin offen bzw. darauf verwiesen zu sein – und das heißt: Er erfährt (auch wenn es niemals direkt Gegenstand kategorialer Erfahrung sein kann) in der spezifischen Weise des Verwiesenseins Unendliches mit.

> Man mag diese epistemologische Überlegung im Feld der Moral reformulieren und auf das verlassene, schreiende Baby im Park aus 5.4.1 zurückkommen: Wenn wir das Baby hören und sehen, befinden wir uns in einem endlichen, bedingten, begrenzten *setting* und nehmen dennoch etwas wahr, das uns unbedingt in Anspruch nimmt – den moralischen Anspruch zu helfen. Wir können ihn deshalb wahrnehmen, weil unser Geist für das Unbedingte offen ist (während das bei Hamster Gonzo selbst dann nicht der Fall ist, wenn er wieder nüchtern ist: Hamster sind zweifellos findige Tiere, sie sind aber nicht für das Unbedingte ansprechbar). Auch wenn sich das Unbedingte im Fall des schreienden Babys im Park in besonders eindrücklicher Weise ‚anzeigt', ist dennoch von einer Mit-Erfahrung zu sprechen: Es ist etwas, das im kategorialen Sehen und Hören des Babygeschreis mit-erfahren wird und sich in der Folge auch nur kategorial thematisieren lässt. Die *Bedingung der Möglichkeit* einer solchen Erfahrung ist jedenfalls, dass der menschliche Geist für einen unbedingten Anspruch überhaupt offen ist; diese Offenheit ist

nicht nur im Blick auf menschliche *Erkenntnis* festzuhalten, sondern auch hinsichtlich von Erfahrungen der *Freiheit*, der *Liebe* u. a. m.

Rahner fragt nun weiter: *Was erfahren wir eigentlich, wenn wir uns formal als auf das Unendliche offen erfahren?* Hier ist nun mehrerlei zu berücksichtigen. *Zum einen* muss man Rahner zufolge die richtige Zuordnung klar im Blick haben: Es ist nicht unser Geist, der (z. B. in einer Bewegung ständigen Fragens) Unendlichkeit *erzeugt*, sondern unser Geist erfährt sich in seinem Fragen auf eine Unendlichkeit hin offen, die er nicht gemacht hat – sie ist, wie Rahner daher schreibt, nicht bloß das Woraufhin, sondern auch das Wovonher unserer geistigen Dynamik. Deshalb ist für den Menschen als Person nicht einfach seine *geistige Offenheit auf* das Unendliche konstitutiv, sondern vielmehr *das Unendliche selbst*, das für diese Offenheit (und somit den Menschen) konstitutiv ist. Und insofern es konstitutiv ist, ist man auch nicht einfach in einem neutralen Sinn für das Unendliche offen, sondern *existentiell darauf verwiesen*. Das wiederum erklärt *zum anderen*, warum Rahner jene Unendlichkeit, auf die hin wir uns als verwiesen erfahren, mit einem etwas sonderbaren Etikett versieht: als „heiliges Geheimnis". „Geheimnis" ist dabei das Kürzel für die Unmöglichkeit, Unendliches, Unbedingtes oder Absolutes kategorial angemessen zu erfassen. „Heilig" hingegen meint, dass es eben das ist, was uns überhaupt erst als Personen konstituiert: Das Unendliche selbst „ist die Eröffnung meiner eigenen Transzendenz in Freiheit und Liebe" (ebd., 74) – und was könnte passender als „heilig" bezeichnet werden als jene Wirklichkeit, die Freiheit und Liebe eröffnet? *Zum Dritten* expliziert Rahner in einer denkerisch analogen Bewegung zweierlei, das zuvor implizit bereits eine Rolle gespielt hatte: Nichts kann eine Person *als Person* konstituieren, was nicht selbst personal ist (vgl. ebd., 81–82). Und analog kann nichts einen Vorgriff begründen, was nicht wirklich existiert; folglich ist auch kein Vorgriff auf das Unendliche möglich, wenn es das Unendliche nicht gibt (vgl. ebd., 44–45). Diese Argumentation regt zu Rückfragen an und muss später kurz eingeordnet werden, sie macht aber verständlich, warum Rahner das „heilige Geheimnis" als wirklich existierend *und* personal denkt.

Entsprechend verwundert es schließlich nicht, wenn Rahner festhält, dass die transzendentale Erfahrung (i. e. jene Mit-Erfahrung, gemäß der wir uns in jeder kategorialen Erfahrung immer schon als auf das Unendliche verwiesen erfahren) „die ursprüngliche Weise der Erkenntnis Gottes" (ebd., 67) ist. Kurzum: Das Unendliche, das Unbedingte, das Absolute, das „heilige Geheimnis", auf das hin der Mensch immer schon verwiesen ist – *das sind letztlich Chiffren für Gott. Jeder Mensch ist, insofern er personal und wesenhaft auf das Unbedingte ausgerichtet ist, immer schon auf Gott hin dynamisiert.* Das ist gewissermaßen das Wesen des Menschen, das sich auf die skizzierte Weise ‚freilegen' lässt (wie die Kapitelüberschrift formuliert): *auf Gott hin ausgerichtet zu sein, existentiell auf ihn verwiesen zu sein*. Das heißt nicht, dass jeder Mensch diese ihm eingestiftete Dynamik aufgreift, seiner Verwiesenheit auf das Unbedingte nachspürt oder ihr in irgendeiner Weise ‚gerecht' werden will – man muss diese Möglichkeit, dieses

‚Angebot' nicht annehmen, man kann es auch achselzuckend ignorieren, zornig zurückweisen, auch daran zweifeln oder gar verzweifeln u. a. m. Allerdings bedeutet die Überlegung sehr wohl, dass Gott *keine* Wirklichkeit ist, mit der man es im Laufe seines Lebens je nach Laune des Schicksals zu tun bekommt oder auch nicht. Vielmehr ist Gott jene Wirklichkeit, die die Mitte *jeder* personalen Existenz konstituiert und in jedem geistigen Vollzug mit-erfahren wird, weil er sich am Grund unserer Existenz bereits offenbart hat (wenn auch nicht kategorial-explizit). Rahner nennt es die „von Anfang an gegebene ‚transzendentale' Selbstmitteilung Gottes im Grund des Menschen" (1967a, 160); theologisch kann man das mit dem Heiligen Geist verbinden: Bereits ehe man von Jesus gehört hat bzw. selbst dann, wenn man nie von ihm gehört hat, wirkt Gottes Geist schon im Menschen.

All das bildet den Hintergrund für Rahners berühmte Rede vom „übernatürlichen Existential": Ein *Existential* (so der oben erwähnte Martin Heidegger) ist eine *Grundbestimmung* menschlicher Existenz, die unserem Tun vorausliegt und nicht daraus hervorgeht; dass Gott am Grunde unserer Existenz offenbar ist, ist ein solches Existential: eine Grundbestimmung des Menschen *als Menschen*. Zugleich ist dieses Existential *übernatürlich*, weil Gottes Offenbarung niemals als einfach *natürlicher, d. h. gleichsam naturnotwendiger* Vorgang qualifiziert werden kann: Gott offenbart sich frei, *nicht* aus Notwendigkeit, und er teilt sich in und als Liebe mit, *nicht* aus Kalkül und mit Hintergedanken.

c) Einordnungen

Es ist offensichtlich, dass Rahners Ansatz eine Reihe von Impulsen Kants und Thomas' integriert: Man kann seine transzendentale Theologie als theorieintensive Explikation und Präzisierung des Gedankens deuten, dass (wie Thomas sagt) jeder Mensch auf Gott als *bonum complex appetitum* verwiesen ist und immer schon eine *konfuse Gotteserkenntnis* hat – aber es ist eine Explikation, die neue Perspektiven erschließt, wie u. a. die Religionstheologie zeigen wird (vgl. Kapitel 18). Rahner nimmt dabei Kants transzendentale Wende ernst und setzt konsequent beim Menschen und seinen geistigen Vollzügen an, um von hier aus die Frage nach Gott und seiner Offenbarung zu stellen. Er teilt Kants Zurückweisung des Gedankens, man könne Gott wie anderes in der Welt erfahren: Man hat „von Gott keine Erfahrung wie von einem Baum, einem anderen Menschen und anderen äußeren Wirklichkeiten" (1984, 55) – vielmehr *erfährt* man Gott in seiner Zuwendung zu uns aufgrund der *transzendentalen* Struktur unseres Geistes immer schon. Das schließt für Rahner nicht aus, dass Gott sich auch kategorial offenbaren kann und offenbart hat (das Motiv etwa der Erfahrung *unbedingter* sittlicher Verpflichtung mag Impulse liefern, wie man auch die Erfahrung *unbedingter* Zuwendung Gottes in der Geschichte modellieren könnte, d. h. wie man denken mag, dass Gottes Wort in der Geschichte vernehmbar ist) – es sind aber bestimmte Standards gesetzt, wie Offenbarung zu verstehen ist.

Es war bereits angemerkt worden, dass insbesondere Rahners Argument für die Annahme, das „heilige Geheimnis" existiere, weil nur so unser Vorgriff darauf verständlich wäre, umstritten ist. Kant würde das philosophisch nicht akzeptieren: Von Strukturprinzipien des Denkens (à la „Von Nichts kommt nichts") auf reale Existenz zu schließen, ist ihm suspekt (vgl. 5.2.3 a/d), d. h. er würde *transzendentalen Schein* wittern (vgl. 7.2.1). Zugleich muss man aber sehen, dass Rahner keinen Gottesbeweis intendiert: Er will *nicht* philosophisch zeigen, dass Gott existiert, sondern theologisch plausibilisieren, dass Gott seine Zuwendung *keinem* Menschen vorenthält. Gott hat sich jedem Menschen immer schon zugewandt, wie die geistige Verwiesenheit des Menschen auf das Unendliche deutlich macht – diese Dynamik wäre nicht verständlich, wenn sich Gott nicht a priori dem Menschen mitgeteilt hätte. Das hat u. a. Folgen für die Unterscheidung von Glaube und Vernunft, weil *jeder* geistige Akt des Menschen so verstanden werden muss, dass Gottes Zuwendung darin involviert ist: Es gibt keine *rein natürliche Vernunft*, weil *Gottes Zuwendung* (wie können hier auch von *Gnade* sprechen, ohne das bereits näher zu erläutern) diese immer schon dynamisiert hat. Diese Überlegungen freilich erregen von anderer Stelle die Kritik, dass damit die kategoriale Offenbarung Gottes in Jesus von Nazaret relativiert werde. Das wird später noch Thema sein (vgl. 18.3.4), bereits hier soll aber notiert werden, dass Rahner die Konstellation anders versteht: Die transzendental-apriorische Offenbarung Gottes am Grunde jeder personalen Existenz macht den Menschen erst für die kategorial-geschichtliche Offenbarung ansprechbar, mehr noch: Vermittelt durch bestimmte kategoriale Erfahrungen lässt sie ihn mitunter sogar zu suchen anfangen, ob es nicht auch einen authentischen Ausdruck der transzendentalen Erfahrung in kategorialer Form gibt. Es ist gewissermaßen der Witz der Theorie, dass die Dinge gegengleich liegen: So wie das Bewusstsein, vom anderen geliebt zu sein, einen Kuss nicht überflüssig macht – so macht die transzendentale Erfahrung die geschichtliche Offenbarung nicht ‚überflüssig': Der Mensch ist aufgrund der transzendentalen Erfahrung gerade und vielmehr auf sie hingeordnet und dafür ansprechbar.

Damit sollte jedenfalls die große Integrationsleistung von Rahners Ansatz sichtbar geworden sein: Er hievt theologisches Nachdenken auf das Problemniveau der Moderne, indem er deren exemplarische Anfragen aufgreift und theologisch verarbeitet, stellt aber zugleich Anschlüsse an klassische Denkfiguren her. Es ist daher weder ein Zufall, dass Rahner als *Kirchenvater der Moderne* bezeichnet wird, noch dass er uns in späteren Fragen immer wieder begegnen wird.

7.3.3 Nachspiel: Lehramtliche Perspektiven

Erlauben wir uns zum Abschluss noch einen kurzen Seitenblick. Rahners Ansatz steht nämlich in einer größeren denkerischen Bewegung, in der Offenbarung nicht mehr primär instruktionstheoretisch verstanden wird, d. h. unter dem Gesichtspunkt, dass

Offenbarung ein heilsamer Instruktionsprozess ist (vgl. 7.3.1 b). Rahners Überlegungen lancieren vielmehr eine andere Perspektive: Sie machen klar, dass die menschliche Verwiesenheit auf das „heilige Geheimnis" existential grundlegend und existentiell bedeutsam ist. Das hat entsprechende Folgen: Wenn wir vorsichtig zu suchen beginnen, ob jener (transzendentalen) ‚Ahnung' eines liebenden Gottes (die unthematisch den Grund unserer Existenz bildet) nicht etwas in der Geschichte entspricht – *dann suchen wir Gott selbst* und nicht einfach Informationen über ihn.

Das macht neu dafür aufmerksam, dass Offenbarung nicht auf Informationsübertragung reduziert werden kann: Sie mag propositionale Gehalte involvieren, lässt sich aber nicht darauf verkürzen – eine Beobachtung, die bereits in der Analyse des Glaubensbegriffs eine Rolle gespielt hat (vgl. 2.2.1). Die verstärkte theologische Sensibilität dafür hängt nicht allein mit Rahner zusammen – gleichwohl ist er einer der wichtigsten Theologen im 20. Jh., die Offenbarung als *Selbstmitteilung Gottes* denken (auch wenn man Spuren für ein solches Verständnis schon früher finden kann – etwa wenn Thomas zumindest im Blick auf die himmlische Glückseligkeit schreibt, dass hier „nichts Geringeres als Gott selbst" erhofft werden darf, vgl. II-II q17 a2 c; dieses Glück einer solchen Selbstmitteilung wird allerdings abermals als Erkenntnisakt modelliert, vgl. auch 12.2.5; 19.4.4 β).

Meist spricht man im Blick auf das Motiv der Selbstmitteilung vom sog. *kommunikationstheoretischen Offenbarungsverständnis*; dessen Nukleus bildet die Überzeugung, dass Gott nicht *etwas über sich* offenbart, sondern *sich selbst mitteilt*. Diese größere denkerische Bewegung von einem instruktionstheoretischen hin zu einem kommunikativen Offenbarungsverständnis schlägt sich schließlich auch in der kirchlichen Lehrverkündigung wieder. Das Zweite Vatikanum hält 1965 in *Dei verbum*, der Dogmatischen Konstitution über die göttliche Offenbarung, verbindlich fest:

> Gott hat in seiner Güte und Weisheit beschlossen, sich selbst [!] zu offenbaren und das Geheimnis seines Willens kundzutun (vgl. Eph 1,9): dass die Menschen durch Christus, das fleischgewordene Wort, im Heiligen Geist Zugang zum Vater haben und teilhaftig werden der göttlichen Natur (vgl. Eph 2,18; 2 Petr 1,4). (DV 2)

8 Gott genealogisch entlarven?

Die folgende Einheit widmet sich nach einer kurzen Einordnung (8.1) dem Kanon der Religionskritik: Feuerbach (8.2), Marx (8.3), Freud (8.4) sowie Nietzsche (8.5). Am Ende des Kapitels steht schließlich ein theologischer Ansatz, der so gelesen werden kann, dass darin bestimmte religionskritische Anfragen verarbeitet werden: die nachidealistische Theologie von Johann Baptist Metz (8.6).

8.1 Vier übliche Verdächtige

Versuchen wir vorweg, die Religionskritik der vier genannten Denker kurz einzuordnen. Dazu lässt sich *zum einen* allgemein festzuhalten, dass es mehr Varianten kritischer Auseinandersetzung mit Religion gibt, als jene, für welche die vier genannten Namen stehen: Wenn Propheten religiöse Vorstellungen *Israels* bzw. *anderer* Kulturen in der Umwelt kritisieren, wie im Alten Testament zu lesen ist – dann lässt sich das (auch) als *interne* bzw. *interreligiöse Religionskritik* verstehen. Selbst wenn man den Fokus allein auf *externe Religionskritik* legt, gäbe es eine Reihe anderer Möglichkeiten – etwa den Blick auf den sog. *Neuen Atheismus* um Richard Dawkins, Sam Harris, Daniel Dennett und Christopher Hitchens (1949–2011) oder auf sprachphilosophische, literarische, kulturelle u. a. Auseinandersetzungen (vgl. Hoff 2004; 2009; 2015; vgl. auch 6.1.3, 9.1.2, 10.3.1 u. a. m.). Dennoch lohnt sich der Blick auf die vier genannten *üblichen Verdächtigen* in besonderer Weise: Sie arbeiten mit Topoi der Kritik (etwa: Projektion, Vertröstung, Kompensation etc.), die bis heute bedenkenswert sind und immer wieder in religionskritischen Diskursen auftauchen. Für unsere Zwecke kann man ihr Vorgehen *cum grano salis* als primär *genealogisch* bezeichnen: Religion wird nicht zuletzt im Rekurs auf Bedingungen ihrer Konstitution kritisiert, d. h. ausgehend von Fragen danach, wie sie entsteht, welche Funktionen sie (individuell, gesellschaftlich u. a.) hat, welchen Interessen sie dient oder auf welche Weise sie sozial konstruiert wird etc. Insbesondere Nietzsche gilt als Repräsentant eines solchen genealogischen Problemzugriffs.

Die leitenden Motive dieser Kritik ergeben sich – um *zum anderen* die Verbindung zum letzten Kapitel herzustellen – nicht unmittelbar aus Kants Philosophie, lassen sich aber *prima facie* in Sichtweite dazu plausibilisieren. Wenn etwa Gottes Dasein nach Kant weder beweisbar noch widerlegbar ist, stellt sich umso mehr die Frage, warum viele Menschen dennoch felsenfest von seiner Existenz überzeugt und religiös sind; dies muss, so der Verdacht, letztlich andere als epistemische Gründe haben. Nimmt man die Beobachtungen hinzu, dass die katholische Kirche im 19. Jh. aufklärerischen

Idealen wie Selbstbestimmung, Pressefreiheit u. a. m. ablehnend gegenüberstand, naturwissenschaftliche Erkenntnisse (wie zur Entstehung der Arten, die Charles Darwin 1859 beschrieb) rigoros zurückwies und die Moderne allgemein als großen Irrweg stigmatisierte – dann erklärt das den Eindruck, Religion verhindere eigenständiges Denken und selbstbestimmte Freiheit. Wie aber, so die neue Leitfrage, lässt sich dann die Persistenz religiösen Glaubens verstehen?

8.2 Feuerbachs Projektionsverdacht: Im Kino unserer Sehnsüchte

Der deutsche Philosoph Ludwig Feuerbach (1804–1872) entwickelt ein Schlüsselmotiv der Religionskritik, die sog. *Projektionsthese*. Der Mechanismus ist aus dem Kino bekannt: Man sieht an der Leinwand *vorne*, was von einem Projektor (der *hinter* dem eigenen Rücken positioniert ist) dorthin projiziert wird. Genau so funktioniert Religion, nur dass *wir selbst* unwissentlich der Projektor sind, der Inhalte in einen leeren Himmel projiziert: Eigenschaften wie Allgüte, Allmacht u. a., die wir als göttlich ‚wahrnehmen', entstammen eigentlich menschlichen Wünschen nach Anerkennung, Souveränität u. a. – das ist gewissermaßen der Film, der gespielt wird. Ohne dass wir es bewusst wahrnehmen (i. e. hinter unserem Rücken) werden unsere Wünsche in einen eigentlich leeren Himmel projiziert, der nun von einer fiktiven Götterwelt bevölkert bzw. einem imaginierten Vatergott bewohnt scheint. Das ist die entscheidende Täuschung, auf der Feuerbach zufolge Religion beruht:

> Du glaubst an die Liebe als eine göttliche Eigenschaft, weil du selbst liebst, du glaubst, dass Gott ein weises, ein gütiges Wesen ist, weil du nichts Besseres von dir kennst, als Güte und Verstand, und du glaubst, dass Gott existiert, dass er also Subjekt oder Wesen ist – was existiert, ist Wesen, werde es nun als Substanz oder Person oder sonst wie bestimmt und bezeichnet – weil du selbst existierst, selbst Wesen bist. (Wesen des Christentums, 22)

Anders formuliert: „Gott ist das *offenbare* Innere, das *ausgesprochene* Selbst des Menschen" (ebd., 15). Die skizzierten Wünsche und Ideale (exemplarisch: Liebe, Weisheit, Existieren) aber sind das, was menschliches Leben *als menschliches* Leben ausmacht, es ist Teil des menschlichen Wesens. Folglich wird dieses Wesen durch die beschriebene Projektion gespalten, weil darin das, was zuinnerst zum Menschsein gehört, mit Gott identifiziert und externalisiert wird:

> Die Religion, wenigstens die christliche, ist *das Verhalten des Menschen zu sich selbst,* oder richtiger: zu *seinem Wesen,* aber das Verhalten zu seinem Wesen *als zu einem anderen Wesen.* (Ebd., 17)
> Die Religion ist die *Entzweiung des Menschen mit sich selbst:* er setzt sich Gott als ein ihm *entgegengesetztes* Wesen gegenüber. (Ebd., 41)

Die schädliche Folge ist klar: Gott wird alles Gute zugesprochen, der Mensch bleibt mit dem Schlechten zurück. Gott ist zuvorderst und über alles zu lieben, während die Liebe zum Menschen davon abgeleitet ist. Feuerbach hat dabei im Blick, dass es kulturelle Differenzen hinsichtlich der genauen Fassung jener Ideale gibt, die als Göttliches projiziert werden; das erklärt u. a. Unterschiede zwischen griechischen und christlichen Gottesvorstellungen:

> „Wie Dein Herze, so Dein Gott." *Wie die Wünsche der Menschen, so sind ihre Götter*. Die Griechen hatten *beschränkte Götter* – das heißt: sie hatten *beschränkte Wünsche*. ... die Christen [hingegen] haben keinen beschränkten, sondern unbeschränkten, über alle Naturnotwendigkeit erhabenen, übermenschlichen, außerweltlichen, transzendenten Gott, das *heißt*: sie haben *unbeschränkte transzendente, über die Welt, über die Natur, über das menschliche Wesen hinausgehende, d. i. absolut phantastische Wünsche*. (Wesen der Religion, 503 f.)

Mit diesen Überlegungen ist der Projektions*mechanismus* erläutert und sind kulturell unterschiedliche Projektions*gehalte* verstehbar, aber kein Grund für die Projektion *als solche* genannt: Warum projiziert der Mensch seine Ideale überhaupt in eine fiktive Götterwelt? Feuerbach verweist hier auf eine Art Abhängigkeitsgefühl:

> Das Abhängigkeitsgefühl des Menschen ist der *Grund* der Religion; der Gegenstand dieses Abhängigkeitsgefühles, das, wovon der Mensch abhängig ist und abhängig sich fühlt, ist aber ursprünglich (!) nichts anderes, als die Natur. Die *Natur* ist der *erste, ursprüngliche Gegenstand der Religion*, wie die Geschichte aller Religionen und Völker sattsam beweist. (Wesen der Religion, 434)

Das heißt: Der Mensch trägt Wünsche und Ideale in sich, deren Erfüllung stets begrenzt und bedroht bzw. von externen Faktoren abhängig ist, exemplarisch etwa der Natur. So erhält der Gottesgedanke seine Funktion: Er symbolisiert die Erfüllung unserer Ideale. Das Göttliche ist „die Aufhebung der Mängel und Schranken im Menschen" (ebd., 497) – und eben dies erhofft der Mensch von Gott für sich. Anders formuliert: So wie Menschen im Kino in eine *romantic comedy* gehen, um ihre romantischen Sehnsüchte erfüllt zu sehen (und vielleicht sogar unausgesprochen hoffen, auf diese Weise das richtige *mind-* und *heartset* für die wahre Liebe zu erwerben) – so gehen Menschen in Kirchen, um ihre menschlichen Ideale in Gott realisiert zu glauben und von ihm Anteil daran zu erhoffen.

Feuerbachs Analyse ist aber nicht rein deskriptiv angelegt, sondern hat auch ein normatives Ziel: Der Mensch selbst soll wieder Angelpunkt allen Wahrnehmens, Denkens und Tuns werden. Der Mensch, der sich zum eigenen Schaden von seinem eigenen Wesen entfremdet hat, d. h. der alles Positive Gott und Negatives sich selbst zuschreibt – dieser Mensch soll wieder selbst *des Menschen Gott* werden.

> Die Liebe zum Menschen darf keine abgeleitete sein; sie muss zur *ursprünglichen* werden. Dann allein wird die Liebe eine *wahre, heilige, zuverlässige* Macht. Ist das Wesen des Menschen das *höchste Wesen* des Menschen, so muss auch praktisch das *höchste und erste Gesetz die Liebe des Menschen zum*

Menschen sein. *Homo homini Deus est* – dies ist der oberste praktische Grundsatz – dies der Wendepunkt der Weltgeschichte. (Wesen des Christentums, 326)

Rückfragen sind an unterschiedlichen Stellen möglich, aber nuanciert zu entwickeln. So ist etwa anzuerkennen, dass Feuerbachs Analysen den christlichen Glauben immer wieder zu Recht herausfordern, etwa da, wo Konkurrenzverhältnisse zwischen Gott und Mensch behauptet werden, ein ‚Großmachen' Gottes auf Kosten des Menschen, das christlich eigentlich nicht sein dürfte (vgl. 6.4.3). Zugleich ist aber infrage zu stellen, ob tatsächlich *alle* Religiosität *intrinsisch* pathologisch ist. Insbesondere zwei Spielzüge, die Feuerbach und andere Denker machen, sind anzuvisieren: die Kritik von Religion unter den Gesichtspunkten *Genese* und *Funktion*.

> Spielen wir damit verbundene Probleme an einem nichtreligiösen Alltagsbeispiel durch, das nach dem Besuch einer *rom com* im Kino angesiedelt ist: Stellen wir uns vor, wir machen unserer Begleitung nach dem Film im Foyer des Kinos ein Kompliment. Die gemeinsame Bekannte Pansy, die danebensteht und mitgehört hat, grinst: „Das sagst du nur, weil du nach diesem Film nicht alleine nach Hause gehen willst, *zwinker zwinker!*" Hier berührt uns nicht bloß das schlechte Monty-Python-Zitat unangenehm: Wie soll man Pansy, die offenkundig bloß sieht, *was sie klischeehaft sehen will*, davon überzeugen, dass das Kompliment *ohne diesen Hintergedanken* erfolgte? Und selbst wenn das Kompliment eine bestimmte Genese (die romantische Gestimmtheit nach dem Film) und eine bestimmte Funktion (das Gegenüber für sich einzunehmen) hat – was ist damit erfasst? Das, was das Kompliment inhaltlich besagt, mag unabhängig von seiner Genese und Funktion gut begründbar sein: Vielleicht war ja die Stimmenimitation von Goofy, die das Gegenüber zum Besten gab, *wirklich* nicht vom Original zu unterscheiden! (Vermutlich ein sonderbares, aber nicht denkunmögliches Kompliment.)

Was an Pansys Bemerkung problematisch ist, kann man analog im Blick auf Feuerbach notieren. Man mag argwöhnen, dass Feuerbach seine Projektionsthese als unmittelbar einleuchtend und einlinig versteht, obwohl sie wohl kulturanthropologisch, sozialpsychologisch u. a. anzureichern und dann vielleicht gar nicht so klar wäre: Religiosität ist *so* vielgestaltig und feingliedrig, dass a) oft nicht einmal klar ist, was darunterfällt und was nicht, und es b) keine triviale Übung sein dürfte, überall den gleichen Mechanismus (Projektion) zu identifizieren bzw. den gleichen Effekt (Entfremdung) festzustellen (es sei denn, man setzt bereits voraus, dass derlei überall zu finden sein *muss*: Dann würde man wie Pansy bloß sehen, wovon man *ohnehin schon* überzeugt ist). Analog ist zu fragen, ob der Fokus auf Genese und Funktion die Frage der Geltung (i. e. der Rationalität) nicht ausblendet. Religion mag evolutionär eine bestimmte Genese (Konkurrenz von Gruppen) und Funktion (soziale Stabilisierung) haben – aber das kann man auch von Mathematik sagen. Die Frage nach der Geltung dessen, was in der Sache geglaubt wird, wird damit nicht erreicht.

Das heißt nicht, dass Feuerbachs Kritik all ihren Wert verliert: Glaube auf Kosten von Humanität oder irrlichterndes Übertragen menschlicher Wünsche auf Gott sind problematisch – hier kann die Konfrontation mit Feuerbach eigene blinde Flecken aufdecken. Ebenso relevant scheint ein anderer Aspekt, auch wenn dieser nicht im Zentrum der Überlegungen steht: Vielleicht sind wir als Menschen schlicht Existenzen voller Sehnsüchte, Leidenschaften und Bedürfnisse. Das würde nahelegen, dass wir mit Projektionen selbst dort noch rechnen müssen, wo wir Projektionen kritisieren – auch der Humanismus des *homo homini Deus est* ist nicht frei davon. Der britische Philosoph und Theologe Clive S. Lewis (1898–1963) hat nüchtern festgehalten, dass „unser ganzes Wesen von Natur aus eine einzige große Bedürftigkeit ist: unvollständig, vorläufig, leer und doch vollgestopft, ein einziger Notschrei zu dem, der die verwirrten Fäden lösen kann und wieder ordnet, was uns entglitten ist" (2008, 10). Das scheint die *existentiell* interessante Frage zu sein, die man im Anschluss an Feuerbachs Überlegungen stellen mag: *Was heißt es, ein solches Wesen zu sein – und darum zu wissen?* Wir werden später darauf zurückkommen.

8.3 Marx' soziale Profilierung: Kranke Gesellschaften

Wechseln wir zur bekanntesten Variante von Feuerbachs Projektionsverdacht, die der deutsche Philosoph Karl Marx (1818–1883) vorlegt. Auch für ihn ist Religion Produkt menschlicher Projektion, die Anhalt an menschlichen Wünschen und Bedürfnissen hat und eine Art Selbstentfremdung darstellt. Allerdings bestimmt er den Grund für die Projektion anders: Wo Feuerbach (wie auch Lewis im Zitat eben) vage vom Wesen des Menschen spricht, das aufgrund von Furcht kulturell unterschiedene Wunschordnungen ausbildet, da fokussiert Marx die Rolle sozio-ökonomischer Strukturen in diesem Prozess.

> Das Fundament der irreligiösen Kritik ist: Der *Mensch macht die Religion,* die Religion macht nicht den Menschen. Und zwar ist die Religion das Selbstbewusstsein und das Selbstgefühl des Menschen, der sich selbst entweder noch nicht erworben oder schon wieder verloren hat. Aber *der Mensch,* das ist kein abstraktes, außer der Welt hockendes Wesen. Der Mensch, das ist *die Welt des Menschen,* Staat, Sozietät. Dieser Staat, diese Sozietät produzieren die Religion, ein *verkehrtes Weltbewusstsein,* weil sie eine *verkehrte Welt* sind. (Einleitung, 378)

Die Ursachen der religiösen Projektion liegen also in konkreten gesellschaftlichen Verhältnissen, in Entfremdungen, die darin erzeugt werden, in den Widersprüchen unserer ökonomisch dominierten Welt. Am dichtesten kommt Marx' Perspektive vielleicht in der bekannten Formel von Religion als *Opium des Volkes* zur Geltung: Ist Opium im Spiel, kann man a) davon ausgehen, dass Krankheit und Schmerzen vorliegen (Indikation); in Bezug auf diese wirkt Opium b) als Beruhigungs- und Betäubungsmittel, d. h. es ist eine Art Protest gegen die Schmerzen und hilft auch dagegen (Entlastung); allerdings ist Opium c) nur sedierend, nicht therapeutisch wirksam: Es macht nicht gesund, nur süchtig (Verblendung). All das gilt analog für gesellschaftliche Verhältnisse, in denen Religion vorkommt: Religion ist verlässlicher Indikator für sozio-ökonomische Pathologien. Sie wirkt wie ein Schmerzmittel, das man trotzig nimmt, um über die schlimmsten Schmerzen hinwegzukommen, aber ändert nichts an der Lage selbst – sondern macht bloß abhängig. Marx im O-Ton:

> Das *religiöse* Elend ist in einem der *Ausdruck* des wirklichen Elendes und in einem die *Protestation* gegen das wirkliche Elend. Die Religion ist der Seufzer der bedrängten Kreatur, das Gemüt einer herzlosen Welt, wie sie der Geist geistloser Zustände ist. Sie ist das *Opium* des Volks.
> Die Aufhebung der Religion als des *illusorischen* Glücks des Volkes ist die Forderung seines *wirklichen* Glücks. Die Forderung, die Illusionen über seinen Zustand aufzugeben, ist die *Forderung, einen Zustand aufzugeben, der der Illusionen bedarf.* Die Kritik der Religion ist also im *Keim* die *Kritik des Jammertales,* dessen *Heiligenschein* die Religion ist.
> Die Kritik hat die imaginären Blumen an der Kette zerpflückt, nicht damit der Mensch die phantasielose, trostlose Kette trage, sondern damit er die Kette abwerfe und die lebendige Blume breche. Die Kritik der Religion enttäuscht den Menschen, damit er denke, handle, seine Wirklichkeit gestalte wie ein enttäuschter, zu Verstand gekommener Mensch, damit er sich um sich selbst und damit um seine wirkliche Sonne bewege. Die Religion ist nur die illusorische Sonne, die sich um den Menschen bewegt, solange er sich nicht um sich selbst bewegt.
> Es ist also die *Aufgabe der Geschichte,* nachdem das *Jenseits der Wahrheit* verschwunden ist, die *Wahrheit des Diesseits* zu etablieren. ... Die Kritik des Himmels verwandelt sich damit in die Kritik der Erde, *die Kritik der Religion* in die *Kritik des Rechts,* die *Kritik der Theologie* in die *Kritik der Politik.* (Ebd., 378 f.)

In der Passage wird auch die Zielperspektive der Marx'schen Kritik deutlich: Kritik der Religion ist letztlich Kritik einer Gesellschaft, die Religion nötig macht, d. h. einer Gesellschaft, deren Mitglieder wegen der herrschenden Verhältnisse in die Droge ‚Religion' getrieben werden.

Rückfragen an Marx ähneln jenen an Feuerbach, sie müssen hier nicht wiederholt werden. Spezifisch lässt sich anmerken, dass die relativ einlinige Herleitung von Religion aus gesellschaftlichen Prozessen kurzschlüssig erscheint; auch die Qualifikation von Religion als Opium, i. e. Sedativum, überzeugt nicht in jeder Hinsicht – Religion kann gesellschaftliche Veränderung sehr wohl auch initiieren und Verblendungszusammenhänge durchbrechen. Davon unabhängig erzeugt *gerade* der Versuch, Gesellschaften zum Besseren zu verändern, offenkundig stets neu religiöse Fragen (nicht zuletzt im Blick auf die Opfer solcher Versuche, vgl. 10.3.2). Auch hier gilt aber, dass Marx' Anfrage dadurch nicht weniger relevant wird: Sie bleibt ein Stachel gerade für religiöse Selbstzufriedenheit.

8.4 Freuds psychologische Rückführung: Familiäre Kompensation

Der Name Sigmund Freud (1856–1939) steht für die psychoanalytische Kritik der Religion: Ihm zufolge ist religiöse Praxis ihrer *Form* nach eine zwangsneurotische

Kompensationshandlung, deren *Inhalte* aus infantilen Illusionen stammen – auch hier ist wieder der Mechanismus der Projektion im Spiel. Dabei greifen mehrere Erklärungslinien ineinander: Zum einen leitet Freud Religion menschheitsgeschichtlich ab (Ermordung des Urvaters in der Urhorde, dessen Vorschriften aber zugleich übernommen werden), um sie als *kollektive Zwangsneurose* zu erklären; zum anderen situiert er sie individualgeschichtlich in der Vater-Kind-Beziehung: Die Gottes-Idee ist die übergroße Projektion der realen Figur des Vaters, der für das Kind sorge. Im Laufe des Erwachsenwerdens gelte es aber, für sich selbst Verantwortung zu übernehmen; dabei tendiert der Mensch, der sich auch als Erwachsener vielfach überfordert fühlt (und sich assoziativ an die Hilflosigkeit als Kind erinnert), dazu, eine imaginäre Übervater-Figur in den Himmel zu projizieren, die immer für ihn sorgen werde:

> Religion ist ein Versuch, die Sinneswelt, in die wir gestellt sind, mittels der Wunschwelt zu bewältigen, die wir infolge biologischer und psychologischer Notwendigkeiten in uns entwickelt haben. Aber sie kam es nicht leisten. Ihre Lehren tragen das Gepräge der Zeiten, in denen sie entstanden sind, der unwissenden Kinderzeiten der Menschheit. Ihre Tröstungen verdienen kein Vertrauen. Die Erfahrung lehrt uns: Die Welt ist keine Kinderstube. (Neue Folge, 595)

Die infantilen Illusionen der Religion werden durch entsprechende Riten ergänzt. Die Ähnlichkeit eines religiösen Ritus mit einer psychischen Zwangshandlung ist für Freud frappant:

> Die Leute, die Zwangshandlungen oder Zeremoniell ausüben, gehören nebst jenen, die an Zwangsdenken, Zwangsvorstellungen, Zwangsimpulsen u. dgl. leiden, zu einer besonderen klinischen Einheit, für deren Affektion der Name „Zwangsneurose" gebräuchlich ist. (Zwangshandlungen, 13)
>
> Nach diesen Übereinstimmungen und Analogien könnte man sich getrauen, die Zwangsneurose als pathologisches Gegenstück zur Religionsbildung aufzufassen, die Neurose als eine individuelle Religiosität, die Religion als eine universelle Zwangsneurose zu bezeichnen. (Ebd., 21)

Warum ist die Projektion des Vaters im Himmel aber so mächtig? Sie ist deshalb so hartnäckig, weil die Bedürfnisse (nach Sicherheit, Geborgenheit etc.), die ihr zugrunde liegen, so massiv sind: Man muss nur

> die psychische Genese der religiösen Vorstellungen ins Auge fassen. Diese, die sich als Lehrsätze ausgeben, sind nicht Niederschläge der Erfahrung oder Endresultate des Denkens, es sind Illusionen, Erfüllungen der ältesten, stärksten, dringendsten Wünsche der Menschheit; das Geheimnis ihrer Stärke ist die Stärke dieser Wünsche. Wir wissen schon, der schreckende Eindruck der kindlichen Hilflosigkeit hat das Bedürfnis nach Schutz – Schutz durch Liebe – erweckt, dem der Vater abgeholfen hat, die Erkenntnis von der Fortdauer dieser Hilflosigkeit durchs ganze Leben hat das Festhalten an der Existenz eines – aber nun mächtigeren Vaters verursacht. Durch das gütige Walten der göttlichen Vorsehung wird die Angst vor den Gefahren des Lebens beschwichtigt, die Einsetzung einer sittlichen Weltordnung versichert die Erfüllung der Gerechtigkeitsforderung, die innerhalb der menschlichen Kultur so oft unerfüllt geblieben ist, die Verlängerung der irdischen Existenz durch ein zukünftiges Leben stellt den örtlichen und zeitlichen

Rahmen bei, in dem sich diese Wunscherfüllungen vollziehen sollen. (Zukunft einer Illusion, 164)

Auch Freud analysiert Religion nicht rein deskriptiv, sondern verfolgt ein normatives Ziel: das Mündig- und Erwachsenwerden des Menschen.

> Was soll ihm die Vorspiegelung eines Großgrundbesitzes auf dem Mond, von dessen Ertrag doch noch nie jemand etwas gesehen hat? Als ehrlicher Kleinbauer auf dieser Erde wird er seine Scholle zu bearbeiten wissen, so dass sie ihn nährt. Dadurch, dass er seine Erwartungen vom Jenseits abzieht und alle freigewordenen Kräfte auf das irdische Leben konzentriert, wird er wahrscheinlich erreichen können, dass das Leben für alle erträglich wird und die Kultur keinen mehr erdrückt. (Ebd., 183)

Rückfragen ergeben sich u. a. gerade aus dieser Zielperspektive: Auch hier ist die vermeintlich prinzipielle Konkurrenz zwischen Mündigkeit des Menschen und Glauben an Gott infrage zu stellen, sowohl normativ als auch empirisch. Tatsächlich *kann* Glaube Unmündigkeit katalysieren – er kann aber auch und sollte (zumindest seinem Selbstverständnis gemäß, vgl. 6.4.3) eigentlich Medium von Emanzipation und Befreiung sein. Wieder gilt, dass auch Freud wichtige Perspektiven kritischer Auseinandersetzung mit dem eigenen Glauben liefert – denn aus dem Umstand, dass nicht alle Religion neurotisch ist, folgt nicht, dass nicht manche (oder gar die eigene!) Religiosität es tatsächlich ist.

8.5 Nietzsches Kritik der Hinterwelt: Friedrich verabscheut Coldplay

Kommen wir damit zum vielleicht spannendsten Denker in diesem Reigen: Friedrich Nietzsche versetzt nicht nur der Religionskritik einen neuen, radikaleren Spin und soll deshalb ausführlicher zu Wort kommen (vgl. bereits 3.1.3 c).

Den Ausgangspunkt bildet auch bei Nietzsche die These, dass Religion *menschliche* Erfahrungen projiziere. In gleichsam „primitiven" Religionen etwa feiert ein Volk sein eigenes Dasein und verehrt in seinem Stammesgott „die Bedingungen, durch die es obenauf ist, – es projiziert seine Lust an sich, sein Machtgefühl in ein Wesen, dem man dafür *danken* kann" (Geschichte, 321).

> Die psychologische Logik ist die: das *Gefühl der Macht,* wenn es plötzlich und überwältigend den Menschen überzieht, – und das ist in allen großen Affekten der Fall – erregt ihm einen Zweifel an seiner Person: er wagt sich [selbst] nicht als Ursache dieses erstaunlichen Gefühls zu denken – und so setzt er eine *stärkere* Person, eine Gottheit für diesen Fall an. In summa: der Ursprung der Religion liegt in den extremen Gefühlen der Macht, welche als *fremd* den Menschen überraschen…
> Eine Art *Furcht-* und *Schreckgefühl* vor sich selbst… Aber ebenso ein außerordentliches *Glücks- und Höhengefühl…* (Ursprung, 98; die beiden letzten Auslassungen stammen von Nietzsche)

Hier ist der Grund der Projektion benannt: Der Wille, jemand anderem (als sich selbst) zu danken, ist ein Zeichen von Schwäche. Schwäche ist auch der entscheidende Faktor jener Religionsform, die Nietzsche nicht mehr „primitiv", sondern moralisch nennt – etwa das Christentum: Da man eine Welt, in der das Recht des Stärkeren zählt, nicht erträgt, imaginiert man eine moralische Weltordnung, deren Garant ein moralischer Schöpfer ist: Gott. Auf diese Weise erklärt Nietzsche auch das Christentum seiner Zeit:

> Wie viel einer *Glauben* nötig hat, um zu gedeihen, wie viel „Festes", an dem er nicht gerüttelt haben will, weil er sich daran *hält*, – ist ein Gradmesser seiner Kraft (oder, deutlicher geredet, seiner Schwäche). Christentum haben, wie mir scheint, im alten Europa auch heute noch die Meisten nötig: deshalb findet es auch immer noch Glauben. Denn so ist der Mensch: ein Glaubenssatz könnte ihm tausendfach widerlegt sein, – gesetzt, er hätte ihn nötig, so würde er ihn auch immer wieder für „wahr" halten (Fröhliche Wissenschaft, 263)

Damit wird der *Natur* eine *Übernatur* gegenübergesetzt: Wo sich der Starke einfach nimmt, was er will, da hebt der Schwache den Zeigefinger und mahnt, *dass er das eigentlich und an sich nicht dürfe*. Das „eigentlich" und das „an sich" sind das Problem: Sie sind Fiktionen des Schwachen. Weil der Schwache in der wirklichen Welt zum Opfer des Starken wird, muss er eine *eigentliche Welt* beschwören, in der er das eigentlich nicht ist (weil er ja *an sich* nicht Opfer sein *dürfte*, insofern der Starke *eigentlich kein Recht* zum Übergriff hatte). Wenn etwa die britische Band *Coldplay* „Just because I'm losing, doesn't mean I'm lost" singt (2008) – dann packt Nietzsche der Ekel: Hier wird kitschig eine Wirklichkeit beschworen, die die Realität des Lebens leugnet! In der wirklichen Welt *sind* Verlierer nun mal verloren, *as simple as that*. Eben das ist Glaube: Die Glaubende nimmt nicht zur Kenntnis, was ist, weil sie nicht erträgt, dass es so ist, wie es ist. „Gott ist ein Gedanke, der macht alles Gerade krumm und Alles, was steht, drehend" (Also sprach Zarathustra, 106). Das ist nicht bloß Leugnung, sondern Verneinung des wirklichen Lebens, denn dieses schert sich nicht um das Eigentliche, sondern ist, was es ist. Der christliche Glaube steht idealtypisch für solche Leugnung: Es ist eine „Sklavenreligion", eine Religion der Schwachen, die sich gegen das Leben für das Missratene, Verlorene, Leidende engagiert. In Worten Nietzsches:

> das Jenseits als Wille zur Verneinung jeder Realität; das Kreuz als Erkennungszeichen für die unterirdischste Verschwörung, die es je gegeben hat, – gegen Gesundheit, Schönheit, Wohlgeratenheit, Tapferkeit, Geist, *Güte* der Seele, *gegen das Leben selbst*... (Der Antichrist, 251; die Auslassung stammt von Nietzsche)

Damit ist Nietzsches Religions- und Christentumskritik in ihren Grundlinien erzählt, aber erst jetzt werden die Dinge spannend: Erst jetzt kommt der *plot twist*. Er lässt sich an einer einzigen Frage festmachen: *Was um Himmels willen hatte Coldplay in der obigen Darstellung verloren?* Die Band steht für säkularen Pop, nicht religiöse Verkündigung! Genau das ist der Punkt, in dem sich Nietzsche radikaler als die andere Kritik versteht: Projektion findet sich überall, wo von Wahrheit, Humanität und Moral die Rede ist – nicht nur in der Religion oder in kitschigem Pop, sondern auch im innersten Bezirk der Vernunft. Auch Vernunft steht im Bannkreis dessen, was *objektiv, an sich, eigentlich* gilt (vgl. das Ideal spekulativer Vernunft, 3.1.1), oder betet das Ideal *widerspruchsfreier Überzeugungssysteme* an (vgl. das Ideal kritischer Vernunft, 3.1.2) – obwohl sich das Leben weder um Objektivität noch Konsistenz schert. Säkulare Moral propagiert eine unantastbare Menschenwürde und universal geltende Menschenrechte – aber auch das ist eine Flucht vor der harten Realität. Kurzum: Auch Vernunft ist in unterschiedlichen Varianten der Fiktion einer *eigentlichen* Welt verhaftet. Eine solche eigentliche „Hinterwelt" aber existiert nicht: Sie und ihre denkerischen Derivate „Wahrheit" und „Moralität" sind bloß die Erfindung eines *Willens*, der sich behaupten will:

> Wir haben eben gar kein Organ für das *Erkennen*, für die „Wahrheit": wir „wissen" (oder glauben oder bilden uns ein) gerade so viel als es im Interesse der Menschen-Herde, der Gattung, *nützlich* sein mag ... (Fröhliche Wissenschaft, 275)
>
> [N]ein, gerade Tatsachen gibt es nicht, nur Interpretationen. Wir können kein Faktum „an sich" feststellen: vielleicht ist es ein Unsinn, so etwas zu wollen. „Es ist alles subjektiv" sagt ihr: aber schon das ist *Auslegung*, das „Subjekt" ist nichts Gegebenes, sondern etwas Hinzu-Erdichtetes, Dahinter-Gestecktes. (Fragmente, 323)

Vernunft ist kein Medium der Wahrheitserkenntnis und keine Ressource der Humanität, sondern ein *Instrument unserer Interessen*: Sie fingiert Objektivität und Tatsachen, um eigene Perspektiven durchzusetzen (vgl. 3.1.3 c). Das trennt Nietzsche von den Salonatheisten seiner Zeit: Wer Religion um des Menschen willen ablehnt, Gottes Existenz aus Vernunftgründen leugnet oder Atheismus gar *fancy* findet, hat ihm zufolge nicht verstanden, worum es geht. Er faselt immer noch von *objektiven Wahrheiten* oder *humanitären Werten* – und projiziert damit munter weiter. Kritikmotive wie diese finden sich in Nietzsches berühmter und häufig zitierter *Parabel vom tollen Menschen*:

> Habt ihr nicht von jenem tollen Menschen gehört, der am hellen Vormittage eine Laterne anzündete, auf den Markt lief und unaufhörlich schrie: „Ich suche Gott! Ich suche Gott!" – Da dort gerade viele von denen zusammen standen, welche nicht an Gott glaubten [sic!], so erregte er ein großes Gelächter. ... Der tolle Mensch sprang mitten unter sie und durchbohrte sie mit seinen Blicken. „Wohin ist Gott?" rief er, „ich will es euch sagen! Wir haben ihn getötet, – ihr und ich! Wir alle sind seine Mörder! Aber wie haben wir dies gemacht? Wie vermochten wir das Meer auszutrinken? Wer gab uns den Schwamm, um den ganzen Horizont wegzuwischen? Was taten wir, als wir diese Erde von ihrer Sonne losketteten? Wohin bewegt sie sich nun? Wohin bewegen wir uns? Fort von allen Sonnen? Stürzen wir nicht fortwährend? Und rückwärts, seitwärts, vorwärts, nach allen Seiten? Gibt es noch ein Oben und ein Unten? Irren wir nicht wie durch ein unendliches Nichts? Haucht uns nicht der leere Raum an? Ist es nicht kälter geworden? Kommt nicht immerfort die Nacht und mehr Nacht? Müssen nicht Laternen am Vormittage angezündet werden? Hören wir noch nichts von dem Lärm der Totengräber, welche Gott begraben? Riechen wir noch nichts von der göttlichen Verwesung? – auch Götter verwesen!

> Gott ist tot! Gott bleibt tot! Und wir haben ihn getötet! ... Hier schwieg der tolle Mensch und sah wieder seine Zuhörer an: auch sie schwiegen und blickten befremdet auf ihn. Endlich warf er seine Laterne auf den Boden, dass sie in Stücke sprang und erlosch. „Ich komme zu früh", sagte er dann, „ich bin noch nicht an der Zeit. Dies ungeheure Ereignis ist noch unterwegs und wandert, – es ist noch nicht bis zu den Ohren der Menschen gedrungen. Blitz und Donner brauchen Zeit, das Licht der Gestirne braucht Zeit, Taten brauchen Zeit, auch nachdem sie getan sind, um gesehen und gehört zu werden. Diese Tat ist ihnen immer noch ferner, als die fernsten Gestirne, – *und doch haben sie dieselbe getan!*" (Fröhliche Wissenschaft, 158–160)

Der Tod Gottes wird hier nicht Gläubigen, sondern Atheisten verkündet – *sie* sollen verstehen, was dieser Tod meint. Man kann das an die Adresse bisheriger Religionskritik gerichtet lesen: Feuerbach und Marx kritisieren Vertröstung, vertrösten aber selbst noch salbungsvoll durch ihren humanistischen Anspruch; die menschliche Zukunft, die sie beschwören, soll religiöse Projektionen entlarven, ist selbst aber nichts weniger als Projektion: eine quasi kindliche Illusion, die das Jetzt erträglich machen soll. Sie kritisieren Erlösungsfantasien, bedienen aber selbst entsprechende Sehnsüchte, ohne die religiöse Herkunft der leitenden Motive kaschieren zu können: Ihre leitenden Konzepte zehren vom Licht erloschener Sterne.

Nietzsche drängt folglich auf den konsequenten Verzicht aller Illusion: Es geht darum, sich in der Welt, wie sie ist, *unbändig schöpferisch* zu behaupten – ohne Rekurs auf eine feste moralische Ordnung, eine göttlich verbürgte Struktur der Dinge, den Vorgriff auf objektive Wirklichkeit, das beruhigende Ideal vernunftgemäßen Lebens – sondern *genialisch produktiv*. Das bekannteste Kürzel dafür ist *Wille zur Macht*, das den Willen zu eben dieser unbändig produktiven, maßlos kreativen Daseinsbewältigung meint. Letztlich geht es Nietzsche darin um die *radikale und schöpferische Bejahung des Lebens*; dessen Chiffre ist *amor fati*, die Liebe zum Notwendigen, zum Schicksal:

> Amor fati: das sei von nun an meine Liebe! Ich will keinen Krieg gegen das Hässliche führen. Ich will nicht anklagen, ich will nicht einmal die Ankläger anklagen. *Wegsehen* sei meine einzige Verneinung! Und, Alles in Allem und Großen: ich will irgendwann einmal nur noch ein Jasagender sein! (Fröhliche Wissenschaft, 201)

Amor fati symbolisiert ein Ja zur Welt, so wie sie ist: nicht auf den Menschen abgestimmt, nicht an ihm interessiert, blind für all unsere Wünsche und Sehnsüchte, ewig Chaos. Das gilt es radikal anzunehmen: Es gibt kein Leben *danach*, keine *an sich* vernünftige Welt, kein Refugium *geordneten* Daseins – genau das wird sich trotz allen Fortschritts niemals ändern. Dies ist der funkelnde Kern in Nietzsches Rede von *ewiger Wiederkunft*: Es gilt dieses Leben im vollen Bewusstsein anzunehmen, dass sich die chaotische Struktur dieser Welt in Ewigkeit nicht ändern, sondern stets neu wiederkehren wird – sie wird sich ewig reproduzieren. Das ist Nietzsche zufolge der „schwerste Gedanke", der zu denken möglich ist: Vorbehaltlos *dazu* Ja sagen kann nur der *Übermensch*.

Rückfragen an diese religionskritischen Perspektiven zu stellen ist komplex, weil sie auch rationalitätstheoretisch ans Prinzipielle rühren: Wenn Objektivität und Vernunft *nichts anderes als* interessengeladene Fiktionen sind, ist unklar, welche Form von Rückfrage überhaupt sinnvoll ist. Will man Polemik nicht polemisch adressieren (wofür Nietzsches eigenes Pathos genügend Angriffsfläche bietet), bleibt letztlich doch nur rationale Auseinandersetzung. Tatsächlich hängt damit eine zentrale Anfrage an Nietzsches Denken zusammen: *Wenn es etwa keine Wahrheiten und Tatsachen, sondern nur Interpretationen gibt – ist das dann wahr oder selbst nur eine interessengeleitete Interpretation?* Die Frage dabei ist nicht, wie eine solche Anfrage einzuschätzen ist (Liegt hier eine Inkonsistenz Nietzsches vor? Vermutlich), sondern ob Inkonsistenz *überhaupt* problematisch ist. Nietzsche scheint in seinem Denken jedenfalls das künstlerische Genie als Leitbild vorzuschweben, für dessen Schaffen Logik keine Orientierungsgröße ist: Ihm sind Konsistenz und Moral gleich, es will bloß seine schöpferische Macht in stets neuen Steigerungen realisieren. Das ändert nichts daran, dass ein *common sense*-Rationalismus hier achselzuckend weiterhin Inkonsistenzen sehen wird; da in Kapitel 3.3 bereits eine entsprechende Position skizziert worden war, soll sie hier nicht wiederholt werden: Nietzsches Überhöhung individuell-schöpferischen Daseins verkennt wohl die (rationale) Koordination von Perspektiven als Katalysator menschheits- und individualgeschichtlicher *Dynamisierung*.

Eine entsprechende Auseinandersetzung ist an vielen anderen Schlüsselmotiven durchzuspielen: Was heißt Leben, Moral, Glaube? Besteht unser Lebensproblem darin, dass es (wie Nietzsche meint) keine Wahrheit gibt – oder (schlimmer noch) darin, dass es vielleicht doch Wahrheit gibt, ohne dass uns das hülfe, sowie wirkliche moralische Verpflichtung, die uns aber bloß überfordert? Was bedeutet es, ein Mensch zu sein – und was meint, vorbehaltlos Ja-Sagender zu sein? Gerade Letzteres erscheint selbst als spezifische Form von Projektion, die (zumindest im Denken Nietzsches) mit Schwäche konnotiert ist: als Variante des Stockholm-Syndroms. Dieses meint psychologisch das Phänomen, dass Opfer von Geiselnahmen eine emotional positive Identifikation mit Geiselnehmern aufbauen, d. h. dass sie Ja sagen, wo eigentlich Protest angebracht wäre, um die Ausnahmesituation durchzustehen. Bei Nietzsche, so lässt sich überlegen, erscheint dieser psychologische wie ein existentieller Mechanismus: Es geht um ein Ja zu einer *Welt, die ihre Kinder frisst*. Wie soll man dazu vorbehaltlos Ja sagen können und warum sollte man es tun (es sei denn, dass die Situation anders nicht zu bewältigen ist, was freilich in Nietzsches Perspektive Projektion und Flucht wäre)? Ist es Ausdruck unbändig-machtvoller Kreativität, sich seine Antwort nicht von den Umständen diktieren zu lassen und daher selbst das Unerträglichste noch mit einem Ja anzuverwandeln – oder ist ein solches Ja nicht vielmehr eine Flucht: nämlich die Flucht vorm klaren Nein zu all dem, was schlicht nicht zu bejahen ist? Wäre nicht das trotzige Nein das eigentliche Signum des Starken: *Keine Kompromisse, niemals!* Wenn freilich ein solches Nein zu einer Welt, die ihre Kinder frisst, angebracht ist: *Wie lässt sich dann ein Leben in einer solchen Welt überhaupt noch akzeptieren und annehmen?*

Die Fragen sind vage formuliert, aber es ist klar, dass sie nicht bloß rhetorisch sind: Hier ereignet sich eine massive theologische Diskursverschärfung. Diese setzt jene *existentialphilosophische Wende* mit in Gang, die in der zweiten Zwischenreflexion erwähnt worden war. Diese stellt sich nicht völlig neuen Fragen (Wie sollen wir unser Dasein verstehen?), aber stellt sie mit neuem Problembewusstsein: Können wir Ja zu einem Leben sagen, in dem man zu manchem unbedingt Nein sagen sollte? Können, sollen, dürfen wir (mit Nietzsche) ein solches Nein in ein kreatives Ja transformieren, weil nur ein solches Ja kein Verrat an der Welt ist, so wie sie nun mal ist? Oder müssen wir uns umgekehrt (mit Dr. Rieux im Roman *Die Pest* von Albert Camus, 1913–1960) „weigern, diese Schöpfung zu lieben, in der Kinder gemartert werden" (2012, 247) – weil *ein Ja in und zu einer solchen Welt* ein Verrat wäre? Wie sollen wir damit umgehen, dass wir (wie C. S. Lewis oben formulierte) eine einzige große Bedürftigkeit nach Sinn sind, wenn wir zugleich wahrnehmen, dass die Welt dieser Bedürftigkeit gleichgültig gegenübersteht – und dass (so abermals Camus) eine Kluft, ein „Abgrund zwischen Begehren und Erfüllung" unserer Sinnbedürfnisse besteht (2013, 30)? Und welche Antwort lässt sich angesichts dieser Wahrnehmung redlich auf die existentiell entscheidende Frage geben, „ob das Leben es wert ist, gelebt zu werden oder nicht" (ebd., 15) – wobei zugleich zu bedenken ist, dass es *unser* Leben ist und uns *niemand* die Antwort dafür abnehmen kann?

Halten wir fürs Erste diese Fragen, die sich in anderer Form auch mit Sören Kierkegaard oder Jean-Paul Sartre entwickeln ließen, bloß fest. Es ist evident, dass sie sehr rasch eingeführt wurden (und näher erläutert werden müssten) und sie hier nicht adäquat adressiert werden können, mehr noch: dass die Beschäftigung mit ihnen vielleicht überhaupt über das hinausweist, was in Form von Büchern bewältigt werden kann. Aber das ist keine Lizenz dafür, sie nicht auch theologisch in den Blick zu nehmen, in der Theodizee (vgl. 10.3.2), in der Christologie (vgl. vierte Zwischenreflexion) – und im nächsten Abschnitt.

8.6 Nachidealistische Theologie bei J. B. Metz

Die dargestellte Religionskritik war bisher mit *einzelnen* Rückfragen adressiert worden. Sucht man hingegen einen theologischen Ansatz, der *als solcher* im Horizont dort verhandelter Anfragen gelesen werden kann (wenn auch nicht in gleicher Nähe zu allen denkerischen Motiven), dann kann man auf die sog. *Neue Politische Theologie* verweisen. Diese Form von Theologie, die v. a. Anfragen Marx' aufgreift, ist wesentlich mit dem deutschen Theologen Johann Baptist Metz verbunden.

Um sein Denken darzustellen, bieten sich zwei Bezugspunkte an: nicht nur die Religionskritik, sondern auch der Ansatz seines Lehrers Karl Rahner, der bereits in 7.3.2 vorgestellt worden war. Versuchen wir, zuerst *in drei Punkten* Metz' Verbindungen, Bezüge und Differenzen zu Rahner zu erhellen (8.6.1), um danach seine Theologie vor dem Horizont religionskritischer Anfragen zu lesen (8.6.2). Das Ende bildet dann abermals ein kurzer Ausflug in die Metaebene (8.6.3).

8.6.1 Metz als Schüler Rahners: Kampf um das Subjekt-sein-Können aller Menschen

Wie Rahner hält Metz *erstens* das Subjekt für einen zentralen Orientierungspunkt theologischen Nachdenkens, setzt aber einen anderen Fokus. Der transzendentale Ansatz, so wie er mit Kant und Rahner verbunden wird, ist nämlich *in nuce idealistisch*: Er setzt das Subjekt bereits voraus, blendet aber tendenziell aus, dass man erst *zum Subjekt werden* muss – und zwar in konkreter Geschichte und Gesellschaft. Diese sind keine logischen Apriris (wie etwa Raum und Zeit, die *logisch* vorausgesetzt werden müssen, damit Erfahrung denkbar ist), aber sie sind gleichwohl real: Soziale und geschichtliche Strukturen bilden *de facto* Bedingungen, die konkretes Subjekt-sein-Können ermöglichen oder verunmöglichen – auch von solchen historischen Apriris hängt ab, ob und wie wir erfahren können, was wir erfahren. Diese Überlegung erklärt, warum Metz sein Denken dezidiert als *nachidealistisch* begreift: Es will sensibel für jene geschichtlichen und sozialen Wirklichkeiten sein, durch die hindurch Menschen Subjekte ihres Lebens werden – oder gehindert sind, es zu werden. Dieser Fokus verdankt sich nicht zuletzt Einsichten Marx': Von diesem stammt „die Entdeckung der Welt als Geschichte, als historisches Projekt, in dem Menschen Subjekte ihrer Geschichte werden" (1997, 109). Zugleich geht Metz „davon aus, dass die Wende zum Primat der Praxis in der Philosophie … als deren eigentlich kopernikanische Wende anzusehen sei" (1992a, 65) – und auch diese ist mit Marx verbunden.

Gegenüber dieser *Entdeckung der Welt als Geschichte* sowie der *Wende zum Primat der Praxis* hält Metz Rahners anthropologischen Ansatz, gerade weil er eher an Kants Perspektiven orientiert ist, für zu abstrakt:

> Stellt diese transzendentale Anthropologie in Rechnung, dass der vorgreifende Mensch als Ganzer geschichtlich existiert? Der in der transzendentalen Subjekttheologie ausgearbeitete Begriff der [transzendentalen] Erfahrung hat nicht die Struktur geschichtlicher Erfahrung. Er bringt nämlich jene gesellschaftlichen Widersprüche und Antagonismen, aus denen geschichtliche Erfahrung leidvoll lebt und in denen das geschichtliche Subjekt sich konstituiert, zum Verschwinden in der Ungegenständlichkeit einer vorgewussten „transzendentalen Erfahrung", in der diese Widersprüche bereits undialektisch versöhnt sind. (Ebd., 77 f.)

Die theologische Schlüsselfrage ist folglich nicht, wie *Gott und Subjekt* aufeinander bezogen sind, sondern *Gott und das Subjekt-sein-Können aller Menschen*. *Diesem* Zusammenhang muss man sich stellen, von ihm hängt ab, was (in 7.2.2) als Problem skizziert wurde: ob Gottes Wort moralisch annehmbar ist.

Entsprechend interpretiert Metz das, was bei Rahner ‚christliches Grundgesetz' heißt (6.4.3), auf eben diese Frage hin: Gott verhindert menschliches Subjekt-sein-Können nicht, sondern ist umgekehrt dessen Ermöglichungsgrund – aber nicht im abstrakten Sinn, sondern in konkreten Befreiungs- und Emanzipationsgeschichten. Der Glaube an Gott ist ein Medium des Subjektwerdens:

> Die Glaubensgeschichten des AT und des NT treten nicht zu einer in ihrem Subjektsein bereits konstituierten Menschheit hinzu, als Überbau oder feierliches Akzessorium. Sie sind vielmehr Geschichte der dramatischen Konstitution des Subjektseins der Menschen – eben durch ihr Gottesverhältnis. ... Das Gottesverhältnis wird nicht zum Ausdruck sklavischer Unterwerfung und schwächlicher Ergebenheit; es demütigt nicht das Subjektsein der Menschen, sondern zwingt ihr Dasein immer neu in dieses Subjektsein angesichts seiner höchsten Gefährdungen ... (Ebd., 73 f.)

Man muss diese ‚höchsten Gefährdungen' *zweitens* sehr klar im Blick haben und darf hier nicht selbst idealistisch werden – selbst wenn das theologisch beunruhigend ist, weil darin eine Anfrage an Gott steckt. Was damit gemeint ist, macht eine biographische Schlüsselerfahrung Metz' klar: Als 16-jähriger Soldat an der Front wird er von seiner Kompanie mit einer Meldung zum Gefechtsstand geschickt; als er am Morgen darauf zurückkehrt, sind alle Kameraden nach einem Angriff tot: „Ich erinnere nichts als einen lautlosen Schrei" (2006a, 94). Erfahrungen wie diese zeigen die Frage nach Gott noch vor aller transzendentalen Vergewisserung als Schlüsselfrage des Menschen: Werden die Opfer für immer Opfer sein und hat die Gewalt das letzte Wort über sie – oder gibt es eine göttliche Wirklichkeit, die aus dem Tode zu erretten vermag? Rahners transzendentales Konzept

> reflektiert zwar Geschichtlichkeit, aber nicht [wirkliche] Geschichte. Der Punkt, an dem das bei mir irgendwann dramatisch wurde, war unsere eigene deutsche Geschichte. Ich habe gefragt: Karl, warum hast Du nie etwas über Auschwitz gesagt? Warum ist das nirgends vorgekommen? Ich muss mit großem Respekt sagen: Er hat diese Frage seines Schülers sehr ernstgenommen. Er hat gesagt: Das musst Du machen. (2006b, 118)

Der Hinweis auf Auschwitz ist nicht zufällig, denn Auschwitz kennzeichnet Metz zufolge fundamental die Situation, in der Theologie heute zu betreiben ist: im scharfen Bewusstsein des katastrophischen Wesens der Geschichte. Dieses Bewusstsein ist im transzendental-idealistischen Ansatz nur rudimentär ausgebildet: Ein Verfahren, das die anthropologische Gottesverwiesenheit menschlicher Subjektivität transzendental erhellt, droht *konkrete* Erfahrungen auszubleichen. Es erscheint nämlich gewissermaßen sekundär, anhand welcher geschichtlichen Erfahrung man die (ohnehin immer vorhandene transzendentale) Verwiesenheit freilegt: Selbst die Erfahrung absoluter Sinnlosigkeit und Gottesferne scheint gemäß dieser Argumentationsform ja nur möglich, *weil implizit Sinn- und Gotteserfahrung als Negativfolie involviert sind – wer an letzter Sinnlosigkeit bzw. Gottesferne leidet, muss logisch ja bereits Sinn und Gott ‚beanspruchen', weil sonst unklar wäre, an wessen Fehlen er eigentlich leidet.* Transzendentales Argumentieren erscheint so als Hantieren mit diskursivem Teflon: Jede konkrete Anfrage perlt ab, nichts bleibt kleben, alles bleibt supersauber – selbst wo Gott fehlt, ist er eigentlich doch im Spiel. „Soll dem Christentum durch Transzendentalisierung … eine Art Omnipräsenz verliehen werden, die es schließlich jeder radikalen Bedrohung auf dem Felde der Geschichte entzieht?" (1992b, 161). Metz zufolge kann das *aus Glaubensgründen heraus* gar nicht gewollt sein. Den eigenen Glauben auf diese Weise zu verteidigen, würde ihn strukturell inhuman machen: Er wäre unsensibel für die Abgründigkeit jener Anfrage, die das Leid ist. Entsprechend ist es nicht als Makel zu verstehen, wenn man angesichts des Leids in der Welt mit seinem Glauben ratlos ist: Irritationsresistenz und „Verblüffungsfestigkeit" sind jedenfalls keine theologisch relevanten Ziele. Wie ist dann der eigene Glaube letztlich zu verantworten? Metz zufolge ist dies nicht anders als praktisch-narrativ möglich: *in einem konkreten Leben.* Überzeugend ist nicht ein formales Argument oder spekulative Theorie, sondern die Praxis der Jesus-Nachfolge, *gerade wenn man zugibt, dass sie von Brüchen erschüttert werden kann*:

> Entscheidend wird sein, ob es den Christen gelingt, diese Art von religiösem Subjektsein lebendig zu sozialisieren, anschaulich zu inkarnieren und manifest zu machen inmitten [!] des Streits um den Menschen und um seine Geschichte. (1992a, 81)

In Bezug auf diesen Streit profiliert Metz den Topos einer *politischen Theologie*: Weder Glaube noch Theologie dürfen als bürgerlich zahmes Privathobby oder gesellschaftlich neutrales Sinnstiftungsprojekt gedacht werden. Sie sind *in nuce* politisch, weil sie in Geschichten und Gesellschaften situiert sind, die von himmelschreienden Ungleichheiten durchzogen sind – und weil Gott solchen Ungleichheiten nicht gleichgültig gegenübersteht: Er „stürzt die Mächtigen vom Thron und erhöht die Niedrigen", jubiliert Maria im *Magnificat* (Lk 1,52). Daran hat ein Glaube, der sich selbst als *Praxis der Nachfolge Jesu* versteht, immer wieder neu Maß zu nehmen (etwa in der sog. *Option für die Armen*, wie sie in der sog. *Befreiungstheologie* reflektiert wird, vgl. 9.4.2b). Das erklärt, warum christlicher Glaube prinzipiell *politisch* ist. Wie eingangs erwähnt, spricht man im Blick auf Metz – in Abhebung von einer alten, reaktionär konnotierten Variante politischer Theologie, die mit dem Staatsrechtler Carl Schmitt (1888–1985) verbunden ist – daher von der *Neuen Politischen Theologie*.

Wir können an dieser Stelle nicht erörtern, inwiefern Metz' Ansatz jenen von Rahner im Speziellen oder transzendentales Denken als solches trifft, entscheidend ist hier *drittens* nur *eine* Konsequenz dieses Denkens: So sehr Glaube aus dem Vertrauen auf den Gott Jesu lebt, so wenig hat er alle Antworten gerade im Blick auf die Absurdität, das Leidvolle und Unversöhnte im Leben. Glaube deckt diese Brüche und Fragen nicht zu, sondern muss umgekehrt besonders *sensibel dafür sein* (gerade weil er auf einen Gott des Lebens vertraut, muss ihn das Absurde und Leidvolle irritieren – wie geht beides zusammen?) und *sensibel dafür bleiben* (angesichts der Gefahr, dass wir uns nach einer Weile oft auch mit dem arrangieren, was eigentlich nicht zu akzeptieren ist – dass wir also Ja-Sagende sind, wo wir Widerstand leisten und Nein sagen sollten). Die Aufgaben von Theologie und Glauben bestimmt Metz im Blick darauf: Sie dürfen die Opfer nicht vergessen *(memoria passionis),* sondern sollen nicht müde werden, die Frage nach dem Leid zu stellen – *und zwar nicht nur den Menschen, sondern vor allem Gott gegenüber.* Damit ändert sich die Perspektive: Theologie soll nicht erklären, was nicht zu erklären ist – sondern unablässige Rückfrage an Gott sein. Metz veranschaulicht den Gedanken u. a. mit einer Geschichte des jüdischen Intellektuellen Elie Wiesel (1928–2016): „Warum betest Du zu Gott, wenn Du weißt, dass man seine Antworten nicht verstehen kann?", fragt Elie Wiesel als Kind Mosche, den Synagogendiener in seiner Heimatstadt Sighet. Mosche antwortet darauf: „Damit er mir die Kraft gebe, richtige Fragen zu stellen"' (Wiesel 1987, 19, in: Metz 1990, 115).

8.6.2 Die bleibende Relevanz religionskritischer Anfragen bei Metz

In welcher Weise adressiert dieses Denken Anfragen der Religionskritik? Offenkundig lässt sich Metz von Marx inspirieren, wenn er Glauben als Praxis begreift (2.2.3) und diese politisch versteht, weil es wesentlich um jenes Subjekt-sein-Können geht, auf das hin alle Menschen erschaffen sind – denn dieses hängt mit politischen und sozialen Strukturen zusammen. Zugleich stellt er gegen Marx aber infrage, dass Glaube intrinsisch auf Vertröstung und Sedierung gepolt ist:

> War Israel etwa glücklich mit seinem Gott? War Jesus glücklich mit seinem Vater? Macht Religion glücklich? Macht sie ‚reif'? Schenkt sie Identität? Heimat, Geborgenheit, Frieden mit uns selbst? Beruhigt sie die Angst? Beantwortet sie die Fragen? Erfüllt sie die Wünsche, wenigstens die glühendsten? Ich zweifle. (1990, 115)

Freilich ist das keine finale Antwort, weder auf Marx noch die anderen Kritiker – das soll es aber auch nicht sein. Nimmt man ernst, dass Theologie bleibend irritationssensibel sein muss, wäre die Arbeit an finalen Antworten auch nicht sinnvoll: Es ist illusionär, dass man den Projektionsverdacht der Religionskritik in all seinen Varianten *mit einem einzigen Meister-Argument* loswird, *und soll es auch nicht*. Vielmehr gilt es, sich von den damit verbundenen Fragen stets neu herausfordern zu lassen: ob wir am Glauben an einen guten Gott aus Harmoniebedürfnis festhalten oder weil wir uns in der Rolle göttlich legitimierter Weltverbesserer gefallen; ob wir den Glauben vielleicht umgekehrt zurückweisen, weil wir uns als ach so verwegene Freigeister verstehen oder mit einer Welt, die ihre Kinder frisst, arrangiert haben; oder ob es für beides jeweils andere und subtilere Gründe als bestimmte Bedürfnisse gibt – all das sind so fein gesponnene Fragen, die sich mit den groben Händen weder der Apologetik noch Religionskritik ein für alle Mal auflösen lassen: Es lässt sich nur in immer neuen, differenziert kleinteiligen, schonungslos selbstkritischen Überlegungen herausfinden (vgl. den Leitfaden bei von Stosch 2006a, 37–38).

8.6.3 Zusatz: Ein infralapsarisches Caveat

Kommen wir im Ausgang von diesen Überlegungen nochmals auf das zurück, was oben als *Hermeneutik des Verdachts* und als Ertrag gerade der vier skizzierten Religionskritiker bezeichnet worden war: die Einsicht, dass (nonchalant formuliert) noch in den schönsten Überzeugungen etwas im Spiel sein mag, das sie problematisch, fragwürdig oder gar bösartig macht. Überzeugungen und Praktiken, Theorien und Identitäten haben nicht nur glänzende Oberflächen, sondern auch hässliche Unterseiten, wie der deutsche Philosoph Walter Benjamin (1892–1940) notiert: „Es ist niemals ein Dokument der Kultur, ohne zugleich ein solches der Barbarei zu sein" (1974, 696).

Das gilt auch für Religionskulturen und Theologien: Wo Gott verkündet wird, *mag* faktisch eine Diktatur unterstützt werden – und es wäre naiv, diese Möglichkeit nicht wahrzunehmen; wo vom Dienen die Rede ist, *kann* subtil Herrschaft ausgeübt werden – und man sollte nicht blind für solche Mechanismen sein; wo Christus und seine Einzigartigkeit gefeiert wird, *kann* Antijudaismus lanciert werden – und es gilt im Blick zu haben, wo dies der Fall war oder ist; ja, selbst wo von selbstloser Liebe zum Anderen gesprochen wird, sind *mitunter* bloß eigene Bedürfnisse maßgeblich – und es wäre blauäugig, kein Sensorium dafür zu entwickeln. Besonders Metz' Theologie kann man in besonderer Weise als wachsam für genau solche Kippeffekte bezeichnen: Er sieht, dass kein transzendentaltheologisches Argument verhindern kann, dass Religion geschichtlich *de facto* pathologisch wird. Die *memoria passionis*, die oben kurz erwähnt wurde, verdankt sich dem scharfen Bewusstsein solcher Kippeffekte: Immer wieder thematisiert Metz kritisch, wie rasch sich im Christentum die Sensibilität für Leiden in eine Fixierung auf Schuld und Sünde transformierte – es ist eine Dialektik des eigenen Glaubens, der man gerade mit einer Hermeneutik des Verdachts ansichtig wird.

Es liegt daher nahe, an dieser Stelle – nach Anselms religionsphilosophischer Maxime (vgl. 4.3.3a) und dem Grundgesetz christlicher Wahrheit bei Rahner (vgl. 6.4.3) – eine *dritte formale* Regel christlicher Theologie einzuführen. Ihr eigentlicher systematisch-theologischer Ort wäre vermutlich die Reflexion auf das, was der klassische (aber hochgradig missverständliche) Begriff *peccatum originale* („Erbsünde") meint (vgl. 10.2.2b), sie lässt sich aber aus guten Gründen hier einführen. Was besagt diese Regel, die minimalistisch als *Caveat* formuliert ist, als Hinweis darauf, niemals unvorsichtig zu sein? *Sei dir bewusst, dass eigenes Denken und Handeln trotz redlichen Bemühens, feinster Absichten und bester Argumente nicht bloß falschliegen, sondern auch facettenreich bösartig sein kann.* Man kann das ein *infralapsarisches Caveat* nennen: eine Mahnung zu epistemischer Demut und permanenter Vigilanz. Der erste Aspekt verdankt sich der Anerkennung eigener Endlichkeit und Fallibilität, der zweite Aspekt rührt von der irritierenden Wahrnehmung her, die auch die Hermeneutik des Verdachts umtreibt: dass sich nämlich selbst im Guten abgründig Bösartiges verstecken oder entwickeln kann – nicht aufgrund *individueller* Schuld, sondern einer schwer zu erhellenden Dynamik, die Bösartiges auch da entfaltet, wo eigentlich alles gut war. Es ist eine Dimension intellektueller Redlichkeit, für solche Kippeffekte sensibel zu sein – und daher auch für die Theologie unabdingbar.

9 Gott sprachlich dekonstruieren?

Die folgende Einheit bleibt in der Spur wegweisender philosophischer Entwicklungen und damit verbundener theologischer Herausforderungen. Besonders im 20. Jh. ist dabei der sog. *linguistic turn* maßgeblich: eine Wende hin zu einem sprachanalytisch bzw. -kritisch orientierten Philosophieren. Auch wenn der Begriff der *Dekonstruktion*, der für die Überschrift gewählt wurde, vor allem mit nicht-analytischer Philosophie verbunden ist, mag er auch für das folgende Kapitel passend sein. Was in der sprachanalytischen Reflexion geschieht, enthält für die Theologie nämlich beides – sowohl *kritische* (quasi „destruierende", besser: reinigende, reduzierende) Momente als auch *konstruktive* Anteile. Um diese Impulse nachzuvollziehen, werden zuerst grundsätzliche Anliegen und zentrale religionskritische Überlegungen vorgestellt (9.1), ehe zwei Formen der Reaktion darauf dargelegt werden (9.2 und 9.3). Abschließend wird gefragt, wie der *linguistic turn* philosophisch abgelöst wurde – und warum diese Entwicklungen theologisch relevant sein können (9.4).

9.1 Sprache – das erste und letzte Organon der Vernunft

9.1.1 Philosophiegeschichtliche Einordnung

Die philosophische Hinwendung zur Sprache, die Ende des 19. Jh. erfolgt und in den Jahrzehnten danach prägend wird, lässt sich für unsere Zwecke am besten erhellen, wenn wir Kants transzendentale Wende danebenlegen. Wie in 7.1 dargestellt, zeichnete diese das Subjekt als die philosophisch entscheidende Instanz aus, in dessen kritischer Reflexion die Bedingungen der Möglichkeiten all unserer geistigen Tätigkeiten rekonstruiert werden sollen. Bereits Kants Freund Johann Georg Hamann (1730–1788) formuliert prominent Unbehagen an der konkreten Durchführung dieses Projekts, weil ein wichtiges Apriori ausgeblendet erscheint: Als „das einzige erste und letzte Organon und Kriterion der Vernunft" sei nämlich *Sprache* zu begreifen (Metakritik, 284). Der *linguistic turn* (ein Begriff des in die USA emigrierten österreichischen Philosophen Gustav Bergmann, 1906–1987) macht mit diesem Gedanken ernst: Wer Möglichkeitsbedingungen von Erkenntnis, Moral u. a. rekonstruieren will, muss insbesondere Reflexion auf Sprache betreiben, denn sie ist ein entscheidendes (oder gar *das*) Apriori der Vernunft. Was immer Vernunft nämlich denkt, erkennt und beurteilt – sie denkt, erkennt und beurteilt es vermittels jener Kategorien, die Sprache zur Verfügung stellt. Rationalität ist sprachlich verfasst (vgl. 3.2 und 3.3): Kein Urteil, kein

Argument, keine Folgerung kommt ohne Begriffe aus, mit denen wir kommunizieren – und oft entstehen auch die Probleme selbst, die wir philosophisch lösen wollen, erst durch ungenauen Gebrauch von Begriffen (vgl. Dürnberger 2017b). *Erkenntnis- und Vernunftkritik* sind folglich fundamental als *Sprachkritik* zu betreiben: Analytisch-kritische Auseinandersetzung mit der Sprache wird zum zentralen philosophischen Projekt, zur *prima philosophia*.

Dieser Aufgabe verschreibt sich vor allem die sog. *(sprach-)analytische Philosophie*, als deren Väter Friedrich Ludwig Gottlob Frege (1848–1925), George Edward Moore (vgl. 2.2.2 b) und Bertrand Russell (1872–1970) gelten. Indem sprachkritische Reflexion die Präzision des Philosophierens sichern will, stellt sie freilich auch die Theologie vor neue Probleme. So taucht in der ersten Hälfte des 20. Jh. ein Verdacht auf, der wie eine Fortsetzung der Religionskritik mit neuen Mitteln erscheint: *Sind religiöse Aussagen überhaupt sinnvoll – oder nicht vielmehr bloß Geblubbere?*

9.1.2 Sinnlosigkeitsverdacht: Sind religiöse Aussagen bloß Blabla?

Den Hintergrund dieses Verdachts bildet eine gänzlich andere Fragestellung, die aus wissenschaftstheoretischem Interesse gestellt wird: Wissenschaft ist auf Erkenntnisfortschritt gepolt; dieser ist freilich nur da zu erwarten, wo Hypothesen sinnvoll diskutiert werden können – und das ist nur möglich, wenn die erkenntnisleitenden Hypothesen eine präzise Bedeutung haben. Diese Überlegung mündet in eine sprachphilosophische Schlüsselfrage: Was konstituiert die Bedeutung unserer Sätze – und was unterscheidet sinnvolle von sinnlosen Aussagen?

Dieses Problem treibt v. a. den sog. *Logischen Positivismus/Empirismus* um, der in den 1930ern einflussreich wird und dessen Programm wesentlich vom sog. *Wiener Kreis* formuliert wird, einer philosophischen Gruppierung rund um Moritz Schlick (1882–1936), zu der auch Otto Neurath (1882–1945) und Rudolf Carnap (1891–1970) gehören. Die Grundüberlegung, die im Umfeld dieses Kreises im Blick auf die vorliegende Frage entsteht, ist relativ einfach: Eine Aussage ist genau dann sinn- und gehaltvoll, wenn sie *wahrheitsfähig* ist – und wahrheitsfähig ist sie, wenn ihr ein positiver oder negativer Wahrheitswert zugeordnet werden kann: weil sie begrifflich notwendig wahr ist (wie „Alle Kreise sind rund", vgl. 7.1.1.), notwendig falsch ist (wie „Einige Kreise sind viereckig") oder, *je nachdem wie sich die Wirklichkeit verhält, wahr oder falsch ist*. Die letzte Kategorie ist am spannendsten, weil es hier um Aussagen über die Wirklichkeit geht: Solche Sätze sind wahrheitsfähig, wenn es eine Möglichkeit gibt, sie *durch empirische Prüfung an der Wirklichkeit* als wahr oder falsch auszuweisen. Wir haben also zwei Verbindungen, deren Ergebnis wir in der Folge um der Einfachheit willen (und weil jedes Buch ein wenig terminologische Spielerei braucht) die *Sinn-Triadische These* (STT) nennen: Sinnhaftigkeit wird mit Wahrheitsfähigkeit und diese (zumindest für

Aussagen über die Wirklichkeit und ihre Tatsachen) mit empirischer Prüfbarkeit verknüpft.

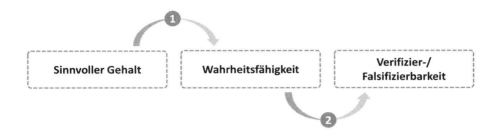

Damit ein Satz eine sinnvolle Aussage über die Wirklichkeit ist, muss er verifizierbar oder falsifizierbar sein, d. h. man muss seine Wahrheit oder Falschheit erweisen können. Im Verlauf der Diskussion kam dabei vor allem der Falsifikation besondere Relevanz als Sinnkriterium zu, weil sie für (wissenschaftlich interessante) gesetzesartige Aussagen anwendbar ist. Die gesetzesartige Aussage etwa, dass *alle* Salzburger Domrosen nicht mehr als 13 Blätter tragen (vgl. 7.1.1), lässt sich empirisch zumindest widerlegen: Zwar ist es witzlos, sie verifizieren zu wollen (auch wenn alle *bisherigen* Domrosen nie mehr als 13 Blätter hatten, besagt das nichts über *alle* Domrosen aller Zeiten, vgl. das Induktionsproblem in 3.1.2 b), allerdings ist klar angebbar, wie sie zu falsifizieren wäre: Eine einzige Domrose mit mehr als 13 Blättern würde die These widerlegen. Deshalb ist auch eine solche gesetzartige All-Aussage sinnvoll: Sie ist aufgrund ihrer Falsifizierbarkeit nämlich empirisch prüfbar.

Im Kontext dieser Überlegungen geraten nun metaphysische und theologische Sätze unter Druck: Wie lässt sich *prüfen*, dass Gott etwa der gute und liebende Grund aller Wirklichkeit ist? Der britische Philosoph Antony Flew (1923–2010) hat das damit verbundene Problem in der sog. *„Gärtner-Parabel"* veranschaulicht:

> Beginnen wir mit einem Gleichnis. Es geht auf eine Geschichte zurück, die J. Wisdom in seinem fesselnden und aufschlussreichen Aufsatz „Götter" erzählte. Es waren einmal zwei Forscher, die stießen auf eine Lichtung im Dschungel, in der unter vielem Unkraut allerlei Blumen wuchsen. Da sagt der eine: „Ein Gärtner muss dieses Stück Land pflegen." Der andere widerspricht: „Es gibt keinen Gärtner." Sie schlagen daher ihre Zelte auf und stellen eine Wache aus. Kein Gärtner lässt sich jemals blicken. „Vielleicht ist es ein unsichtbarer Gärtner." Darauf ziehen sie einen Stacheldrahtzaun, setzen ihn unter Strom und patrouillieren mit Bluthunden. (Denn sie erinnern sich, dass „Der unsichtbare Mann" von H. G. Wells zwar gerochen und gefühlt, aber nicht gesehen werden konnte.) Keine Schreie aber lassen je vermuten, dass ein Eindringling einen Schlag bekommen hätte. Keine Bewegung des Zauns verrät je einen unsichtbaren Kletterer. Die Bluthunde schlagen nie an. Doch der Gläubige ist immer noch nicht überzeugt: „Aber es gibt doch einen Gärtner, unsichtbar, unkörperlich und unempfindlich gegen elektrische Schläge, einen Gärtner, der nicht gewittert und nicht gehört werden kann, einen Gärtner, der

heimlich kommt, um sich um seinen geliebten Garten zu kümmern." Schließlich geht dem Skeptiker die Geduld aus: „Was bleibt eigentlich von deiner ursprünglichen Behauptung noch übrig? Wie unterscheidet sich denn das, was du einen unsichtbaren, unkörperlichen, ewig unfassbaren Gärtner nennst, von einem imaginären oder von überhaupt keinem Gärtner?" (1974, 84)

Flew will damit illustrieren, dass sich Sätze über Gott (wie die christliche Theologie sie formuliert) nicht falsifizieren lassen: So wie es keinen Umstand gibt, den der erste Forscher als Widerlegung seiner Gärtner-Hypothese gelten lassen würde, so gibt es (Flew zufolge) auch keinen Umstand, den eine religiöse Person als Widerlegung der Gottes-Hypothese akzeptieren würde; weder der Verlust ihres Jobs, der Privatkonkurs, der unverschuldete Autounfall des Kindes oder die eigene Krankheit würden ihre feste Überzeugung widerlegen, dass es Gott gibt und gut mit ihr meint – die Glaubende würde auf Anfragen nur erwidern, dass man die Liebe Gottes *anders* verstehen müsse. Man mag das als Indiz dafür werten, dass Religion ideologisch ist und gegen Kritik immunisiert (vgl. 2.2.2c oder 3.3); die religionskritische Pointe dieser sprachphilosophischen Überlegung besteht aber darin, dass religiöse Überzeugungen sinnlos sind: Wenn „eine vermeintliche Behauptung nichts verneint, dann behauptet sie auch nichts: und damit ist sie in Wirklichkeit gar keine Behauptung" (ebd., 86). Anders gesagt: Religiöse Aussagen scheinen zwar etwas zu behaupten, aber da sich das, was sie zu behaupten beanspruchen, nicht prüfen lässt, sind sie letztlich bedeutungs- und sinnlos: *ehrfurchtgebietendes, aber nichtssagendes Geblubbere*.

Die Auseinandersetzung mit diesem Verdacht wird in unterschiedlichen Terrains geführt, wobei keineswegs nur religionsphilosophische oder theologische Interessen leitend sind: Es geht schlicht darum zu begreifen, wie die Bedeutung sprachlicher Ausdrücke adäquat zu verstehen ist. Der leichteren Darstellung halber sind die folgenden Kapitel grob gerastert: Wir unterscheiden *zum einen* zwischen Reflexionen, die die STT voraussetzen (9.2), und solchen, die sich nicht daran orientieren (9.3), und legen darüber *zum anderen* eine weitere Differenz, nämlich jene zwischen kognitivistischen und non-kognitivistischen Lesarten religiöser Überzeugungen.

9.2 Akzeptanz der STT: Punkrock und eschatologische Verifikation

9.2.1 Punkrock, Metaphysik, Religion: non-kognitivistische Gefühlsausbrüche

Hält man die eben vorgestellte Reflexionslinie überzeugend und akzeptiert man die STT, ist damit noch nicht geklärt, wie religiöse und ähnliche Überzeugungen zu verstehen sind: Offenkundig haben sie zwar nicht die Funktion, die Wirklichkeit so zu beschreiben, wie sie ist – aber was leisten sie dann? Man wird ja etwa mit Rudolf Carnap zu Recht die Stirn runzeln:

> [S]ollten wirklich so viele Männer der verschiedensten Zeiten und Völker, darunter hervorragende Köpfe, so viel Mühe, ja wirkliche Inbrunst auf die Metaphysik verwendet haben, wenn diese in nichts bestände als in bloßen, sinnlos aneinandergereihten Wörtern? ... [Carnaps Antwort auf diese Frage ist folgende:] Die (Schein-)Sätze der Metaphysik dienen nicht zur Darstellung von Sachverhalten, weder von bestehenden (dann wären es wahre Sätze) noch von nicht bestehenden (dann wären es wenigstens falsche Sätze); sie dienen zum Ausdruck des Lebensgefühls. (1931, 238)

Wir können uns Metaphysik und Religion in der Deutung Carnaps ein wenig wie Punkrock vorstellen: Vierzehnjährige, die eine Punkrockband gründen, wollen mit ihrer Musik *weder* möglichst wahre Aussagen über die Wirklichkeit machen *noch* technisch akkurat spielen – sondern sie wollen ihre Gefühle in die Welt schreien. Wenn Punkrock eine Schwundstufe von Rock 'n' Roll ist – Punk entstand für Leute "who didn't have very much skills as musicians but still felt the need to express themselves through music", so John Holmstrom (McLaren 2006) lakonisch –, dann sind Metaphysik und Religion in dieser Lesart nochmals eine weitere Schwundstufe: Sie sind für Leute, die nicht mal drei Akkorde spielen können, um ihr Lebensgefühl auszudrücken, und deshalb zur Spekulation greifen müssen. Oder wie Carnap schreibt: „Metaphysiker sind Musiker ohne musikalische Fähigkeit" (1931, 240).

Kurzum: Metaphysische und religiöse Aussagen haben keinen kognitiven Sinn, sondern evaluative, affektive u. ä. Funktionen. Sie sagen nichts über die Wirklichkeit, sondern sind Ausdruck von Werteinstellungen und Werkzeuge, in anderen solche Einstellungen hervorzurufen. Wer glaubt, dass Gott die Welt erschaffen hat, drückt gemäß dieser Deutung z. B. eine positive Einstellung zur Welt aus, will ähnliche Affekte in anderen erzeugen oder ein bestimmtes Verhalten evozieren bzw. stabilisieren. Theologisch mag eine solch non-kognitivistische Deutung religiöser Überzeugungen mitunter rezipiert worden sein, sie bleibt aber unbefriedigend: Das Glaubensbekenntnis ist mehr als ein Ausdruck der eigenen Gefühlslage, sondern enthält Wahrheitsansprüche. Wie aber lässt sich diese Intuition rational verantworten?

9.2.2 Mögliche Wahrheit nach dem Tod: kognitivistische Gegenperspektiven

Eine mögliche Antwort darauf liefert der Gedanke eschatologischer Verifikation, den der britische Theologe und Religionsphilosoph John Hick (1922–2012) eingeführt hat. Hick zufolge sind religiöse Überzeugungen wie „Am Ende des Lebens steht die Begegnung mit Gott" insofern verifizier- oder falsifizierbar, als sich zumindest *nach dem Tod* zeigen wird, ob sie wahr oder falsch sind (vgl. Hick 1998). Auch hier wird also (wie bei Carnap) die STT als gültig vorausgesetzt, es soll aber gezeigt werden, dass religiöse Überzeugungen *auch unter dieser Vorgabe* als kognitiv sinnvoll gelten dürfen – immerhin ist ihre Verifikation oder Falsifikation denkbar. Auch wenn man den Gedanken für aufschlussreich hält, mag man fragen, ob der Hinweis auf Vorgänge *nach dem Tod* problemlos als Substitut für eine *in der Gegenwart* gesuchte Verifikations- oder Falsifikations*methode* eingeführt werden kann – analog könnte man dann im schlimmsten Fall ja auch behaupten wollen, dass der Satz „Morgen ist es draußen grüner als kalt" *in einer anderen Welt* sinnvoll ist und daher auch *in unserer Welt* als sinnvoll gelten muss. Die Antwort Hicks erfordert daher weitere, umfangreichere Erläuterungen, warum seine Überlegung so zu verstehen ist, dass sie das „Morgen ist es draußen grüner als kalt"-Beispiel ausschließt. Nicht nur deshalb scheint die Kritik der STT, die gleichsam im Inneren sprachphilosophischer Diskurse betrieben wurde, für den vorliegenden Fragekontext von besonderem Interesse: Es gibt Gründe dafür, dass bereits die Koppelung von *Sinn, Wahrheitsfähigkeit und empirischer Prüfbarkeit* fragwürdig ist. Diesen widmet sich der folgende Abschnitt.

9.3 Kritik der STT: Theken-Smalltalk und Leberprobleme

9.3.1 Sprachspiele an der Bar: Whiskey! Wasser! Bier!

Beginnen wir bei einer Kritik, die gleich die erste Verbindung innerhalb der STT problematisiert: den Link zwischen Bedeutung und Wahrheitsfähigkeit. Denkt man etwa an mitternächtlichen Smalltalk in Bars, wird offenkundig höchstbedeutsam ohne wahrheitsfähige Sätze konversiert: „Au! Dein Ellbogen! Bist Du verr---" – „Psst!" – „Mh?" – „Links!!" – „Die Girlande? Ja, toll! Wirklich toll, total schön, großart---!" – „Himmel, nicht die Girlande! Heike!!!" – „Heike?! Hier? Hilfe!! Whiskey! Wasser! Bier!" – „Nein, raus hier, rasch! Fort! Fly, you fool!" Die Bedeutung der Ausdrücke und Zeichen, die an der Theke geäußert werden, ergibt sich nicht einfach daraus, dass sie auf Tatsachen oder Gegenstände referieren (welche Tatsache sollte ein ‚Mh' bezeichnen, welchen Gegenstand ein ‚Au'?), sondern im gegebenen Kontext auf bestimmte Weise gebraucht werden: Es werden damit Spielzüge in einem (sprachlich und nichtsprachlich bestimmten) Setting gemacht (vgl. die Bemerkungen zum Modus, in dem propositionale Gehalte kommuniziert werden können, 3.3). Das legt nahe, die Grundfigur sprachlichen Sinns anders zu fassen: nicht primär *als Referenz* (auf etwas), sondern *als Performanz*, d. h. als Handlung bzw. Spielzug (in einem sozialen Kontext).

Dieser Gedanke erscheint u. a. auch deshalb intuitiv plausibel, weil sprachliche Ausdrücke zwar auf identische Gegebenheiten referieren können, aber doch unterschiedliche Bedeutung haben, wie Frege bemerkt hat: „Morgenstern" und „Abendstern" referieren auf denselben Himmelskörper, haben aber eine unterschiedliche Bedeutung. Diese hängt nicht zuletzt mit Konventionen und Kontexten zusammen, die eine Rolle dafür spielen, wie Ausdrücke zu verwenden sind und was sie bedeuten. Ludwig Wittgenstein, der in seinen frühen Jahren ein wichtiger Ideengeber des Logischen Positivismus gewesen war, setzt in späteren Jahren hier an, um eine andere sprachphilosophische Perspektive zu lancieren: „Wasser! Fort! Au! Hilfe! Schön! Nicht! Bist du nun noch geneigt, diese Wörter ‚Benennungen von Gegenständen' zu nennen?" (PU 27). Oder ist ihr Sinn nur dadurch erklärbar, dass sie eigentlich verkappte Behauptungen sind, die implizit wahrheitsfähig sind? Seine Antwort ist negativ: Nein, der Sinn von Zeichen und Ausdrücken ergibt sich aus ihren (meist regelgeleiteten) Verwendungsweisen in kleinen, nicht klar abgrenzbaren, veränderlichen sprachlichen und nichtsprachlichen Kontexten. Wittgenstein spricht im Blick darauf von sog. *Sprachspielen*, etwa „Bitten, Danken, Fluchen, Grüßen, Beten" (ebd., 23). Solche Sprachspiele lassen sich ‚von außen' weder problemlos verstehen noch beurteilen, da sie in der Regel mit Lebensformen verwoben sind: Ob und unter welchen Umständen z. B. *Ösi*, *Wessi* oder *Ossi* Beleidigungen oder mögliche Grußformeln ist, hängt wesentlich von Milieus, Kontexten, Lebensformen ab – entsprechende Regeln bzw. ihr „Witz" erschließt sich gewissermaßen nur innerhalb der entsprechenden Sprachspiele. (Etwas unsauber formuliert könnte man diesen Gedanken auf Einsichten und Motive in Kapitel 2 beziehen und sagen: Der *Gehalt* erschließt sich im *Vollzug*, die *fides quae* in der *fides qua*, der *Witz* in der *Praxis*, vgl. auch 5.4.1 sowie 16.3.3.)

Was heißt das für die Frage nach der Bedeutung von Sätzen, in denen der Ausdruck „Gott" vorkommt? Eine Einsicht der Bemerkungen Wittgensteins zum Spiel (4.3.2) war, dass ein Ausdruck je nach Verwendung nuanciert anders zu verstehen ist, d. h. man kann derlei nicht ein für alle Mal fixieren. Das gilt auch für einen Ausdruck wie „Gott": Sein Sinn ist nicht einfach dadurch bestimmbar, dass man a) nur Aussagesätze analysiert, in denen er vorkommt, und dann b) nach Methoden ihrer empirischen Prüfung fragt. Es braucht vielmehr den genauen Blick auf den Gebrauch dieses Ausdrucks in einer Vielzahl von Kontexten – nur so lassen sich die Regeln verstehen, nach denen er verwendet wird: Man versteht so gewissermaßen die Grammatik, nach der das Zeichen „Gott" in unterschiedlichen Sprachspielen gebraucht wird. Nicht *Wahrheitsfähigkeit*, sondern *Praxis* ist daher der Schlüssel dafür, um zu verstehen, was den Sinn eines sprachlichen Ausdrucks konstituiert. Tatsächlich wird damit ein wichtiger Punkt deutlich: Die positivistische Verkürzung auf Aussagesätze und empirische Prüfbarkeit wird dem schillernden Phänomen sprachlichen Sinns nicht gerecht. Damit ist aber noch nicht gesagt, wie man diese Einsicht theologisch produktiv weiterverarbeiten kann.

> Eine Möglichkeit ist etwa folgende Deutung: Religion, Ökonomie, Poesie, Naturwissenschaft u. a. sind als eigene ‚Sprachspiele' zu verstehen, die jeweils eigene Regeln der Sinnkonstitution

aufweisen. Deshalb mag in poetischen Sprachspielen die Rede von „schwarzer Milch" legitim und sinnvoll sein, während sie in anderen Kontexten sinnlos ist. Analog kann ein Satz wie „Gott ist der Schöpfer der Welt" in religiösen und metaphysischen Sprachspielen ein legitimer Spielzug sein, aber naturwissenschaftlich keine Berechtigung haben. Diese Position, die meist als sog. *Wittgensteinian Fideism* bezeichnet wird und mit dem Namen des walisischen Philosophen Dewi Z. Phillips (1934–2006) verbunden ist, versucht also, den Sprachspiel-Gedanken religionsphilosophisch fruchtbar zu machen (1970): So wie kein Landwirt einem Lyriker die Metapher „schwarze Milch" vorwerfen kann, kann keine Naturwissenschaftlerin dem Glaubenden vorhalten, dass seine Aussage „Gott ist der gute Grund der Wirklichkeit" unberechtigt wäre – es sind eben jeweils unterschiedliche Regeln involviert.

Freilich ist klar, dass eine solche Position (gerade insofern sie sprachphilosophische und rationalitätstheoretische Überlegungen verbindet) Probleme mit sich bringt. Das geringste scheint zu sein, dass sich diese Deutung *nicht* problemlos auf Wittgenstein berufen kann: Dieser hatte Sprachspiele als *überschaubare* Fälle der Verwendung sprachlicher Ausdrücke verstanden, deren Grenzen fließend sind. Schwerer wiegen inhaltliche Bedenken: Was genau heißt es, dass die Legitimität sprachlicher Spielzüge *relativ* auf ein Sprachspiel und dessen Regeln ist? Ist der Gedanke ohne *Selbstwiderspruch* formulierbar (weil die Aussage, dass sprachliche Spielzüge nur relativ auf bestimmte Sprachspiele legitim sind, ja selbst nur in einem bestimmten Sprachspiel legitim wäre – und nicht kontextübergreifend berechtigt, vgl. 3.1.3 b)? Begünstigt er zudem nicht *Immunisierung* (wie das Beispiel der Naturwissenschaftlerin eben deutlich machte, das nicht zufällig an 2.2.2 c erinnert?). Und wird dadurch nicht letztlich *Relativismus* lanciert (etwa weil dann der Ausdruck „Menschenrechte" in einem Kontext *legitimerweise* das, im anderen *berechtigterweise* dies bedeuten mag, je nach Interessenslage, vgl. 8.5)? Und wie geht man z. B. mit einer gläubigen Naturwissenschaftlerin um: Muss man annehmen, dass ihr Sprechen und Denken in religiöse, naturwissenschaftliche u. a. Sektoren getrennt ist? Natürlich wären diese ersten Anfragen noch präziser auszuarbeiten, aber bereits die groben Bemerkungen deuten an, dass hier echte Probleme lauern.

Versuchen wir daher, abschließend noch eine andere Perspektive zu entwickeln, die die STT ebenfalls kritisiert. Tatsächlich lässt sich die Koppelung von *Sinn, Wahrheitsfähigkeit und empirischer Prüfbarkeit* auch anfragen, indem man die *zweite* Verbindung dieser Trias fokussiert. Dabei lässt sich Wittgensteins Gedanke, Bedeutung werde *in Sprachspielen* konstituiert, durchaus aufgreifen: Der US-amerikanische Philosoph Robert B. Brandom teilt etwa die Überlegung, dass Bedeutung in Sprachspielen bestimmt wird, betont aber, dass manche Sprachspiele bedeutungstheoretisch wichtiger als andere sind – und zwar eben jene, die einen intrinsischen Bezug zur Wahrheitsfrage haben: Sprachspiele des Behauptens, des Fragens nach und Lieferns von Gründen. Solche *games of giving and asking for reasons* sind in sich auf die Frage geeicht, *was intersubjektiv vertretbar ist bzw. objektiv berechtigt vertreten werden kann* (vgl. Brandom 2000; ders., 2001; Dürnberger 2017a; vgl. 3.3). Auf diese Weise wird indirekt auch die Wahrheitsfrage bedeutungstheoretisch wieder relevant, allerdings *nicht* die Frage empirischer Prüfbarkeit – denn gerade was deren Verbindung betrifft, liegen die Dinge komplexer, als der Logische Positivismus dachte.

9.3.2 Theorien und Erfahrungen: Von fehlenden Lebern

Warum sind *Wahrheitsfähigkeit* und *empirische Prüfbarkeit* nicht so eng miteinander verbunden, wie dies ursprünglich gedacht war? Ziehen wir für eine Antwort auf diese Frage eine Überlegung Otto Neuraths hinzu, die das wissenschaftstheoretische Programm des Logischen Positivismus an entscheidender Stelle kritisiert. Dieser scheint Verifikation oder Falsifikation nämlich so zu verstehen, dass eine bestimmte *Tatsache*, die beobachtet wird, eine bestimmte *Aussage* bestätigt oder widerlegt – *Tatsachen der Welt* sind also *Aussagen der Theorie* zugeordnet. Blickt man nochmals in die Geschichte neuzeitlicher Vernunftbegriffe (3.1.2) oder liest man dazu Kant (7.1), muss diese direkte Zuordnung verwundern, da wir ja (das war ein wichtiger Gedanke in den Ausführungen) nicht aus unseren Aussagen aussteigen können, um zu sehen, ob sie den Tatsachen entsprechen. Auch Wissenschaften sehen niemals unmittelbar Tatsachen oder Dinge ‚an sich', sondern arbeiten immer mit *Aussagen* darüber, die in der Folge durch *andere Aussagen* herausgefordert werden können – im Bild Neuraths: „Wie Schiffer sind wir, die ihr Schiff auf offener See umbauen müssen, ohne es jemals in einem Dock zerlegen und aus besten Bestandteilen neu errichten zu können" (1932, 209). Anders gesagt: Der sichere Hafen einer *unmittelbaren* Erkenntnis der Wirklichkeit ist uns verwehrt. Probleme lauern aber nicht nur hier, sondern auch da, wo Verifikation oder Falsifikation unterkomplex gedacht werden.

> Spielen wir ein Gedankenexperiment durch, um das Problem zu illustrieren. Stellen wir uns vor, Gregor zu treffen – einen Menschen, der von Geburt an keine Leber hat, ohne deshalb gesundheitlich allzu sehr beeinträchtigt zu sein. Vielleicht schockiert uns das nach den Ausführungen zum Voluntarismus (3.1.1) oder zur Essentialismuskritik (3.1.3 a) nicht mehr, aber es ist klar, dass es uns zumindest irritiert. Weniger klar ist, welche Aussage dadurch falsifiziert wird: Wird dadurch der Satz „Alle Menschen haben eine Leber", der Satz „Gregor ist ein Mensch" oder der Satz „Die Leber ist ein Organ" widerlegt? Die Tatsache von Gregors Leberlosigkeit selbst erzwingt nichts: Wahlweise können das erste oder zweite Urteil falsifiziert sein (vielleicht haben *nicht* alle Menschen eine Leber, vielleicht ist Gregor *kein* Mensch), wir könnten aber auch den Begriff *Leber* neu definieren (nämlich nicht auf Organe, sondern *Funktionen* bezogen, die ersatzweise auch das Zusammenspiel anderer Organe übernehmen kann) – es ist unklar, wo und wie wir welche unserer Theorien modifizieren. Hier wird vernehmbar, was Neurath anklingen ließ: Auch da, wo empirisch gearbeitet wird, werden Aussagen *nicht direkt* durch Tatsachen be- oder widerlegt, sondern sind Interpretationsleistungen im Spiel, die nach pragmatischen Gesichtspunkten ausbalanciert werden. Manche unserer Überzeugungen sind dabei Verifikationen oder Falsifikationen *de facto* entzogen, weil sie deren Rahmen bilden: Dass sich z. B. Entitäten unter gleichen Bedingungen gleich verhalten, liegt Praktiken empirischer Prüfung gleichsam voraus – ohne eine solche Überzeugung wäre es nicht möglich, etwas empirisch zu prüfen; dennoch ist sie sinnvoll.
>
> Der US-amerikanische Philosoph Willard Van Orman Quine (1908–2000) hat derlei im Blick, wenn er festhält, „dass unsere Aussagen über die Außenwelt nicht einzeln, sondern kollektiv vor dem Tribunal der Sinneserfahrungen stehen" (2011, 113). Das Bild, das er für unsere Erkenntnis entwirft, zeigt unsere Überzeugungen als komplexes Netzwerk: Manche von ihnen

sind eher an den Rändern und erfahrungsgesättigt, manche liegen zentral und sind begrifflich, manche sind träge, manche beweglich, manche leicht zu falsifizieren, manche schwer etc. Dabei hält er es weder für möglich, Sätze ein für alle Mal einer Kategorie zuzuordnen, noch ist klar, wie wir das Netz unserer Theorien angesichts irritierender Beobachtungen (wie Gregors Leberlosigkeit) verändern, d. h. welche Überzeugungen wir auflösen, welche wir neu knüpfen, welche wir anders verbinden. Klar ist aber: Selbst wenn sich unsere Überzeugungen *im Gesamt* praktisch bewähren müssen, ist ihre Bedeutung nicht direkt an empirische Prüfbarkeit gekoppelt.

Diese Bemerkungen erinnern an die epistemische Logik von Weltbildern, an der religiöser Glaube partizipiert (2.2.2 b), und legen eine entsprechende Interpretation nahe: Offenkundig liegen religiöse Überzeugungen wie „Gott ist der liebende Schöpfer der Welt" nicht an den volatilen und lockeren Rändern von Überzeugungsnetzwerken, sondern regeln eher in deren Zentren Verbindungen und Verknüpfungen – woraus aber eben (so die Argumentation oben) *nicht* folgt, dass sie daher nicht wahrheitsfähig oder gar sinnlos wären. Man kann abermals Mitchells Gleichnis vom Partisanen und dem Fremden heranziehen, das das zweite Kapitel strukturiert hatte und als Antwort auf Flew gedacht war, um den Gedanken zu illustrieren: Die Überzeugung, dass der Fremde ein Verbündeter ist, ist *wahrheitsfähig* (entweder der Fremde ist ein Verbündeter oder nicht) und *sinnvoll* (was daran ist unverständlich?) – aber das heißt nicht, dass sie das nur ist, weil es eine Methode ihrer Verifikation gibt. Man hat es bei ihr mit einer Überzeugung zu tun, die a) die Deutung der Wirklichkeit anleitet bzw. dieser strukturierend vorausliegt, b) wahr oder falsch sein kann, ohne c) problemlos prüfbar zu sein, auch wenn sie sich d) praktisch bewähren muss und durchaus kritisierbar ist.

Das lässt sich analog für religiösen Glauben festhalten, hier ist vom Gleichnis aufs Leben zu extrapolieren: Religiöse Deutungen unseres Daseins (etwa im Licht des Glaubens daran, dass Gott der gute Grund unserer Existenz ist) können wahr oder falsch sein, ohne unmittelbar mit empirischer Prüfbarkeit verschaltet sein zu müssen. Ihre Bedeutung ergibt sich aus dem komplexen Bündel von (ontologischen, moralischen, epistemischen u. a.) Festlegungen und Folgerungen, auf die jene in Sprachspielen verpflichtet sind, die daran glauben – und daraus, wie sich diese Deutungen praktisch, theoretisch u. a. bewähren.

9.4 Philosophisch-theologische Anschlussperspektiven

Die Sprachphilosophie verliert ihre diskurszentrale Position in der zweiten Hälfte des 20. Jh. Es ist sehr komplex, die Gründe dafür detailliert anzuführen: *Zum einen* wäre denkerisch einzupflegen, welche Rolle dabei andere philosophische Orientierungen spielten (etwa Semiotik, Pragmatismus, Phänomenologie, Poststrukturalismus, Postmoderne, Existenzialismus, Kritische Theorie, Systemtheorie u. a.), *zum anderen* wären sprachphilosophisch ‚interne' Entwicklungen ausführlich zu würdigen – und jeweils zu fragen, wie diese philosophischen Verschiebungen *theologisch relevant* sind.

Da dies an dieser Stelle nicht möglich ist, beschränken wir uns auf eine einzige Diskursverschiebung. Sie ergibt sich aus verschiedenen Lernprozessen *innerhalb* des sprachphilosophischen Denkens und kann (zumindest für unsere Zwecke) an einer einzigen Frage entwickelt werden: Stimmt die Leitthese, dass Sprache *der (möglicherweise: einzige)* Schlüssel ist, um unsere Verhältnisse zu uns, anderen und zur Welt zu begreifen, d.h. all die Welten, in denen wir leben, erkennen, denken, fühlen, urteilen, handeln? Dabei interessieren uns im Folgenden nur drei Frageaspekte: a) Ist plausibel, dass Sprache gleichsam bestimmt und vorgibt, was *wirklich* ist? b) Ist es plausibel, dass Sprache Voraussetzung und Bedingung aller *geistigen* Phänomene ist? c) Und welche *nichtsprachlichen* Faktoren formen und prägen unser Denken insbesondere?

9.4.1 Die Wirklichkeit, der Geist und die Kultur

a) Zum Verhältnis von Sprache und Wirklichkeit

Beginnen wir bei der ersten Frage. Ihr Hintergrund ist die These, es gäbe sprachlich vermittelte Begriffsschemata, die gleichsam determinieren oder steuern, was wir als wirklich wahrnehmen bzw. was wirklich ist. Mitunter wird hierfür auf einen Gedanken Wittgensteins rekurriert: „Die Grenzen meiner Sprache bedeuten die Grenzen meiner Welt" (TLP 5.6).

Wie dies verstanden wurde, lässt sich mit einem Beispiel des US-amerikanischen Philosophen Hilary Putnam (1926–2016) illustrieren (1991, 191–197). Stellen wir uns vor, wir befinden uns in einem Zimmer mit einem Stuhl, einem Tisch mit Lampe, einem Notizbuch und einem Kugelschreiber und werden gefragt, wie viele Gegenstände sich im Raum befinden. Die Antwort ist nicht trivial: Ist die Lampe (die am Tisch festmontiert ist) Teil des Tisches oder nicht? Oder soll man *sich selbst* mitzählen? Wir würden also vermutlich antworten: „Das kommt darauf an" – und zwar deshalb, weil die Antwort auf die Frage „Wie viele Gegenstände gibt es?" davon abhängt, *welches Beschreibungssystem man verwendet*. Setzt man *Beschreibungssystem* mit *Sprache* gleich, ergibt sich der Gedanke, dass unsere Wahrnehmung der Welt sprachlich bestimmt ist: Was wir als wirklich erkennen, ist nicht unabhängig von Sprache bestimmbar, sie vermittelt gewissermaßen zwischen uns und der Welt. Man könnte das als sprachphilosophisches Echo der Überlegungen Kants verstehen, dass das ‚Ding an sich' unerkennbar sei und wir daher „nur" (widerspruchsfrei) sagen können, wie uns die Welt erscheint – nicht aber, wie sie *an sich* ist (7.1.3). Nelson Goodman (1906–1998) hat den Gedanken, dass die Erkenntnis der Welt *an sich* unmöglich ist, radikaler interpretiert: Diese Unmöglichkeit hat darin ihren Grund, dass es gar keine sprachunabhängige Welt an sich gibt. Wenn Kant gewissermaßen sagt: „Es gibt keine Erkenntnis der Welt *jenseits der Strukturen unserer Erkenntnis*" und Putnam diesen Gedanken von der Sprache her interpretiert (quasi: „Es gibt keine Erkenntnis der Welt *jenseits unserer sprachlichen Konventionen*") – dann wäre Goodmans These: „Es gibt überhaupt keine Welt *jenseits unserer Sprache.*" Selbst das Konzept des *Dings an sich selbst* ist sprachlich vermittelt und macht anders keinen Sinn:

> Es ist die Sprache, die bestimmt, was überhaupt ein Ding und was Wirklichkeit ist. Folglich ist Wirklichkeit radikal sprachabhängig und je nach Beschreibung etwas anderes real: „Wir sind bei allem, was beschrieben wird, auf Beschreibungsweisen beschränkt" (1990, 15). Stellt man nun in Rechnung, dass es *viele* Sprachen und Beschreibungsweisen gibt, die nicht problemlos ineinander übersetzbar sind, liegt der Gedanke nahe, dass Menschen auch in vielen Wirklichkeiten leben können – womit sofort jener Relativismus im Raum steht, der bereits in 9.3.1 Thema war. Versucht man den Gedanken theologisch anzueignen (etwa so, dass auch Religion ein *Bezugsrahmen*, *Begriffsschema* oder *Beschreibungssystem* ist), ist der Preis dafür neben der relativistischen Tendenz und damit verbundenen Problemen der sog. *Antirealismus*: Auch Gott würde dann (ebenso wie Wasser, Sterne oder Menschen) *nur relativ zu einem Begriffsschema* existieren.

Man hat in der Auseinandersetzung mit diesen Positionen ein ganzes Bündel von Thesen aufzudröseln, was hier nicht angemessen möglich ist. Uns reicht festzustellen, dass der Antirealismus aus ganz unterschiedlichen Perspektiven unter Druck gerät, u. a. deshalb, weil es nicht problemlos möglich ist, Begriffsschemata zu isolieren (vgl. Davidson 2005; Bertram u. a. 2008, 135–161).

Die nicht unwichtigste Anfrage stellt freilich der *common sense*: Ist es wirklich plausibel, dass der Mond nur deshalb existiert, weil wir Beschreibungen dafür entwickelt haben – oder ist plausibler, dass der sprachliche Ausdruck „Mond" ein Koordinationspunkt bzw. Reflex auf etwas ist, das sich in unseren Handlungs- und Erkenntnisabläufen als vorgängig ‚gegeben' anzeigt: *nämlich dass da etwas ist?* Folgt man der zweiten Überlegung, ist das keine Lizenz zu Naivität – natürlich ist manches nur sprachlich ‚real' (z. B. der *Mann im Mond*) und unsere (Selbst-)Wahrnehmung sprachlich imprägniert (z. B. wenn wir den Mond sehen und nicht anders können, als romantische Assoziationen zu haben). Aber daraus folgt eben nicht, dass sich *alles restlos* auf Sprache zurückführen ließe, wie auch Putnam gegen Goodman festhält (vgl. zur sog. *Starmaking*-Debatte McCormick 1996). Putnam tendiert in seinen späteren Arbeiten einem *common sense*-Realismus zu und steht damit exemplarisch für die neue Hinwendung zum Realismus in der analytischen Philosophie – eine Tendenz, die u. a. die Wiederkehr klassisch metaphysischer Fragen bedeutet. Selbst wenn es keine Erkenntnis der Welt jenseits unserer sprachlichen Konventionen gibt: Wenn wir uns am Tischbein stoßen, ist das Tischbein etwas, das sich uns ganz unsprachlich und ziemlich wirklich in den Weg gestellt hat (vgl. weniger trivial bei Habermas, der in der Spur von Peirce einen *transzendentalen Erkenntnisrealismus ohne Erscheinungen* „als sinnvolle Konzeption" reflektiert, vgl. 2019b, 776).

b) Zur Verquickung von Sprache und Geist

Eine Formulierung in der letzten Passage ist Anlass zu einer Rückfrage, die das zweite eingangs angesprochene Problem aufgreift: Es mag sein, dass *manches* Erkennen sich in sprachlich-begrifflichen Kategorien vollzieht – aber gilt das tatsächlich für *alles* Erkennen? Oder allgemeiner: Ist eine propositionale Sprache Bedingung dafür, dass überhaupt *geistige* Vollzüge und Prozesse möglich sind? Erinnert man sich an einige Bemerkungen in 3.3 zur Entwicklung kommunikativer Rationalität, scheint klar, dass dies so einfach nicht der Fall ist: Geteilte Aufmerksamkeit und Übernahme von Perspektiven zeigt sich bei Kleinkindern bereits *vor* dem Spracherwerb, d. h. propositionale Sprache setzt geistige Prozesse bereits *voraus* (wozu der bereits zitierte Michael Tomasello tendiert), zumindest aber sind diese als *gleichursprünglich* zu denken – eine Position, der etwa Habermas zuneigt, wenn er von einer „Gleichursprünglichkeit der drei menschlichen Monopole (Verwendung von Symbolen, gegenseitige Perspektivenübernahmen und intentionale Einstellung zu Objekten)" spricht (2012, 63).

Welche Reichweite bzw. Implikationen das hat, treibt v. a. die sog. *philosophy of mind* um: Sie diskutiert Formen vorbegrifflicher bzw. nichtpropositional strukturierter Erkenntnis z. B. auch im Blick auf praktisches Wissen (*know-how*, vgl. 2.2.3) oder Qualia (etwa das Wissen darum, *wie es ist,* sich am Tischbein zu stoßen, vgl. 2.2.2 c). Plausibel ist auch die Annahme, dass uns nicht nur Überzeugungen, sondern z. B. auch Bilder Wirklichkeiten epistemisch erschließen: Mitunter lässt uns eine Karikatur besser verstehen, mit wem wir es zu tun haben, als es Propositionen können. Konzepte wie *embodied cognition* (verkörpertes Verstehen, vgl. einführend Dreyfus/Taylor 2016, 171–189) zielen ebenfalls in diese Richtung: Offenkundig ist es nicht möglich, geistige Prozesse restlos auf sprachliche Strukturen zu *reduzieren*. Daraus folgt allerdings *nicht*, dass propositionale Sprache keinen *besonderen* Status hätte: Sie ist das *einzige* Medium, über das wir verfügen, um uns darüber zu verständigen, was intersubjektiv zustimmungsfähig ist oder objektiv gilt, und sie ist das *zentrale* Medium, um unsere Selbst-, Welt- und Sozialverhältnisse auszudifferenzieren – aber weder steht sie für sich allein noch ist sie die alleinige Ressource für Letzteres. Der Mensch ist nicht bloß ein ζῷον λόγον ἔχον, sondern (frei nach Ernst Cassirer, 1874–1945) auch ein *animal symbolicum,* d. h. ein Lebewesen, das sprachbegabt ist, aber seine Existenz auch in vielen anderen Symbolwelten codiert. Um zu verstehen, wie differenziert diese Codierungsprozesse zu denken sind, ist eine dritte Entwicklung von besonderem Interesse.

c) Zur Kulturalität des Denkens

Diese dritte Entwicklung wird meist unter dem Containerbegriff *cultural turn* zusammengefasst, umfasst aber eigentlich viele kleinere *turns*. Sie geben in gewisser Weise eine *mögliche* Antwort auf die Frage, welche nichtsprachlichen Faktoren unseren Geist insbesondere prägen und informieren (i. e. ‚in Form' bringen): Faktoren nämlich, die man unter ‚Kultur' subsumieren kann. Wir sind, so schreibt Michael Tomasello, „Fische im Wasser der Kultur" (2006, 271) – und ohne Analyse jener Gewässer, in denen wir schwimmen, lässt sich nicht verstehen, wie wir in der Welt geistig unterwegs sind.

> Um zu erklären, was gemeint ist, kann man auf das eben verwendete Karikaturen-Beispiel zurückgreifen, gerade weil Karikaturen offenkundig kulturelle Phänomene sind: Der sog. *iconic turn*

setzt hier an, indem er fragt, wie Bilder uns die Welt oder das Leben aufschlüsseln. Der sog. *spatial turn* wiederum referiert darauf, dass wir räumlich orientiert denken, wahrnehmen und fühlen (etwa wenn wir implizit Autorität mit Rednerpulten assoziieren, die in Vorlesungssälen stehen, und zugleich unausgesprochen wissen, wo vorne und hinten ist – hier ist ein kulturelles Raumprogramm verwirklicht, das uns gleichsam in Fleisch und Blut übergegangen ist); entsprechend wird analysiert, wie ‚Raum' sozial konstruiert wird. Der sog. *postcolonial turn* wiederum versucht aufzuschlüsseln, wie kolonial-machtförmige Perspektiven implizit unser Denken orientieren, d. h. wie sie etwa strukturieren, was als *fremd* identifiziert wird: Welche kulturellen Konstruktionsmechanismen sind involviert, wenn man sich selbst oder eine bestimmte Gruppe als *anders oder fremd* wahrnimmt? Wie wird *Fremdheit* kulturell erzeugt, stabilisiert, internalisiert und funktionalisiert, d. h. wie funktioniert sog. *othering*? Weitere *turns* wären noch zu nennen, ebenso wichtig ist der Hinweis, dass Überschneidungen möglich sind: Der *postcolonial turn* schließt z. B. Analysen zur sozialen Konstruktion von Räumen, Zeiten oder Bildern natürlich ein.

Was genau in den Rang eines *turns* erhoben wird, ist dabei nicht unumstritten: Während manche einen eigenen *gender turn* fordern, um soziale Konstruktionen von Geschlechtlichkeit, Männlichkeit, Weiblichkeit u. a. fokussiert freizulegen, betonen andere Positionen, dass *gender* (i. e. soziales Geschlecht im Gegensatz zu *sex*, dem biologischen Geschlecht) eine Analyseperspektive ist, die quer durch alle *turns* hindurch verläuft. In der Theologie spielt nicht nur, aber v. a. die sog. *feministische Theologie gender-sensible Perspektiven* in den Diskurs ein: Sie identifiziert Geschlechterverhältnisse nicht einfach als *Thema* neben anderen, sondern analysiert auch, wie herrschende Geschlechterverhältnisse den Blick auf theologische Themen und Diskurse *mitformen* (vgl. klassisch Daly 1986; vgl. v. a. auch Wendel 2016; 2017; 2019; Laubach 2017).

Das entscheidende Moment in all diesen Wenden ist ein Kippeffekt: Die Pointe des *iconic turn* etwa ist nicht, dass Bilder als Erkenntnis*gegenstände* identifiziert werden, sondern dass sie als *Medien geistiger Prozesse* analysiert werden: Bilder zeigen uns nicht bloß etwas, sondern lehren uns die Welt auf eine bestimmte Weise zu sehen – sie formen unsere Wahrnehmung (vgl. Bachmann-Medick 2006, 25–27; vgl. allg. Höhn 2015).

Es liegt auf der Hand, dass die drei im vorliegenden Narrativ betonten Entwicklungen (*common sense*-Realismus, Philosophie des Geistes, *cultural turn*) keine friedliche Erbengemeinschaft bilden: Die Frage etwa, wie die neue Hinwendung zum Realismus mit der kulturalistischen Idee vermittelbar ist, dass unser Denken stark kulturell geformt ist, kann hier aber nicht weiter verfolgt werden. Ebenso ist es nicht möglich, theologische Implikationen der jeweiligen Diskursveränderungen nachzuzeichnen; zumindest exemplarisch allerdings soll zum Abschluss die theologische Relevanz der *cultural turns* reflektiert werden: Warum und wo sind gerade ihre Forschungsperspektiven theologisch von besonderem Interesse?

9.4.2 *Cultural turns*, kontextuelle und interkulturelle Theologien

Christliche Theologien behandeln den Faktor ‚Kultur' in der Regel weniger im Rahmen der Gotteslehre als vielmehr im Blick auf die *Verkündigung* der Frohen Botschaft:

Gerade hier werden kulturelle Differenzen bewusst. Gleichwohl ist die Reflexion darauf bereits in diesem Zusammenhang sinnvoll: Wenn kulturelle Realitäten die Art und Weise prägen, wie wir über bestimmte Fragen nachdenken, gilt das auch für unser Nachdenken über die Gottesfrage (vgl. allg. Gruber 2013; Rettenbacher 2019). So wie religiöse Orientierungen kulturelle Praktiken formen können, prägen kulturelle Vorstellungen religiöse Überzeugungen – oder allgemeiner: Religionen erzeugen kulturelle Dynamiken und Kulturen erzeugen religiöse Dynamiken, die auch die Theologie affizieren. Das ist eine erste, vage Auskunft, in welcher Hinsicht ‚Kultur' Thema theologischer Reflexion sein kann. Im Folgenden soll das Zueinander von Gott, Religion und Kultur konkreter thematisiert werden, indem drei exemplarische (sachlich aufeinander bezogene, aber leicht zeitversetzt geführte) Diskurse skizziert werden: a) der Diskurs um die Frage nach der Hellenisierung des Christentums, b) die Diskussion rund um sog. *kontextuelle Theologien* sowie c) die aktuelle Option für Formen interkultureller Theologie.

a) (Ent-)Hellenisierung des Christentums?

Der Diskurs um die Hellenisierung des Christentums lässt sich erstmals im 16. Jh. wahrnehmen, ist aber vor allem mit dem protestantischen Theologen Adolf von Harnack (1851–1930) verbunden. Ausgangspunkt ist die Wahrnehmung, dass das westliche Christentum von hellenistischen Denkformen geprägt wurde: Kirchengeschichtlich zeigt sich, dass die spätantik hellenistische Kultur die Art und Weise formt, wie Christen über ihren eigenen Glauben nachdenken. Nicht mehr Jerusalem, sondern Athen ist der eigentliche Orientierungspunkt, wie Johann Baptist Metz schreibt:

> Man berief sich zwar auf die Glaubenstradition Israels, den Geist aber holte man sich ausschließlich aus Athen oder genauer aus den hellenistischen Traditionen, also aus einem subjektlosen und geschichtsfernen Seins- und Identitätsdenken, für das Ideen allemal fundierender sind als Erinnerungen. (1996, 59)

Wo Israel in erzählerischer Form über Gott und den Glauben nachdenkt, so die Anfrage, legt sich das Christentum auf platonistische und aristotelische Theoriedesigns fest (sodass langfristig nicht verwunderlich ist, dass der lebendige Gott Israels nun als unpersönliches *ipsum esse subsistens* reflektiert wird, vgl. 4.3.2). Wer katholische Theologie studiert, kommt daher an Aristoteles nicht vorbei.

Hier setzt die Enthellenisierungsdebatte an. Ihr *erster* Bezugspunkt ist die Frage, *wie* die Formung des christlichen Glaubens durch die hellenistische spätantike Kultur zu denken ist: Ist das ein primär mono-direktionaler Prozess oder geschieht dies nicht vielmehr wechselseitig? Die Frage zu stellen, heißt sie zu beantworten: Habermas hat aus guten Gründen gegen Metz betont, dass es auch eine „Unterwanderung der griechischen Metaphysik" durch das Christentum gegeben habe (1997, 103). Das heißt: Der christliche Glaube verändert *auch* Probleme und Problembewusstsein philosophischer Reflexion. Wer Aristoteles liest, kommt eben umgekehrt auch nicht mehr an dessen Problematisierung durch den Voluntarismus vorbei (vgl. 3.1.1). Der *zweite* Bezugspunkt ist die Frage, *ob* die hellenistische Formung *normativ verbindlich* ist, d. h. ob „das kritisch gereinigte griechische Erbe wesentlich zum christlichen Glauben gehört" (wie Benedikt XVI. in seiner Regensburger Vorlesung festhielt; 2007, 21) – oder nicht. Stellen wir die Frage bewusst banal: Was spricht dafür, dass sich christliche Communities in China den christlichen Glauben in seinen hellenistisch-westlichen Denk- und Sprachformen aneignen? Wäre auch denkbar, dass sich nicht-europäische Christen von diesen Vorgaben zu lösen, um den Glauben an das Evangelium in anderen, kulturell näherliegenden Denk-, Sprach- und Ausdrucksformen zu leben? Gerade in der Einfachheit dieser Frage steckt ein ganzer Strauß von Problemen, die u. a. auch in den Diskursen rund um kontextuelle Theologien eine Rolle spielen.

b) Impulse kontextueller Theologien

Das Zweite Vatikanum hält in seiner Pastoralkonstitution *Gaudium et spes* 1965 fest, dass die Kirche „kraft ihrer Sendung und Natur an keine besondere Form menschlicher Kultur und an kein politisches, wirtschaftliches oder gesellschaftliches System gebunden" ist (GS 42). Dieser Gedanke ist ein Echo dessen, was die junge christliche Gruppierung an Pfingsten erlebt (nämlich dass alle Völker unter dem Himmel die Apostel *in ihrer eigenen Sprache* hören, vgl. Apg 2), und greift auf, was Paulus schreibt: Wenn er festhält, dass er *den Juden ein Jude, den Griechen ein Grieche* geworden sei (vgl. 1 Kor 9), dann heißt das implizit auch, dass christlicher Glaube nicht auf eine *spezifische* Kultur festlegt.

Sog. *kontextuelle Theologien* versuchen diese Einsicht besonders ab der zweiten Hälfte des 20. Jh. konkret zu realisieren und mit Begleitreflexionen zu sichern. Das Anliegen ist es, die christliche Botschaft *in den jeweiligen Kulturen* verständlich zu machen, anzueignen und zu leben – und zwar im lebendigen Bezug auf Einsichten, Werte, Fragen, Erfahrungen, Probleme u. a. m., die in diesen Kontexten eine Rolle spielen. Das Spektrum dafür, wie das geschehen kann, bilden grob gesprochen zwei Pole: Der eine Pol ist die Implementierung der christlichen Botschaft in eine Kultur (wie dies tendenziell sog. *Inkulturationstheologien* etwa in Asien und Afrika anvisierten), der andere Pol ist die Herausforderung herrschender Kulturen durch das Evangelium (wofür tendenziell die sog. *Befreiungstheologie* in Lateinamerika steht); auch wenn diese Pole in konkreten Theologien nicht in Reinform realisiert wurden, bilden sie Orientierungspunkte, um sich Projekten kontextueller Theologie zu nähern.

In der Reflexion auf die prinzipielle Möglichkeit und konkrete Durchführung kontextueller Theologien tauchen Fragen der Enthellenisierungsdebatte wieder auf. Dabei wird nochmals klarer als zuvor, dass Enthellenisierung nicht zuletzt hermeneutisch problematisch ist: Weder liegt die christliche Botschaft chemisch rein vor (d. h. ohne kulturelle ‚Zusatzstoffe'), noch kann sie chemisch rein aus hellenistischen Denk-

und Ausdrucksformen destilliert werden, um dann wie Instantpulver in verschiedene Kulturen hineingemischt zu werden und dort unterschiedliche Varianten des gleichen Cocktails zu erzeugen. Das Evangelium liegt von Beginn an immer in kulturellen Codierungen und in spezifischen (auch rivalisierenden) Interpretationen vor: Es ist niemals pur, sondern immer schon hybrid, es ist niemals einförmig, sondern immer schon plural. Das zeigt bereits der Blick auf die Jünger Jesu, die ersten Christinnen und Christen, deren Leben in monokulturellen Kategorien nicht zu fassen ist: Ihr Leben vollzieht sich in jüdischen *und* hellenistischen Welten, in unterschiedlichen ökonomischen Konstellationen, ethnischen und religiösen Bezügen. Daher liegt es nahe, das Ineinander von Glaubensbotschaft und Kultur komplexer zu fassen, weil immer schon *unterschiedliche* Kulturen oder besser: *kulturelle Dynamiken* involviert sind.

c) Dynamiken interkultureller Theologien

Der letzte Gedanke kann helfen, um die Entwicklung interkultureller Theologien verständlich zu machen. Ihr Anliegen ist nicht nur, das Begegnungs-, Konfrontations- und Transformationsmoment zwischen Kulturen klarer sichtbar zu machen und in seiner Relevanz für den christlichen Glauben zu reflektieren, sondern darin zugleich den Kulturbegriff selbst differenzierter zu fassen (vgl. allg. Gmainer-Pranzl 2016a; 2016b).

Die Leitperspektive ist abermals die Kritik essentialistischer Konzepte: So wie es witzlos ist, nach *dem Wesen* etwa der deutschen Sprache zu fragen, so ist es irreführend, nach *dem Wesen* einer bestimmten Kultur zu fragen. In beiden Fällen ist es sinnvoller, sich an die Überlegungen Wittgensteins in 4.3.2 bzw. 9.3.1 zu halten: Analysiert man viele unterschiedliche Sprachspiele bzw. kulturelle Praktiken, wird man zwar keinen Wesenskern einer Kultur, aber bestimmte Regelmäßigkeiten feststellen. Die skizzierten *cultural turns* liefern hier gewissermaßen Gesichtspunkte der Analyse: Nach welchen Regeln wird *gender* konstruiert, nach welchen Regeln bewegt man sich im öffentlichen Raum, welche Regeln werden über bestimmte Bildprogramme kommuniziert oder nach welchen Regeln funktionieren Diskriminierung, Respekt oder Anerkennung? Eine spezifisch *interkulturelle* Perspektive kann hier anschließen: So wie Sprachen, ihre Sprachspiele und deren Regeln nicht statisch fix sind, sondern sich gerade da verändern, wo neue Einflüsse auftauchen, so gilt dies auch für Kulturen insbesondere in Zeiten von Globalisierung, Migration und digitaler Revolution – sie transformieren sich im Kontakt mit dem kulturell und religiös Anderen, Neuen, Fremden.

An dieser Wahrnehmung setzen interkulturelle Theologien an: Sie fokussieren die kulturell-religiösen Transformationsprozesse, die sich hier ereignen; denn diese verändern auch die Formen, in denen der Glaube ausgedrückt, gelebt, verstanden und reflektiert wird.

Dritte Zwischenreflexion

Wo stehen wir? Erlauben wir uns einen kurzen Schritt zur Seite, um auf die letzten Etappen zurückzublicken. Die letzten drei Kapitel situierten das Thema „Gott" – das zuvor ganz klassisch entlang der Trias *Begriffe, Beweise, Eigenschaften* entwickelt worden war – in drei exemplarischen Komplexitätsschüben von Neuzeit und Moderne. Sie jagten die theologische Reflexion gewissermaßen in und durch die transzendentale Wende, Hermeneutiken des Verdachts, existentialphilosophische Entwicklungen, den *linguistic turn* sowie *cultural turns*. Damit sind bleibend Herausforderungen für das Nachdenken über den eigenen Glauben verbunden, es ist aber offensichtlich, dass damit die vermutlich größte Herausforderung noch gar nicht wirklich berührt wurde: die Frage, *ob der Glaube an einen allgütigen und allmächtigen Gott angesichts des Leids in der Welt rational aufrechterhalten werden kann*. In der Regel wird dieses theologische Schlüsselproblem unter dem Stichwort *Theodizee* verhandelt – es wird das Thema des folgenden, etwas längeren Kapitels sein.

Ehe wir versuchen, damit verbundene Fragen zu sichten und zu adressieren, sei vor dem Hintergrund des letzten Kapitels allerdings ein *sprachphilosophischer* Hinweis erlaubt, der möglicherweise auch *Erwartungshaltungen* justiert. Karl Rahner hat prominent darauf hingewiesen, dass unser Glaube an Gott bzw. unser Denken über Gott nicht unverändert durch die Erfahrung und die Reflexion des Leids hindurchgeht: Es kann sein, dass wir in der Bearbeitung der Frage nach dem Leid „erst einen einigermaßen richtigen Gottesbegriff erreichen, der uns außerhalb unserer Frage gar nicht zugänglich wäre" (1980a, 450). Das ist eine entscheidende Einsicht, was die Dynamik religiöser Überzeugungen und die Lernoffenheit des Glaubens betrifft: In der Regel entwickeln sich unsere Überzeugungen über Gott, die *conditio humana*, das Gott-Welt-Verhältnis u. a., die wir in theologische oder philosophische Fragen einbringen, weiter. Das ist ein alltäglicher, aber kein trivialer Vorgang auch abseits des Glaubens: Auch unsere Begriffe von Liebe, Gerechtigkeit oder Treue verändern sich durch Erfahrungen, Literatur, Reflexion u. a. m. – und *im Idealfall* werden sie nuancierter, klarer oder reicher und wir verstehen besser, was damit gemeint ist oder gemeint sein kann. Das gilt analog auch für unsere Glaubensüberzeugungen. Bei Thomas etwa wird der Gottesbegriff im Kontext der Reflexion auf die (metaphysische) Unselbstverständlichkeit der Welt *semantisch präzisiert*: Auf diese Weise wird im Prozess des Nachdenkens über die Welt klarer, was unter dem Ausdruck „Gott" zu verstehen ist und auf wen genau sich der christliche Glaube bezieht (vgl. 4.3.2; 5.3).

Dieses Phänomen dynamischen, lernenden Denkens und Glaubens ist analog und insbesondere auch in der Theodizee in Rechnung zu stellen: Wir sollten nicht meinen, dass wir unsere Vorstellungen von Allmacht, Freiheit oder Liebe möglichst unverändert und robust durch die Frage nach dem Leid durchschleusen könnten *oder dass wir es müssten*. Theologie und Glauben haben (wie Metz eindrücklich festhält, vgl. 8.6) nicht den Anspruch, möglichst souverän und irritationssensibel alle Anfragen abzuwehren oder unbehelligt durchzukommen. Es geht schlicht darum, aufrichtig um die rationale Annehmbarkeit und die Bedeutung des christlichen Glaubens zu ringen. Mit dieser Überlegung starten wir in die schwierigste und längste Wegstrecke des Buchs.

10 Gott rechtfertigen?

Es erübrigt sich in gewisser Hinsicht, in das folgende Thema einzuführen: in die Frage, wie Gott und das Übel in der Welt zusammengehen. Formuliert man die Frage derart weit, findet man sie quer durch die Theologiegeschichte behandelt, aber erst in der Neuzeit nimmt sie eine bestimmte Form an: Spätestens seit Gottfried Wilhelm Leibniz' *Essais de Théodicée* aus dem Jahr 1710 wird das Problem als *Theodizee* (von θεός, theós = ‚Gott'; δίκη, díkē = ‚Gerechtigkeit') verhandelt, d.h. als Frage danach, ob und wie Gott angesichts des Leids *gerecht* genannt werden könne. Während zuvor nicht fraglich ist, dass Gott existiert und er gerecht, allmächtig und allgütig ist (und daher das Leid zwar erklärungsbedürftig, aber auch erklärbar ist, etwa als Strafe oder Prüfung), wird hier etwas ganz prinzipiell fragwürdig und begründungspflichtig: Ist Leid nicht ein starker Beleg dafür, dass Gott nicht gerecht, allmächtig und allgütig sein kann – oder mehr noch: dass er vielleicht überhaupt nicht existiert? Wo zuvor das Leid zwar persönliche Lebens- und Glaubenskrisen auslöste, aber nicht den christlichen Glauben *als solchen* infrage stellte, verschieben sich neuzeitlich die Perspektiven: „warum leide ich? Das ist der Fels des Atheismus. Das leiseste Zucken des Schmerzes und rege es sich nur in einem Atom, macht einen Riss in der Schöpfung von oben bis unten" (Büchner, Dantons Tod, 44).

Die Frage nach dem Leiden wird als Schlüsselfrage für den christlichen Glauben entdeckt: Selbst wenn ein Gottesbeweis erfolgreich sein sollte, wäre das weitgehend wertlos, wenn sich die Überzeugung von der Existenz Gottes nicht zugleich vor der Leidfrage bewähren ließe. Dann ließe sich zwar annehmen, dass Gott existiert – *aber man könnte nicht darauf vertrauen, dass er es auch gut mit uns meint*, d.h. uns bliebe nur die Annahme eines *deus malignus* oder eines an uns desinteressierten *ens necessarium*. Damit ist die Entdeckung der Theodizee als zentraler systematischer Herausforderung für den christlichen Glauben freigelegt. Für unsere Zwecke formulieren wir in der Folge das entscheidende Problem als Frage danach, *ob und wie der Glaube an einen allgütigen und allmächtigen Gott angesichts des Leids in der Welt rational aufrechterhalten werden kann*. Die genaue Gliederung des Kapitels erfolgt im nächsten Punkt im Rahmen der Exposition des Problems.

10.1 Vorklärungen in systematischer Absicht

Versuchen wir am Beginn, das zentrale Problem *in systematischer Hinsicht* in einfachen Begriffen zu umreißen. Man kann sich dazu auf eine Rekonstruktion beziehen, die Epikur (341–270) zugeschrieben wird:

> Entweder will Gott die Übel aufheben und kann nicht
> oder er kann und will nicht
> oder er will nicht und kann nicht
> oder er will und kann.
> Wenn er will und nicht kann, ist er schwach, und das trifft für Gott nicht zu. Wenn er kann und nicht will, ist er neidisch, und das ist ebenso unvereinbar mit Gott. Wenn er nicht kann und nicht will, ist er neidisch und schwach und dementsprechend auch kein Gott. Wenn er aber will und kann, wie das allein angemessen für Gott ist – wo kommen dann die Übel her, und warum hebt er sie nicht auf? (Laktanz, De ira Dei, 13,20 f.)

Der Aufriss spannt das Problem an zwei Polen auf: Gott, dem klassisch *unbegrenzte Güte, Allmacht* und *Allwissenheit* zugeschrieben werden, sowie dem Übel, das in *malum physicum*, *malum morale* und *malum metaphysicum* differenziert wird. Gottes Eigenschaften waren bereits in Kapitel 6 Thema, die Unterscheidungen in Bezug auf das *malum* lassen sich in erster Annäherung wie folgt nachzeichnen:

- Das sog. *malum physicum* ist das naturgesetzlich verursachte natürliche Übel (wie Erdbeben, Krankheiten u. a.), während
- das sog. *malum morale* das durch freie Entscheidungen verursachte moralische Übel meint (wie Gewaltverbrechen, Betrug u. a.). Hingegen besteht
- das sog. *malum metaphysicum* nach Leibniz schlicht darin, dass die Schöpfung nicht mit dem Schöpfer identisch ist, d.h. nicht selbst das ist, worüber hinaus Größeres nicht gedacht werden kann. Diese Identifikation eines Mangels beruht im Licht des christlichen Grundgesetzes (6.4.3) aber auf einem problematischen Verständnis des Gott-Welt-Verhältnisses: Gott wird hier so gedacht, dass dies auf Kosten der Welt geht – aus seiner Großartigkeit ergibt sich ein Defizit der Welt. Folgt man der Lesart von 6.4, so eröffnet gerade die Nicht-Identität von Gott und Welt die Selbstständigkeit der Welt, d.h. konstituiert die Differenz etwas Wertvolles und gerade kein *malum*.

Entsprechend den letzten Überlegungen zum *malum mataphysicum* werden wir uns in der Folge nur auf die ersten beiden Typen des Übels beziehen. Zugleich wird Allwissenheit (trotz mancher Probleme, die dabei zu bedenken sind, vgl. 6.2.1 c und 6.3.2) gleichsam als Aspekt von Allmacht behandelt bzw. aus darstellungspragmatischen Gründen darunter subsumiert.

Wie lässt sich das so skizzierte Problem *in systematischer Hinsicht* rational adressieren? Es ist sinnvoll, im Blick darauf Epikurs Problemmatrix zweimal zu lesen: einmal als Ausdruck eines theoretischen Problems, das uns vor eine theoretische Frage stellt: *Wie lassen sich Überzeugungen, die wir von Gott, dem Leid und deren jeweiligen Charakteristika haben, widerspruchsfrei anordnen?* Und einmal als Ausdruck moralischen Entsetzens, das uns vor eine moralische Frage stellt: *(Wie und warum) Können wir moralisch (den Glauben an) einen Gott akzeptieren, der allmächtig und allgütig ist, aber angesichts des Leids keine bessere Welt zustande bringt bzw. nicht eingreift?*

> Die erste Frage richtet sich primär an die theoretische Vernunft (10.2). Die Aufgabe besteht hier darin, eine widerspruchsfreie Anordnung als möglich nachzuweisen, indem man problemkonstituierende Elemente – also a) Gott und seine Eigenschaften (10.2.1), b) das Leid und dessen Nicht-sein-Sollen (10.2.2) oder c) das Gott-Welt-Verhältnis (10.2.3) – anders als Epikur interpretiert. Die zweite Frage hingegen richtet sich primär an die praktische Vernunft; hier gilt es argumentativ darzulegen, warum der Glaube an Gott trotz des Leids mit unseren anderen moralischen Überzeugungen kompatibel sein kann oder gar von ihnen her plausibel ist (10.3).

Die sog. *reductio in mysterium* schließlich bezeichnet eine Position, derzufolge eine systematisch hinreichende Antwort auf die Frage nach Gott und dem Leid nicht möglich ist (d. h. es bleibt ein Geheimnis, warum Gott nicht eingreift), die aber dennoch am Glauben festhält. Von besonderem Interesse sind dabei Varianten, die dies *ihrem Anspruch nach* nicht aus blankem Trotz, sondern rational verantwortet tun – dies wird uns zum Abschluss beschäftigen (10.4).

10.2 Diskurse auf dem Forum der theoretischen Vernunft

10.2.1 Was meint Güte, was bedeutet Allmacht?

a) Kritik der Allgüte: Ist Gottes Güte unbegrenzt?

Eine erste problemkonstituierende Eigenschaft, die zu diskutieren ist, ist Gottes Güte: Die Theodizee-Frage würde sich in einem anderen Licht darstellen, wenn man nicht davon überzeugt wäre, dass Gott umfassend und unbedingt gut ist. So notwendig es ist, einen nuancierten Begriff von Güte zu entwickeln und sensibel für dessen analoge Verwendung in theologischen Fragen zu sein, so wenig plausibel ist es, Güte *forciert anders* zu verstehen: Ist ein Gott, dessen Gutsein nur zeitlich oder regional begrenzt wäre, wirklich etwas, über den hinaus Größeres nicht gedacht werden kann?

b) Prozesstheologische Theodizee: Gott als Trainer der Welt

Es liegt daher (mit Überlegungen aus 6.2.1 im Hintergrund) näher, an der *Allmacht* Gottes anzusetzen: Wenn Gott nicht alles vermag, ist er auch nicht für alles verantwortlich. Eine hemdsärmelige Variante dieses Gedankens bezieht sich auf die Figur des Teufels: Dieses moralisch (aus freien Stücken) bösartige und überaus machtvolle *Geschöpf* erzeugt das *malum*. Damit ist allerdings zugleich klar, warum diese Überlegung nichts austrägt. Sie erzeugt neue Probleme (Ist die Figur mehr als das Echo eines mythologischen Weltbilds?), löst aber die eigentliche Frage nicht: Warum greift Gott nicht ein, wenn der Teufel wütet?

Komplexer und neuer ist der Rekurs auf ein anderes, nämlich *ungeschaffenes* Gegenüber Gottes, das im Kontext der sog. *Prozesstheologie* diskutiert wird.

> Ihr philosophischer Hintergrund ist die sog. *Prozessphilosophie*, die vom US-amerikanischen Philosophen Alfred North Whitehead (1861–1947) begründet wurde. Das Label drückt bereits ein Grundanliegen aus: Wo die traditionelle Philosophie das Seiende statisch in Begriffen von Sein, Wesen, Akzidentien (zufälligen Eigenschaften) u. a. aufschlüsselt und Relationen als sekundär versteht, begreift Whitehead es als prozessual und relational. So wie sich z. B. das, was ein sog. *abkippender Sechser* im Fußball ist, nur aus konkreten Spielbewegungen und -funktionen im Kontext eines dynamischen Spiels ergibt, so ist es mit allem Seienden: Was wir aus pragmatischen Gründen für stabile Entitäten halten, sind Momentaufnahmen in Prozessen des Werdens und Vergehens. Wenn die sog. *Substanzmetaphysik* auf der Suche nach dem *Wesen der Kuh* war (vgl. 4.3.2), beteiligt sich die Prozessphilosophie nicht daran, weil sie Kühe wie abkippende Sechser begreift: als (bovine, nicht ballestrische) Phänomene in dynamischen Prozessen auf grünen Wiesen. Der Vorteil dieser philosophischen Perspektive (Werden statt Sein, Ereignis statt Substanz, Relation statt Wesen) liegt auf der Hand: Sie adressiert das Unbehagen am Essentialismus (vgl. 3.1.3 a) und lässt sich leichter mit naturwissenschaftlichen Einsichten in die evolutive Geschichte des Universums und des Lebens vermitteln. Gott spielt in diesen Überlegungen eine Rolle, aber nicht als Schöpfer der Welt, der die Welt aus dem Nichts erschafft, sondern als kreativer Gestalter ihrer Prozesse: Gott „ist der Poet der Welt, leitet sie mit zärtlicher Geduld durch seine Vision von der Wahrheit, Schönheit und Güte" (1987, 618).

Die Prozesstheologie ist von diesen Überlegungen inspiriert, gerade auch im Hinblick auf die darin formulierte Kritik der Allmacht: Ihr „Lösungsvorschlag des Theodizeeproblems, das sich ja allein durch die Lehre von der Allmacht Gottes ergibt, besteht in der Streichung genau dieser Allmachtslehre" (Loichinger/Kreiner 2010, 53). Der US-amerikanische Theologe David Ray Griffin etwa votiert für folgende Annahmen:

> Erstens: Wenn Gott bei der Erschaffung unserer Welt notwendig mit prä-existenten Aktualitäten (actualities) arbeitet, dann haben diese Aktualitäten eigene autonome Wirkkräfte (power), die den Willen Gottes zumindest partiell durchkreuzen können. Zweitens: Möglicherweise gibt es ewige, ungeschaffene notwendige Prinzipien (über rein logische Wahrheiten hinaus), welche die konkrete Entfaltung dieser Aktualitäten bestimmen und damit die Beschaffenheit dessen, was überhaupt real möglich ist, eingrenzen. (Ebd., 53)

Diese Annahmen laufen darauf hinaus, dass Gott die Welt nicht aus dem Nichts *(creatio ex nihilo)*, sondern in kreativer Interaktion mit dem erschafft, was bereits vorhanden ist und ihm immer schon gegenübersteht: präexistente Wirklichkeiten und ungeschaffene Prinzipien, i. e. die der Welt eigene Kreativität und Potentialität. Die Geschichte des Universums ist ein Interaktionsgeschehen zwischen Gott und dem, was bereits vorhanden war – und es braucht Zeit, bis evolutiv Wesen entstehen, die frei und liebesfähig sind. Das erklärt die lange Zeitspanne vom Urknall vor 13,8 Mrd. Jahren zu den ersten Menschen: Gott kann nämlich nicht direkt hervorbringen, was er will, sondern muss die Eigengesetzlichkeiten der bereits vorhandenen Wirklichkeiten und Prinzipien berücksichtigen. Daraus folgt auch, dass der Prozess offen ist: Wie die göttlich stimulierte Evolution ausgeht, lässt sich nicht mit Sicherheit sagen – ob am Ende ein Himmel steht, ist ungewiss.

> Das wird in der Regel in poetischen Metaphern umschrieben, man kann aber auch bei robusten Fußballanalogien bleiben: Gott ist wie ein genialer Trainer, der eine faszinierende Vision des schönen Spiels verfolgt, aber a) dafür nur mit jenen Spielern, ihren Potentialen und Defiziten arbeiten kann, die der vorhandene Kader zu bieten hat, und b) zugleich natürlich auch Einsichten der Physiologie, Spielpläne, Fußballregeln u. a. beachten muss. Die einzige Möglichkeit, die dem Trainer folglich bleibt, um seine Vision zu verwirklichen, ist es, mit viel Geduld, Überzeugungskraft, Begeisterung, Trainingsvielfalt u. a. über lange Zeit eine Mannschaft zu formen, die diesen Fußball auch zu spielen versteht. Kurzum: Gott ist der Pep Guardiola der Welt (der sich in der Menschwerdung auch noch selbst einwechselt, um dem Spiel seinen Stempel aufzudrücken und die Spieler mitzureißen, vgl. ballestrisch weiterführend Maric 2013).

Die Vorteile, die eine solche Konzeptualisierung hat, sind Plausibilitätsgewinne in den Feldern theoretischer *und* moralischer Vernunft: Nicht nur wird plausibel, warum das Auftreten des Menschen so lange dauerte, es wird auch moralischer Zynismus vermieden. "Could we, in the presence of burning children, proclaim that God 'remains gloriously free' to intervene in history?" (Griffin 2000, 16). Wenn wir daran festhalten, hieße im Umkehrschluss, dass Gott ihnen zwar helfen könnte, aber schlicht nicht will. Genau dieser Zynismus wird vermieden, wenn man den Gedanken streicht, Gott könne jederzeit intervenieren.

Welche Rückfragen ergeben sich aus der prozesstheologischen Bearbeitung der Theodizee-Frage? *Zum einen* lässt sich fragen, ob Gott dadurch tatsächlich moralisch salviert ist. Wenn *er* es ist, der den evolutiven Prozess in Gang setzt, *ohne ihn sicher steuern zu können*, spricht ihn das nicht einfach von Verantwortung frei: Auch ein Autofahrer ist nach einem Unfall nicht von aller Schuld befreit, weil er unzureichend fahrtüchtig war, aber ein tolles Ziel hatte. Die Streichung der Allmacht löst das Problem also nicht, kann *zum anderen* aber implizit eine negative Perspektive auf die Welt *in toto* erzeugen: Was Gott daran hindert, seine Ziele zu erreichen, ist letztlich das unzureichende, widerspenstige Material, mit dem er arbeiten muss (d. h. nicht der Trainer, sondern Spieler und Schiedsrichter sind schuld). *Drittens* ist die Modellierung des Gott-Welt-Verhältnisses zu befragen: Wenn die Hypothese präexistenter Wirklichkeiten und Prinzipien die Eigenständigkeit der Welt als *echtes* Gegenüber Gottes sichern soll (wie bei Whitehead durchklingt), wird implizit vorausgesetzt, dass sich Gottes Allmacht und die Eigenständigkeit der Welt ausschließen; diese Deutung ist jedoch nicht zwingend (6.4.2) und problematisch, weil sie zwischen Gott und Welt eine Konkurrenz annimmt (vgl. 6.4.3). *Schließlich* lässt sich fragen, ob ein Gott, den präexistente Wirklichkeiten und Prinzipien (auch im Blick auf ein mögliches gutes Ende der Schöpfung) beschränken, tatsächlich etwas ist, über das hinaus Größeres nicht gedacht werden kann.

c) „Erlösung" aus der Frage: Peter Knauers Theodizee

Eine Antwort auf die Theodizee, die bei Gottes Allmacht und Güte ansetzt, liefert in anderer Weise auch der Jesuit Peter Knauer. Er markiert die Theodizee-Frage als Scheinfrage, ja mehr noch:

> [D]ie christliche Botschaft hat doch geradezu ihr ganzes Ziel darin, diese Frage von vornherein aus ihren Angeln zu heben und gegenstandslos zu machen. Sie wird von der christlichen Botschaft durch die andere Frage ersetzt, was der Glaube für unseren Umgang mit dem Leid ausmacht. Er bewirkt, dass man im Leid nicht mehr verzweifeln muss und eine Gewissheit gewinnt, die stärker als alle Angst um sich selbst ist. (2004)

Der entscheidende Fehler ist *erstens* ein falsches Verständnis von Allmacht: Sie muss als aktual interpretiert werden, wie in 6.2.2 a bereits dargelegt wurde; damit löst man die Fixierung darauf, dass Gott doch eigentlich handeln müsste, aber es nicht tut. Gott ist *in allem* wirksam und *nichts* ist ohne ihn, auch nicht Krankheit, Leid und Tod. Man kann das als Ausdruck eines Gedankens verstehen, den der Gründer der Jesuiten, Ignatius von Loyola (1491–1556), formuliert hat: *Gott kann in allen (!) Dingen gefunden werden* (vgl. Epistola n. 1854, 510; Exerzitien 236). Das ist keine spekulative Überlegung, sondern hat einen Erfahrungsindex, wie etwa Aufzeichnungen des Jesuiten Alfred Delp (1907–1945) nahelegen. Wegen Widerstands gegen den Nationalsozialismus zum Tode verurteilt, macht er im Gefängnis Berlin-Tegel eine zweifache Erfahrung: Zum einen wird es dunkel um ihn, „das ‚Wunder' bleibt aus" (1984, 108), es gibt keine göttliche Intervention, die ihn vor Gefängnis, Folter oder Tod rettet. Zum anderen schreibt er aber auch (und vielleicht ist „das das Wunder", ebd.):

> Das eine ist mir so klar und spürbar wie selten: die Welt ist Gottes so voll. Aus allen Poren der Dinge quillt er gleichsam uns entgegen. Wir aber sind oft blind. Wir bleiben in den schönen und in den bösen Stunden hängen und erleben sie nicht durch bis an den Brunnenpunkt, an dem sie aus Gott herausströmen. Das gilt … für alles Schöne und auch für das Elend. In allem [!] will Gott Begegnung feiern und fragt und will die anbetende, hingebende Antwort. Die Kunst und der Auftrag ist nur dieser, aus diesen Einsichten und Gnaden dauerndes Bewusstsein und dauernde Haltung zu machen, bzw. werden zu lassen. Dann wird das Leben frei in der Freiheit, die wir oft gesucht haben. (Ebd., 26)

Knauer führt die Perspektive, dass Gott auch im Leiden nicht fern ist, noch in anderer Hinsicht aus. Er sieht in der klassischen Theodizee *zweitens* auch ein falsches Bild von Güte vorausgesetzt: Gottes Güte wird mit Gesundheit, Erfolg, Glück gekoppelt. „Ist man dagegen krank und elend, dann ist Gott offenbar in weiter Ferne. Was kann unheilvoller sein als diese Auffassung?" (2004). Gottes Zuwendung aber gilt unabhängig davon, ob man gesund oder krank ist, eben das ist für die christliche Botschaft zentral:

> Bereits Paulus schreibt im Römerbrief: „Wer kann uns scheiden von der Liebe Christi? Bedrängnis oder Not oder Verfolgung, Hunger oder Kälte, Gefahr oder Schwert? ... Denn ich bin gewiss: Weder Tod noch Leben, weder Engel noch Mächte, weder Gegenwärtiges noch Zukünftiges, weder Gewalten der Höhe oder Tiefe noch irgendeine andere Kreatur können uns scheiden von der Liebe Gottes, die in Christus Jesus ist, unserem Herrn." (Röm 8,35.38–39) Wie kann dann noch Bedrängnis oder Not oder Verfolgung ein Einwand gegen diesen Glauben sein? (Ebd.)

Knauers Überlegungen erinnern an zentrale Einsichten christlichen Glaubens, etwa dass sich an Erfolg und Gesundheit nicht ablesen lässt, wie Gott zu uns steht; dennoch motiviert die konkrete Durchführung zu Rückfragen. Stellen wir solche *bewusst naiv* und in eschatologischer Perspektive, i. e. im Blick auf den Glauben an eine Auferstehung. Gerade in dieser Perspektive wird deutlich, dass es *zum einen* nicht plausibel ist, das Verhältnis von Güte und Wohlergehen in jeder Hinsicht zu lockern: Wäre dann das Geliebtsein durch Gott nicht auch mit einem Zustand verträglich, in dem es nach der Auferstehung bloß *ad infinitum* weiterläuft wie bisher, d. h. einem Zustand, in dem Gott uns liebt, ohne dass es uns gut dabei geht (weil es darauf gar nicht ankommt, insofern Geliebtsein und Wohlergehen *prinzipiell* entkoppelt sind)? Ist das mit der klassischen christlichen Hoffnung vermittelbar?

Zum anderen ist das Allmachtsverständnis zu thematisieren: Wenn Gott *niemals* in besonderer Weise handelt, wie kann dann die Geschichte zu einem guten Ende kommen, d. h. zu einem Ende, in dem nach der Auferstehung die Übel wirklich überwunden sind und der Vergangenheit angehören? Auch das ist wesentlicher Teil der christlichen Hoffnung: Gott „wird alle Tränen von ihren Augen abwischen: Der Tod wird nicht mehr sein, keine Trauer, keine Klage, keine Mühsal" (Offb 21,4). Da nicht einsichtig ist, dass oder wie dies *aus sich selbst heraus* geschehen soll, stellt sich die Frage: Muss nicht angenommen werden, dass Leiden und Übel durch eine *Form göttlichen Wirkens* endgültig überwunden werden? Damit stellt sich aber erst recht eine klassische Frage der Theodizee: Warum ist dies *nicht jetzt schon* der Fall, wenn es *post mortem* möglich und verheißen ist?

10.2.2 Wie soll das *malum* verstanden werden? (feat. Irenäus von Lyon, Augustinus und Origenes)

Wir kommen damit zu jenen Bearbeitungsformen der Frage, wie Gott und das Leid zusammengehen, die theologiegeschichtlich wohl am prominentesten waren: Modifikationen des *malum*. Diese sind nicht ganz leicht in einem systematischen Raster zu fassen und kommen in einzelnen Argumentationen meist *in Mischformen* vor. *Zu Hilfszwecken* unterscheiden wir im Folgenden die Funktionalisierung, Moralisierung und Spiritualisierung des Leids, die wir mit drei großen Theologen der ersten Jahrhunderte nach Christus verbinden: *Irenäus von Lyon*, *Augustinus* und *Origenes*.

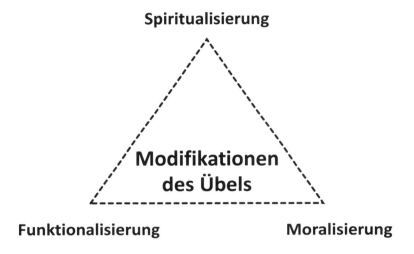

a) Funktionalisierung: Eine irenäische Perspektive

Beginnen wir bei einer Interpretation des Leids, die bei einer einfachen Frage ansetzt: Ist Leiden wirklich immer ausschließlich schlecht? Denken wir an eine anstrengende Bergwanderung: Die letzten 300 Höhenmeter vor dem Gipfel mögen die reine Qual sein, aber nur so ist das Gipfelerlebnis möglich – die Fahrt mit der Gondel hätte nicht das eröffnet, was man nach der Kletterei erlebt. Diese Argumentation schreibt dem Leiden (in individualistischen, gesellschaftlichen, weltgeschichtlichen Perspektiven) eine bestimmte Funktion zu: Das Leiden ist zwar *an sich* ein Übel, kann aber eine positive Funktion haben, die es sinnvoll und akzeptabel macht; man kann daher auch von einer *Bonisierung* des Leids sprechen. Welche positiven Funktionen kann das *malum* in den bekanntesten Varianten dieser Argumentation (die sich wechselseitig nicht ausschließen müssen) haben?

α) Leid kann *erstens* eine positive *epistemische Funktion* haben, d. h. für unser Erkennen und Wahrnehmen relevant sein. Wer die Dunkelheit nicht kennt, kann Licht weder wirklich wahrnehmen noch wertschätzen: Wer krank war, wird erkennen, wie wertvoll Gesundheit ist – und erst in der Diktatur versteht man den Wert der Demokratie. Meist spricht man im Blick darauf von der sog. *Ästhetisierung des Übels* (von αἴσθησις, aisthesis, i. e. „Wahrnehmung").

β) Leid kann *zweitens* eine positive *pädagogische Funktion* haben, d. h. uns menschlich reifen lassen. Die klassische Argumentation bedient sich dabei der Vorstellung, Erziehung sei ohne Strafen und Züchtigung nicht möglich: „Wer die Rute spart, hasst seinen Sohn, wer ihn liebt, nimmt ihn früh in Zucht" (Spr 13,24). Eine weniger schwarzpädagogische Form versteht Leid als Prüfung, Chance oder Lernmöglichkeit, sich individuell charakterlich oder als Gesellschaft weiterzuentwickeln.

γ) Leiden kann *drittens* eine positive *evolutionäre* Funktion haben, d. h. die Entwicklung des Lebens dynamisieren oder Leben sichern. Schmerz und Leid, so legt diese Perspektive nahe, sind evolutionäre Mechanismen, die eine bestimmte Funktion erfüllen:

> Ein Tier ist [in der Regel] umso schmerzempfindlicher, je mehr die Elterntiere in die Aufzucht investieren. Manche Spezies setzen auf Quantität bei der Reproduktion (etwa Austern oder Krabben), und eine extrem hohe Sterblichkeit der Jungtiere ist eingeplant. Die immaturen Individuen sind kaum gepuffert: Die leiseste Verletzung oder Beschädigung führt zum Tod. Anders jene Arten, die auf Qualität setzen, wie beispielsweise die Säugetiere. Oft werden pro Wurf nur wenige Kinder in die Welt gesetzt, und im Extremfalle nur eines – wie bei den meisten Affen, Menschenaffen und bei Menschen. Die Jungen erfahren intensive Brutpflege, und die Eltern sind darauf bedacht, die Sterblichkeit gering zu halten. Wer kränkelt, hat eine gewisse Chance, wieder aufgepäppelt zu werden – denn schließlich haben speziell die Mütter durch Schwangerschaft und Stillen bereits enorm in ihren Nachwuchs investiert. So lohnte es sich, Reparaturmechanismen einzuführen – und ein integraler Bestandteil derer ist das Warnsystem aus Schmerz- und Leidensfähigkeit. Ob Infektionskrankheit, psychisches Leiden an einer Partnerbeziehung, Rückenschmerzen durch krumme Haltung oder die Hand auf der heißen Herdplatte – im Grunde operieren dabei Sensoren, die uns anweisen: „Du befindest dich nicht in einer optimalen Situation; mach dich auf die Suche, verändere etwas, versuche wieder in den Zustand von Wohlbefinden zu gelangen." Wir sind vorprogrammiert, so lange zu leiden, bis uns das gelingt. (Sommer 2000, 47 f.)

Auch der Tod erweist sich als evolutionärer Vorteil: Genprogramme, die die Option eines „somatischen Todes nicht besitzen, haben gegenüber den anderen [Genprogrammen] mit eingebautem Tod offenbar nicht nur keinen Vorteil, sondern einen Nachteil und verschwinden früher oder später" (Verbeek 2010, 68). Unsterbliche Eltern blockieren eine nächste Generation, die qua Mutation breiter aufgestellt ist, um mögliche neue Herausforderungen zu bewältigen. Auch wenn die naturwissenschaftliche Deutung des Leids nicht genuin theologisch ist, findet man die argumentative *Struktur* als solche auch biblisch angelegt. Wenn etwa Josef im Blick auf das bösartige Verhalten seiner Brüder sagt, dass sich daraus letztlich doch Gutes entwickelt habe, scheint eine solche Perspektive durch – das Übel ist Übel, erhält aber Sinn aus dem, was daraus hervorgeht: „Ihr habt Böses gegen mich im Sinne gehabt, Gott aber hatte dabei Gutes im Sinn, um zu erreichen, was heute geschieht: viel Volk am Leben zu erhalten" (Gen 50,20).

Als theologischer Ansatz, der bisher erläuterte Motive verdichtet, lässt sich die sog. *irenäische Theodizee* lesen: Sie hat ihren Namen vom Kirchenvater Irenäus von Lyon, den der britische Theologe und Religionsphilosoph John Hick (1922–2012) als Ideengeber seiner *soul-* bzw. *person-making theodicy* versteht (vgl. 2009).

Was sind wesentliche Motive dieser Theodizee? Den Ausgangspunkt bildet die Differenz von Gottebenbildlichkeit und Gottähnlichkeit: Der Mensch ist gottebenbildlich geschaffen, wird aber erst gottähnlich, wenn er sich an Gottes Willen orientiert (vgl. analog Thomas von Aquin zur Differenz von *imago* und *similitudo*, STh I q93 a9 r). Der Mensch ist Irenäus zufolge also in entscheidender Hinsicht unfertig und entwicklungsbedürftig, allerdings auch -fähig: Er *kann* seine von Gott geschenkte Gottebenbildlichkeit *zu einer Gottähnlichkeit* entwickeln, wenn er frei Gottes Willen tut. Das stellt uns zumindest vor zwei Folgefragen: Unter welchen Bedingungen ist eine solche Entwicklung bzw. ‚Reifung' möglich? Und warum ist sie wertvoll? Die zweite Frage beantwortet Hick mit einer Überlegung, die zugleich eine Antwort auf die Frage ist, warum Gott uns nicht sofort gottähnlich bzw. ‚in eine himmlische Existenz hinein' erschafft: Moralische und spirituelle

> Tugenden, die sich jemand aufgrund seiner eigenen Entscheidungen in Situationen voller Herausforderungen und Versuchungen hart erarbeitet hat, [sind] intrinsisch wertvoller ... als Tugenden, die fix und fertig und ohne jedwede Anstrengung seinerseits in ihm erschaffen wurden. (2010, 94)

Kurzum: Niemand will einen Film sehen, der 90 Minuten lang ein einziges Happy End ohne Entwicklung der Hauptfiguren erzählt – sondern was uns anspricht, ist ein Happy End *nach* einer dramatischen Geschichte. Die Bemerkung ist zugleich ein Hinweis darauf, unter welchen Bedingungen Seelenbildung in Hicks Perspektive einzig möglich ist: Dramatische Geschichten brauchen eine ambivalente Welt. Beim US-amerikanischen Pragmatisten William James findet man dazu ein Gedankenspiel, das eine ganz analoge Intuition über den Wert einer offenen Welt zum Ausdruck bringt und das vielleicht helfen kann, die leitende Überlegung zu veranschaulichen:

> Nehmen Sie an, der Urheber der Welt lege Ihnen vor der Erschaffung der Welt die Sache vor und spräche zu Ihnen. „Ich bin im Begriffe, eine Welt zu machen, deren Erlösung keine Gewissheit ist, eine Welt, deren Vollkommenheit nur eine bedingte sein wird, wobei die Bedingung die ist, dass jeder, der mittut, sein Bestes tut. Ich biete euch die Gelegenheit, an einer solchen Welt teil zu nehmen. Ihre Sicherheit ist, wie ihr sehet, nicht gewährleistet. Es ist ein wirkliches Abenteuer mit wirklicher Gefahr, aber der Sieg ist möglich. Die Welt ist eine Stätte für gemeinsame soziale Arbeit, die ehrlich getan werden muss. Wollt ihr euch der Prozession anschließen? Habt ihr zu euch selbst und zu den andern Mitarbeitern so viel Vertrauen, um die Gefahr auf euch zu nehmen?" (Pragmatismus und Religion, 186)

James gibt die Antwort, die er offenkundig selbst für richtig hält, in Form einer rhetorischen Frage: „Würden Sie nun in allem Ernste, wenn Ihnen die Teilnahme an einer solchen Welt angeboten würde, sich verpflichtet fühlen, dieses Anerbieten zurückzuweisen, weil es zu wenig Sicherheit bietet?" (ebd.) Analog zu James spricht auch Hick einer unfertigen, unsicheren, dramatischen Welt einen Wert zu: Wenn immer schon gewiss wäre, dass Gott im christlichen Sinn existiert, wäre die freie Entscheidung für ihn unmöglich – es wäre bloß eine Frage von Klugheit und Opportunität. Die *freie Entscheidung* für Gott setzt *epistemische Distanz* voraus, wie Hick es nennt: Sie gewinnt ihren spirituellen Wert nur unter Bedingungen einer gewissen Unsicherheit (vgl. das *credere in Deum* in 2.2.1). Wenn es außerdem kein Übel in der Welt gäbe, wäre das zugleich eine Welt, „in der es keine moralischen Entscheidungen und daher keine Möglichkeit zur moralischen Reifung und Entwicklung gäbe" (ebd., 98). Der Vorteil dieser Überlegungen ist Hick zufolge zudem, dass sie mit unserem Weltwissen kompatibel sind: Die irenäische Theodizee versteht menschliches Leben nicht nur individuell, sondern auch evolutionsgeschichtlich als langen Prozess des Hineinreifens in die Gottähnlichkeit.

Es sollte damit klar geworden sein, warum Hicks irenäische Theodizee unter dem Stichwort Funktionalisierung des Leids skizziert wurde: Das Übel ist insofern sinnvoll, als es die Entwicklung spiritueller und moralischer Tugenden ermöglicht, d. h. es wird von dieser Funktion her interpretiert. Wie überzeugend sind diese und andere funktionalistische Deutungen des Leids? Zentral ist vorab eine Differenzierung: Wo Menschen *ausschließlich ihr eigenes* Leiden als sinnvoll oder Reifungsprozess interpretieren, mag man das so anerkennen. Wo damit aber umfassend *auch das Leiden anderer als sinnvoll* gedeutet wird, sind kritische Fragen unabdingbar – zum einen, da es *wenig plausibel*, zum anderen, da es *moralisch problematisch* ist.

> Moralisch fragwürdig ist die Deutung, insofern sie das Leiden anderer mit Sinn befrachtet und so subtil als legitimes Mittel für den guten Zweck versteht: Wenn etwa Armut zur epistemischen Ambivalenz, d. h. Uneindeutigkeit der Welt beiträgt und Reiche durch *charity*-Aktionen charakterlich wachsen können, erscheint Armut in dieser Hinsicht durchaus sinnvoll zu sein; man mag sich daher fragen, ob der Einsatz für ihre Bekämpfung oder gar für mehr *justice* wirklich unbedingt geboten ist. Hier wird das ethische Problem der Funktionalisierung sichtbar: Sie disponiert dazu, das Gegenüber in seinem Leid nicht als Zweck an sich, sondern eher „unter der Kategorie der Mittel zu betrachten", wie Georg Wilhelm Friedrich Hegel (1770–1831) andeutet (Geschichte, 49). Genau das ist aber moralisch *in nuce* skandalös: Die „Rechtfertigung des Schmerzes des Anderen", schreibt der jüdische Religionsphilosoph Emmanuel Levinas (1906–1995), ist „der Ursprung aller Unmoral" (1995, 126).
>
> Unplausibel ist die Deutung hingegen, weil Leiderfahrungen die Fähigkeit, Gutes wahrzunehmen, häufig eher eintrüben oder verstümmeln als schärfen; weil Erziehung auch ohne körperliche Strafen, psychische Erpressungen u. a. möglich ist; weil Gutes oftmals auch mit weniger leidvollen Mitteln erreichbar ist; weil fragwürdig ist, dass eine ambivalente Welt wirklich Leiden solcher Quantität und Qualität voraussetzt, wie wir es geschichtlich kennen; weil es Leid gibt, das keinerlei positive Funktion für niemanden hat; weil Leid allzu oft keine Seelenbildung in Gang setzt, sondern diese bloß brutal abbricht u. a. m.

Besonders der letzte Gedanke treibt John Hick um. Er hält deshalb fest, dass die Hoffnung auf ein Leben nach dem Tod für die irenäische Theodizee unabdingbar ist:

Da der Tod die Entwicklung zu Gottähnlichkeit oftmals jäh unterbricht, muss letztlich Gott seine Geschöpfe in jene „ewige Gemeinschaft mit sich selbst" bringen, „die er für sie vorgesehen hat" (2010, 102). Wir können damit verbundene Folgefragen nicht weiterverfolgen (Wie kann Gott das postmortal, wenn die Ambivalenz der Welt nötig ist, um spirituell und moralisch reifen zu können?), wollen aber ein Problem notieren, das uns später beschäftigen wird und sich hier andeutet (vgl. 10.2.3 a; 19.4.2). Es hängt mit der Frage zusammen, was der Hinweis auf ein späteres, himmlisches Glück argumentativ austrägt: Ist nicht denkbar, dass das Glück des Himmels schlicht zu spät kommt (vgl. 10.3.1)?

b) Moralisierung: Eine augustinische Theorie

Wenden wir uns einer Interpretation des Leids zu, die man als Moralisierung begreifen kann: Das *malum* ist die *Folge moralischer Verfehlung*, der „Lohn der Sünde" (Röm 6,23). Diese Deutung hat in besonderer Weise ein weiterer Kirchenvater geprägt, dessen Theodizee meist als (historisch einflussreichere) Alternative zur irenäischen Theodizee gelesen wird: Augustinus (354–430).

Das Denken des Augustinus prägt die Geistes- und Theologiegeschichte des lateinischen Westens mindestens so stark wie jenes des Thomas von Aquin, sodass sich an dieser Stelle ein etwas ausführlicherer Blick darauf lohnt. Das legt sich auch deshalb nahe, da die Frage nach dem Übel „das lebenslange Problem Augustins und das eigentliche Stimulans seines Denkweges" (Pröpper 2011b, 998) darstellt und sich hier exemplarisch nachvollziehen lässt, wie ein Antwortversuch *in dieser Frage* mit Positionen in anderen Feldern (z. B. hinsichtlich der Eigenschaften Gottes) verknüpft ist bzw. Folgen in anderen theologischen Diskursen erzeugt (z. B. der Gnadentheologie). Erlauben wir uns daher eine etwas eingehendere Darstellung, die durch drei Fragen an Augustinus strukturiert wird: α) Was ist und woher kommt das Übel? β) Was haben wir mit Adams Sünde zu tun? γ) Und: Wie kommt man in den Himmel?

α) Was ist die Grundperspektive Augustinus' im Blick auf das *malum*? Mit der platonistischen Tradition hält er grundsätzlich fest, dass „das Übel weiter nichts ist als ein Ausfall an Gut" (Confessiones III 7), d. h. keine für sich selbst existierende Wirklichkeit, sondern bloß ein Mangel an Gutem *(privatio boni)*. So wie Hunger ein Mangel an Sättigung ist, ist Krankheit nichts anderes als ein Defizit an Gesundheit. Wenn das Übel aber nicht wirklich existiert, kann es auch nicht geschaffen sein – denn geschaffen kann nur sein, was existiert. Mehr noch: Alles, was existiert, muss als gut verstanden werden, d. h. Gutsein und Wirklichsein sind austauschbar, wie bereits Philosophen vor Augustinus annehmen: *omne ens est bonum*. Man spricht hier von einer sog. *Depotenzierung* des Übels: Dem *malum* wird seine ‚Mächtigkeit' abgesprochen.

Man kann dies auch anders tun als es hier der Fall ist, d. h. nicht allein vom *Schöpfungsgedanken* her (insofern das Übel nicht von Gott geschaffen ist, existiert es im eigentlichen Sinn nicht), sondern auch im Licht der Hoffnung auf den *verheißenen Himmel*. Eine sog. *teleologische Theodizee* argumentiert vom Ziel (*telos*) her, dass die Herrlichkeit des Himmels die Nöte der Gegenwart bei weitem überwiegt – entlang der Aussage Paulus', dass „die Leiden der gegenwärtigen Zeit nichts bedeuten im Vergleich zu der Herrlichkeit, die an uns offenbar werden soll" (Röm 8,18). Auch hier wird das *malum*, indem es in Relation zur Mächtigkeit der künftigen Seligkeit gestellt wird, *depotenziert*. Die irenäische Theodizee lässt sich hier einordnen, da die anvisierte Gemeinschaft mit Gott das Leiden überwiegt.

Für Augustinus ist die *privatio boni*-Deutung des Leids nur ein Zwischenschritt. Zwar ist damit nämlich jede Verbindung des Übels mit Gott als Schöpfer bzw. jede dualistische Anmutung in Gott ausgeschlossen, aber die Grundfrage Augustinus' stellt sich damit nur umso dringlicher: *unde malum* – woher stammt dann das Übel, dieser Mangel an Gutem? Es liegt auf der Hand, dass nur mehr eine Antwortmöglichkeit bleibt: *Wenn es nicht vom Schöpfer stammt, muss es von der Schöpfung herrühren*. Im dritten Kapitel der Genesis kann Augustinus Belege dafür identifizieren: Wenn Adam und Eva nach dem Essen verbotener Früchte ihre paradiesische Existenz verlieren, ist dies das biblische Zeugnis dafür, dass die ursprüngliche Gutheit der Schöpfung *durch eine menschliche (Fehl-)Entscheidung, d. h. durch die Sünde* zerstört wird: Nicht Gott, sondern der Mensch, nicht der Schöpfer, sondern das Geschöpf ist schuld am Übel. Natürliche Übel wie Tod, körperliche Schmerzen, Gefahren der Natur u. a. lassen sich so als von Gott gerecht verfügte Strafen deuten (vgl. Gen 3,14–19). Reichert man das mit dem außerbiblischen Mythos an, dass sich auch Engel gegen Gott aufgelehnt hatten und nach ihrer Niederlage als Dämonen Krankheiten u. Ä. erzeugen, wird alles *malum* nochmals deutlicher der *Schöpfung* zugeschrieben – abgesehen davon, dass wir bei falschem Gebrauch oder fehlendem Verständnis etwas als Übel erfahren und bewerten (etwa Feuer), was in sich gut ist oder eine gute Funktion hat (vgl. De civitate Dei, XII 4; Enchiridion, VII 20). Die Folgefrage, warum Gott die geschöpflichen Fehlentscheidungen bzw. den dadurch verursachten Mangel an Gutem *zulässt*, beantwortet Augustinus durch Funktionalisierung und Bonisierung: Gott würde ja, „da er im vollkommenen Sinne gut ist, nicht zulassen, dass irgendetwas Schlechtes in seinen Werken ist, wenn er nicht so allmächtig und gut wäre, um auch aus dem Bösen Gutes schaffen zu können" (Enchiridion, III 11).

Die Antwort auf die erste Frage ist somit klar: In der Perspektive Augustinus' ist das *malum* ein Mangel an Gutem, der nicht von Gott geschaffen, sondern von Seiten der Geschöpfe verschuldet ist.

β) Diese Antwort setzt eine neue Frage frei: Was um Himmels willen geht uns das Vergehen Adams und Evas an? Warum lässt Gott zu, dass *wir* unter Strafen und Folgen leiden, die auf *deren* Fehlentscheidung bezogen waren? Um darauf Antworten geben zu können, entwickelt Augustinus seine Theorie der sog. *Erbsünde* (oder *peccatum originale*). Den wichtigsten biblischen Bezugspunkt dafür bilden Aussagen des Apostels Paulus wie etwa jene, dass *durch einen einzigen Menschen die Sünde in die Welt kam, durch die Sünde der Tod und auf diese Weise der Tod zu allen Menschen, weil alle sündigten* (vgl. Röm 5,12), oder dass es im Blick auf unser Heil *nicht auf das Tun des Menschen, sondern das Erbarmen Gottes ankomme* (vgl. Röm 9,16). Augustinus legt diese Stellen so aus, *dass seit der Sünde Adams* offenbar alle folgenden Generationen Sünde und Tod verfallen sind, weil sie unfähig sind, den Willen Gottes zu tun, mehr noch: *weil sie durch die Sünde Adams* dazu gar nicht mehr in der Lage sind. Die Abwendung Adams von Gott verändert gleichsam sie menschliche Natur, sie gibt ihr gewissermaßen eine andere Grundorientierung: Das Abgewandtsein von Gott ist die neue Default-Einstellung im menschlichen Lebensprogramm, d. h. das gesamte Netzwerk ist gewissermaßen von jenem Virus verseucht, mit dem Adam und Eva sich infiziert haben. Das ist der Nukleus der Theorie der Erbsünde: Indem sich die Menschheit fortpflanzt, pflanzt sich ineins auch die Gottesabgewandtheit der menschlichen Natur fort – der sexuelle Akt ist deshalb nicht nur Transmitter von Leben, sondern auch von Verderbtheit. Das ist zugleich der Grund, warum die gesamte Menschheit erlösungsbedürftig ist: *Jeder* Mensch geht aus einem sexuellen Akt hervor, weshalb *jeder* Mensch vorprogrammiert gottesabgewandt ist und *kein* Mensch sich *aus eigenen Stücken* wieder Gott zuwenden kann. Die menschliche Natur ist durch Adams Sünde nur mehr dazu in der Lage, um sich selbst zu kreisen und ihren Begierden nachzugehen (was Augustinus als *concupiscentia* bezeichnet, als tiefsitzende Orientierung an der eigenen Begierde).

> Vielleicht ist wieder ein etwas abstruser Vergleich erlaubt, um zu veranschaulichen, welche soteriologische Konstellation sich damit in etwa abzeichnet. Stellen wir uns vor, ein Milliardär aus dem Stamm der Quamas möchte sein gesamtes Vermögen einem Mitglied dieses Stammes vererben. Gemäß den Bedingungen, die er festsetzt, soll das Geld an jemanden vererbt werden, bei dem oder der ein leichter Schlag auf die Patellarsehne unterhalb der Kniescheibe *nicht* den gleichnamigen Reflex auslöst: Das Kniegelenk darf sich nicht strecken, so wie es sich aufgrund eines neurologischen Problems auch beim Milliardär selbst nicht streckt. Nur das Ausbleiben des Reflexes, so der schrullige Erblasser, zeige, dass man seines Erbes wahrhaft würdig sei! Dazu werden alle Mitglieder des Stammes getestet, aber es wird nicht gefunden, was gesucht ist: Bei allen zeigt sich der Patellarsehnenreflex. Man kann diesen Reflex niemandem vorwerfen, weil er schlicht Teil der physiologischen *conditio* des Menschen ist, wie sie sich evolutionär entwickelt hat; gleichwohl gehört er *nicht notwendig* zum Menschsein: Es kann theoretisch ein Mitglied des Stammes geben, das kein solches Reaktionsschema aufweist (so wie auch der Milliardär selbst es nicht zeigt). De facto jedenfalls wird niemand gefunden – und das heißt gemäß den festgesetzten Bedingungen, dass das Vermögen nicht an eine/n Quamas vererbt werden kann.

Augustinus scheint nach dem Sündenfall ein analoges Szenario vorzuschweben, allerdings nicht bezogen auf einen einzigen Stamm, sondern die gesamte Menschheit. Deren verheißenes Erbe, die ewige Glückseligkeit des Himmels, ist daran gebunden, dass der *Ego-Reflex* der Konkupiszenz ausbleibt. Genau dieser ist durch Adams Vergehen aber Teil des menschlichen Programms geworden: Unsere Freiheit orientiert sich bei jeder Entscheidung reflexartig nicht am Guten, sondern an eigenen Interessen und Begierden. „Denn ich tue nicht das Gute, das ich will, sondern das Böse, das ich nicht will" (Röm 7,19). Wie der Patellarsehnenreflex ist auch das *nicht persönliche* Schuld, sondern schlicht Teil dessen, wie wir (historisch bedingt) programmiert sind; zugleich gilt auch hier, dass der Ego-Reflex *nicht wesenhaft* zum Menschsein gehört: *Theoretisch* ist ein Mensch denkbar, der einen gottesorientierten Freiheitsreflex hat – zumindest Adam und Eva waren ursprünglich ja so erschaffen. *Faktisch* aber zeigt sich: „Es gibt keinen, der gerecht ist, auch nicht einen ... Es gibt keinen, der Gutes tut, auch nicht einen Einzigen" (Röm 3,10.12) – oder mit der britischen Band *Radiohead* formuliert: „We're rotten fruit / We're damaged goods" (2003). Selbst wenn sie keine persönliche Schuld darstellt, bedeutet diese Veranlagung dennoch, dass der Himmel versperrt ist: Wer (aus welchen Gründen auch immer) reflexartig immer erst an sich selbst denkt, erfüllt schlicht die Bedingungen für eine Erbschaft nicht, die nur ein Gerechter erhalten kann. Ohne *Glückswürdigkeit*, so lässt sich die Terminologie aus 5.4.2 übernehmen, kann es keine *Glückseligkeit* geben.

In dieser absolut verfahrenen Situation kommt es nun aber zu einer spektakulären Wende: Anders als der Milliardär ist Gott nicht gewillt, sein Erbe verfallen zu lassen, obwohl er formal jedes Recht dazu hätte – Gott *will* es unbedingt jemandem zukommen lassen. Obwohl die gesamte Menschheit narzisstisch um sich kreist, wendet Gott sich nicht von ihr ab – allerdings nicht, weil Narzissten so unglaublich liebenswürdig wären, sondern *aus reiner Gnade*. Sie ist der alleinige Grund, warum Gott aus der großen Masse ungerechter Egozentriker zumindest eine Schar auswählt, die, *ohne es zu verdienen,* dennoch glückselig werden soll und wird.

Es sollte damit hinreichend klar sein, warum uns in der augustinischen Lesart das Vergehen Adams und Evas auch heute noch betrifft: Indem es die menschliche Natur selbst zum Schlechten verändert, zieht es negative Folgen auch für alle folgenden Generationen nach sich. Die *Frage nach dem Übel* wird so zur *Frage nach der Erbsünde* transformiert, die wiederum den Hintergrund für Augustinus' Gnadentheologie und Soteriologie (Lehre von Heil, Vollendung und Erlösung) liefert (vgl. 12; 17.2.1).

γ) Greifen wir im Blick darauf eine eben verwendete Formulierung auf, die irritieren muss: Es war von einer *Auswahl* die Rede. Das führt wie von selbst zur Folgefrage: *Wen wählt Gott aus, damit er oder sie (unverdientermaßen, aber doch) himmlisch glückselig wird?*

Ab 396/397 entwickelt Augustinus als Antwort darauf die Lehre der unbedingten Prädestination (Vorherbestimmung). Im bislang entwickelten Setting ist klar, dass Gottes Auswahl nicht auf menschlichen Verdiensten (und sei dies ‚nur' das eigene Ja zum Glauben) beruhen kann – der Ego-Reflex zerstört jede denkbare Verdienstlichkeit menschlichen Tuns. Augustinus behauptet daher die absolute Ungeschuldetheit (Gratuität) der Zuwendung Gottes: Da es aufgrund eigener Bemühungen ohnehin niemand verdient, glückselig zu werden, *wählt Gott absolut frei, wen er will.* Daraus folgt aber nicht, dass er *alle* rettet, weil *alle unverschuldet* egozentrisch agieren – das genaue Gegenteil ist der Fall: Gerade der Umstand, dass Gott *nicht alle* erwählt (oder überhaupt *nur wenige*, wie der Kirchenvater spekuliert), unterstreicht, wie unverdient die Gnade Gottes ist. Im Himmel herrscht gewissermaßen die Logik exklusiver Clubs: Erst die harte Türpolitik zeigt, wie glücklich man sich schätzen darf, drinnen zu sein (Partikularität). Der gesamte bisherige Gedankengang ist zudem im Licht der absoluten Unveränderlichkeit Gottes zu lesen (vgl. 6.3.3): Anders als der schrullige Milliardär nimmt Gott nicht nach umfassenden Tests betrübt zur Kenntnis, dass der relevante Reflex bei allen Testpersonen vorliegt, um dann doch einige zu retten – sondern Gott weiß immer schon, dass niemand den Himmel verdient, *so wie er ebenfalls immer schon weiß, wen er dennoch rettet*. Dieses Vorherwissen hat seinen Grund einzig und allein in Gottes eigenem, nicht revidierbaren Entschluss: *Gott weiß immer schon, wen er absolut frei rettet, weil er immer schon unfehlbar und unveränderlich vorherbestimmt hat, wen er rettet* (Infallibilität). Hier kann man tatsächlich von einer Art Alleinwirksamkeit Gottes sprechen (vgl. 6.2.2 a): Zumindest was unser Heil oder Unheil betrifft, ist menschliche Freiheit irrelevant bzw. wirkt Gott gleichsam in unserer Freiheit alles in allem (vgl. später analoge Motive in 17.2.1 b).

Damit sind die tragenden Elemente der augustinischen Prädestinationsarchitektur freigelegt: Absolute Gratuität, sichere Partikularität, unbedingte Infallibilität. In der Synopse kommt Augustinus so zu einer klaren Antwort auf die letzte Frage, wie man in den Himmel komme: *als Teil einer relativ kleinen Schar allein dadurch, dass man von Gott rein aus Gnade unfehlbar dazu vorherbestimmt ist.*

Es ist offenkundig, dass Augustinus' Bearbeitung der Leidfrage an unterschiedlichen Stellen Irritationen auslöst, die auch seine Sünden- und Erlösungstheorie betreffen. Beschränken wir uns auf zwei Schauplätze massiver Anfragen.

Der *erste große Problemkreis* ergibt sich aus der Inkompatibilität seiner Theorie mit unserem anderen Weltwissen. So ist es angesichts unseres naturwissenschaftlichen Wissens, wie das Leben allgemein und die Hominini im Speziellen entstanden sind, nicht mehr möglich, intellektuell redlich einen paradieshaften Urzustand mit einem Urelternpaar zu behaupten – Tod, Schmerzen und Leiden kamen nicht durch einen Fehltritt von Adam und Eva in die Welt (vgl. 10.2.2 a γ). Diese Inkompatibilität ist ein Grund, warum Hick die irenäische Theodizee als angemessenere Option präsentiert: Kassiert man den unvermittelt literalen Sinn der Genesiskapitel, sacken Augustinus' Theodizee- und Erbsünden-Positionen in sich zusammen. Andere Fragen wie jene, ob Augustinus Paulus angemessen rezipiert oder das *malum* als *privatio boni* überhaupt passend erfasst ist, erscheinen demgegenüber beinahe als sekundär – aber auch hier sind jeweils Zweifel angebracht. Während die *theoretische Vernunft* die Kohärenz mit unserem übrigen Weltwissen in Abrede stellt, ergibt sich aus dem Erschrecken der praktischen Vernunft das *zweite große Problemfeld*: Was unterscheidet den Gott, den Augustinus denkt, von einem absoluten Willkürherrscher? Und kann ein solcher Gott, der moralisch nicht besser als ein Diktator agiert, moralisch akzeptabel sein? Das Entsetzen zeigt sich bereits in der Erbsündenlehre (Warum überlässt Gott *uns* den Folgen von *Adams* Vergehen, wenn er dies doch verhindern könnte? Warum droht er dann noch mit der Hölle, obwohl wir Späteren gar nicht anders handeln können, als wir handeln?), es wird aber in der Prädestinationslehre übergroß: Warum bestimmt Gott eine kleine Schar zum Heil vorher, während die große Masse unverschuldet ewige Höllenstrafen erwartet – wie soll diese Willkür intellektuell redlich als in irgendeiner Weise ‚gerecht' begriffen werden? Man mag hier einen Gedanken des englischen Philosophen Peter Geach (1916–2013) aufgreifen und erwidern: „This is really an insane question. ... A defiance of an Almighty God is insane" (1969, 126). Geach selbst nimmt dabei gleich den Einwand vorweg, man könne ihm vorhalten, „[that] my attitude is plain power-worship. So it is: but it is worship of the Supreme power, and as such wholly different from, and does not carry with it, a cringing attitude towards earthly powers" (ebd., 127). In dieser Erwiderung steckt zwar eine klare Position, aber nicht unbedingt ein weiterführendes Argument: *Zum einen* ging es soeben um Fragen an Augustinus (nicht Gott); aber selbst wenn es *zum anderen* Fragen an Gott selbst wären: *Warum sollte man sie nicht stellen dürfen?* Thomas etwa macht genau das stark, wenn er – bezeichnenderweise in einer Auslegung des Streitgesprächs zwischen Ijob (Hiob) und Gott – die Legitimität solchen Fragens betont: „Wahrheit verändert sich nicht aufgrund der Verschiedenheit der (an einem Disput beteiligten) Personen; wenn jemand die Wahrheit sagt, kann er also nicht besiegt werden, mit wem auch immer er das Streitgespräch führt." (In Job, c. 13). Abgesehen davon scheint unmittelbar einsichtig zu sein, dass der Gott, den Augustinus hier denkt, keiner ist, über den hinaus *unter moralischen Gesichtspunkten* nichts Größeres gedacht werden könnte: Seine Gottesvorstellung kann daher aus guten Gründen und zu Recht kritisiert werden.

Bereits die wenigen Anmerkungen machen klar, dass die augustinische Theodizee in der skizzierten Variante mehr Probleme aufwirft als löst. Zumindest eine Intuition Augustinus' wird uns später aber noch ausführlich beschäftigen: dass nämlich Leid (freilich in noch näher zu bedenkender Weise!) mit geschöpflicher Freiheit korreliert sein könnte.

c) Spiritualisierung: Eine origenistische Inspiration

Eine dritte Modifikation des Leids ist schließlich die Spiritualisierung. Wir können sie (um einen dritten Theologen der Patristik ins Spiel zu bringen) als *origenistisch inspiriert* bezeichnen, weil Origenes (185–um 254) einen wichtigen gedanklichen Bezugspunkt dafür liefert:

> Gott leidet mit dem Erbarmungswürdigen mit; er ist nämlich nicht ohne Erbarmen. (Selecta in Ezechielem, 16)
> Selbst der Vater ist nicht ohne jede Empfindung. Wenn er angerufen wird, erbarmt er sich und fühlt [mit uns] mit, er erleidet ein Leiden der Liebe und wird darin etwas, was er aufgrund der Größe seiner Natur nicht sein kann; unsertwegen hält er menschliche Leiden aus. (Homiliae in Ezechielem, VI, 6)

Die Anmerkung ist eine Anfrage an einen Gedanken, der theologiegeschichtlich weithin unbestritten war: Insofern Veränderung und Leiden Defizite sind, können sie

Gott nicht zukommen. Gott wird daher (wo er als *actus purus, ipsum esse subsistens, causa sui, causa prima* u.a. gedacht wird) unveränderlich und unempfindlich gedacht: *theos apathes*, so Aristoteles (Metaphysik XII 1073a; vgl. 6.3.3). Wie aber verträgt sich eine so verstandene Unveränderlichkeit und Leidensunfähigkeit damit, dass *Gott die Liebe ist* (vgl. 1 Joh 4,16), was in irgendeiner Form Anteilnahme oder Mitleid impliziert? Und ist nicht gerade das Leiden Christi am Kreuz für den christlichen Glauben zentral? Das Unbehagen an der souverän allmächtigen Unveränderlichkeit Gottes wird vor allem in den Geschichtskatastrophen des 20. Jh. virulent. So schreibt der von den Nationalsozialisten hingerichtete evangelische Theologe Dietrich Bonhoeffer (1906–1945) aus seiner Haft im Gefängnis Tegel:

> Gott lässt sich aus der Welt herausdrängen ans Kreuz, Gott ist ohnmächtig und schwach in der Welt und gerade und nur so ist er bei uns und hilft uns. Es ist Matthäus 8,17 ganz deutlich, dass Christus nicht hilft kraft seiner Allmacht, sondern kraft seiner Schwachheit, seines Leidens! Hier liegt der entscheidende Unterschied zu allen Religionen. Die Religiosität des Menschen weist ihn in seiner Not an die Macht Gottes in der Welt, Gott ist der deus ex machina. Die Bibel [aber] weist den Menschen an die Ohnmacht und das Leiden Gottes; nur der leidende Gott kann helfen. Insofern kann man sagen, dass die … Entwicklung zur Mündigkeit der Welt, durch die mit einer falschen Gottesvorstellung aufgeräumt wird, den Blick frei macht für den Gott der Bibel, der durch seine Ohnmacht in der Welt Macht und Raum gewinnt. (1998, 534 f.)

Die evangelische Theologin Dorothee Sölle (1929–2003) spricht mit Bezug auf diese „Ohnmacht Gottes in der Welt" von einer „Absetzung des theistisch verstandenen Gottes" (1970, 202.203). Auch für die Theodizee des evangelischen Theologen Jürgen Moltmann ist das Motiv des *leidenden Gottes* wesentlich: Gott ist im christlichen Glauben nicht einfach Adressat unserer Klagen, sondern steht in unserem Leid neben uns, ja, er leidet selbst mit uns – am Kreuz. Wenn aber Gott mit uns leidet, kann das Leiden nicht mehr Ort absoluter Verzweiflung sein: Indem Gott am Kreuz Tod und Leid auf sich genommen hat, so Moltmann, ermöglicht er *uns* „die Annahme des ganzen und wirklichen Lebens und des ganzen und wirklichen Todes" (2010, 133). Entscheidend ist nicht, ob unser Leiden einen Sinn hat oder nicht, sondern allein, dass wir darauf vertrauen dürfen, dass Gott uns im Leid nicht allein lässt, sondern darin mit uns und bei uns ist. Darin liegt eine gleichsam spirituelle Antwort auf die Frage nach Gott und dem Leid: *Leiden ist ein Medium der Gottesbegegnung.*

Wie ist die Spiritualisierung des Leids zu würdigen? Eine differenzierte Antwort legt sich nahe: Die Kritik an einer absolut gedachten Unveränderlichkeit und Leidunempfindlichkeit Gottes ist ebenso nachvollziehbar, wie unbestreitbar ist, dass Menschen *für sich* Trost im Glauben finden können, dass Jesus selbst das Leiden kennt bzw. Gott auch im Leid nicht fern ist. Daraus folgt aber (analog zur Einschätzung der Funktionalisierung oben) weder, dass Leiden als Medium der Gottesnähe unbedingt *zu suchen* ist, noch dass die skizzierte Deutung legitim ist, wenn es darum geht, Leiden *überhaupt* zu verstehen: Man läuft dann Gefahr, das *Leiden anderer* beinahe unmerklich mit Sinn zu befrachten. Das ist theologisch fragwürdig, weil dabei der Rekurs auf das Kreuz übergriffig herrschaftsförmig werden kann – das Angebot von Trost wird dann unmerklich zum Deutungsanspruch über das Leben und Leiden anderer (vgl. zu solchen Kippeffekten das infralapsarische Caveat in 8.6.3). Moralisch hingegen ist es problematisch, weil so das Leiden anderer auf sehr subtile Weise gerechtfertigt werden kann (vgl. die Kritik Levinas' in 10.2.2 a).

Die nur partikulare Plausibilität des Ansatzes wird umso deutlicher, als sich wichtige Fragen weiterhin oder gar verschärft stellen. Karl Rahner hat das Grundproblem scharf wie folgt umrissen: „Um – einmal primitiv gesagt – aus meinem Dreck und Schlamassel und meiner Verzweiflung herauszukommen, nützt es mir doch nichts, wenn es Gott – um es einmal grob zu sagen – genauso dreckig geht" (2007, 113). Drastischer: Von einem Bademeister erwarten wir, dass er uns den Rettungsring zuwirft, der uns vorm Ertrinken rettet – und nicht, dass er ihn beiseitelegt und zu uns ins Wasser springt, um gemeinsam mit uns zu ertrinken. Warum aber leidet Gott lieber mit uns, als die Schöpfung von vornherein so einzurichten, dass sie weniger leidvoll ist? Und warum leidet er lieber mit uns, als das Leiden jetzt zu beenden? Wirkt Gott in der augustinischen Antwort wie ein Despot, erscheint er in dieser mitunter wie ein Masochist – zumindest dann, wenn man sie als *alleinigen* Schlüssel für das Problem des Leidens betrachtet.

10.2.3 Liebe, Freiheit, Natur: Das Welt-Gott-Verhältnis in der *free will defense* und der *natural law defense*

Die bisherigen Überlegungen hatten *rein formal* einen sehr engen Fokus: Es ging jeweils um die beiden Pole der Theodizeefrage – Gott auf der einen, das Leid auf der anderen Seite. *Material* wurden dabei allerdings immer wieder Positionen bezogen, wie das Verhältnis von Gott und Welt insgesamt zu denken sei. Es liegt nahe, damit verknüpfte Fragen nicht als nebensächliche Konsequenzen, sondern zentrale Diskussionspunkte zu verstehen und die Reflexion auf das problemkonstituierende Verhältnis von Gott und Leid *von Beginn an* in eine Reflexion auf das Gott-Welt-Verhältnis einzubetten. Dieser Gedanke bildet eine zentrale Achse in zwei miteinander verschalteten Theodizee-Reflexionen, die in den letzten Jahrzehnten besonders intensiv diskutiert wurden: die sog. *free will defense* sowie die sog. *natural law defense*. Sie waren, wie die englischen Begriffe andeuten, lange vor allem im angelsächsischen Bereich diskursprägend, sind aber auch im deutschsprachigen Raum sehr präsent. Wie der Name sagt, ist die Anlage *defensiv*: Es geht um den Ausweis, dass der Glaube an Gott trotz des Leids logisch möglich ist – nicht darum, dass die Existenz Gottes (im christlichen Sinn) trotz des Übels sogar zwingend plausibel oder vielleicht sogar rational geboten ist (wofür der klassische Begriff *Theodizee* üblicher ist).

Was ist die Grundstruktur beider *defenses* und worin liegt ihre Verbindung? Den Fluchtpunkt der Argumentation liefert eine zentrale christliche Glaubensüberzeugung: Gott ist die Liebe (vgl. 1 Joh 4,16) und will als Liebe Mitliebende. *Deus vult habere alios diligentes*, wie Johannes Duns Scotus festhält (Ordinatio III, dist. 32, qu. unica, n. 6): Gott will andere, die ebenfalls lieben, d. h. mit ihm mit-lieben *(condiligentes)*. Schöpfungstheologisch bedeutet das, dass die Schöpfung auf Liebe hin geschaffen ist. Daraus ergeben sich zwei miteinander verknüpfte Anschlussüberlegungen:

- Damit wir als Geschöpfe Liebende werden können, müssen wir frei sein, da Liebe Freiheit voraussetzt – wobei Freiheit zugleich Bedingung der Möglichkeit für das *malum morale* ist; diese Überlegung und ihre Implikationen sind Gegenstand der *free will defense* (10.2.3 a).
- Damit wir als Geschöpfe frei sein können, braucht es u. a. stabile naturgesetzliche Strukturen, in denen wir situiert sind, da Freiheit nur realisierbar ist, wenn das eigene Agieren *regelmäßig* gleiche Wirkungen erzeugt – wobei die Regelmäßigkeit der Naturgesetze zugleich das *malum physicum* verursacht; diese Überlegung und ihre Implikationen sind Gegenstand der *natural law defense* (10.2.3 b).

Liebe

malum morale

Freiheit
free will defense

malum physicum

Natur
natural law defense

a) *free will defense*

Die *free will defense* (fwd) soll in sechs Prämissen rekonstruiert werden. Sie bilden die tragende Architektur dieser Argumentation, deren Ziel es ist, jede Prämisse angesichts von Anfragen als rational verantwortbar auszuweisen. Daran hängt die Antwort darauf, wie der Glaube an einen allgütigen und allmächtigen Gott angesichts des Leids in der Welt rational aufrechterhalten werden kann: Das ist denkbar, wenn jeder Mensch am Ende seines Lebens für sich selbst Leiden als Preis für Erfahrungen der Freiheit und Liebe in Kauf nehmen sollte. Verschaffen wir uns – orientiert an der für die deutsche Diskussion maßgeblichen Arbeit *Gott im Leid* des Fundamentaltheologen

Armin Kreiner (1997, 213–214) – einen ersten Überblick, ehe wir die jeweiligen Prämissen in den wichtigsten Punkten diskutieren.

Anders als bei Kreiner wird die Argumentation allerdings nicht in fünf, sondern in sechs Prämissen vorgestellt (wobei die ersten eher dem Profil einer *defense* entsprechen, während die letzte das Gesagte nochmals sehr vorsichtig in ein anderes Licht rückt):

Prämisse 1: Es gibt Freiheit: Ihre Existenz ist empirisch nicht widerlegt und von der praktischen Vernunft gefordert

Prämisse 2: Frei das Gute zu wählen ist besser, als zur Wahl für das Gute determiniert zu sein

Prämisse 3: Freiheit setzt Entscheidungsalternativen (zum Guten oder zum Schlechten) voraus

Prämisse 4: Die prinzipielle Möglichkeit, moralisch Falsches zu tun, impliziert die Möglichkeit, dass es irgendwann auch – aus freien Stücken – wirklich gewählt wird

Prämisse 5: Der positive Wert von Freiheit und Liebe *kann* erfahrenes Leid aufwiegen: Es ist zumindest logisch nicht ausgeschlossen, dass (rückblickend) jeder Mensch für sich selbst den Preis des Leidens für die Erfahrungen von Freiheit und Liebe *in Kauf nimmt*

Prämisse 6: Die christliche Hoffnung ist nicht zuletzt auch Hoffnung darauf, dass jeder Mensch am Ende des Lebens Ja zu seinem Leben sagen kann

Prämisse 1: Es gibt Freiheit: Ihre Existenz ist empirisch nicht widerlegt und von der praktischen Vernunft gefordert

Ausgangspunkt der fwd ist die Überzeugung, dass der Mensch frei ist: Wer (wie die fwd) argumentiert, dass das *malum* als Preis von Freiheit und Liebe akzeptabel sein *kann*, ist auch auf die These festgelegt, dass Freiheit überhaupt existiert.

Wir haben die Frage, ob dies der Fall ist, bereits philosophisch thematisiert (5.4.1) und theologisch diskutiert (vgl. 6.3.2), das zentrale Problem lässt sich aber auch ohne nochmalige Darstellung rasch aufrufen: Ist es denn nicht so, dass unsere vermeintlich freien Entscheidungen vielfach von Faktoren bestimmt sind, die ihnen vorausliegen:

Eltern, Gene, Freundinnen u. a.? Und ist nicht denkbar, dass wir letztlich determiniert sind zu tun, was wir tun? (Vgl. allg. Langenfeld/Lerch 2018, 19–61)

> Der sog. *Determinismus* arbeitet den Gedanken zu These und Theorie aus. Wesentlich dabei ist die Unterscheidung von *Handlungs- und Willensfreiheit*: Ein Suchtkranker etwa mag frei sein, sich Alkohol zu kaufen (Handlungsfreiheit), ist aber durch seine Sucht determiniert zu wollen, was er will (nämlich Alkohol), d. h. besitzt keine Willensfreiheit. Genau das ist dem Determinismus zufolge gewissermaßen die Grundsituation des Menschen: Der Mensch kann (falls die Bedingungen es zulassen) zwar tun, was er will – aber er kann nicht bestimmen, was er will, sondern ist *in seinem Wollen* determiniert. Dieser These widersprechen die sog. *Libertarier*, die an der Willensfreiheit festhalten und den Determinismus ablehnen, während sog. *Kompatibilisten* davon ausgehen, dass Freiheit und Determinismus vereinbar seien (vgl. 6.3.2 a, wo die Position bereits thematisiert wurde).

Der Determinismus bezieht sich in den letzten Jahren immer wieder auf Ergebnisse der Hirnforschung, die man so interpretieren könnte, dass wir nicht willensfrei sind. Allerdings sind methodische Angemessenheit und materiale Aussagekraft der jeweiligen Experimente in der *scientific community* nicht unumstritten – hier ist aktuell keine Antwort in Sicht. Das legt nahe, das Problem epistemologisch formal anzugehen: Bereits in 5.4.1 war bei Kant der Gedanke aufgetaucht, dass wir alles in der Welt als kausal bedingt wahrnehmen, d. h. auch uns, insofern wir *Naturwesen* sind (heute würde man sagen: genetisch programmiert, neuronal bedingt o. Ä.); dass wir empirisch beobachtend nicht Freiheit, sondern Kausalität finden, ist in dieser Perspektive nicht überraschend, sondern folgerichtig. (Naturwissenschaften, ließe sich *in erster Näherung sehr grob* formulieren, kultivieren diese Perspektive: Sie arbeiten an konsistenten Beschreibungen der Welt, indem sie unterstellen, dass die Welt kausal geschlossen sei. Das ist aber nicht das *konkrete Ergebnis der Untersuchung* aller Wirklichkeit, sondern eine *methodische Unterstellung zur Untersuchung* aller Wirklichkeit; während sie *in manchen Bereichen* zu konsistenten Erklärungen führt, bewährt sie sich *in anderen* nicht und wird durch andere ersetzt, etwa in der Quantenmechanik).

Zugleich gibt es aber eine andere ‚erfahrungsbasierte Evidenz', die sich nicht aus Beobachtung, sondern nur aus der Innen- bzw. Teilnehmerperspektive erschließt: Indem wir handeln, setzen wir Freiheit praktisch voraus; wenn wir mit anderen Menschen interagieren, unterstellen wir uns wechselseitig Freiheit; und sobald wir uns moralisch verpflichtet erkennen, erfahren wir uns als *Freiheitswesen* beansprucht. Diese Erfahrungen, so Jürgen Habermas, erschließen sich „nur der Perspektive eines Beteiligten ..., [entziehen sich] aber einer revisionären wissenschaftlichen Beobachtung" (2001, 20). Was ist damit gemeint? Was es bedeutet, dass ich mich im Angesicht eines schreienden Babys nachts im Park zur Hilfe verpflichtet erfahre und dazu verhalten muss, wird nicht erfasst, wenn man Hirnströme ausliest: Die Messungen mögen völlig akkurat sein und doch nicht erfassen, worum es geht. Das mag auch erklären, warum wir es als Fehlschluss identifizieren, dass eine Erfahrung *nichts anderes als* ein neuronales Muster sein oder das Bewusstsein aus Synapsen, Neuronen etc. bestehen soll: Es macht keinen Sinn zu sagen, dass *unser Gehirn* dem Baby hilft oder wegen unterlassener Hilfeleistung angeklagt wird – *sondern wir sind es* (so wie *wir* es sind, die einen Film sehen und nicht bloß unsere Augen). Was uns das Gehirn als notwendige (nicht hinreichende) Voraussetzung ermöglicht, ist eine *Erfahrung,* die *wir* machen. Um uns aber diese Erfahrung verständlich zu machen, müssen wir Freiheit voraussetzen: Wir können nicht verstehen, was es heißt, dass wir oder andere z. B. moralisch verpflichtet sind, wenn wir nicht die Existenz von Freiheit praktisch postulieren.

Das reicht im Blick auf die erste Prämisse, die die Existenz von Freiheit nicht positiv beweisen will, sondern zurückhaltender formuliert ist: *Die Annahme, dass Freiheit existiert, ist ein Erfordernis der praktischen Vernunft – und es daher rational vertretbar, die Existenz von Freiheit anzunehmen.*

Prämisse 2: Frei das Gute zu wählen ist an sich besser, als zur Wahl für das Gute determiniert zu sein

Die zweite Prämisse ist ein Werturteil, das ebenfalls angefragt ist: Ist Freiheit tatsächlich so wertvoll, wie hier behauptet wird? Versuchen wir, die eigenen Intuitionen in dieser Frage zu sortieren.

> Eine Möglichkeit dazu bietet ein Gedankenexperiment, für das wir ein Beispiel von Klaus von Stosch adaptieren (2013, 90–92). Stellen wir uns vor, Anne ist eine geniale Biochemikerin, die in langen Nachtschichten im Labor eines großen Konzerns heimlich ein Elixier entwickelt hat. Dieses kann Liebe auslösen *und* auf Dauer stellen – es vermag also nicht nur den Rausch des Verliebtseins auszulösen (Stufe 1), sondern erzeugt danach auch tiefe, lebenslange Zuneigung (Stufe 2). Als Anne eines Nachts mit Alex durch die Bars der Stadt zieht, will sie gerade von ihrer bahnbrechenden Entdeckung erzählen, als an der Theke plötzlich Kim auftaucht: Alex' langjährige heimliche und einzig wahre Liebe seit Schultagen, die für Alex aber nur ostentativ arrogantes Desinteresse übrighat – und zwar ebenfalls seit Schultagen. Instantan verwandelt Alex sich in ein schmachtendes Häuflein Elend, das Kim nicht anzusprechen wagt, sich aber auch nicht losreißen kann. Es ist ein mitleiderregender Anblick, den Anne (die die Konstellation seit Jahren hilflos beobachtet) kaum mehr mit ansehen kann. Wenn Alex es *wirklich* wolle, will sie gerade vorschlagen, dann könne sie Kim durch ihr Elixier dazu bringen, erst eine wilde Verliebtheit und danach tiefe Liebe zu Alex zu entwickeln – lebenslang! Aber ehe sie den Vorschlag unterbreitet, hält sie inne. Sie könnte, ja *sollte* das Elixier ohne Absprache und unbeobachtet verabreichen: Weder Alex noch Kim würden dann ahnen, dass ihr Liebesglück letztlich darauf beruht. Während im ersten Fall Alex' Wissen um die Manipulation das gemeinsame Glück überschatten würde, wäre das im zweiten Szenario nicht der Fall – und alle wären glücklich. *An sich* wäre es natürlich besser, wenn Kim sich aus freien Stücken für Alex entscheiden würde, aber da das *unter den gegebenen Umständen* nicht der Fall ist: Warum sollte Anne nicht in dieser Weise etwas nachhelfen? Und wenn Anne auf diese Weise etwas mehr Glück in die Welt bringen kann – könnte sie dann nicht sogar verpflichtet sein, so zu entscheiden?

Wie in einer Nussschale haben wir hier die entscheidende Frage vor uns: Ist es wirklich an sich wertvoller, wenn das Gute (etwa dem Gegenüber aufmerksam zuzuhören und Blumen zu schenken, ihn zu bekochen und im Krankheitsfall zu pflegen etc.) in Freiheit gewählt, getan und habituell wird – *oder ist es das nicht?* Wenn es für Alex keinen erkennbaren Unterschied macht: Ist dann Kims tiefe Zuneigung auf Elixierbasis *nicht genauso gut* wie eine, die auf bewusster und freier Entscheidung basiert (wobei wir voraussetzen, dass es genau das im Normalfall braucht: Die Metamorphose von Verliebtheit in Liebe, der Übergang von Stufe 1 auf Stufe 2 findet *nicht ohne* freie Entscheidungen statt)? Ist ein Ja auf diese Frage plausibel? Im Beispiel selbst findet sich ein Gedanke, der in den meisten Diskussionen dazu auftaucht: *An sich* und *objektiv* betrachtet wäre es tatsächlich besser, wenn es ohne Elixier ginge. Das ist eine neuralgische Intuition: Wer sie teilt, teilt bereits die zweite Prämisse, die nichts weiter behauptet, als dass es *an sich* besser sei, sich frei zum Guten zu entscheiden (und nicht aufgrund einer entsprechenden Programmierung). Es ist unklar, warum *diese* Position irrational sein sollte; man kann vielleicht sogar zuversichtlich sein, dass sie für sich betrachtet plausibler ist als die alternative Gegenthese.

Allerdings taucht in diesem Kontext ein anderer Gedanke auf, der unmittelbar mit dieser Überlegung verbunden und ungleich herausfordernder ist. Er hat weniger mit (dem Wert von) Willensfreiheit *als mit ihrer faktischen Realisierung* zu tun: Man mag nämlich die zweite Prämisse akzeptieren, dass a) die Existenz von Personen, die frei das Gute wählen können, *an sich* wertvoller ist als die Existenz freundlich programmierter Roboter, und dass b) ein Gutes, das uns freiheitsbasiert widerfährt, *an sich* wertvoller ist als eins, das wir aufgrund von Determination erfahren. Angesichts des Umstands, dass Freiheit *faktisch* in horrendem Ausmaß und mit unvorstellbarer Grausamkeit zum Schlechten genutzt wird, erscheint dieser *Wert an sich* aber nahezu irrelevant. Dieses Problem wird *in dieser Form* im Zentrum der fünften Prämisse stehen, uns interessieren zuvor aber noch zwei andere Aspekte, die ebenfalls damit verknüpft sind: Gehört es wirklich *essentiell* zur Freiheit, sich auch für abgrundtief Böses entscheiden *zu können* (wie die dritte Prämisse ansinnt)? Und selbst wenn die Antwort darauf positiv ist: Könnte Gott dann seine Schöpfung nicht so einrichten, dass es zumindest *faktisch* nicht zu diesen Entscheidungen für das Übel kommt (wie in der vierten Prämisse thematisiert wird)?

Prämisse 3: Freiheit setzt Entscheidungsalternativen (zum Guten oder zum Schlechten) voraus

Die dritte Prämisse ist eine These zum „Wesen" von Freiheit, d. h. darüber, was Freiheit ausmacht; sie wird unterschiedlich angefragt. Dabei spielen *erstens* Überlegungen eine Rolle, die bereits in 6.3.2 a Thema waren: In Anlehnung an Harry Frankfurt war dort am Beispiel einer Pizzabestellung die These vorgestellt worden, dass wirkliche Freiheit auch möglich sein kann, wenn keine tatsächlichen Entscheidungsalternativen vorliegen. Wenn es aber stimmt, dass echte Freiheit keine Alternativen braucht, könnte Gott auch eine Welt erschaffen, in der es gar nicht möglich ist, das Schlechte zu wählen – *und wir dennoch wirklich frei sind*. Die Folgefrage liegt auf der Hand: Warum hat Gott eine solche Welt nicht geschaffen?

Schon im sechsten Kapitel war angedeutet worden, dass Frankfurts Überlegung philosophisch umstritten ist: Es gibt den hartnäckigen Verdacht, dass der Widerspruch zwischen Freiheit und Determinismus „mit dem Pflaster eines kompatibilistischen Begriffs von Willensfreiheit zwar verdeckt, aber nicht aufgelöst wird" (Habermas 2019a, 13). Anfragen kreisen immer wieder um die Intuition, dass in den skizzierten Beispielfällen keine wirkliche Freiheit vorliegt: *Wir glauben uns nur frei*, da aber nur scheinbare und keine tatsächlichen Alternativen vorhanden sind, sind wir nicht wirklich frei. Klaus von Stosch etwa hält daher summierend fest, dass es

> zwar nicht zum Wesen der Freiheit [gehört], sowohl Gutes als auch Böses zu vollziehen. Und ein Mensch, der sich immer frei zum Guten entschließt, ist durchaus denkbar (und wird christlicherseits in Jesus von Nazareth auch behauptet). Der Grund für diese freie Entschließung zum Guten kann aber nur der konkrete Vollzug der Freiheit sein und nicht ihr Wesen. Das Wesen der Freiheit kann *per definitionem* nicht so bestimmt sein, dass der Ausgang ihrer Selbstbestimmung sichergestellt ist. (2013, 93–94)

Es lässt sich *zweitens* auch bemängeln, dass die dritte Prämisse das zentrale Problem verschleppt: Es mag ja sein, dass Freiheit Alternativen voraussetzt – aber könnte es nicht auch Freiheit geben, deren Möglichkeiten zum Guten ungleich größer sind als ihre Möglichkeiten zum Schlechten (sodass man z. B. frei wäre, zu streicheln *oder* nicht zu streicheln – aber nicht, zu schlagen)? Der Einwand lautet in der Formulierung Kreiners also: „Gott hätte den menschlichen Spielraum so einrichten können, dass es a priori unmöglich wäre, ihn dazu zu missbrauchen, anderen (signifikantes) Leid zuzufügen" (2001, 152). Genau hier regt sich aber Skepsis: Es mag sein, dass Gott den Menschen eine Freiheit eröffnen könnte, die sich nur auf Entscheidungen zwischen Himbeereis und Erdbeereis, Electronic oder Rock u. a. bezieht – aber diese Freiheit wäre bloß das Apriori von Vorlieben, nicht von Liebe im eigentlichen Sinn. Letztere ist intrinsisch mit (moralisch) signifikanten Interaktionen zwischen Menschen verknüpft; im Blick darauf lässt sich aber bezweifeln, dass eine Welt, in der Menschen mit ihren Händen nur streicheln *oder* nicht streicheln, aber nicht schlagen können, *logisch konsistent* beschreibbar ist. Da Gottes Allmacht (gemäß der intellektualistischen Standardinterpretation, vgl. 6.2.2 b) nicht die Realisierung logisch unmöglicher Sachverhalte umfasst, ist es auch Gott nicht möglich, den menschlichen Freiheitsraum im Blick auf zwischenmenschlich relevante Interaktionen auf diese Weise zu gestalten. Es ist, so nochmals Kreiner, schlicht unklar, wie Gott uns verändern müsste, um

> einerseits die Möglichkeit weiterhin zu eröffnen, in das Leben anderer signifikant eingreifen zu können, andererseits aber von vornherein auszuschließen, ihnen auch größeren Schaden zufügen zu können. Jedenfalls lässt sich nicht von der Hand weisen, dass diesbezügliche Optimierungen des Menschen letztlich auf seine Abschaffung hinauslaufen würden. Man mag sich ein Wesen vorstellen können, das keine Hände besitzt, mit denen es sowohl streicheln als auch

kratzen kann, und keine Sprache, mit der es sowohl die Wahrheit sagen als auch lügen kann, und keinen Verstand, mit dem es sowohl nutzen als auch schaden kann. So umstritten die Bestimmung der menschlichen ‚Natur' auch sein mag, schwerlich wird es sich bei diesem Wesen noch um einen Menschen handeln. (Ebd.)

Entscheidend ist hier nicht allein, dass sich auf diese Weise argumentieren lässt, Gott könne (aus Gründen logischer Konsistenz) den Spielraum menschlicher Freiheit im Bereich zwischenmenschlich signifikanter Interaktion nicht wesentlich anders gestalten. Von Interesse ist auch, dass hier eine Frage auftaucht, die sich nicht an Gott richtet, sondern vor die sich der Mensch selbst gestellt findet: *Wäre es vielleicht besser, wenn der Mensch nicht existierte?* Widersteht man der Versuchung, dies *allgemein* zu beantworten (was aus erkenntnistheoretischen, moralischen u. a. Gründen problematisch ist), sondern interpretiert man die Frage konsequent *auf die eigene Existenz* bezogen, wird hier bereits die Frage sichtbar, die im Zentrum der fünften und sechsten Prämisse stehen wird: *Ist das eigene Leben letztlich annehmbar – oder wäre es besser gewesen, nie geboren worden zu sein?*

Prämisse 4: Die prinzipielle Möglichkeit, moralisch Falsches zu tun, impliziert die Möglichkeit, dass es irgendwann auch – aus freien Stücken – wirklich gewählt wird

Auch die Diskussion dieser Prämisse weist in Kapitel 6. Dort war eine Anfrage Mackies skizziert worden (6.3.2): Wenn Gottes Allwissenheit impliziert, dass er immer schon weiß, wie Menschen sich *aus freien Stücken* entscheiden werden, warum erschafft er dann nicht nur solche Menschen, denen er zwar a) *prinzipiell* (weil dies *wesentlich* zur Freiheit gehört) die Entscheidung zwischen Gut und Böse eröffnet, von denen er aber b) zugleich immer schon weiß, dass sie sich *faktisch aus freien Stücken* immer nur zum Guten entscheiden werden? Kurzum: Wenn es logisch möglich ist, immer das Gute zu wählen, und Gott alles immer schon weiß – dann hätte er doch nur Menschen erschaffen können, die (trotz *prinzipieller Möglichkeit* zum Bösen) *faktisch* immer nur gute Handlungsoptionen *realisieren*. Die zentrale Rückfrage wurde ebenfalls bereits verhandelt und bezieht sich auf den konditionalen Auftakt der Überlegung: *Wenn Gottes Allwissenheit impliziert* ... Genau das ist aber fraglich, u. a. weil unklar ist, wie eine so verstandene Allwissenheit logisch konsistent mit menschlicher Freiheit vermittelbar ist. Es gibt also gewichtige Einwände, Gottes Allwissenheit so zu verstehen, dass daraus folgt, Gott wisse immer schon, wozu ich mich morgen frei entscheide.

Auch wenn man sich dem anschließt, ist damit aber noch nicht alles adressiert: Denn selbst wenn Gottes Allwissenheit nicht das Wissen um *konkrete* Entscheidungen impliziert, so kann er doch wissen, welche Entscheidungen *prinzipiell* möglich sind und uns offenstehen (vgl. die Schachmeister-Analogie, die diese Intuition einarbeitet, 6.3.2b). Die entscheidende Frage ist dann eine andere: Was bedeutet es für die Theodizee, dass Gott um die *prinzipielle Möglichkeit* abgrundtiefer Grausamkeit wusste und *trotzdem* Freiheit eröffnete? Hat Gott durch die Eröffnung von Freiheit nicht ein Risiko auf sich genommen, das zu groß ist – oder sich zumindest *a posteriori* als zu groß herausgestellt hat? Wieder steht eine Abwägung im Raum, die nun endgültig in der nächsten Prämisse adressiert werden soll.

Prämisse 5: Der positive Wert von Freiheit und Liebe *kann* erfahrenes Leid aufwiegen: Es ist zumindest logisch nicht ausgeschlossen, dass (rückblickend) jeder Mensch für sich selbst den Preis des Leidens für die Erfahrungen von Freiheit und Liebe *in Kauf nimmt*

Die fünfte Prämisse bildet gewissermaßen das Herzstück der *free will defense*. Die entscheidende These weist in der hier gewählten Variante zumindest fünf Aspekte auf, die eigens zu bedenken sind, nämlich, dass es a) vom Standpunkt der theoretischen Vernunft logisch nicht ausgeschlossen ist, dass b) jeder Mensch für sich c) im Rückblick auf sein eigenes Leben d) das Leiden als Preis für die Erfahrungen von Freiheit und Liebe e) in Kauf nimmt.

> Die einzelnen Punkte greifen dabei bisherige Überlegungen auf: In (a) wird deutlich, dass es erstmal um eine *logische* Möglichkeit geht. Gesagt ist nicht, dass dies auch evident, naheliegend, wahrscheinlich o. Ä. ist, sondern gesagt wird bloß, dass die angesprochene Inkaufnahme *logisch* nicht ausgeschlossen ist. In (d) ist der Schlüsselgedanke formuliert, dass Leiden als faktischer Preis von Liebe und Freiheit gedeutet werden kann. Das Bild ist in etwa folgendes: Menschliches Leben weist allzu oft Erfahrungen auf, deren gemeinsame Möglichkeitsbedingung *formal* Freiheit ist, die aber *material* völlig konträr sind – Erfahrungen unfassbaren Leids, abgrundtiefer Bösartigkeit und unsäglichen Hasses können *im gleichen Leben* neben Erfahrungen unbedingten Geliebtseins, unglaublicher Schönheit, unbeschreiblicher Gutheit stehen (und diese Ambivalenz ist für die Theodizeefrage als Problem konstitutiv: *Ausschließlich* Gutes oder Übles würden eine Antwort sehr klar erscheinen lassen). Es ist denkbar, dass jemand *im Blick auf sein eigenes Leben* zur Deutung kommt, dass die Erfahrungen des Guten (die durch Freiheit ermöglicht wurden) die Erfahrungen des Schlechten (die ebenfalls nur aufgrund der Freiheit möglich waren) aufwiegen: Das Gute, das erfahren wurde (etwa: Freundschaften, die Geburt von Kindern, die Liebe anderer Menschen u. a. m.), war gleichsam so gut, dass man dafür das Schlechte, das man ebenfalls erlebt hat, in Kauf nimmt. Das ist der Gedanke in (e): Das Übel rückt bei einer solchen Überlegung *nicht* in den Bereich des Sinnvollen. Das *malum* wird nicht gut, sinnloses Übel bleibt sinnlos, es soll nicht als Übel akzeptabel sein und gerechtfertigt werden, sondern wird als unerwünschter Kollateraleffekt *in Kauf genommen* – nicht mehr. In (b) ist die Mahnung von Levinas (10.2.2 a) wiederholt: Ob Erfahrungen der Güte, Liebe und Freiheit all das Leid letztlich wert waren, ist nichts, was ich für andere entscheiden kann oder andere für mich – es lässt sich nur aus der Perspektive des Betroffenen beantworten (auch wenn diese Perspektive nicht solipsistisch gedacht sein muss, d. h. sie nicht völlig vom Austausch mit anderen abgekapselt sein muss: Ich kann für die Deutung meines eigenen Lebens von anderen sehr wohl etwas lernen, selbst wenn diese Deutung niemand an meiner Stelle für mich vornehmen kann). Punkt (c) wird etwas weiter unten noch näher ausgeführt, bereits jetzt ist aber der Schlüsselgedanke präzise erkennbar: Wenn *jeder* Mensch zu seinem eigenen Leben letztlich Ja sagen würde, hätte Gott eine Welt erschaffen, in der aufgrund menschlicher Freiheit zwar unermesslich viel Leid geschah, die aber

dennoch als akzeptabel gelten könnte, weil jeder einzelne ihr im Blick auf sein eigenes Leben zugestimmt hätte.

Die Formulierungen sind bewusst vorsichtig, dennoch sind (abgesehen vom Leiden der Tiere oder dem *malum physicum*, das noch anzusprechen ist, vgl. 10.2.3 b) Folgefragen offensichtlich: Es mag nachvollziehbar sein, dass einzelne Menschen im Blick auf ihr Leben zu der skizzierten Deutung kommen – aber erscheint es uns plausibel, dass dies (wie die fünfte Prämisse ansinnt) *jeder* Mensch tut? Genau das ist aber der Fluchtpunkt im Gang durch die Prämissen: Nur wenn *jeder Mensch* trotz des Leids Ja zu seinem eigenen Leben sagen kann, funktioniert die Argumentation. Dabei wird die Frage nach dem horrenden Ausmaß und der Bösartigkeit des Übels, i. e. nach Quantität und Qualität des *malum*, neu bedrängend. Um es einmal sehr pointiert zu formulieren: Kann man Auschwitz wirklich als Preis der Freiheit und Liebe deuten wollen? Häufig wird hier auf Reflexionen wie jene Elie Wiesels verwiesen, der 1944 nach Auschwitz deportiert worden war und überlebte:

> Wenn ich an die Erschütterungen unseres Jahrhunderts denke, kann ich mich mit nichts zufriedengeben. In diesem Zusammenhang will ich wissen, welchen Platz Gott einnimmt und welche Rolle Er spielt. Wie hat Gott es fertiggebracht, Sein Leiden und zudem das unsrige auszuhalten? Müssen wir davon ausgehen, dass das eine zur Rechtfertigung des anderen dient? Sicher nicht. Nichts kann Auschwitz rechtfertigen. Und wenn Gott selbst mir eine Rechtfertigung anböte, ich würde sie, glaube ich, zurückweisen. Treblinka hat alle Rechtfertigungen außer Kraft gesetzt. Und alle Antworten.
> Das Reich hinter Stacheldraht wird für immer ein unermessliches Fragezeichen bleiben, für die Menschen wie für ihren Schöpfer. ... Will er nicht Vater aller Menschen sein? Als solcher zerbricht Er unseren Selbstschutz und erschüttert uns zutiefst. Einen Vater, der zuschaut, wie einige Seiner Kinder die anderen abschlachten, kann man doch nur bedauern. (1995, 142)

Wiesels behutsame Worte sind nicht nur eine Absage an die Spiritualisierung des Leids, sondern auch eine Anfrage an die *free will defense*: *Nichts kann Auschwitz rechtfertigen*. Und doch gibt es – *vielleicht* ist das *ein* Gedanke hinter dem ‚glaube ich' im Zentrum des Zitats – auch andere Perspektiven: *niemals* Rechtfertigungen, aber *andere* Erfahrungen, die mitten in Auschwitz ebenso wirklich sind wie jene Bösartigkeit, die Wiesel anspricht. Was ist damit gemeint? Der österreichische Arzt Viktor Frankl (1905–1997) schreibt in seinem Buch ... *trotzdem Ja zum Leben sagen*, wie er in Auschwitz für einen Gefangenentransport vorgesehen ist – möglicherweise in die Gaskammern. Er ‚zwingt', wie er schreibt, seinen Freund und Mitgefangenen Otto, trotz dessen „kindlichen Weinens", sein mündliches Testament „auswendig zu lernen" (2000, 92):

> „Pass auf, Otto: wenn ich nicht zurückkomme, nach Hause, zu meiner Frau; und wenn du sie wiedersiehst ... dann sagst du ihr – pass auf: Erstens – wir haben täglich und stündlich von ihr gesprochen – erinnerst du dich? Zweitens: ich habe nie jemanden mehr geliebt als sie. Drittens: die kurze Zeit mir ihr verheiratet gewesen zu sein, dieses Glück hat alles aufgewogen, auch was wir jetzt hier erleben mussten ..." (Ebd.; die Auslassungen stammen von Frankl selbst)

Dieses Glück hat alles aufgewogen, auch was wir jetzt hier erleben mussten – man darf Frankls Deutung der eigenen Erfahrungen *nicht* als Antwort auf Wiesel missverstehen, auch bei Frankl wird keine Rechtfertigung o. Ä. anvisiert: Das Ja, das er sagt, ist *kein Ja zum Leiden*, weil es gerechtfertigt ist – sondern ein Ja zum Leben *trotz des Leidens* (wie bereits der Titel des Buchs deutlich macht). Was sich festhalten lässt, ist allein, dass *für Frankl* die Liebe (zu) seiner Frau seine Leiden *selbst in den Konzentrationslagern* aufwog – und selbst angesichts des horrenden Ausmaßes und der Bösartigkeit des Übels *die je eigene Deutung* entscheidend ist.

Damit ist aber noch in keiner Weise die Frage adressiert, warum wir hoffen können sollten, dass *jeder* Mensch letztlich trotz des Leidens Ja zum Leben sagen kann. Klaus von Stosch gibt hier zu bedenken, dass unsere Überzeugungen, *solange wir leben, revidierbar sind*. In unserer epistemischen Situation als endliche Wesen können wir nicht absolut ausschließen, dass wir angesichts neuer Erfahrungen unsere Überzeugungen ändern:

> Auch wenn ich ein bestimmtes Ereignis in meinem Leben für vollkommen sinnlos und unannehmbar halte, kann ich nie ausschließen, dass sich meine Bewertung dieses Ereignisses durch andere Erfahrungen oder zusätzliches Wissen verändern wird. Das Leben ist eben viel verwickelter und facettenreicher als mir selbst bewusst ist, und so kann eine Veränderung meiner Lebenskonstellationen immer auch zu einer Neubewertung einmal getroffener Entscheidungen führen. (2013, 106)

Der epistemologische Hinweis erzeugt neue Rückfragen: Wenn neue Erfahrungen dazu führen können, einmal erworbene Überzeugungen zu ändern oder fallenzulassen, gilt das auch für die Überzeugung, Leiden sei ein akzeptabler Preis für Liebe und Freiheit. Das ist tatsächlich nicht ausgeschlossen – soll es aber auch nicht werden, da ja nur die *prinzipielle* Revidierbarkeit unserer Urteile gezeigt werden sollte. Hier wird Element (c) der Eingangsüberlegung relevant: Gedacht ist an ein Ja zum eigenen Leben nicht in einem fiktiven Voraus (wie bei William James anklingt, vgl. 10.2.2 a) oder punktuell (auch wenn dies eigens zu reflektieren ist), sondern im Blick auf das Ganze der eigenen Existenz – bildlich gesprochen: *vom Ende her zurückblickend*.

Gerade hier wird ein anderer Einwand triftig: Halten nicht Menschen auch bis in ihren eigenen Tod daran fest, dass Leiden *für sie* kein akzeptabler Preis für Liebe und Freiheit sei und dass es *für sie* besser gewesen wäre, nie geboren worden zu sein? In solchen Fällen kommt es (obwohl es vielleicht *logisch möglich* gewesen wäre) *de facto* zu keinen Revisionen, sondern bleibt am Ende ein kategorisches Nein stehen – und die fünfte Prämisse (die im Sinn einer *defense* bloß auf logische Möglichkeit sinnt) erweist sich als irrelevant. Es könnte also sein, dass die fünfte Prämisse das sog. *logische Problem des Übels* berücksichtigt (weil sie zu denken erlaubt, dass die Existenz des *malum* die Existenz eines guten, allmächtigen Gottes *nicht logisch zwingend* ausschließt) – dass damit aber das schwierigere, nämlich das sog. *evidentielle Problem des Übels* nicht angemessen reflektiert ist: Gibt es nicht Belege (i. e. Evidenzen) dafür, dass die skizzierte logische Möglichkeit oft genug *nicht realisiert* wird? Man kann diese letzte Anfrage zumindest zweifach bedenken, wie dies in der letzten Prämisse der Fall sein wird.

Prämisse 6: Die christliche Hoffnung ist nicht zuletzt auch Hoffnung darauf, dass jeder Mensch am Ende des Lebens Ja zu seinem Leben sagen kann

Der denkerische Bezugspunkt der sechsten Prämisse ist die Frage, wie man hoffen könne, dass letztlich jeder Mensch Ja zu seinem Leben sagen kann. Anders als bei den Prämissen bisher spielen in den Antwortversuchen darauf spezifische Glaubensüberzeugungen eine Rolle – was freilich nicht überraschen darf, wie von Stosch festhält: Die Theodizeefrage entsteht nur, weil die Existenz Gottes (hier: im christlichen Sinn) vorausgesetzt wird; entsprechend wird es in der Reflexion darauf eine Rolle spielen, was wir von diesem Gott glauben (vgl. von Stosch 2013, 107–108). Unterscheiden wir im Folgenden für unsere Zwecke eine *post- und eine prämortale Antwort* auf das zentrale Problem.

Bereits bei John Hick war uns im Rahmen seiner *soul-making theodicy* der Gedanke begegnet, dass die volle Realisierung menschlicher Potentiale „nur in einer Fortsetzung unseres Lebens in einer anderen Sphäre des Daseins nach unserem leiblichen Tod geschehen" kann (2010, 102) – die Reifung, die er im Blick hat, geht auch *postmortal* weiter. Wenn aber nach dem Tod noch neue *gute* Erfahrungen möglich sein sollten, ist auch die Revision eines kategorischen Nein ungleich wahrscheinlicher (wobei wir hier nicht weiterverfolgen, wie der Gedanke in Konzepten wie Fegefeuer, Wiedergeburt etc. ausbuchstabiert wird, vgl. Kapitel 19.4.2). Klaus von Stosch hält demgegenüber fest, dass das Ja zum eigenen Leben in irgendeiner Form *ante mortem* stattfinden muss – unter anderem deshalb, weil es sonst schlicht zu spät käme (vgl. 10.2.4). Postmortal kann ein Ja zum Leben nicht mehr neu gesagt, sondern höchstens offenbar werden – das Leben selbst muss bejahenswert sein, nicht erst das Danach (so wie man auch nicht sagen könnte, dass eine Party gut war, wenn das einzig Gute war, dass man *danach* zuhause noch eine Serie schaute: Das macht schlicht keinen Sinn). Entsprechend kommt alles darauf an, in irgendeiner Form bereits im Leben, *spätestens aber im Sterben* Ja zu seinem Leben sagen und Leiden als Preis von Freiheit und Liebe akzeptieren zu können – und sei dieses Ja noch so leise, verschüttet, vorsichtig. Auch für von Stosch spielen religiöse Überzeugungen die entscheidende Rolle: Er verweist auf das Motiv der „Begegnung mit Christus im Sterben" (2013, 106) und darauf, dass Christen und Christinnen glauben, „dass alle Menschen spätestens im Sterben mit der unbedingten Zusage Gottes in seinem Zusagewort Jesus von Nazaret konfrontiert sind" (ebd., 109) – und dass in dieser Begegnung Gott in Christus vielleicht das Ja des Menschen zu gewinnen vermag.

Man darf die Überlegung nicht so lesen, dass hier am Ende Christus gleichsam als Joker gezogen wird. Das Argument ist bescheidener aufgesetzt: Wenn Gott wirklich existiert; wenn er so ist, wie der christliche Glaube ihn im Blick auf Christus bekennt; und wenn daher das Sterben Begegnung mit der unbedingten Liebe Gottes ist, die Christus ist – dann ist es nicht irrational darauf zu hoffen, dass jeder Mensch im Blick auf das Ganze seines Lebens vielleicht doch ein Ja zu sagen vermag. Die christliche Hoffnung erschöpft sich nicht darin, weil es in ihr nicht nur um das Ja zum *eigenen* Leben geht (das für sich besehen auch ein glücklicher Egoist sagen könnte), sondern ein Ja auch zu Gott – aber sie ist *auch* die Hoffnung auf ein solches Ja zum Leben.

b) *natural law defense*

Wir kommen damit zur sog. *natural law defense* (nwd): Diese versucht, das natürliche Übel als rational mit der Existenz Gottes (in einem christlichen Sinn) vereinbar auszuweisen. In der Regel wird sie so in die *free will defense* integriert, wie dies eingangs beschrieben wurde. Auch hier stellen wir die tragenden Überlegungen – orientiert an von Stosch (2006a, 111–112) und Kreiner (u. a. 1997, 321–390) – in aller Kürze in Form von Prämissen vor.

Prämisse 1: Naturgesetze sind Bedingung der Möglichkeit von Freiheit, weil
  a) durch Naturgesetze die Entwicklung von Freiheitswesen möglich ist
  b) ohne Naturgesetze kein Handeln möglich ist

Naturgesetze stellen ein Apriori für menschliche Freiheit dar: *Zum einen* wäre in einem völlig unstrukturierten, chaotischen Universum die Evolution von freiheitsfähigen Wesen völlig unplausibel, *zum anderen* „setzt die ‚Moralität' der Person die ‚Regularität' der Natur voraus", wie Kreiner schreibt (2001, 154). Wer in seinem Handeln nicht auf eine stabil kausale Ordnung vertrauen könnte, wäre unfähig zu handeln, weil er nicht wüsste, welche Wirkungen eine Handlung hätte: Wenn das mehrmalige Werfen von Kreide in einem Vorlesungssaal dazu führt, dass einmal eine Kuh explodiert, das andere Mal der Niffler im Koffer verrückt wird und ein drittes Mal die Quamas glicksig gurren – dann wird es unmöglich zu handeln.

Eine Anfrage drängt sich unmittelbar auf. Traditionell werden Gott Interventionsmöglichkeiten in die kausal stabile Ordnung zugesprochen, prominent bei Wundern. Könnte Gott dann aber nicht (häufiger) eingreifen, um Leid durch *malum physicum* zu verhindern?

> Damit gelangt man in den umfang- und voraussetzungsreichen Diskurs zum Handeln Gottes (vgl. exemplarisch Siebenrock/Amor 2014), der in diesem Kontext nicht einmal in seinen grundsätzlichen Positionen angemessen dargestellt werden kann. Die unterschiedlichen Konzepte von Allmacht (6.2) lassen erahnen, dass auch das Handeln Gottes unterschiedlich gedacht wird. Dennoch lässt sich allgemein festhalten: Ein ständiges Intervenieren Gottes wird nicht als Standardfall betrachtet oder überhaupt problematisiert, u. a. deshalb, weil damit die *epistemische Distanz* (Hick) aufgehoben würde – ein Ja zu Gott wäre dann tendenziell eine Frage der Klug-

heit. Dennoch bleibt die Frage: Warum greift Gott nicht *öfter* ein, ohne dass wir es merken (d. h. so, dass wir nicht zum Glauben gezwungen sind und unsere Freiheit gewahrt bleibt)? Man findet hier ganz unterschiedliche Positionen im Diskurs: Kreiner verweist darauf, dass unklar ist, wie diese Frage sinnvoll beantwortet werden kann, weil wir a) *nicht eindeutig merken* dürfen, dass Gott handelt und b) unklar ist, wann Gott *oft genug* eingegriffen hat (2001, 154–156; 2017, 450–452). Von Stosch reflektiert die Möglichkeit eines solchen Handelns Gottes innerhalb der natürlichen Schwankungsbreite der Naturgesetze (2006b, 123–152), das darin ‚unentdeckt' bleibt, aber auch nur punktuell helfen kann – und hält fest, dass wir ein solches Handeln annehmen dürfen; dabei überlegt er, wie theodizeesensibel von einem Handeln Gottes selbst in Auschwitz gesprochen werden könnte (2013, 140–148). Knauer hält solchen Versuchen gegenüber entschieden fest, dass die Frage nach göttlichen Interventionen von falschen Voraussetzungen ausgeht (6.2.2 a und 10.2.1 c) – ein Wunder, so wäre im Anschluss an ihn zu formulieren, ereignet sich da, wo Menschen *durch das Wort Gottes* aus der *Angst um sich selbst* befreit werden. Weitere Positionen ließen sich anführen, allerdings ist zu konstatieren, dass bei *allen* Überhangprobleme bleiben. Kreiner hält dies aus theoretischen Gründen für kein Manko, weil andernfalls „die Suche nach überzeugenderen Antworten zum Erliegen" käme (2017, 452); folgt man Metz, gilt das vor allem aus moralischen Gründen: Ein argumentativ fest verfugtes System, das meinte, alles zu beantworten, würde irritationsresistent und unsensibel für das Leid werden (vgl. 8.6). Man scheint gewissermaßen vor einer Frage zu stehen, bei der eine *lückenlose Erklärung* problematischer sein könnte als eine *unbefriedigende Antwort*.

Ein zweiter Einwand rührt aus einer anderen Intuition: Wären nicht auch *andere, bessere* Naturgesetze denkbar, die zwar eine stabile Ordnung garantieren, aber weniger Leid erzeugen? Die Frage wird in der nächsten Prämisse behandelt.

Prämisse 2: Es scheint nach derzeitigem Wissensstand
a) unentscheidbar, ob andere Ausgangsbedingungen des Universums bzw. ein anderes Bündel von Naturgesetzen die Evolution von Freiheitswesen erlaubt hätten
b) unmöglich, dass ein *einzelnes* Naturgesetz veränderbar ist, ohne dass dadurch auch *alle anderen* betroffen sind: Das Set von Naturgesetzen scheint nicht beliebig rekombinierbar, d. h. auch nicht partikular zum Besseren veränderbar zu sein

Der zuletzt genannte Einwand lässt sich unterschiedlich ausformulieren. Hätte Gott, so ein erster Aspekt der Fragestellung, nicht *ein anderes Ensemble von Naturkonstanten und -gesetzen erschaffen* können, das die Evolution von Freiheitswesen gleichermaßen erlaubt hätte? Die Diskussion dazu ist äußerst anspruchsvoll, da sie metaphysische, naturphilosophische und naturwissenschaftliche Aspekte sowie ein gutes Stück Spekulation umfasst. Redlich lässt sich wohl nur festhalten, dass aufgrund unseres Wissens aktuell nicht entschieden werden kann, ob ein anderes Set von Naturgesetzen, -konstanten etc. die Evolution von freiheitsfähigen Wesen erlaubt hätte – und daher hochgradig unklar ist, ob sich ein solches anderes Set sinnvoll fordern lässt; zumindest für eine *defense* scheint das argumentativ hinreichend.

Ein zweiter Aspekt der Fragestellung ist, ob Gott nicht zumindest im aktuellen Bündel von Naturgesetzen und -konstanten partikulare *Verbesserungen vornehmen* könnte, die das *malum physicum* reduzieren würden: weniger Erdbeben, Tumore, Viruserkrankungen. Armin Kreiner macht hier geltend, dass die Veränderung *einer* Größe unweigerlich Veränderungen anderer nach sich ziehen würde: Es ist physikalisch nicht einfach möglich, etwa

> die Wirkeigenschaften von Zyankali und Aspirin einfach auszutauschen, ansonsten aber alles beim Alten zu lassen. ... Der Austausch ihrer Wirkweisen setzt ... veränderte molekularbiologische Strukturen voraus. Schließlich hängt auch die Entstehungsmöglichkeit maligner Tumore mit den genetischen Mechanismen des Zellteilungsprozesses zusammen. Die kausalen Faktoren, die zu fatalen „Fehlern" bei diesem Prozess führen können, hängen wiederum mit molekularbiologischen Gesetzmäßigkeiten zusammen, wie z. B. mit den Auswirkungen radioaktiver Strahlung oder mutagener Substanzen auf die DNS. Dieses Beispiel verdeutlicht, dass man sich vielleicht mühelos eine Welt ohne das Übel maligner Tumore vorstellen kann, dass die Realisierung dieser Vorstellung aber konsequenterweise gravierende Veränderungen in der physikalischen, chemischen und biologischen Struktur des Universums voraussetzen würde ... Vermeintliche Optimierungen würden demzufolge nicht zu einem nur leicht veränderten bzw. regional optimierten Universum führen, sondern zu einem Universum mit völlig anderen physikalischen Merkmalen und letztlich wohl auch mit völlig anderen Bewohnern. (1997, 371 f.)

Diese Überlegung induziert freilich sofort eine Anschlussfrage: Es ist unklar, warum eine physikalisch beschriebene Unmöglichkeit theologisch triftig sein sollte. Bislang war (etwa im vierten Kapitel) betont worden, dass Gott *kein* Teil dieser Welt sei, sodass nicht einsichtig ist, warum physikalische Unmöglichkeiten für ihn bindend sein sollten. Diese Frage adressiert die nächste Prämisse.

Prämisse 3: Man kann argumentieren, dass die geltend gemachten Unmöglichkeiten in *logischer* Unmöglichkeit gründen

Zuletzt spielten zwei Aspekte eine Rolle: die Unmöglichkeit eines anderen Bündels von Naturgesetzen, das ebenfalls die Evolution von Personen erlaubt, sowie die Unmöglichkeit regionaler Optimierungen innerhalb des Sets an Naturgesetzen, die aktuell gelten. Man kann nun argumentieren, dass diese physikalischen Unmöglichkeiten logisch qualifiziert sind. So kann man mit Kreiner überlegen,

> warum die Naturgesetze in einer mathematischen Sprache darstellbar sind und warum hinter der Vielzahl verschiedener scheinbar voneinander unabhängiger Naturgesetze eine einzige vereinheitlichte Theorie stehen könnte, aus der sich alle Gesetze und Konstanten ableiten lassen. Das könnte ein Indiz dafür liefern, dass zwar die physikalische Beschaffenheit der Welt im Ganzen kontingent ist, dass aber die einzelnen Bestandteile untereinander mit einer Art logischer Notwendigkeit zusammenhängen. (2017, 449)

Kurzum: *Für sich* betrachtet mag eine Naturkonstante kontingent sein, d. h. könnte auch andere Werte aufweisen – dass der absolute Nullpunkt bei −273,15 °C liegt, ist etwa *nicht logisch* notwendig. Im Zusammenspiel mit anderen Konstanten und Gesetzen in diesem Universum ist der Wert aber nicht beliebig veränderbar oder variabel, ohne logische Inkonsistenzen in der Beschreibung des Universums zu erzeugen. Die oben angesetzte physikalische Unmöglichkeit ist also – zumindest ist das eine rational mögliche Perspektive – mit einer logischen Unmöglichkeit verzahnt. Insofern Gottes Allmacht keine logisch unmöglichen Sachverhalte realisieren kann, kann er auch nicht problemlos ein anderes Set von Naturgesetzen und -konstanten arrangieren. Es gibt, so Kreiner abschließend,

> keine Garantien, dass man sich nach der Durchführung dieser Optimierungsvorschläge noch im in etwa gleichen Universum befände. Ja, es gibt nicht einmal Garantien dafür, dass man sich überhaupt noch irgendwo wiederfinden würde. Und alles spricht gegen die Erwartung, dass es noch menschenähnliche Wesen wären, die sich hier wiederfinden würden. (2001, 156)

c) Das Leid jenseits der Freiheit

Wir müssen vor dem Hintergrund gerade der letzten beiden Punkte noch ein Problem zumindest markieren. C.S. Lewis weist 1940 in seinem Buch *The Problem of Pain* ungeschönt darauf hin: "The problem of animal pain is appalling … because the Christian explanation of human pain cannot be extended to animal pain" (2007, 628). Die eben skizzierte Argumentation verfängt nämlich nicht, wo keine Freiheit vorliegt: Zwar mag man erklären, wie Leid und Schmerz als evolutionäre Mechanismen funktionieren, und einsichtig machen, dass animalische Ursprünge Teil der *conditio humana* sind (vgl. 10.2.2 a γ); aber Wesen, die niemals Freiheit erlangt haben oder denen wir auf Basis unseres aktuellen Wissens redlicherweise keine Freiheit zusprechen können, können jene Abwägung, die das Zentrum der *free will defense* bildet, nicht vornehmen.

Wir können an dieser Stelle nicht auf eine Reihe damit verbundener Fragen eingehen, etwa in welchem Sinn welchen Formen des Lebendigen ‚(Selbst-)Bewusstsein' zuzusprechen ist oder welche Tiere auf welche Weise fähig sind, positive oder negative Empfindungen wahrzunehmen und zu verarbeiten – all das lässt sich nur in detailreichen Überlegungen angemessen sortieren. Allgemein lässt sich aber festhalten, dass viele Theologen eine (Form von) Unsterblichkeit der Tiere reflektieren, um das Problem tierischen Leidens zu bearbeiten (vgl. auch Lewis 2007, 633–637; Murray 2008; Southgate 2008; Dougherty 2014). Anders ist es letztlich wohl nicht bearbeitbar, wie der britische Theologe Keith Ward festhält:

> If there is any sentient being which suffers pain, that being – whatever it is and however it is manifested – must find that pain transfigured by greater joy. I am quite agnostic as to how this is to happen; but that it must be asserted to be true follows from the doctrine that God is love, and would not therefore create any being whose sole destiny was to suffer pain. (1990, 105)

10.3 Der Protest der praktischen Vernunft

10.3.1 Gott – ein Fahrerflüchtiger, der später Schmerzensgeld zahlt?

Die bisher vorgestellten Überlegungen versuchten darzulegen, dass der Glaube an einen allgütigen und allmächtigen Gott angesichts des Leids nicht irrational ist. Gleichwohl erzeugt genau dieser Anspruch Irritationen: Wird in all diesen Versuchen nicht letztlich etwas gegeneinander aufgewogen, was nicht aufzuwiegen ist? Ist nicht gleich, ob personale Seelenreifung, spätere Freuden im Himmel *oder* Erfahrungen von Liebe und Freiheit als akzeptabler Preis für Leiden verstanden werden – wird in all diesen Fällen trotz wichtiger Differenzen nicht das Leid subtil oder weniger subtil in das Spektrum des Akzeptablen gerückt? Zudem: Wie könnte man allein zum eigenen Leben Ja sagen, wenn dessen Apriori und Biotop eine Welt ist, die von Leid durchzogen ist? Ist dann ein Ja zum eigenen Leben nicht faktisch auch ein Ja zu dieser Welt und damit implizit zum Leiden anderer? Die Irritation in diesen Fragen ist nicht bloß theoretisch, sondern hat dezidiert auch moralische Motive: Es geht nicht bloß um die Frage, ob man angesichts des Leidens *logisch konsistent an Gott glauben kann*, sondern vielmehr darum, ob man *moralisch verantwortet an einen Gott glauben darf*, der die Welt so erschafft, wie sie ist, ohne im Fall des Falles das Schlimmste zu verhindern.

Die moralische Irritation wird bei Fjodor M. Dostojewski und Albert Camus literarisch zum Protest verdichtet. In Dostojewskis Roman *Die Brüder Karamasow* erzählt etwa die Romanfigur Iwan Karamasow von einem russischen Gutsbesitzer, der den achtjährigen Sohn eines seiner 2000 Leibeigenen bestraft, weil dieser beim Spielen einen von seinen hunderten Hunden mit einem Stein am Bein verletzt hat (1986, 416–417). Die Bestrafung ist an Grausamkeit nicht zu überbieten: Der Junge wird arrestiert und am nächsten Morgen vor den Augen aller Leibeigenen des Gutshofs und vor seiner Mutter nackt ausgezogen, um auf Befehl des Gutsherrn von den Hunden zu Tode gehetzt und zerfetzt zu werden. Das Problem verschärft sich noch, wenn man das *malum physicum* mit in den Blick nimmt: Da es sich nicht (wie beim Gutsbesitzer) unmittelbar auf Menschen zurückführen lässt, ist es eine umso stärkere Anfrage an Gott. Camus arbeitet diese u. a. in seinem Roman *Die Pest* aus, wenn Dr. Rieux darin gegen den Pesttod eines Kindes kämpft, nur um diesen Kampf letztlich zu verlieren (vgl. 2012, v. a. 245–249). Beide Erzählungen fordern die bisherigen Überlegungen heraus: Ein Gott, der die Welt *so* einrichtet bzw. der nicht eingreift, wenn es darauf ankommt, ist moralisch nicht akzeptabel!

> Iwan nutzt das Bild eines gigantischen Bauprojekts, um das zu illustrieren (die folgenden Zitate stammen aus 1986, 422): Stellen wir uns vor, wir hätten „den Aufbau des Menschenschicksals" zu leiten, „in der Absicht, schließlich alle Menschen zu beglücken, ihnen allen endlich Frieden

und Ruhe zu geben" – Welt und Himmel, kurz: die gesamte Schöpfung, sind gleichsam ein einziges, gewaltiges Bauvorhaben, dessen Realisierung aber noch aussteht. Iwan bittet seinen Bruder Aljoscha, sich vorzustellen, er sei oberster Bauherr dieses Projekts, und stellt ihm zwei Fragen: Wäre Aljoscha als letztverantwortlicher Entscheidungsträger *erstens* bereit, das Vorhaben in Angriff zu nehmen, wenn er zugleich sicher wisse, dass es „die unbedingte und unausweichliche Vorbedingung zur Erreichung dieses Zieles wäre", dass er dafür „wenn auch nur ein einziges, winziges Geschöpfchen quälen" müsste – „nehmen wir an, gerade dieses selbe kleine Kindchen", von dem in der Geschichte mit dem Gutsherrn die Rede war? Die Menschheit hätte zwar die Möglichkeit, in den errichteten Lebenswohnungen glücklich zu werden, allerdings wäre das Leid des Kindes die Vorbedingung dieser Seligkeit, d. h. es wäre gleichsam für immer in den Fundamenten des Gebäudes. *Zweitens:* Glaubt Aljoscha, „dass die Menschen, für die du baust, selber damit einverstanden wären, ihr Glück in Empfang zu nehmen auf Grund des nicht gerechtfertigten Blutes des kleinen Märtyrers, und dass, wenn sie es unter solchen Umständen angenommen hätten, sie nun auch auf ewig glücklich bleiben?" Aljoscha teilt Iwans moralisches Empfinden: Ein solches Bauprojekt kann moralisch nicht gutgeheißen werden.

Nun könnte man darauf hinweisen wollen, dass das Beispiel in entscheidender Hinsicht schief ist: Gott ist kein irdischer Bauherr, sondern hat die Macht, das tote Kind von den Toten aufzuerwecken. Ist die Sache nicht anders einzuschätzen, sobald man annimmt, dass Gott das Kind auferweckt und ihm (quasi als Kompensation für erlittenes Leid) auch eine Wohnung zuteilt? Dostojewski hält entschieden fest, dass diese weithin übliche Antwort das Problem in keinster Weise zum Verschwinden bringt: Wenn jemand Fahrerflucht begeht anstatt erste Hilfe zu leisten, später aber die Behandlungskosten des Unfallopfers übernimmt (und sogar eine Freundschaft daraus entsteht), ändert das alles nichts daran, dass *ursprünglich* moralisches Fehlverhalten vorlag. Die Kompensation tilgt den Fehler als solchen ja nicht, sondern anerkennt vielmehr, dass es ihn gab (und versucht daher, die Folgen abzufedern oder aufzuwiegen). Der Hinweis darauf, dass Gott kein endliches Wesen ist, ist deshalb kein Teil der Lösung, sondern des Problems: *Menschliche* Fahrer machen Fehler – *aber Gott*?

Das unbedingte Fortbestehen des moralischen Problems trotz des Himmels oder der individuellen Akzeptanz des Leids im eigenen Leben ist daher der harte Kern von Iwans Protest: Es mag durchaus sein, dass im Himmel alles Leid überwunden ist und alle einander umarmen; es mag sogar sein, dass alles „dann seine Aufklärung finden" wird (ebd., 420) und alle verstehen, warum war, was war (d. h. dieses Kind von den Hunden zerfetzt wurde, jenes an der Pest starb) – *aber das ändert nichts daran, dass es nicht gut war, dass es so war: Es war Leid, das niemals hätte sein sollen, nicht hätte sein müssen, aber dennoch war – und es gibt dafür nur eine Instanz, die (unmittelbar beim* malum physicum *bzw. mittelbar beim* malum morale) *im Ersten und Letzten dafür verantwortlich ist, weil sie es hätte verhindern können, aber dennoch zuließ: den obersten Bauherrn, Gott.*

Das Pathos an dieser Stelle darf nicht überdecken, dass Iwan Karamasow die Dinge für sich selbst sehr klar einordnet: Er anerkennt, dass er wohl am Ende Ja zu seinem Leben sagen und im Himmel „mit allen zusammen ausrufen" wird: „„Gerecht bist du, Herr!'" (ebd., 420). Nur ändert das nichts am Gesagten: Selbst wenn es *faktisch* so sein sollte, wäre es *moralisch nicht akzeptabel*:

> Ich will aber gar nicht, dass ich dann so ausrufe. Solange es noch an der Zeit ist, beeile ich mich, mich dagegen zu wehren, und deshalb sage ich mich auch völlig los von der höchsten Harmonie. Sie lohnt gar nicht das Tränchen, sei es auch nur eines einzigen gemarterten Kindchens, das sich mit seinen kleinen Fäustchen an die Brust schlug in seiner übelriechenden Höhle, und mit seinen ungesühnten Tränchen zu dem lieben Gott betete. Die Harmonie [i. e. das spätere Glück des Himmels] ist das nicht wert. (Ebd., 420)
> Ich aber will gar keine Harmonie, aus Liebe zur Menschheit will ich sie nicht. Ich will lieber verharren bei ungesühntem Leiden! ... Ja, und überhaupt hat man die Harmonie viel zu hoch bewertet, es ist überhaupt nicht unseren Vermögensverhältnissen angemessen, so viel für das Eintrittsbillet zu ihr zu zahlen. Deshalb beeile ich mich auch, mein Eintrittsbillet zurückzugeben. Und wenn ich auch nur eben ein anständiger Mensch bin, so bin ich sogar verpflichtet, es so rasch wie möglich zurückzugeben. Das tue ich denn auch. Nicht dass ich Gott meine Anerkennung verweigere, ich geben 'Ihm' nur in aller Ehrerbietung mein Eintrittsbillet zurück. (Ebd., 421–422)

Kurzum: Der Preis des Himmels ist zu hoch, die Abwägung funktioniert nicht. Der sog. *Protestatheismus* hat hier seinen Ursprung: Der Glaube an Gott ist nicht primär aus theoretischen, sondern aus moralischen Gründen abzulehnen – denn Gott ist der schlimmste aller Fahrerflüchtigen.

10.3.2 Gott, Sinn, Moral – kann und darf man zu seinem Leben Ja sagen?

Die These, die es zu bedenken gibt, ist damit klar formuliert. Klammern wir sie aber kurz ein, um (ganz im Sinn des Protestatheismus) den Blick allein *auf uns* zu richten und in einem kurzen Exkurs freizulegen, welchen spezifischen Spin die existentialphilosophische Wende zeigt (vgl. 8.5), wenn man sie *von hier aus* rekonstruiert. Dazu bietet sich eine Frage an, die im Gedankenexperiment mit dem Bauherrn verkapselt ist und sich *an uns* richtet: *Sind wir bereit, uns ein glückliches Leben in einem Weltgebäude einzurichten, in dessen Fundamente das Leiden Unschuldiger eingelassen ist? Können und dürfen wir ein Leben, das wir darin bewohnen, glücklich bejahen?* Dass wir bereits eingezogen sind, macht die Fragestellung nur akuter, denn ein Nein hieße dann vielleicht, dass wir uns lieber beeilen sollten, *auszuziehen und die Schlüsselkarte zurückzugeben*. Drei kurze Überlegungen sollen damit verbundene Fragen entfalten.

> α) Es lässt sich nicht bestreiten, dass sich unsere eigene Existenz Leiden mitverdankt: Der *homo sapiens sapiens* entsteht ebenso aus einer von Leid, Schmerz und Tod durchzogenen Evolution (10.2.2 a γ), wie sich unsere individuelle Existenz auch einer leidvollen Geschichte verdankt. In unseren aktuellen Lebensstandard, unsere medizinischen Möglichkeiten, moralischen Lernprozesse u. a. m., kurz: *in unser jetziges Glück* ist nicht nur, aber auch das Leiden anderer eingemauert.

Im Blick darauf hat der deutsche Theologe und Pädagoge Helmut Peukert auf die moralisch verstörende Erfahrung hingewiesen, dass *besonders* Menschen „die solidarisch zu handeln versucht haben, denen man also eigene Lebensmöglichkeiten verdankt, vernichtet werden" (2009, 311).

β) Man wird auf die bisherige Wahrnehmung zu Recht sagen, dass sie uns moralisch nicht anzulasten ist: Wir waren niemals Bauherren, die entscheiden konnten, sondern sind Mieter, die ungefragt in ihre Wohnung gesteckt wurden – *ins Dasein geworfen,* wie der deutsche Philosoph Martin Heidegger formulieren würde. Entscheidender als unsere Herkunft aus leidvoller (Natur-)Geschichte ist daher das, was wir aus unserer Gegenwart machen: Es gilt, das Weltgebäude zu verbessern – dass es auf Gräbern errichtet ist, ist uns nicht anzurechnen, entscheidend ist allein, dass wir *jetzt* moralisch handeln und Leid minimieren. Ein ungeschönter Blick zeigt freilich, wie sehr wir diesen Anspruch immer wieder verfehlen: So sehr wir Unrecht anprangern, so sehr produzieren wir es selbst immer wieder. Wir scheitern an den Ansprüchen der Moral und weben selbst immer wieder (gewollt und ungewollt) neues Leid in unsere und andere Existenzen ein. Das ist umso prekärer, als wir realistischerweise davon ausgehen müssen, dass wir auch in Zukunft immer wieder neu moralisch scheitern werden, d. h. Leid produzieren werden, das wir nicht wiedergutmachen können.

γ) Auf diese Wahrnehmung wiederum wird man zu Recht sagen, dass Nüchternheit nottut: Von niemandem kann sinnvollerweise mehr erwartet werden, als er zu leisten vermag – *ultra posse nemo obligatur.* Wir sind endliche und fehlbare Wesen, die die Welt nicht retten können, daher sollte man es uns nicht zum Vorwurf machen, wenn wir daran scheitern. Da die Weltgeschichte neben ihren Katastrophen aber auch Fortschritte und Lernprozesse kennt, soll jede Generation schlicht tun, was sie zu leisten imstande ist, um das Weltgebäude so zu verbessern, wie es ihr möglich ist – das ist ihre Rechtfertigung dafür, darin zu leben und wohnen zu bleiben. So plausibel diese Position ist, so wenig lässt sie das Ausgangsproblem verschwinden: Das Glück der Späteren *bleibt* ja vom Leiden der Früheren ermöglicht – und eben darauf zielte die Frage. Der Lackmustest dafür ist vielleicht der *ideale* Weltverlauf: Nehmen wir für einen Moment an, dass jede Generation sich redlich müht und am Ende tatsächlich eine absolut glückliche bzw. zumindest leidfreie Welt und Gesellschaft stehen. Würde sich dann Iwans Problem erledigen? Nein, es würde sich noch deutlicher stellen: Diese ideale Gesellschaft, so Peukert, müsste nämlich im Bewusstsein leben,

> dass sie ihnen, also den Unterdrückten, den Erschlagenen, den Opfern des vorangegangenen Befreiungsprozesses, alles schuldet. Von ihnen hat sie alles geerbt und lebt nun auf deren Kosten. … Das Glück der Lebenden besteht in der Expropriation der Toten. Ist Glück unter diesen Voraussetzungen überhaupt denkbar? Ist für das Glück nicht Voraussetzung, dass das Unglück der Vorausgegangenen vergessen wird? (Ebd., 309)

Wenn sich das Problem *selbst im Idealfall* nicht auflöst, scheint es unplausibel, dass es in anderen Fällen verschwindet: Wenn selbst der bestmögliche Verlauf der weiteren Geschichte jene Toten nicht wieder lebendig macht, deren Leid das realgeschichtliche Apriori unserer Existenz war, bleibt das Problem auch bei allen anderen Verläufen bestehen. Die bereits erwähnte Figur des Dr. Rieux steht dafür: Ihn irritiert nicht unser Scheitern, die beste aller möglichen Welten zu erzeugen, sondern ihn erschüttert, dass wir nicht einmal in der Lage sind, das Schlimmste in dieser Welt zu verhindern – und es doch sein sollten! Der freundlich gemeinte Hinweis auf das *ultra posse nemo obligatur* erscheint hier so unpassend wie ein Pflaster für einen Herzinfarkt: Er kann die Wahrnehmung nicht überdecken, dass das, was wir zu leisten vermögen, schlicht nicht reicht, dass die Welt nicht so ist, wie sie sein sollte – und dass man zur Welt und einem Leben in ihr nicht Ja sagen sollte, wenn Kinder darin sterben (vgl. 8.5).

Nimmt man ernst, dass man vom Standpunkt der Moral zu nichts Ja sagen sollte, das in der beschriebenen Weise mit dem Leiden anderer verwoben ist, dann sind die moralischen Standards, die Gott ablehnen lassen, die gleichen, in deren Licht *wir unsere eigene Existenz infrage stellen müssen*: Unsere Existenz und unser Glück sind es nicht wert, dass andere dafür leiden, gelitten haben oder leiden werden.

Man rührt damit an Fragen, die bereits in der Auseinandersetzung mit Nietzsche aufblitzten, hier aber einen anderen Spin aufweisen. Während Nietzsche die praktische Vernunft als Funktion des Willens zur Macht entlarvt und die Orientierung an einem Absoluten als Leugnung des wirklichen Lebens interpretiert, geht es bei Iwan Karamasow oder Dr. Rieux nicht um eine Entlarvung des Unbedingten im gleichen Sinn. Der Ausgangspunkt ihrer Irritation ist *die Einsicht, dass sinnloses Leid kategorisch nicht sein soll bzw. es unbedingt zu verhindern ist – und dass es dennoch existiert und wir es nicht verhindern können*. Macht bei Nietzsche der Ausfall letzter Wahrheiten und Werte die menschliche Existenz neu deutungsbedürftig, ist es hier also eine andere Wahrnehmung: Wenn wir das unbedingte Nichtseinsollen des Leidens des achtjährigen Jungen behaupten, beanspruchen wir praktisch etwas Absolutes bzw. erfahren uns davon beansprucht (nämlich im Blick darauf, dass sinnloses, unschuldiges Leiden absolut nicht sein soll). Ein solches Absolutes mag uns zwar als Orientierungsgröße dienen – aber zugleich überfordert es uns als endliche Wesen prinzipiell und grundsätzlich (vgl. analog auch 5.4.2): In seinem Licht verliert unser eigenes Dasein seine Akzeptabilität, weil wir selbst in sinnlosem Leiden verwurzelt sind, solches erzeugen bzw. nicht hinreichend zu verhindern vermögen. Damit wird das Ja zum eigenen Leben in der eben skizzierten Form *moralisch* problematisch und stellt sich die Frage, ob es nicht besser wäre, nicht zu existieren. Läge dann aber nicht auch nahe, dass wir unserer Existenz *eigentlich* ein Ende setzen sollten?

Genau das, so Camus 1942 am Beginn seines Essays *Der Mythos des Sisyphos*, wird zur existentialphilosophischen Schlüsselfrage: „Es gibt nur ein wirklich ernstes philosophisches Problem: den Selbstmord. Sich entscheiden, ob das Leben es wert ist, gelebt zu werden oder nicht, heißt auf die Grundfrage der Philosophie antworten" (2013, 15).

10.3.3 Gott als *Schrei des Protests* gegen das Leid und das Absurde?

Dröselt man *diese* Grundfrage auf, zeigt sich eine Vielzahl weiterer Fragen. Sie entspinnen sich (wenn man das Thema *Gott* wieder als Thema in die Reflexion holt) im Dreieck zwischen *Gott, Sinn und Moral*: Kann man in einer absurden Welt moralisch sein? Ist Moral ohne Gott möglich, ist Sinn ohne Moralität denkbar, ist Moral vielleicht absurd? Wie verhalten sich Sinnbedürfnis bzw. -erfahrung und Gottesglauben? Von welcher epistemischen Position aus sind solche Fragen beantwortbar? U. v. a. m. Wir können dieses diskursive Kraftfeld existentialistischer Philosophie und Theologie hier nicht adäquat bearbeiten (zumal die mögliche Absurdität des Lebens keine rein intellektuelle These ist), sondern beschränken uns auf die bereits in 10.3.1 freigelegte zentrale Frage der Theodizee auf dem Forum der praktischen Vernunft: *Ist es tatsächlich aus moralischen Gründen unumgänglich, den Glauben an Gott aufzugeben?*

a) Metz: Gott als Schrei eines moralischen Protests

Ein erster Zugriff auf das Problem liefert gleichsam eine Art genealogischen Rahmen. Mit Hans-Joachim Höhn lässt sich die Leidfrage als *glaubenskonstitutiv, nicht bloß -konsekutiv* interpretieren: Das *malum* stellt Gott nicht nur in Frage, sondern generiert zuvor bereits die Frage nach ihm. Es trifft nämlich nicht zu, dass die Erfahrung unschuldigen Leidens „einen ‚späten' Einspruch generiert gegen ein ‚vorher' bereits konstituiertes Gottesverhältnis, das aus der Erfahrung eines ungeschuldeten ‚Verdanktseins' der eigenen Existenz erwachsen ist" (2010, 164). Die Frage nach dem Leid ereilt den Glauben nicht unvermittelt in seinem ursprünglich harmonisch-naiven Gefüge, sondern ist ihm vielmehr immer schon eingeschrieben: Das Vertrauen auf Gott ist *immer schon* in den Widerstreit von *bonum* und *malum* eingelassen (wie bereits das Gleichnis in 2.1 deutlich macht) und konstitutiv mit der trotzig-fragilen Weigerung verbunden, dem *malum* (i. e. dem Absurden, dem Leiden, dem Sinnwidrigen, dem Tod u. a.) das letzte Wort zu überlassen.

Von Gott zu reden, so formuliert Metz, ist ein „Schrei nach der Rettung der Anderen, der ungerecht Leidenden, der Opfer und Besiegten in unserer Geschichte" (1995, 82): ein Schrei des Protests gegen eine Welt, die ihre Kinder frisst bzw. deren Kinder sich gegenseitig töten, gegen das Chaos und sein Tohuwabohu (so Gen 1,2). Damit ist der größere Rahmen skizziert: Die DNA des Gottesglaubens ist nicht eine Art moralischer Zynismus, sondern moralischer Protest. Diese *genealogische* Erstauskunft lässt sich unterschiedlich ausarbeiten.

b) Verweyen: Wer solidarisch beim Anderen bleibt, greift praktisch auf Gottes Existenz vor

Eine exemplarische systematische Fortbestimmung der strukturellen Moralitätssensibilität des Glaubens findet man beim deutschen Fundamentaltheologen Hansjürgen Verweyen. Seine Überlegungen in der Spur *transzendentaler* Denktraditionen entzünden sich an einer einfachen Frage: Was geschieht am Sterbebett, wenn „der Blick des Sterbenden ... seinen Freund mit der Frage trifft: Was soll dieses Leiden? Verschlingt mich jetzt der Abgrund der Sinnlosigkeit?" (2008, 118). Von Interesse ist dabei weniger, was man auf diese Frage antwortet, sondern wie man sich verhält: Lässt man nämlich in „äußerster Solidarität den anderen auch bei diesem letzten Schritt in die Sinnlosigkeit nicht allein" (ebd.) und bleibt auch angesichts des unausweichlichen Todes bei ihm, dann behauptet ein solches Handeln – so Verweyen – implizit, *dass trotz allem nicht alles sinnlos und gleichgültig ist*. Das moralisch motivierte Bleiben beim Anderen und das Mitgehen mit ihm auf seinen Tod zu

> wird in seinem Vollzug [!] selbst zu einem paradoxen Handeln. Die Entscheidung für einen Schritt in eine völlig ungewisse Richtung impliziert unweigerlich die Regung einer auch noch so unbestimmten Hoffnung auf Sinn. ... Mit dem Schritt auf jenes Dunkel [des Todes] zu ruft der solidarisch Mitgehende eine Hoffnung auf Sinn wider allen Anschein von Sinnlosigkeit wach. Er unterschreibt gleichsam blanko einen Scheck, den er nicht einzulösen vermag, aber an die „Instanz" weiterreicht, die ihn zu unbedingter Solidarität aufruft. Damit wird ein Postulat gesetzt, eine Appellation an diese Instanz, sie möge sich gegen die Gewalt durchsetzen, die zu verabscheuen sie unwiderruflich lehrt. (Ebd.)

Solidarität mit denen, die rettungslos verloren sind, ist implizit die Weigerung, dem Tod, der Absurdität und der Gleichgültigkeit das letzte Wort zu überlassen: Wer solidarisch handelt, behauptet praktisch, dass es nicht gleichgültig ist, ob man beim Anderen bleibt oder nicht, da ja ohnehin alles sinnlos wäre. Wer bleibt, postuliert gleichsam Sinn für das, was er tut; da er diesen Sinn jedoch ‚nur' praktisch beansprucht, aber nicht garantieren kann, ihn ‚nur' behauptet, aber nicht selbst einlösen kann, greift er implizit auf eine Wirklichkeit vor, die diesen Sinn einzig zu garantieren vermag: Gott. Entscheidend ist nicht, ob eine Protestatheistin *expressis verbis* die Existenz Gottes zurückweist oder die Absurdität des Daseins behauptet – *wenn sie solidarisch handelt, postuliert sie praktisch Sinn und greift implizit notwendig auf Gott vor*. Das ist eine Antwort auf unsere zentrale Frage, die mit einer Inversion argumentiert: Die Frage ist falsch gestellt, da es im Letzten unmöglich ist, dass Gott *aus moralischen Gründen* abgelehnt wird – zumindest implizit greift Moralität nämlich auf die Existenz einer göttlichen Wirklichkeit vor bzw. ist sie *denkerisch* nur von dieser her verständlich zu machen:

> *Wenn* ich das Fragen nach einer hinreichenden Erklärung für die immanente Logik der Vernunft [auch in ihrer moralischen Gestalt] nicht abbreche, dann [!] ergibt einzig [!] die Annahme der Existenz eines unbedingten Seins und eines unbedingten Sollens ... eine adäquate Antwort (1994, 290).

Es ist offensichtlich, dass diese Argumentation aus verschiedenen Gründen befragt werden kann, nicht nur analog zu Kants Gottespostulat (vgl. 5.4.3) oder in der Perspektive Nietzsches, sondern auch theologisch: Metz etwa würde argwöhnen, dass die in 8.6.1 beschriebene *Teflon-Struktur transzendentaler Argumentation* greift und mehr gewollt wird, als sinnvoll ist. Die entsprechenden Diskussionen sind zu umfangreich, um sie in Kürze einzufangen (vgl. *einen* anderen Strang der Debatte: Pröpper 1994,

1996, 2011, 437–441; Verweyen 1994, 2013; vgl. auch 20.3.2 und 20.3.3). Sehen wir deshalb vom Großproblem ab, ob und wie genau Moralität und Solidarität *transzendental* mit Gottes Existenz gekoppelt sind, um eine kleinere, *kategoriale* Überlegung in den Blick zu nehmen: *ob nämlich eine kategorische Ablehnung Gottes nicht selbst unmoralisch zu werden droht.*

c) Rahner: Wer Gott als Retter moralisch kategorisch ablehnt, läuft Gefahr, zynisch zu werden

Diesen Gedanken hat Karl Rahner in einer vielfach zitierten Formulierung in einem Gespräch mit Schülern festgehalten:

> Wenn Sie aus Protest gegen das Böse in der Welt Gott aus Ihrem Leben streichen wollen, wird die Geschichte noch viel schlimmer, denn dann haben Sie eine abgründig böse und absurde Welt und sonst nichts. Wenn Sie das im Namen der Liebe zu anderen wirklich verantworten können – gut, aber ich glaube nicht, dass man das kann. (1986, 96)

Verzichtet man, so Klaus von Stosch, entlang dieser Reflexionslinie

> angesichts des bei Dostojewski beschriebenen Kindes auf den Glauben an Gott, um es vor jeder Vereinnahmung in einen übergreifenden Sinnzusammenhang zu schützen, und beharrt deshalb auf der Sinnlosigkeit des Daseins insgesamt, gibt man nicht nur die Vereinnahmung, sondern auch jede Hoffnung für dieses Kind auf. (2013, 115)

Entsprechend könnte man vom Standpunkt der moralischen Vernunft auch anders formulieren, als es protestatheistisch der Fall ist: Wenn a) ein Ja zum je eigenen Leben trotz unermesslichen Leids *theoretisch denkbar* ist (wie die *free will defense* argumentiert) und wenn b) die Hoffnung auf eine Rettung der Opfer unter bestimmten Rücksichten *moralisch legitim* ist (nämlich dann, wenn diese Hoffnung nicht als Lizenz von Untätigkeit und Gleichgültigkeit missverstanden wird oder übergriffig vertröstet) – warum sollte es dann irrational oder unmoralisch sein, *gerade um des Leidenden willen* trotzig an jener Wirklichkeit festzuhalten, die allein noch im Tod zu retten vermag: Gott?

10.4 *reductio in mysterium*: Gott in seiner Unbegreiflichkeit annehmen

Die letzte Bearbeitung der Frage nach dem Leid, die wir vorstellen, ist die sog. *reductio in mysterium*, die das *malum* in die Unbegreiflichkeit Gottes zurückführt. Der Verweis auf diese kann, aber muss nicht *per se* irrational sein: Gesetzt den Fall, dass man gute Gründe dafür hat, von der Existenz Gottes überzeugt zu sein, mag man das *malum* zwar als Problem verstehen, ohne deshalb von seinem grundsätzlichen Gottvertrauen abzulassen (wie das analog in 2.1 der Fall ist: Der Widerstandskämpfer weiß nicht, warum der Fremde nicht immer helfend eingreift und empfindet dies als echte Prüfung, vertraut aber ausgehend von seiner nächtlichen Erfahrung weiterhin). Die zentrale Frage gilt dann den guten Gründen für die Überzeugung, dass ein guter Gott existiert. Überlegungen, wie sie die *defenses* o. a. vorlegen, können dabei eine stabilisierende Funktion haben, insofern sie theoretische und praktische Inkohärenzthesen abschwächen; dennoch hält die *reductio in mysterium* entschieden fest, dass in all diesen Überlegungen (so hilfreich manche Konzepte sind), etwas bestehen bleibt, das sich bleibend aller Erklärung sperrt – und dass sich dieses Moment nicht als bloß sekundäres Problem abtun lässt, das sich im Himmel auflösen werde oder allgemein unerheblich sei: die Unbegreiflichkeit des Leidens.

Wie ist das gemeint? Greifen wir dazu nochmals das drastische Beispiel des zu Tode gehetzten Kindes bei Dostojewski auf: Es ist zu hoffen, dass die Mutter ihren Jungen wieder in die Arme schließen wird, aber es nicht zu erwarten, dass der Tod des Kindes plötzlich Sinn machen wird, den man himmlisch glücklich versteht (im Sinn von: ‚Jetzt ist mir klar, warum du sterben musstest und es gut und sinnvoll war, dass du gestorben bist!'). Es wird für immer so bleiben, dass sein Tod grausam war, eine gute Zukunft und gemeinsame Zeit verloren ging, dass Sinnwidriges vorliegt, *das nicht hätte sein sollen*. Die gemeinsame Lebenszeit und das himmlische Wiedersehen mögen (so wäre etwa im Sinn der *free will defense* zu hoffen) diese Sinnlosigkeit im Idealfall ‚akzeptabel' machen, aber eine solche ‚Inkaufnahme' des Leidens löst die Unbegreiflichkeit des Leidens nicht in Verstehen auf. Gerade das ist ein neuralgischer Gedanke dieser *defense:* Es geht um die Hoffnung, dass ein Ja zum eigenen Leben *trotz* der unbegreifbaren Sinnlosigkeit des Leids darin gesagt werden kann.

Der entscheidende Punkt ist nun, dass die eben skizzierte Unbegreiflichkeit des Leidens keine Realität ist, die sich in irgendeiner Weise an Gott vorbei denken ließe – *nichts davon* hat sich gleichsam hinter seinem Rücken ereignet, *zumindest* im Sinn von Möglichkeiten wusste er als Schöpfer darum. Daher ist die Unbegreiflichkeit, die sinnloses Leiden auszeichnet, nicht von der Unbegreiflichkeit zu trennen, die Gott selbst zukommt. Karl Rahner hat dies prominent formuliert: „Die Unbegreiflichkeit des Leides ist ein Stück der Unbegreiflichkeit Gottes" (1980, 463).

> Das leitende Motiv dabei ist das *liebende Ja zu Gott*, das auch ein *liebendes Ja zur Unbegreiflichkeit Gottes* ist, welche sich in der Unbegreiflichkeit des Übels spiegelt, insofern es ist, aber nicht sein müsste. Um Rahners nicht ganz leichte Überlegung in seinem zentralen Aufsatz *Warum läßt Gott uns leiden?* von 1980 nachzuvollziehen, riskieren wir an dieser Stelle – ohne Sicherungsseil und im Bewusstsein der massiven Gefahren, in die wir links und rechts von uns stürzen können – einen Vergleich mit der Liebe zwischen Menschen. In der Liebe zu einem anderen Menschen lieben wir immer (auch) mehr als das, was wir von ihm und an ihm verstehen (manche würden sogar sagen, dass eben das Liebe auszeichnet: dass sie mehr umfasst als das, was sich am anderen verstehen lässt – sonst wäre es ein Ja zu unseren *Vorstellungen vom anderen*, aber *nicht zum anderen* selbst). Diese ursprüngliche Liebe allein ist es auch, die uns annehmen oder ertragen lässt, was aus dem hervorgeht, was wir am anderen nicht verstehen und was uns verstört, irritiert oder vor

Probleme stellt. Unser liebendes Ja zum anderen ist so auch und gerade in dem, was nicht in unseren Begriffen von ihm aufgeht, *praktisch gekoppelt* an die Annahme auch dessen, was uns an ihm bleibend unbegreiflich bleibt und darin verstört. Zumindest *im besten Fall* ist ein solches Ja möglich, ohne irrational oder pathologisch zu sein.

Es ist unmittelbar einsichtig, welche Probleme lauern: Gott ist keine fehlbare, endliche Größe und die Bestialität in Auschwitz, das Erdbeben von Lissabon, das Massaker von Nanking u. a. sind keine bloßen *Irritationen*. Zudem scheinen solche Überlegungen pathologische Beziehungsmuster bzw. Religiositäten eher ein- als auszuschließen – wir können uns allzu leicht vorstellen, dass und wie die skizzierte Akzeptanz von Unbegreiflichkeit irrational wird. Der anvisierte *beste Fall* ist tatsächlich ein äußerst schmaler Grat. Dennoch hält Rahner an eben diesem schmalen Grat fest, d. h. am Gedanken, dass die liebende Annahme des Unbegreiflichen nicht unvernünftig sein muss. Die liebende Annahme Gottes (die ineins die Annahme seiner Unbegreiflichkeit *und* des Leids ist) stellt so die einzige ‚Antwort' dar, die er in der Theodizee für möglich hält. Letztlich, so Rahner in seinen eigenen Worten, ist

in unserer konkreten Verfassung … die Annahme des Leides ohne eine Antwort, die von der Unbegreiflichkeit Gottes und seiner Freiheit verschieden wäre, die konkrete Weise, in der wir Gott selbst annehmen und Gott sein lassen. (1980, 465)

Vierte Zwischenreflexion

Wurden die letzten Kapitel mehr oder minder entlang der Frage nach *Gott* entwickelt wurden, so widmen sich die nächsten der Frage nach der *Offenbarung* Gottes. Sie tun dies nicht in einem allgemeinen Sinn (wie dies in Kapitel 7 der Fall war), sondern ausgehend vom Zentrum christlichen Glaubens und christlicher Theologie: vom Bekenntnis, dass Gott sich selbst *in Jesus von Nazaret* als der offenbart hat, der er ist – nämlich Liebe, über die hinaus es keine größere gibt. Genau damit beschäftigt sich *Christologie* als *Schlüsseldiskurs* aller christlichen Theologie: Sie ist die Lehre von Jesus, insofern ihn Christen als *Christus* bekennen (Χριστός, hebr. *Maschiach*, Messias = der von Gott zum König Gesalbte).

Versucht man, diese Formel aktualisierend zu übersetzen, ließe sich sagen: Christologie ist der Versuch, das christliche Bekenntnis, dass Gott sich uns in Jesus als unbedingte Liebe mitgeteilt hat, in seiner Bedeutung und rationalen Annehmbarkeit zu reflektieren. Um eine mögliche Verbindung zu den bisherigen Kapiteln herzustellen und einen roten Faden zu identifizieren, legt es sich nahe, das Projekt der Christologie vor dem bislang entwickelten Horizont zu profilieren und im Sinn eines Lektürevorschlags in drei Schritten zu konturieren.

Gehen wir dazu *in einem ersten Schritt existentialphilosophisch* von jenem Bild menschlicher Existenz aus, das sich im letzten Kapitel u. a. in der *free will defense* abgezeichnet hatte: dem Bild einer grundlegenden *existentiellen Antinomie*. Damit ist gemeint, dass unser Dasein in der Welt sich dadurch auszeichnet, dass wir einem *malum* begegnen, das kategorisch nicht sein soll, wir aber auch ein *bonum* erfahren, das so gut ist, dass es unbedingt sein soll und zu bejahen ist.

> Wir dürfen über der formelhaften Floskel nicht übersehen, was das wirklich heißt. Der polnisch-jüdische Arzt Janusz Korczak (um 1878–1942) und die polnisch-jüdische Lehrerin Stefania Wilczyńska (1886–1942) weigern sich im August 1942, die Kinder ihres Waisenhauses zu verlassen, als diese aus dem Warschauer Ghetto ins Vernichtungslager Treblinka transportiert werden. Ein Augenzeuge des Abtransports schreibt: Korczak blieb bei den Kindern, denn er wollte
>
>> es ihnen leichter machen. Sie würden aufs Land fahren, ein Grund zur Freude, erklärte er den Waisenkindern. Endlich könnten sie die abscheulichen, stickigen Mauern gegen Wiesen eintauschen, auf denen Blumen wüchsen, gegen Bäche, in denen man würde baden können, gegen Wälder, wo es so viele Beeren und Pilze gäbe. Er ordnete an, sich festtäglich zu kleiden und so, hübsch herausgeputzt, in fröhlicher Stimmung, traten sie paarweise auf dem Hof an. Die kleine Kolonne führte ein SS-Mann an, der als Deutscher Kinder liebte, selbst solche, die er in Kürze ins Jenseits befördern würde. Besonders gefiel ihm ein zwölfjähriger Junge, ein Geiger, der sein Instrument unter dem Arm trug. Er befahl ihm, an die Spitze des Kinderzuges vorzutreten und zu spielen – und so setzten sie sich in Bewegung. Als ich

> ihnen an der Gęsia-Straße begegnete, sangen die Kinder, strahlend, im Chor, der kleine Musikant spielte ihnen auf und Korczak trug zwei der Kleinsten, die ebenfalls lächelten, auf dem Arm und erzählte ihnen etwas Lustiges. Bestimmt hat der Alte Doktor noch in der Gaskammer, als das Zyklon schon die kindlichen Kehlen würgte und in den Herzen der Waisen Angst an die Stelle von Freude und Hoffnung trat, mit letzter Anstrengung geflüstert: „Nichts, das ist nichts, Kinder ...", um wenigstens seinen kleinen Zöglingen den Schrecken des Übergangs vom Leben in den Tod zu ersparen. (Szpilman 2003, 94)
>
> In einer Straße in Warschau findet man an diesem Augusttag beides: die bestialische Abartigkeit eines *malum*, das in keiner möglichen Welt unsere Zustimmung finden kann und darf, weil es kategorisch nicht sein soll; und ein *bonum*, das so gut ist, dass es niemals wieder schlechtgemacht werden kann und das seinen Sinn in sich selbst trägt: die bis zum letzten entschiedene Solidarität und Sorge Wilczyńskas und Korczaks, die mit den Kindern in den Tod gehen, weil sie sie um keinen Preis allein lassen wollen. Auch wenn sich die antinomische, d. h. widersprüchliche Doppelstruktur menschlichen Daseins nicht immer so drastisch und erschütternd zeigt, wie in der Gęsia-Straße an diesem Sommertag, lässt sie sich als entscheidendes Problem menschlicher Existenz verstehen: Was hat es mit einem Leben auf sich, in dem sich beides zeigt, was mit einer Welt, die beides hervorbringt? Wie könnte man die Schönheiten des Lebens nicht staunend und dankbar feiern – und wie soll man nicht zugleich an dieser Welt verzweifeln?

In einem *zweiten Schritt* greifen wir auf Überlegungen zurück, die in Kapitel 2 aus einer dezidiert christlichen Perspektive eingeführt wurden, die sich aber auch *religionsphilosophisch* lesen lassen: Man mag nämlich Religion ganz allgemein so verstehen, dass sie auf die skizzierte existentielle Antinomie bezogen ist – Religionen verarbeiten in unterschiedlicher Weise diese Doppelerfahrung. Christlicher Glaube jedenfalls lässt sich so interpretieren: Er ist wesentlich eine (irritationssensible!) *Haltung des Vertrauens* darauf, dass Leid, Tod, Gewalt und Absurdität nicht das letzte Wort über uns und die Welt haben und haben werden – sondern jene Wirklichkeit, die sich im *bonum* anzeigt: Er lebt von und aus der Hoffnung, dass wider allen Anschein nicht der Hass das letzte Wort hat, sondern die Solidarität.

Die Frage, woher dieses Vertrauen rührt und wie es zu verstehen ist, führt uns *in einem dritten Schritt* zu *offenbarungstheologischen* Überlegungen (vgl. 7.3). Auch diese waren aus der Perspektive christlicher Theologie in erster Annäherung bereits skizziert worden: Christinnen glauben, dass solches Vertrauen sich nicht einfach aus der Welt selbst zuspielt (wenn man nur klug genug ist, ihre Zeichen richtig zu deuten) oder durch eigene Leistung hergestellt werden kann (sofern man nur einen Willen besitzt, der stark genug ist) – sondern dass es in sehr subtiler Weise aus einem Geschehen rührt, das sich letztlich göttlicher Initiative verdankt und als *Offenbarung* interpretiert wird: Wenn sich unvermittelt eine Sicht der Welt und des Lebens erschließt, die uns erlaubt, das Sinnwidrige nicht als letzte Wirklichkeit verstehen zu müssen, sondern das *bonum* als jene Wirklichkeit begreifen zu dürfen, die im Letzten bleibt und bleiben wird – dann ist das eine *disclosure*-Erfahrung (vgl. 2.2.2 a), die Christen als von Gott initiiert verstehen. Damit ist *nicht* gesagt, dass ein *bonum* erst durch diese Erfahrung gut wird oder als gut erkannt werden kann, sondern dass sich darin eine spezifische, vertrauensbasierte Deutung dieses Guten eröffnet: nämlich dass dieses Gute eine Wirklichkeit ist, die niemals vom Übel verschlungen werden wird („stark wie der Tod ist die Liebe", so Hld 8,6), ja dass es sogar ein Moment jener Wirklichkeit ist, die Gott *eigentlich* für uns vorgesehen hat und uns *für immer* verheißt: Das vergängliche Glück dieser Tage wird sich mit Unvergänglichkeit bekleiden und „dann erfüllt sich das Wort der Schrift: Verschlungen ist der Tod vom Sieg" (1 Kor 15,54). Christlich gesehen ist es letztlich Gott selbst, der der eigentliche und einzige Grund solchen Vertrauens ist und sein kann. Entsprechend wird Offenbarung als ein feingesponnener geschichtlicher Prozess verstanden, in dem Gott uns immer wieder neu das Wagnis dieses Vertrauens ansinnt, „vielfältig und auf vielerlei Weise" (Hebr 1,1).

> Das ist keine allgemeine Formel, sondern wird (wie auch die biblischen Zitate andeuten) konkret verstanden: Christen glauben, dass genau dies in der Geschichte des Volkes Israel geschehen ist und man im Blick auf *diese* Geschichte verstehen lernt, was Gott uns verheißt und wie er Menschen immer wieder neu aus der Egomanie, aus dem Leid, aus der Verzweiflung in ein heilvolles Vertrauen zieht. Die Überlegungen von eben haben deshalb eine spezifisch *offenbarungsgeschichtliche* Grundierung: Gott hat sich in der Geschichte Israels als derjenige offenbart, der einen *Bund* mit Israel schließt und ihn treu hält; was es heißt, mit Gott im Bunde zu sein, zeigt sich idealtypisch im *Exodus*: Gott führt Israel aus der Sklaverei in die Freiheit. Zugleich offenbart Gott sich in Israels Geschichte als der einzige Gott, der als *Schöpfer* der Welt dieser ein gutes Prinzip eingestiftet hat, das sich durch alles Chaos durchhalten wird (vgl. 6.4.1); und Gott offenbart sich in der Geschichte Israels als derjenige, der letztlich die gesamte Geschichte durch alle und in allen Wirren und Katastrophen zu einem guten Ende führt (wie etwa *weisheitliche und apokalyptische Traditionen* des Alten Testaments reflektieren).

Aus der offenbarungsgeschichtlichen Dynamik Israels heraus verstehen Christinnen Jesus, wenn sie ihn als Christus bekennen: Er ist der letzte Grund ihres Vertrauens darauf, dass das *malum* nicht das letzte Wort über uns hat: „Weder Tod noch Leben, weder Engel noch Mächte, weder Gegenwärtiges noch Zukünftiges noch Gewalten, weder Höhe oder Tiefe noch irgendeine andere Kreatur können uns scheiden von der Liebe Gottes, die in Christus Jesus ist, unserem Herrn" (Röm 8,38–39).

Es ist offensichtlich, dass in allen diesen Teilen und Übergängen ein Bündel von Problemen steckt, die vielfach bereits zumindest markiert und/oder in Ansätzen reflektiert wurden. Ebenso offenkundig ist, dass Christologie nicht auf die skizzierte Weise eingeordnet werden *muss*, etwa weil diese systematische Schrittigkeit biblische, theologiegeschichtliche u. a. Entwicklungen nicht spiegelt; allerdings *kann* sie so situiert werden: Es ist eine mögliche Lesart, die sich aus den bisherigen Reflexionen nahelegt. Unabhängig von der gewählten Situierung des christologischen Projekts sind aber zwei allgemein gültige, miteinander verknüpfte Herausforderungen identifizierbar, was seine Statik betrifft:

– *Epistemologisch-formal* ist nochmals zu fragen, wie vernunftgemäß denkbar ist, dass Gott sich in der Welt offenbart: Wie kann das *ipsum esse subsistens* in einem *ens* (vgl. 4.3.2), wie das Unbedingte im Bedingten präsent sein, ohne das bedingte Seiende damit in seinem Selbststand und seiner Autonomie zu zerstören? Wie kann das Unbedingte im Bedingten erkannt werden und was sind mögliche Kriterien dafür? U. a. m. (vgl. 7.1 und 7.2, wo dies von Kant her thematisiert wurde).
– *Material-konkret* ist zu fragen, wer Jesus ist und wie vernunftgemäß verstehbar ist, dass Gott sich nach christlichem Bekenntnis in ihm als der mitteilt, der er in sich selbst ist. Was wissen wir historisch über Jesus und was können wir wissen? Was verkündet er und wie ist seine Botschaft vor dem Horizont der Geschichte Israels und im Kontext seiner Zeit zu verstehen? Wie lässt sich sein Tod am Kreuz verstehen und wie kommt es zum Glauben an die Auferstehung? Was bedeutet Auferstehung und wie lässt sie sich denken? Und vor allem: In welchem Verhältnis steht Jesus zum einen und einzigen Gott, den Israel bekennt? U. a. m.

Wir setzen im Folgenden bei der zweiten Fragestellung an – nicht nur, weil die erste bereits angerissen wurde, sondern auch, weil sie im Alltag zuerst kommt, wie frisch Verliebte wissen: Üblicherweise denkt man nicht am Reißbrett über den Begriff der Liebe und Bedingungen der Möglichkeit des Verliebens nach, sondern verliebt sich einfach. Dann will man den geliebten Menschen und die eigene Beziehung zu ihm möglichst gut verstehen, man will wissen, mit wem man es zu tun hat und was ihn ausmacht – ehe man staunend fragt, wie solches Glück überhaupt möglich war, oder überlegt, ob man ihm trauen kann und ob es für eine wirkliche Beziehung reicht.

In analoger Weise kann man im Blick auf das weitere Vorgehen argumentieren: Der erste Impuls christlichen Glaubens ist die Erfahrung, dass Gott sich uns in Jesus von Nazaret als bedingungslose Liebe mitgeteilt hat. Daran knüpft sich dann dreierlei, nämlich:

a) zuerst die intensive Auseinandersetzung mit ihm, seiner Botschaft, seinem Leben, seinem Sterben und der österlichen Erfahrung, dass er auferstanden ist – dem widmet sich Kapitel 11;

b) dann die Reflexion darauf, was er für uns existentiell bedeutet – dies geschieht in Kapitel 12, wo die soteriologische Relevanz Jesu Christi reflektiert wird, d. h. überlegt wird, in welcher Hinsicht er heilsbedeutsam für uns ist; und schließlich

c) die Beschäftigung mit der Frage, was den Menschen Jesus letztlich ausmacht und warum er für uns bedeuten kann, was er nach christlichem Bekenntnis für uns bedeutet (nämlich die erlösende Selbstmitteilung Gottes zu sein) – kurz: Es geht um die Frage, in welchem Verhältnis der Mensch Jesus zu Gott steht, den er als *Abba,* Vater anredet. Diesen Fragen stellt sich Kapitel 13 (in dem auch die formal-epistemologischen Aspekte ihren Ort haben), ehe in Kapitel 14 Reflexionen auf den trinitarischen Monotheismus des Christentums folgen, die sich unmittelbar daraus ergeben.

Vor dem Aufbruch soll eine letzte Bemerkung diese Zwischenreflexion beschließen. Es war bereits bisher *ein wenig* und wird in weiterer Folge *sehr oft* und in verschiedenen Wendungen von *Liebe* die Rede sein: Liebe wird *die* Referenzanalogie sein, um zentrale Überlegungen im christlichen Nachdenken über Gott und seine Offenbarung zu veranschaulichen und wesentliche Gedanken zu formulieren. Das ist – zumal der ständige Bezug darauf ermüdend und enervierend sein kann – erklärungsbedürftig. Tatsächlich ist das Wort ja geschunden und missbraucht wie wenig andere unserer Sprache und sind entsprechende Beispiele eminent kitsch- und projektionsgefährdet; zudem ist es auch nicht die einzige Möglichkeit, um grundlegende theologische Orientierungen zu erarbeiten und zu erhellen – vielfach lässt sich auch die Metapher *Frieden* (bzw. Schalom) verwenden, um zu erläutern, wie Christen Gott verstehen (vgl. Röm 5,1). Auch dieses Motiv wird mitunter vorkommen.

Und dennoch, nüchtern betrachtet kommt man nicht daran vorbei: Wenn christliche Theologie über Gott bzw. seine Offenbarung nachdenkt, dann tut sie das wesentlich auf Basis des Vertrauens darauf, *dass Gott Liebe ist* (vgl. 1 Joh 4,16; 1 Kor 13). Gerade im Blick auf *Basics* liegt es deshalb nahe, sich in besonderer Weise an dieser Bestimmung zu orientieren, auch wenn das natürlich keine Lizenz zum inflationären Gebrauch des Begriffs ist, sondern vielmehr eine Mahnung zum behutsamen, schonenden Umgang damit. Mit dieser Mahnung starten wir die nächsten Strecken – und fragen im nächsten Kapitel nach Jesus.

11 Jesus lebt?

Die Zwischenreflexion hat bereits deutlich gemacht, was in diesem Kapitel folgt. Nach einigen Vorbemerkungen (11.1) steht die Frage nach jener historischen Person im Zentrum, die Christen als Christus bekennen: Es geht um Leben, Tod und Sterben des Jesus aus Nazaret, wie es die historisch-kritische Forschung aktuell rekonstruieren kann (11.2), die Frage nach seiner Auferstehung (11.3) sowie den Skandal des Kreuzes (11.4).

11.1 Über den Glauben: Autofahrten, Beifahrer, Sicherheitssysteme

Wer ist dieser Jesus? (vgl. Mk 4,41). Um die Schlüsselfrage der Christologie anzugehen, ist es sinnvoll, eine rationalitätstheoretische und eine terminologisch-methodische Vorbemerkung zu machen.

Die erste, *rationalitätstheoretische Bemerkung* bezieht sich auf die allgemeine Frage, welchen Begründungsanspruch die folgenden Reflexionen haben (können): Kann man erweisen, dass Jesus die Selbstmitteilung Gottes ist, so wie man glaubte, Gottes Existenz mit Mitteln der Vernunft beweisen zu können? Thomas von Aquin ist hier ganz klar: Während er Letzteres im Prinzip für möglich hielt, gibt es „kein zwingend demonstrierendes Vernunftargument für das, was dem Glauben eigen ist" (Super Sent. III d1 q1 a2 c). Und: „Argumente der menschlichen Vernunft können nicht beweisen, was Sache des Glaubens ist" (STh I q1 a8 ad2). Thomas formuliert eine klassische Position: Wir dürfen nicht erwarten, die Offenbarung Gottes in Jesus wie eine zwingende Vernunftwahrheit demonstrieren zu können – man kann weder *sicher beweisen*, dass Gott sich offenbart hat, noch, dass er sich offenbaren müsse. Daraus folgt nicht, dass ein solcher Glaube irrational ist: Es ist ja auch nicht irrational, in ein Auto zu steigen, selbst wenn wir nicht *zwingend beweisen* können, dass die Fahrt definitiv unfallfrei sein wird. Wie aber funktioniert Rationalität in diesen Fragen?

> Nicht nur für Thomas gibt es erstens ‚äußere' Hinweise, die die Annahme rational machen, dass sich Gott in Jesus offenbart hat – etwa Wunder, die sich (nur) durch Gottes Wirken plausibel erklären lassen, sowie die Aufrichtigkeit und Glaubwürdigkeit der Zeugen, die von den Wundern berichten. Diese Argumentationsstrategie nennt man *Extrinsezismus*, weil ‚äußere' Indizien und Belege für die rationale Akzeptabilität der Überzeugung bürgen sollen, dass Gott sich in Jesus offenbart hat. Es ist offensichtlich, dass diese Strategie prekär ist, da der naturwissenschaftliche Fortschritt Wunderskepsis erzeugt hat, vor allem aber die Glaubwürdigkeit der Zeugen nicht problemlos alle argumentativen Lasten schultern kann, die zu schultern wären. Umso relevanter ist, dass Thomas eine zweite Strategie kennt, die auf die ‚innere' Stimmigkeit der

Glaubensaussage selbst abhebt. So nimmt er an, dass die Offenbarung Gottes zwar nicht vernunftnotwendig, aber sinnvoll, *congruens,* und vernunftgemäß, *conveniens,* ist: Liebe will sich mitteilen und beim Geliebten sein; daher ist der Gedanke, dass ein Gott, der in sich Liebe ist, sich seinen Geschöpfen mitteilen will, stimmig. Spätestens im 20. Jh. wird diese argumentative Spur in Verbindung mit anthropologischen Überlegungen meist als *Intrinsezismus* bezeichnet; die Position Rahners (vgl. 7.3) wird in der Regel hier eingeordnet, weil sie mit der inneren Verwiesenheit des Menschen auf eine Offenbarung Gottes argumentiert.

Was heißt das für die Christologie bzw. die *quaestio christiana*? Es bedeutet, vereinfacht gesagt, dass man auf rationale Plausibilisierung drängen muss, aber keine mathematischen Beweise erwarten darf (konkret etwa im Blick auf den Glauben an die Auferstehung Jesu). Wenn aber keine mathematische Gewissheit und Andemonstrierbarkeit möglich sind (was bereits in der *quaestio religiosa* ein überzogener Anspruch war und es hier umso mehr wäre), dann bedeutet das u. a., dass Projektionsverdacht und Glaubenszweifel nicht als grimmige Türsteher zu verstehen sind, die man irgendwann passiert und hinter sich lässt, sondern eher als Diskursbegleiter und Beifahrer. *Daraus* wiederum folgt nicht, dass diese Beifahrer mit jedem ihrer Navigationsbedenken recht haben müssten – sondern nur, dass wir auf unserem Weg mit ihren Fragen rechnen müssen und auch gut daran tun, sie ernst zu nehmen (vgl. 8.6.2).

Die zweite, *terminologische Bemerkung* betrifft Ausdrücke, die in der Christologie (und Trinitätstheologie) vorkommen. Der Ausdruck „Jesus" ist die gräzisierte Variante des aramäischen Jeschua und der Eigenname einer historischen Person, deren Herkunft mit Nazaret angegeben wird. „Christus" hingegen ist ein Bekenntnis: Es stammt vom griechischen Χριστός, das wiederum das hebräische *Maschiach* (Messias) spiegelt und als „der von Gott zum König Gesalbte" zu übersetzen ist; damit ist eine Gestalt gemeint, die von Gott gesalbt, daher *Gottes Repräsentant* und als solcher ein *Heils- und Friedenskönig* ist. „Jesus Christus" ist daher eine Bekenntnisformel: Sie drückt den Glauben aus, dass Jesus von Nazaret der endgültige Heilsbringer Gottes ist. In der terminologischen Vorklärung ist zugleich ein *methodisches Problem* verkapselt: (Wie) Kann man *durch das Bekenntnis hindurch* zur historischen Gestalt dringen? Wenn das Christentum glaubt, dass Gott sich in der historischen Person Jesu selbst mitgeteilt hat, dann ist die *historische Person* für jedes christologische Nachdenken maßgeblich: Wer wissen will, wer Gott ist und wie er sich zum Menschen verhält, muss auf Jesus schauen. Hier ist aber vorsichtiges Denken nötig: So wenig Christologie an der historischen Person Jesu vorbeikann, so wenig ist sie ihr direkt zugänglich – nicht bloß, weil uns die Möglichkeit fehlt, durch die Zeit in die Vergangenheit zu reisen, sondern auch, weil selbst mögliche Augenzeugenberichte niemals interpretationsfrei die Wirklichkeit *an sich* erfassen oder notwendig besonders akkurat sein müssten (vgl. 7.1). Daher bleibt (wie auch bei anderen großen Figuren der Geschichte) einzig die Möglichkeit, auf Basis vorhandener Quellen, Zeugnisse und Bekenntnisse sowie im Rückgriff auf allgemeines (religions-)geschichtliches Wissen behutsam und redlich zu rekonstruieren, was wir historisch-kritisch reflektiert über die geschichtliche Person Jesus und sein Leben wissen können.

Natürlich ist man hier nicht von der Gefahr möglicher Projektionen frei, wie vor allem ein Blick auf die sog. *Leben-Jesu-Forschung* im 19. Jh. zeigt: Meist fand diese erste Welle der Erforschung des historischen Jesus ‚zufällig' genau das, was die jeweiligen Forscher selbst am meisten bewegte, wie Albert Schweitzer (1875–1965) grundlegend zeigte. Aber auch wenn diese Gefahr real ist, folgt daraus nicht, dass *alles* reine Projektion ist – sondern nur, dass man sich ständig wechselseitig kritisieren muss, um blinde Flecken ausfindig zu machen, und dass es ein scharfes Bewusstsein eigener Grenzen und Interessen braucht. Auch hier legt sich die Analogie mit einer Autofahrt nahe, denn *historisch-kritische Forschung* funktioniert ähnlich wie ABS und Sicherheitsgurt: Es ist keine absolute Versicherung gegen Unfälle, kann aber sehr wohl (denkerische) Überschläge verhindern bzw. ist in vielen Fällen (kognitiv) lebensrettend – und daher unbedingt Teil christologischer Sicherheitssysteme. In diesem Bewusstsein soll der nächste Punkt in systematischer Perspektive, aber historisch-kritisch informiert das Leben Jesu in drei Schlaglichtern beleuchten (vgl. v. a. Theißen/Merz 2001; Ebner 2007; Strotmann 2015; Schreiber 2018a; Schreiber 2018b; Zitate in 11.2 stammen, wenn nicht anders vermerkt, aus diesen fünf Arbeiten, die nur noch mit Jahreszahlen angegeben werden).

11.2 Jesu Leben, Botschaft, Tod: Orientierungen

11.2.1 Jesus und Johannes der Täufer: Begegnung und Loslösung

Es darf als historisch zuverlässig gelten, dass Jesus (der aus Nazaret stammen dürfte) wohl etwas vor der Zeitenwende geboren und vermutlich um die frühen 30er Jahre n. Chr. herum hingerichtet wurde. Er dürfte als Bauhandwerker auf Montage gearbeitet haben, ehe die Begegnung mit Johannes dem Täufer eine entscheidende biographische Wende markiert (vgl. allg. 2015, 83–98; 2018b, 232–238).

> Jesus trifft Johannes möglicherweise bei einer Wallfahrt nach Jerusalem und findet sich von dem, was er predigt, angesprochen: Die Taufe Jesu durch Johannes gilt weithin als historisch sicher. Um die Predigt des Täufers besser einzuordnen, ist in den Blick zu nehmen, dass diese Weltgegend zu dieser Zeit unter (hellenistisch-)römischer Hegemonie stand und unterschiedliche Gruppen im Frühjudentum die militärische, wirtschaftliche, politische u. a. Lage unterschiedlich einschätzten. Bei einigen Gruppierungen spielten *apokalyptische Vorstellungen* eine wichtige Rolle: Gott selbst werde eingreifen, die Römer vertreiben und in Israel endgültig seine Herrschaft des Friedens und der Gerechtigkeit aufrichten (etwa vermittelt durch einen Messias, vgl. auch 19.2.2). Der prophetische Prediger Johannes lässt sich wohl vor diesem Hintergrund

einordnen: Er erwartet das nahe und endgültige Eingreifen Gottes. Freilich hat dieses heilvolle Handeln Gottes auch eine Gerichtsdimension, weil die Herstellung von Gerechtigkeit nicht möglich ist, ohne Unrecht zu verurteilen. Dieses Gericht erwartet aber nicht nur die Römer, sondern auch Israel. Im Zentrum der Predigt des Johannes steht daher der Gedanke der *Umkehr,* historisch unsauber gesprochen: *Du kannst, aber du musst auch dein Leben ändern, um vor dem nahen Gericht Gottes bestehen zu können!* Die Tauftätigkeit des Johannes „zur Vergebung der Sünden" (Mk 1,4) ist wohl so zu verstehen: Wer umkehren will, dem werden durch die Taufe mit Wasser die Sünden seines bisherigen Lebens vergeben – Gott schenkt ihm einen Neuanfang. Diese Chance ist aber wie die Taufe einmalig, sie muss Früchte bringen: Nun gilt es wirklich, sein Leben radikal an der Weisung Gottes (der Tora) auszurichten und asketisch zu leben – nur so kann man vor Gottes Gericht bestehen! Darin steckt ein religionspolitisch heikler Punkt: Offensichtlich ist (anders als im Selbstverständnis der religiösen Eliten) der Tempel in Jerusalem *nicht* unbedingt notwendig, um sein Leben und seine Gottesbeziehung ins Reine zu bringen. Jesus dürfte sich von der Predigt des Täufers angesprochen gefühlt haben und sein Schüler geworden sein (vgl. 2007, 83–85).

Ebenso von Interesse wie die Begegnung mit Johannes ist die Loslösung von ihm. Der deutsche Exeget Martin Ebner spricht mit anderen von einem möglichen Schlüsselerlebnis Jesu (2007, 86–92), das dazu geführt haben mag und sich in Lk 10,18 spiegeln könnte: „Ich sah den Satan wie einen Blitz aus dem Himmel fallen." Was Jesus hier aufgeht, ist grundstürzend: Wenn der Satan aus dem Himmel fällt, hat sich das erwartete Gericht Gottes bereits ereignet! Wir müssen für unsere Zwecke die apokalyptische Vorstellungswelt zur Zeit Jesu nicht umfassend rekonstruieren, um die Pointe dieser ‚Vision' zu verstehen – ein Verweis auf Texte wie Ijob 2,1–10 mag bereits helfen. Dort wird sehr präzise beschrieben, welche Funktion die (vor allem frühjüdisch zusehends relevanter werdende) Figur des Satans hat, nämlich jene, *Agent Provocateur* und *Staatsanwalt* in einer Instanz zu sein: Der Satan bringt Unheil über Ijob, um ihn zu Verzweiflung und Unmoral anzustiften, damit er ihn dann vor Gott anklagen und seine endgültige Verurteilung erwirken kann. Diese Funktion ist wahrhaft satanisch: Sie provoziert zuerst aktiv das Scheitern, um dann verklagen und vernichten zu können.

Diese Figur hat Gott, so Lk 10,18, aber aus dem Himmel geworfen. Das heißt nichts anderes, als dass Gott sein letztes Urteil gesprochen hat: Er hat dem Ankläger und Unruhestifter keinen Glauben geschenkt, sondern endgültig zu unseren Gunsten entschieden – für unser Heil. Das ist wohl der Nukleus der Trennung Jesu von Johannes: Gottes Gericht steht nicht erst bevor, sondern hat sich im Himmel bereits ereignet *und ist auch auf Erden bindend*. Zwar mag der Satan wie ein geschlagener Warlord mit seinen restlichen Truppen auf Erden noch für Unruhe sorgen, aber sein Schicksal ist besiegelt – seine Macht ist bereits im Begriff zu kollabieren. Das zeigen nicht nur Dämonenaustreibungen (vgl. Lk 4,31–37), sondern eindrücklich auch das Scheitern Satans, Jesus erfolgreich in Versuchung zu führen (vgl. Lk 4,1–13; vgl. allg. 2001, 256–284). Was hier noch im Blick auf das Volk Israel verkündet wird, werden Christen nach Ostern als auf alle Menschen bezogen begreifen: *Was immer Menschen zu Fall bringen und von Gott trennen will, verliert seine dämonische Macht, weil Gott diese Macht ein für alle Mal überwunden hat.*

11.2.2 Jesus und seine Frohe Botschaft: Das Reich Gottes

Diese Überzeugung ist für das öffentliche Wirken Jesu nach seiner Loslösung von Johannes zentral. Sie ist der Kern der Frohen Botschaft (εὐαγγέλιον, Evangelium), die Jesus fortan verkündigt: Zwar ist Gottes Königsherrschaft (βασιλεία τοῦ θεοῦ, basileia tou theou) auf Erden noch nicht völlig realisiert, sie ist aber auch kein bloßes Ereignis der Zukunft mehr – sondern bereits wirklich angebrochen! Besonders die sog. *Wachstumsgleichnisse* (vgl. Mk 4,26–32; Mt 13,33) sollen dies deutlich machen. Der deutsche Theologe Hans Kessler hat die jesuanische Reich-Gottes-Botschaft (wenn man sie wie die frühen Christinnen *universal* interpretiert) wie folgt beschrieben: Die Menschen

> müssen nicht erst umkehren. Vielmehr geht die Vergebung der Umkehr voraus, sie macht Umkehr und Neuanfang erst möglich. Das Heil ist reine, voraussetzungslose Gnade: nur so kann es *allen* gelten und universal sein. Der Gott Jesu macht jedem Menschen das Angebot, zu leben aus unbedingtem Angenommensein (unabhängig von Herkunft, Schuld oder Leistung), befreit von der tiefsitzenden Angst um sich selbst, befreit zur Annahme seiner selbst und zur Annahme des andern über alle Grenzen von Trennung und Feindschaft hinweg. (1995, 154)

Jesus verkündigt also nicht sich selbst, sondern die Frohe Botschaft von Gottes bereits angebrochener Königsherrschaft in Israel: Es geht ihm nicht um sich, sondern allein um Gottes gute Entscheidung für diese Welt. Gleichwohl führt das zur Frage, wie Jesus sich selbst verstanden haben mag. Historisch redlich lässt sich festhalten, dass Jesus keine messianischen Ansprüche *expressis verbis* gestellt haben dürfte, aber sehr wohl „den gegenwärtigen Anbruch der Gottesherrschaft an seine Person gebunden [hat]. ... Jesus sagt die *basileia* Gottes nicht nur an, sondern seine Person ist selbst Teil ihrer Verwirklichung. ... Jesus wirkt in dem Anspruch, *Gottes* Bote und Bevollmächtigter zu sein" (2018a, 86–87). *Expressis actis* ist so ein besonderer Anspruch erkennbar – etwa wenn Jesus einen Zwölferkreis um sich hat (der symbolisch für Gottes endgültige Sammlung der zwölf Stämme Israels steht), Sünden vergibt oder die Tora mit Autorität auslegt.

Es ist nicht verwunderlich, dass all das unterschiedliche Konflikte erzeugt. Exemplarisch stehen dafür nicht nur innere Probleme im Zwölferkreis (2007, 122–123), sondern vor allem Streitgespräche mit Pharisäern, die ein gewisses allgemeines Befremden Jesus gegenüber erkennen lassen: „Die galiläische Landbevölkerung en gros scheint eher gleichgültig bis ablehnend reagiert zu haben" (2007, 101–102). Der Ausstieg aus dem sozialen Netz der Familie, der Kontakt mit Zöllnern und Außenseiterinnen, Mahlfeiern ohne Rücksicht auf Reinheitsvorschriften, der Verzicht auf klare politische Ansagen: All das machte Jesus und seine mit ihm ziehende Gruppe trotz der Botschaft von der anbrechenden Königsherrschaft Gottes nicht gerade mainstreamtauglich. Auch die schmerzlichen Erfahrungen des Misserfolgs und der Abweisung thematisiert Jesus bildlich (vgl. Mk 4,3–8). Die Botschaft erhält so einen spezifischen Spin: Das Reich Gottes bricht bereits an und wird kommen, aber tut dies nicht an unserer Freiheit vorbei. Die Einladung dazu ist ohne jede Voraussetzung ausgesprochen, allerdings muss man sie (auch wenn es wohlüberlegt sein will, vgl. Lk 14,28–33) auch annehmen – es braucht ein freies Ja. Hier ist (im Blick auf ein mögliches Nein!) in der Verkündigung Jesu das Gerichtsmoment situiert, wie andere Gleichnisse deutlich machen (vgl. Mt 22,1–14).

11.2.3 Jesus und seine Hinrichtung am Kreuz: Ein tödlicher Konflikt

Wirklich bestimmend wird letztlich aber ein anderer Konflikt, der mit der Irritation wichtiger Kreise am Jerusalemer Tempel zusammenhängt: Dieser ist in der Perspektive der Frohen Botschaft nämlich nachhaltig relativiert – vielleicht ganz prinzipiell (vgl. Mk 14,58), zumindest aber in seiner konkreten Gestalt (vgl. Mk 11,17; vgl. zur Diskussion 2018b, 270–274; 2015, 170–172). Jesu Kritik am herrschenden Tempelbetrieb ist nicht nur religiös heikel, sondern auch politisch prekär: Nicht nur die Tempelaristokratie, sondern auch die römische Besatzungsmacht will die fragile Lage ruhig halten und hat daher kein Interesse an Aufruhr gleich welcher Art.

Der Konflikt mit den religiös und politisch maßgeblichen Kreisen rund um den Tempel in Jerusalem ist es, der zur Hinrichtung Jesu führt, als dieser anlässlich eines Paschafestes nach Jerusalem kommt. Man darf davon ausgehen, dass Jesus um die Gefahr weiß, die das bedeutet. Das letzte Mahl mit dem Zwölferkreis ist uns sogar so überliefert, das Jesus seinen drohenden Tod explizit thematisiert – im Licht der Gewissheit der kommenden Königsherrschaft Gottes: „Ich werde nicht mehr von der Frucht des Weinstocks trinken bis zu dem Tag, an dem ich von Neuem davon trinke im Reich Gottes" (Mk 14,25). Kurzum: Selbst der Tod des Bevollmächtigten Gottes wird die schon angebrochene Königsherrschaft Gottes nicht verhindern. Offenkundig ist Jesus aufgrund dieser Gewissheit auch nicht gewillt, sich zurückziehen oder von seiner Botschaft zu distanzieren, weil er es nicht als ursprünglichen Willen Gottes begreift: Er bleibt bei seiner Verkündigung, dass Gottes heilvolle Königsherrschaft bereits angebrochen ist, *auch und gerade da,* wo diese gewaltsam abgelehnt wird oder er selbst den Preis für diese Botschaft zahlen muss („denn sie wissen nicht, was sie tun", Lk 23,34). Dieser Preis ist sein Leben, Jesus wird am Kreuz hingerichtet. Es ist historisch falsch, die Initiative dazu ‚dem jüdischen Volk' zuzuschreiben, nicht einmal die jüdische Bevölkerung in Jerusalem dürfte (vielleicht mit Ausnahme des Personals bzw. der Händler im Tempel) großes Interesse an diesem Fall gehabt haben. Die Initiative zur Verurteilung ging klar von der *hohepriesterlichen Aristokratie* aus, die Jesu

Auftreten dem römischen Statthalter Pilatus als Gefährdung der labilen Situation in Jerusalem plausibilisieren konnte und Jesus als politischen Aufrührer präsentierte, den Pilatus in der Folge zum Tode verurteilte.

Nicht nur der grausame und (für alle Zeitgenossen äußerst) schmachvolle Tod Jesu am Kreuz darf als historisch sicher gelten, auch seine Bestattung ist wahrscheinlich. Die biblischen Texte gehen davon aus, dass die frühen Christen und Christinnen wussten, wo Jesus begraben ist. Deshalb ist es umso erstaunlicher, dass sich keine Wallfahrt o. Ä. nachweisen lässt: Es gibt Erfahrungen, die vom Grab wegweisen.

11.3 Auferstehung: Jesus ist von Gott auferweckt worden!

Die letzte Formulierung verweist auf das zentrale Ereignis, auf das sich der christliche Glaube bezieht: *die Auferweckung Jesu*. Sie bildet Quelle und Mitte des christlichen Glaubens: *Jesus ist von Gott auferweckt worden, er ist wahrhaft auferstanden!* Ist Christus nicht auferweckt worden, schreibt Paulus 25 Jahre später, „dann ist unsere Verkündigung leer, leer auch euer Glaube" (1 Kor 15,14). Im Blick auf die Frage nach der Aufweckung Jesu bzw. seiner Auferstehung scheinen vier Fragen naheliegend: Was meint Auferstehung *semantisch*? (Warum) Ist Auferstehung *existenti-*  *ell* relevant? Wie ist sie *ontologisch* denkbar? Woran lässt sie sich *epistemisch* festmachen? Fassen wir für unsere Zwecke die ersten beiden Aspekte zusammen und konzentrieren wir uns auf einige Basics, um auf damit verbundene Herausforderungen einzugehen (vgl. vertiefend Fößel 2018).

11.3.1 Semantisch-existentielle Klärungen: Was meint Auferstehung?

Auferstehung, so der Augsburger Exeget Stefan Schreiber, bedeutet im biblischen Zeugnis wesentlich, „dass Jesus zu Gott gehört und bei Gott lebt" (2018b, 289). Auferstehung meint also weder die Rückkehr Jesu ins irdische Leben noch das bloße Fortleben seiner Botschaft, sondern (so eine Formulierung Karl Rahners) allgemein „Angenommenheit und … Gerettetsein" einer menschlichen Existenz „durch Gott" (1984, 262). Darin ist ein zweiter Aspekt verkapselt, weil damit bestätigt wird, was Jesus verkündigte: In der Auferweckung (so deuten es die Jüngerinnen und Jünger) *errettet* Gott Jesus aus dem Tod, er *bestätigt* ihn damit aber gleichzeitig auch als seinen bevollmächtigten Boten – Jesus war *wirklich* Gottes Repräsentant. Zugleich ist damit auch die Botschaft Jesu von der angebrochenen Königsherrschaft Gottes bestätigt, um derentwillen er hingerichtet wurde. Anders formuliert: Jesu Auftreten und Botschaft waren nicht Anmaßung eines naiven Schwärmers, sondern sind von Gott gedeckt – er war tatsächlich der von Gott erwählte Gesalbte, der göttliche Vollmacht hatte, die Frohe Botschaft zu verkünden!

Diese Bemerkungen zur *Bedeutung* des Auferstehungsglaubens werfen auch *ein erstes Licht* auf seine existentielle *Bedeutsamkeit*: Da der Tod keine bloß regionale Angelegenheit und das Kreuz keine bloß periphere Realität menschlichen Lebens ist, sondern sie Menschen *existentiell grundlegend* betreffen, ist auch die Überwindung von Tod und Kreuz keine bloß partikulare Größe, sondern ein Ereignis, das alle Welt betrifft! Etwas präziser formuliert: Was sich in Leben, Sterben und Auferstehung Jesu ereignet hat bzw. darin offenbar geworden ist, ist keine bloß partikulare Angelegenheit, sondern betrifft alle Menschen *in heilvoller Weise* in der Mitte ihres Daseins (vgl. in diesem Sinn die vierte Zwischenreflexion). Auch wenn Jesu Verkündigung primär Israel galt, sind damit universale Deutungen keineswegs ausgeschlossen, weil Israel sich als Segen für „alle Sippen der Erde" versteht (Gen 12,3b) und seine Endzeithoffnung universale Motive kennt: „Erzählt bei den Nationen von seiner Herrlichkeit, bei allen Völkern von seinen Wundern!" (Ps 96,3; vgl. auch Jes 56,6–7 u.a.). Zwar ringen die Jüngerinnen und Jünger nach Ostern und Pfingsten damit, wie genau die universale Bedeutung Jesu zu denken und zu organisieren ist: Muss man z.B. vorher Jude werden, um Jesus als seine eigene Lebensorientierung annehmen zu können? (vgl. 15.1.3a); aber selbst in diesen Konflikten ist die prinzipiell universalisierende Drift erkennbar: Wenn Gott, der diese Welt erschaffen hat, *alles* beiseiteschiebt, was die Welt von ihm trennt (Tod, Sünde, Schuld, Bösartigkeit, Verzweiflung etc.), und wenn er sich letztgültig *für sie* entscheidet (wie in Jesu Botschaft, Leben, Sterben offenbar und in der Auferweckung endgültig bestätigt wird), dann ist das eine frohe Botschaft für alle Menschen. Das ist die Freude von Ostern: Der Tod hat keinen Stachel mehr, die Sünde nicht das letzte Wort, die Macht unserer Verzweiflung über das *malum* ist gebrochen! Wir werden im nächsten Kapitel exemplarisch thematisieren, wie diese Erfahrung *inhaltlich* entfaltet wurde – sie ist jedenfalls entscheidend, um die weitere Reflexion auf Jesus als Christus zu verstehen: Die Überzeugung von der *heilvollen Relevanz* von Botschaft, Auferstehung und Person Jesu ist *der* Katalysator christologischen Nachdenkens.

11.3.2 Metaphysische Herausforderungen: Ist Auferstehung ontologisch möglich?

Übersetzt man Auferstehung wie eben als „Gerettetheit einer menschlichen Existenz durch Gott" führt das unweigerlich zur Frage, was menschliche Existenz auszeichnet und umfasst. Christlich ist von Beginn an klar, dass es nicht bloß um eine ätherische Restidentität gehen kann – der Glaube an die Auferstehung ist wesentlich Glaube an eine *leibliche* Auferstehung. Das müssen wir berücksichtigen, wenn es darum geht, wie Auferstehung ontologisch bzw. metaphysisch gedacht werden kann.

> Eine erste Orientierung liefert dabei die *common sense*-Einsicht, dass *leibliche* Auferstehung nicht *körperliche* Auferstehung meinen kann: Menschliche Existenz in ihrer Gesamtheit ist nicht einfach mit dem Zellmaterial identisch, das im Lauf eines Lebens den Körper bildet, dabei ständig erneuert wird und wieder abstirbt – bis auf einige Ausnahmen erneuert sich der gesamte Zellvorrat eines Menschen nach etwa vier Jahren. Dass die Gerettetheit der menschlichen Existenz *nicht* mit der Gerettetheit abgestorbenen Zellmaterials identisch sein kann, korreliert mit der Einsicht, dass (wie Joseph Ratzinger schreibt) auch biblisch „die ‚Auferstehung der *Leiber*' nicht eine ‚Auferstehung der *Körper*' ist" (1971, 265–266). Was aber meint dann leibliche Auferstehung? Und zuvor: Was ist der Leib, wenn er nicht mit dem Körper identisch ist? Vielfach wird hier die Beobachtung eingespielt, dass wir (so nehmen wir uns zumindest selbst wahr) nicht einfach unser Körper *sind*, sondern einen Körper *haben* – wir realisieren unsere Existenz (unser Selbst, unsere Identität, unser Subjektsein) in einem Körper, aber diese Existenz ist nicht mit dem Körper identisch. Wenn wir einen Halbmarathon laufen, dann sind Herzfrequenz, Kalorienverbrauch, Flüssigkeitsverlust u. a. Kennzahlen unseres Körpers und seiner Leistung; damit ist aber nicht erfasst, *wie wir unseren Körper spüren*, wenn wir erschöpft im Ziel liegen. Hier blitzt die angesprochene Differenz von Körper und Selbst auf: *Wer wir sind, hängt (wesentlich auch) an der Erfahrung bzw. dem Wissen, wie es ist, in dem Körper zu leben, den wir haben – aber ist nicht mit diesem Körper identisch.* Der Ausdruck ‚Leib' (den nicht zuletzt die philosophische Strömung der sog. *Phänomenologie* verstärkt in die Reflexion eingespeist hat) spiegelt diese ontologische Differenz, die sich epistemisch im Wissen darum anzeigt, wie es ist, in jenem Körper zu existieren, den man hat (vgl. Schärtl 2008; Gasser 2017). Entsprechend ist nicht die Erfassung aller jemals existierenden Zellen eines Körpers der Fluchtpunkt in der Rede von leiblicher Auferstehung, sondern die (identitätskonstitutive) Erfahrung eines Individuums, *wie es ist, als es selbst in jenem Körper zu leben, den es hat.*

Aktuelle Vorschläge, wie Auferstehung gedacht werden kann, beziehen sich oftmals auf diese Überlegungen. Ihr neuralgischer Punkt ist, wie der Theologe und Philosoph Thomas Schärtl schreibt, die eben freigelegte „ontologische Tatsache, dass Personen nicht mit ihren Körpern identisch sind, weil hier nicht die Identitätsrelation, sondern die Realisationsrelation" greift (2008, 137; vgl. analoge Argumentationsfiguren in Prämisse 1 der *free will defense* in 10.2.3 a). Diese ontologische Einsicht ist ein Ansatzpunkt, um zu überlegen, wie personale Individualität (insofern diese *nicht* mit körperlichen Prozessen identisch ist) möglicherweise *in verwandelter Form* existieren kann, wenn körperliche Prozesse abgestorben sind. Wir können die Diskurse und ihre Überhangprobleme hier nicht angemessen darstellen, werden aber in Kapitel 19.3.2 nochmals darauf zu sprechen kommen; allerdings lässt sich allgemein festhalten, dass in den Spuren dieser Überlegungen Versuche vorliegen, Auferstehung metaphysisch bzw. ontologisch zu plausibilisieren.

Das wirft im Übrigen ein Licht auf eine Frage, die im Blick auf den Ostermorgen immer wieder gestellt wird: *Musste das Grab Jesu leer sein, damit Jesu Auferstehung gedacht werden kann?* Hier ist nicht nur zu bedenken, dass ein leeres Grab *für sich genommen* auch Ergebnis einer Grabschändung oder eines betrügerischen Raubs sein kann, wie der Aufklärer Hermann Samuel Reimarus (1694–1768) vertrat (vgl. auch biblisch Schreiber 2018b, 292–293). Im Kontext der Überlegungen eben ist (so etwa der Philosoph Georg Gasser) jedenfalls auch anzumerken, dass ein „Leichnam der körperliche [!] Letztausdruck des menschlichen Individuums ist" (2017, 635) und *nicht* mit der menschlichen Person bzw. Existenz identisch ist, deren Gerettetsein der Glaube behauptet. Der Auferstehungsglaube setzt daher so verstanden das Fehlen eines Leichnams nicht notwendig voraus (vgl. weiterführend die Diskussion in 19.3.2).

11.3.3 Epistemologische Diskurse: Wie kann man erkennen, dass Jesus auferstanden ist?

Damit kommen wir zu der Frage, die wohl das meiste Gewicht hat: Woran und wie kann man erkennen, dass Jesus auferstanden ist? Und welche Form von Gewissheit kann eine solche Erkenntnis haben? Das scheint auch im Blick auf die eben verhandelten Probleme prioritär zu sein: Wenn man absolut sicher zeigen könnte, *dass* Jesus auferstanden ist, wäre die angemessene metaphysische Theoriebildung bloß sekundär – es ginge dann ja nur darum, nachholend in einer Theorie zu erfassen, was Erfahrung bereits gelehrt hat: Hummeln fliegen auch dann, wenn unsere Theorien des Hummelflugs unzureichend sind. Gleichwohl müssen wir nochmals vor falschen Erwartungen warnen: Die wirklich wichtigen Fragen des Lebens sind oft (wie man mit Wittgenstein sagen könnte) „feiner gesponnen, als grobe Hände ahnen" (Grundlagen, 420) – das Denken im marktschreierischen Superlativ verfängt hier nicht, gerade lebenstragende Gewissheiten stellen sich vielfach leise ein.

a) Das biblische Zeugnis der Auferstehung

Wenden wir uns in einem ersten Schritt den biblischen Zeugnissen der Auferstehungserfahrung zu. In der Regel unterscheidet man zwischen den sog. *Erweckungsformeln,* die die ältesten Ostertexte bilden, und *Ostererzählungen* (vgl. allg. Schreiber 2018b, 288–291).

> Eine der ältesten Erweckungsformeln, die Paulus als ihm bereits überliefertes Bekenntnis dokumentiert, hält an zentraler Stelle fest: Christus „ist begraben worden. Er ist am dritten Tag

auferweckt worden, gemäß der Schrift, und erschien dem Kephas, dann den Zwölf" (1 Kor 15,4–5). Die zeitlich späteren Erzählungen lassen sich in *Grabeserzählungen* (vgl. Mt 28,1–8 u. a.) und *Erscheinungserzählungen* (vgl. Mt 28,9–10 u. a.) unterscheiden (vgl. allg. 2018b, 91–97). Man darf diese Erzählungen aber nicht als historische Protokolle lesen, sie sind vielmehr narrative Entfaltungen der österlichen Grunderfahrung, die die vorher etablierten Formeln prägnant erfassen: *Jesus ist auferweckt worden!* Auch in diesen Formeln ist aber von *Erscheinungen* die Rede, die gemeinhin als Auslöser des Osterglaubens gelten: In der zitierten Formel findet sich das griechische ὤφθη (ophthe), das sich mit „Er ließ sich sehen" übersetzen lässt.

Wie aber kann man sich solche Erscheinungen vorstellen? Was kann damit gemeint sein? Der bereits zitierte Hans Kessler, der eine der wichtigsten deutschsprachigen Arbeiten zur Auferstehung Jesu in der zweiten Hälfte des 20. Jh. vorgelegt hat, hält zurückhaltend fest, dass uns eine „Konkretisierung des *Wie* dieser Erscheinungen oder Offenbarungen des auferstandenen Gekreuzigten ... nicht möglich" ist (2002, 233–234): *Wir wissen schlicht nicht, wie Christus sich den Jüngerinnen und Jüngern zu erkennen gab.* Er gibt allerdings zu bedenken, dass auch für diese Erscheinungen in Rechnung zu stellen ist, was christlich für jede Rede von Offenbarung gilt, damit (wie wir im Rekurs auf 6.4.3 formulieren können) das ‚christliche Grundgesetz' nicht verletzt wird. „Niemals verletzt er die Würde eines Menschen", schreibt in diesem Sinne Frère Roger über Gott: „Jedes autoritäre Gehabe würde sein Antlitz entstellen" (2001, 13). Gott überwältigt und zwingt nicht zum Glauben an ihn, wie auch Kessler festhält:

> Nein, Gott offenbart sich inmitten der Welt, die er umfängt und erfüllt, *durch Zeichen* und Winke: Irdische Dinge und Ereignisse ... können für aufmerksame, seh- und hörbereite Menschen zu Zeichen und Zeugen Gottes werden. ... *Ohne* irdische und d. h. immer auch mehrdeutige Zeichen gibt es *keine* Erscheinung Gottes in dieser vergänglichen Welt. ... Das gilt auch für die Ostererscheinungen. Sie waren vernehmbare, aber keineswegs machtvoll-demonstrative, vielmehr eher zurückhaltende Zeichen ... (1995, 180)

Geht man das Risiko ein, diese dezente und schmale Auskunft mit Analogien zu erhellen, wird man wohl vor allem an *Lebenswenden* denken, in denen viel an feinen Unterscheidungen und Entscheidungen hängt.

> So schwierig solche Vergleiche sind, aber auch Situationen, in denen man z. B. jemanden kennenlernt und sich verliebt, sind epistemisch anspruchsvoll: Wie und woran lässt sich erkennen, dass man dieser Verliebtheit trauen kann, dass sie mehr als eine erfrischende Hormondusche zwischendurch ist – ja, dass sie auch in schwierigen Zeiten tragen kann und das Gegenüber wirklich ein *Mensch fürs Leben* ist? Wir können uns leicht vorstellen, dass derlei in den unwahrscheinlichsten Momenten schlagartig klar werden kann: nicht nur in großen Gesten mit Blumensträußen auf Opernbällen, sondern auch (und vielleicht sogar eher und luzider) in den stillen Momenten des Alltags. Hier kann uns (durchaus verbunden mit der Erfahrung erstaunlicher innerer Sicherheit und Klarheit, aber auch unerwarteter Freude und tiefen Friedens) aufgehen, dass diese Beziehung unser Vertrauen und unser Ja wert ist – dass man sich nicht bloß einredet, dass es dieses Mal mehr sei, sondern dass da wirklich ‚mehr' ist und wir unserer Wahrnehmung trauen dürfen. Die Analogie zielt nicht die *Realität der Auferstehung* an, sondern allein die *episte-*

mische Situation, die Kessler beschreibt; sie ist nicht nur wegen des Kitschfaktors riskant, aber mag vielleicht doch erhellen, in welcher Region wir grundsätzlich suchen sollten, um die österliche Erfahrung zu verstehen. In Fällen wie dem eben beschriebenen werden wir jedenfalls vermutlich zugestehen, dass ein vertrauensvolles Ja redlich und rational möglich ist, auch wenn sich das genaue *Wie* der lebensorientierenden Einsicht kaum erhellen lässt, auch wenn wir keine einfach überprüfbaren Daten angeben können oder andere gar zu einem anderen Urteil kommen. Fragen später die eigenen Kinder, wie es dazu kam, dass man Mama oder Papa heiratete, wird man vermutlich narrativ entfalten, wie sich entwickelte, was sich entwickelte – aber *im Letzten* erfassen solche Erzählungen wohl nur Oberflächen dessen, was unser Herz im Innersten bewegte. Analoge Beispiele lassen sich wohl auch für Fälle nachzeichnen, in denen es um die je eigene *Berufung* geht: etwa darum, einen gutdotierten Job hinter sich zu lassen, um in ein neues Land und Leben aufzubrechen und sich ganz einem Flüchtlingshilfeprojekt zu widmen o. Ä.

Vielleicht ist an dieser Stelle abschließend auch eine Überlegung des deutschen Jesuiten und Religionsphilosophen Friedo Ricken aufschlussreich, vor allem im Blick auf die Schwierigkeit, die eigene Glaubensgewissheit anderen zu kommunizieren und verständlich zu machen. Ricken geht davon aus, dass Überzeugungen auch dann „in einem hohen Grad rational" sein können, wenn sie „nur in einem geringen Ausmaß diskursiv einlösbar" sind:

> Beispiele sind das sittliche Urteil in einer komplizierten Situation, wo oft nicht mehr als allgemeine Gesichtspunkte der Entscheidung diskursiv vermittelbar sind; das Vertrauen, das jemand einem anderen Menschen schenkt, oder die persönliche Bindung, die er oder sie mit einem Menschen eingeht; schließlich im religiösen Bereich die Überzeugung des Mystikers, die unter Umständen nur durch Analogien diskursiv vermittelt werden kann. (2007, 95)

b) Glaube ohne Ostererscheinungen? Der Fall des fiktiven Jüngers Aaron

Ziehen wir noch eine letzte *epistemologische* Frageperspektive ein: *Faktisch* mögen die Erscheinungen des auferstandenen Gekreuzigten den Jüngerinnen und Jüngern das Vertrauen ermöglicht haben, dass Jesus tatsächlich der *von Gott bevollmächtigte Gesalbte* war – das war ein Ergebnis der Darlegungen eben. Waren diese Begegnungen aber der normativ „ausschlaggebende Grund für den Osterglauben"? Oder waren sie, wie Hansjürgen Verweyen meint, „nur der auslösende Anlass" dafür, ein Anlass, durch welchen „eine schon vorher hinreichend begründete, aber verdrängte Erkenntnis zum Durchbruch kam" (2002, 342)?

> Verdeutlichen wir das Problem kurz an einem Gedankenexperiment, in dessen Zentrum der fiktive Jünger Aaron steht. Aaron zieht von Beginn an mit Jesus und dem Zwölferkreis umher und lernt Jesus und seine Botschaft so kennen, wie die anderen Jüngerinnen und Jünger auch. Er wallfahrtet mit ihnen nach Jerusalem, muss den Tod Jesu mit ansehen und flieht in der Nacht darauf voller Angst aus der Stadt. Durch einen unglücklichen Zufall fällt er unter Räuber und wird von ihnen als Sklave nach Indien verkauft. Dort erfährt er nie etwas von den Ostererfahrungen der Jüngerinnen und Jünger, allerdings wird ihm etwas klar, was ihm vorher vage bewusst war: Er ist explizit überzeugt, dass in Jesus die Güte Gottes in letztgültiger Verbindlichkeit

offenbar geworden ist – und er ist sich sicher, dass Gott Jesus nicht dem Tod überließ (oder: überlassen haben kann), sondern dass er ihn im Tod errettet hat.

Das Problem ist damit klar: Ist Aaron *ohne Erscheinung des Auferstandenen* gerechtfertigt das zu glauben? Das ist keine luxuriöse Spekulation: Sie ist *für uns Heutige* von Interesse, weil *auch uns* der Auferstandene nicht erschienen ist (und wir daher Aaron näherstehen als Kephas, dem er erschienen ist, vgl. 1 Kor 13,5); sie legt sich aber auch biblisch nahe, weil im Evangelium nach Markus der römische Hauptmann unmittelbar nach dem Tod Jesu bekennt: „Wahrhaftig, dieser Mensch war Gottes Sohn" (Mk 15,39). Zwar muss man historisch-kritisch nacharbeiten, wie diese Stelle zu verstehen ist, aber ganz unabhängig davon stellt sich hier die gleiche Frage wie zuvor: Ist das prinzipiell gerechtfertigt denkbar?

> Hansjürgen Verweyen hat prominent für eine positive Antwort argumentiert. Im Wesentlichen bringt er drei Argumente dafür (2002, 341–362). Wäre es *erstens* nicht problematisch, wenn die *Jüngerinnen und Jünger* aufgrund besonderer Erfahrungen mit dem Auferstandenen glauben könnten – *wir Heutigen* aber nur, sofern wir ihre Berichte für wahrscheinlich glaubwürdig halten? Das wäre in etwa so fragwürdig wie die Heirat mit jemandem, den wir nie persönlich getroffen haben, für den unsere Oma aber ein gutes Wort eingelegt hat – sagten wir dann nicht Ja zum Urteil der Oma, aber nur indirekt zum Anderen? Ist das im Glauben denkbar? Das *zweite* Argument zielt auf ein anderes Problem: Wenn erst durch die Auferweckung offenbar würde, dass Gott sich wirklich endgültig für die Menschen entschieden hat, kann Jesus in seinem Leben und Sterben den endgültigen Willen Gottes nicht wirklich offenbar gemacht haben – denn dieser wird ja erst in der Auferweckung offenbar. Entsprechend würde Jesus nicht das Subjekt sein, das Gottes endgültigen Heilswillen mitteilt, sondern er wäre das Objekt, *an dem* Gott diesen Willen offenbart. *Schließlich* kritisiert Verweyen, dass eine Rettung *nach dem Tod* zu spät komme (vgl. die Kritik Dostojewskis an nachträglicher Kompensation in 10.3.1); deshalb müsse aus Gründen der praktischen Vernunft bereits *im Tod* selbst jene verwandelnde Überwindung des Todes angesetzt werden, die gemeinhin *danach* gedacht und Auferweckung genannt wird (vgl. auch die Rede vom Öffnen der Gräber und der Auferweckung vieler Heiliger unmittelbar nach Jesu Tod in Mt 27,51–53). Bereits im Blick auf das bis in den Tod entschiedene Festhalten Jesu an der unbedingten Güte Gottes lässt sich also Verweyen zufolge a) sagen, was oben als Auferstehung definiert wurde, nämlich „dass Jesus zu Gott gehört und bei Gott lebt" (Schreiber 2018b, 289), und b) konstatieren, dass man dies auch *de iure* erkennen können müsse.

Verweyens Überlegungen kreisen *nicht* um die Frage, ob Jesus wirklich auferstanden ist oder nicht (das setzt er voraus) oder ob es Erscheinungen des Auferstandenen gab (auch das nimmt er an) – sie beziehen sich also *nicht* auf das, was auf welche Weise *de facto* der Fall war. Seine Reflexionen stellen vielmehr die Frage, ob nicht bereits der Blick auf Leben und Tod Jesu *de iure* hätte reichen können, um zum Glauben an ihn als Christus zu kommen – und im Sinne einer *reductio in absurdum* plädiert er für diese Möglichkeit: Eine andere Position hätte die angeführten problematischen Konsequenzen und ist daher selbst problematisch. Hans Kessler hat gegen Verweyen festgehalten, dass diese Argumentation nicht verfängt: Wer (wie der fiktive Jünger Aaron) nur das Kreuz sieht, könnte gerechtfertigterweise nur von einem Scheitern Jesu ausgehen; er könnte zwar auf eine Auferstehung Jesu *hoffen*, aber nicht berechtigterweise sagen, dass sich diese aus dem Blick auf Leben und Sterben Jesu als Wirklichkeit erschlossen habe (vgl. 2002, 442–463). Wir können die Diskussion zwischen den beiden Positionen hier nicht weiterverfolgen, zumal sie mit rechtfertigungs- und erkenntnistheoretischen Überlegungen anzureichern und detailliert zu bearbeiten wären. Dennoch scheint auch die kurze Darstellung der Debatte von Relevanz: Sie fungiert vielfach wie ein Lackmustest, der leitende Vorstellungen und Konzepte sichtbar und so erst kritisierbar macht.

11.4 Das Kreuz, ein Skandal

11.4.1 Der Kreuzestod als Heilsereignis? Deutungen eines Skandals

Wir müssen damit nochmals einen Schritt zurück machen, um anzusprechen, was die Jüngerinnen und Jünger gerade in der Freude über die Auferweckung in besonderer Weise umtreiben musste: der Tod Jesu am Kreuz. Diese Hinrichtung war nicht nur besonders grausam, sondern auch religiös und sozial geächtet (vgl. Dtn 21,22–23) – ein Skandal. Erschwerend kommt hinzu, dass man sie (pointiert formuliert) nicht als bloßen Unfall oder großes Missgeschick deuten kann: Wenn *nichts* im Leben Jesu gegen den Willen Gottes erfolgte, kann auch sein *bewusstes Bleiben in Jerusalem* angesichts der Gefahr bzw. seine *Inkaufnahme des Kreuzes* nicht gegen den Willen Gottes erfolgt sein. Das ist deutungsbedürftig: Wie lässt sich jener Gott, von dem Jesus verkündigte, er habe sich ein für alle Mal *für uns* entschieden, jener Gott, der Jesus von den Toten auferweckte und damit auch dessen Botschaft bestätigte – wie lässt sich dieser *Gott des Lebens* mit dem Umstand zusammendenken, dass Jesus am Kreuz starb?

Bereits die oben kurz zitierte, vorpaulinische Erweckungsformel reflektiert diese Frage und liefert eine Deutung: „Christus ist für unsere Sünden gestorben, gemäß der Schrift" (1 Kor 15,3). Wir geraten damit an einen Begriff, der bislang (gerade weil er so missverständlich ist und so oft missbraucht wurde) nicht im Zentrum der Darlegungen stand: *Sünde*. Er wird im nächsten Kapitel eine Rolle spielen, fürs Erste reicht eine grobe Annäherung: *Sünde ist primär fehlende Orientierung an Gott und Gottes gutem Willen*. Das erklärt, warum der Begriff theologisch so vielfältig verwendet wird: Er kann auf eine individuelle *moralische Verfehlung* bezogen werden, auf einen gemeinschaftlich *geteilten Habitus* bzw. (wie moderne Theologie formuliert) ökonomische, soziale, kulturelle, politische u. a. *Strukturen*, aber auch auf eine *anthropologische Grundsituation* ohne persönliches Verschulden (wie in ‚Erbsünde' in Kapitel 10.2.2 b; vgl. allg. Knop 2007). Wir müssen diese Verwendungsweisen nicht weiter sortieren, um die

Aussage in 1 Kor 15,3 einzuordnen: Der Kreuzestod Christi wird a) grundsätzlich mit unserer *fehlenden Gottesorientierung* verbunden, die b) Jesus als der von Gott Gesalbte *für uns* aufbricht, korrigiert, auf sich nimmt o. Ä., und zwar c) gemäß Motiven, die Israel aus der eigenen Gottesgeschichte kennt (= „gemäß der Schrift"). In diesem Verständnis besagt das Kreuz *inhaltlich* nichts anderes als das, was Jesus verkündigte (Gott hat sich endgültig für uns entschieden), es macht allerdings deutlich, dass dies selbst da der Fall ist, wo diese Botschaft gewaltsam abgelehnt wird. Der Tod Jesu ist gleichsam das Siegel der endgültigen Entscheidung Gottes für uns: Diese bleibt auch da aufrecht, wo ihr Ablehnung entgegenschlägt.

> Diese Einsicht wird in den Schriften des Neuen Testaments inhaltlich unterschiedlich entfaltet. Mit dem Neutestamentler Christoph Niemand mag man etwa folgende drei exemplarische, maßgebliche Entfaltungen im Rekurs auf Motive des Alten Testaments skizzieren:
>
> α) *Ein erstes Motiv*, mit dem Jesu Tod gedeutet wird, ist jenes des *Bundesopfers*. Im Evangelium nach Markus spricht Jesus beim letzten Mahl vom „Blut des Bundes" (Mk 14,24), was u. a. an den Bundesschluss Gottes mit Israel am Sinai erinnert (Ex 24): Dort werden Opfertiere geschlachtet „und Mose besprengt mit deren Blut zur feierlichen Bekräftigung und zur Selbstverpflichtung die beiden Vertragsparteien, nämlich den Altar Gottes und das Volk" (1998, 120). Jesu Tod wird so mit dem Tod der Opfertiere parallelisiert: Ihr Blut besiegelt den Bund, den Gott mit seinem Volk schließt. Das Kreuz wird auf diese Weise als Moment eines Bundesschlusses interpretiert: Es besagt nichts anderes als das, was Jesus verkündigt hat, sondern bekräftigt nur umso deutlicher, dass Gott sich *wirklich* endgültig für uns entschieden hat – die Lebenshingabe Jesu besiegelt die endgültige Entscheidung Gottes für uns.
>
> β) *Ein zweites Motiv* lässt sich ebenfalls an Mk 14,24 (und einem impliziten Verweis auf Jes 53,10.12) festmachen, nämlich jenes der *Stellvertretung*. Den Hintergrund bildet dabei eine bestimmte *juristische* Praxis. Der Begriff ,Auslösepreis' (ascham), der dabei maßgeblich ist, stammt „aus dem jüdischen Privat- und Strafrecht: Die schädigende Partei muss den Geschädigten einen Schadensausgleich leisten. Wenn sie selbst das nicht vermag, kann, wenn sich ein [sog.] Auslöser findet, jemand für sie einspringen und an ihrer Stelle den Schaden wiedergutmachen" (1998, 120 f.). Diese Rechtsfigur wird als Deutung des Todes Jesu verwendet: Er wird als Auslöser, als Stellvertreter verstanden, „der – da unser Leben in Sünde verwirkt war – seines an unserer Stelle gab und uns einen neuen Anfang ermöglichte" (ebd., 121).
>
> γ) *Ein drittes exemplarisches Motiv* findet sich im Römerbrief (Röm 3,21–31), wo Paulus auf Lev 16 Bezug nimmt. Das Modell dafür liefert das jüdische Fest Jom Kippur (Tag der Sühne, Versöhnungsfest), an dem das Volk Israel durch einen besonderen Ritus mit Gott versöhnt wird: Dabei spritzt der Hohepriester das Blut eines Jungstiers und eines Bocks auf und vor die Deckplatte der Bundeslade im Allerheiligsten, die sog. *Kapporet* (Sühnestätte, gr. ἱλαστήριον, hilasterion), um so Sühne zu erwirken „für das Heiligtum von den Unreinheiten der Israeliten und von all ihren Freveltaten einschließlich all ihrer Sünden" (Lev 16,16) bzw. es zu reinigen. Auch wenn hier weitere religionsgeschichtliche und theologische Anmerkungen nötig wären, ist für uns nur entscheidend, dass Paulus in Röm 3,25 dieses Motiv aufgreift und Jesus als *hilasterion* bezeichnet: Mit seinem Blut geschieht die Reinigung von allen Sünden und vollzieht sich ein für alle Mal Versöhnung mit Gott (vgl. 1998, 121 f.).

Diese drei Deutungen sind nicht die einzigen neutestamentlichen Modelle, um das Kreuz in einer Linie mit der Frohen Botschaft *als Heilszeichen* zu verstehen (vgl. 1998,

122), sie gehören aber sicherlich zu den wirkmächtigsten. Alle wollen aufschlüsseln, warum der Kreuzestod Jesu dessen Frohbotschaft von der angebrochenen Königsherrschaft Gottes nicht karikiert, sondern ihr entspricht. Wenn wir von konkreten inhaltlichen Ausgestaltungen absehen, können wir für unsere Zwecke folgende formale Grundeinsicht festhalten: Das Kreuz kann als Zeichen und Ereignis jener unbedingten Entschiedenheit Gottes für uns verstanden werden, die Jesus verkündigt und praktisch in seinem Handeln beansprucht, mehr noch: Das Kreuz ist sogar der *unüberbietbare Ausdruck* dieser Entschiedenheit – denn wie könnte man diese Entschiedenheit ernster meinen und klarer mitteilen (offenbar machen) als dadurch, dass man sogar den Tod dafür in Kauf nimmt? Mit dem Evangelium nach Johannes formuliert: „Es gibt keine größere Liebe, als wenn einer sein Leben für seine Freunde hingibt" (Joh 15,13).

11.4.2 Das Kreuz als Quantum der Liebe Gottes: Über Poolpartys und Knochenmarkspenden

Systematisch betrachtet sind diese *biblischen* Deutungen keine bloßen Diskussionsvorschläge, sondern verbindliche Orientierungen. Gerade dabei sind sie aber wie Kartenmaterial zu verstehen: Sie ersparen das eigene Navigieren nicht und lösen nicht alle Fragen. Insbesondere erzeugen sie da neuen Reflexions- und Vergewisserungsbedarf, wo spezifische Kipp- und Amalgamierungseffekte eintreten: So kippt die Einsicht, dass der Kreuzestod Jesu als Ausdruck und Konsequenz der Frohen Botschaft verstehbar ist, oftmals in die Überzeugung, das Kreuz sei *der* Schlüssel für das Verständnis Jesu und seiner Heilsbedeutung für uns. Dann ist auch die Überlegung nicht mehr fern, *das eigentlich Entscheidende ereigne sich erst bzw. allein am Kreuz* – womit nicht nur Jesu Leben und Botschaft subtil abgewertet erscheinen, sondern auch die Auferstehung (das eigentliche Schlüsselereignis des christlichen Glaubens) sonderbar nachklappt. Zugleich amalgamiert diese Kreuzesfixierung oftmals mit religiös toxischen Opfermotiven: Jesus hat in dieser Lesart das Kreuz nicht in Kauf genommen, um Gottes guten Willen auch da zu verkörpern, wo er gewaltsam abgelehnt wird – sondern Jesus hat das Kreuz bewusst gesucht, *weil er sich so stellvertretend als jenes Opfer darbringen konnte, das Gott wollte und das ursächlich notwendig ist, um Gott zu besänftigen bzw. seine Zuwendung zu uns zu motivieren.*

Joseph Ratzinger spricht in seiner *Einführung ins Christentum* im Sommersemester 1967 an der Universität Tübingen an, wie wirkmächtig solche Vorstellungen auch noch in der Moderne sind – er stellt im Präsens fest:

> Für sehr viele [!] Christen ... sieht [!] es so aus, ... der christliche Glaube an das Kreuz stelle sich einen Gott vor, dessen unnachsichtige Gerechtigkeit ein Menschenopfer, das Opfer seines eigenen Sohnes, verlangt habe. Und man wendet sich mit Schrecken von einer Gerechtigkeit

ab, deren finsterer Zorn die Botschaft von der Liebe unglaubwürdig macht. So verbreitet dieses Bild ist, so falsch ist es. (1971, 204–205)

Der letzte Teilsatz scheint beinahe überflüssig und ist doch entscheidend: Ein Gott, der den Tod eines Unschuldigen fordert, ist kein Gott, *über den hinaus Größeres nicht gedacht werden kann* (vgl. 4.3.3). Der Gott Israels und Jesu wird zur hässlichen Fratze verzerrt, wenn man ihn so versteht: „Denn an Liebe habe ich Gefallen, nicht an Schlachtopfern, an Gotteserkenntnis mehr als an Brandopfern" (Hos 6,6), wird bereits prophetisch im Alten Testament festgehalten. Das Kreuz ist Folge religionspolitischer Kalküle, keine metaphysische Notwendigkeit: Gott braucht und will keine Opfer.

Wir finden dies, um am Ende nochmals einen Bogen zum Anfang zu schlagen, in aller Deutlichkeit auch bei Thomas von Aquin. Auch er bestreitet, dass das Kreuz das einzig mögliche Medium unserer Erlösung sei: An sich, schreibt er, „war es Gott möglich, den Menschen auf andere Weise als durch das Leiden Christi zu erlösen" (STh III q46 a2 c). Gleichwohl – und hier finden wir Motive aus Kapitel 11.1 wieder – erscheint ihm *im Rückblick* kein anderer Weg als passender *(convenientior)*, denn so „erkennt der Mensch …, wie sehr [quantum] Gott ihn liebt" (STh III q46 a3 c). Das Kreuz ist das *Quantum der Liebe Gottes*. Wenn die Mitte des Evangeliums die Einsicht ist, *dass* Gott uns unbedingt liebt, dann sagt das Kreuz nichts anderes – es lässt aber klarer erkennen, *wie sehr* er uns liebt. Der Kreuzestod ist kein magischer Ritus, der Gottes Zuwendung herstellt, sondern soll den Menschen erkennen lassen, wie sehr Gott ihn liebt – und so seine Egofixierung *(conversio ad seipsum)* aufbrechen bzw. ihn neu auf Gott ausrichten. Das Unterfutter der Überlegungen Thomas' bildet eine allgemein menschliche Erfahrung: Wie ernst es einem Liebenden wirklich ist, erkennt man selten bei Poolpartys im Sonnenschein, sondern eher beim Knochenmarkspenden an verregneten Novembertagen. Anders formuliert: Es zeigt sich nicht nur, aber oftmals am klarsten daran, was er für den Geliebten auf sich nimmt. Das heißt nicht, dass Partys bei Sonnenschein keinen Wert hätten, auch sie sind ein Ausdruck liebender Freude am Anderen – aber sie sind der Ideal-, selten der Ernstfall der Liebe. Das Kreuz ist dieser Ernstfall der Liebe Gottes – und in dieser Hinsicht *im Licht der Auferstehung* das Zeichen des Heils.

11.4.3 Ein Wechsel in die Metaebene: Maßnehmen an Jesus Christus

Wechseln wir auch am Ende dieses Kapitels kurz in die Metaebene, um ein weiteres Mal über ‚Regeln' bzw. orientierende Einsichten christlicher Theologie nachzudenken (vgl. 4.3.3 a; 6.4.3; 8.6.3). Auch wenn entscheidende christologische Klärungen noch ausstehen, können wir bereits hier minimalistisch folgende Regel formulieren: *Wer christlich Gott verstehen will, muss auf seinen Messias blicken – Jesus von Nazaret*. In ihm, so vertrauen Christen und Christinnen, wird unüberbietbar und letztgültig offenbar, wer Gott ist und in welchem Verhältnis er zu uns steht: „Gott ist Liebe. Darin offenbarte sich die Liebe Gottes unter uns, dass Gott seinen einzigen Sohn in die Welt gesandt hat, damit wir durch ihn leben" (1 Joh 4,8–9). Das ist die entscheidende Grundorientierung christlicher Theologie: *Jesus macht das unbedingte Ja Gottes zu jedem Menschen offenbar* – oder präziser, wie in Kapitel 13 noch zu erläutern sein wird: *Jesus selbst* ist *das unbedingte Ja Gottes zu jedem Menschen*. „Gottes Sohn Jesus Christus", so schreibt Paulus um 55 n. Chr., „ist nicht als Ja und Nein zugleich gekommen; in ihm ist das Ja verwirklicht" (2 Kor 1,19). Das hat christliche Theologie nicht nur denkerisch zu entfalten, daran hat sie zugleich stets neu Maß zu nehmen bzw. sich messen zu lassen.

12 Christus erlöst?

Bereits in der letzten Einheit war deutlich geworden, wie sehr das Bekenntnis zu Jesus als Christus in einer Erfahrung von Heil wurzelt. Diese ist geradezu der Katalysator christologischer Reflexion, weil sie danach fragen lässt, wie in Jesu offenbar werden konnte, was Jünger erfuhren: *ein tiefer innerer Frieden, wie ihn die Welt nicht geben kann* (vgl. Joh 14,27). Bevor wir uns damit im nächsten Kapitel beschäftigen, widmen wir uns zuvor eben jener Erfahrung von Heil, die der christologischen Entfaltung vorausliegt – und fragen: *Was heißt es, dass in Jesus dieser erlösende Friede eröffnet ist? Wie lässt sich diese Erfahrung des Heils verstehen, wie theoretisch rekonstruieren?* Nach Vorbemerkungen (12.1) werden wir uns mit diesen Fragen exemplarisch zwei erlösungstheoretischen Modellen zuwenden – der Satisfaktionstheorie Anselms von Canterbury (12.2) und Thomas Pröppers freiheitstheoretischer Soteriologie (12.3) –, um dann noch mit Joseph Ratzinger einen Link ins nächste Kapitel zu setzen (12.4).

12.1 Erlösung: Zwischen Seelenreifung und Firmenübernahme

Gehen wir für einige orientierende Bemerkungen von einem Gedanken aus, der im letzten Kapitel als zentrale Einsicht der ersten Christinnen eingeführt wurde: Was sich in Leben, Sterben und Auferstehung Jesu ereignet hat, ist keine partikulare Angelegenheit, sondern betrifft alle Menschen *in heilvoller Weise* in der Mitte ihres Daseins. Die Überwindung des Todes ist ebenso wenig regionalisierbar wie die Botschaft, die darin bestätigt ist: *dass Gott sich bereits endgültig für uns entschieden hat,* oder anders formuliert: *uns ohne jede Vorleistung unbedingt liebt.* Diese Einsicht wird in sog. *Soteriologien* (= Erlösungslehren) inhaltlich entfaltet und bestimmt: In welcher Hinsicht und wie genau betrifft uns das, was hier offenbar wurde, heilvoll in der Mitte unserer Existenz?

Der deutsche Dogmatiker Gisbert Greshake hat analysiert, wie diese Frage zu verschiedenen Zeiten unterschiedlich bearbeitet wurde: Es gibt einen „Wandel der Erlösungsvorstellungen", d.h. verschiedene theologische Modelle, mit denen die Heilserfahrung bzw. der Erlösungsgedanke verständlich gemacht wird. Greshake identifiziert dabei als zentrales Stichwort von Soteriologien, die in der Antike *im griechischen Osten* entwickelt werden, *paideia* (παιδεία, Erziehung): Erlösung ist ein pädagogischer Prozess. „*Durch seine erzieherische Tätigkeit* bringt Christus *Erkenntnis*, eröffnet so den Weg zur Nachahmung und Gemeinschaft mit ihm und reißt dadurch den Menschen aus Finsternis, Irrtum und Tod heraus" (1983a, 53; vgl. das Motiv der Seelenreifung bei Irenäus von Lyon in 10.2.2a). Die drei letzten Begriffe deuten an, dass es nicht allein

Sünde als moralische Verfehlung ist, die uns von Gott trennt, sondern solche Verfehlungen mit anderen Mächten und Gewalten verwoben sind, die uns in dieser Hinsicht ebenfalls hindern, uns an Gott auszurichten: innere Unruhe, Selbstzweifel, Zukunftsangst. Entsprechend umfasst der Prozess der Erlösung auch solche Wirklichkeiten, insofern sie unheilvoll wirksam sind.

Mit Greshake können wir auch einen *zweiten, lateinisch-westlichen Typus* von Erlösungsvorstellungen identifizieren, der dabei besonders die Konzepte Freiheit, Sünde und Schuld betont. Man kann das mit Paulus plausibilisieren: Wenn weder „Engel noch Mächte, weder Gegenwärtiges noch Zukünftiges noch Gewalten" uns von der Liebe Gottes trennen können, wie Paulus schreibt (Röm 8,38), dann können dies auch nicht Finsternis, Irrtum oder Tod. So bedrängend diese Mächte und Gewalten sind: Über unsere Gottesbeziehung besagen sie nichts, in dieser Hinsicht sind sie gewissermaßen insignifikant. Was uns aber von Gott trennen kann, ist unser freies Nein. Wenn das stimmt, liegt es nahe, dem stoischen Rat Epiktets (um 50–um 138) zu folgen: Wir sollten uns nicht mit dem aufhalten, was „nicht in unserer Gewalt" ist (wie Misserfolg, Angst oder Endlichkeit), sondern allein auf das konzentrieren, „was in unserer Gewalt" liegt (vgl. Handbüchlein I, 1–2) – denn allein darauf kommt es an. So plausibel diese „Verschärfung der Idee der Freiheit" erscheint (1983a, 63), sie ist dialektisch: Mit ihren Gewinnen sind auch Verluste verbunden. Die Fokussierung der Freiheit blendet nicht nur ihre Verwobenheit mit anderen Wirklichkeiten aus, sie begünstigt auch jene Leidunempfindlichkeit, die Johann Baptist Metz kritisiert hat: „Das Christentum verwandelte sich aus einer Leidensmoral in eine extrem individualisierte Sündenmoral, aus einem leidempfindlichen Christentum wurde zu sehr ein sündenempfindliches. Nicht dem Leid der Kreatur galt die primäre Aufmerksamkeit, sondern ihrer Schuld" (1995, 87). In weiterer Folge werden zusehends *rechtliche Konzepte* leitend: Sehr einflussreich wird die Vorstellung, dass der Satan aufgrund der Sünde einen Rechtsanspruch auf den Sünder hat, den ihm Gott in einem Rechtsgeschäft wieder abgekauft habe, und zwar durch einen angemessenen Lösepreis – den Tod Jesu. Neben der damit verbundenen Fixierung auf das Kreuz (und einer Unterbelichtung des Lebens Jesu, vgl. 11.4.2) wird hier eine weitere Entwicklung freigesetzt: die Betonung der Objektivität der Erlösung.

> Was damit gemeint ist, lässt sich anachronistisch im Bild der Firmenübernahme verdeutlichen. Wenn der Deal zwischen den Vorständen zweier Firmen rechtlich fix ist und entsprechend die eine Firma von der anderen übernommen wird – dann ist letztlich sekundär, was auf Gängen oder in Kantinen getuschelt, überlegt oder gedacht wird: Es ist dann schlicht *objektiv* der Fall, dass die Belegschaft der Firma *Satan & Foes* nun Teil der Firma *Father & Son* ist. Analog wird Erlösung konzipiert: Es geht nicht so sehr um *persönliche Seelenreifung*, sondern entscheidend ist, wer einen *objektiv gültigen Rechtsanspruch* auf das sündige Individuum hat – Gott oder der Satan. Abermals mischen sich Gewinne mit Verlusten: So heilvoll der Gedanke ist, dass Erlösung nicht an individuelle Entwicklungsleistung oder gar Selbstoptimierung gekoppelt ist, weil Gott uns *rein aus Gnade* erwählt, so unklar wird, wie sich das objektive Erlöstsein subjektiv realisiert (vgl.

ergänzend eine analoge Problemkonstellation im Kontext der Prädestinationslehre in 10.2.2 b γ). Wenn sich nämlich sichtbar wenig ändert (etwa, weil man weiterhin schuldig wird): Wie kann man dann denn überhaupt gewiss sein, dass die eigene Zweigstelle und man selbst *wirklich* übernommen wurde? Rechtlich verbindliche Auskunft, ob das der Fall ist, ist in diesem Bild letztlich nur in der Kirche möglich. Sie wird zusehends als Institution verstanden, deren Hierarchie Lizenz und Auftrag hat, den ‚großen Deal' in Betrieben und Filialen vor Ort kleinzuarbeiten und umzusetzen: Sie ist der Betriebsrat, der nach dem grundsätzlichen Vertrag im komplexen Prozess der Übernahme als Anwalt und Ansprechpartner vor Ort fungiert.

Dieser kurze wilde Ritt sollte bereits deutlich gemacht haben, wie unterschiedlich Erlösungsvorstellungen und ihre Leitmotive bereits in frühen Theologien sind und wie spannungsreich sie zueinander stehen. Diese Spannungen treiben die soteriologische Reflexion voran: Anselm von Canterbury etwa greift juridische Motive auf, bricht aber mit der Idee des Loskaufs, um die menschliche Freiheit neu ins Blickfeld zu rücken. Seinem Ansatz widmen wir uns im nächsten Punkt.

12.2 *Cur deus homo?* Anselms satisfaktionstheoretische Soteriologie

12.2.1 Problemhorizont und Anspruch

Die Satisfaktionstheorie Anselms ist die wohl einflussreichste soteriologische Konzeption der westlichen Theologie. Er entwickelt sie in seinem (zwischen 1094 und 1098 verfassten) Werk *Cur deus homo* entlang der Frage, warum Gott Mensch geworden ist.

> Wir können die Arbeit unterschiedlich einordnen. *Zum einen* greift Anselm die skizzierte juridische Orientierung auf, um sie für seine Zeit zu plausibilisieren: Er verwendet das Motiv einer göttlichen Ordnung der Dinge *(ordo rerum)*, etablierte juristische Begriffe (wie *satisfactio*) sowie das germanische Lehenskonzept und dessen Regelung von Pflicht- und Treueverhältnissen zwischen Parteien. *Zum anderen* hat die Arbeit einen interkulturellen und -religiösen Horizont: Anselm will den christlichen Erlösungsglauben Nichtchristen *(infideles)* gegenüber als rational ausweisen, d. h. wohl vor allem Juden und Muslime, denen die christliche Synthese von Erlösung, Inkarnation und Kreuzestod nicht einsichtig ist. Weil auch viele Christen „in ihrem Herzen" überlegen (Cdh I 1), wie Erlösung zu verstehen ist, legt sich die Orientierung an jener Instanz nahe, die *fideles* und *infideles* gemeinsam ist: Vernunft. Anselm orientiert sich daher *drittens* auch in diesem Werk am Programm der *fides quaerens intellectum*, d.h. daran, dass der Glaube von sich aus Vernunft sucht, weil er selbst vernünftig einsehen will, was er glaubt (vgl. 5.2.1) – alles andere wäre Nachlässigkeit *(negligentia)*. Er argumentiert daher ohne Schriftbeweise und *remoto Christo*, d. h. so, „als ob man von Christus nichts wüsste" (ebd., Vorrede).

Seine Argumentation entwickelt Anselm dabei in einem Gespräch mit einem Diskussionspartner namens Boso, der ebenso wie Juden und Muslime wichtige Grundannahmen teilt (etwa dass Gott Herr der Schöpfung ist), mit seinen Fragen aber die Reflexion vorantreibt. Wie geschieht dies nun?

12.2.2 Diagnose: Verlorene Schönheit und Ordnung

Anselm setzt bei einer Überlegung an, die er im skizzierten Setting als *common ground* voraussetzen darf: Gott hat diese Welt geschaffen und ihr eine *ordo* gegeben, die seine Geschöpfe bewahren sollen. Wenn jedes Geschöpf, so Anselm, „seine eigene und ihm gleichsam vorgeschriebene Ordnung ... wahrt, so sagt man, dass es Gott gehorcht und ihn ehre" (Cdh I 15). Das gilt insbesondere für jenes Geschöpf, das vernunftbegabt ist und sich frei entscheiden kann: den Menschen. Dieser bewahrt die Ordnung, wenn er in innerer Rechtheit seines Willens *(rectitudo voluntatis)* und aus eigenem Antrieb frei, arg- und zwanglos *(sponte)* das tut, was er soll. Er erfüllt dann nicht bloß eine äußere Norm, sondern erweist Gott in der Geradheit seines Herzens die gebührende Ehre – ähnlich wie ein Untertan, der ohne Zwang die Gesetze des Königs befolgt, dem Königtum die Ehre erweist. Umgekehrt betrifft die Missachtung der Gesetze bzw. eine Abweichung von dieser arglosen Aufrichtigkeit (ohne die nichts, was wir tun, „wohlgefällig" ist, ebd., I 11) auch die Ehre des Königs bzw. Gottes. Theologisch heißt das: Will und tut die Kreatur nicht frei das, was sie soll, „entehrt sie Gott, soweit es an ihr liegt, weil sie sich nicht freiwillig seiner Anordnung unterwirft und die Ordnung und Schönheit des Alls, soweit es von ihr abhängt, zerstört" (ebd., I 15).

Entsprechend definiert Anselm Sünde: Sündigen ist „nichts anderes als Gott das Geschuldete nicht leisten" (ebd., I 11). Wer Gott das Geschuldete (nämlich: aus eigenem Antrieb und arglos zu wollen und zu tun, was gesollt ist) nicht leistet, „nimmt Gott, was ihm gebührt, und entehrt Gott; und das heißt ‚sündigen'" (ebd.). Wir müssen freilich sofort eine entscheidende Präzisierung vornehmen: Sünde ist *nur insofern eine Verletzung der Ehre Gottes, als diese sich in der Schöpfungsordnung manifestiert. An sich* ist Gottes Ehre unantastbar, d. h. völlig unabhängig davon, ob Menschen sie anerkennen oder nicht: Der Ehre Gottes kann, „soweit es ihn betrifft [!], nichts hinzugefügt noch entzogen werden" (ebd., I 15). Aber auch wenn keine menschliche Handlung Gottes Ehre *an sich* verletzen kann, kann sie doch, *insofern* sie sich in der Schöpfungsordnung manifestiert, missachtet werden. Wie ist das gemeint?

> Vielleicht hilft ein Blick auf andere soziale Konstellationen weiter. Stellen wir uns etwa Minerva vor, eine erfahrene Lehrerin, die über eindrucksvolle, natürliche Autorität verfügt. Für sie gilt: Es ist nicht die Anerkennung der Schüler, die ihre Autorität konstituiert, sondern es ist ihre Autorität, die die Anerkennung der Schüler hervorruft. Deshalb kann ihr etwa eine flapsige Bemerkung von 13-jährigen nichts anhaben: *Minervas Autorität steht darüber*. Dennoch können

wir sie nicht völlig losgelöst vom konkreten Verhalten der Schüler denken: Nimmt man an, dass sich die Autorität Minervas in einer guten Klassengemeinschaft mit fairen Regeln manifestiert, dann ist ein grober Verstoß gegen die Gemeinschaft und ihre Regeln letztlich *auch eine Missachtung der Autorität Minervas* (etwa wenn Gregory Hermines Hefte ankokelt oder Vincent in Rons Bücher spuckt). Gerade dann ist Minerva gefordert zu reagieren: und zwar nicht, weil sie *persönlich* beleidigt ist oder einen *guten Ruf im Lehrerzimmer* zu verlieren hat, sondern schlicht deshalb, *weil sie es ihrem eigenen Anspruch schuldet, für die Klasse selbst jene gute Klassengemeinschaft wiederherzustellen*, die mit dieser Aktion eine ungute Dynamik erhalten hat.

Anselm denkt ähnlich über Gottes Ehre: So wenig sie *an sich* verletzt werden kann, so sehr spiegelt sie sich in seinen Werken, konkret der *ordo rerum*. Wird *diese* verletzt, kann man sagen, dass *auch* Gottes Ehre missachtet wird – und *in dieser Hinsicht* eine Reaktion Gottes erforderlich ist: nicht weil er beleidigt ist oder auf seinen eigenen Ruf bedacht, *sondern um der Schöpfung willen*. Nun ist Anselm zufolge für alle rational einsehbar, dass Gottes Ordnung missachtet wurde und wird: Die Sünde ist eine allgemein einsichtige Tatsache. Entsprechend stellt sich die Frage: Wie kann Gott reagieren, um seine Ehre, insofern sie sich in der Schöpfung manifestiert, wiederherzustellen?

12.2.3 Therapievorschläge für vergiftete Verhältnisse

Im Grunde legen sich drei Varianten nahe, die Anselm zufolge aber allesamt problematisch sind.

a) *misericordia:* Erbarmen

Eine erste Frage Anselms bezieht sich darauf, ob es Gott nicht möglich wäre, „die Sünde durch bloßes Erbarmen, ohne alle Abzahlung der Schuld, nachzulassen" (ebd., I 12). Könnte Gott nicht souverän über das Vergehen hinwegsehen bzw. die Schuld rein aus Barmherzigkeit erlassen?

Anselm problematisiert die Intuition, weil sie einen verkürzten Begriff von Barmherzigkeit involviert. Eine solche Reaktion würde menschliche Freiheit nicht ernst nehmen, denn sie liefe darauf hinaus, „dass der Sünder ... bei Gott ähnlich stehen wird wie der, der nicht sündigt" (ebd.); das wäre ungerecht und daher keine Option für Gott, insofern über ihn hinaus Größeres nicht gedacht werden kann. Zudem würde die so verstandene Barmherzigkeit die gestörte Ordnung ja nicht wiederherstellen, sondern bloß belassen: Wenn Minerva im obigen Beispiel Rons und Hermines Hefte ersetzt und über Vincent und Gregorys Vergehen hinwegsieht, dann wäre die Klassengemeinschaft auch nicht saniert.

Was aber, wenn die Übeltäter *ernsthaft* bereuen und ihr Vergehen bekennen: Wäre nicht dann Barmherzigkeit das Mittel der Wahl? Auch das überzeugt Anselm nicht. *Zum einen* verkennt der Vorschlag die Schwere der Sünde: Die ganze Menschheit ist so „von der Sünde durchsäuert" (ebd., I 23), dass auch ihre Fähigkeit zur aufrichtigen

Reue betroffen ist. Reue ist nicht nur *nicht problemlos möglich*, weil durch die Sünde die *rectitudo voluntatis* verloren gegangen ist, die arglose Aufrichtigkeit der Übereinstimmung des Wollens mit dem Sollen; sie wäre *zum anderen* und überdies *auch zu wenig*, so wie Reue nach einem Seitensprung für sich genommen nicht reicht, um wieder eine vertrauensvolle Beziehung zu initiieren: Reue allein erzeugt keine neue positive Beziehungsdynamik. Welche Möglichkeiten bleiben dann aber? Mit Tertullian (um 150–220) legen sich zwei Alternativen nahe, die auch das germanische Lehnsrecht kennt: *aut satisfactio aut poena*, entweder Wiedergutmachung oder Strafe.

b) *poena:* Strafe

Der Gedanke, dass Gott den Menschen schlicht bestrafen könnte, erweist sich bei näherem Hinsehen ebenfalls als unzureichend: Strafe muss sich nach der Schwere der Schuld richten. Die Schuld aber, die der Mensch Gott gegenüber auf sich geladen hat, indem er die Ordnung der Schöpfung zerstörte und so das unbedingt geltende Gebot Gottes missachtete (ebd., I 21), ist zu groß: Was sollte man dem Menschen nehmen können, das der Schwere dieses Vergehens entspricht? Zwar könnte Gott die Bestimmung des Menschen zur ewigen Seligkeit zurückziehen, die gleichsam unendlich wertvoll ist – aber damit wäre die Schöpfung weniger wiederhergestellt als heillos sich selbst überlassen. Das wiederum würde Forderungen verletzen, die sich aus Anselms Maxime (4.3.3) ergeben: Wenn „kein Mensch zu dem erhoben werde, zu dem er geschaffen wurde", d. h. wenn kein Mensch zur ewigen Seligkeit gelangen würde (ebd., I 25), ließe sich ein ‚besserer' Gott denken – nämlich einer, der fähig und willens ist, seine ursprünglichen Ziele *trotz der Probleme* zu erreichen.

Man kann daher nicht annehmen, dass Gott „eine vernünftige Natur völlig zugrunde gehen lasse", es ist vielmehr „notwendig, dass er mit der menschlichen Natur vollende, was er begonnen hat" (ebd., II 4). Oder wie Gisbert Greshake schreibt: Gott schuldet es „sich selbst, seiner Güte und Treue, das begonnene Werk der Schöpfung zu Ende zu führen" (1983b, 95). Nur wie?

c) *satisfactio:* Wiedergutmachung

Als letzte Möglichkeit steht die *satisfactio* zur Diskussion: Dabei ist der Übeltäter nicht passives Objekt einer Bestrafung, sondern leistet von sich aus und aktiv etwas, was seinem Vergehen entspricht bzw. es aufwiegt (wobei ein Vermittler ausverhandelt, was es dazu braucht). Auf diese Weise wird den Forderungen des Rechts ‚Genüge getan' und Wiedergutmachung geleistet. Ganz in diesem Sinn könnte man auch theologisch die Wiederherstellung der Schöpfungsordnung und insofern der Ehre Gottes als Aufgabe verstehen, die der Sünderin aufgegeben ist.

Es muss nach den bisherigen Ausführungen klar sein, dass auch das unmöglich ist, weil abermals Äquivalenzen im Spiel sind: Der Mensch kann nicht leisten, was er leisten müsste, weil Gott „Genugtuung nach der Größe der Sünde fordert" (Cdh I 21). Der Sünder kann nichts geben, was dem Vergehen entspricht, weil er nichts hat, was er Gott nicht immer schon schuldete; zusätzlich erwägt Anselm eine Art Schmerzensgeldanspruch (ebd., I 11) und macht damit die Aporie absolut: Weder *misericordia* noch *poena* noch *satisfactio* sind Möglichkeiten, die sündig korrumpierte *rectitudo* des Willens, die Ordnung und Schönheit der *ordo rerum* sowie die darin manifeste *Ehre Gottes* wiederherzustellen.

12.2.4 Partizipation und Hingabe: Menschwerdung und Kreuzestod

Vor diesem Horizont entwickelt Anselm ein Verständnis der *Menschwerdung* (Inkarnation) Gottes, die auf den *Kreuzestod* hinführt. Diese Kombination ist ihm zufolge notwendig, um die Wiederherstellung der Ehre Gottes denken zu können. Wie entwickelt Anselm diesen Gedankengang?

In einem ersten Schritt hält Anselm fest, dass a) niemand anders als der Mensch Wiedergutmachung leisten muss, insofern die Sünde vom Menschen herrührt; zugleich kann aber b) niemand anders als Gott etwas vollbringen, das die Schwere dieser Sünde auf- bzw. überwiegt – denn die Schuld des Menschen ist so groß, „dass sie, obwohl sie nur der Mensch einlösen musste, es nur Gott konnte" (ebd., II 18). Wenn Wiedergutmachung „einerseits nur Gott leisten kann und andererseits nur der Mensch leisten darf: so ist es notwendig, dass sie ein Gott-Mensch leiste" (ebd., II 6), d. h. dass „Gott das Wort und der Mensch in *einer* Person sich vereinigen" (ebd., II 9).

> Diese Argumentation, *warum* Gott Mensch werden muss, arbeitet *remoto Christo* (vgl. 12.2.1), geschieht aber im Glauben daran, *dass* Gott in Jesus von Nazaret tatsächlich Mensch geworden ist, d.h. im Vertrauen darauf, dass Jesus jener Gott-Mensch ist, der allein Wiedergutmachung leisten kann. Wir werden erst im nächsten Kapitel thematisieren, wie das Bekenntnis zu *Jesus als Christus* zum Bekenntnis explizitert wurde, dass *Jesus als Christus zugleich Gott* ist – das wird hier bereits vorausgesetzt. Der Gedankengang Anselms korreliert jedenfalls mit dieser Entfaltung: Wenn wir denkerisch nachvollziehen wollen, was Christen mit Jesus verbinden (nämlich *wirkliche* Erlösung, *wirkliches* Heil), dann können wir nicht annehmen, dass Jesus ‚bloß' ein Mensch ist.

Was noch fehlt, ist die geforderte *Wiederherstellung* selbst. *In einem zweiten Schritt* argumentiert Anselm, dass diese im Kreuzestod geschieht. Am Kreuz erweist Jesus Gott stellvertretend für die gesamte Menschheit die Ehre – und zwar so, dass damit die vorherige Missachtung dieser Ehre durch die Sünde verblasst. Das geschieht dadurch, dass Jesus (als wahrer Mensch und wahrer Gott) etwas tut, das über alles, wozu die Schöpfungsordnung moralisch verpflichtet, weit hinausgeht: *Jesus gibt um der Menschheit willen freiwillig sein Leben.* Damit opfert er zugleich „dem Vater freiwillig, was er durch keine Notwendigkeit jemals verlieren sollte" (ebd., II 18) – und gibt ihm so in einer Weise die Ehre, die deren Missachtung durch die Sünder auf- und überwiegt.

Auch wenn dies sehr technisch klingt, geht es Anselm letztlich (da *darin* Gottes Ehre liegt) um die Wiederherstellung der Ordnung und Schönheit der Schöpfung, die *ineins* die Wiederherstellung der Rechtheit des menschlichen Willens ist. Diese ist somit der eigentliche Fluchtpunkt des Kreuzes: Hat der sündige Mensch seine freie Ausrichtung am Willen Gottes verloren, so erzeugt Jesu Lebenshingabe gewissermaßen einen neuen Sog, der unsere Freiheit wieder an Gott orientiert.

> Vielleicht können wir Anselms Überlegung nochmals mit dem Beispiel oben illustrieren. Das Unheil wäre dann als völlig vergiftete Klassengemeinschaft zu denken, die aus fehlender Beachtung der Autorität und Vorgaben Minervas resultiert – wobei es wichtig ist festzuhalten, dass sich *nicht* Minerva von der Klasse entfremdet hat, sondern die Klasse (die zugleich völlig in sich selbst zerstritten ist) von ihr. Wie lassen sich sozial toxische Verhältnisse dieser Art entgiften? Folgt man Anselm, könnte man sagen: Was in Vincent und Gregory echte Reue über ihr Verhalten auslöst, was Ron und Hermine wirklich verzeihen lässt, kurz: die gesamte Klasse neu am *Spirit* der ursprünglich guten Gemeinschaft ausrichtet bzw. diesen neu entfacht – das kann weder das weiche Ignorieren der Zustände noch eine harte Strafe sein, sondern allein *das freiwillige und außergewöhnliche Engagement eines Schülers dieser Klasse für die Klasse* (ein Engagement, das sich an Autorität und Anspruch Minervas orientiert und diese daher in der Klasse neu zum Leuchten bringt). Überlegen wir nicht weiter, *welches* Engagement das sein könnte, ob ein *Austauschschüler* Anselms Kriterien erfüllen könnte o. Ä. – all das würde den Vergleich ins Lächerliche schießen. Er ist nur wichtig, insofern er etwas anderes erkennen lässt: Anselm nutzt in seiner Soteriologie juristische Motive, denkt Erlösung aber *nicht* als rein juristisches Verfahren. Wesentlich sind innere Verwandlung und Neuausrichtung der menschlichen Freiheit an Gott und seinem guten Willen, darin besteht unsere Erlösung: „Zur Freiheit hat uns Christus befreit" (Gal 5,1). Zwar muss alles rechtens ablaufen, das allein befähigt Freiheit aber nicht in ihrem Innersten neu, Gottes Güte zu trauen und danach zu handeln. Der Schlüssel dafür ist vielmehr *Partizipation und Hingabe*, d. h. übersetzt: Inkarnation und Kreuzestod.

12.2.5 Kritische Würdigung

Versuchen wir, den Ansatz kritisch zu würdigen. Vorweg ist das emanzipatorische Potential darin zu markieren: Anselm bricht mit früheren Loskauf-Modellen (vgl. Cdh I 7). Wo diese die Menschheit als passive Masse dachten, hält er fest, dass wir *in unserer Freiheit* erlöst werden müssen (und diese daher involviert sein muss).

Dennoch muss man *erstens* fragen, ob die *juristische Denkform* das auch konsequent zum Ausdruck bringt. Wenn Anselm etwa annimmt, dass Jesus für seine Lebenshingabe vom Vater eine „Belohnung" erhält (CdH II 19), die uns zugutekommt, klingt das so, als ob uns hier *äußerlich* etwas gutgeschrieben wird – unabhängig davon, wie es *innerlich in uns* aussieht. Bleibt hier das *Modell Firmenübernahme* implizit präsent?

Damit verbindet sich *zweitens* die Frage, ob *misericordia* bei vorheriger Reue des Sünders nicht doch eine Option sein könnte. Thomas etwa hält das für möglich (vgl.

STh III q46 a2 ad3), scheint aber Gottes Ehre anders als Anselm zu verstehen (vgl. Greshake 1983b, 93–94). Naheliegender ist vielleicht ohnehin folgende Rückfrage: Ist menschliche Freiheit *wirklich* unfähig, a) *ehrliche* und b) *der Tat angemessene* Reue zu empfinden? Der *zweite Aspekt* zielt auf das Denken in *Äquivalenzen*, das Anselms Argumentation implizit trägt: Bei ihm erscheint Reue auch deshalb nicht weiter relevant, weil die Tiefe der Reue der Schwere der Tat *äquivalent* sein müsste. Da das nicht möglich ist, ist hier keine Lösung zu erwarten. Man könnte demgegenüber an Thomas orientiert einwenden, dass der Mensch *weder* genug Reue zeigen *noch* Genugtuung leisten kann, „wenn dieses *Genug* eine Gleichheit der Größe meint; es ist aber möglich, wenn es eine Gleichheit des Verhältnisses bedeutet" (STh Suppl. q13 a1 c).

> Wenn man so argumentiert, zeigen sich neue Spielräume: Ist Reue nicht bereits Ausdruck dafür, dass der Sünder sein Herz (vielleicht unvollständig, aber doch) wieder an Gott und seinen Willen *ausgerichtet hat bzw. ausrichtet*? Zwar erzeugt Reue nicht von sich aus glückliche Beziehungen (wie der Seitensprung-Vergleich in 12.2.3 a andeutet und das Klassen-Beispiel zeigt) – aber sind Reue und Barmherzigkeit nicht doch *die* Medien, mit denen man Herzen und Beziehungen letztlich erneuern kann (auch wenn der Weg steinig ist)? Warum sollte Gott dem reuigen Sünder nicht entgegenkommen können wie der barmherzige Vater dem verlorenen Sohn (Lk 15,11–32) – nicht, weil die Reue des Sohns seinem Vergehen *äquivalent* ist, sondern weil sich in seinem Herzen etwas regt, das bereits neue Wege weist?

Hier scheint der *erste Aspekt* schlagend zu werden: Wir können spekulieren (!), dass Gott dies ohne Verstoß gegen Forderungen der Gerechtigkeit könnte, wenn der Mensch von sich aus zu aufrichtiger Reue fähig *wäre*. Der Knackpunkt scheint aber zu sein, dass der Mensch genau dazu nicht mehr in der Lage ist: Der Mensch ist ein Kind, das im skizzierten Modell anscheinend *nicht* (mehr) fähig ist aufrichtig zu sagen: „Vater, ich habe mich gegen den Himmel und gegen dich versündigt" (Lk 15,18) – und zwar aufgrund des Verlusts der *rectitudo* durch die Erbsünde. Der Sünder ist daher nicht mehr der Agens seiner Reue, sondern erfährt sie ohne eigenes Zutun. Empfindet er aufrichtige Reue, ist sie gemäß dieser Skizze nicht das Ergebnis eigener Einsicht oder eigenen Nachdenkens, sondern bereits Geschenk: Gnade, nicht Leistung. Damit ist man mitten in Fragen danach, was Erbsünde bedeutet, für wie mächtig man sie hält, wie man sie *sola ratione* verantworten will (vgl. 10.2.2 b), was für ein Menschenbild man hat und wie Freiheit und Gnade ineinandergreifen (vgl. 17.2.1). Wir können die involvierten Probleme hier nicht weiterverfolgen, notieren aber, dass die Erbsünde – obwohl Anselm sie nicht eigens ausweist – eine implizite, tragende Prämisse seiner Theorie darstellt (vgl. Langenfeld 2016, 147–153).

Die Überlegungen führen *drittens* zur Frage, warum nur der Kreuzestod die *rectitudo* des Willens neu initiieren konnte. Wenn Gottes Ziel war, die korrumpierte menschliche Freiheitsdynamik neu in den Modus der *rectitudo* zu kalibrieren, ist nicht klar, warum dies nicht anders möglich sein konnte. Hätte dafür nicht reichen können, wenn Jesus (dessen Freiheit es nicht an Gottesorientierung mangelte) das Reich Gottes verkündet, selbstlos gelebt und Menschen neu für Gott begeistert hätte: Hätte nicht *auch das* eine sündige, um sich selbst kreisende Freiheit aufbrechen können? Zwar deutet Anselm indirekt an, Erlösung wäre „augenscheinlich auf andere Weise" möglich gewesen (Cdh II 18), dennoch bleibt der Eindruck, dass das Kreuz notwendig war.

Das führt *viertens* zur Rückfrage, ob wir in diesen Fragen überhaupt von Notwendigkeiten sprechen können. Wir kennen die Kritik bereits aus dem Voluntarismus (3.1.1) und haben das (dezentere) Unbehagen Thomas' kennengelernt: Was Gott will oder nicht,

> kann durch die Vernunft nicht erforscht werden, es sei denn in Bezug auf das, was Gott mit Notwendigkeit wollen muss; was Gott aber in Bezug auf die Geschöpfe will, ist nicht von dieser Art, d. h. es ist kein notwendiges Wollen. (STh I q46 a2 c)

Daraus folgt umgekehrt nicht, dass wir Gott Willkür unterstellen müssten. Thomas versucht zwischen Notwendigkeit und Willkür hindurchzunavigieren, indem er sich am Ideal vernünftiger Konvenienz orientiert: Das Kreuz ist weder notwendig noch willkürlich, sondern Ausdruck des *Quantums der Liebe Gottes*, der im Nachhinein plausibilisierbar ist (vgl. 11.4.2).

Die juristische Denkform, die Orientierung an Äquivalenzen, der Fokus auf das Kreuz und das Ideal der Notwendigkeit: All das begünstigte wohl eine Rezeption der anselmianischen Soteriologie, die deren positive Potentiale völlig aufsaugte, präziser: völlig entstellte. Ein Beispiel dafür sind folgende Passagen des Kapuziners Laurentius von Brindisi (1559–1619):

> Dass Christus für das Heil der Welt am Kreuz sterbe, war der Wille Gottes, es war das Gebot Gottes … Wenn es an Menschen gefehlt hätte oder sie es nicht ertragen hätten, die Hand an den eingeborenen Sohn Gottes zu legen – dann hätten es die Engel des Paradieses getan … Ja, was sage ich? Die heiligste Jungfrau selbst hätte es getan, weil sie doch mit viel größerer Liebe zu Gott, mit vielen und beinahe unendlichen Gnaden beschenkt war im Vergleich zu Abraham. Wenn schon jener aus großer Liebe zu Gott und unter dem Druck des göttlichen Befehls Gott seinen einzigen und überaus geliebten Sohn opfern wollte – um wieviel mehr dann Maria! (In Parasceve II,11)

Man kann diese (zudem meist antijudaistisch konturierte!) problematische Rezeption, gemäß der Gott notwendig das Blut seines Sohnes fordert (vgl. Ratzinger in 11.4.2), nicht einfach in allen Stücken Anselm selbst vorhalten: Seine Intentionen waren andere. Dennoch muss man darum wissen, wenn von *Satisfaktionstheorie* die Rede ist. Es ist vor allem diese Rezeption, die neben den zuvor genannten Problemen fragen lässt, ob und wie wir Erlösung anders verstehen können.

12.3 Eine jüngere Alternative: Thomas Pröppers freiheitstheoretische Soteriologie

12.3.1 Problemhorizont und Anspruch

Der in Münster lehrende Dogmatiker Thomas Pröpper (1941–2015) hat prominent versucht, Erlösung neu verständlich zu machen. Zwar ist auch bei ihm (wie bei Anselm) Freiheit der Schlüsselbegriff dafür, allerdings eingebettet in Diskurse einer spezifisch neuzeitlich-modernen Freiheitsphilosophie – und so, dass er Einsichten und Anfragen der Moderne produktiv aufgreift und verarbeitet.

> Die Anfragen beziehen sich nicht nur auf das Sündenfall-Narrativ, sondern vor allem auch auf das Motiv der Stellvertretung: *Weder* können wir stellvertretend für Adams Vergehen haftbar gemacht werden *noch* kann Jesus stellvertretend unsere Schuld übernehmen – derlei mag bei finanzieller, nicht aber bei moralischer Schuld möglich sein. Moralische Schuld, so etwa Kant, ist „keine *transmissible* Verbindlichkeit [wie Geldschuld], ... sondern die *allerpersönlichste*, nämlich eine Sündenschuld, die nur der Strafbare, nicht der Unschuldige ... tragen kann" (Religion, B 95). Ineins damit wird besonders im 20. Jh. fraglich, ob und wie Gott vergeben könne, was Menschen einander angetan haben. Das Böse, so schreibt Emmanuel Levinas, „ist kein mystisches Prinzip, das sich durch einen Ritus auslöschen" lässt, es ist „eine Beleidigung, die der Mensch dem Menschen" antut: „Niemand, nicht einmal Gott, kann sich an die Stelle des Opfers setzen. Die Welt, in der Vergebung allmächtig ist, wird unmenschlich" (1992, 33).

Die Herausforderungen sind also groß, entsprechend anspruchsvoll ist Pröppers Vorhaben. Sein Ziel ist der Aufweis, dass der christliche Glaube daran, dass Gott sich in Jesus von Nazaret als unbedingt für uns entschiedene Liebe offenbart hat, seinem Gehalt nach sowohl a) *denkerisch möglich* als auch b) *unbedingt bedeutsam* für den Menschen ist. Der *Möglichkeitsaufweis* soll dabei einen Gottesbegriff so bestimmen, dass „Gott als von Welt und Mensch verschiedene Wirklichkeit wenigstens denkbar wird und überdies auch seine freie Offenbarung als möglich erscheint" (2011, 585). Der *Relevanzaufweis* hingegen zielt darauf, dass mit der theoretischen Denkbarkeit einer Offenbarung Gottes als Liebe auch deren „unbedingte Bedeutsamkeit [!] für den Menschen einsichtig werden" muss (ebd.; vgl. dazu auch 20.3.2).

Beides wird (im Anspruch Anselms *sola ratione remoto Christo* vergleichbar) philosophisch entwickelt: *Mit Mitteln der Vernunft* soll gezeigt werden, dass der Mensch erlösungsbedürftig und Gottes Offenbarung möglich ist. Erst dann ist c) darüber *Rechenschaft* zu leisten, wie das, was als denkmöglich und unbedingt relevant gezeigt wurde (nämlich: Gottes Offenbarung als Liebe) an Jesus von Nazaret festgemacht werden kann. Wie geht Pröpper dafür vor?

12.3.2 Die äußerst subtile Traurigkeit nach dem Kauf von Sneakers ...

Der Konstruktionspunkt von Pröppers Soteriologie ist die menschliche Freiheit, ihre Analyse bildet den Schlüssel seines Ansatzes. Er entwickelt sie in einer Denkform, die wir in Kapitel 7 kennengelernt haben: Er fragt transzendentalphilosophisch nach Bedingungen ihrer Möglichkeit. Entsprechend unterscheidet er – am deutschen Philosophen Hermann Krings (1913–2004) orientiert – zwischen formal-transzendentaler und material-kategorialer Freiheit. Freiheit ist *material-kategorial*, insofern sie sich in konkreten, inhaltlich bestimmten Entscheidungen realisiert: für die Rettung des Hamsters Gonzo, den Kauf von Sneakers, eine Fahrt an den See. Auch wenn Freiheit sich in konkreten Entscheidungen realisiert, ist es einsichtig, dass sie a) darin nicht ‚hergestellt' wird (sondern *bereits beansprucht* ist, d. h. dass Freiheit ihnen *rein logisch* ermöglichend vorausliegt), und dass sie b) sich darin nicht erschöpft (denn man kann sich immer wieder neu frei zu dem verhalten, was man zuvor frei gewählt hat – wir sind immer auch *mehr* als das, was wir gewählt haben). Freiheit in diesem Sinne ist durch Unbedingtheit gekennzeichnet: Sie ist kein bedingtes Moment am Handeln (wie Schnelligkeit, Eleganz o. a.), sondern *Bedingung der Möglichkeit* allen Handelns – und in dieser Hinsicht *formal-transzendental*: Sie ist Bedingung der Möglichkeit material bestimmter Entscheidungen (vgl. zur transzendentalen Argumentationsform die Passagen in 7.1). In diesem Sinn nennt Pröpper Freiheit „Bedingung des Menschseins schlechthin" (1988, 183): Ohne Freiheit kein Subjekt- und Menschsein.

Die letzten Überlegungen sind ambivalent. *Zum einen* lässt sich von ihnen ausgehend festhalten, dass wir immer mehr sind also unsere konkreten Entscheidungen. Das ist zutiefst human, denn es bedeutet, dass ein Übeltäter *immer mehr* als sein Vergehen ist: Ein Mörder ist mehr als der Mord, den er verübt hat – und weil sich Freiheit nicht einfach in einer Tat erschöpft, können wir hoffen, dass er frei bereut, was er zuvor frei getan hat. *Zum anderen* ist das irritierend: Bedeutet das im Umkehrschluss nicht auch, dass es keine Entscheidung gibt, in der meine Freiheit *vollständig* realisiert wird und *positiv* Erfüllung findet? Eben das hält Pröpper fest: *Erstens* scheint es in einer bedingten Welt nichts zu geben, das *unbedingt* sein soll, d. h. keinen Gehalt, zu dem man bedingungslos Ja sagen kann und darf. Das allein wäre ein Gegenstand, welcher der Unbedingtheitsdimension unserer Freiheit angemessen ist bzw. von dem sie sich bestimmen lassen dürfte – nur: *Wo ist er zu finden?* Wir kennen das Problem phänomenologisch (nicht nur) aus der Begeisterungsfähigkeit von Teenagern: So sehr man den Kauf der neuesten Sneaker feiert und so begeistert man die neue Spielkonsole zockt – lehrt die Erfahrung nicht, dass es darin immer und viel zu bald eine subtile Unerfülltheit gibt, die nach dem Nächsten Ausschau halten lässt: *What's next?* Selbst wenn wir die Beispiele seriöser wählen, bleibt das Problem: *Was in aller Welt ist es wirklich wert, unbedingt Ja dazu zu sagen und sich unbedingt davon beanspruchen zu lassen, weil es unbedingt gut ist?* Welches Projekt, welcher Job, welche Ausbildung? Das Problem ist sogar noch vertrackter: Selbst wenn sich so etwas fände, könnte sich unser Ja zu ihm nämlich *zweitens* immer nur bedingt realisieren – ein späteres Nein jedenfalls ist niemals ausgeschlossen.

Freiheit erscheint so als widersprüchliches Phänomen: Sie ist durch Unbedingtheit ausgezeichnet und auf Unbedingtheit gepolt – aber gerade deshalb ist es auch unmöglich, dass sie in einer bedingten Entscheidung jemals vollständig realisiert wird und Erfüllung findet. Wir sind damit mitten in Fragen der existentialphilosophischen Wende (vgl. vierte Zwischenreflexion, vgl. 8.5): Sind wir als Wesen der Freiheit auf etwas gepolt, das wir niemals finden können? Ist unsere Existenz im Letzten absurd, weil mit Camus ein „Abgrund zwischen Begehren und Erfüllung" (2013, 30) unserer Sinnbedürfnisse besteht (ein Abgrund, den die Analyse von eben auf die ‚Lücke' zwischen materialer und transzendentaler Freiheit rückzuführen nahelegt)? Mit Pröpper selbst gefragt: Gibt es denn „keinen angemessenen Gehalt für die Freiheit? Ist der Mensch ein konstitutioneller Selbstwiderspruch?" (1988, 185).

12.3.3 ... und das Problem mit Plastikringen aus Kaugummiautomaten

Wie sollen wir mit dieser Frage umgehen? Pröpper zufolge ist erst einmal die einseitige Diät der gewählten Beispiele zu entlarven. Freiheit kann nämlich sehr wohl etwas identifizieren, das ihr entspricht, d. h. das unbedingt sein soll und zu dem sie unbedingt Ja sagen kann, nämlich: *andere Freiheit*. Freiheit findet in anderer Freiheit etwas, das ihr als Gehalt angemessen ist, insofern auch diese durch Unbedingtheit ausgezeichnet ist. Zugleich ist es genau das, was Menschen für sich suchen, nämlich „*dass sie sein dürfen und sein sollen,* d. h. anerkannt werden – und zwar als sie selbst und unbedingt" (ebd., 187).

Der schöne Gedanke sollte uns nicht übersehen lassen, dass auch hier Probleme lauern. *Zum einen* ist der Gehalt, der allein der Unbedingtheit transzendentaler Freiheit entspricht, zwar die Unbedingtheit anderer Freiheit – aber diese andere Freiheit begegnet immer nur in material konkreten Entscheidungen; *zum anderen* kann die Anerkennung anderer Freiheit, d. h. die Art und Weise, wie Freiheit andere Freiheit anerkennt, nur bedingt und endlich sein. Es ist also in Rechnung zu stellen, dass

> Anerkennung [anderer Freiheit], eben weil das Unbedingte nur bedingt real werden kann, stets *nur* [!] symbolisch geschieht: Ebenso wie das Selbst, obwohl ganz gegenwärtig, sich in keiner seiner Äußerungen und Erscheinungen erschöpft, bleibt auch seine Intention, den anderen „selber" zu meinen, nur endlich realisierbar. (Ebd., 188)

Pröppers Antwort auf diese Probleme bringt die Idee *symbolischer Anerkennung* ins Spiel. Ihre Grundlage ist gewissermaßen eine Inversion: Wenn Freiheit sich in konkreten Entscheidungen real vollzieht, aber nicht darin erschöpft – dann lässt sich das auch gegengleich lesen: *Freiheit erschöpft sich zwar niemals in konkreten Entscheidungen, sie realisiert sich darin aber sehr wohl real.* Auch das kennen wir aus der Lebenswelt von Teenagern. Ringe aus Kaugummiautomaten, die sich verliebte Pärchen schenken, sind bloß aus Plastik und dennoch drückt sich in der Geste (so ironisch gebrochen sie ist) *ein reales Ja zum Anderen aus*: ein zartes *Ich mag dich*. Genau das meint der Gedanke, dass Freiheit andere Freiheit *symbolisch* anerkennen kann: zeichenvermittelt und bruchstückhaft (und insofern bedingt), aber dennoch real (weil sie wirklich den Anderen meint). Dass Anerkennung stets symbolisch und bedingt ist, heißt folglich nicht, dass sie nicht wirklich ist: Auch der goldene Ring, auch das ‚Ja' vor dem Traualtar sind bedingt und symbolisch – und meinen doch wirklich eine andere Person.

Wir dürfen über den romantischen Bezügen nicht aus dem Blick verlieren, dass die skizzierte Inversion am Ausgang der Überlegung nicht aufgehoben ist: Auch wenn das Ja zur Anderen real ist, ist es immer *auch* bruchstückhaft. Nüchternheit ist vor allem auch an anderer Stelle geboten. Freiheit nämlich, die andere Freiheit unbedingt anerkennt, sagt gleichsam: *Es ist gut, dass es dich gibt* – und zwar nicht gut *in dieser oder jener Hinsicht*, sondern *in jeder Hinsicht, d. h. unbedingt*. Entsprechend meint das Ja zum Anderen nicht bloß, dass er in dieser oder in jener Hinsicht sein soll, sondern dass er *unbedingt sein soll*. Freiheit, die andere Freiheit in diesem Sinn anerkennt, intendiert ihr unbedingtes Seinsollen. Der französische Philosoph Gabriel Marcel (1889–1973) hat in einem viel zitierten Wort festgehalten, dass dies die Logik aller Liebe sei: „,Einen Menschen lieben, heißt sagen: du wirst nicht sterben'" (1952, 472; vgl. auch 19.4.4 α). Mit Pröpper selbst: „,Du sollst unbedingt sein', heißt ja letztlich: ,Du sollst nicht sterben'" (2011, 645). Eben dies scheitert allerdings an der Wirklichkeit: *In the long run we are all dead*, hat nicht erst der britische Ökonom John Maynard Keynes (1883–1946) festgestellt, es war auch *ein* Aspekt in Iwan Karamasows und Dr. Rieuxs Protest (vgl. 10.3.1 und 10.3.2). Wo also

> eine Freiheit sich formell unbedingt für andere Freiheit entschließt und damit deren eigener Unbedingtheit entspricht, will sie mehr, als sie verwirklicht und jemals verwirklichen kann. Gerade indem sie den anderen „selbst" meint und sein Seinsollen unbedingt intendiert, eben dies aber nur symbolisch, bedingt und vorläufig, ins Werk setzen kann, wünscht sie ihm eine Zukunft, die sie selbst nicht verbürgen und herbeiführen kann. (1988, 192)

Daraus ergibt sich eine unheilvolle Dynamik: Wenn Freiheit allein in der Anerkennung anderer Freiheit einen ihr angemessenen Gehalt finden kann, wenn diese Anerkennung das bedingungslose Seinsollen des anderen intendiert, wenn das unbedingte Seinsollen des anderen aber angesichts des Todes scheitert – *dann besiegelt der Tod die absurde Struktur der Freiheit und die Absurdität menschlicher Existenz*. Da es aber sinnlos ist, unerreichbaren Karotten nachzulaufen, mag man die Eselei gleich bleiben lassen und sich aufs Nächstbeste konzentrieren: die Sicherung *eigener* Freiheit, *eigenen* Lebens. Dabei übernimmt die Angst um sich selbst das Regiment, denn in einer Welt knapper

Ressourcen muss der Andere vor allem als Konkurrent erscheinen, der mir gefährlich werden kann. Andere Freiheit ist dann nicht mehr unbedingt, sondern bloß *insofern gut*, als sie eigenen Interessen nützlich ist – sie ist also Mittel zum Zweck. Das wiederum führt (weil die Überforderung, die unbedingte Anerkennung impliziert, das Moment der Forderung darin nicht einfach aufhebt) in die Erfahrung von Schuld: Wir wissen, dass wir *trotz allem* andere Freiheit unbedingt anerkennen sollten – und tun es doch nicht.

12.3.4 Gottesbegriff und Erlösungsmotiv

Bevor wir über Erlösung nachdenken, ist ein weiterer Schritt sinnvoll: Auf Basis der bisherigen Überlegungen kann nämlich ein Gottes*begriff* (*nicht* Gottes*beweis*!) entwickelt werden – gleichsam als moderne Ergänzung zu den Gottesbegriffen, die wir in 4.3 kennengelernt haben.

a) Gott als vollkommene Freiheit ...

Auf die Frage, wie *rein begrifflich* Gott zu bestimmen ist, antwortet Pröpper: als Freiheit, die nicht nur formal, sondern *auch material (!) unbedingt* ist, d. h. die a) in ihrem konkreten Vollzug durch nichts anderes bedingt oder begrenzt wird und b) andere Freiheit daher *auch material unbedingt* anerkennen kann. Ein solcher Gottesbegriff ist konsistent denkbar (womit der Möglichkeitsaufweis erreicht ist) und ergibt sich aus der skizzierten freiheitstheoretischen Reflexion wie von selbst:

> In der *Idee Gottes* wird also die Wirklichkeit gedacht, die sich Menschen voraussetzen müssen, wenn das unbedingte Seinsollen, das sie im Entschluss ihrer Freiheit für sich selbst und für andere intendieren, als möglich gedacht werden soll. (2011, 646)

Für eine *material unbedingte* Freiheit, die andere Freiheit anerkennt, ist das unbedingte Seinsollen der anderen Freiheit nichts, das sie bloß intendiert, wegen der eigenen Bedingtheit aber nicht garantieren kann – *sie* kann das ‚Du wirst nicht sterben', das alle Liebe auszeichnet, auch sicherstellen: Da sie durch nichts bedingt und begrenzt ist, ist auch der Tod keine Grenze für sie. Die so entwickelte *Idee* Gottes verbürgt damit gewissermaßen, dass unbedingte Anerkennung nicht notwendig aporetisch ist: Sie ist zumindest theoretisch denkbar. Zugleich erweist sich der Gottesbegriff so (wie im Relevanznachweis angestrebt) als unbedingt bedeutsam für die menschliche Freiheit, die in sich ja auf unbedingte Anerkennung hin angelegt ist: *Freiheit hat in der Gottesidee die Möglichkeit, sich selbst nicht aporetisch denken zu müssen*. In dieser Hinsicht notiert Pröpper mit Kierkegaard, dass es „unsere Auszeichnung als freie Menschen ausmacht, wesenhaft Gottes – eines freien Gottes – bedürftig [!] zu sein" (2011, 586).

Allerdings dürfen hier zwei Linien konsequent nicht überschritten werden: Weder darf man a) aus der freiheitstheoretisch freigelegten *Idee* Gottes dessen *Existenz* ableiten noch darf man b) voraussetzen, dass Gott als material unbedingte Freiheit *notwendig* andere Freiheit unbedingt anerkennen *müsse* (denn dann wäre er nicht mehr frei). Mit der vorgelegten Idee Gottes ist also weder geklärt, a) ob er existiert, noch b) wie er sich zu uns verhält. Eine solche Klärung im Sinn eines *Beweises* ist auch nicht anvisiert, es geht darum, die *Bedeutung* des christlichen Glaubens vernunftgemäß als unbedingt relevant zu entwickeln. Was in weiterer Folge der christliche Offenbarungs- und Erlösungsglaube meint, ist dabei in Sichtkontakt zur Unheilsdynamik von Tod, Angst und Schuld auf der einen und zur Gottesidee auf der anderen Seite zu bestimmen – vor allem aber im Blick auf die Lebensgeschichte Jesu, in der beides zusammenkommt. Was macht diese aus?

b) ... wird in Jesus heilvoll als unbedingte Liebe offenbar

Jesu Lebensgeheimnis (so ließe sich in erster Annäherung sagen) ist es, sich der Liebe Gottes so „unmittelbar ... gewiss" (1988, 196) zu sein, dass diese Gewissheit seine ganze Existenz bestimmt: Jesus lebt *praktisch* und beansprucht *als wirklich*, was bloß als Denk*möglichkeit* eingeführt wurde, nämlich dass Gott eine material unbedingte Freiheit ist, die uns väterlich in unbedingter Liebe zugewandt ist.

> Was wir in 11.2 über das Leben Jesu historisch-kritisch rekonstruiert haben, liest Pröpper im Licht seiner bisherigen Überlegungen: Jesus lebt aus der eben beschriebenen Gewissheit heraus ein Leben, das nicht von der Angst um sich selbst bestimmt ist und Anerkennung nicht nur vorbehaltlich zuteilwerden lässt. Er lebt und verkörpert (symbolisch vermittelt, aber wirklich) die unbedingte Anerkennung anderer Freiheit – und beansprucht dabei, dass das ‚Du wirst nicht sterben' der Liebe keine Illusion, sondern von Gott selbst garantiert ist. Auf diese Weise durchbricht Jesus die skizzierte unheilvolle Dynamik und ruft zur Umkehr, d. h. er lädt andere ein, sich nicht mehr länger davon bestimmen zu lassen. Wo das Angebot zurückgewiesen wird, ist nach Pröpper nun von Sünde im eigentlichen Sinn zu sprechen: Diese ist *in der Sache* Schuld gegen andere Menschen, denen unbedingte Anerkennung vorenthalten wird, *formell* aber ist sie „Schuld gegen Gott, wenn ein Mensch seine Einladung abweist, sich von der Angst um sich selbst und mit ihr der Furcht zu lieben befreien zu lassen" (1988, 200). Diese Botschaft und Lebenspraxis führen Jesus schließlich ans Kreuz. Hier bricht das Problem mit voller Gewalt abermals auf: Straft sein Tod letztlich nicht doch Lügen, was Jesus verkündet und gelebt hat? Entlarvt das Kreuz das ‚Du wirst nicht sterben' der Liebe nicht doch als das, als was es oben bereits erläutert wurde: *als absurdes Versprechen*, dem nur arme Esel vertrauen, die sich auch romantisch verblendet Plastikringe schenken? Sind Jesu Leben und Sterben letztlich so zu deuten?

Die Deutung der Jünger ist im Licht der Ostererfahrung eine andere: In der Auferstehung erweist sich jener Gott, dessen Wirklichkeit Jesus in seinem Leben praktisch beansprucht hat, endgültig und präzise als der, *als den* Jesus ihn beansprucht hat: als schöpferische Lebensmacht in unbedingter Liebe, als „Einheit von Liebe und Allmacht" (2011, 646). Jesus wird so in dem, was er lebte und verkündete, gerechtfertigt: Durch die Auferweckung Jesu

> ist das Versprechen der Liebe, aus der Jesus lebte, für die er einstand und die er als Liebe Gottes identifizierte, in der denkbar äußersten Situation eingelöst worden. Erst durch sie hat sich Gott als die schlechthin unbedingte und schöpferische Liebe, als die ursprüngliche Liebe selbst für uns erwiesen. Erst durch sie wurde der menschlichen Freiheit die ihre formelle Unbedingtheit endgültig erfüllende Wirklichkeit verheißen und also eine Weise der Selbstbestimmung ermöglicht, die das Gesetz der Angst und Selbstbehauptung durchbricht. (1988, 198)

In Jesus wird also nicht nur offenbar, wie sehr die eigene Freiheit in der Dynamik von Tod, Angst, Schuld und Sünde verstrickt ist, zugleich ist es auch möglich, sich selbst anders zu bestimmen: Die genannten Wirklichkeiten sind nicht das letzte Wort über sich selbst oder andere. Das ist im Blick auf Tod und die Angst um sich selbst unmittelbar einsichtig, es gilt aber auch für Schuld und Sünde: Die unbedingte Zuwendung Gottes befähigt auch, sich selbst und andere nicht als auf bisherige Untaten fixiert zu verstehen und zu vergeben. Was also meint Erlösung? Erlösung ist die *Befreiung aus* der Unheilsdynamik von Tod, Angst, Schuld und Sünde, die aufgrund der (scheinbar) aporetischen Struktur der Freiheit freigesetzt wird – und zwar *durch* die unbedingt für uns entschiedene Liebe Gottes, die in Jesus offenbar wurde.

12.3.5 Kritische Würdigung

Pröppers Soteriologie expliziert Erlösungsbedürftigkeit mit Mitteln der Vernunft im Inneren menschlicher Freiheit. Hier wird dem Subjekt kein Vergehen übertragen und angerechnet, das *andere* begangen haben, sondern der Einstiegspunkt in die Frage nach Heil und Erlösung ist die mögliche *inhärente* Absurdität von Freiheit. Selbst wenn das als Standard betrachtet, hinter den man nicht mehr zurückkann, stellen sich auch im Blick auf Pröppers Ansatz Fragen.

Sie entzünden sich *erstens* im Blick auf die *Leistungsfähigkeit* transzendentaler Freiheitsanalyse: Vermag diese aufzuweisen, was sie aufweisen will, nämlich die *unbedingte Relevanz* des christlichen Glaubens – oder ist dieser Begründungsanspruch zu stark? Ist das „Zurückgehen einer Begründung bis auf ein nicht mehr hintergehbares Unbedingtes" (2011, 586, Fn. 100), das Pröpper im Sinn hat, ist der Rekurs auf jenes „Unbedingte im Menschen", das Freiheit formal ist, denkbar und sinnvoll – oder ist eine solche ‚Letztbegründung' letztlich a) *nicht möglich* (weil jede Begründung zeichenvermittelt ist und deshalb fragmentarisch, ambivalent und ‚umgehbar', sobald es um konkrete Probleme geht) und b) *auch nicht nötig* (weil man auch dann rational sein kann, wenn man keine *unhintergehbaren* Ausgangspunkte für seine Argumentation hat)? Diese Fragen nach Rationalitätsstandards sind nicht spezifisch soteriologisch, aber wichtig, weil die Diskussion eines Ansatzes dessen Begründungsanspruch nicht aussparen kann (vgl. 3.1.2, 8.6 und 20.3).

Inhaltlich relevanter ist vielleicht *zweitens* die Frage, ob die *transzendentale Denkform* Heil und Unheil angemessen bearbeiten kann: Zwar kann man in ihr chirurgisch präzise freilegen, was Entscheidungen *logisch* ermöglichend vorausliegt, aber damit erreicht man nicht, was *realgeschichtlich* freie Subjektivität verunmöglicht, beeinträchtigt oder gar nichtssagend macht (vgl. 8.6). Im Blick darauf mag man überlegen, ob sich Erlösungsbedürftigkeit adäquat als freiheitstheoretisches Problem rekonstruieren lässt: Ist etwa *absurde Welt- und Lebenserfahrung* bei Camus restlos oder zumindest im Wesentlichen auf das Apriori eines Freiheitsproblems rückführbar – oder spielen dabei auch andere Faktoren eine (konstitutive) Rolle? Ist etwa *Entfremdung* (von Anderen, der Welt, dem eigenen Körper, sich selbst und seinem Leben) ein Problem, das primär mit mangelnder *Anerkennung eigener Freiheit durch andere Freiheit* zu tun hat – oder kann man es auch ohne Freiheitsanalyse und Anerkennungstheorie verständlich machen (etwa als *Verlust von Resonanzfähigkeit*, vgl. Rosa 2016, 281–328)?

> Man kann diese skeptische Intuition an der Wahrnehmung entfalten, dass (auch) Pröppers Denken mit Äquivalenzen arbeitet: Freiheit kann nur durch und in Anerkennung *anderer Freiheit* letzten Sinn erfahren, ihre Unbedingtheit ist auf die *Unbedingtheit anderer Freiheit* gepolt (und deshalb wird Gott auch als vollkommene Freiheit gedacht). Das ist erklärungsbedürftig. Untersuchungen zu Resonanz(fähigkeit) legen nahe, dass Freiheit und Anerkennung nur *einen* Modus von Selbst- und Weltbeziehungen bilden, in denen wir Erlösungsbedürftigkeit erfahren oder Heil antizipieren: Wir erfahren Heil auch in der Schönheit (etwa eines Sonnenaufgangs oder eines Musikstücks), im Witz (von WG-Kängurus, vgl. Kling 2015), in körperlicher Aktivität (etwa Sport) oder im *flow* handwerklicher und künstlerischer Tätigkeit (vgl. Sennett 2004, 87–126; ders. 2008, 69–103) – *fragmentarisch, aber real*. Natürlich sind das allgemeine Erfahrungen, deren theologische Signifikanz weiter auszuarbeiten ist, aber die Intuition ist klar: Heil und Unheil lassen sich nicht restlos freiheitstheoretisch rekonstruieren. Das mag auch erklären, warum es theologiegeschichtlich einflussreiche Alternativen gibt: Thomas von Aquin etwa bestimmt das Glück des Himmels als *visio beata*, d.h. selige *Schau* des Wesens Gottes, und denkt Heil nicht im Paradigma von *Anerkennung in/durch Freiheit*, sondern als *Seligkeit in Erkenntnis* – nicht Liebe ist in einem einfachen Sinn Antwort auf die Frage, worin das Heil besteht, sondern *Erkenntnis der Liebe* (vgl. 7.3.1; 19.4.4 β).
>
> Auch wenn Soteriologie *nicht ohne* Bezug auf Freiheit auskommt, gibt es also starke Intuitionen, dass eine rein freiheitsanalytisch aufgesetzte Soteriologie zu schmal sein könnte, da der Mensch mehr und anderes als Freiheit ist – und daher auch in anderen Hinsichten erlösungs-, vollendungs- bzw. heilsbedürftig (vgl. zu Fragen theologischer Anthropologie, die hier maßgeblich ist Langenfeld/Lerch 2018; Dirscherl 2006; vgl. allg. weiterführend auch v.a. Wendel 2002; Fößel 2007; Lerch 2015).

Drittens kann man überlegen, ob der freiheitsanalytisch entwickelte Gottesbegriff in allen Aspekten plausibel ist. Dieser bestimmt Gott als auch *material unbedingte Freiheit* (Allmacht), die daher in der Lage ist, andere Freiheit unbedingt anzuerkennen (Liebe). Die beiden Bestimmungen liegen aber nicht auf einer Ebene: Insofern Liebe Freiheit voraussetzt, ist letztere *logisch vorgängig*. Lässt sich dann noch denken, Gott sei *wesentlich* Liebe, wenn das dann wohl so verstanden werden müsste, dass Gott sich *entschieden* hat, Liebe zu sein – und daher auch gilt, dass er sich nochmals anders entscheiden könnte? Kann dann noch gedacht werden, Gott habe sich in Jesus als das *offenbart*, was er *in sich selbst* ist: unbedingte Liebe? Wäre dies dann nicht vielmehr die Offenbarung *einer Entscheidung*, die zumindest prinzipiell revidierbar wäre (weil Gott bleibend frei ist, d. h. andere Entscheidungen treffen kann, vgl. den Voluntarismus-Diskurs in 3.1.1 und 6.2.2 b, der hier relevant ist)? Und lässt sich im Rekurs darauf tatsächlich *Erlösung verständlich* machen, wenn Gottes unbedingte Zuwendung zumindest logisch revidierbar ist? Damit ist ein Problem benannt, das nicht nur bei Pröpper auftaucht: Wie sich Freiheit und Wesen Gottes zueinander verhalten, ist eine Schlüsselfrage sowohl theologischer als auch philosophischer Gotteslehren. Wir können sie hier nicht weiterbearbeiten, sondern nur markieren – zumal Pröpper selbst sieht, dass

> wir hier an einen Abgrund des Gottdenkens stoßen: Wie verhält sich Gottes Freiheit in seinem Schöpfungs- und Heilshandeln zu der Liebe, die er selbst *ist*? Beides, dass er wesentlich Liebe und in ihr zum Wirken *ad extra* doch frei ist, ist für den christlichen Glauben unaufgebbar. (2011, 301)

12.4 Von der Heilserfahrung zur Frage nach dem Geheimnis Jesu

Es wäre eine eigene Übung, die Überlegungen der vierten Zwischenreflexion soteriologisch zu entfalten und an die beiden Modelle von soeben anzuschließen: Erlösung wäre dann ausführlich im Blick auf die antinomische Struktur unseres Daseins verständlich zu machen. Wir wählen zum Abschluss lieber eine knappe, sehr dichte soteriologische Auskunft von Joseph Ratzinger, die zugleich den Anschluss für das nächste Kapitel liefert. Ratzinger expliziert *Erlösungsbedürftigkeit* im Rückgriff auf die paradoxale Struktur von Liebe und macht vor diesem Hintergrund jene *Heilserfahrung* verständlich, die Jüngerinnen und Jünger in der Begegnung mit dem Auferstandenen machen:

> Das Bekenntnis zur Auferstehung Jesu Christi ist für den Christen der Ausdruck der Gewissheit, dass das Wort wahr ist, das nur ein schöner Traum zu sein scheint: „Stark wie der Tod ist die Liebe." (Hl 8,6) Im Alten Testament steht dieser Satz im Rahmen einer Lobpreisung der Macht des Eros. Aber das bedeutet keineswegs, dass wir ihn einfach als eine hymnische Übertreibung beiseite tun können. In dem grenzenlosen Anspruch des Eros, in seinen scheinbaren Übertreibungen und Maßlosigkeiten kommt in Wirklichkeit ein Grundproblem, ja *das* Grundproblem der menschlichen Existenz zur Sprache, insofern das Wesen und die innere Paradoxie der Liebe darin sichtbar werden: Liebe fordert Unendlichkeit, Unzerstörbarkeit, ja sie *ist* gleichsam ein Schrei nach Unendlichkeit. Damit aber besteht zusammen, dass dieser ihr Schrei unerfüllbar ist, dass sie Unendlichkeit verlangt, aber nicht geben kann; dass sie Ewigkeit beansprucht, aber in

> Wahrheit in die Todeswelt, in ihre Einsamkeit und in ihre Zerstörungsmacht einbezogen ist. Von hier aus erst kann man verstehen, was „Auferstehung" bedeutet. Sie *ist* das Stärkersein der Liebe gegenüber dem Tod. (1971, 221)

Damit rühren wir an die Schlüsselfrage des nächsten Kapitels, die sich von der Heilserfahrung der Auferstehung her entwickeln lässt: Wenn Jesus von Nazaret Gott als unbedingte Liebe verkündet, *die stärker ist als der Tod und alle Übel*, und wenn Gott diese Verkündigung in der Auferweckung Jesu bestätigt bzw. Jesus als Christus beglaubigt – dann führt das *nochmals* zur Frage des Anfangs: *Wer ist dieser Jesus eigentlich – und in welchem Verhältnis steht er zu Gott?*

13 Hypostatisch vereint?

Die Grunderfahrung der Begegnung mit dem Auferstandenen ist Erlösung, Befreiung, Heil; wir können dafür das Bild tiefen Friedens wählen, der sich in *wirklicher Gottesnähe* einstellt. Das ist der Stimulus dafür, Jesus *als Christus* zu bekennen (Jesus ist *wirklich* der von Gott gesalbte König, der endzeitlich Heil bringt!), und Anlass für weitere Reflexion: Es gilt nicht nur, sich nochmals der Botschaft und des Schicksals Jesu zu vergewissern (Kapitel 11), sondern auch danach zu fragen, wie diese Heilserfahrung angesichts einer Weltgeschichte zu verstehen ist, die unverändert weiterzulaufen scheint (Kapitel 12). Zugleich stellt sich darin auch und besonders die Frage nach der Messianität Jesu: *Wie ist denkbar, dass uns in Jesus von Nazaret jener tiefe innere Frieden erschlossen ist, den Gott allein geben kann? Was ist das Geheimnis der Messianität Jesu?* Das ist der Reflexionsimpuls, dem dieses Kapitel historisch (13.1–13.5) und systematisch (13.6) nachgeht.

13.1 Frühe Entwicklungen in der Christologie

Die genannten Fragen Jesu treiben bereits die Autoren des Neuen Testaments um. In dessen Schriften finden sich Titel wie *Menschensohn, Herr, Sohn Gottes, Christus*, die Jesus in seiner Messianität verstehen wollen, dieses Verstehen aber noch nicht *systematisch* entfalten.

> Wenn Paulus im Römerbrief etwa schreibt, Jesus sei „als Sohn Gottes in Macht seit der Auferstehung" eingesetzt (Röm 1,4), betont er die *Inthronisation Jesu als Gottes Sohn*. Im Galaterbrief akzentuiert er dagegen das Bild einer *Gottessohnschaft bereits vor unserer Zeit*, wenn er festhält, dass Gott seinen Sohn sandte, als die Zeit erfüllt war (vgl. Gal 4,4). Man unterscheidet daher im Blick auf das Neue Testament in der Regel sog. *Aszendenz-* bzw. *Aufstiegschristologien*, die das Geheimnis der Person Jesu in Inthronisations- und Adoptionsbildern codieren, von sog. *Deszendenz-*, i. e. *Abstiegschristologien*, die mit Präexistenz- und Inkarnationsaussagen arbeiten. Während erstere betonen, dass Jesus *wirklich* Mensch wie wir war, akzentuieren letztere, dass er *wirklich* aus der Sphäre Gottes kam. Beide Anliegen (sowie Gefahren, die entstehen, wenn man sie nicht ausbalanciert) werden uns in den folgenden Jahrhunderten immer wieder begegnen; systematisch spricht man jedenfalls langfristig von sog. *Christologien von unten* im Vergleich zu sog. *Christologien von oben* – je nachdem, wo man mit der Reflexion einsetzt.

Folgen wir einer Reflexionslinie, die in den Folgejahrhunderten besonders bedeutsam wird: die Entfaltung der Messianität Jesu mittels des griechischen Begriffs *Logos* (λόγος, Wort, Vernunft). Was ist damit gemeint? Im hellenistischen Denken bezeichnet Logos vor allem seit der Stoa (ab 300 v. Chr.) eine Art Vermittlungsinstanz zwischen Transzendenz und Immanenz, eine Art *Vernunftprinzip*, das den Kosmos (κόσμος, Ordnung) durchwaltet bzw. erst zum Kosmos, d. h. einer sinnvollen Ordnung macht (vgl. 3.1.1). Der Begriff kann, wie der jüdische Philosoph Philo von Alexandrien (um 15 v. Chr.–nach 42 n. Chr.) zeigte, auch mit weisheitlichen Traditionen Israels verbunden werden: In diesen heißt es etwa, dass Gott das All durch sein Wort, d. h. seinen Logos gemacht habe (Weish 9,1); ähnlich ist von einer Weisheit (σοφία, sophia) die Rede, die Gott „vor seinen Werken in der Urzeit" erschaffen hat (Spr 8,22), in besonderer Nähe zu Gott steht (Spr 8,30) und *uns* das Leben finden lässt (Spr 8,35). Die ersten Christen finden in solchen Reflexionen auf den Logos hellenistisch inspirierte, jüdisch anschlussfähige Ressourcen, um sich Jesus als Christus besser verständlich zu machen: *Sie können Jesus als menschgewordenen Logos Gottes verstehen,* wie etwa der Prolog des Evangeliums nach Johannes (Joh 1,1–18). Dieses Motiv wird in der Folge prominent weiterentwickelt, steht aber nicht allein: Zugleich finden wir sog. *Geistchristologien,* die den Begriff *Pneuma* (πνεῦμα, Geist) verwenden, oder sog. *Engelschristologien,* die die Messianität Jesu im Rekurs auf Engelsvorstellungen deuten (vgl. Dünzl 2006, 19–29; vgl. Hauschild/Drecoll 2016, 50–53).

Der frühe Kirchenvater Justin der Märtyrer (um 100–165) lässt in seinem *Dialog mit dem Juden Tryphon* verschiedene Vorstellungen auf das Logos-Motiv zulaufen:

> Vor allen Geschöpfen als Anfang hat Gott aus sich eine vernünftige Kraft [dynamis logike] erzeugt, welche … auch Herrlichkeit des Herrn, ein andermal Sohn, dann Weisheit, bald Engel, bald Gott, bald Herr und Logos genannt wird … Alle Attribute kommen derselben nämlich zu, weil sie dem väterlichen Willen dient, und weil sie aus dem Vater durch das Wollen erzeugt worden ist. (Dialog, 61,1)

Der Grundgedanke ist klar: Gottes Logos strukturiert die ganze Welt und wird gemäß Gottes Heilsplan (oder Heils*ökonomie,* von οἰκονομία, oikonomia = Haushalt, Verwaltung) in Jesus Mensch. Das ist eine Antwort auf die Frage nach dem Geheimnis der Messianität Jesu: Jesus kann Gottes unbedingte Zuwendung zu uns authentisch kommunizieren, weil er der (menschgewordene) Logos Gottes, d. h. Gottes Wort ist. Das stellt aber vor die Folgefrage, in welchem Verhältnis Gott und Logos genau stehen: Ist Gottes Wort selbst Gott? Justin hält dazu fest:

> Ich will … versuchen, euch zu überzeugen, dass der, von dem gesagt wird und geschrieben ist, dass er dem Abraham, Jakob und Moses erschienen sei, ein anderer [!] Gott ist als der Gott, welcher die Welt erschaffen hat, ich meine: ein anderer der Zahl nach, nicht [!] im Denken. Denn ich behaupte, er hat nie etwas getan oder geredet, als was von ihm der Weltschöpfer, über dem kein anderer Gott existiert, gewollt hat. (Ebd., 56,11)

Die Tendenz ist klar: Der menschgewordene Logos kann Gottes Zuwendung nur deshalb kommunizieren, *weil er selbst Gott ist* – eben *ein anderer der Zahl nach,* wie Justin formuliert. Das ist aber vor dem Hintergrund des jüdischen Monotheismus hochgradig irritierend: Ist das nicht verkappter Poly-, präziser: Bitheismus (Zwei-Gott-Glaube) und ein völliger Bruch mit Israels Glaubensgeschichte (vgl. 6.1)? Es überrascht nicht, dass diese Verstörung virulent wird. Spätestens im 3. Jh. gibt es zwei theologische Gruppierungen, die sie unterschiedlich bearbeiten.

Der sog. *Monarchianismus* sieht in Logos-Theologien nicht nur den Monotheismus in Gefahr, sondern auch Nähen zur sog. *Gnosis* und ihren Dualismen: Diese breite religiöse Strömung war nicht nur welt- und körperfeindlich (und setzte auf Spiritualisierung und Erlösung durch Erkenntnis = γνῶσις), sondern spielte den ‚bösen Schöpfergott Jahwe' gegen den ‚guten Erlösergott Christus' aus. Die Monarchianer wollen dies um jeden Preis vermeiden und halten klar fest, dass es nur *einen* Gott gibt, der ineins Schöpfer und Erlöser ist: „Ich, ich bin der Herr und außer mir gibt es keinen Retter" (Jes 43,11) oder auch „Ich und der Vater sind eins" (Joh 10,30). Das Verhältnis zwischen Gott und Gottes Logos wird mittels des sog. *Modalismus* bzw. der sog. *Identifikationstheologie* erläutert: Der *radikal eine* Gott wird vom Menschen gleichsam in drei verschiedenen Modi bzw. Erscheinungsweisen wahrgenommen (bzw. gibt sich so zu erkennen), d. h. einmal im Modus des Vaters, einmal im Modus des Logos und einmal im Modus des Heiligen Geistes (vgl. Hauschild/Drecoll 2016, 58–61; vgl. Kapitel 14; *Modalismus* ist der in der Literatur früher übliche Begriff, neuerdings spricht man historisch angemessener von *Identifikationstheologie*, vgl. Hauschild/Drecoll 2016, 58–61; aus Gründen der Anschaulichkeit wird im Folgenden allerdings mitunter weiterhin von Modalismus die Rede sein). Gleichwohl sind Vater, Sohn und Heiliger Geist *in Wahrheit radikal identisch* – so kann die Einzigkeit Gottes in Treue zum jüdischen Monotheismus gewahrt werden. Im Osten vertritt diese Position Noët von Smyrna (in der zweiten Hälfte des 2. Jh.), in Rom Sabellius (mit dem sog. *Sabellianismus*) und in Nordafrika Praxeas (die beiden Letzteren Anfang des 3. Jh.).

Die sog. *Logos-Theologen* überzeugt dies nicht. Biblisch ist die modalistische Identifikationstheologie ein Problem, weil sie ungenau arbeitet (etwa weil es in Joh 10,30 heißt: „Ich und der Vater sind *eins*", und nicht: „Ich und der Vater sind *einer*"). Systematisch hingegen ist problematisch, dass dann der Vater selbst am Kreuz gestorben wäre (sog. *Patripassianismus*), womit er *als Teil der Welt* begriffen werden müsste. Wendet man ein, dass dies ja kein echter Tod gewesen sei und Gott in der Rolle des Sohnes am Kreuz nur *zum Schein* stirbt, verfällt man in den seinerseits gnosisaffinen sog. *Doketismus* (von δοκεῖν, dokein = scheinen): Jesus wird zur Show, das Kreuz zum Showeffekt. Gott wirkt wie ein Schauspieler, der sich *nicht selbst* offenbart, sondern *in einer Rolle* mit uns interagiert bzw. *eine Maske* nutzt, um uns strategisch für sich zu gewinnen (und das ist, um die nächstliegende Analogie zu verwenden, zu wenig: Bereits in zwischenmenschlichen Beziehungen wollen wir *den anderen* kennenlernen und nicht *bloß* seinen „Ich-schaue-total-gern-nochmal-Grey's-Anatomy-Staffel-28-mit-dir"-Modus u. a. Derlei mag höflich sein, aber für ein gemeinsames Leben reicht das schwerlich, zumindest ist es auf Dauer nicht Liebe, über die hinaus keine größere gedacht werden kann). In Rom argumentiert daher Hippolyt von Rom in *Widerlegung aller Häresien* (225) gegen die monarchianistische Theologie, während Tertullian dies in *Adversus Praxean* (um

213) in Nordafrika tut. Im Osten versucht mit Origenes einer der wichtigsten Theologen des 3. Jh. die Logos-Theologie so zu verfeinern, dass sie Bitheismus ausschließt: Das Zueinander von Vater und Sohn illustriert er z. B.

> mit der Zeugung des Glanzes durch das Licht (so *princ.* I 2,4). Mit einem Licht existiert sofort und zugleich auch der von ihm erzeugte Glanz, und wenn man Gott Vater als ewiges Licht ansieht, dann ist entsprechend der Sohn der Glanz, der immerfort und ewig vom Licht ausgeht. (Dünzl 2006, 49)

Der Sohn ist dem Vater zwar untergeordnet (subordiniert), aber nicht geschaffen: Er ist gleichewig mit ihm. Freilich geht er nicht ‚naturhaft' aus dem Vater hervor (er ist keine Emanation, wie das Bild nahelegt), sondern wird (immer schon) *liebend* gezeugt. Um Gott und seinen Logos als eigene Wirklichkeiten zu denken, gebraucht Origenes den langfristig wichtigen Begriff der Hypostase (ὑπόστασις), der sich von hyphistemi (ὑφίστημι), d. h. „vorhanden sein" oder „bestehen", herleitet. Eine Hypostase ist also etwas, was vorhanden ist (und nicht bloß so erscheint).

Belassen es wir es dabei, um insgesamt folgende Entwicklung festzuhalten: Bereits frühe Christologien erkennen das Geheimnis der Messianität Jesu darin, dass Jesus von Gott kommt. Die Einsicht wird mit Vorstellungen aus dem jüdischen und/oder hellenistischen Denken ausgedrückt und entfaltet. Besonders wichtig wird der *Logos-Begriff*, mit dessen Hilfe Jesus als das menschgewordene Wort Gottes verstanden werden kann. Die *Monarchianer* setzen dagegen (wie wir für unsere Zwecke verkürzt festhalten können) auf das *Modus-Motiv*, mit dessen Hilfe Jesus als der menschgewordene Sohn-Modus des *einen* Gottes gedeutet wird. Zwar bleibt ihr Anliegen relevant, das Modell selbst wird kirchlich aber an den Rand gedrängt, auch weil sich *Logos-Theologien* systematisch als tragfähiger erweisen. Allerdings erzeugen auch sie neue Diskurse: Bilder wie das von Licht und Glanz befriedigen das Interesse an systematischer Erhellung nicht immer – wie verhalten sich Gott und sein Logos ontologisch wirklich zueinander? Das ist der Einsatzpunkt für die großen christologischen Kontroversen des 4. Jh. (vgl. eine grafische Rekonstruktion leitender Fragen in 13.3.1 c).

13.2 Das Konzil von Nicäa (325)

13.2.1 Arius als neuralgische Figur

Die zentrale Figur in der Zuspitzung christologischer Diskurse ist der Presbyter Arius, der in Alexandrien in einer Vorstadtgemeinde wirkt und die Theologie des Origenes studiert haben dürfte. Um 318 herum scheint der Bischof von Alexandrien, Alexander, seine Presbyter um christologische Expertise gebeten haben (wohl im Blick auf die bereits zitierte Stelle in Spr 8, wo von der von Gott geschaffenen Weisheit die Rede ist) – und der etwa 60-jährige Arius kommt dieser Bitte nach.

> Skizzieren wir, wie Arius diese Stelle ausgelegt haben dürfte bzw. welche Position sich historisch plausibel rekonstruieren lässt. Arius betont, dass der Sohn nicht *per se* aus dem Vater hervorgehe, sondern bewusst gezeugt sei. Zwar existiert er bereits vor der Erschaffung von Welt und Zeit (sog. *Präexistenz*) und ist daher kein Geschöpf *wie wir*, allerdings hält Arius *auch* fest, dass es einen Moment bzw. Zeitpunkt gab, als der Logos nicht existierte (vgl. DH 126). *In dieser Hinsicht* ist der Logos uns ähnlicher als Gott, der ja absolut anfangs- und ursprungslos ist. Die Unähnlichkeit des Logos mit Gott korrespondiert auch mit der Einsicht, dass es nicht zwei ursprungslose, unwandelbare, ewige Prinzipien (Gott und Logos) geben kann, sondern nur eines – eben Gott, der radikal einer ist (vgl. 6.1.2). Das ist auch biblisch plausibel, weil uns die Bibel den in Jesus inkarnierten Logos wandelbar und leidensfähig zeigt (vgl. Mt 26,38 u. a.) und er z. B. nicht alles weiß, was der Vater weiß (vgl. Mk 13,32). Hier wird die Veränderlichkeit des Logos selbst erkennbar, der ja das Jesus bestimmende Lebensprinzip ist. Das bedeutet zugleich einen klaren sog. *Subordinatianismus*, d.h. die Unterordnung des Logos unter Gott.

Arius' Position ist nicht nur systematisch attraktiv, weil sie philosophisch anschlussfreudig ist (etwa an die absolute Transzendenz des Einen, τὸ ἕν, bei Plotin, vgl. 6.1.2) und theologisch den Monotheismus Israels wahrt (vgl. 6.1.1/6.4.1); sie ist auch biblisch fundiert, weil sie Stellen wie in Spr 8,22–30 („Der Herr hat mich geschaffen als Anfang seines Weges, vor seinen Werken in der Urzeit" u. a.) erklärt und Einsichten der Logos-Theologie aufgreift.

Dennoch erntet sie den Widerspruch des Bischofs (und seines späteren Nachfolgers Athanasius), wobei zwei Argumentationslinien schlagend werden: *Zum einen* ist die biblische Angemessenheit der arianischen Position fragwürdig. Der Auftakt des Johannesevangeliums („Im Anfang war das Wort und das Wort war bei Gott und das Wort war Gott", Joh 1,1, in der Synopse mit Joh 1,12 f.18) ist z.B. nur schwer sauber mit Arius' Position zu vermitteln (vgl. von Stosch 2017, 20 f.). *Zum anderen* kommt zum Tragen, was bereits mehrfach erwähnt worden war: Die christologische Reflexion folgt soteriologischen Argumenten. Die Rückfrage entzündet sich daran, dass für Arius Gott ohne Logos denkbar ist: Er muss den Sohn ebenso wenig zeugen, wie er die Welt schaffen muss – Gott könnte *auch ohne Logos* Gott sein. Dann ist der Logos aber trotz aller ontologischen Besonderheit zweifelsfrei ein Geschöpf. Eben das reicht nicht, wenn man Heil und Erlösung denken will: *Ein Geschöpf kann die Schöpfung nicht erlösen oder Gottes heilvolle Nähe vermitteln*. Bei Athanasius von Alexandrien (um 300–373) findet man den Gedanken sehr prägnant: Der Logos Gottes „wurde Mensch, damit wir vergöttlicht würden" (De incarnatione, 54). Vergöttlichung meint hier Gottesnähe: Leben in und aus der unbedingten Liebe Gottes. In diesem Sinn kann kein Geschöpf ein Geschöpf vergöttlichen, insofern „das erschaffende Prinzip ... höher stehen [muss] als das Ding, das gemacht werden soll" (Contra Gentes, 9). Kurzum: Ein Geschöpf kann Gottes Zuwendung weder im Letzten authentisch offenbar machen noch wirklich in sie hineinführen. Daher muss man, wenn man der Erlösungserfahrung gerecht werden will, auch die Göttlichkeit des Logos annehmen.

13.2.2 Das Nizänum

Wir skizzieren an dieser Stelle nicht weiter, welche theologischen Dispute, kirchlichen Parteibildungen und politischen Entwicklungen folgen, ehe – auf Wunsch von Kaiser Konstantin – ein Konzil einberufen wird. Vermutlich nach dem Vorbild eines kaiserlichen *consilium* (i. e. einer Expertenbefragung) organisiert, findet es 325 in Nicäa mit etwa 250 Bischöfen und anderen Klerikern statt und soll den christologischen Konflikt lösen. Dabei setzt sich die antiarianische Position durch, wenn im Blick auf den Logos, den Sohn Gottes in einem verbindlichen Glaubensbekenntnis formuliert wird, er sei (nach DH 125)

[a] aus dem Wesen des Vaters [ἐκ τῆς οὐσίας τοῦ Πατρός, ek tes ousias tou Patros], Gott aus Gott, Licht aus Licht, wahrer Gott aus wahrem Gott,
[b] gezeugt, nicht geschaffen,
[c] wesensgleich [ὁμοούσιον τῷ Πατρί, homoousion to Patri] dem Vater.

Die Formulierung in (a) macht klar, dass der Logos aus sog. *Ousia* Gottes ist, d. h. dass er das *gleiche göttliche Wesen* bzw. die gleiche göttliche Natur besitzt. Deshalb lässt sich (b) *Zeugung* nicht als besondere Variante von *Schöpfung* verstehen, wie dies arianisch impliziert war. In (c) schließlich folgt ein *terminus technicus*, der wohl vom (ungetauften) Kaiser selbst in das Glaubensbekenntnis reklamiert wurde: Das *homoousios* soll nochmals klar machen, dass der Logos, insofern er wesensgleich mit dem Vater ist, selbst Gott ist (hier wie im Folgenden wird *homousios* als kontrahierte Form von *homoousios* verwendet). All das wird in fünf sog. *Anathematismen* (Verurteilungen) nochmals unterstrichen, die an das Bekenntnis angehängt sind: Wer etwa sagt, der Logos sei „aus einer anderen Hypostase oder Ousia" als der Vater [ἐξ ἑτέρας ὑποστάσεως ἢ οὐσίας, ex heteras hypostaseos e ousias], wird mit einer Verurteilung belegt. Nicht zuletzt an Formulierungen wie dieser und insbesondere am *homousios* entzündet sich nach 325 die weitere Debatte, sodass die angestrebte gesamtkirchliche Klärung des Konflikts letztlich ausbleibt. Sehen wir uns an, wo die Probleme liegen.

13.3 Das Erste Konzil von Konstantinopel (381)

13.3.1 Interpretationskonflikte nach Nicäa

Blenden wir im Folgenden die weiteren (kirchen-)politischen Entwicklungen (soweit es möglich ist) aus, um allein *systematische* Diskurse nach Nicäa zu verstehen; sie beziehen sich vielfach auf die Trinitätstheologie, umfassen aber darin auch christologische Positionen. Wir können zu unseren Zwecken zwei Probleme im Zentrum (a, b) und eines am Horizont identifizieren (c).

a) Der Konflikt um die Interpretation des *homousios*

Der zentrale Konflikt entspinnt sich um die richtige Auslegung der zitierten Passagen, insbesondere im Blick auf das *homousios*: Meint es Wesenseinheit, Wesensgleichheit, Wesensähnlichkeit? Je nach Interpretation kann damit immer noch *Arianismus* begünstigt werden (Wesens*ähnlichkeit* kann *zur Not* auch ein Arianer akzeptieren, wenn er sie schwach versteht), *Bitheismus* impliziert sein (Wesens*gleichheit* kann meinen, dass sich die göttliche Natur in verschiedenen Göttern realisiert, wie sich auch die menschliche Natur in verschiedenen Menschen realisiert) oder *Identifikationstheologie* gemeint sein: Wesens*einheit* kann nahelegen, dass Gott radikal einer ist, sich aber in verschiedenen Modi bzw. Masken zeigt. Gerade diese Interpretation liegt nahe, wenn man Origenes im Ohr hat: Dieser hatte die Hypostase des Sohnes von jener des Vaters unterschieden (13.1), um sie (anders als die Monarchianer) als *eigene* Instanzen zu markieren. Genau diese Differenzierung scheint aber kassiert, wenn die Position verurteilt wird, der Logos sei „aus einer anderen Hypostase oder Ousia" (vgl. 13.2.2). Macht Nicäa also die identifikationstheologische Perspektive verbindlich – mit all den Problemen und Ungereimtheiten, die sich daraus ergeben?

Wir müssen mindestens vier theologische Gruppierungen unterscheiden, die sich in der Folge entlang dieser Fragen bilden (vgl. Hauschild/Drecoll 2016, 91), interessieren uns hier aber nur für die entscheidende Entwicklung: Athanasius von Alexandrien bemüht sich ab 362, eine Allianz für eine Auslegung Nicäas zu formieren, die Arianismus, Modalismus und Bitheismus gleichermaßen vermeidet. Das ist eine wichtige Grundlage für das Konzil von Konstantinopel, das 381 nochmal klären wird, wie Nicäa (nicht) zu verstehen ist. Wichtiger ist noch eine andere Entwicklung, die eigentlich in einer leicht versetzten Diskussion angesiedelt ist, aber auch den Diskurs um das Verhältnis von Vater und Sohn betrifft – ihr widmet sich der nächste Punkt.

b) Der Konflikt um die Göttlichkeit des Heiligen Geistes

Im Windschatten des Problems, das Zu- und Ineinander von Vater und Sohn zu explizieren, taucht auch die Frage nach dem Heiligen Geist auf: Ist auch der Heilige Geist als göttlich zu denken, als *homousios*?

> Wir werden im nächsten Kapitel noch ausführlicher auf den Heiligen Geist zu sprechen kommen, der an dieser Stelle sehr unvermittelt auftaucht. Dennoch lässt sich auch ohne Hinführung die entscheidende Anfrage an die Göttlichkeit des Geistes verständlich machen. Diese wird von den sog. *Pneumatomachen* („Geistgegner") bestritten, und zwar durchaus im Rekurs auf Nicäa. Nicäa hatte die Göttlichkeit des Logos mit dem Begriff „Zeugung" verbunden: Die Zeugung ist es, die das gleiche Wesen garantiert! Nun gibt es keinen biblischen, spirituellen o. a. Grund, den Heiligen Geist als gezeugt zu verstehen: Wäre auch er gezeugt, wäre er ein zweiter Logos und Sohn – und damit ein Konkurrent zu jenem „einziggeborenen" Logos (vgl. Joh 1,18), den die Bibel bezeugt: Wer von beiden wäre dann das *eigentliche* Wort Gottes? Solche Gedankenspiele sind nicht nur unbiblisch, sondern auch systematisch absurd. Wenn daher der Heilige Geist nicht als gezeugt begriffen werden kann, kann er auch nicht als göttlich verstanden werden, *denn es ist (so legt es Nicäa nahe) die Zeugung, die Göttlichkeit garantiert.*

Im nächsten Kapitel wird es darum gehen, wie diese Argumentation adressiert wurde. Der weiterführende Schritt ist eine terminologische Präzisierung, deren Hintergrund sich an dieser Stelle nicht unmittelbar erschließt, die aber entscheidend ist: *ousia* und *hypostasis* sind nicht identisch! Das ist offenkundig auch für die *christologische* Frage wichtig, die uns hier interessiert: In diesem Fall kann nämlich der Sohn das gleiche Wesen, die gleiche *Ousia* wie der Vater haben *und zugleich eine eigene Hypostase sein* (wie dies Origenes festgehalten hatte)! Kürzer: Man kann das *homousios* beibehalten, ohne in Identifikationstheologie zu kippen!

c) Der Konflikt um das Verständnis von Menschwerdung

Eine dritte Frage weist gewissermaßen den Weg in weitere Diskurse. Zwar ist im Grundsatz geklärt, dass der Logos wahrer Gott ist, aber damit ist noch nicht beschlossen, wie seine Menschwerdung zu denken ist: *Wie verhalten sich göttliche und menschliche Wirklichkeit in Jesus von Nazaret?*

> In besonderer Weise hat dies Bischof Apollinaris von Laodicea (um 315–390), ein Mitstreiter von Athanasius, thematisiert: Er entwickelt eine Christologie, der zufolge der göttliche Logos im Menschen Jesus die Rolle übernimmt, die bei anderen Menschen der Geist hat. Da es unplausibel ist, „dass zwei vollkommene Dinge eins werden können ..., also eine vollkommene Gottheit und eine vollkommene Menschheit schlicht additiv zusammentreten" (Hauschild/Drecoll 2016, 306), erschien das als elegante Lösung: Der Logos übernimmt im Gefüge von Geist, Seele und Körper die Rolle des Geistes. In den 370ern führt das Modell (das früher verallgemeinernd als sog. *Logos-Sarx-Schema* bezeichnet wurde) zu Diskussionen und zu ersten Verurteilungen. Das zentrale Gegenargument ist abermals soteriologisch, findet sich ebenfalls schon bei Origenes vorgezeichnet und steht u. a. bei Gregor von Nazianz (um 325–390) in

seiner klassischen Form: „Was [vom Logos] nicht angenommen worden ist, das ist auch nicht geheilt; was aber mit Gott vereint ist, das wird auch gerettet" (Epistula 101,181C–183A).

Der *Hinweis* auf Apollinaris war an dieser Stelle als *Verweis* wichtig: Auch wenn nach Nicäa erst einmal die Konflikte um das *homousios* und die Pneumatomachen bestimmend sind, deutet sich bei ihm an, was langfristig in den Fokus rückt: das Verhältnis von menschlicher und göttlicher Natur in Jesus.

Ist der Logos göttlich oder geschaffen?

a) Wie ist Nicäas „homousios" korrekt zu interpretieren?
b) Ist der Heilige Geist göttlich oder geschaffen?
c) Wie ist Menschwerdung (nicht) zu denken? (= Wie verhalten sich Göttliches und Menschliches in Jesus? Pt. I, feat. Apollinaris)

Darf man Maria Gottesmutter nennen?
(= Wie verhalten sich Göttliches und Menschliches in Jesus? Pt. II, feat. Nestorius)

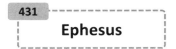

Löst sich die menschliche Natur in der göttlichen Natur auf wie ein Tropfen Honig im Meer?
(= Wie verhalten sich Göttliches und Menschliches in Jesus? Pt. III, feat. Eutyches)

13.3.2 Das Erste Konzil von Konstantinopel

Auf dem Konzil von Konstantinopel einigen sich 150 Konzilsväter auf ein (nicht erhaltenes) Dekret, das sich aus Akten des Konzils von Chalcedon rekonstruieren lässt: Es wird, weil es sich an Nicäa orientiert, *Nicäno-Konstantinopolitanum* genannt und gilt als wichtigstes, als „Großes Glaubensbekenntnis" (DH 150).

Im Wesentlichen wird festgehalten, was sich bereits eben als wegweisend abzeichnete. *Zum einen* bleibt das *homousios*, weil es keinen Modalismus bedeutet: Wenn man (anders als die Anathemata von Nicäa!) *ousia* und *hypostasis* unterscheidet, kann man Vater und Sohn *ein gemeinsames Wesen* zuschreiben, ohne sie deshalb nur als *Modi, Rollen oder Masken* verstehen zu müssen. In diesem Sinn wird *zum anderen* auch die Göttlichkeit des Heiligen Geistes gegen die Pneumatomachen festgehalten: Das ist *der* zentrale Ertrag des Konzils, das primär als Konzil trinitätstheologischer Klärungen in die Kirchengeschichte eingeht (vgl. Kapitel 14.1.2). In Kanon 1, das dem Bekenntnis folgt, wird *schließlich* der sog. *Apollinarismus* verurteilt, mithin die in 13.3.1 c skizzierte Position (DH 151). Das ist freilich keine Lösung, wie *Gottheit und Menschheit* sich in Jesus verhalten, sondern rückt das Problem erst in den Fokus. Wenig überraschend und sachlich naheliegend treibt es die nächsten Diskurse voran.

13.4 Das Konzil von Ephesos (431)

13.4.1 Ein konfliktiver Kristallisationspunkt: Marias Mutterschaft – und eine umstrittene WG

Wir können auch diese nächsten Entwicklungen hier nicht angemessen wiedergeben, weshalb wir nur den zentralen Konflikt in den Blick nehmen (vgl. Kany 2018, 181–194). Dieser beginnt 428 mit einer Bischofsernennung der neuen Reichshauptstadt des Römischen Reichs, Konstantinopel: In diesem Jahr tritt der syrische Mönch Nestorius (um 381–ca. 451) sein Bischofsamt an und gerät, weil er alle Häresien bereits im Keim ersticken will, rasch in einen Streit. Dieser dreht sich um den in Konstantinopel gebräuchlichen Titel *theotokos* (θεοτόκος, Gottesmutter) für Maria. Diese Bezeichnung ist für Nestorius fragwürdig, weil sie die menschliche Natur Jesu unterbelichtet: Die Rede von der Gottesmutterschaft tendiert dazu, Göttliches mit Menschlichem so zu mischen, dass letztlich *nur mehr Göttliches* übrigbleibt – das ist *Vermischungschristologie auf Kosten der menschlichen Natur*. Demgegenüber müssen wir stets eine göttliche und eine menschliche Hypostase in Christus unterscheiden, ein Anliegen, das vor allem die sog. *antiochenische Christologie* vertrat, die den Hintergrund für Nestorius' Argument darstellt. Letztlich votiert der neue Bischof daher für den Titel *christotokos*, Christusmutter, weil darin beide Naturen adressiert sind.

Für den Bischof von Alexandrien, Kyrill (um 375–444), ist das ein Anlass zur Intervention: Er ist nicht nur politisch schlecht auf Konstantinopels neue Vorreiterrolle zu sprechen, sondern steht auch theologisch für eine andere, nämlich die sog. *alexandrinische Christologie*. Welche Bedenken ergeben sich? Wie in 13.2.1 dargelegt wurde, kann ein *Geschöpf die Schöpfung nicht erlösen*, weshalb das Festhalten an der Göttlichkeit Jesu soteriologisch unbedingt entscheidend ist. Für Kyrill ist klar, dass der göttliche Logos selbst das konstitutive Prinzip der Person Jesu ist bzw. im Logos jene wirkliche Einheit von Göttlichem und Menschlichem in Jesus gründet, ohne die Heil und Erlösung unmöglich sind. Die nicht bloß äußerliche, sondern echte Einheit des Göttlichen mit dem Menschlichen wiederum ist der Grund, warum Maria als Gottesmutter bezeichnet werden kann.

> Die Überlegung im Hintergrund ist rasch nachgezeichnet: Die Einheit der beiden Naturen in Christus ist so eng, dass konkrete Attribute der einen auf die andere Natur übertragen werden dürfen. Das lässt sich mit einem Vergleich des Origenes illustrieren (vgl. princ. II 6,6): Einem Stück Eisen im Feuer können wir Eigenschaften des Feuers zusprechen, es ist ebenso heiß und glühend wie das Feuer, in dem es liegt. Eine solche Übertragung ist auch im Blick auf jene höchstmögliche Einigung von Göttlichem und Menschlichem legitim, die Christus darstellt: Daher kann man der göttlichen Natur eine Eigenschaft wie ‚Geborenwerden' zusprechen, die der menschlichen Natur zukommt, und Maria Gottesmutter nennen. Der Gedanke wird später zu einer ganzen Theorie ausgebaut, der sog. *Idiomenkommunikation (communicatio idiomatum)*, die reflektiert, nach welchen Regeln Attribute wechselseitig übertragen werden können.

Im Kontext dieser Argumentation spricht Kyrill von der Einung von göttlicher und menschlicher Natur *in Bezug auf die Hypostase* (ἕνωσις καθ' ὑπόστασιν, henosis kath hypostasin), mitunter auch von einer *einzigen Natur* (μία φύσις, mia physis) in Jesus (was später für Eutyches relevant wird, 13.5.1). Zugleich spielt der Gedanke eine Rolle, dass der Logos die menschliche Natur nicht unverändert lässt, sondern in der Vereinigung heilsam transformiert (eben so, wie Feuer Eisen transformiert). Damit ist der Dissenspunkt deutlich: Bei Nestorius erscheinen Göttliches und Menschliches in Jesus wie zwei Instanzen, die eigentlich getrennt für sich existieren und nur faktisch in einer Existenz zusammengespannt sind. Das erregt den Argwohn der alexandrinischen Christologie, die auf die erlösende Vereinigung der Naturen setzt: Was Nestorius beschreibt, ist bloß eine Zwei-Naturen-WG, nicht deren tiefstmögliche Beziehung – und letztlich *Trennungschristologie*.

13.4.2 Das Konzil von Ephesos und die spätere Unionsformel

Der Konflikt zwischen Nestorius und Kyrill gehört mit zu den tragischen Episoden der frühen Kirchengeschichte: Obwohl beide Anliegen nachvollziehbar sind, eskaliert der Konflikt. Der Kontakt mit Coelestin I. in Rom kann den Streit nicht befriedigend auflösen, schließlich soll 431 ein Konzil in Ephesus eine Lösung bringen. Der Bedrohungen ausgesetzte Nestorius nimmt freilich nicht teil, den Verlauf bestimmen eher machtpolitische Spielchen als faire Diskussionen. Den verbindlichen Ertrag des turbulenten Konzils, das sich in zwei Teilsynoden splittet, finden wir in Briefen als sog. *Unionsformel* von 432/433 (DH 271–273) überliefert. Sie verbindet antiochenische und alexandrinische Anliegen: Jesus Christus ist wesenseins mit Gott *und* uns Menschen, d. h. vollkommen göttlich und menschlich (doppelte Homousie); daher ist von einer *Vereinigung zweier Naturen* zu sprechen (δύο φύσεων ἕνωσις, dyo physeon henosis), wobei der Titel Gottesmutter für Maria legitim ist (gemäß der Idiomenkommunikation). Allerdings ist die fragliche Einheit als ἀσυγχύτος ἕνωσις (asynchytos henosis) zu verstehen: *als Vereinigung, die die Naturen nicht vermischt* (DH 272).

Die harmonisierende Formulierung der Unionsformel löst nicht alle Probleme: Kyrill stimmt unter der Bedingung zu, dass Nestorius verurteilt bleibt – dieser wird ins Exil verbannt und sein Name zu Unrecht über Jahrhunderte zum Synonym für Häresie. Dennoch verliert Kyrill an Zustimmung in seiner Anhängerschaft, weil ihr die Zugeständnisse an die antiochenische Theologie zu groß sind: Die Lösung trägt so den Keim des nächsten Konflikts in sich.

13.5 Das Konzil von Chalcedon (451)

13.5.1 Labiler Frieden und verschärfter Miaphysitismus

Die Kontroversen spitzen sich 447 erneut in Konstantinopel zu. Dort forciert Eutyches (um 378–nach 454), betagter Vorsteher des Hiobklosters mit guten Kontakten zum kaiserlichen Hof, gegen den neuen Bischof Flavian die Rücknahme der Unionsformel: Die Vereinigung der göttlichen und menschlichen Natur müsse *total* verstanden werden, d. h. so, dass letztlich nur mehr von einer einzigen, nämlich göttlichen Natur in Christus gesprochen werden könne. Eutyches propagiert, „dass unser Herr *aus* zwei Naturen [ἐκ δύο φύσεων, ek dyo physeon] geworden ist *vor* der Einigung, *nach* der Einigung aber" bekennt er „(nur) *eine* Natur" (Eutyches, Synode von 448, 193). Eutyches vertritt damit einen verschärften *Miaphysitismus* (der im Licht des späteren Konzils auch *Monophysitismus* genannt wird: Dieser Ausdruck ist normativ und drückt bereits aus, dass die Position sachlich problematisch ist, während *Miaphysitismus* deskriptiv ist). Eutyches' Interpretation zufolge (so ein Bild, das er verwendet haben soll) löst sich die menschliche Natur völlig in der Gottheit auf, wie sich ein Honigtropfen völlig im Meer auflöst: *Vor* dem Zusammentreffen der beiden existieren beide für sich, *danach* faktisch nur mehr die ontologisch mächtigere Größe – nämlich die göttliche. Deshalb bestreitet er auch, Jesus habe einen Leib wie wir besessen oder sei überhaupt wesenseins mit uns Menschen.

> Auch hier haben wir wieder zu viele Entwicklungen, um sie angemessen darstellen zu können: Eutyches wird 448 verurteilt, kann aber politisch Druck aufbauen und eine Allianz mit dem Bischof von Alexandrien, Dioskur, schmieden. Flavian gerät unter Druck und fragt in Rom beim römischen Bischof Papst Leo um Rat, der im Juni 449 im berühmten *Tomus Leonis ad Flavianum* antwortet und gegen Eutyches und dessen harten Miaphysitismus argumentiert (vgl. DH 190–295). Im August 449 beginnt ein von Kaiser Theodosius II. einberufenes Konzil in Ephesus, das gewaltsam abläuft: Die miaphysitische Gruppierung prügelt die eigene Position mit militärischer Gewalt durch, weshalb man von der sog. *Räubersynode* spricht (Flavian erliegt später seinen Misshandlungen). Die Lage dreht sich, als der Kaiser stirbt und dessen Schwester Pulcheria politisch übernimmt: Sie und ihr Mann Markian rufen 451 ein neues Konzil in Nicäa ein, das dann aber nach Chalcedon verlegt wird und dort im Oktober beginnt.

Weit über 300 Teilnehmer, darunter fünf Legaten von Papst Leo, versammeln sich in der Kaiserresidenz Chalcedon, um eine Regelung zu finden, wie das Verhältnis von göttlicher und menschlicher Natur in Jesus Christus zu reflektieren sei.

13.5.2 Notwendige Klärungen: Chalcedon

Blenden wir ein weiteres Mal den konkreten Verlauf aus, um uns auf den Ertrag des Konzils in der Frage zu konzentrieren, die uns beschäftigt. Auf das Nicäno-Konstantinopolitanum (13.3.2) und einer Präambel (DH 300) folgt die entscheidende Definition in einem einzigen Satz (nach DH 301–302):

In der Nachfolge der heiligen Väter also lehren wir alle übereinstimmend, unseren Herrn Jesus Christus als ein und denselben Sohn zu bekennen:
  [a] derselbe ist vollkommen in der Gottheit und derselbe ist vollkommen in der Menschheit; derselbe ist wahrhaft Gott und wahrhaft Mensch aus vernunftbegabter Seele und Leib;
  [b] derselbe ist der Gottheit nach dem Vater wesensgleich und der Menschheit nach uns wesensgleich, in allem uns gleich außer der Sünde;
  [c] derselbe wurde einerseits der Gottheit nach vor den Zeiten aus dem Vater gezeugt, andererseits der Menschheit nach in den letzten Tagen unsertwegen und um unseres Heiles willen aus Maria, der Jungfrau und Gottesgebärerin, geboren;

ein und derselbe ist Christus, der einziggeborene Sohn und Herr, der
[d] in zwei Naturen [ἐν δύο φύσεσιν, en dyo physesin]
    unvermischt und unverwandelt [ἀσυγχύτως, ἀτρέπτως, asynchytos, atreptos]
    ungetrennt und ungesondert [ἀδιαιρέτως, ἀχωρίστως, adihairetos, achoristos]
erkannt wird, wobei nirgends wegen der Einung der Unterschied der Naturen aufgehoben ist,
vielmehr [δὲ μᾶλλον, de mallon] die Eigentümlichkeit jeder der beiden Naturen gewahrt bleibt und
[e] sich in *einer* Person und *einer* Hypostase [ἓν πρόσωπον καὶ μίαν ὑπόστασιν, en prosopon kai mian hypostasin] vereinigt; der einziggeborene Sohn, Gott, das Wort, der Herr Jesus Christus, ist nicht in zwei Personen geteilt oder getrennt, sondern ist ein und derselbe, wie es früher die Propheten über ihn und Jesus Christus selbst es uns gelehrt und das Bekenntnis der Väter es uns überliefert hat.

Die Elemente lassen sich auf Basis der bisherigen Ausführungen grob zuordnen: In (a) wird der Apollinarismus verurteilt, in (b) die *doppelte* Homousie unterstrichen und in (c) entlang des Doppelmotivs *Zeugung/Geburt* nicht nur Nicäa, sondern auch das *theotokos* mit seiner soteriologischen Begründung wiederholt, womit implizit auch die Idiomenkommunikation bestätigt wird. Darauf folgen die zentralen Bestimmungen mit den Leitbegriffen *Natur* (physis), *Hypostase* (hypostasis) und *Person* (prosopon).

In (d) wird gegen die eutychische Einheit *aus* zwei Naturen (ἐκ δύο φύσεων, ek dyo physeon) mit dem erwähnten *Tomus Leonis ad Flavianum* dezidiert die Einheit *in* zwei Naturen festgehalten. Das wird näher spezifiziert: Die zwei Naturen in Christus verhalten sich erkennbar

– zum einen *unvermischt und unverwandelt* zueinander, womit die monophysitische Position ausgeschlossen wird: Die menschliche Natur löst sich nicht im Meer der göttlichen Natur auf, sondern bleibt bestehen – damit soll die antiochenische Intuition aufgegriffen werden;

– zum anderen *ungetrennt und ungesondert* zueinander, womit die Nestorius zugeschriebene Position ausgeschlossen wird: Die beiden Naturen sind nicht bloß vorübergehend zusammen wirksam, sondern in einer echten Einheit – damit soll die alexandrinische Intuition aufgegriffen werden.

Die Vereinigung der beiden Naturen führt nicht zur Aufhebung ihrer Unterschiede, sondern „vielmehr" (δὲ μᾶλλον, de mallon) zur Bewahrung der jeweiligen Eigentümlichkeiten – die unscheinbar feine Wendung ist ein geheimes Schlüsselchen des Chalcedonense, das wir für später mitnehmen (13.5.4).

In (e) wird geklärt, wo die beiden Naturen sich vereinigen bzw. zusammenkommen, nämlich in einer Person oder Hypostase. Der letzte Begriff ist bereits mehrfach begegnet, jenen der Person (πρόσωπον, prosopon) hatten wir bislang ausgespart: Wie *hypostasis* im Kontext trinitätstheologischer Reflexion verwendet worden war, um Vater, Sohn und Heiligen Geist als eigene Instanzen (und nicht bloß Modi, Rollen) verständlich zu machen (vgl. 13.3.1 b; 14.1.2), so wird auch der Begriff *prosopon* verwendet, um Eigenständigkeit zu markieren: „Jesus Christus" ist nicht die gemeinsame Anschrift einer Zwei-Naturen-WG, mit der diese *von außen* adressiert werden kann (auch wenn sie *intern* ihre Angelegenheiten völlig getrennt regelt), sondern eine eigene, personale Größe – man kann vielleicht anachronistisch sagen: *ein echtes Du*.

13.5.3 Die schwierige Rezeption: Neuchalcedonismus

Chalcedon führt zur ersten großen Spaltung des Christentums: Teile des mia- bzw. monophysitischen Ostens nehmen das Konzil nicht an. Allerdings brechen die Verständigungsversuche (nicht zuletzt politisch motiviert) nicht ab, wodurch am Beginn des 6. Jh. der sog. *Neuchalcedonismus* entsteht: Diese Theologie fokussiert das berechtigte Anliegen im Miaphysitismus und will Chalcedon so interpretieren, dass dieses Anliegen integriert ist.

> Das zentrale Problem der Miaphysiten lässt sich für unsere Zwecke vielleicht wie folgt fassen: Für sie ist die Rede von einer eigenen Natur ohne eigene Hypostase ein hölzernes Eisen. Legt man den ursprünglichen Sinn von *Hypostase* (nämlich *Vorhandensein*) zugrunde, ist das nachvollziehbar: Welchen Sinn hat es, von der *Existenz einer Natur* zu sprechen, von der zugleich gilt, dass sie *nicht eigens vorhanden ist*? Genau das hatte Chalcedon aber gelehrt: *zwei* unvermischte Naturen, aber nur *eine* Hypostase – nur *ein* reales Vorhandensein! Das ergab keinen Sinn; deshalb lag in miaphysitischer Lesart die Annahme nahe, dass Chalcedon implizit doch zwei Hypostasen gelehrt, d. h. dem Nestorianismus nachgegeben hatte: Zwei Naturen kann es nur geben, wenn es auch zwei Hypostasen gibt!

Neuchalcedonensische Denker versuchen, dieses Problem zu bearbeiten. Es war naheliegend, Verbindungen zu Kyrill herzustellen, der den göttlichen Logos als *das* konstitutive Prinzip der Person Jesu begriffen hatte, und festzustellen, dass in dieser Hinsicht tatsächlich keine Symmetrie zwischen den Naturen anzunehmen sei. Johannes Grammatikos (um 490–575) und vor allem Leontios von Byzanz (Ende des 5. Jh.– um 543/544) entwickeln daraus die sog. *Enhypostasie-Lehre*: Die menschliche Natur Christi existiert niemals als eigenständige Hypostase (idio-hypostatisch) oder ohne Hypostase (an-hypostatisch), sondern ausschließlich in der Hypostase des Logos (en-hypostatisch). Anders formuliert: Die menschliche Natur Jesu ist immer schon in die Hypostase des Logos aufgenommen und existiert in ihr – so wird es auch auf dem Zweiten Konzil von Konstantinopel 553 fixiert.

Wird damit nicht aber die menschliche Natur Jesu zur Marginalie, weil der Akzent zu sehr auf der Göttlichkeit liegt? Spielen wir dazu noch einen Gedanken ein, den man beim neuchalcedonensischen Denker Leontius von Jerusalem entdecken kann, wenn dieser das Verb ἐνυποστάναι (enhypostanai) verwendet (vgl. Grillmeier 1989, 296–302). Enhypostasie ist hier nicht einfach ein *Zustand*, sondern ein *Akt*, der der Hypostase des Logos zuzuschreiben ist: nämlich *Ermöglichung der Vereinigung* der beiden Naturen im Sinne des Chalcedons – und nicht Verunmöglichung! Das heißt: *Gerade weil* die menschliche Natur Jesu ihren Existenzgrund immer schon im Logos Gottes hat, löst sie sich nicht im Meer des Göttlichen auf, sondern bleibt *vielmehr* wirklich menschliche Natur. Das ist eine chalcedonorientierte Interpretation von Enhypostasie: Es ist die Hypostase des Logos, welche die echte Eigenständigkeit der menschlichen Natur bleibend ermöglicht – *nicht trotz, sondern gerade wegen* jener engstmöglichen Verbindung mit der göttlichen Natur, die in Christus realisiert ist. Diese Rekonstruktion liefert keine akkurate Darstellung der Konflikte (hier wäre noch einiges zum sog. *Dreikapitelstreit* nachzuarbeiten) und erreicht auch keinen Abschluss der relevanten Debatten (hier wäre in der Folge noch einiges zum sog. *Monotheletismus* zu sagen); da es uns allerdings nicht angemessen möglich ist, historische Entwicklungen und systematische Anschlüsse zu diskutieren (etwa bei Georg Essen, der neuchalcedonische Motive produktiv mit Denkfiguren neuzeitlicher Subjektphilosophien verbindet, vgl. 2001; in kritischer Würdigung vgl. Dockter 2019), nutzen wir an dieser Stelle gewissermaßen einen Seitenausgang.

13.5.4 Das geheime Schlüsselchen des Chalcedonense

Der Sound der letzten Überlegungen erinnert nämlich nicht zufällig an das, was in 6.4.3 *christliches Grundgesetz* genannt worden war: Chalcedon ist einer seiner wichtigsten Entdeckungsorte. Wenn oben von einem geheimen Schlüsselchen des Konzils die Rede war, dann war dies genau darauf hin formuliert: Die unscheinbare Wendung *de mallon* erschließt dieses christliche Grundgesetz.

Wie ist das gemeint? Um das zu erläutern, gehen wir kurz auf ein Problem zurück, welches das Chalcedonense bearbeitet und das *in nuce* bereits bei Apollinaris aufgetaucht war: In dessen Modell von Menschwerdung wird der Logos Mensch, indem er die Rolle des menschlichen Geistes übernimmt, d. h. diesen, sein Denken und Wollen ersetzt (13.3.1). Eine implizite Konkurrenz von Gott und Mensch bestimmt auch den Monophysitismus, wo das Zueinander der beiden Naturen im Bild von Meer und Honigtropfen gedacht wird – auf Kosten der menschlichen Natur (13.5.1). Im Umkehrschluss hieße das letztlich: Heilvolle Gottesnähe ist für den Menschen nur möglich, *wo er als Mensch in seinem Denken und Wollen verschwindet* – Nachfolge Christi wäre dann eine Übung in Annihilation. Während die antiochenische Theologie besonders *diesen Aspekt* problematisiert, arbeitet sich die alexandrinische Theologie gewissermaßen an einem *anderen Aspekt* ab, der sich ebenfalls aus der unterstellten Konkurrenz von Gott und Mensch ergibt: Wir müssen, präziser: dürfen die menschliche Natur so verstehen, dass Gottes Logos, seine unbedingte Zuwendung, wirklich ihr existenzgründendes und -bestimmendes Prinzip sein kann – und bei Jesus, so der christliche Glaube, ist genau das der Fall. Das ist heilvoll auch für uns, denn es heißt, dass die ‚menschliche Natur' im Letzten nicht als rasende Absurdität, abgrundtiefe Schuld, letzte Verzweiflung, evolutionärer Irrläufer oder intrinsische Gottesferne zu verstehen ist. Auch wenn es diese Momente gibt, ist die eigene Existenz nicht damit identisch: Sie kann, wie Athanasius schreibt, vergöttlicht werden (13.2.1).

Vor diesem Hintergrund wird deutlich, warum das *de mallon* als geheimes Schlüsselchen bezeichnet wurde: Es besagt nämlich, dass Göttliches und Menschliches nicht in Konkurrenz zueinander stehen, sondern Gott als jene schöpferische Wirklichkeit zu bestimmen ist, welche *vielmehr (de mallon)* wahres Menschsein eröffnet.

13.6 Und heute? Rahner'sche Skizzen zwischen Musik, Tanz und Komposition

Verlassen wir damit ohne weiteren Blick auf Folgeentwicklungen die Welt der ersten Konzilien, um ihre christologische Frage in die Gegenwart zu tragen: *Wie lässt sich Jesus verstehen?* Diese Frage hat sich mit den Konzilien nicht einfach erledigt. Sie stellt sich neu, weil sich der Sinn von Begriffen wie Wesen, Natur, Hypostase oder Person nicht unmittelbar erschließt und neue geistesgeschichtliche Leitbegriffe (etwa Freiheit) und Schlüsselerfahrungen (etwa das Unbehagen an bloßen Autoritätsargumenten) uns herausfordern, die zentralen christologischen Einsichten neu verständlich zu machen. Wie also lässt sich verstehen, dass Jesus wahrer Gott und wahrer Mensch ist, dass er nicht nur in Gottes Gegenwart lebt, sondern *uns* diese Gegenwart Gottes erschließt, *insofern er sie selbst ist*? Damit rühren wir zugleich an das epistemologisch-formale Problem der vierten Zwischenreflexion, wie Gottes Gegenwart in Jesus, präziser: Jesus *als Gottes Selbstmitteilung* gedacht werden kann. Natürlich ist diese Frage zu groß, um sie und relevante Antwortversuche aktueller Theologien hier auch nur angemessen skizzieren zu können. Orientieren wir uns deshalb in einem letzten systematischen Abschnitt an einem Denker, dessen Ansatz zu den wichtigsten Entwürfen in dieser Frage im 20. Jh. gehört: Karl Rahner.

> Wir stellen seinen Ansatz nicht nochmals vor, rekapitulieren aber zentrale Gedanken in drei Schlaglichtern (vgl. 7.3). Entscheidend ist *erstens* vor allem die Einsicht, dass der Mensch, insofern er personal-wesenhaft auf das Unbedingte ausgerichtet ist, immer schon auf Gott offen ist – und zwar im Sinne einer existential-grundsätzlichen dynamischen Verwiesenheit. Die Verwiesenheit auf das Unbedingte ist der neuralgische Punkt, um jene Ansprechbarkeit des Menschen

für Gottes Offenbarung zu denken, die in der letzten Zwischenreflexion thematisiert worden war (vgl. auch die Anmerkungen zum *Baby-im-Park-Beispiel* in 7.3.2 b).

Nach Rahner lässt sich die dynamische Verwiesenheit auf das Unbedingte *zweitens* bereits als Selbstmitteilung Gottes zu verstehen: Da wir diese Dynamik nicht herstellen, sondern uns in ihr vorfinden, muss sie jemand *in uns* initiiert haben. Präziser: Da sie nicht etwas an uns ist, sondern uns wesentlich *als Menschen konstituiert*, so wie wir uns erfahren, muss uns jemand *als eine solche Dynamik erschaffen* haben. Das interpretiert Rahner bereits als Offenbarung Gottes: Indem er den Menschen frei als wesenhaft dynamisch auf sich hin erschafft, hat er sich ihm bereits athematisch mitgeteilt. Dabei ist diese Offenbarung, mithin die dynamische Verwiesenheit des Menschen auf das Unbedingte *transzendental* zu verstehen: Sie liegt unseren *materialen* Lebensvollzügen (wie auch immer diese aussehen) ermöglichend voraus (vgl. die analoge Denkfigur in 12.3.2).

Gleichwohl ist die beschriebene Verwiesenheit trotz ihrer Formalität *drittens* weder *völlig stumm* noch *indifferent* in Bezug auf diese konkreten Vollzüge. Wie ist das gemeint? Menschen *können aus freien Stücken versuchen*, die Verwiesenheit auf das Unbedingte, die sie sind und in ihren Lebensvollzügen *mit-erfahren*, denkerisch zu erfassen bzw. ihr handelnd zu entsprechen. Wenn wir riskieren, ein Rahner völlig fremdes Bild zu verwenden, mag man sagen: Menschen können versuchen, ihr Leben gemäß jener Grundmelodie zu gestalten, die ihrem Leben gewissermaßen transzendental hinterlegt ist (d. h. sie können versuchen, *dazu zu tanzen*, wie man vielleicht – *pace loquar Rahner!* – sogar sagen könnte). Offensiver formuliert: Menschen versuchen tatsächlich immer wieder, in ihren Lebensbewegungen der Melodie der Zuwendung Gottes zu entsprechen, die ihrem Leben athematisch zugrunde liegt. Auch wenn man kategorial nicht einfach abbilden kann, was transzendental vorausliegt (so wie ein Tanz nicht einfach den Song *abbildet*, zu dem getanzt wird), auch wenn hier also immer eine Form von *Aneignung, Interpretation, Übersetzung und Vermittlung* vorliegt – es gibt doch Bewegungsmuster, die der Grundmelodie *besser* entsprechen als andere, es gibt sehr wohl Choreographien, die *eher* als geglückt anzusehen sind als andere. Geglückte Performanzen stehen dabei freilich immer wieder solchen gegenüber, die unpräzise oder unpassend sind, weil sie den *Spirit* der Grundmelodie verzeichnen oder gar entstellen: Wir sind uns, wo wir unser formales Verwiesensein auf das Unbedingte inhaltlich affirmativ leben wollen, letztlich nicht nur immer wieder unsicher, wie ihm am besten zu entsprechen sei – wir sind auch immer wieder von Bösartigkeit beeinflusst, von Angst bestimmt, von Konkurrenzdenken beherrscht u. a. m. Deshalb unterbieten wir immer wieder, was die Melodie eigentlich in sich hätte. Wir werden Implikationen (besonders) dieser (letzten) Wahrnehmung noch näher zu reflektieren haben (u. a. in 15.1.4); fürs Erste ist aber entscheidend, dass wir nochmals eine metaphorisch verdichtete Darstellung dessen vor Augen haben, was menschliche Existenz in Rahners Denken ausmacht.

Fragen wir mit dieser Rekapitulation im Rücken *in einem ersten Schritt*, was es in Rahners Ansatz heißt, dass Jesus von Nazaret „wahrhaft Mensch" ist (DH 301), d. h. dass Jesus anthropologisch grundsätzlich nicht anders als wir „funktioniert". Die Antwort ist klar: Auch Jesus ist, da er *als Mensch* in der Mitte seiner Existenz qua transzendentaler Offenbarung auf das Unbedingte ausgerichtet ist, unausdrücklich immer schon auf Gott hin dynamisiert. Auch Jesus findet sich existentiell in jener dynamischen Verwiesenheit auf Gott, deren Prinzip Gottes vorgängige Zuwendung ist, welche den Menschen als Menschen konstituiert und als übernatürliches Existential bezeichnet wurde (vgl. 7.3.2 b) – die unbedingte Zuwendung Gottes ist die Grundmelodie auch am Grunde und in der Mitte der Existenz Jesu von Nazaret. Rahner formuliert das wie folgt:

> Jesus ist wahrhaft Mensch, wahrhaft ein Stück der Erde, wahrhaft ein Moment an dem biologischen Werden dieser Welt, ein Moment an der menschlichen Naturgeschichte, denn er „ist geboren von einer Frau" (Gal 4,4). Er ist ein Mensch, der in seiner geistigen, menschlichen und endlichen Subjektivität ebenso wie wir [!] Empfänger jener gnadenhaften Selbstmitteilung ist [die das übernatürliche Existential *jeder* menschlichen Existenz ist]. ... Jesus ist wahrhaft Mensch, er hat schlechterdings alles, was zu einem Menschen gehört, auch eine endliche Subjektivität, ... die eben durch die Selbstmitteilung Gottes in der Gnade eine radikale Unmittelbarkeit zu Gott hat, so wie sie auch bei uns [!] in der Tiefe unserer Existenz gegeben ist. (1984, 196)

Davon ausgehend lässt sich nun *in einem zweiten Schritt* fragen, was es bedeuten kann, dass Jesus „wahrhaft Gott" (DH 301) und wirklich die Selbstmitteilung Gottes ist. Es ist entscheidend zu sehen, dass die Erläuterung dieser Aussage keine weiteren Überlegungen voraussetzt, sondern aus den bisherigen heraus erfolgt: Die Christologie entwickelt sich aus der skizzierten Anthropologie heraus, wie sich zugleich die eben rekapitulierte Anthropologie der Christologie verdankt (und daher, klassisch gesprochen, *theologische* Anthropologie ist – sie lässt sich, wie in 7.3, zwar im Horizont von Anfragen der Moderne einführen, ist aber *in nuce* christlich inspiriert). Was bedeutet das nun konkret?

Wenn wir nochmals das Bild von Grundmelodie und Lebensbewegung verwenden, ließe sich vielleicht sagen: Während *wir* immer wieder daran scheitern, der Grundmelodie der göttlichen Zuwendung in unseren Lebensbewegungen zu entsprechen, glauben Christen, dass Jesus genau das *in definitiver, endgültiger Weise* realisiert – er *verkörpert* diese Melodie in seinem Leben, *weil er sie selbst ist*. Seine Lebenschoreographie lässt sich in allem von Gottes unbedingter Zuwendung und seinem Frieden bestimmen und bringt diese auf nicht mehr überbietbare Weise zur ‚Anschauung' – wer Jesus gesehen hat, hat den Vater gesehen (vgl. Joh 14,9), er ist das Bild des unsichtbaren Gottes (vgl. 1 Kol 1,15). Etwas formaler formuliert: Jesus vertraut in allem jener athematischen Zuwendung Gottes, die die Mitte jeder menschlichen Existenz konstituiert und allen Menschen gilt; er lässt sich *völlig* von ihr bestimmen und verkörpert sie auf diese Weise in seinem Leben. Darin wird anderen Menschen Gottes Zuwendung (die sie transzendental mit-erfahren) kategorial konkret erfahrbar. Das geschieht durch konkrete Zeichen vermittelt, ereignet sich aber wirklich – es geschieht *realsymbolisch*, wie man mit Rahner sagen kann (vgl. die analoge Denkfigur in 12.3.3 bei Pröpper, der Rahners Reflexionen voraussetzt, sowie Überlegungen in 16.3.1 c). Kurzum: In der Begegnung mit Jesus erfahren Menschen nicht etwas *von oder über Gott*, sondern wird für sie in einem Menschen Gottes unbedingte Zuwendung selbst erfahrbar. Damit zeichnet sich ab, wie für Rahner Menschwerdung Gottes bzw. Inkarnation zu verstehen ist: Wenn ein Mensch, so Rahner, sein

> Wesen so in absoluter Reinheit und Radikalität von Gott her empfängt und so auf ihn hin vollzieht, dass sie diesen Menschen zur Selbstaussage Gottes und zu Gottes unwiderruflicher Selbstzusage an die Welt macht, die Gott wahrhaft dasein lässt, dann ist das gegeben, was wir „Inkarnation" in einem dogmatisch rechtgläubigen Sinn nennen. (1967b, 215)

Wenn wir uns eine grobe Linienführung erlauben, lässt sich Folgendes festhalten: Wir können mit Rahner den Menschen so verstehen, dass er von Gott her auf Gott hin dynamisiert ist – der Mensch ist wesentlich dynamische Verwiesenheit auf jenes Unbedingte, das Gott ist. Zugleich müssen wir annehmen, dass Gott nicht neben, sondern *genau in der skizzierten Dynamik* (die der Mensch nicht nur *formal ist*, sondern *geschichtlich vollzieht*) geschichtlich offenbar zu werden vermag – nicht nur, aber auch in einer Form, über die hinaus nach christlichem Verständnis keine größere denkbar ist: *realsymbolisch in einem Menschen*. Der Mensch ist nämlich nicht nur „auf Grund seiner Transzendenz das immer schon auf Gott exzentrische Wesen", sondern *gerade darin* „das mögliche Anderssein Gottes" (1967c, 406). Genau das wird in Jesus geschichtlich wirklich: Jesus ist als die einmalige und höchste Realisierung der eben beschriebenen menschlichen Möglichkeit zu verstehen, die von Gott selbst im Innersten einer jeden menschlichen Existenz eröffnet ist. Deshalb ist Jesus auch nicht weniger Mensch als wir, sondern vielmehr *der wahre Mensch*: Er realisiert die Dynamik, die wir als Menschen *sind*, unüberbietbar, weil er sich ihr „in freiem menschlichem Gehorsam" (1954b, 181) vorbehaltlos hingibt und überlässt. Um es nochmals in einer der bekanntesten Formulierungen Rahners selbst zu sagen:

> Die Menschwerdung Gottes ist ... der einmalig *höchste* Fall des Wesensvollzugs der menschlichen Wirklichkeit, der darin besteht, dass der Mensch ist, indem er sich weggibt in das absolute Geheimnis hinein, das wir Gott nennen. (1984, 216)

Man kann an dieser Stelle nochmals auf die Grundwahrheit des Schöpfer-Geschöpf-Verhältnisses zu sprechen kommen, die mit Rahner in 6.4.3 eingeführt worden war, nämlich dass radikale Abhängigkeit von Gott in gleicher Proportion zu wirklichem Selbststand vor ihm steht: Dass Jesus als wahrer Gott und wahrer Mensch bekannt wird, versteht Rahner als „höchste Anwendung" dieser Grundwahrheit, als den einmaligen Höhepunkt des allgemeinen „Schöpfer-Geschöpf-Verhältnisses" (1961b, 183).

Legen wir unser Augenmerk aber zum Abschluss auf einen anderen Gesichtspunkt, der bei der Darstellung Rahners immer wieder zum Thema wird: Warum bzw. in welcher Weise insistiert Rahner so sehr auf der *Einmaligkeit* der Menschwerdung Gottes in Jesus? Warum betont er in aller Klarheit, dass „ein Abgrund der Verschiedenheit" zwischen uns und Jesus besteht (1984, 222)? Wenn Gott in Jesus nämlich eine *Möglichkeit* realisiert, die *rein formal* allen Menschen offensteht – könnte dann Gott nicht *rein theoretisch* auch in anderen Menschen Mensch werden? Solche Fragen klingen modern, stellen sich aber nicht erst im 21. Jh.: Auch Thomas von Aquin beschäftigt sich damit, ob Gott neben der menschlichen Natur Jesu noch eine weitere annehmen, kurz: nochmals inkarnieren könnte (vgl. STh III q3 a7). Seine Antwort ist auch für uns aufschlussreich: Es ist logisch *nicht unmöglich*, aber es gibt Konvenienzgründe dagegen, dass Gott es auch wirklich tut (vgl. STh III q4 a5). Rahner wiederum argumentiert gegen die verwandte Vorstellung, dass „Gottmenschlichkeit sich so oft ereignen müsse, als es Menschen gibt" (1984, 217): Was *Gottes freie Zuwendung zum Menschen* und deren freie, vorbehaltlose Aneignung durch einen Menschen betrifft, gibt es keine gesetzesartigen Mechanismen, naturnotwendigen Abläufe oder ehernen Programme. Das sollte uns nicht überraschen, sofern dies analog schon in anderen, gerade subtileren Bereichen menschlicher Existenz gilt: So können wir uns vorstellen, dass uns ein Komponist Musik in völlig neuer Weise hören lässt (also uns gleichsam musikalisch einen *Hasen* erschließt, wo wir zuvor nur semi-melodiöse *Enten* wahrgenommen haben, vgl. 2.2.2 a) und dass wir danach nie wieder anders Musik hören können als mit den Ohren, die uns seine Werke geschenkt haben. Aber daraus folgt weder, dass *jeder* andere musikalische Mensch Ähnliches in gleicher Weise *könne* (auch wenn er tatsächlich musikalisch begabt ist), noch dass es *faktisch* einen anderen Komponisten geben *müsse*, der uns den Kosmos der Musik in gleicher Genialität vermittelt (auch wenn es logisch nicht ausgeschlossen ist, wie Thomas sagt). Selbst wenn der Vergleich torkelt, lässt er den entscheidenden Gedanken erkennen: Wenn sich schon musikalische Genialität a) weder aus anthropologischen Dispositionen noch geschichtlichen Bedingungen ableiten lässt; wenn sie b) uns etwas erschließen kann, was wir zuvor nicht wahrgenommen haben; und wenn sie c) zugleich wirklich singulär sein kann – dann gilt das für die unendlich fein gesponnene Beziehung von Schöpfer und Geschöpf und ihre geschichtliche Realisierung mindestens ebenso. Und es gilt nochmals (so elend die Analogien sind) in besonderer Weise für die Menschwerdung als Höhepunkt des allgemeinen Schöpfer-Geschöpf-Verhältnisses: *Auch Gottes Zuwendung zum Menschen in einem Menschen (nämlich Jesus) ist konsequent als freies, als nicht-notwendiges Ereignis in diesem Sinn zu verstehen.*

Diese Erläuterungen reichen nicht hin, um die Tiefe der Überlegungen Rahners zu Offenbarung, Selbstmitteilung und Menschwerdung Gottes auszuleuchten, aber sie vermitteln einen Eindruck seiner Denkbewegung und davon, wie eine exemplarisch zeitgenössische christologische Reflexion aufgesetzt sein kann. Dabei weist die Reflexion bereits den Weg ins nächste Kapitel: Die Erhellung der Frage, wie sich denkerisch einholen lässt, dass Gott uns in Jesus begegnet, enthält in sich auch die Frage danach, wie wir Gott gleichsam in sich selbst denken können. Das war bereits Gegenstand dieses Kapitels, wird aber in anderer Perspektive nochmals im nächsten thematisiert: *in der Trinitätstheologie.*

14 Trinitarisch eins?

Die Ausführungen der letzten Kapitel sind christlich verstanden Bestimmungen der *Gotteslehre*: Christen sind überzeugt davon, dass man nicht von Gott sprechen kann, ohne auf Jesus zu sprechen zu kommen. Die Fragen, die das erzeugt, beziehen auch den Heiligen Geist mit ein: Wenn etwa in Joh 14,26 vom *Heiligen Geist* (τὸ πνεῦμα τὸ ἅγιον, to pneuma to hagion) die Rede ist, den der *Vater* in *Jesu* Namen als Beistand (παράκλητος, parakletos) senden wird, dann stellt sich bei der Lektüre dieser und anderer Stellen die Frage, in welchem Verhältnis Vater, Sohn und Heiliger Geist stehen – und wie Gott zu denken ist. Damit beschäftigt sich die Trinitätstheologie.

14.1 Biblische Grundierung und frühe Konturierung

14.1.1 Biblische Grundorientierungen und systematische Regieanweisungen

Liest man das Neue Testament, fallen neben zweigliedrigen Formeln (die das Zueinander von Gott und Jesus Christus thematisieren) immer wieder auch dreigliedrige Formulierungen auf. Bei Paulus etwa finden sich triadische Motive, die liturgisch geprägt erscheinen: „Die Gnade des Herrn Jesus Christus und die Liebe Gottes und die Gemeinschaft des Heiligen Geistes sei mit euch allen!" (2 Kor 13,13). Im Römerbrief schreibt er vom „Frieden mit Gott", den wir „durch Jesus Christus, unseren Herrn" haben (Röm 5,1) und zugleich von der „Liebe Gottes", die in unsere Herzen ausgegossen ist „durch den Heiligen Geist, der uns gegeben ist" (Röm 5,5). Ein Blick in andere Schriften des Neuen Testaments würde den Befund verfeinern, aber bereits die paulinische Stichprobe zeigt, dass frühe Christen und Christinnen nicht nur in ihrer liturgischen Sprache *triadische Formeln* verwenden, sondern auch in der Explikation jener Heilserfahrung, die sie mit Jesus von Nazaret als Christus verbinden.

Wir müssen in diesem Zusammenhang besonders auf den Heiligen Geist zu sprechen kommen, der bislang nicht eigenständig thematisiert wurde: Wenn wir Jesus als Messias denken, in dem Gottes Ja verwirklicht ist – wie ist dann der Heilige Geist zu verstehen? Vielleicht kann man (ausgehend vom Neuen Testament) für eine erste Annäherung etwas sonderbar von einer *Erfahrung mit der Erfahrung* sprechen. Nach Ostern machen Jüngerinnen und Jünger die Erfahrung, dass es möglich ist, in der mit Jesus verbundenen Erfahrung der unbedingten Zuwendung Gottes zu bleiben und wirklich aus ihr zu leben – in Wahrheit, Liebe und Freude, mit Geduld, Mut und Ruhe

u. a. m. Die Zuwendung Gottes blitzt in Jesus also nicht wie eine Episode auf, um dann wieder geschichtlich zu erlöschen, sondern bleibt *erfahrbar* – und zwar nicht allein für jene kleine Gruppe, die Jesus unmittelbar kannte, sondern auch für Menschen, die ihn nicht persönlich erlebt hatten: Auch diese erweisen sich für die Frohe Botschaft als ansprechbar, als offen dafür und verwiesen darauf (vgl. Apg 2). Diese (durchaus überraschenden, fassungslos machenden vgl. Apg 10,45) Erfahrungen begreifen die Jünger und Jüngerinnen als von Gottes Geist gewirkt: Weder in der Erfahrung, dass uns Christus als Zusage Gottes gegenwärtig ist (vgl. Joh 16,5–15), noch in der Erfahrung, dass auch andere für diese Zusage offen sind (vgl. 1 Thess 1,5–6), ist nur der eigene Esprit am Werk, sondern auch Gottes Geist. Das Wirken des Geistes nimmt dabei den Jüngern eigenes Tun und Denken nicht ab (vgl. Apg 15,1–35), sondern ist vielmehr die dynamische Eröffnung der Möglichkeit, *gerade im eigenen Tun, Denken, Leiden, Feiern und Leben* in und aus dem Frieden Gottes zu leben – nicht zuletzt in Welt-, Kultur-, und Lebensregionen, in denen man es nach eigenem Dafürhalten nicht für möglich hielt (vgl. Joh 3,8). Der Heilige Geist ist also, so eine erste Auskunft, gewissermaßen der große Ermöglicher. Wir können uns Formulierungen der Communauté de Taizé, einer ökumenischen Gemeinschaft nahe Cluny, zueigen machen, um die vielleicht zentrale Einsicht des biblischen Zeugnisses zu fassen, was der Geist ist: "an inward Presence that brings to birth, gives life, inspires, reassures, supports, encourages … in short, a reflection of the divine tenderness in each person" (2005, 83).

Wir werden einige Spuren, die sich aus diesen Bemerkungen zum Heiligen Geist ergeben, im Blick auf die Kirche aufnehmen (15.1.3), kehren aber nochmals zu den triadischen Formeln im Neuen Testament zurück. Es ist wichtig zu sehen, dass diesen keine systematischen Vergewisserungen zugrunde liegen, sondern Erfahrungen, auf die sich jede denkerische Entfaltung beziehen muss. Das ist gewissermaßen eine Regieanweisung aller Trinitätstheologie: *Die systematische Reflexion ist konstitutiv an die Erfahrung göttlicher Zuwendung rückgebunden.* Trinitätstheologie ist nicht *feiernde Sprache* (wie man mit Wittgenstein sagen könnte) oder *freidrehendes Denken*, sondern bleibt immer auf die Grunderfahrung von Heil bezogen: Sie will erhellen, wie Gottes Zuwendung in Christus *für uns* erfahrbar werden konnte und unser Leben *auch jetzt* zu verwandeln vermag.

14.1.2 Theologische Konflikte und konziliante Bestimmungen

Man kann, um einen Eindruck der denkerischen Suchbewegungen früher Christinnen in dieser Frage zu vermitteln, allgemein auf 13.1 verweisen. Auch wenn dort der Fokus dem Verhältnis von Vater und Sohn galt, ist die Frage nach dem Heiligen Geist in diese Dynamiken eingelassen. Wirklich akut wird sie freilich erst nach dem Konzil von Nicäa 325, wie 13.3.1 b deutlich machte: Dort war von den sog. *Pneumatomachen* und vom Problem die Rede, dem Heiligen Geist Göttlichkeit zuzuschreiben. Greifen wir diesen Faden auf, um die entscheidenden trinitätstheologischen Bestimmungen des Konzils von Konstantinopel 381 verständlich zu machen. Auch wenn in der Sache noch Tertullians Werk *Adversus Praxean* gegen die Identifikationstheologie (vgl. 13.1) erwähnenswert ist und zu erläutern wäre, konzentrieren sich die anschließenden Passagen allein auf den griechischen Osten – das ist der eigentliche Schauplatz dieses Konflikts. Dort wiederum sind es vor allem Überlegungen des *Athanasius von Alexandrien* sowie der sog. *drei Kappadozier*, die den Diskurs voranbringen. Welche Überlegungen sind es, die letztlich dazu führen, die Göttlichkeit des Heiligen Geistes gegen die pneumatomachische Position festzuhalten?

Bei *Athanasius von Alexandrien* finden wir u. a. einen Argumentationstyp, der uns bereits aus der Christologie vertraut ist: den Rekurs auf soteriologische Erwägungen. Der Gedanke liegt auf der Hand: Wenn es bei Paulus heißt, dass uns der Heilige Geist zu Kindern *Gottes* macht (vgl. Röm 8,14) und die Liebe *Gottes* in unsere Herzen gießt (Röm 5,5) – wie sollte der Heilige Geist dann eine *geschöpfliche* Größe sein? Wie könnte uns eine geschöpfliche Wirklichkeit ermöglichen, Kinder Gottes zu werden? Entsprechend hält Athanasius explizit die *Homousie* des Heiligen Geistes fest:

> Wenn der Heilige Geist ... ein Geschöpf wäre, würde uns durch ihn keine Gemeinschaft mit Gott zuteil, sondern wir würden vielmehr mit einem Geschöpf verbunden – fremd der göttlichen Natur, weil wir in nichts Anteil an ihr hätten. Nun aber, da von uns gesagt ist, dass wir Anteil an Christus und Gott haben, ist erwiesen, dass die Salbe und das Siegel in uns nicht zur Natur der geschaffenen Dinge, sondern zur Natur des Sohnes gehört, der uns durch den Geist in ihm mit dem Vater verbindet. (Epistula I ad Serapionem 24,2)

Athanasius konstatiert in den späten 350ern die Homousie des Heiligen Geistes (ebd., 27,3) und betont die völlige Einheit im Handeln Gottes, weshalb eine soteriologische Konkurrenz zwischen Vater, Sohn und Heiligem Geist unsinnig ist: Der „Vater tut alles durch den Logos im Heiligen Geist" (ebd., 28,3). Oder um es im Licht der obigen Ausführungen zu sagen: Wenn der Geist als der große Ermöglicher bezeichnet wurde, dann ermöglicht er nicht irgendetwas – sondern die (stets neue, auch überraschende) Annahme der Zuwendung Gottes. Es gibt keine heilsgeschichtliche Konkurrenz, sondern Komplementarität. In der lateinischen Tradition wird der Gedanke später in die Formel *opera trinitatis ad extra indivisa sunt* gegossen: *Die Werke der Trinität nach außen sind unteilbar.*

Die wichtigsten trinitätstheologischen Anstöße gehen freilich zeitlich etwas später von Basilius von Caesarea (330–378), seinem Bruder Gregor von Nyssa (nach 330–395) sowie Gregor von Nazianz (325/329–390) aus: den drei Kappadoziern (vgl. Andresen u. a. 2011, 201–209). Was sind ihre wesentlichen gedanklichen Linien?

Basilius differenziert ab 373 als erster gegen den Wortlaut des Konzils von Nicäa zwischen *ousia* und *hypostasis* (vgl. 13.3.1 b). Ersteres bezeichnet ihm zufolge das gemeinsame Wesen, während sich Zweiteres auf das bezieht, was Vater, Sohn und Heiligen Geist auszeichnet: Der Vater ist ungezeugt, der Sohn gezeugt und der Heilige Geist aus dem Vater hervorgehend (vgl. Joh 15,26), auch wenn nicht ganz klar ist, was den Hervorgang des Geistes von der Zeugung des Logos unterscheidet. Anders als Athanasius und seine beiden Mitstreiter schreibt Basilius nicht, dass der Heilige Geist *homousion*, sondern dezenter, dass er gleichwertig und gleichermaßen anzubeten sei *(homotimon)*; die Göttlichkeit ist damit aber implizit festgehalten. Besonders Basilius' These von der Agennesie, der Ungezeugtheit des Vaters liefert neue Denkanstöße: Galt zuvor Ursprungslosigkeit bzw. Selbstverursachung als Charakteristikum des göttlichen *Wesens* (weshalb für Arianer der Logos nicht göttlich sein konnte, da er gezeugt ist, vgl. 13.2.1), erscheint sie nun als Eigenschaft der Hypostase des *Vaters*. Basilius' Bruder Gregor von Nyssa verteidigt dies gegen arianische Einwände: Nicht Agennesie ist das entscheidende Merkmal des göttlichen Wesens, sondern Unendlichkeit. Weil Unendlichkeit denkerisch nicht abschließend erfasst werden kann, unterstreicht das auch die Unerkennbarkeit Gottes und stärkt die negative Theologie (vgl. 4.2.3). Zugleich reflektiert Gregor von Nyssa klarer als sein Bruder, was Sohn und Geist unterscheidet: Der Sohn wird, so schreibt er, unmittelbar vom Vater gezeugt, während der Geist *durch den Sohn* vom Vater kommt.

Gregor von Nazianz schließlich spielt weitere wegweisende Überlegungen ein. *Erstens* setzt er *hypostasis* mit *prosopon* (Person, Antlitz) gleich. Der Begriff lässt sich mit dem lateinischen *persona* übersetzen, das sich in der Trinitätstheologie Tertullians findet, war im Osten aber belastet: Er hatte eine Tendenz zur Identifikationstheologie, da er sich als *Maske* übersetzen ließ und so die Lesart zu stützen schien, Gott verwende *drei Masken* (vgl. 13.1). Gregor entwickelt den Ausdruck aber anders, was *zweitens* damit zusammenhängt, dass er Vater, Sohn und Geist nicht auf ihre Wirkungen in der Heilsgeschichte reduziert (auch wenn der heilsgeschichtliche Zugriff bei den Kappadoziern allgemein leitend bleibt). Zwischen den drei Personen, so schreibt Gregor, besteht ein „Unterschied" [διάφορον, diaphoron] nicht allein „in der Offenbarungsweise", sondern auch im „gegenseitigen Verhalten" (πρὸς ἄλληλα σχέσεως, pros allela scheseos), der den Unterschied der Bezeichnungen begründet (Oratio 31,9). Diese *gegenseitigen* Verhaltensweisen lassen sich als *innertrinitarische* Relationen verstehen, die *drittens* der Schlüssel dafür sind, die Hypostasen und ihre Eigenschaften zu verstehen. Wir werden gleich auf das revolutionäre Potential des Gedankens zu sprechen kommen, hier reicht erstmal die Auskunft, dass Hypostasen und ihre Eigenschaften *über Relationen* bestimmt sind.

Diese Reflexionen verdichten sich in der den Kappadoziern zugeschriebenen Formel μία οὐσία – τρεῖς ὑποστάσεις (mia ousia, treis hypostaseis): Ein (göttliches) Wesen, drei (göttliche) Personen. Damit bereiten sie den Weg für Formulierungen des Konzils von Konstantinopel 381 (vgl. 13.3.2): Gegen die pneumatomachische auf der einen und die identifikationstheologische Position auf der anderen Seite wird dort die Göttlichkeit des Geistes verbindlich erklärt (DH 150). Das geschieht dezent, weil (in der Spur Basilius') nicht explizit von Homousie die Rede ist, aber deutlich genug: Der Geist wird mit Vater und Sohn mitangebetet und -verherrlicht, was nur möglich ist, weil er wahrhaft Gott ist (Homotimie).

14.1.3 Scones und Rosen zum Tee: Das revolutionäre Moment der Trinitätstheologie

Versuchen wir in vier Punkten zu sichten, was sich *zumindest langfristig* aus den skizzierten Reflexionen ergibt. Auch wenn einiges davon reichlich technisch klingt, verstecken sich darin nicht nur theologisch, sondern auch geistesgeschichtlich spektakuläre Twists – die Beschäftigung damit lohnt!

Der revolutionäre Spin der Trinitätstheologie

a) Die Fokussierung der immanenten Trinität

Eine *erste Beobachtung* gilt der Differenzierung zwischen *immanenter und heilsökonomischer Trinität*: Der erste Terminus bezieht sich darauf, dass Gott *in sich selbst* trinitarisch ist, während der zweite darauf referiert, dass Gott sich *in der Heilsgeschichte bzw. -ökonomie* als trinitarisch mitteilt. Formal ist diese Differenz bereits zuvor angelegt, sie wird aber erst in der Trinitätstheologie ausgearbeitet; ihr entsprechen Unterschiede, was Zuschreibungen von Eigenschaften betrifft: Die von Gregor von Nazianz angedeuteten „Verhaltensweisen" zwischen den Hypostasen werden in weiterer Folge immanente Relationen genannt, welche die sog. *Proprietäten* bestimmen: die innertrinitarischen Eigenschaften der drei Personen. Davon sind die sog. *Appropriationen* zu unterscheiden, i. e. Zuschreibungen aufgrund von heilsgeschichtlichen Wirkungen: Auch wenn (wie oben Athanasius festgehalten hatte) die Trinität nach außen stets gemeinsam wirkt, wird etwa der Vater primär auf die Schöpfung, der Logos auf die Erlösung oder der Geist auf die Heiligung bezogen. Gleichwohl entsteht damit langfristig ein gewisser Fokus auf die immanente Trinität, denn es sind die immanenten Relationen, die die Proprietäten als die *eigentlichen* Eigenschaften der Hypostasen begründen.

b) Die Entdeckung der Relationalität

Die *zweite Beobachtung* gilt genau diesem Gedanken und dem revolutionären Spin, den er enthält: der *Entdeckung der Dignität des Relationalen*. Man mag das die *aristotelische Irritation* nennen: eine Herausforderung der Substanzontologie des Aristoteles. Was ist damit gemeint? In der Regel gehen wir in unserem Alltag wie Aristoteles davon aus, dass etwas existiert (z. B. dieses Buch hier), das *dann* in verschiedene Relationen zu anderen Gegenständen tritt (z. B. zu Scones, wenn man das Buch zufällig einmal zum *Afternoon Tea* mitbringt); diese Relationen sind *akzidentiell*, i. e. zufällig und sekundär (d. h. die Eigenschaft, neben Scones, Clotted Cream oder Erdbeerkonfitüre zu liegen, verändert weder diese noch das Buch). In diesem Modell setzt eine Relation gegebene Gegenstände als Relata *voraus*, zwischen denen sich *dann* eine Relation entwickelt. Gregor von Nazianz fordert diese aristotelische Intuition heraus, wenn er Hypostasen und Relationen trinitarisch als *gleichursprünglich* kennzeichnet. Sprachlogisch ist das plausibel: Ein Ausdruck wie „Vater" drückt immer schon eine Relation aus, d. h. Vaterschaft ist semantisch völlig über eine Relation bestimmt. Diese Sprachlogik wird in der Trinität gewissermaßen ontologisch schlagend: So besteht z. B. der Vater niemals allein für sich, *ehe* er in eine Beziehung zum Sohn tritt, sondern ist *als Vater* dadurch bestimmt, dass er *immer schon* den Sohn zeugt – eben diese Relation ist es, die die Hypostase des Vaters konstituiert. Man kann das deshalb als geistesgeschichtliche Revolution begreifen, weil es die aristotelische Substanzmetaphysik herausfordert: Im Blick auf die immanente Trinität sind Relationen nicht sekundär, sondern fundamental.

c) Die Bestimmung der Proprietäten

Eine *dritte Beobachtung* gilt der weiteren *Reflexion auf die Hypostasen und ihre Proprietäten*, die sich aus den innertrinitarischen Relationen ergeben.

> *In der lateinischen Tradition* werden diese *Relationen* relativ symmetrisch ausbuchstabiert: Die Relation des Vaters zum Sohn ist jene aktiven Zeugens *(generare)*, während die Relation des Sohnes zum Vater jene passiven Gezeugtwerdens *(generari)* ist. Die Relation des Vaters und des Sohnes zum Heiligen Geist wird als aktives Hauchen *(spirare)* bezeichnet, während die Relation des Heiligen Geistes zu Vater und Sohn jene des Gehauchtwerdens *(spirari)* ist.
> Aus diesen Relationen ergeben sich die *Proprietäten* der Hypostasen. Der Vater etwa hat sein Proprium darin, dass er den Sohn zeugt und (gemäß der lateinischen Tradition) *mit dem Sohn* den Geist haucht. Wie lässt sich das verstehen? Der Vater ist Gott in seiner Ursprungslosigkeit, der sich selbst vollständig im Sohn (Logos) aussagt, ohne etwas von sich zurückzubehalten – die Metapher der Zeugung meint so verstanden die völlige Selbstaussage und Zuwendung des Vaters zum Sohn, der nichts anderes als diese Selbstaussage und Zuwendung des Vaters *ist* (das meint das Bild des Gezeugtwerdens). In der westlichen Lesart hauchen Vater und Sohn den Heiligen Geist: Das Bild lässt sich so deuten, dass die Relation von völliger Zuwendung (Vater) und völliger Annahme dieser Zuwendung (Sohn) nicht in sich selbst verbleibt oder sich gleichsam selbst absorbiert; vielmehr ist sie in sich so, dass sie immer schon überschießt: Der Geist *ist* die Transzendenz der Vater-Sohn-Relation. Es ist offensichtlich, dass man hier jeweils an Grenzen stößt, die mit der aristotelischen Ontologie zu tun haben: In der Regel würden wir sagen, dass man sich nur jemandem zuwenden kann, der bereits da ist – trinitarisch gilt aber, dass z. B. der Logos allein durch die Zuwendung des Vaters konstituiert ist, der selbst wiederum nicht vor dieser Zuwendung bereits Vater ist, sondern nur in dieser Zuwendung.

Es lässt sich an dieser Stelle nicht angemessen bearbeiten, was es mit der Einfügung „in der lateinischen Tradition" auf sich hat. Wir müssen aber das Problem ansprechen, das damit markiert ist: Die lateinisch-westliche Tradition hält 1014 endgültig in einer eigenen Anmerkung im Credo fest, dass Vater und Sohn den Geist hauchen, weil der Geist nicht am Logos vorbei gehaucht sein kann. Das soll die bereits lange diskutierte Einfügung der unscheinbaren Formel *filioque* (wörtlich: „und der Sohn") im Credo ausdrücken. Diese Interpretation der innertrinitarischen Beziehungen wird in der östlichen Tradition zurückgewiesen, da damit die zentrale Stellung des Vaters unterminiert zu werden scheint. Die Diskurse dazu können hier nicht rekonstruiert werden (vgl. von Stosch 2017, 52–59), es ist aber wichtig festzuhalten, dass dies (nach einer langen Entfremdungsgeschichte) der *formale* theologische Grund für die Trennung von Ost- und Westkirche 1054 ist.

d) Die Profilierung des Personalen

Schließen wir mit einer *vierten* Beobachtung. Sie ergänzt die *aristotelische* um eine *platonistische Irritation*, die nicht weniger revolutionär ist: Trinitätstheologisch werden nämlich, so Gisbert Greshake, Wesen und Hypostasen *„grundsätzlich auf eine Stufe gestellt"* (2007, 88). Warum das spektakulär ist, lässt sich anhand von etwas erläutern, das beim oben angesprochenen *Afternoon Tea* gern schmückend auf dem Tisch steht: Rosen. Der platonistischen Intuition zufolge realisiert eine *konkrete* Rose, was ihr als *allgemeine* Idee der Rose zugrunde liegt. Dabei ist es für die Idee der Rose unerheblich, ob sie in konkreten Rosen realisiert wird oder nicht – das Wesen der Rose, ihre Idee, existiert unabhängig von konkreten Instantiierungen (vgl. ähnliche Beispiele mit Kreisen und Kühen in 3.1.1 und 4.3.2). Diese Denkfigur wird trinitätstheologisch herausgefordert: Die drei göttlichen Hypostasen sind *nicht* die konkrete dreifache Verwirklichung eines unabhängig davon existierenden göttlichen Wesens (dem es gleichsam egal ist, ob es zwei, drei oder keine Realisierung gibt, da es ontologisch autonom ist), sondern das „göttliche Sein und Wesen ist [!] als solches bestimmt von personalen Beziehungen" (ebd.). Greshake sieht darin eine Profilierung des Personalen, des Einzelnen und Individuellen initiiert, die für die allmähliche Verdrängung des kosmologischen Denkens der Antike mitverantwortlich ist (vgl. die analoge Bewegung in 12.1).

Im Blick auf die Trinität jedenfalls lässt sich festhalten: Man darf die Hypostasen, die in den innertrinitarischen Relationen bestimmt sind, nicht als nachträgliche Instantiierungen des Wesens Gottes verstehen – sondern das Wesen Gottes selbst *ist* relational. Metaphorischer: *Der eine schöpferische Urgrund aller Wirklichkeit ist in sich selbst liebende Beziehung.* Christliche Theologie versteht das nicht als Preisgabe des Monotheismus, sondern als seine Konkretisierung.

14.2 Intra- und interpersonale Modellierungen des trinitarischen Monotheismus

14.2.1 Zwischen Innenraum der Subjektivität und Zwischenraum von Subjekten

Beschäftigen wir uns im Folgenden mit zwei theologiegeschichtlich einflussreichen Typen, die diesen trinitarischen Monotheismus modellieren. Der erste Typus wird als *lateinisch, psychologisch, monosubjektiv* oder als *Latin trinitarianism* bezeichnet und versucht, Trinität in Analogie zur menschlichen Subjektivität bzw. Geistigkeit zu verstehen. Dieser Zugang war in der lateinisch-westlichen Theologie äußerst wirkmächtig und wurde wesentlich von Augustinus geprägt. Davon ist ein zweiter Typus zu unterscheiden, der meist *sozial, intersubjektiv oder -personal* oder *Social trinitarianism* genannt wird und Trinität im Rekurs auf intersubjektive Beziehungen verständlich machen will. Er ist in vielen aktuellen Entwürfen auch in westlichen Theologien maßgeblich, findet sich aber prominent auch schon früher, etwa im 12. Jh. bei Richard von St. Viktor (um 1110–1173).

14.2.2 Augustinus und die irreduzible Facettierung menschlicher Subjektivität

Augustinus gilt wohl zu Recht als der wichtigste trinitätstheologische Denker der lateinischen Tradition: Die 15 Bücher seines Werkes *De trinitate* prägen die theologische Diskussion für Jahrhunderte. Man kann sich die wegweisende Überlegung an einer kleinen Passage in der Autobiographie Augustinus', den *Confessiones*, vor Augen führen. Dort spricht er im Sinne einer Illustration von einer „Dreiheit, die in ihnen [den Menschen] selbst ist" und an der man vielleicht *üben, erproben und erspüren* kann, was es heißen mag, dass Gott relational in drei Personen existiert (Confessiones XIII 11). Das

> ist die Dreiheit, die ich meine: sein, wissen, wollen [esse, nosse, velle]. Denn ich bin, ich weiß und ich will: und zwar bin ich, indem ich weiß und will, und das weiß ich, dass ich bin und will, und das will ich, dass ich bin und weiß. (Ebd.)

Zwar ist diese triadische Struktur, die personales Selbstbewusstsein auszeichnet, „bei weitem" nicht mit der göttlichen Trinität zu vergleichen, wie Augustinus immer wieder schreibt (vgl. ebd.), dennoch ist sie seine wichtigste Spur: Hier findet man nämlich im Subjekt Unterschiedenheit bei gleichzeitig untrennbarer Einheit. Er führt das an einer anderen Stelle (die wie eine Vorwegnahme des Descartes'schen *cogito ergo sum* klingt, vgl. 3.1.2 a) als Ineinander von drei Gewissheiten aus, in denen sich das Subjekt selbst gegeben ist: Es

> steht für mich ganz fest, dass ich bin, dass ich das weiß und dass ich es liebe. In diesen Wahrheiten fürchte ich mich vor keinem Einwand der Akademiker, die da fragen: Und wenn du dich täuschst? Denn auch wenn ich mich täusche, bin ich. Wer nicht ist, kann sich auch nicht täuschen, und deshalb bin ich, wenn ich mich täusche. (De civitate Dei, XI 26).

Wir können gar nicht anders, als uns in diesen drei unterscheidbaren, aber zugleich untrennbaren Vollzügen unserer Subjektivität als *ein* Subjekt zu denken. Der Mensch als Ebenbild Gottes wird von Augustinus immer wieder als Bild der Trinität verstanden, auch anhand anderer geistiger Triaden wie *Erinnerung, Einsicht und Wille*: Diese sind „nicht drei Leben, sondern *ein* Leben, sie sind auch nicht drei ‚Geister' [mentes], sondern *ein* Geist – und damit sind sie folgerichtig auch nicht drei Substanzen, sondern *eine* Substanz" (De trinitate, X 11). Dabei ist weniger von Interesse, ob wir diese (theologisch motivierten!) Phänomenologien der menschlichen Subjektivität auch heute noch plausibel finden (oder mit Mitteln moderner Subjektphilosophie anders entwickeln, vgl. Schärtl 2013a, 61–67). Wichtiger ist die Sinnspitze, die darin liegt: Die Rede von drei göttlichen Personen darf, obwohl das neuzeitliche Verständnis von Person dies nahelegt, *nicht tritheistisch* verstanden werden. Zu glauben, Christen würden *drei Göttern* anhängen, ist in etwa so falsch, wie anzunehmen, dass *Sein, Wissen und Wollen* Vollzüge von drei verschiedenen Subjekten wären.

> Man kann eine Reihe klassischer Ansätze (wie Anselms von Canterbury oder des Thomas von Aquin) ebenso in die von Augustinus geprägte denkerische Linie stellen wie wichtige neuere Modelle, etwa jene Karl Barths oder Karl Rahners. In der jüngeren englischsprachigen Literatur ist u. a. Brian Leftow, in der neueren deutschsprachigen Theologie v. a. der bereits erwähnte Thomas Schärtl zu nennen.

Die idealtypischen Herausforderungen für intrapersonale Denkmodelle bestehen zum einen in der Regel darin, die triadischen Strukturen von Subjektivität heilsgeschichtlich rückzubinden (und nicht als freischwebende Spekulationen zu entwickeln, die gleichsam ohne Bezug darauf auskommen); zum anderen gilt es, inhärente modalistisch-identifikationstheologische Dynamiken auszutarieren.

14.2.3 Richard von St. Viktor und das *Don-Juan-Problem* der Liebe

Kommen wir damit zu einem idealtypischen Proponenten sozialer Trinitätstheologien: Richard von St. Viktor. Der wohl schottische Prior des 1113 gegründeten Pariser Augustinerklosters St. Viktor interpretiert von Augustinus entwickelte Analogien anders: Wenn dieser etwa Gott als Liebe denkt („Siehe, da sind drei: der Liebende, das

Geliebte und die Liebe", so De trinitate, VIII 10), dann bezieht er das vor allem auf die Selbstliebe, um jede tritheistische Interpretation zu vermeiden. Für Richard ist das aber nicht der bestmögliche Ausgangspunkt für eine Analogie, weil Selbstliebe keine Liebe ist, über die hinaus keine größere gedacht werden kann: Zweifelsohne ist

> nichts vollkommener als die Liebe. Von niemandem aber wird gesagt, er besitze die vollkommene Liebe, wenn er bloß sich selber privat als diesen Vereinzelten liebt. Es muss also die Liebe *(amor)* sich zum andern hin wenden, um selbstlose, eigentliche Liebe *(caritas)* zu sein. Wo es also keine Mehrzahl von Personen gibt, kann auch keinesfalls eigentliche Liebe sein. (Dreieinigkeit, III 2)

Will man also denken, dass Gott Liebe nicht bloß ‚empfindet', sondern ist (vgl. 1 Joh 4,8), muss man eine Beziehung zu einem Gegenüber annehmen. Welches Gegenüber kommt dafür aber infrage? Reflexartig mag man die *Beziehung zur Schöpfung* denken, aber Richard verneint das: Vollkommene Liebe muss auf ein Gegenüber bezogen sein, das solcher Liebe würdig ist – das ist die Schöpfung nicht.

> Wen dieses Denken in Äquivalenzen (das bereits bei Anselm befragt wurde, vgl. 12.2.5) nicht überzeugt, mag die Folgerung *anders* ableiten – etwa über etwas, das man das *Don-Juan-Problem der Liebe* nennen kann. Denken wir dazu an Don Juan, wie er im kulturellen Gedächtnis abgespeichert ist, nämlich als Abziehbildchen eines Bonvivants. Don Juan erscheint dabei wie ein Relationsbegriff, insofern er allein über seine Affären definiert ist: Ohne stets neue Liebschaften wäre er schlicht nicht Don Juan, d. h. *um zu sein, was er ist*, braucht es ständig neue Amouren. Genau das kontaminiert aber in gewisser Weise seine Liebesgeschichten: *Was ist Liebe zu jemanden, wenn man sie gleichsam benötigt, um man selbst zu sein?* Sie ist, so wird uns nicht bloß Nietzsche von der Seite zuraunen, nichts anderes als schlecht verdeckte Selbstliebe. Nun mag man einwenden, dass dieser Einwand unterkomplex ist. Funktioniert Selbstliebe wirklich *immer ausschließlich* wie Dionysos' Gabe an König Midas: Macht sie *notwendig* alles ungenießbar, was von ihr berührt wird (weil sie restlos *alles* mit dem Glanz eigener Großartigkeit überzieht)? Oder könnte man mit C. S. Lewis nicht auch dafür argumentieren, dass Menschen schlicht einander nötig haben und daher vorsichtiger urteilen (weil Menschen *nicht nur,* aber eben *immer auch* bedürftige Liebende sind – in der Liebe zueinander wie zu Gott, 2008, 9–10)?
> Selbst ohne nuancierte Auseinandersetzung mit diesen Fragen mag man anerkennen, dass die Phänomenologie der beschriebenen Liebe zumindest problematisch ist, *wenn man sie auf Gott überträgt*: In diesem Fall wäre nicht nur Gott so denken, dass er *als Schöpfer* die Schöpfung nötig hat (d. h. unserer bedürftig ist), sondern es wäre damit subtil auch die Schöpfung desavouiert. Wenn Gott sie nämlich benötigt, um zu sein, was er wesentlich ist (nämlich: Liebe), hieße das, dass die Schöpfung nicht *an sich gut*, sondern zuvorderst *gut zu etwas* wäre – nämlich dafür, dass Gott er selbst sein kann: ein abstruser Gedanke, wenn man den klassischen Theismus als Referenz nimmt. Das Problem würde sich im Übrigen auch *offenbarungstheologisch* spiegeln: Wie man von Annäherungs- und Flirtversuchen an Bars weiß, geben gerade zuneigungsbedürftige Zeitgenossen zur Not schon mal an, 1.-FC-Köln-Fans zu sein, obwohl sie eigentlich Gladbach anfeuern – Liebesbedürftigkeit unterminiert authentische Selbstmitteilung. Auch so interpretiert mag man daher plausibel finden, was der traditionelle Theismus aus anderen Gründen festhält: Jeder Eintrag von Bedürftigkeit in Gott ist ausgeschlossen, weil Gott dann nicht vollkommen wäre – und zwar durchaus auf unsere Kosten.

Was folgt aus diesen Überlegungen, gleich ob man sie wie Richard selbst oder anders entwickelt? Wenn Gott, der in sich selbst die Liebe *ist*, ein echtes Gegenüber braucht, dieses aber nicht die Welt sein kann – dann bleibt nur übrig, gleichsam ein Gegenüber *in Gott* anzusetzen: „Damit also in der wahren Gottheit Raum sei für die Fülle der Liebe, darf eine göttliche Person des Mitseins einer andern gleichwürdigen und deshalb gleichfalls göttlichen Person nicht ermangeln" (Dreieinigkeit, III 2).

Auch den Heiligen Geist plausibilisiert Richard mittels dieser idealtypischen Phänomenologie menschlicher Liebe. Abermals befragt er mit Vernunft *(ratio)* die Liebe *(caritas)* als Zeugen *(testes)*: Ist Liebe, die exklusiv unter sich bleibt, bereits Liebe, über die hinaus größere nicht gedacht werden kann? Schon kurze Spaziergänge durch Parks im Frühling, schon kurze Besuche in Neubaugebieten mögen Zweifel säen: Verliebte Teenager, die nicht nur emotional wie Saugnäpfe aufeinander kleben, überschreiten sich zwar idealtypisch auf ihr Gegenüber. Aber dieses Transzendieren ist nicht davor gefeit, zu neuer Immanenz auf Kosten Dritter zu werden – das Glück dieser Erfahrung verhindert nicht notwendig, dass andere zu Anhängseln degradiert werden: der Vater zum Koch, der große Bruder zum Chauffeur, die beste Freundin zur Notlösung in Sachen Freizeitgestaltung. Ähnlich kann das Glück junger Familien im Eigenheim zur *gated community* degenerieren – auch hier verhindert die Schönheit der Erfahrung nicht *per se* die Regression in Selbstbezüglichkeit (vgl. 15.1.4 a). Diese Tendenz zum Exklusivismus hat Richard im Blick, wenn er schreibt, nichts sei „seltener, doch auch nichts großartiger als der Wille, dass der, den du zuhöchst liebst und der dich zuhöchst liebt, einen andern ebensosehr liebe" (ebd., III 11) Genau das zeichnet *vollkommene* Liebe aus: dass sie *inklusiv* ist, d. h. andere mit hineinnimmt. Will man Gott als vollkommene Liebe denken, kann man daher weder annehmen, dass die Hypostasen von Vater und Sohn bloß *für sich* seien, noch dass sie die Präsenz eines Anderen bloß *wünschten*; vielmehr ist von der Vernunft erfordert [*ratione requirit*, ebd.], dass das Andere bereits konstitutiv in das Beziehungsgeschehen einbegriffen ist. Eben das ist der Heilige Geist: der *condilectus*, der wirklich Mitliebend-Mitgeliebte (ebd.). Das Bild, das sich so ergibt, kann mit dem älteren Begriff der sog. *Perichorese* beschrieben werden: Er meint ein wechselseitiges Sich-Durchdringen der göttlichen Personen bei gleichzeitiger Wahrung ihrer Eigenheiten.

> Damit sollte erkennbar geworden sein, wie Richard die Trinität verständlich machen will. Man kann eine Reihe aktueller Ansätze diesem Typus zuordnen, etwa jene des evangelischen Theologen Jürgen Moltmann oder des katholischen Befreiungstheologen Leonardo Boff; dabei sind nicht zuletzt ideologiekritische Gesichtspunkte relevant, wie sie bereits in der Kritik an einem monolithischen Monotheismus leitend waren (vgl. 6.1.3). Zudem sind in der deutschsprachigen Theologie die Arbeiten Gisbert Greshakes zu nennen und ist im angelsächsischen Sprachraum Richard Swinburne zu erwähnen. In der Spur des in 12.3 vorgestellten freiheitsanalytischen Ansatzes gibt es ebenfalls Versuche, Gott als Gemeinschaft, präziser als sog. *Kommerzium dreier Freiheiten* zu verstehen: Diese gilt es so zu denken, dass sie vor aller Zeit bzw. unmittelbar unver-

mittelt füreinander entschieden sind, wie gegenwärtig in unterschiedlicher Weise die deutschen Theologen Magnus Striet, Georg Essen und Bernhard Nitsche argumentieren.

Es liegt auf der Hand, dass die idealtypische Herausforderung solcher Modelle vor allem der Tritheismus ist. Hier schießen einige Probleme hoch: Was verbürgt die Einheit Gottes? Wie ist die Göttlichkeit Gottes zu denken: Kommt sie primär den drei Freiheiten zu oder wird sie in ihrem Zueinander konstituiert? Rührt man auch innerhalb der Trinität in anderer Weise an den Abgrund, der uns schon in 12.3.5 anstarrte? Balanciert man dies dadurch aus, dass das Entschlossensein füreinander als unvermittelt und vor aller Zeit gedacht wird, steht die Frage im Raum, wie man Freiheitsvollzüge ohne Zeit denken kann. Zudem muss wohl auch ein freies Entschlossensein vor aller Zeit qualifiziert ‚erfolgen', d. h. darf nicht rein willkürlich sein: Was ‚bewegt' diese drei Freiheiten zum Entschluss füreinander? Muss nicht eine entsprechende ‚Liebenswürdigkeit' des Gegenübers vorausgesetzt werden: etwas, das dem Entschlossensein füreinander vorausliegt und nicht durch dieses erzeugt wird? Das sind nur Blitzlichter (vgl. u. a. Schärtl 2013b, 39–45), sie machen aber Diskurse sichtbar, die hier zu führen sind und aktuell geführt werden.

14.3 Im Modus methodischer Naivität: Worum geht es eigentlich?

14.3.1 Die Entfaltungslogik der Trinitätslehre...

Es mag am Ende dieses Kapitels die Frage auftauchen, ob wirklich berücksichtigt wurde, wovon am Anfang die Rede war: Wurde in den historischen und systematischen Darstellungen wirklich konsequent der Anschluss zur heilsgeschichtlichen Erfahrung gewahrt, der im ersten Punkt als Regieanweisung bezeichnet worden war? Zwar wird man jeweils im Einzelnen detaillierter klären müssen, ob etwaiges Unbehagen berechtigt ist, gleichwohl lässt sich für die Tradition trinitätstheologischer Reflexion insgesamt kaum von der Hand weisen, dass sie einen stark spekulativen *drive* hatte. Versuchen wir deshalb zum Schluss eine Reduktion aufs Wesentliche, indem wir nochmals im Modus methodischer Naivität fragen, worum es in der Trinitätstheologie eigentlich geht.

Der Ausgangspunkt ist rasch skizziert: *Wie konnte in Jesus von Nazaret Gott uns nicht nur nahe, sondern wirklich selbst präsent sein?* Das impliziert nicht nur die Frage, wie sich denken lässt, dass Gott *in der Welt* offenbar sein kann (vgl. 7.3; 13.6), sondern auch danach, wie Gott überhaupt *mit Andersheit und Differenz* vermittelt ist (vgl. 6.1.2): *Wie und unter welchen Bedingungen lässt sich denken, dass Gott in etwas, das von ihm unterschieden ist (nämlich in einem konkreten Menschen), als er selbst präsent sein kann?* Von dieser Schlüsselfrage aus lassen sich zentrale Reflexionsachsen christlicher Theologie nachzeichnen. Eine *erste* solche Achse hatten wir bereits kennengelernt: Wer denken können will, dass der konkrete Mensch Jesus Gottes unbedingte Zuwendung *ist*, muss die Schöpfung und insbesondere die geschaffene menschliche (Vernunft- und Freiheits-)Natur so denken, dass sie Gottes Zuwendung zu sein vermag. Das ist gleichsam eine schöpfungstheologische, näherhin anthropologische Antwort auf die genannte Schlüsselfrage, sie wurde mit Karl Rahner in 13.6 zumindest skizziert. Wollen wir der Christus-Erfahrung gerecht werden, hat das aber auch Folgen auf einer *zweiten* Reflexionsachse, nämlich für die Frage, wie wir Gott denken: Was ist *im Blick auf Gott* die Bedingung dafür, dass uns in Jesus Gottes Logos selbst begegnen kann? Rahner hält dazu fest:

> Wenn die Offenbarung a) eine wirkliche *Selbst*mitteilung bezeugt, wenn sie b) diese Selbstmitteilung als für uns Unterschiede enthaltend erklärt (vermittelt ansieht, ohne dass diese Vermittlung bloß geschöpflicher Art ist und so den Charakter einer wirklichen Selbstmitteilung aufhebt), dann ist eo ipso Unterschied und Vermittlung in Gott, wie er in sich und an sich selbst ist [!], behauptet. (1967d, 338, Fn. 34)

Das heißt: Gott kann heilsökonomisch im Anderen seiner selbst nur deshalb *als er selbst* wirklich präsent sein, ohne den Anderen zu absorbieren, *weil er bereits immanent, d. h. in sich selbst so ‚strukturiert' ist, dass dies möglich ist*. Die Trinitätstheologie versucht entlang dieser Einsicht, Gott zu denken, etwa wenn sie das innertrinitarische Verhältnis von Vater und Sohn reflektiert: Gott ist in sich selbst bereits so ‚strukturiert', dass etwa der Vater im Sohn präsent ist, ohne der Sohn zu sein. Der Vater sagt sich selbst im Sohn aus, ohne diesen zu absorbieren oder darin als er selbst zu verschwinden – sondern gerade diese *Selbstaussage* ist als *Zeugung* gedacht: als das, was die Hypostase *des Sohnes* konstituiert und ineins den Vater *als Vater* bestimmt. Diese Relationalität kommt nicht nur im Schöpfungshandeln, sondern auch da zum Tragen, wo Gott sich selbst nach außen, ins Nicht-Göttliche, in die Schöpfung hinein, aussagt: Gott kann uns in Jesus *als er selbst* begegnen, ohne Jesu Menschsein aufzuheben oder auf das Niveau des rein Geschöpflichen nivelliert zu werden, *weil er in sich selbst auf die skizzierte Weise relational ist*. Darin gründet letztlich auch das, was in unterschiedlichen Varianten als christliches Grundgesetz bezeichnet worden war – es wird hier gleichsam auf seinen trinitarischen Grund transparent.

14.3.2 ... in Rahners Axiom: Die ökonomische Trinität ist die immanente Trinität und umgekehrt

Rahner hat die Überlegung, die eben leitend war, als Axiom gefasst: Das, was uns heilsgeschichtlich begegnet, ist nicht einfach *irgendwie* durch die immanente Trinität ermöglicht, es ist nicht bloß *in einem vagen Sinn* den Hypostasen appropriiert oder *assoziativ* mit innertrinitarischen Relationen verbunden – sondern die heilsökonomische

Erfahrung Gottes ist *strictissime* an die immanente Trinität gekoppelt. Es ist daher weder Laune noch Zufall, dass es gerade der Logos (und z. B. nicht der Heilige Geist) ist, der Mensch wird, sondern entspricht völlig den innertrinitarischen Relationen: Der Logos *ist* immanent die Selbstaussage des Vaters; daher ist es folgerichtig, dass – wenn Gott sich dem Menschen geschichtlich mitteilt – dies im und durch den Logos geschieht. Will man wirklich von der *Selbst*mitteilung Gottes sprechen, muss man konsequent von einer Identität sprechen: Gott teilt sich uns so mit, wie er in sich selbst ist. Rahner verdichtet diese Überlegungen in der berühmten Formulierung seines trinitätstheologischen Axioms: „*Die ‚ökonomische' Trinität ist die ‚immanente' Trinität und umgekehrt*" (ebd., 328).

> Es lässt sich an dieser Stelle nicht im Detail nachzeichnen, welche Diskussionen dieses Axiom begleiten. Schematisch legen sich zwei Kritiktendenzen nahe: *Zum einen* lässt sich fragen, in welchem Sinn die ökonomische Trinität wirklich die immanente ist. Ereignet sich alles, was ökonomisch der Fall ist, auch in der immanenten Trinität? Ist etwa das Ringen Jesu am Ölberg ein Moment der immanenten Beziehung von Vater und Logos? Und muss man dann nicht notwendig verschiedene Subjekte in Gott denken (was Rahner als Vertreter der lateinischen Tradition mitnichten teilt und keineswegs als notwendige Konsequenz des Axioms deuten würde)? *Zum anderen* lässt sich fragen, in welchem Sinn die immanente Trinität wirklich die ökonomische ist: Ist Gott *in sich selbst* nicht immer auch mehr als das, was sich heilsgeschichtlich ereignet und von ihm erkennen lässt – eben weil sich das, was Gott ist, nicht abschließend geschichtlich erschöpft? Müssen wir daher nicht annehmen, dass die immanente Trinität nicht *restlos* mit der ökonomischen identisch ist?

Diese Fragen zu Rahners Axiom lassen sich andeuten, aber weder seine Antworten noch weitere Rückfragen darlegen. Unabhängig davon ist festzuhalten, dass das Axiom die Rückbindung aller Trinitätstheologie an die Heilserfahrung eingeschärft hat und sich prägende trinitätstheologische Diskurse darum entsponnen haben. Es gehört deshalb wohl mit zu den theologieproduktivsten Thesen der letzten Jahrzehnte.

14.3.3 Trinitarischer Monotheismus: Gott als Liebe denken

Wenden wir uns damit nochmals der Frage zu, die den Titel dieses Teilkapitels markierte: Worum geht es in der Trinitätstheologie? Letztlich, so lässt sich das vielleicht beantworten, geht es im Nachdenken über die Trinität um die *eine* Zuwendung, die Christen als erlösend bekennen: die unbedingte Zuwendung des *einen* Gottes in ihrem unverfügbaren (nicht manipulierbaren) Ursprung im Vater, ihrem wirklichen (nicht spekulativen) Dasein im Wort und ihrer befreiend-verwandelnden (nicht begrenzbaren) Annahme im Heiligen Geist.

Fünfte Zwischenreflexion

Verschaffen wir uns nach den christologischen und trinitätstheologischen Kapiteln wieder für einen Augenblick Orientierung: *Wo stehen wir und was steht an?* Wie im ersten Kapitel erläutert wurde, folgt in der klassischen Folge fundamentaltheologischer *demonstrationes* auf die Frage nach der Offenbarung Gottes in Jesus von Nazaret die Frage nach der Kirche. Wir können diese Schrittfolge vor dem Hintergrund der letzten Kapitel so verständlich machen: Nachdem die Offenbarung in Jesus als die unbedingte Zuwendung eines Gottes verständlich gemacht wurde, der in sich selbst Liebe ist, stellt sich die Frage nach der bleibenden Präsenz dieser Zuwendung in der Geschichte. Genau darum geht es, wenn man sich mit Kirche beschäftigt.

An dieser Logik orientiert, liegen in den nächsten Kapiteln folgende Wegstrecken vor uns:

a) *Zum einen* steht eine systematische Reflexion darauf an, was Kirche ist. Dabei geht es wesentlich um die Frage, was es heißt, gemeinsam mit anderen *in der Kirche und als Kirche* zu versuchen, aus der unbedingten Zuwendung Gottes heraus zu leben – und zwar nicht zuletzt angesichts der irritierenden Erfahrung, dass man immer wieder hinter dieser zurückbleibt. Mit Fragen wie diesen beschäftigt sich die sog. *Ekklesiologie*, der sich Kapitel 15 widmet.
b) In unmittelbarer Nähe dazu sind *zum anderen* auch Reflexionen auf jene Feiern situiert, in denen Jüngerinnen und Jünger von Beginn an Gottes Zuwendung in besonderer Weise zelebrieren, etwa die Taufe oder die Eucharistie. Die sog. *Sakramententheologie* wird exemplarisch in Kapitel 16 behandelt.
c) *Zum dritten* ist eigens zu adressieren, dass sich immer schon Fragen nach dem Zueinander unterschiedlicher Auslegungen des eigenen Glaubens stellen – der Ausflug in die Welt der ersten Konzilien war bereits ein Indiz dafür. Seit dem 19. Jh. werden die Herausforderungen, die damit verbunden sind, unter dem Label der sog. *ökumenischen Theologie* verhandelt, die in Kapitel 17 Thema ist.
d) *Schließlich* stellen sich Fragen nicht nur nach jenen, die *anders* glauben (aber explizit christlich sind), sondern auch nach jenen, die *anderes* glauben. Wie können und sollen Christen und Christinnen andere Religionen verstehen, die ebenfalls beanspruchen, Heilswege zu sein? Das ist eine der Schlüsselfragen der sog. *Religionstheologie*, die in Kapitel 18 vorgestellt wird.

Mit dieser groben Orientierung wagen wir uns in die nächsten Passagen.

15 Heil verkörpern?

Was bedeutet es, gemeinsam mit anderen zu versuchen, aus der unbedingten Zuwendung Gottes heraus zu leben? Das ist gewissermaßen die globale Frage des *dogmatischen* Traktats der *Ekklesiologie*, der Lehre von der Kirche. Sie stellt sich schon früh in tausend konkreten Problemen, wie bereits Lektüren der Briefe im Neuen Testament zeigen: Unter welchen Bedingungen darf Teil der Nazarener-Gruppe sein bzw. werden? Welche Rolle spielen die Jünger und Jüngerinnen, die Jesus bereits zu Lebzeiten kannten? Wer leitet die gemeinsamen Feiern, etwa das sog. *Herrenmahl* im Gedächtnis an das letzte gemeinsame Mahl vor der Kreuzigung? Wer steht den Gemeinden vor, wer kann in Streitfällen entscheiden? In welchem Verhältnis stehen verschiedene Gemeinden mit unterschiedlichen Strukturen an unterschiedlichen Orten zueinander? Auch *fundamentaltheologisch* ist die Kirche ein zentrales Thema, das freilich erst mit Reformation und Konfessionalisierung akut wird: In der *quaestio catholica* sollte mit dem katholischen Glaubensverständnis auch die römisch-katholische Kirche in ihrer konkreten Gestalt legitimiert werden.

Schon diese wenigen Pinselstriche zeigen die Komplexität eines Themenfelds an, dessen man selbst in Schönwetterphasen kaum Herr wird. Will man zudem reflexiv nuanciert einholen, wie dramatisch die Kirche immer wieder hinter der unbedingten Zuwendung zurückbleibt, aus der sie lebt, sprengt das alle leichthändigen Einführungen. Deshalb handelt es sich bei den folgenden Darlegungen nur um Schlaglichter: Die *systematische* Hauptlast trägt der erste Teil zum Verhältnis von Jesus Christus, Heiligem Geist, Kirche und Hinfälligkeit (15.1), ehe verschiedene *klassische* Bilder, Eigenschaften und Vollzüge der Kirche dargestellt werden (15.2). Am Ende steht ein Wechsel in die Metaebene zur Frage, was das Gesagte für Glaube und Theologie bedeutet (15.3).

15.1 Jesus Christus, der Heilige Geist, die Kirche – und die Sünde

15.1.1 Was jetzt?

Die Reflexionswege der letzten Kapitel liefen ins Herz des christlichen Glaubens, zu Jesus von Nazaret: Ihn bekennen Christen als den Christus, als das bedingungslose Ja Gottes zu uns. Dieses Bekenntnis erzeugt unmittelbar Folgefragen: Ist Gottes Zuwendung in der historischen Person Jesu bloß kurz erfahrbar geworden, um danach wieder zu verschwinden? Ist sie nur aufgeblitzt, um alles für einen Augenblick zu erhellen, dann aber wieder all unsere Lebensregionen ins Dunkel fallen zu lassen? Gerade wenn man für Jesus Singularität beansprucht, stellt sich diese Frage verschärft: Gibt einem eine *once-in-a-lifetime-experience* der Begegnung mit ihm genügend Atem, um sein Leben heilvoll neu orientieren zu können – oder sinkt auch sie an den Grund des Gelebten hinab, zu anderen schönen biographischen Episoden, um dort zwar funkelnd hervorzuleuchten, aber nicht mehr als das zu sein: *glänzende Erinnerung an etwas, das einmal war*?

Man mag annehmen, dass das auch Fragen der Jüngerinnen und Jünger nach Ostern sind. Liest man in der Apostelgeschichte über die Phase zwischen der Einsicht, dass die Zeit mit Jesus endgültig vorbei ist (Christi Himmelfahrt), und dem Ereignis, das später Pfingsten genannt wird (Apg 1,9–26), erfährt man etwas über geschäftige Gremienarbeit und gemeinsames Gebet – aber all das erscheint selbst in der literarischen Stilisierung merkwürdig gedämpft. Beinahe sieht man die Fragezeichen in den Gesichtern und über den Köpfen jener Frauen und Männer, die einst mit Jesus unterwegs gewesen waren: *Was jetzt?*

15.1.2 Die bleibende Wirklichkeit der Zuwendung Gottes ...

Versuchen wir *eine* mögliche Geschichte darüber zu erzählen, welche Antwort auf diese Frage sich den Christus-Gläubigen der ersten Zeit erschlossen hat. Bereits im letzten Kapitel war von einer *Erfahrung mit der Erfahrung* die Rede gewesen, sie muss hier nochmals in den Blick kommen: die überraschende Erfahrung, dass es auch nach Jesus möglich ist, in der (von ihm vermittelten) Erfahrung der unbedingten Zuwendung Gottes zu leben und zu bleiben. Paulus prägt dafür die Formel vom *Sein in Christus*: Die Jüngerinnen erfahren, dass es möglich ist, *in Christus* zu bleiben (Gal 3,28) und *Christus in ihrem Leben* Gestalt zu geben (Gal 4,19). Vor dem Hintergrund der vierten Zwischenreflexion kann man das vielleicht so übersetzen: Die Jüngerinnen erfahren, dass es wirklich möglich ist, aus dem Vertrauen darauf zu leben, dass nicht Leid, Gewalt, Krankheit, Tod, Bösartigkeit, Verzweiflung oder Schuld das letzte Wort über uns haben – sondern tatsächlich Gottes Liebe.

So wie es gleichsam ein eigenes Glück ist, wenn Glück nicht aufhört, eine eigene Freude, wenn Freude nicht abnimmt, so interpretieren die ersten Christen es als eigene Erfahrung der Zuwendung Gottes, dass seine Zuwendung nicht aus ihrem Leben verschwindet. Diese wird, etwa bei Paulus, mit dem *Heiligen Geist* verbunden: Gott sandte „den Geist seines Sohnes in unsere Herzen" (Gal 4,6), der „Geist Christi" (Röm 8,9) macht uns und andere zu „Kindern Gottes" (vgl. Röm 8,15–16). Es ist der Heilige Geist, der uns und anderen ermöglicht, was Paulus das *Sein in Christus* nennt, nämlich aus der Liebe Gottes zu leben, die Christus ist. Scheut man die wilde Analogie nicht, könnte man den Heiligen Geist vielleicht mit dem vergleichen, was in unseren

Breiten für viele das Wochenende ist: Es lässt aufleben, ermöglicht und gibt Raum, es führt aus Verhältnissen der Uneigentlichkeit, spendet Leben und hilft neu aufzuatmen – kurzum: *Es ermöglicht, dass Freiheit zu sich selbst befreit wird.* Allerdings ist der Heilige Geist in dem, was er ermöglicht, nicht so unspezifisch wie ein Wochenende, sondern streng auf den Logos bezogen: auf die Selbstaussage des Vaters, die Zuwendung des einen Gottes – der Geist ermöglicht, *für sie* ansprechbar zu sein, sich *von ihr* begeistern zu lassen und *in ihr* zu leben. In *diesem* Sinn war der Heilige Geist als der große Ermöglicher bezeichnet worden (14.1.1). Was damit sehr allgemein beschrieben ist, ist weiter zu spezifizieren bzw. zu kontextualisieren: *Wie ist und bleibt diese Erfahrung für sich und andere lebendig?*

15.1.3 ... in der Gemeinschaft der Kirche ...

Wir finden diese Frage bereits als Thema der ersten Gemeinden und Gemeinschaften von Christus-Gläubigen: Wie bleibt man in der Zuwendung Gottes – und woran erkennt man, dass man es ist? (vgl. 1 Joh 3,19) Ist ekstatische Zungenrede entscheidend (vgl. 1 Kor 14)? Hängt alles an Entrückungen und mystischen Sondererfahrungen (vgl. 2 Kor 12)? Geht es um ein Mehr an Erkenntnis, an Glaubenskraft oder sozialem Engagement (vgl. 1 Kor 13)? So spezifisch die Probleme mitunter anmuten, in ihrer Bearbeitung findet man jene Antwort auf die Frage von eben, die christentumsgeschichtlich bestimmend wurde: Das *Sein in Christus* erschließt sich Jüngern und Jüngerinnen

- nicht primär in besonderen Gnadengaben und Erfahrungen, sondern fundamental *in der Liebe* (vgl. 1 Kor 13; 1 Joh 4,7–16) und wird eins damit
- bei aller Wertschätzung individueller Charismen grundsätzlich mit dem *Leben der Gemeinde* verbunden (vgl. 1 Kor 14; 1 Joh 3,11; 1 Joh 4,21).

Anders ausgedrückt: *Die Erfahrung, dass es auch nach Jesus möglich ist, aus der unbedingten Zuwendung Gottes zu leben, ist mit der Gemeinschaft jener verknüpft, die Christus nachfolgen* – mit der sog. ἐκκλησία, ekklesia, d. h. der von Gott gerufenen Gemeinschaft (was später als *Kirche* übersetzt wird, von κυριακή, kyriake, zum Kyrios = Herrn gehörig). Diese Verbindung lässt sich zumindest zweifach verstehen, wie in den nächsten Punkten erläutert wird, nämlich *konstitutiv* und *repräsentativ*.

a) Pfingsten: Die dynamische Stabilisierung der Kirche ...

Zum einen lebt die Gemeinschaft der Christen aus der eben beschriebenen Erfahrung der bleibenden Zuwendung Gottes. In diesem Sinn ist diese für sie *konstitutiv*. Die Apostelgeschichte verdichtet das narrativ sehr eindrücklich im Pfingstereignis (Apg 2), in dem die *geistgewirkte Erfahrung mit der Erfahrung der Zuwendung Gottes* als Geburtsstunde der Kirche erkennbar wird: Aus ihr heraus stabilisiert sich die Gemeinschaft der Nazoräer (vgl. Apg 24,5) als innerjüdische Gruppierung, aus ihr entstehen (nicht ohne veritable Konflikte, vgl. Apg 15 u. a.) Gemeinden mit nicht-jüdischen Mitgliedern, aus ihr heraus entwickelt sich also das, was man Kirche nennt.

> Diese Hinweise liefern mögliche Anhaltspunkte für eine historisch plausible Entstehung der christlichen Gemeinde(n). Eine dezidierte Stiftung der Kirche durch Jesus im Rahmen seiner Verkündigung lässt sich nicht einsichtig machen: Der Zwölferkreis war nicht auf die Etablierung einer neuen Religionsgemeinschaft bezogen, sondern stand symbolisch für die Rettung Israels. Es wäre daher auch falsch, Jesus als Christen zu verstehen: Er begriff sich als Juden und situierte seine Botschaft innerhalb des Judentums seiner Zeit (auch wenn dieses universalisierende Motive kennt, etwa die Völkerwallfahrt). Ähnlich kritisch wird aktuell die These eingeschätzt, der Auferstandene habe die Kirche nach Ostern gestiftet. Diese Skepsis lässt sich, auch ohne die Diskurse zu referieren, allein auf der Erzählebene der Apostelgeschichte nachvollziehen: Der Konflikt, der in Apg 15 geklärt werden muss (nämlich ob und unter welchen Bedingungen auch Nicht-Juden Christen werden können), erscheint nahezu unverständlich, wenn der Auferstandene in einem expliziten Stiftungsakt die Kirche errichtet hätte – ist wirklich plausibel, dass er dann solche *Grundsatzentscheidungen* nicht selbst getroffen oder zumindest vorgespurt hätte?
> Der Verfasser der Apostelgeschichte lanciert eine andere Perspektive, die bereits deutlich wurde: So sehr die Urgemeinde aus jener sozialen Gruppierung hervorgeht, die Jesus zu Lebzeiten verbunden war, so unverständlich sie ohne österliche Erfahrung wäre, so deutlich erscheint ihre eigentliche Dynamisierung mit Pfingsten verbunden. Erst Pfingsten versetzt der Nazarener-Gemeinschaft jenen *drive*, der sie nach außen treibt und in dieser Selbstüberschreitung konsolidiert, d. h. dynamisch stabilisiert. Das Zweite Vatikanische Konzil hat die Komplexität der Entstehung der Kirche in seiner dogmatischen Konstitution über die Kirche *Lumen gentium* festgehalten: Dort ist vom *zeitlichen Anfang (initium)* die Rede, den der Herr setzt, *indem* er das Evangelium verkündet (LG 5) – vielleicht *analog* dazu, wie man eine Jugendbewegung startet, *indem* man sich eigentlich für eine andere Klimapolitik einsetzt. Wie eine solche Bewegung ist auch die Kirche kein Selbstzweck, sondern wird von etwas anderem formiert bzw. *in*formiert (in Form gebracht) – im Fall der Kirche vom Evangelium Jesu Christi. Auch wenn der Terminus nicht exklusiv verwendet wird, ist es erhellend, dass *Lumen gentium* den Heiligen Geist als *principium* der Kirche bezeichnet: als Lebensprinzip (LG 7) und Urgrund (LG 13). Darin spiegelt sich, so kann man es interpretieren, jenes Ineinander von konstitutivem Christusbezug und geistgewirkter Dynamik, das Kirche in ihrem Entstehen auszeichnet.

b) … als geschichtliche Präsenz von Gottes Zusage *nicht ohne uns*

Zum anderen ist die Gemeinschaft der Christen für die Erfahrung der Zuwendung Gottes *repräsentativ*: Sie verdankt sich dieser Zuwendung durch das Wirken des Heiligen Geistes nicht nur, sondern verkündet und verkörpert sie zugleich (wie die Kapitelüberschrift andeutet). Anders formuliert: Das unbedingte Ja Gottes, das Christus ist, ist in der Gemeinschaft jener, die Christus glaubend nachfolgen, zugleich geschichtlich bleibend erfahrbar. Auch dieses *Sein in Christus* kann allerdings nicht so gedacht werden, dass es gegen menschliche Freiheit oder einfach an ihr vorbei geschieht. Augustinus hat es in einer Predigt sehr prägnant formuliert: Gott, „der dich ohne dich erschaffen hat, erlöst dich nicht ohne dich" (Sermo 169,13). Und Thomas hat analog festgehalten: Gott heiligt uns *nicht ohne uns – non sine nobis!* (vgl. STh I-II q111 a2 ad2)

> Verfolgen wir an dieser Stelle nicht die Frage, wie zu denken ist, dass der Heilige Geist *und* die menschliche Freiheit ermöglichen, aus der Zuwendung Gottes zu leben – hier rührt man an das hochspannende Zusammenspiel von Gnade und Freiheit, das besonders bei Luther noch eigens Thema sein wird (vgl. 17.2.1). Fürs Erste scheint es wichtiger, den soeben erreichten Gedanken zu vertiefen, etwa mithilfe anderer Überlegungen des Augustinus. In seiner Auslegung des Johannesevangeliums schreibt dieser etwa, „dass wir nicht bloß Christen geworden sind, sondern *Christus selbst*. Versteht ihr, Geschwister, erfasst ihr die Gnade Gottes an uns? Staunt, freut euch: *Christus sind wir geworden*" (In Evangelium Ioannis Tractatus 21,8).
>
> Was hier gesagt ist, kann helfen, das Motiv der Repräsentanz zu verstehen: Gottes Zuwendung ist nicht in Jesus kurz aufgeblitzt, um danach wieder zu verschwinden, sondern bleibend ,da' – und zwar wesentlich dort, wo Menschen das unbedingte Ja Gottes, das sich in Jesus ereignet hat, *in ihrer Freiheit* gemeinschaftlich im Heiligen Geist annehmen. Wo Menschen versuchen, sich die Christus-Zuwendung Gottes mit anderen in ihrem eigenen Leben anzueignen, und dem Heiligen Geist gleichsam erlauben, sie in ihrer Existenz wirksam werden zu lassen – da leben sie diese Zuwendung für andere. Im Ja des eigenen Lebens ereignet sich so *in anderer Weise* jenes unbedingte Ja Gottes, das sich in Christus ereignet hat: Alle, die auf Christus getauft sind, haben „Christus angezogen" (Gal 3,27), alle, „die sich vom Geist Gottes leiten lassen, sind [!] Kinder Gottes" (Röm 8,14). Das ist einer der provokantesten Gedanken der christlichen Tradition, der sich in verschiedenen Varianten (etwa beim eben zitierten Augustinus) bereits früh findet. Am prägnantesten und prominentesten ist vielleicht eine Formel, die meist dem Kirchenvater Cyprian von Karthago (um 200–258) zugeschrieben wird (u. a. in Anlehnung an ders., De dominica oratione, 9): *Christianus alter Christus!* Es verschlägt einem fast den Atem, wenn man sie übersetzt: *Der Christ, die Christin ist ein zweiter Christus!*

Diese Überlegungen liefern eine systematische Perspektive auf die Eingangsfrage *Was bleibt?* und laufen auf die Kirche zu: Diese deutet sich selbst, so der Fundamentaltheologe Gregor Maria Hoff, „als Raum der Präsenz Gottes in der Geschichte" (2011, 11). Die Gemeinschaft der Glaubenden ist die (vom Heiligen Geist gewirkte und in Freiheit realisierte) geschichtlich bleibende Verkörperung jenes bedingungslosen Ja Gottes, das Christus ist – die Gemeinschaft, in der das Wort Gottes lebendig ist. Oder mit einer bekannten Formulierung Karl Rahners: Kirche ist die „geschichtliche Bleibendheit Christi durch die Gemeinde derer, die an ihn glauben und ihn explizit im Bekenntnis als diesen Heilsmittler erfassen" (1984, 313).

15.1.4 ...inmitten ihrer verstörenden Hinfälligkeit

Man muss diese Auskunft *von Beginn an* so verstehen, wie sie *der Sache nach* zu verstehen ist: Wenn Gott uns *nicht ohne uns* heiligt, dann bedeutet das, dass *auch* unsere Schwächen und Neurosen, unsere Hinfälligkeiten und Grenzen, Bösartigkeiten und Abgründe involviert sind – und zwar in individueller *und* sozialer Hinsicht. Auch die Erfahrung, geliebt zu werden, mag ja etwa unser Leben *wirklich* verändern, ohne uns deshalb magisch von Eifersucht, Missgunst, Angst oder Zorn freizumachen. Das ist analog ekklesial zu notieren: Die Gemeinschaft der Christus-Gläubigen lebt aus der unbedingten Zuwendung Gottes – aber *zugleich und dennoch* ist sie dadurch nicht wundersam frei von Angst, Gewalt, Diskriminierung, Missbrauch, Hass, Konkurrenz, Dummheit, Verzweiflung, Geltungsstreben, Unterdrückung u. a. Es gilt, diese Wahrnehmung differenziert zu entwickeln; die folgenden Passagen sind vielleicht erste Annäherungen dazu.

a) Ein Gefüge unterschiedlicher Faktoren, …

Ein rascher Workaround zum Hausgebrauch etwa ist die heuristische Unterscheidung von Aspekten, die tendenziell ohne moralische Wertung unserer Endlichkeit zuzuordnen sind, und solchen, die mit einer gewissen Bösartigkeit verbunden sind, sowie die Differenzierung zwischen individuellen und strukturellen Dimensionen. Zwar lassen sich diese Faktoren nur in idealtypischen Fällen trennen, aber sie liefern eine erste grobe Orientierung: So darf man z. B. nicht übersehen, dass ein Leben aus dem Vertrauen auf die Zuwendung Gottes die Endlichkeit der *conditio humana* weder abstreifen kann noch soll. „Jetzt schauen wir in einen Spiegel und sehen nur rätselhafte Umrisse", schreibt Paulus (1 Kor 13,12), und Thomas sekundiert lapidar: „Die Natur Gottes

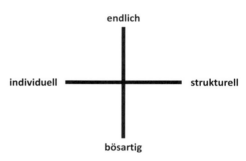

kennt weder der Katholik noch der Heide" (STh I q13 a10 ad5). Aus diesem Grund kann Glaube etwa auch niemals frei von Fragen, Zweifeln und Rückfragen sein – Glaube ist strukturell irritationssensibel, wie es in 2.2.2d hieß, er ist ein immer wieder anspruchsvoller *Pilgerweg des Vertrauens* (Frère Roger). Das gilt individuell, aber auch strukturell: Auch die Gemeinschaft der Glaubenden selbst darf sich als Gemeinschaft von Suchenden verstehen und Fehler machen, wie vor allem Papst Franziskus immer wieder einmahnt: „Mir ist eine ‚verbeulte' Kirche, die verletzt und beschmutzt ist, weil sie auf die Straßen hinausgegangen ist, lieber, als eine Kirche, die aufgrund ihrer Verschlossenheit und ihrer Bequemlichkeit, sich an die eigenen Sicherheiten zu klammern, krank ist" (Evangelii gaudium, 49).

Die eigentliche Verstörung geht freilich weniger davon aus, dass die Kirche – obwohl sie die unendliche Zuwendung Gottes verkörpert – zugleich endlich ist: Ungleich irritierender ist die Bösartigkeit, die auch in der Kirche immer wieder am Werk ist. Mit Rekurs auf das *infralapsarische Caveat* (8.6.3) lässt sich in erster Annäherung festhalten: *Offenkundig macht die Erfahrung der unbedingten Zuwendung Gottes Menschen und*

Gemeinschaften, die daraus zu leben versuchen, nicht frei davon, gerade darin toxisch zu werden, d. h. giftige Wirkungen zu entfalten.

Verbindungen von befreienden Erfahrungen und toxischen Effekten lassen sich auch in anderen Bereichen menschlichen Lebens wahrnehmen. Wählen wir zur Annäherung an das Phänomen nochmals die gängige Parade-Analogie. Im Glück der ersten Verliebtheit wurzelt etwa der verständliche Wunsch, sie anderen mitzuteilen: Man will sich mit dem geliebten Menschen zeigen, analog wie digital. Beinahe unbewusst vergleicht man vielleicht das eigene Glück mit jenem anderer und will davor bestehen; subtil amalgamieren etwaige Distinktionsgewinne (ein bewundernder Kommentar, ein Like, ja sogar ein neidischer Blick) mit der Glückserfahrung selbst. Unmerklich wird das Possessivpronomen zum Regieassistenten, gar zum Regisseur der Beziehung, vielleicht greift auch sanftes Besitzdenken Platz: „Du musst heute mitkommen, bitte, immerhin bist du *meine* Freundin, *mein* Freund." In Küssen vermischt sich das Tun mit dem Zeigen, die Inszenierung der Beziehung wird zum eigenen Faktor: „Die anderen dürfen ruhig wissen, dass wir zusammen sind, sie sollen durchaus sehen, dass wir glücklich sind!" Ebbt der Rausch der ersten Wochen allmählich ab, rückt ein gut gewähltes Bild die eigene Freude nochmals in jenes beste Licht, das ihr eigentlich gebührt: Man nützt institutionalisierte kulturelle Codes, um sich so zu erzählen, wie man sich erzählen will. Darin mag ein spielerisches Moment *und* ein emanzipatorischer Impuls wirksam sein, ineins damit kann man sich aber auch in einengenden Rollenbildern verheddern und sie stabilisieren – und vielleicht betont man sein eigenes Glück ja auch mal geschwätzig auf Kosten anderer („Ja, die von nebenan haben sich wieder getrennt; ich bin so froh, dass es bei uns anders ist ..."). Wir müssen den Weg nicht weiter in jene Eigenheimidylle verfolgen, die in 14.2.3 aufgetaucht war, und können die phänomenologische Miniatur beenden. Ihre Absicht bestand *nicht* darin, Liebe zu desavouieren (die trivialste und zynischste aller Übungen), sondern wahrzunehmen, wie durchlässig wir noch in den heilvollsten Erfahrungen für Entstellungen, Missbrauch, Verzerrungen, Korruption sind: *Nichts von dem,* was eben geschildert wurde, ist intentional schlechthin bösartig – aber *alles davon* kann giftig werden. Das macht die Metapher *Toxizität* heikel (wenn die *Dosis das Gift macht*, wie Paracelsus sagt, hängt viel von spezifischen Umständen ab), aber auch aufschlussreich: Man sollte sich nicht bequem mit dem Gedanken zufriedengeben, etwas sei *an sich* giftig, und daher ließe sich alles durch gute Giftschränke lösen; es gilt dafür sensibel zu bleiben, dass es oft auf Bedingungen und Dosierungen ankommt.

Das Beispiel eben war aus zwei Gründen gewählt: *Zum einen* schillert es zwischen Endlichkeit und Bösartigkeit und deutet eine Subtilität an, die auch kirchlich in Rechnung zu stellen ist. Offenkundig gibt es ungenießbare Kuchen, obwohl sie aus lauter genießbaren Zutaten gebacken wurden: Auch banales Anerkennungsbedürfnis kann in entsprechenden Kombinationen giftig werden. *Zum anderen* zeigt es die Verwobenheit individueller und sozialer Faktoren auf: So individuell Beziehungen sind, so sehr sind sie kulturell geprägt, sozial bedingt, geschichtlich geformt. Das gilt gerade auch für das *Sein in Christus*, das mit dem *Leben (in) der Gemeinde* verknüpft ist.

Deshalb braucht es neben der Wahrnehmung, dass *einzelne Gläubige* in ihrem Glauben unmoralisch, zynisch oder narzisstisch agieren können, auch eine besondere Sensibilität für die Toxizität *sozialer Strukturen* in der Kirche: Diese können Diskussionen auf Augenhöhe verunmöglichen, andere Positionen unterdrücken *(silencing),* die halbe

Menschheit diskriminieren, Vertuschung erleichtern, entsolidarisierende Effekte haben u. a. m. Um nur ein *kleines* Schlaglicht auf *einen einzelnen* Mechanismus zu werfen, mag man etwa den US-amerikanischen Sozialpsychologen Jonathan Haidt hinzuziehen. Zur Frage, wie individuelle Entscheidungen mit fehlenden sozialen Kontrollstrukturen korrelieren, summiert er Forschungen der letzten Jahrzehnte wie folgt: "in lab experiments that give people [a] invisibility with [b] plausible deniability, *most people cheat* … the *inner lawyer* … is so good at finding justifications that most of these cheaters leave the experiment as convinced of their own virtue as they were when they walked in" (2012, 97). Das ist nur *ein* kleiner Hinweis, er liefert aber Impulse um zu verstehen, wie z. B. (fehlende Kontroll-)Institutionen Korruption, Missbrauch, Vertuschung oder Selbstgerechtigkeit stützen können bzw. auf welche Weise individuelles Handeln und soziale Struktur unter spezifischen Bedingungen verwoben sind – auch kirchlich.

b) … die toxisch amalgieren können

Johannes Paul II. hat im scharfen Bewusstsein für das eben skizzierte Ineinander von Faktoren in einem anderen Zusammenhang eine *Kultur des Lebens* und *des Todes* unterschieden (Evangelium Vitae 12 u. a.): Es reicht nicht, bloß die einzelne Entscheidung zu sehen (und moralisch zu verurteilen), sondern braucht konsequent die Wahrnehmung auch von ökonomischen, sozialen, kulturellen, institutionellen u. a., kurz: systemischen Rahmenbedingungen. Man kann sich diese hellsichtige Beobachtung (die mit der befreiungstheologischen Rede von sog. *Strukturen der Sünde* korreliert) ekklesiologisch leihen: Offenkundig können soziale Strukturen toxisch wirksam sein – *und zwar auch Strukturen, Traditionen, Habitus in der* Kirche, wie etwa Studien zu sexuellem Missbrauch an Minderjährigen durch katholische Priester, Diakone und männliche Ordensangehörige in Deutschland erschreckend gezeigt haben (vgl. Dreßing 2018). Joseph Ratzinger hat das vor einigen Jahrzehnten ungeschönt wie folgt festgehalten: Die Heiligkeit Christi ist in der Kirche wirklich anwesend – allerdings „inmitten der Sünde der Kirche" (1971, 252).

> Die Formulierung („Sünde *der* Kirche", nicht: „Sünde *in der* Kirche") ist von besonderem Interesse, weil sie einen Spielzug *nicht* macht: Distanzierung durch Ausweichen in die Eigentlichkeit. Man findet derlei vielfach in Interviewfloskeln nach Niederlagen im Sport: „Die Mannschaft heute hat *nicht das wahre Gesicht* des FC gezeigt, das waren *nicht wirklich* wir auf dem Platz!" etc. Wer so spricht, weiß, wie es eigentlich sein sollte, d. h. hat einen Maßstab, der Fehler als Fehler identifizierbar macht. Diese Stärke kippt aber dialektisch, wo damit nicht Verantwortung übernommen, sondern letztlich subtil weggeschoben wird: Wenn nämlich der FC *an sich* nichts mit der schlechten Leistung zu tun hat, dann ist die schlechte Leistung auch nicht wirklich schuld des FC (sondern eher eine Sache der *schlechten Tagesform, miserabler Schiedsrichterleistungen, individueller Fehler* etc.). Theologisch sind ähnliche Argumentationsfiguren möglich: Die *wahre* Kirche hat dann *nichts* mit Sünde und Schuld zu tun – denn sie ist *per definitionem* makellos.

Man kann diesen Mechanismus mit Nietzsche als Flucht in *platonische Hinterwelten* interpretieren (vgl. 8.5) oder sprachphilosophisch auf das *Leberproblem* beziehen (vgl. 9.3.2), an dieser Stelle lässt er sich aber vielleicht einfacher analysieren: und zwar mit Blick auf eine Verwechslung von Gott und Kirche. *Gott* ist so zu denken, dass über ihn hinaus Größeres nicht denkbar ist – wo sich z. B. Inhumanität ereignet, kann er *per definitionem* nicht als ihr Katalysator involviert sein (vgl. 4.3.3 a). Für die *Kirche* gilt das nicht in gleicher Weise: Sie ist nicht *id quo maius cogitari non potest*, sondern „eine einzige komplexe Wirklichkeit, die aus menschlichem und göttlichem Element zusammenwächst" (LG 8). Daher kann sie im Spiel sein, wo passiert, was eigentlich nicht sein soll: „Gott ist Licht und keine Finsternis ist in ihm … Wenn wir [hingegen] sagen, dass wir [!] keine Sünde haben, führen wir uns selbst in die Irre und die Wahrheit ist nicht in uns" (1 Joh 1,5.8). In diesem Sinn kann Ratzinger von der Sünde nicht nur *in*, sondern *der Kirche* sprechen. Aber natürlich muss man auch diese Aussage äußerst fein ausbalancieren, damit sie nicht vornüberkippt – etwa wenn man daraus folgern wollte, dass Gewalt nun mal zum Menschen gehöre, mithin auch zum menschlichen Element der Kirche, die daher auch zu solchen Mitteln greifen dürfe, zumal Gott die Seinen schon erkenne etc. Ein kalter Zynismus dieser Art wäre gewissermaßen das Pendant zur Regression in Reinheitsfantasien. So wenig man der Wirklichkeit eigener Sünde ausweichen darf, so wenig darf man sich achselzuckend darin einrichten: In diesem Balanceakt besteht die Kunst, (nicht nur) über Kirche nachzudenken.

Deren irritierende Hinfälligkeit kann im Übrigen – und das ist ein eigener Gesichtspunkt der Auseinandersetzung damit – nicht als Ergebnis einer dekadenten Verfallsgeschichte begriffen werden, sondern begegnet uns *von Beginn an*. Im Lukasevangelium findet sich z. B. ein sprechendes Triptychon: Nach internen Eifersüchteleien zwischen den Jüngern (vgl. Lk 9,46–48) folgt ein Angriff auf einen fremden Wundertäter (vgl. Lk 9,49–50) und schließlich sogar der Wunsch nach einem Drohnenangriff auf die Samariter (vgl. Lk 9,51–56) – Jesus muss dreimal das Schlimmste verhindern: Offensichtlich befreit die Begegnung mit ihm die Jünger nicht vor Konkurrenzgedanken, Aggressionsschüben und Gewaltfantasien. Früh sehen wir auch in Briefen des Paulus, dass es bei Konflikten in Gemeinden nicht bloß um Wahrheit, sondern auch Rechthaberei geht, nicht nur um Gottesdienst, sondern auch Privilegien und Einflusssphären – Paulus selbst kokettiert gar mit dem Wunsch, seine Gegner möchten sich doch kastrieren (vgl. Gal 5,12)!

Die Wahrnehmung begleitet uns durch die Kirchengeschichte bis heute: Aus besonderer Verantwortung für die Gemeinschaft lassen sich hochprozentige Privilegien für Amtsträger destillieren, die diese nicht nur stützen, sondern auch berauschen und übergriffig machen. Religiöse Virtuosität kippt in die Anmaßung, über andere bestimmen zu können und in ihren Nahbereich eindringen zu dürfen: Leicht wird das eigene Verlangen mit Gottes Willen kurzgeschlossen, schnell ein menschliches Element der Kirche mit einem göttlichen identifiziert – und durch Sakralisierung von Rückfragen ausgenommen oder mit Gewalt durchgesetzt (vgl. Hoff 2018). Auch die demütig getönte Rede vom *Dienst an der Wahrheit*, *gelegen oder ungelegen*, ist nicht davor gefeit, dass es eigentlich im Letzten um die Durchsetzung eigener Interessen geht – und den süßen Identitätsnektar, der sich aus solcher Selbststilisierung ziehen lässt. Davon ist im

Übrigen auch die Reflexion auf solche Mechanismen betroffen, d. h. auch *dieses* Buch und *diese* Passagen: Wenig kann subtiler, aber wirklich Macht beanspruchen als denkerische Orientierungsangebote – und nichts mehr verblenden als der Gedanke, etwas durchschaut zu haben.

Man müsste all das mit weiteren soziologischen, psychologischen, historischen, gendertheoretischen, postkolonialen u. a. Analysen anreichern; der obige Hinweis auf das *infralapsarische Caveat* (8.6.3) steht deshalb nur stellvertretend für das, was noch zu tun wäre, hier aber nicht möglich ist. In aller Schlichtheit erinnert es daran, dass wir auch im Blick auf echte Erfahrungen des Heils mit toxischen Effekten rechnen müssen: Die heilvolle Erfahrung der Zuwendung Gottes immunisiert weder individuell noch gemeinschaftlich gegen Korruptions- und Missbrauchsmechanismen, Gewaltaffinität oder -exzess, gegen institutionalisierte Empathielosigkeit und Strukturen selbstgerechten Wegschauens. Man sollte diese Perspektive auf Kirche *von Beginn an* analytisch und nüchtern kultivieren, ohne es deshalb zynisch-abgeklärt als gegeben hinzunehmen oder Kirche als solche schlechtzureden. Um es mit milder Paradoxie zu sagen: Die Kirche ist nicht so schlecht, dass sie nicht noch besser sein könnte, d. h. dass sie nicht noch mehr dem Evangelium Jesu entsprechen könnte.

15.1.5 Ein reiches Bündel von Folgefragen

Was ist mit den letzten Überlegungen erreicht? Es sollte verständlich geworden sein, wie die Erfahrung der bleibenden Präsenz von Gottes unbedingter Zuwendung der Schlüssel ist, um zu verstehen, was Kirche grundsätzlich ist: Sie verdankt sich dieser Erfahrung und verkörpert sie zugleich. Offensichtlich ist dabei jeder der Schritte eben mit einer Reihe von Fragen verbunden: Wie eng oder lose ist die bleibende Wirklichkeit der Zuwendung Gottes an die Gemeinschaft jener geknüpft, die an Christus glauben – finden sich Elemente von Gottes Liebe auch außerhalb von ihr? In welchem Verhältnis steht die bleibende Erwählung Israels zu jener, aus der die Kirche lebt? Wie verhält sich, was soeben allgemein als Gemeinschaft der Christus-Gläubigen bezeichnet wurde, zur römisch-katholischen Kirche oder zu anderen Kirchen? Wie kann und soll man mit Schuld umgehen, die die Kirche im Laufe der Geschichte auf sich geladen hat – und was spricht dagegen, losgelöst davon ganz neue christliche Projekte zu starten?

Diese und weitere Probleme überschreiten den Rahmen des an dieser Stelle sinnvoll Möglichen. Daher sollen im Folgenden in katholischer Perspektive exemplarisch einige klassische Topoi der Ekklesiologie vorgestellt werden; an ihnen wird schlaglichtartig deutlich, wie das Geheimnis der Kirche im Lauf der Kirchengeschichte vertieft und entfaltet wurde.

15.2 Bilder, Eigenschaften und Vollzüge der Kirche

15.2.1 Bilder der Kirche

Wer verstehen will, was Kirche ist, kann unterschiedliche Auskünfte einholen: soziologische, juridische, geschichtliche, ökonomische u. a. Theologisch stößt man bereits früh auf Bilder, um Kirche zu beschreiben: Sie ist das „Volk Gottes" (Röm 9,25 f.), die Versammlung Gottes (vgl. 1 Kor 15,9), der irdische „Leib Christi" (Eph 1,23), der vom Geist erfüllte „Tempel Gottes" (1 Kor 3,16), das „Haus Gottes" (1 Tim 3,15) u. a. Die folgenden Abschnitte stellen exemplarische Bilder der Kirche vor und konzentrieren sich dabei primär auf Diskurse des 20. Jh. Neuralgisch ist dabei das Zweite Vatikanische Konzil, das sich 1962–1965 vor allem mit der Kirche beschäftigt hat. Zu den wichtigsten Ergebnissen dieser intensiven Auseinandersetzung, wie Kirche (heute) zu verstehen ist, gehören zwei Texte: die dogmatische Konstitution *Lumen gentium* (1964) sowie die pastorale Konstitution *Gaudium et spes* (1965).

a) Die *societas perfecta*, das Volk Gottes und die Zeichen der Zeit

Das zweite Kapitel von *Lumen Gentium* (LG) heißt *Volk Gottes*. Um dieses Bild von Kirche zu verstehen, ist wahrzunehmen, welchen Akzent es setzt. So hebt es sich etwa vom äußerst wirkmächtigen Bild der *societas perfecta* ab: Dieses (eigentlich staatstheoretische) Theorem wird ab den 1750ern theologisch produktiv und findet sich auch in der päpstlichen Lehrverkündigung. Kirche, so etwa Pius IX. in seiner Enzyklika *Immortale Dei* 1885, „ist eine ihrer Art und ihrem Recht nach vollkommene Gesellschaft [*societas perfecta*], da sie die für ihre Erhaltung und Tätigkeit notwendigen Hilfsmittel nach dem Willen und durch die Wohltat ihres Gründers alle in sich und durch sich selbst besitzt" (DH 3167).

Man kann das als Votum für Eigenständigkeit und gegen staatliche Abhängigkeit lesen: Kirche ist autark, autonom und nicht auf Ressourcen oder Mittel außerhalb ihrer selbst angewiesen. *De facto* wurde damit jeder Impuls von außen oder jedes Ansinnen auf Veränderung im Inneren erschwert: Wer *de iure* als *societas perfecta* bereits vollkommen ist, hat eigentlich nichts mehr zu gewinnen, sondern nur mehr zu verlieren. Er kann vom Anderen nichts mehr lernen, sondern steht ständig in der Gefahr, im Austausch mit ihm seiner Perfektion verlustig zu gehen. Die Abwehr der Moderne war daher folgerichtig: Pressefreiheit, Demokratie, Gewaltenteilung u. a. sind in dieser Perspektive von außen kommende Gefahren. Abgesehen davon, dass das Konzept realgeschichtlich mit gestufter Gotteskindschaft einherging (eigens ausgebildete und geweihte Funktionsträger der *societas* sind faktisch wichtiger als ein Volk, das zwar *formal* durch die Taufe gebildet wird, sich aber *letztlich* biologisch reproduziert), wird so eine strikte Trennung von Innen und Außen proklamiert, die genaueren Analysen nicht standhält.

Man kann dafür Reflexionen zu den *loci theologici alieni* einspielen (2.3) oder allgemein auf das christliche Grundgesetz verweisen (6.4.3): Spiegelt sich hier nicht ekklesial eine Konkurrenz von Gott und Welt? Wenn man diese Konkurrenz zurückweist, dann ist das Bewusstsein der Zuwendung Gottes gerade umgekehrt der Katalysator einer besonderen Aufmerksamkeit für alle Wege, in denen Menschen versuchen, ein Leben in Würde für alle zu gestalten: durch Religions- und Meinungsfreiheit, Demokratie, Lohn- und Geschlechtergerechtigkeit u. a. Der berühmte Auftakt der pastoralen Konstitution über die Kirche in der Welt von heute *Gaudium et spes* macht genau diese Wende. Er setzt mit einer fundamentalen Identifizierung und Solidarisierung mit der Welt von heute ein: „Freude und Hoffnung, Trauer und Angst der Menschen von heute, besonders der Armen und Bedrängten aller Art, sind auch Freude und Hoffnung, Trauer und Angst der Jünger Christi" (GS 1).
Auch wenn die Kirche dieser Welt eine Hoffnung zu verkünden und vorzuleben hat – nämlich das Evangelium! –, steht sie nicht souverän über den Dingen, die diese Welt erschüttern oder erfreuen. So sehr die Kirche in der Welt das unbedingte Ja Gottes zu verkünden hat, so sehr kann sie etwas von der Welt und ihren Entwicklungen lernen. Ganz in diesem Sinn hält GS ein Doppeltes fest: Zum einen muss die Kirche die sog. *Zeichen der Zeit* im Licht des Evangeliums deuten (GS 4), zum anderen hilft ihr aber umgekehrt die Beschäftigung damit, „die geoffenbarte Wahrheit immer tiefer zu erfassen, besser zu verstehen und angemessener vorzulegen" (GS 44) – die Kirche kann also noch etwas über jene Zuwendung Gottes lernen, aus der heraus sie lebt, wenn sie sich auf das einlässt, was Menschen heute umtreibt. Der Salzburger Dogmatiker Hans-Joachim Sander spricht in diesem Sinn von der „Entdeckung der Bedeutung von Glaubensstandpunkten durch ihre soziale, politische und religiöse Vergegenwärtigung in prekären Fragestellungen der jeweiligen Gegenwart" (2005, 653). Was das konkret heißen könnte, lässt sich im Blick auf ein Zeichen der Zeit erahnen, das Johannes XXIII. 1963 in der Enzyklika *Pacem in terris* 22 nennt: nämlich „dass die Frau am öffentlichen Leben teilnimmt". Dass Emanzipation und Geschlechtergerechtigkeit nicht zum Kollaps der Gesellschaft führen, sondern zu partnerschaftlicheren und gerechteren Verhältnissen, die der Menschenwürde entsprechen, kann der Kirche helfen, tiefer zu verstehen, was *Sein in Christus* bedeutet (etwa Gal 3,28); das gilt analog auch für andere Zeichen der Zeit wie Klimawandel, Digitalisierung, Migration u. a. m.

Kehren wir zum Bild vom *Volk Gottes* zurück. Hält man jenes der *societas perfecta* daneben, wird deutlich, inwiefern es einen anderen Akzent setzt: Wo die *societas perfecta* die (pyramidale) Kirchenform, ihre Autarkie und innere Differenzierung fokussiert, betont dieses Bild das Volk als Grundlage aller weiteren Reflexion; was Kirche wesentlich auszeichnet, ist, dass sie eine von Gott gerufene Gemeinschaft ist, die diesem Ruf folgt. Man ist deshalb *gemeinsam* auf dem Weg, der Papst nicht weniger als die eigene Oma – *alle* sind Pilger. Der Pilgerweg kann schön, aber auch mühsam sein, zumindest scheint unmittelbar einsichtig, dass die *perfectio* nicht bereits endgültig verwirklicht ist, sondern noch vor uns liegt.

b) Der mystische Leib Christi, die *communio* sowie Zeichen und Werkzeug

Man kann das Bild vom *Volk Gottes* auch von einer anderen ekklesialen Leitmetapher abheben: In seiner gleichnamigen Enzyklika bezeichnete Pius XII. 1943 Kirche als den *mystischen Leib Jesu Christi*. Auch *Mystici corporis* ist als Impuls gegen das *societas perfecta*-Konzept und dessen juridische Verhärtungen zu lesen, der die spirituelle Dimension der Kirche betont. Vielleicht erklärt die Tendenz zu Naturalisierung und Romantisierung, die in dieser Metapher steckt, warum das Zweite Vatikanum zwar vom *Mysterium der Kirche* spricht (so das erste Kapitel von LG) und das Leib-Motiv verwendet (z. B. LG 7; LG 50 u. a.), aber es nicht als Leitmetapher nutzt.

Eine solche ist neben dem wichtigen Bild vom *Volk Gottes* eher noch jenes von Kirche als *communio*, als Gemeinschaft. Zwar ist es textlich weniger belegt (vgl. LG 8, 13–15 u. a.), allerdings versucht man, es später in der Rezeption des Konzils stark zu machen: Nach Walter Kasper lässt sich zeigen, dass bei vielen Kirchenbildern „die communio-Ekklesiologie im Hintergrund … zur Beschreibung des Wesens der Kirche steht. Insofern ist es berechtigt, communio als ekklesiologische Leitidee des Konzils zu bezeichnen" (2011, 46). Diese Lesart ist nicht unumstritten, weil sie dazu angetan ist, den *drive* der *Volk Gottes*-Ekklesiologie zu schwächen; allerdings enthält auch sie Möglichkeiten, juridische Konnotationen zu relativieren: Gemeinschaft ist ein lebendiges Gefüge. Das griechische Pendant *koinonia* (κοινωνία) bezieht sich zudem auf die innertrinitarische Perichorese (vgl. 14.2.3), an der die Kirche gleichsam Anteil hat; horizontale und vertikale Gemeinschaft sind so durch den inkarnierten Logos im Geist vermittelt. Die Kirche ist dabei aber nicht strukturlos gefühliges Gemeinschaftserlebnis, sondern vielmehr als *hierarchica communio* (vgl. LG 21) verfasst, d. h. es gibt eine spezifische Funktions- bzw. Ämterstruktur (vgl. 17.2.2).

Damit kommt eine weitere ekklesiologische Perspektive des Konzils in Sichtweite: Die Rede von der *communio* spiegelt den Topos der *communio sanctorum*. Dieser meint die Gemeinschaft der Glaubenden, die an den Sakramenten teilhat, denn es sind die Sakramente (allen voran Taufe und Eucharistie), welche die Gemeinschaft begründen. Von hier aus ist es nur mehr ein kleiner Schritt, Kirche nicht bloß als sakramentale Gemeinschaft, sondern selbst in Analogie zu einem Sakrament zu verstehen. Diese Bestimmung findet sich prominent in LG: „Die Kirche ist ja in Christus gleichsam das Sakrament, das heißt Zeichen und Werkzeug für die innigste Vereinigung mit Gott wie für die Einheit der ganzen Menschheit" (LG 1). Damit haben wir nicht nur einen Vorbegriff dessen, was ein Sakrament ist (vgl. Kapitel 16), sondern rühren an eine wichtige Einsicht: *Kirche ist eine relationale Größe*.

> Was damit gemeint ist, ergibt sich aus ihrer Qualifikation *als Zeichen und Werkzeug*. Fokussieren wir die zeichenhafte, i. e. semiotische Dimension, um das zu veranschaulichen. Wie funktioniert ein Zeichen? (vgl. allg. Eco 1977, 25–36) Ein a) *Zeichen* steht nicht für sich selbst, sondern b) *für etwas* anderes, das c) *jemandem* vermittelt werden soll. Zeigt man etwa schwer erkältet in einer Bäckerei auf einen Donut, soll dem Menschen hinter der Theke kommuniziert werden, dass

man gerne einen Donut kaufen möchte. Zwar geht es nicht ohne Zeichen, aber es geht nicht um das Zeichen als solches, sondern darum, dass das Gegenüber versteht, worum es geht (nämlich den Kauf eines Donuts). In dieser Hinsicht sind Zeichen notwendige, gleichwohl pragmatische und relationale Größen. Das trifft auch für die Kirche zu, die ohne die skizzierte *relationale, spezifischer: triadische Grundstruktur* nicht verstehbar ist: Es geht bei ihr (zumindest idealiter) niemals um sie selbst, sondern darum, dass a) durch sie b) Gottes Liebe c) für andere erfahrbar wird und angeeignet werden kann. Genau in dieser Hinsicht ist die Kirche spezifisch sakramental, weil sie nicht bloß *informierenden*, sondern zugleich auch *realisierenden Charakter* hat.

Man kann dieses triadische Motiv in *Gaudium et spes* nachzeichnen, es findet sich aber auch im Auftakt von *Lumen gentium*: „Christus ist das Licht der Völker", das „auf dem Antlitz der Kirche widerscheint", heißt es in LG 1. Auch hier ist klar: Kirche existiert nicht für sich selbst, sondern soll anderen jenes Licht spiegeln, das Christus ist.

15.2.2 Wesenseigenschaften der Kirche

Im Glaubensbekenntnis von Konstantinopel werden der Kirche vier Wesenseigenschaften zugesprochen: Sie ist die *eine, heilig, katholisch* und *apostolisch* (vgl. DH 150). Diese Merkmale leiten sich aus dem Vertrauen darauf ab, dass Kirche die Gemeinschaft ist, in der Gottes Ja zu uns lebendig ist. Kirche ist deshalb

a) als *eine* zu verstehen, insofern Gottes Wort an uns eines ist: *ein unwiderrufliches Ja*. Allerdings folgt daraus nicht dumpf Uniformität: Wie sich Liebe zwischenmenschlich unterschiedlich realisiert (im gemeinsamen Lachen, in der Freude am anderen, im Genuss seiner Anwesenheit, in der Schönheit des anderen, im gemeinsamen Schweigen u. a. m.), gilt das analog kirchlich – auch hier ist Pluralität möglich und geboten. In römisch-katholischer Perspektive besteht die eine Kirche *in und aus Teilkirchen*, womit vor allem die Diözesen gemeint sind (vgl. LG 23) – man kann daher auch von einer sog. *communio communiorum* sprechen;

b) als *heilig* zu verstehen, insofern Gottes Wort an uns heilig ist. ,Heiligkeit' ist dabei nicht primär eine moralische Qualität, sondern ein Containerbegriff für das, wie Gott ist. Spricht man daher Orten, Menschen, Riten u. a. Heiligkeit zu, ist gemeint, dass hier etwas von Gott sichtbar ist: Ein heiligmäßiger Mensch ist jemand, in dessen Leben für andere etwas von Gott verstehbar wird. Wird daher Kirche als heilig bezeichnet, ist damit *nicht moralische Überlegenheit* behauptet, sondern das Vertrauen darauf ausgedrückt, dass man es in ihrer Gemeinschaft *trotz aller Hinfälligkeit* mit Gottes Zuwendung zu tun hat;

c) als *katholisch* zu verstehen, insofern Gottes Wort an uns katholisch ist, und zwar im griechischen Wortsinn: *das Ganze betreffend* (καθολικός, katholikos). So wie Gottes Zuwendung nicht partikular oder exklusivistisch ist, muss auch die Gemeinschaft, die aus ihr heraus lebt, radikal inklusiv sein; weil damit nicht spezifisch die römisch-katholische Kirche gemeint ist, ist diese Passage im Übrigen auch bleibend Teil des Credos anderer Kirchen und Konfessionen;

d) als *apostolisch* zu verstehen, insofern Gottes Wort an uns apostolisch ist. Als „die Zeit erfüllt war, sandte (ἐξαπέστειλεν, exapesteilen) Gott seinen Sohn", schreibt Paulus, damit wir die Kindschaft empfingen (vgl. Gal 4,4–5) – und jene, die zum Sohn gehören, haben Anteil an dieser Sendung. Katholisch wird das vor allem auf die Apostel (von ἀπόστολος, apostolos = Gesandter) bezogen, die mit dem Zwölferkreis verbunden sind: Diese und ihre Nachfolger, die Bischöfe, stehen in besonderer Weise in der Sendung, Gottes Wort weiterzugeben und die Authentizität der Verkündigung zu sichern.

Es ist offenkundig, dass diese Merkmale oftmals zur Unkenntlichkeit entstellt scheinen: Was heißt Einheit angesichts der Zersplitterung christlicher Konfessionen? Was meint Heiligkeit, wenn zuerst das eigene Interesse und erst dann Gottes Wille bedacht oder beides verwechselt wird? Wie katholisch ist Exklusivitätsgehabe, wie apostolisch ständige Selbstbespiegelung? Tatsächlich gilt angesichts dieser Wirklichkeiten, dass die Kirche gerufen ist, deutlicher zu werden, was sie immer schon ist: „Jede Erneuerung der Kirche besteht wesentlich im Wachstum der Treue gegenüber ihrer eigenen Berufung", hält das Zweite Vatikanum im Dekret über den Ökumenismus *Unitatis redintegratio* fest (UR 6); die vier Merkmale liefern dafür so etwas wie Standards, an denen man sich orientieren kann.

Zugleich sind sie aber nicht bloß vage Zielvorgaben: In ihnen drückt sich das Vertrauen aus, dass Gottes Zuwendung niemals endgültig aus der Geschichte verschwinden wird – und zwar nicht in einem allgemeinen Sinn, sondern trotz aller Entstellung, Schwäche und Schwierigkeit in der Gemeinschaft jener, die zu tun versuchen, was Christus tat.

15.2.3 Grundvollzüge der Kirche – und die Frage nach der päpstlichen Infallibilität

Tun, was Christus tat – diese Formulierung liefert einen weiteren Zugang zur Kirche. Von Christus her werden traditionell drei Vollzüge oder Dienste der Kirche unterschieden: So wie Christus als Prophet, Priester und König verstanden wird, finden sich auch in der Kirche drei korrelierende Vollzüge, nämlich a) die Verkündigung von Gottes unbedingter Zuwendung (martyria), b) ihre gottesdienstliche Feier (leiturgia) sowie c) ihre Übersetzung im karitativen Dienst an allen, die der Hilfe bedürfen (diakonia). Diese drei Dienste sind gleichsam drei zentrale *Vollzüge kirchlicher Authentizität*, d. h. Dienste, in denen sie idealtypisch sie selbst ist, weil sich darin Gottes Zuwendung verkörpert.

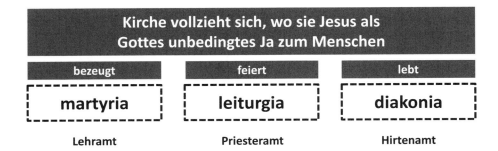

Im Folgenden konzentrieren wir uns *exemplarisch* auf jenen Vollzug, der wohl die meisten Rückfragen erzeugt: das sog. *Lehramt der Kirche*, das mit der Verkündigung verbunden ist. Anfragen entzünden sich in der Regel

- *erstens* an konkreten materialen Wahrheitsansprüchen, die mit dem christlichen Glauben verbunden sind, sowie
- *zweitens* daran, dass gemäß katholischer Interpretation zwar *alle Getauften* an der Verkündigung und am Lehramt der Kirche partizipieren, es aber dennoch und zugleich in besonderer Weise mit dem *Bischofsamt* verbunden ist (vgl. LG 12; LG 25).

Da der erste Problemkomplex gewissermaßen das gesamte Buch bestimmt, der zweite noch kurz später vorkommt (17.2.2), beschäftigt sich dieser Abschnitt allerdings *drittens* mit einer spezifischen Zuspitzung: Die katholische Lehre verbindet das Lehramt nicht nur in besonderer Weise mit dem Bischofsamt, sondern speziell und spezifisch mit dem Bischof von Rom, präziser: mit dem Papstamt – und zwar so, dass diesem unter bestimmten Bedingungen sogar sog. *Infallibilität* zukommt. Die Dogmatisierung dieser Lehre auf dem Ersten Vatikanischen Konzil (1869–70) war für viele Zeitgenossen irritierend (wie die Entstehung der Altkatholiken, aber auch Aufzeichnungen Kardinal Newmans und anderer zeigen) und ist es auch heute noch. Die Leitfrage stellt sich damit von selbst: Was kann sinnvoll mit *Unfehlbarkeit* gemeint sein?

Sehen wir dazu zuerst in die entscheidende Passage in *Pastor aeternus*, der dogmatischen Konstitution über die Kirche Christi (1870), in der die päpstliche Infallibilität definiert wird. Die entscheidenden Zeilen lauten wie folgt:

> Wenn der Römische Bischof „ex cathedra" spricht, das heißt, wenn er in Ausübung seines Amtes als Hirte und Lehrer aller Christen kraft seiner höchsten Apostolischen Autorität entscheidet, dass eine Glaubens- oder Sittenlehre von der gesamten Kirche festzuhalten ist, dann besitzt er mittels des ihm im seligen Petrus verheißenen göttlichen Beistands jene Unfehlbarkeit, mit der der göttliche Erlöser seine Kirche bei der Definition der Glaubens- oder Sittenlehre ausgestattet sehen wollte; und daher sind solche Definitionen des Römischen Bischofs aus sich *[ex sese]*, nicht aber aufgrund der Zustimmung der Kirche unabänderlich *[irreformabiles]*. (DH 3074)

Die Struktur des Satzes macht bereits klar, dass es hier um *Bedingungen* und *Zuordnungen* geht, nicht um eine *Carte blanche* für einen Einzelakteur. Fragt man etwa nach dem *Subjekt* der Unfehlbarkeit, erhält man eine gestufte Auskunft: Der Papst besitzt jene Unfehlbarkeit, die der Kirche zukommt, präziser: mit der der *göttliche Erlöser* seine *Kirche* ausgestattet sehen wollte. Das feste Vertrauen, auf dem Weg nicht heillos in die Irre zu gehen (so kann man Unfehlbarkeit behelfsmäßig übersetzen), ist also in der gesamten Kirche verwurzelt (man spricht im Blick darauf auch von der sog. *Indefektibilität* der gesamten Kirche, i. e. ihrer ‚Unzerstörbarkeit' im Leben aus dem Evangelium) – und nicht in einem einzelnen Amt.

> Die kirchliche Verwurzelung erschließt auch den Sinn des *ex sese* im letzten Teil. Dieses ist nicht unmittelbar auf den Papst, sondern auf dessen Definitionen bezogen: Insofern eine päpstliche Lehre „die durch die Apostel überlieferte Offenbarung bzw. die Hinterlassenschaft des Glaubens" heilig bewahrt und getreu auslegt (das ist mit DH 3070 vorausgesetzt!), ist sie unter den genannten Bedingungen *aus sich unabänderlich (irreformabile)* – und zwar nicht erst aufgrund nachträglicher Zustimmung der Kirche (d. h. nicht durch den sog. *consensus succedens*, wie das etwa die Gruppe der sog. *gallikanischen Theologen* überlegten). Damit ist aber auch gesagt, dass a) solche Definitionen notwendig die Ein- und Rückbindung an die Tradition brauchen (sog. *consensus antecedens*) und dass b) der enge Kontakt mit dem Glaubenssinn der Kirche, i. e. der Bischöfe und aller Gläubigen nötig ist (sog. *sensus Ecclesiae, fidei, fidelium*; vgl. LG 12; LG 25). Der Sache nach ist damit letztlich gesagt, dass der Papst – weil es nicht um seine private Frömmigkeit, sondern den *Glauben der Kirche* geht – nicht ohne Konsultationen entsprechende Definitionen vorlegen kann. Ein Dogma, das aus dem Nichts heraus ohne Fühlung mit der Tradition und dem Glaubenssinn der Kirche unfehlbar verkündet würde (etwa dass Jesus die Farbe Blau vor allen anderen Farben bevorzugt habe und dies nun fest zu glauben sei), wäre deshalb nichtig. Joseph Ratzinger hat das in einer vielzitierten Wendung wie folgt formuliert:
>
>> Wo weder Einmütigkeit der Gesamtkirche [vgl. *sensus Ecclesiae*] vorliegt noch ein klares Zeugnis der Quellen [vgl. *consensus antecedens*] gegeben ist, da ist auch eine verbindliche Entscheidung nicht möglich; würde sie formal gefällt, so fehlten ihre Bedingungen, und damit müsste die Frage nach ihrer Legitimität erhoben werden. (1969, 144)

Fragt man weiter nach dem *Objekt* päpstlicher Unfehlbarkeit, ist dieses auf die Glaubens- und Sittenlehre eingegrenzt, ihre *Form* hingegen ist durch das „ex cathedra" bestimmt: Ein Papst kann Infallibilität nur beanspruchen, wenn zugleich erkennbar ist, dass er nun als „Hirt und Lehrer aller Christen kraft seiner höchsten Apostolischen Autorität" lehrt. Das ist keineswegs der Regel-, sondern der Ausnahmefall (auch wenn es Tendenzen gibt, beides zu verschleifen): Der Regelfall ist das sog. *ordentliche Lehramt* (das sich in Predigten, Enzykliken u. a. m. äußert und nicht unabänderlich ist), während hier allein das sog. *außerordentliche Lehramt* behandelt wird. Stellt man die Frage, wie oft Päpste unfehlbar Definitionen vorlegten, lässt sich als *Minimalkonsens* erkennen: Sowohl die Definition der leiblichen Aufnahme Marias in den Himmel (1950) als auch (rückblickend gesehen) die Definition der Unbefleckten Empfängnis Mariens (1854) sind unfehlbar erfolgt (vgl. Schatz 1985).

Vielleicht kann man Infallibilität erhellen, indem man den Papst mit einem Schiedsrichter beim Fußball vergleicht. Wie ein Referee hat der Papst gewissermaßen ein Spiel zu leiten, das er nicht selbst erfunden hat, dem er aber verpflichtet ist. Dabei ist es nicht sein Job, jeden Spielzug zu bewerten (und auch völlig gleich, ob er persönlich eine Aktion gut findet oder nicht), sondern es geht darum, im Notfall einzugreifen und zu klären, ob Torschüsse, Zweikampfverhalten etc. regelkonform sind oder nicht. Er agiert dazu in einem Schiedsrichterteam, entscheidet aber letztinstanzlich. Von besonderem Interesse sind Spielsituationen, die vom Reglement nicht vollständig abgedeckt sind, denn auch in diesen Fällen muss der Schiedsrichter letztinstanzlich urteilen. Es ist plausibel, dass Entscheidungen in solchen neuen Situationen nur auf Basis bisheriger Regelungen und Erfahrungen zu treffen sind, d. h. dass prinzipiell der *spirit* des Spiels zu wahren und die herrschenden Regeln zu berücksichtigen sind *(consensus antecedens)*. Zwar braucht seine konkrete Entscheidung keine einhellige Zustimmung aller Beteiligten *(consensus succedens)*, es ist aber auch unmittelbar einsichtig, dass sie nicht völlig gegen Co-Referees, Feldspieler, Trainer u. a. *(sensus ludentium)* erfolgen kann (weshalb er z. B. nicht zu Handball wechseln kann). Richtlinie solcher speziellen Entscheidungen ist jedenfalls, dem Geist des Spiels zu entsprechen und das Spiel selbst am Laufen zu halten. Das ist der Sinn der Unfehlbarkeit: Sie soll *in Ausnahmefällen* helfen, dass das Spiel weiterläuft, und ist getragen vom festen Vertrauen, dass genau das durch diese Regelung und die letztinstanzliche Kompetenz des Papstes möglich ist.

Drei Bemerkungen sollen die Ausführungen zur Infallibilität beschließen. *Zum einen* ist es wichtig, die historischen Rahmenbedingungen des Dogmas zu sehen, vor allem den politischen Einflussverlust des Papstes und des Kirchenstaats im 19. Jh. sowie den sog. *Kulturkampf*. Das ist nötig, um zu verstehen, warum das Dogma (als Betonung der geistlichen Macht des Papstes, während seine weltliche Macht erodierte) damals für so wichtig empfunden wurde. *Zum anderen* ist eigens zu betonen, dass die *Unabänderlichkeit* päpstlicher Definitionen *nicht* bedeutet, dass man das darin Gesagte nicht auch noch anders oder gar einleuchtender formulieren könnte. Wer über Marias leibliche Aufnahme in den Himmel predigt, ist keineswegs gezwungen, den lateinischen Wortlaut der entsprechenden Apostolischen Konstitution *Munificentissimus Deus* (DH 3900–3904) zu verlesen *und dann abzutreten* – er darf, soll und muss, was hier gesagt ist, in eigenen Worten erklären. Das ist schreiend trivial, aber erschließt etwas, das für jedes Dogma gilt: Es ist nicht nur nicht verboten, das Gemeinte angesichts neuer Anfragen und Zeitumstände anders zu formulieren und sich neu anzueignen – es ist sogar unabdingbar. Auch wenn eine irreformable Definition nie direkt falsch ist, ist damit nicht gesagt, dass das Entscheidende darin bereits abschließend erfasst ist oder nicht anders plausibler formuliert werden mag.

Schließlich ist daran zu erinnern, dass Artikulationen des Glaubens (seien sie päpstlich unfehlbar, pastoral erbaulich oder gestammelt für sich) immer unter dem *eschatologischen Vorbehalt* stehen: Sie können und sollen die eigene Endlichkeit nicht überspringen (vgl. allg. 19.2.2; 19.5). „Stückwerk ist unser Erkennen, Stückwerk unser prophetisches Reden", wie Paulus an die Gemeinde in Korinth, sicherlich aber auch an Petrus scheibt (1 Kor 13,9).

15.3 Kirche als Apriori: Von riskanten Bergtouren und bisweilen nostalgischen Müttern

Im ersten und größten Teil dieses Kapitels war rekonstruiert worden, woraus sich entwickelt hat, was man *Kirche* nennt. Sie entsteht nicht willkürlich, sondern gleichsam als Antwort Gottes und der Menschen auf eine Frage: *Wie bleibt Gottes Zuwendung in Christus geschichtlich präsent?* Wir werden zwar noch zu klären haben, wie exklusiv dies zu verstehen ist, wie explizit die Partizipation daran sein muss oder ob sie auch anonym möglich ist (vgl. Kapitel 18), aber fürs Erste lässt sich festhalten: Die Antwort auf diese Frage ist die Kirche – *die Gemeinschaft jener, die Christus nachfolgen*. Man darf dabei den Plural, der in diesem Singular steckt, nicht übersehen: Aufgrund ihrer inneren Vielfalt kann man diese Gemeinschaft als *communio communiorum* bezeichnen oder ließe sich – in Anlehnung an ein Theorem des Münchner Soziologen Armin Nassehi (2011) – von einer *Kirche der Gegenwarten* sprechen. Von diesen Bestimmungen aus lässt sich nun *zweierlei* präzisieren: das Verständnis von Glauben und von Theologie.

Zum einen lässt sich nun etwas besser verstehen, was in Kapitel 2 Thema war – *der Glaube*. Dort hieß es, Glaube sei eine Haltung des Gottvertrauens; nun lässt sich ergänzen: *eines Gottvertrauens, das (gemäß katholischer Standardinterpretation) in einer Gemeinschaft (nämlich: der Gemeinschaft der Kirche) lebendig ist*. Diese Gemeinschaft ist *erstens* ein *historisches Apriori des Glaubens*: Man könnte selbst nicht zum Glauben finden, wenn es nicht zuvor schon Menschen gegeben hätte, die versucht haben, aus dem Glauben zu leben, ihn sich anzueignen und weiterzugeben (ein Zusammenhang, den man mit dem Kürzel *Tradition* bezeichnen kann). Ineins damit ist diese Gemeinschaft *zweitens* auch *Lebensraum des Glaubens* – ähnlich vielleicht, wie eine Seilschaft der Lebensraum des Vertrauens darauf ist, den Gipfel zu erreichen: Wo man verzagt, hilft die Aufmunterung eines Gefährten, wo man den Fokus verliert, korrigiert ein warnendes Wort der Freundin, wo man zu wenig auf seine Kraftreserven blickt, hilft es, wechselseitig aufeinander zu achten u. a. Alleine würde man verzweifeln, aber gemeinsam ist es möglich, auch wenn es anspruchsvoll bleibt. In diesem Bild steckt ein Idealbild für kirchliche Bergführer und Bergführerinnen, entscheidend ist aber, dass es die soziale Formatierung des Glaubens erkennbar macht: Man ist nicht allein auf Pilgerschaft, sondern als *Volk Gottes*. Zugleich wird nochmals jenes *triadische Motiv* gespiegelt, das oben semiotisch expliziert worden war: Der Witz einer Seilschaft liegt nicht in ihr selbst, d. h. nicht einfach darin, dass man eben durch ein Seil verbunden ist – entscheidend ist vielmehr, dass man dadurch sicherer rauf- und runterkommt, ohne jemanden zu verlieren.

Zum anderen kann man mit Einsichten dieses Kapitels auch besser verstehen, was in Kapitel 1 Thema war – *die Theologie*. Nun wird nämlich klarer, in welcher Weise christliche Theologie kirchlich qualifiziert ist. Sie ist es fundamental in dem Sinn, dass sie ein Vertrauen in Gott reflexiv begleitet, das in der Gemeinschaft der Kirche lebendig ist. Auf einer gemeinsamen Pilgerschaft des Vertrauens ist Theologie gewissermaßen die Begleitreflexion darauf, dass nicht Schuld, Tod, Absurdes u. a. das letzte Wort über uns und die Welt haben, sondern Gott. Man kann aus all dem eine weitere, nämlich eine *ekklesiale Regel der Theologie* ableiten wollen: *Sei dir jenes ekklesialen Aprioris bewusst, das der theologischen Reflexion christlichen Glaubens vorausliegt bzw. in dieser beansprucht wird – und gehe kritisch-sensibel damit um!* Das klingt äußerst spezifisch, ist allerdings Geistes- und Kulturwissenschaften formal nicht völlig fremd. Wie ist das gemeint?

Blickt man zuerst auf das ‚sensibel' in der Formel ‚kritisch-sensibel', dann geht es dabei *in erster Lesung* schlicht darum, für die *faktische* Situiertheit der eigenen Perspektive *sensibel* zu sein bzw. sie zu reflektieren. Das ist kulturwissenschaftlich keineswegs fremd: Auch wer über Kultur nachdenkt, kann nicht aus der Kultur aussteigen und muss darum wissen – und Gleiches gilt analog für Theologie und ihr ekklesiales Apriori. Zugleich spielt dabei allerdings auch eine *normative* Dimension eine Rolle: So wie Rechtswissenschaften über Menschenrechte nachdenken und diese ineins als Rahmen ihres Denkens affirmieren können, ohne deshalb unwissenschaftlich zu werden – so hat Theologie den Anspruch, in ihrem Nachdenken über Gottes Zuwendung, wie sie kirchlich bezeugt ist, zugleich von dieser orientiert zu werden, ohne irrational zu werden. Es spricht einiges dafür, dass es Wissenschaften gibt, die gleichsam *reflektiert befangen* sein müssen, um nicht irrational zu sein – und es liegt nahe, dass zu diesen auch die Theologie gehört (vgl. Dürnberger 2019).

Das ‚kritisch' in der Formel ‚kritisch-sensibel' wiederum soll signalisieren, dass diese eigentümliche, reflektierte Befangenheit keineswegs notwendig sedierend wirkt oder falsche Kumpanei fordert. Um es ganz trivial zu sagen: Man kann, darf und muss in spezifischen Umständen auch seine eigene Mutter kritisieren – und vermutlich wird man das aus einer gewissen Befangenheit heraus sogar aufmerksamer und umsichtiger tun als bei anderen. Wenn *andere* ältere Damen die 1950er nostalgisch verklären und die Ohrfeige als Erziehungsmaßnahme glorifizieren, mag man sich vielleicht achselzuckend abwenden – nicht aber bei der *eigenen* Mutter, der man *aus Wertschätzung* diese geistige Regression wohl eher ersparen will. Die Kritik, die Theologie einzubringen hat, bezieht sich primär darauf, dass Kirche auf ihrem Weg immer wieder hinter dem zurückbleibt, was das Evangelium fordert, die Vernunft nahelegt, die Zeit nötig macht oder eine Situation braucht – und darauf, dass sie daher Gottes Zuwendung nicht nur sichtbar macht, sondern auch ver- oder entstellt. Dies zu benennen und zu analysieren ist (wie das bei der Kritik an Müttern nun mal zu erwarten ist, auch bei Kritik an der *Mutter Kirche*) oftmals von massiven inneren wie äußeren Widerständen begleitet. Das darf über der schrulligen Mutter-Metapher nicht übersehen werden: Nicht selten waren oder sind – um das mindeste zu sagen – biographische Folgekosten damit verbunden. Gleichwohl *und gerade deshalb* ist Kritik im beschriebenen Sinn eine entscheidende Dimension von Theologie.

16 Heil performen?

Das Thema des folgenden Kapitels ist die *Sakramententheologie*. Der Begriff des Sakraments war in der letzten Einheit im Blick auf die Kirche eingeführt worden, vertrauter ist er vielen allerdings von jenen sieben Einzelsakramenten, die die katholische Kirche feiert: Taufe, Firmung, Eucharistie, Buße, Krankensalbung, Weihe und Ehe. Diese werden im Folgenden allerdings nicht einzeln thematisiert, vielmehr geht es um eine allgemeine Orientierung, was Sakramente sind. Dazu liefert die zitierte Formulierung aus LG 1, in der Kirche als „Zeichen und Werkzeug" *(signum et instrumentum)* bezeichnet wurde, eine grundsätzliche Perspektive: Sakramente sind *Zeichen* der Zuwendung Gottes, die Menschen ein Leben aus dieser heraus erschließen (und in diesem Sinn *instrumentell* sind, d. h. Werkzeuge und Mittel). In einer freieren Formulierung ließe sich sagen: Sakramente sind a) Wort- und Symbol-getragene b) *performances* der unbedingten Zuwendung Gottes, die c) wirklich erschließen, was sie bezeichnen. Das soll im Folgenden entfaltet werden: Auf theologiegeschichtliche Orientierungen (16.1 und 16.2) folgt ein Blick auf exemplarische Entwicklungen im 20. Jh. (16.3).

16.1 Antike Orientierungen: Über heilige Zeichen und ihre Feier

16.1.1 Das Mysterium der Teilhabe an Gottes Heilsprojekt

Beginnen wir die theologiegeschichtlichen Etappen mit einer terminologischen Zurüstung. Das lateinische *sacramentum* findet sich ab dem 2. Jh. als Übersetzung des griechischen Begriffs *mysterion* (μυστήριον): Geheimnis. Paulus verwendet diesen etwa, wenn er von Christus spricht und ihn als *Geheimnis Gottes* bezeichnet (vgl. 1 Kor 2,1.7; vgl. auch Kol 2,2). Hier deutet sich an, was unter *mysterion* zu verstehen ist: ein Ereignis, in dem Gottes heilvoller Plan für die Welt (seine Heilsökonomie, vgl. 13.1) offenbar und wirklich wird. Insofern Christus die anbrechende Herrschaft Gottes verkörpert und in ihm das göttliche Heilsprojekt für die Welt kulminiert, ist er das *Mysterion Gottes* schlechthin. Analog lassen sich aber auch andere Ereignisse, Wahrheiten o. Ä. (etwa des Alten Testaments oder der Endzeit) mit dem Begriff bezeichnen; in diesem Sinn wird auch die Kirche, insofern sie Christus geschichtlich bleibend verkörpert, als *Geheimnis* beschrieben (etwa in der sog. Didache, die am Ende des 1. Jh. vom *kosmischen Mysterium der Kirche* spricht, vgl. Didache 11,11).

Tertullian scheint die lateinische Variante *sacramentum* als Erster für Taufe und Eucharistie angewendet zu haben. Der Begriff hängt mit *sacrare* (weihen, opfern) zusammen: Damit wurde die Weihe einer Sache oder Person an ein *sacrum* (ein Heiligtum, das Heilige) bezeichnet, d. h. der göttlich besiegelte Übergang von einem (weltlichen) Wirklichkeitsbereich in einen anderen (nämlich sakralen). Der Vorgang eines wirklichen Wechsels ist ein zentraler semantischer Aspekt des lateinischen *sacramentum*: Der Begriff wurde auch für einen *Fahneneid* verwendet, durch den sich ein Rekrut einem Heer verpflichtete, es ließen sich aber auch *Eide* vor Gericht so bezeichnen bzw. ein *Pfand*, das als Sicherheit bei einem Tempel hinterlegt wurde (und bei Eidbruch verloren ging, d. h. den Besitzer wechselte). Das Bild des *Wechsels* bzw. des *Übertritts* in eine andere Sphäre, der mit persönlicher Hingabe einhergeht, mag die theologische Verwendung dieses Begriffs motiviert haben: *In Sakramenten wird man wirklich in die Dynamik des Heilsprojekts Gottes für diese Welt hineingenommen* – in der Taufe geht es etwa um nichts weniger als eine *neue Existenz in Christus* (vgl. 12.1.2).

Dabei steht die zentrale Rolle von Taufe und Eucharistie (die bis heute *sacramenta maiora* genannt werden) von Beginn an fest, während die übrigen Sakramente (deren Zahl sich erst im Lauf der weiteren Geschichte stabilisiert) *sacramenta minora* heißen. Der Begriff ist jedenfalls über Jahrhunderte weit gefasst, auch Kirchenfeste, die Fastenzeit, die Menschwerdung u. a. m. werden als *sacramenta* bezeichnet. Früh reflektiert man auch, dass manche Sakramente immer wieder gefeiert und empfangen werden können (z. B. die Eucharistie), während andere einmalig sind (z. B. die Taufe). Letztere, so der Fachterminus, erzeugen einen *character indelebilis*, ein *untilgbares Prägemal*: Einmal getauft ist man quasi immer im *Team Christus*. Rein normativ betrachtet geht es dabei nicht um imperial-expansive Logik, die darauf geeicht ist, andere einzugemeinden und bleibend Ansprüche auf sie zu markieren, sondern darum, dass Gottes Zuwendung sich durch alle Wechselfälle einer Biographie durchhält (vgl. 2 Tim 2,13).

16.1.2 Blumen, Küsse, Schokolade: Augustinus und der semiotische Charakter der Sakramente

Vor allem Augustinus liefert weitere entscheidende Impulse. Da sie nicht systematisch in einem Werk entwickelt werden, erlauben wir für unsere Zwecke eine reichlich freihändige Orientierung entlang von drei diskursprägenden Motiven.

a) Das semiotische Motiv: Sakramente als heilige Zeichen

Das *erste Motiv* liefert den Rahmen: Augustinus interpretiert Sakramente grundlegend *als Zeichen*, konkreter: als heilige Zeichen *(signa sacra)*, die auf eine heilige Wirklichkeit (Sache, *res*) verweisen. Man muss diesen Gedanken mit der umfassenderen Überlegung verbinden, dass laut Augustinus *die gesamte Schöpfung* semiotisch zu verstehen ist:

Die Schöpfung als ganze verweist auf den Schöpfer und ruft auf, „dass ich dich [i. e. Gott als Schöpfer] lieben soll" (Confessiones X 6). Im Grunde ist also bereits die Welt als solche *signum* Gottes, weshalb auch Ontologie und Semiotik *nicht* distinkt zu trennen sind:

> Ein großes Buch ist die Gestalt der Schöpfung selbst. Betrachte die obere und untere [Gestalt der Schöpfung], sei aufmerksam, lies darin! Gott hat nicht mit Tinte Buchstaben geschrieben, damit du ihn erkennst, er hat dir [vielmehr] vor Augen gestellt, was er geschaffen hat! Was fragst du noch nach einer deutlicheren Stimme? (Sermo 68,6)

Eine *deutlichere Stimme* ist aber tatsächlich insbesondere deshalb nötig geworden, weil Adam und Eva gesündigt haben und dem Menschen aufgrund der Erbsünde die Fähigkeit fehlt, die Welt als Zeichen der Zuwendung Gottes zu lesen (vgl. 10.2.2 b; vgl. allg. Daston 2001). In dieser Situation setzt Gott durch die Heilsgeschichte hindurch *besondere, staunenerregende* Zeichen, um den Menschen zum Heil zu führen:

> So wie Menschen gewöhnlich Worte gebrauchen, um zu sprechen, so spricht Gottes Macht auch durch Ereignisse. Und so wie neue oder ungewöhnliche Wörter (sofern sie moderat und angemessen verwendet werden) dem menschlichen Reden Brillanz verleihen, so wird auch die göttliche Redekunst durch staunenerregende Ereignisse schöner (wenn sie etwas mitteilen, was stimmig dazu passt). (Epistula 102,33)

Vor diesem Hintergrund lässt sich die Rede von Mysterien und Sakramenten in einem weiten Sinn verstehen (Christus selbst ist auch für Augustinus *das* Sakrament schlechthin), aber auch im konkreten Sinn verorten: Taufe und Eucharistie sind, von Christus abgeleitet, *spezifische* Zeichen der Liebe Gottes. An den beiden zentralen Sakramenten zeigt sich zudem, dass (materielles) Element und (biblisches) Wort konstitutiv sind, mit besonderer Wichtigkeit des Letzteren. Die Taufformel etwa ist es, die dem Wasser bei der Taufe seinen spezifischen Zeichencharakter verleiht: „Nimm das Wort weg, und was ist das Wasser anderes als bloß Wasser? Es tritt das Wort zum Element, und es wird das Sakrament, auch dieses gleichsam ein sichtbares Wort" (In Evangelium Ioannis Tractatus 80,3). *Accedit verbum ad elementum, et fit sacramentum, etiam ipsum tamquam visibile verbum* – diese knappe augustinische Formel prägt die spätere Reflexion auf Sakramente.

> Gleichwohl darf man nicht übersehen, dass es bei Augustinus in seinen verschiedenen Schaffensphasen auch Skepsis gibt, was Zeichen und Sprache betrifft – weil Worte selbst der Heiligen Schrift *signa ambigua*, d. h. mehrdeutig sein können, weil die eigentliche Hinwendung zu Gott *im Inneren* stattfindet, weil dafür letztlich die Gnade (und nicht äußere Umstände, rhetorische oder hermeneutische Fertigkeiten) die entscheidende Größe ist: „Die ideale, sündenfreie Kommunikation ist nicht-sprachlich" (Schupp 2003b, 76). Sinnlichkeit und Zeitlichkeit, die Zeichen eigen sind, erreichen gleichsam das Eigentliche nicht im Letzten. Deshalb kann Augustinus sogar schreiben, dass wir uns nicht in falscher Weise auf das Sakrament schlechthin, den in Jesus *inkarnierten* Logos, fixieren sollen: Nichts darf uns „auf unserem Weg [zum Vater] aufhalten, da nicht einmal der Herr selbst – insofern er sich würdigte, unser Weg zu sein – wollte, dass wir

uns bei ihm aufhalten, sondern dass wir an ihm vorübergehen" (De doctrina Christiana I 34). Darin kommt eine gewisse Relativierung aller Zeichen zum Ausdruck (insofern sie sinnlich, zeitlich, äußerlich sind), die auch die Sakramente betrifft.

b) Das instrumentelle Motiv: Sakramente als Medien der Heiligung

Nicht ohne eine gewisse Spannung dazu hält Augustinus – vielleicht motiviert durch seine bischöflichen Aufgaben – grundsätzlich dennoch an der Bedeutung von Sakramenten fest. So situiert er etwa den Topos der Christusverähnlichung nicht exklusiv, aber exemplarisch in der Feier der Eucharistie: Wenn ihr den Leib des Herrn in der Eucharistie „würdig empfangen habt", predigt er, dann „seid ihr, was ihr empfangen habt" (Sermo 227, 1; vgl. 15.1.3 b). Hier lässt sich ein *zweites Motiv* identifizieren: Sakramente haben eine bestimmte *instrumentelle Funktion und Wirkung*, nämlich jene der Heiligung des Lebens. Das ist die eigentliche *res sacramenti*, d. h. es ist das, worum es bei Sakramenten in der Sache geht – geistliche Reifung und wirkliches Hineinwachsen in Gottes Liebe.

In gewisser Hinsicht ist das an unsere Alltagserfahrung anschlussfähig: Menschen sind in ihren Beziehungen *allgemein* auf Zeichen angewiesen – damit diese lebendig bleiben, braucht es Zeichen, Gesten und Symbole. Denken wir an *Blumen, Küsse, Schokolade*, mit denen sich Verliebte bei allen Gelegenheiten überhäufen: Selbst wenn sie nicht das Entscheidende sind, sind sie mehr als bloße Dekoration. Durch sie vermag sich eine Beziehung zu dynamisieren, ohne sie würde sie verkümmern; und zugleich erschließt sich im Vollzug der Zuwendung deren Gehalt (vgl. analog das Ineinander von *fides qua* und *fides quae* in Kapitel 2). Man könnte deshalb auch von einer *medialen Dimension* der Sakramente sprechen: In der Regel verstehen wir z. B. Blumen nämlich nicht als Werkzeug, als *instrumentum* für die Gestaltung unserer Beziehungen, sondern eher als Medium, um Zuneigung zu kommunizieren, zu realisieren und zu leben. Allerdings legt es sich in Bezug auf die spätere Rezeption und die theologisch etablierte Terminologie nahe, im Blick auf das eben Gesagte vom *instrumentellen Charakter* der Sakramente zu sprechen.

c) Das applikative Motiv: Sakramente und Umstände ihrer angemessenen Feier

Von hier ausgehend lässt sich ein *drittes Motiv* notieren: Im Blick auf das konkrete Leben der Kirche treibt Augustinus besonders die Frage um, *unter welchen Umständen* Sakramente ihre heiligende Wirkung entfalten bzw. überhaupt gültig gespendet werden können. Wir nennen das dritte Motiv daher etwas ungenau *applikativ*, weil es im weitesten Sinn um Umstände der „Anwendung" geht. Eine der wichtigsten Einsichten entstammt dabei der Auseinandersetzung mit der Gruppe der sog. *Donatisten*: Gegen sie betont Augustinus immer wieder, dass Sakramente nicht von der moralischen Integrität desjenigen abhängen, der sie spendet. Deshalb ist eine Taufe auch dann eine *wirkliche Taufe* (d. h. echtes „Bekleidetwerden" mit der Zuwendung Gottes, vgl. Gal

3,27), wenn etwa die Spenderin einen zweifelhaften Lebenswandel aufweist – das Zeichen bezeichnet und bewirkt *von sich aus*, was es soll (und nicht aufgrund ihrer Leistung). Insofern Gottes Liebe bedingungslos ist, kann sie nicht die Moralität, das affektive Engagement o. Ä. jener zur Bedingung haben, die diese unbedingte Zuwendung Gottes in den Sakramenten spenden und feiern wollen. Mag daher etwa der Spender einer Taufe „welche Bürde auch immer tragen: Nicht er, sondern der, über den die Taube hinabstieg, ist es selbst, der eigentlich tauft" (Epistula 89,5, mit Bezug auf Joh 1,32 f.). Kurz: Christus selbst ist der *eigentliche* Spender der Taufe. Das ist ein zentraler Gedanke, insofern er die bedingungslose Zuwendung Gottes profiliert; allerdings gibt er auch Anlass zu magischen Missverständnissen, wie wir noch sehen werden.

Für unsere Zwecke reicht diese erste, dreigliedrige Orientierung: Ein Sakrament ist ein heiliges Zeichen (semiotisches Motiv), das heiligend wirksam ist (instrumentelles Motiv), wobei diese Wirkung letztlich nicht von der Integrität der beteiligten Menschen erzeugt wird, sondern in Gottes Treue gründet (applikatives Motiv). Das ist der Ausgangspunkt, um weitere Entwicklungen nachzeichnen zu können.

16.2 Scholastische Verschiebungen: Über göttliche Arzneien und ihre Verabreichung

16.2.1 Übernatürliche Medizin: Sakramente als Ursachen der Heil(ig)ung

Um diese Entwicklungen zu verstehen, ist es sinnvoll von einer Frage auszugehen, die sich am Schnittpunkt zwischen dem zweiten und dritten Motiv stellt und zusehends wichtiger wird: *Wie genau bewirken Sakramente unsere Heiligung?* Wenn sie uns *wirklich* geistlich reifen lassen, sind sie dann nicht eigentlich die *Ursache* für diesen Prozess? Sind sie dann nicht mehr als *bloße* Zeichen?

Wir können Fragen wie diese im Hintergrund von Formulierungen vermuten, wie sie im Paris des 12. Jh. Hugo von St. Viktor (um 1097–1141) oder Petrus Lombardus (um 1095–1160) wählen. Ersterer etwa schreibt, dass ein Sakrament „eine unsichtbare und geistliche Gnade aufgrund einer Ähnlichkeit darstellt [repraesentans], aufgrund der Einsetzung [durch Christus] bezeichnet [significans] und aufgrund einer heiligenden Weihe enthält [continens]" (De sacr. I 9,2). Hier mag uns die Ausdifferenzierung der *einen* Zuwendung Gottes in verschiedene *Gnaden* oder die direkte Rückführung der Sakramente auf Jesus auffallen, im vorliegenden Kontext ist aber primär die letzte Qualifikation von Interesse: Das Sakrament *enthält* Gnade – nicht unähnlich einer

Arznei, die einen Wirkstoff enthält. In diesem Sinn sind Sakramente *vasa gratiae*, Gefäße der Gnade; entsprechend werden in der real existierenden Frömmigkeit die materiellen Elemente der Sakramente zusehends weniger als *Zeichen und Symbole* verstanden, sondern vor allem als übernatürliche Medizin (deren ‚liturgische Erzeugung und Verabreichung' kirchlich organisiert ist).

Auch bei Petrus Lombardus finden wir eine Überformung des semiotischen Motivs bei dessen gleichzeitiger Nennung. In seinem berühmten Sentenzenbuch heißt es: Als Sakrament „wird passend bezeichnet, was Zeichen der Gnade Gottes ist: eine sichtbare Gestalt der Gnade, insofern sie ihr *Bild* ist und zu ihrer *Ursache* [!] wird. Sakramente sind also nicht nur wegen des Bezeichnens, sondern auch wegen der Heiligung eingesetzt" (Sent. IV d1 c4,2). Auch hier ist ein neuer Spin am Werk: Sakramente sind auch, aber *nicht bloß Zeichen,* sondern wesentlich auch *Ursache einer wirklichen Veränderung.* Zwar setzt sich diese Terminologie nur zögerlich durch, zwar ist der Begriff der Ursache im Mittelalter facettenreicher als im durchschnittlichen Verständnis der Gegenwart, aber letztlich ergeben sich so Verschiebungen von der symbolisch-semiotischen Natur der Sakramente auf deren kausale Ursachen und Folgen – und etabliert sich ein neues sakramententheologisches Leitparadigma.

16.2.2 Vertiefte Reflexionen auf Wirksamkeit, Gültigkeit, Erlaubtheit und Notwendigkeit

Erlauben wir uns (in loser Orientierung an Thomas, der die katholische Sakramententheologie wesentlich prägt) wieder eine flächige Darstellung, welche Themen sich aus den skizzierten Verschiebungen exemplarisch ergeben. Besonders prägend werden die vertieften Reflexionen auf *Wirksamkeit, Gültigkeit, Erlaubtheit* und *Notwendigkeit* von Sakramenten(spendung), die bis heute normativ orientierend sind.

So wird etwa a) der bereits von Augustinus beanspruchte Gedanke, dass die *Wirksamkeit* eines Sakraments in Gottes Treue (und nicht in menschlichen Qualitäten) gründet, in eine bis heute gültige Formel gefasst: Ein Sakrament wirkt *ex opere operato, non ex opere operantis*, d.h. es ist Zeichen und Ereignis der Zuwendung Gottes allein kraft des vollzogenen Ritus und nicht aufgrund des Engagements der Spenderin (vgl. STh III q64 a5 c). Das ist allerdings erklärungsbedürftig: Ist dann die Tauformel ein Zauberspruch, der magisch *von sich aus* bewirkt, was er besagt? Haben wir es bei Sakramenten dann nicht doch mit magischer Medizin zu tun? Bereits im letzten Kapitel war festgehalten worden, *dass Gott uns nicht ohne uns heiligt* (STh I-II q111 a2 ad2), hier ist es mit Nachdruck zu wiederholen: Auch wenn Gottes Zuwendung *nicht von uns* abhängt, so wird sie *nicht ohne uns* wirksam, d.h. kommt es in anderer Hinsicht sehr wohl auf Spender (und Empfänger) an.

> Um das subtile Ineinander göttlicher Zuwendung und menschlicher Freiheit im sakramentalen Geschehen aussagen zu können, entwickelt sich in der Folge eine bestimmte Grammatik. Deren Grundnorm lässt sich vielleicht wie folgt illustrieren: So wie man mit einem Streichholz nur bei hinreichend Sauerstoff eine Flamme hervorrufen kann, kann Gottes Zuwendung nur *unter gewissen Voraussetzungen* ein Leben verändern – sie kann uns, so könnten wir sagen, nur unter bestimmten Bedingungen in Menschen verwandeln, die aus dem Vertrauen auf Gott hin leben. Diese Bedingungen sind *auf menschlicher Seite* situiert: Damit Gottes Liebe *ursächlich* (als *causa efficiens*) wirkt, braucht es auf Seiten des Menschen die richtige Disposition als *Bedingung* (als *causa dispositiva*, so die Schultheologie). So muss beispielsweise die Spenderin (die Thomas zufolge kein lebloses, sondern ein „beseeltes Werkzeug" ist, STh III q64 a8 ad1), in einem allgemeinen Sinn frei wollen, was die Kirche will: Es braucht die *intentio conferendi et faciendi quod facit Ecclesia* (vgl. STh III q64 a9). Der Empfänger wiederum darf der Zuwendung Gottes gegenüber zumindest *nicht aktiv verschlossen* sein (vgl. allg. STh III q68 a9 u.a.). Fragen nach dem möglichen Empfang von Sakramenten vor oder ohne Vernunftgebrauch und Freiheitsbewusstsein werden u.a. im Blick auf die Kindertaufe verhandelt, sie sind aber auch hinsichtlich des prinzipiellen Zueinanders von Freiheit/Natur und Gnade von Interesse (vgl. 17.2.1). Allgemein gilt der Großteil reflexiver Vergewisserung allerdings weniger dem Empfang als der Spendung – das *nicht ohne uns* wird also vor allem auf die Spendung bezogen.

Im Fokus vor allem vertiefter kirchenrechtlicher Reflexion stehen wiederum Bedingungen, unter denen Sakramente b) gültig bzw. c) erlaubt gefeiert werden. Dabei spielen Aspekte des eben Gesagten eine wichtige Rolle (etwa weil eine gültige Spendung nicht zwangsweise erfolgen kann), es finden sich aber viele weitere Fragen. Im Blick auf die *Gültigkeit* geht es darum, was es braucht, damit ein Sakrament überhaupt zustande kommt. Etwas anachronistisch gefragt: Ist eine Taufe mit Chlorwasser gültig? Ist Eucharistie mit glutenfreiem Brot und alkoholfreiem Wein möglich? Warum kann man schlafende Kinder taufen, aber Schlafende nicht trauen? Kann man eine Ehe via Internet schließen? U. a. m. Davon unterschieden ist die *Erlaubtheit* der Spendung, die das kirchliche Mandat betrifft: So ist es etwa möglich, *gültig, aber unerlaubt* zu heiraten (etwa dann, wenn man in einer Notsituation zwar vor zwei Zeugen, aber ohne Priester heiratet, obwohl einer verfügbar wäre). In der mittelalterlichen Theologie entwickelt sich so ein reiches Feld komplexer Fälle, die vornehmlich kirchenrechtlich relevant sind, aber auch systematische Fragen berühren.

Ein anderes im 13. Jh. weitverbreitetes Problem ist hingegen d) genuin systematisch: Sind Sakramente heilsnotwendig? Thomas von Aquin hält dazu fest, dass „Gott seine Kraft nicht so an die Sakramente gebunden hat, dass er nicht ohne sie deren Wirkung verursachen könnte" (STh III q64 a7 c; vgl. ebd., q66) – so verstanden können die Sakramente (für deren Siebenzahl er im Übrigen argumentiert) nicht heilsnotwendig sein. Gleichwohl sind sie aber *ex conditione humanae naturae* nötig, d. h. in dem Sinn, dass der Mensch sichtbarer, sinnlich wahrnehmbarer Zeichen bedarf, um geistlich lebendig zu sein (vgl. STh III q61 a1 c) – denn der Mensch ist ein Wesen, das auch für seine geistigen Einsichten auf sinnliche Erfahrungen angewiesen ist (vgl. 5.2.3 a).

16.2.3 Erweiterte Bestimmungen des semiotischen Charakters

Wir können die letzte Bemerkung bereits als Beitrag zur Präzisierung des semiotischen Charakters der Sakramente verzeichnen (vgl. auch STh III q60 a3 c). Besonders Thomas argumentiert dabei engagiert dafür, dass Sakramente ein materielles Element benötigen, nicht nur aus anthropologischen, sondern auch christologischen Gründen: „Ein Sakrament besteht in Worten und körperlicher Wirklichkeit – wie bei Christus, dem Urheber der Sakramente: Er ist das Wort, das Fleisch geworden ist" (De articulis fidei II). So wie die Seele das sich dynamisch ändernde biologische Material eines Lebewesens in-formiert – d. h. so wie die Seele die *Form* (forma, griech. μορφή, morphe) ist, die der biologischen *Materie* (materia, griech. ὕλη, hyle) so eine bestimmte Form gibt, dass daraus *ein* Lebewesen entsteht –, so verhalten sich *verbum et elementum*, Wort und Element bei Sakramenten.

Wir führen nicht weiter aus, wie sich dieser aristotelisch inspirierte sog. *Hylemorphismus* in die thomanische Metaphysik von *esse* und *essentia* einfügt (4.3.2) oder wie Thomas allgemein Semiotik und Kausalität vermittelt. Im Blick auf die skizzierten sakramententheologischen Entwicklungen reicht es mit Franz Schupp festzuhalten, dass Thomas „keinen Ausgleich zwischen den … Begriffen ‚Ursache' und ‚Zeichen', die beide für seine Analyse leitend sind, gesucht hat", d. h. keine *übergreifende* Theorie anvisierte – im Wissen, dass „ein und dasselbe Phänomen unter den verschiedensten Einteilungsgesichtspunkten betrachtet werden kann" (1974, 178). Diese pragmatische Perspektive war aber nicht in der Lage, die *symbolische* Natur der Sakramente gegen ein primär *kausales* Verständnis zu sichern, d. h. den symbolischen Charakter des Sakramentalen sowie die Dimension der Freiheit darin zur Geltung zu bringen: Im gängigen Verständnis werden Sakramente vielfach als übernatürliche Medizin interpretiert, die quasi-magisch wirksam und absolut heilsnotwendig ist.

Der skizzierte Stand der Diskussion wird lehramtlich angeeignet, insbesondere durch das Konzil von Florenz (1431/38–1445), das sich stark an der zuletzt zitierten Kleinschrift von Thomas orientiert, sowie durch das Konzil von Trient, das sog. *Tridentinum* (1545–1563). Letzteres ist bemüht, die Herausforderungen der lutherischen Theologie zu adressieren; auch wenn dabei manche Impulse positiv integriert werden, wird Sakramententheologie in den folgenden Jahrhunderten in der Regel in einer defensiven und antireformatorischen Haltung betrieben. Erst im 20. Jh. findet dann, so schreibt Karl Rahner, „so etwas wie eine kopernikanische Wende in der Sakramentenauffassung" statt (1972, 405). Die damit verbundenen Veränderungen interessieren uns im nächsten Schritt.

16.3 Moderne Neuaufbrüche: Über Zigarettenstummel und Gnadenanämie

Nutzen wir Rahners Formulierung im Folgenden heuristisch, um in einem ersten Schritt exemplarische Verschiebungen in den zentralen Reflexionslinien des 20. Jh. nachzuzeichnen (16.3.1). Im Anschluss daran folgt ein kurzer Exkurs zur Eucharistie (16.3.2), während am Ende eine kleine Synopse anvisiert wird, die Sakramente vor dem Horizont des performativen Charakters christlichen Glaubens einordnet (16.3.3).

16.3.1 Eine kopernikanische Wende in drei exemplarischen Neuorientierungen

Was Veränderungen sakramententheologischer Diskurse betrifft, beschränken wir uns auf drei Beobachtungen: a) Das erste Schlagwort lautet *historisch-kritische Vergewisserung*, b) das zweite *Neuentdeckung der Ubiquität der Gnade* und c) das dritte *Neuprofilierung der realsymbolischen Dimension*.

| **1** Historisch-kritische Vergewisserung | **2** Ubiquität der Gnade | **3** Realsymbolische Qualität |

a) Sakramente als direkte Stiftungen Jesu? Historisch-kritische Vergewisserungen

Eine erste wichtige Entwicklung bezieht sich auf ein Thema, das bislang nur in einer Klammer aufgetaucht war: die Rückführung der *sieben* Sakramente auf die *Stiftung* durch Jesus Christus. Beides war theologiegeschichtlich lange Zeit unklar (noch im Mittelalter werden zwölf oder mehr Sakramente gezählt oder überlegt, dass etwa jenes der Ehe im Paradies gestiftet worden sein könnte), beides wird allerdings im Lauf des Mittelalters lehramtlich stabilisiert und mit dem Tridentinum zum katholischen Identitätsmarker. Die *historisch-kritische Auseinandersetzung* mit den biblischen Schriften zeigt allerdings, dass eine unmittelbare, gleichsam juristische Stiftung durch Jesus Christus nicht haltbar ist.

Der Zusammenhang wird in der aktuellen katholischen Theologie daher anders, nämlich mittelbar rekonstruiert: Die tragende sakramententheologische Linie verläuft von *Christus* über die *Kirche* zu den *Sakramenten*. Jesus Christus ist das *Ursakrament* der Zuwendung Gottes; insofern Gottes Heilsprojekt in Christus kulminiert, sich darin aber nicht erschöpft, sondern in der Gemeinschaft jener weiterlebt, die ihm nachfolgen, ist *auch diese* sakramental zu verstehen – in diesem *abgeleiteten* Sinn wird Kirche als *Grundsakrament* bezeichnet (vgl. 15.2.1 b). Die *einzelnen Sakramente* wiederum sind dann als konkrete Realisierungen der Teilhabe der Kirche am Heilsprojekt Gottes zu deuten, als Entfaltungen seiner Zuwendung, die an Lebenswenden (Geburt, Ehe, Weihe) und auf Wegstrecken des Alltags (Erwachsenwerden, Schuldigsein, Krankheit, Eucharistie) situiert sind: Sie feiern das Geliebtsein des Menschen durch Gott in konkreten liturgischen *performances*.

b) Sakramente als Gnadeninfusionen? Systematische Neuentdeckungen

Wir können die letzte Formulierung aufgreifen, um jene Transformation anzusprechen, die Rahner mit der Formulierung ‚kopernikanische Wende' vor allem im Blick hatte. Gerade Metaphern wie jene von den ärztlichen *vasa gratiae* evozierten die Vorstellung, ein Sakrament sei eine Art Gnadeninfusion: „eine raumzeitliche punktförmige Intervention Gottes von außen", die dem Menschen in seiner grundsätzlich gnadenanämischen Existenz göttliche Liebe zuführt (1974, 9). Das Bild suggeriert, Gott würde es ursprünglich an heilsnotwendiger Zuwendung fehlen lassen, weshalb diese in speziellen Verfahren gemäß *good liturgical practice*-Standards von geschultem Personal erzeugt und verabreicht werden müsste. Dem liegt aber eine falsche Vorstellung zugrunde, wie Rahner festhält, denn: „Gnade ist *überall*" (ebd.). Wie dieser Satz von der Ubiquität der Gnade zu verstehen ist, wurde bereits in 7.3.2 b rekonstruiert: Der Mensch ist Rahner zufolge konstitutiv auf das Unbedingte, *auf Gott hin dynamisiert*. Diese Dynamik, die den Menschen als Menschen ausmacht, ist aber nicht dessen eigene *Leistung*, sondern von Gott eröffnet – und in diesem Sinn bereits und immer schon Ereignis seiner Zuwendung, eben: *Gnade* (und zwar „im strengsten theologischen Sinn des Wortes", ebd., 9 f.).

Nimmt man den Gedanken ernst, ist klar: Sakramente erzeugen Gottes Zuwendung nicht, noch rufen sie sie herab (etwa auf ein Kind, das getauft wird), noch „vermehren" sie sie quantitativ – vielmehr feiern Sakramente, *dass uns Gottes Liebe immer schon gilt*. Das zu feiern hat nicht Gott, sondern allein der Mensch nötig: die Vergewisserung der Frohen Botschaft inmitten der Ambivalenzen des Daseins, der antinomischen Struktur unserer Existenzen (vgl. vierte Zwischenreflexion).

c) Das Sakrament als Informationsveranstaltung? Realsymbolische Qualitäten

Gerade deshalb darf man ein Sakrament umgekehrt nicht als Informationsveranstaltung missverstehen, die bloß dekretierend zur Kenntnis bringt, was irgendwie ohnehin schon der Fall ist – oder besser: *Man darf das, was sich darin ereignet, nicht ausblenden*. Das war in gewisser Hinsicht das starke Anliegen hinter der Betonung des instrumentellen Motivs gewesen: Es ging darum, dass Sakramente nicht bloß auf etwas *verweisen*, sondern zugleich wirklich etwas *verändern und dynamisieren*. Viele Sakramententheologien des 20. Jh. setzen hier an: Sie versuchen, den Gedanken, dass sich in Sakramenten wirklich etwas ereignet, mit dem semiotischen Charakter von Sakramenten zu versöhnen *und* mit anthropologischen, personalen oder kommunikativen Perspektiven zu vermitteln.

Ein prominenter Vorschlag dazu stammt von Karl Rahner und konzentriert sich auf den Gedanken des *Realsymbols*. Wir können hier nicht nachzeichnen, wie Rahner in *Zur Theologie des Symbols* (1960b) dafür argumentiert, *alles Seiende* grundsätzlich symbolisch zu verstehen (um so Semiotik und Ontologie neu zu vermitteln); vielmehr beziehen wir uns in unserem Zusammenhang auf einen kleineren Gedanken, der sich in anderer Weise auch anderswo findet: die Unterscheidung von *Vertretungssymbol* und *Realsymbol* (vgl. ebd., 279). Während *Vertretungssymbole für etwas anderes* stehen (und in dieser Hinsicht *informierende Zeichen* sind), sind *Realsymbole* realisierende Zeichen: Sie zeigen nicht nur etwas an, sondern in ihnen und durch sie realisiert sich zugleich, was sie anzeigen. Gestik und Mimik stehen z. B. nicht bloß informierend für die Persönlichkeit, die man *an sich* ist, sondern diese Persönlichkeit *realisiert und vollzieht sich* durch, mit und in der je eigenen Gestik und Mimik – sie sind *Realsymbole* des Selbst. In dieser Hinsicht sind sie auch nicht so einfach veränder- oder austauschbar, wie das für Vertretungssymbole gilt: Will man Ampelmännchen durch Herzchen austauschen, reicht ein politischer Beschluss. Solche Veränderungen sind bei Realsymbolen (obwohl auch sie geschichtlich gewachsen sind und es allgemein fließende Übergänge gibt) nicht in der gleichen Weise denkbar, wie ein vielzitiertes Beispiel von Leonardo Boff deutlich machen kann. Boff erzählt, wie er 1965 in München Post aus seiner Heimat erhält und darin vom Tod seines Vaters erfährt. Im Briefumschlag findet er auch den Stummel der letzten Zigarette, die sein Vater noch kurz vor seinem Tod geraucht hat: „Von diesem Augenblick an ist der Zigarettenstummel kein einfacher Zigarettenstummel mehr", schreibt Boff: Er ist zum Realsymbol für seinen Vater geworden, zum „Sakrament" (1982, 29). So kontingent ein Symbol sein mag, so wenig folgt daraus, dass es sich einfach austauschen lässt.

Das Beispiel legt nahe, den von Rahner ontologisch konturierten Gedanken besonders da durchzuspielen, wo es um *personale Vollzüge und kommunikative Praktiken* im engeren Sinn geht, etwa um Handschläge bei Friedensverhandlungen, das Anstecken von Ringen bei Hochzeiten oder das zärtliche Streicheln eines Babykopfs – in ihnen kann sich ereignen, was sie bezeichnen. Sie können neue existentielle Dimensionen erschließen, weil der Mensch zutiefst ein *animal symbolicum* ist, der in, aus und durch Zeichen lebt: So wie Wasser kein Werkzeug für Fische ist, sondern ihr Lebensraum und Biotop, so sind Zeichen *nicht* Werkzeuge für den Menschen, die er mal nutzt, mal weglegt – Zeichen und Bedeutungen sind vielmehr das Biotop seines Daseins, Medien seiner Existenz (vgl. 9.4.1). Daher können *bestimmte* Zeichen ein Leben *wirklich* prägen, öffnen, verändern – ein letzter Händedruck im Rettungswagen, eine Umarmung nach einer schlechten Note, ein geteiltes Brot auf einer Bergtour. Handlungen wie diese informieren nicht bloß über Sachverhalte, sondern verwandeln existentielle Verhältnisse.

16.3.2 Extraterrestrischer Exkurs: Brot, Wein und Außerirdische

Es ist offensichtlich, dass diese Passagen neue Fragen geradezu motivieren: Wie etwa sieht diese Veränderung bei der Kindertaufe aus – was ereignet sich da? Was heißt es, dass die Weihe ein *unauslöschliches Prägemal* erzeugt – wo und wie zeigt sich das? U. a. m. Auch wenn wir diese Fragen hier nicht einmal sauber adressieren (oder frankieren, geschweige denn beantworten!) können, wollen wir das Motiv der wirklichen *Veränderung* in einem Exkurs zumindest noch thematisieren – und zwar da, wo eine der größten Herausforderungen liegt, weil es nämlich nicht allein um die „*Verwandlung des Menschen* zu Christus durch die Liebe" geht (Super Sent. IV d12 q2 a2 qc1 c), sondern zugleich um die *Wandlung von Brot und Wein* in den Leib und das Blut Christi im Sakrament der Eucharistie. Wie ist das zu verstehen?

Der eben zitierte Thomas hatte im Blick darauf aristotelisch inspiriert die Lehre von der sog. *Transsubstantiation* entwickelt: Die *Substanz* von Brot und Wein wird in den Leib und das Blut Christi verwandelt, während deren *Akzidentien* (Farbe, Geruch,

Alkoholgehalt, Nährwerte etc.) bestehen bleiben. Nicht die *empirische* Gestalt von Brot und Wein verwandelt sich also, sondern das, *was sie wirklich, eigentlich und im Letzten sind*, ändert sich *metaphysisch*. Dieses Modell ist nicht erst für eine Moderne irritierend, die den Substanzbegriff anders versteht (etwa in der Rede von *chemischen Substanzen*) und nicht mehr vom Wesen der Dinge spricht (vgl. 3.1.3 a; 4.3.2), sondern auch schon für orthodoxe Aristoteliker, für die es keine freischwebenden Akzidentien gibt. Spätestens in den 1960ern wird deshalb versucht, das katholisch verbindliche Modell (DH 1635–1661) in neuen Überlegungen zu plausibilisieren; prominent unternehmen dies etwa der Jesuit Piet Schoonenberg (1911–1999) und der Dominikaner Edward Schillebeeckx (1914–2009). Versuchen wir, ihre leitenden Konzepte der sog. *Transsignifikation* (Verwandlung des Bedeutungszusammenhangs) bzw. der sog. *Transfinalisation* (Verwandlung des Zweckzusammenhangs) vorzustellen – und zwar so, wie diese *aktuell* diskutiert werden, etwa vom Theologen und Philosophen Dominikus Kraschl.

Zentral ist dabei folgende Überlegung: Das, was Menschen erzeugen (sog. *Artefakte*), ist in dem, was es *metaphysisch* ist, wesentlich von menschlichen Praktiken abhängig. So lässt sich etwa das *Wesen eines Rings aus dem Kaugummiautomaten* (wenn man die Formulierung überhaupt plausibel findet) nicht ohne die Einbettung solcher Ringe in menschliche Handlungszusammenhänge bestimmen. Wenn wir nochmals an das wechselseitige Schenken solcher Ringe zwischen Verliebten denken (vgl. 12.3.3), wird deutlich, dass sich Einbettungen ändern können: Ihre physikalisch und chemisch messbaren Daten sind vor und nach der Schenkung identisch, allerdings haben sie einen neuen Zweck und eine neue Bedeutung – nämlich Symbol einer *konkreten* Beziehung zu sein. Auch Brot und Wein sind Artefakte, d. h. von Menschen hergestellte Entitäten: Sie sind keine natürlichen Elemente (wie Gold) oder Elementverbindungen (wie H_2O), sondern werden zu bestimmten Zwecken erzeugt; darin sowie durch ihre Verwendung erhalten sie Bedeutung und werden sie das, was sie sind.

> Stellen wir uns zur Veranschaulichung kurz vor, Außerirdische würden eines Nachts zu Forschungszwecken unbemerkt *zwei Planeten* anfliegen: die Erde sowie Gollo-Missi, auf dem es zwar reichlich Flora, aber keine nennenswerte Fauna gibt. Auf der Erde landen die Aliens in einem Park, finden vor einer Bank zufällig eine Weinlache und nehmen eine Probe mit. Auch auf dem zweiten Planeten finden sie – in einer Felsausbuchtung neben Ranken mit überreifen Trauben – eine Flüssigkeit. Sie fliegen nach Hause, untersuchen die beiden Proben und kommen zum Ergebnis, dass sie identisch sind: organischer Ursprung, ähnlicher Geruch, gleiche Farbe, alkoholisch etc. Die Königsfrage liegt auf der Hand: *Bedeutet physische Gleichheit auch metaphysische Identität?* Gemäß den Erläuterungen eben ist das nicht der Fall. Unsauber formuliert: Um zu verstehen, was eine Flüssigkeit *physisch* ist, ist eine *physische* Analyse notwendig und ausreichend – aber damit ist nicht erfasst, was sie *meta-physisch* ist; dafür ist nämlich essentiell, ob und wie sie in welche Handlungszusammenhänge eingebettet ist. Orientiert man sich am Gebet zur Gabenbereitung bei einer katholischen Eucharistiefeier, dann ist Wein zumindest zweierlei, nämlich a) Frucht des Weinstocks *und* b) der *menschlichen Arbeit* – ein konstitutiver Handlungszusammenhang wird sogar eigens liturgisch benannt.

Diese Vorüberlegungen zur Ontologie von Artefakten sind für die Frage nach dem Verständnis von Wandlung relevant: In der Eucharistie, so Kraschl, wird Brot und Wein nämlich handelnd

> ein neuer Zweck zugewiesen. ... Sie werden wesenhaft (substantialiter) zu Zeichen, in denen Jesus Christus sich uns hingibt, um uns mit Gott und untereinander zu verbinden. ... Mit der neuen Zweckzuschreibung hat sich die Form oder das Wesen der Gestalten von Brot und Wein gewandelt, obwohl ihre Erscheinungsweise gleich geblieben ist. (2012, 193)

Anders gesagt: In der Eucharistie ändern sich jene Handlungszusammenhänge, die im Fall der Artefakte Brot und Wein essentiell dafür sind, was diese *wirklich, eigentlich und im Letzten sind* – aus Nahrungs- und Genussmitteln werden Realsymbole der Zuwendung Gottes: Das ist, was sie nun wesentlich sind.

Es ist offenkundig, wo solche Theorien Fragen evozieren: Ist das, was hier beschrieben ist, *wirkliche* Wandlung? Reicht es für eine Wandlung denn, wenn eine *einzige* Person einem Artefakt einen neuen Zweck zuschreibt – und was ist, wenn *ein anderer* einen *anderen Zweck* behauptet? Hängt Wandlung dann vom Konsens einer *Interpretationsgemeinschaft* ab? U. a. m. Das sind keine trivialen Anmerkungen, sie erzeugen aber ihrerseits Rückfragen: Wie lässt sich das, was Artefakte wesenhaft sind, *angemessener* denken und wie *besser* von Wandlung sprechen? Kann die Zwecksetzung eines *einzigen* Akteurs nicht bereits in rein menschlichen Kontexten hinreichend sein (etwa weil ein Geschenk auch dann wirklich Zeichen und Ereignis einer Zuwendung sein kann, wenn der Beschenkte nur darüber lacht und es nicht ernst nimmt) – und kann das analog nicht auch da zutreffen, wo Gott involviert ist? Und verflicht (oder besser: tradiert) nicht Jesus selbst seine Lebenshingabe in *das freie Tun* von Menschen, wenn er sagt: „Tut dies zu meinem Gedächtnis!" (Lk 22,19)? U. a. m. Drehen wir keine weitere Runde auf dem Karussell der Folgefragen, sondern halten als Eindruck der kurzen Fahrt fest, dass hier noch eine Reihe spannender Probleme verkapselt ist.

16.3.3 Was das Evangelium mit Neujahrskonzerten zu tun hat: Die performative Dimension des Glaubens

Am Ende des Kapitels kommen wir nochmals auf dessen Überschrift zu sprechen. In der Einleitung hatte eine dreigliedrige Formulierung erstes Licht auf das geworfen, was Sakramente sind: Sie wurden als Wort- und Symbol-getragene *performances* der unbedingten Zuwendung Gottes bestimmt, die wirklich erschließen, was sie bezeichnen. Am Ende sollte klarer sein, was damit jeweils gemeint war: Der Hinweis auf *Wort und Symbol* reflektiert das Ineinander von Froher Botschaft und symbolischem Moment, das das Nachdenken über Sakramente seit frühester Zeit begleitet. Der Hinweis auf die wirkliche Eröffnung dessen, was bezeichnet wird, spiegelt die Einsicht, dass Sakramente auf etwas *verweisen*, was bereits gilt, sich darin aber auch *ereignet*: die Zuwendung Gottes. Von dieser ist im Mittelteil im Verbund mit einem Begriff die Rede, der bisher nicht eigens erläutert worden ist: *performance*. Der Anglizismus soll nicht *fanciness* vortäuschen, sondern helfen, die realsymbolische Qualität in anderer Weise zum Ausdruck zu bringen und bisherige Überlegungen zu verdichten – er bezieht sich auf die *performative Dimension christlichen Glaubens im Allgemeinen*. Was ist damit gemeint?

> Der Begriff der Performanz, der hier im Hintergrund leitend ist, war uns bereits in Kapitel 9.3.3 begegnet: Dort ging es darum, dass die Bedeutung eines Ausdrucks nicht einfach durch *Referenz* gesichert werden kann, sondern dafür *Performanz* zentral ist – von Interesse ist, *welcher Spielzug* damit in einem Kommunikationszusammenhang gemacht wird. *Dass* mit Aussagen überhaupt Spielzüge gemacht werden, war v. a. mit der Sprechakttheorie der Philosophen John L. Austin (1911–1960) und John Searle Gegenstand philosophischer Analyse geworden, das Phänomen als solches ist aber auch allgemein kulturwissenschaftlich bzw. -anthropologisch von Relevanz. Von besonderem Interesse ist etwa ein Aspekt des Performativen, der sich in folgender Differenz zeigt: Die Noten des Donauwalzers vor sich zu haben ist das *eine*, aber dessen Aufführung im großen Musikvereinssaal beim Neujahrskonzert der Wiener Philharmoniker in Wien mitzuerleben das *andere* – und es ist ein Unterschied ums Ganze!
>
> Dieser hat grob formuliert mit *performance* zu tun: Eine Aufführung bringt ein Werk durch das und im Spiel jener zum Leben, die sie aufführen. Sie erschließt das, was ein Werk *ist und sein kann*, was es *bedeutet und bedeuten kann*, in einer konkreten Aneignung und Interpretation – im Überstieg (quasi: im Exzess) von Partitur zu Aufführung. Man kann Varianten dieser Beobachtung auch in anderen Zusammenhängen durchspielen, wie dies etwa die US-amerikanische Philosophin Judith Butler tut: Sie schreibt, dass auch „Geschlecht eine performativ inszenierte Bedeutung ist" (1991, 61), d. h. dass auch soziale Geschlechterrollen *performed* werden, und sensibilisiert für die Machtfrage, die darin verhandelt wird – immer sind unsere *performances* auf Blicke, Praktiken und Urteile anderer bezogen, stets steht die Frage im Raum, (wer bestimmen kann,) welche *performance* angemessen ist u. a. m. (vgl. auch 9.4.2).

Warum ist das Motiv des Performativen theologisch bzw. spezifisch sakramententheologisch hilfreich? Hans-Joachim Höhn legt dafür eine Spur, wenn er das Evangelium

> als *Partitur* begreift, von der man buchstäblich Gebrauch machen muss. In einer Partitur stecken die Aufforderung und die Anleitung, die Realität und Bedeutung einer Komposition in der Performation der Notenzeichen, d. h. durch den Vollzug einer Handlung ... zu realisieren. (2015, 76 f.)

Die Nachfolge Jesu lässt sich in diesem Sinn a) *formal* als *performance* begreifen: Damit ist nicht das manierierte Darbieten eines Stücks für andere gemeint (etwas, das Jesus bereits als Problem religiöser Praxis kennzeichnet, vgl. Mt 23,1–10), sondern *die Aneignung des unbedingten Ja Gottes zu allen Menschen, das Christus ist, im eigenen Leben*: In der Praxis der Nachfolge erschließt sich und wird lebendig, was dieses Ja wirklich ist und noch sein kann, bedeutet und bedeuten kann (vgl. das analoge Motiv von *Musik, Tanz und Komposition* in 13.6 sowie die Passagen zu Nachfolge als Erkenntnisform des Glaubens bzw. zum *disclosure*-Moment, das darin liegt, in 2.2.2 a/2.2.3). In diesem Bild ist

Gottes Ja in Jesus zugleich b) der *materiale* Maßstab, an dem in triadischen Konstellationen zu messen ist, ob die *performance* glückt oder nicht (vgl. 15.2.1 b). Zugleich erklärt das Bild, warum Sakramentalität kein Spezifikum der Liturgie ist, sondern auch für Verkündigung und Diakonie gilt: Auch in diesen Vollzügen der Kirche ereignet sich Gottes Ja, auch sie sind performativ-sakramental zu verstehen (15.2.3).

Die einzelnen Sakramente stehen nicht jenseits der *prinzipiellen* Performativität christlichen Glaubens, sondern in ihr: Sie sind gewissermaßen durch die Geschichte der Kirche hindurch besonders kultivierte *performances* der Zuwendung Gottes. Als solche informieren sie nicht neutral über Gottes Liebe, wie auch die Philharmoniker an Neujahr nicht objektiv über die Existenz des Donauwalzers informieren – sondern Sakramente feiern diese Liebe auf den Wegstrecken des Alltags wie an den Weggabelungen des Lebens: liturgisch verdichtet, mit geradezu absurd anmutendem Optimismus und nicht ohne Momente eines subversiven Exzesses, der gottesgemäß menschenfreundlich ist.

17 Heillos zerstritten?

Das folgende Kapitel greift etwas auf, das in den bisherigen Einheiten immer wieder angedeutet war: nämlich Konflikte innerhalb der Gemeinschaft jener, die Christus nachfolgen, *die diese Gemeinschaft zerbrechen lassen*. Davon waren bereits einige begegnet: Vor allem aus den Kontroversen rund um die Konzilien von Ephesos bzw. Chalcedon entstehen die sog. *orientalisch-orthodoxen Kirchen* (13.4, 13.5), der Streit um den Heiligen Geist ist der theologische Hauptgrund, warum sich die sog. *byzantinisch-orthodoxen Kirchen* und das *lateinisch-westliche Christentum* trennen (14.1.3), und die Reformation wird uns in diesem Kapitel noch beschäftigen (v. a. 17.2.1). Wer über Kirche nachdenkt, muss dieses Faktum der Zersplitterung mitbedenken und sich fragen, wo und in welcher Form Verständigung und Einheit möglich sind. Dieses Projekt trägt das Label „Ökumene", ihm widmet sich das folgende Kapitel. Zuerst geht es um einen Abriss der Geschichte der ökumenischen Bewegung sowie der katholischen Reaktion darauf (17.1), ehe kleine Materialproben zu Rechtfertigung und Amtsverständnis folgen (17.2). Das Ende bilden Reflexionen auf Konsense und Dissense (17.3).

17.1 Ökumenische Dynamiken in Zeiten globalen Christentums

17.1.1 Ökumenische Dynamiken in Zeiten globalen Christentums...

Wenn bislang von der Gemeinschaft jener die Rede war, die Christus nachfolgen, klang das beinahe heimelig, überschaubar, familiär. Diese Konnotationen sind irreführend: Folgt man für grobe Angaben und Größenordnungen der sog. *World Christian Database* (Johnson/Zurlo 2018), gibt es aktuell etwa 2,4 Milliarden Christen und Christinnen, d. h. ein Drittel der Weltbevölkerung wird dem Christentum zugerechnet. Über 600 Millionen leben in Afrika, knapp 400 Millionen in Asien, 550 Millionen in Europa (inkl. Russland), 600 Millionen in Lateinamerika, 230 Millionen in Nordamerika und etwa 25 Millionen in Ozeanien (wobei über 1,6 Milliarden Christen und Christinnen in Städten leben). Was uns im Folgenden aber besonders interessiert, ist die konfessionelle Fragmentierung der 2,4 Milliarden. Eine Hälfte ist der *römisch-katholischen Kirche* zuzurechnen, die andere Hälfte anders gemustert: Mehr als 250 Millionen werden den orientalisch-orthodoxen sowie den byzantinisch-orthodoxen Ostkirchen zugezählt (der sog. *Orthodoxie*), um die 100 Millionen sind Teil der *Weltgemein-*

schaft Reformierter Kirchen, etwa 80 Millionen gehören der *Anglikanischen Gemeinschaft* an und 75 Millionen sind im *Lutherischen Weltbund* organisiert. Den restlichen Teil auf die zweiten 1,2 Milliarden bilden vor allem evangelikale, charismatische, pfingstlerische u. a. *Freikirchen*, die stark wachsen, in ihren Schattierungen und Überschneidungen allerdings nicht leicht zu erfassen sind.

Es wäre naiv, dieses Panorama bloß als Ausdruck bunter Pluralität zu verstehen. Bereits ein kurzer Blick in die Kirchengeschichte zeigt, dass sich hinter den Zahlen Leid, Hass und Gewalt verbergen: Christen, die andere Christen aufgrund ihres Glaubens verfolgen, vertreiben, totschlagen. Hier implodiert geradezu, was Jesus im Johannesevangelium beim letzten Abendmahl erbittet: „Alle sollen eins sein: Wie du, Vater, in mir bist und ich in dir bin, sollen auch sie in uns sein, damit die Welt glaubt, dass du mich gesandt hast" (Joh 17,21). Lange Jahrhunderte übersetzt sich die Dissonanz zwischen jesuanischer Bitte und (kirchen)geschichtlicher Realität nicht in Leidensdruck. Erst im 19. Jh. wird allmählich ein Unbehagen manifest: Es formiert sich rund um das Anliegen, innerchristliche Spaltungen zu überkommen und sichtbare Einheit zu befördern, und bündelt sich schließlich in der sog. *ökumenischen Bewegung*.

Ehe wir der Frage nachgehen, wie sich diese Bewegung bildet, orientieren wir uns kurz terminologisch. Der Begriff *Ökumene* stammt von οἰκουμένη (oikoumene), meint ursprünglich die gesamte bewohnte Welt und im christlichen Kontext das, was allgemein verbindlich ist (weshalb von *ökumenischen Konzilien* die Rede ist). Heute ist der Begriff untrennbar mit der genannten ökumenischen Bewegung assoziiert, die sich ab dem 19. Jh. rund um das Anliegen formiert, innerchristliche Spannungen und Spaltungen zu überkommen und christliche Einheit zu befördern.
Ökumenische Theologie ist eine hier angesiedelte Reflexionsperspektive: Sie beschäftigt sich mit Problemen und Potentialen, die sich aus der Pluralität und Konfliktivität unterschiedlicher Interpretationen christlichen Glaubens ergeben. Sie tut dies gemäß dem eben Gesagten a) nicht allgemein, sondern spezifisch da, wo solche Differenzen zu eigenen Bekenntnisbildungen (Konfessionen) und damit verbunden zur Etablierung verschiedener Gemeinschaften (Kirchen, kirchliche Gruppierungen etc.) führten. Zudem tut sie das b) nicht rein beobachtend, sondern im genuinen Interesse an grundsätzlicher Einheit zwischen christlichen Gemeinschaften. Dabei ist sie in besonderer Weise gefordert wahrzunehmen, wie theologische mit nichttheologischen Faktoren amalgamiert sind: Die Trennung von Kirchen hängt mit theologischen Differenzen zusammen, dennoch führt nicht jeder theologische Unterschied per se zu konfessioneller Fragmentierung – dafür sind auch kulturelle Differenzen, ökonomische Entwicklungen, identitätspolitische Bedürfnisse, soziale Dynamiken u. a. m. in Rechnung zu stellen.
Diese Aspekte werden idealiter in der sog. *Konfessionskunde* adressiert. Sie hat methodologisch ähnlich anspruchsvolle Aufgaben zu bewältigen, wie wir sie in Kapitel 18 religionstheologisch kennenlernen werden: Wie wird man einem Gegenüber in seiner (konfessionellen) Andersheit gerecht, ohne sie implizit abzuwerten oder zu überhöhen, unpassend groß- oder kleinzureden, zu vereinnahmen oder zu exotisieren? Ein Begriff, der ebenfalls noch genannt sein muss, ist jener der sog. *Kontroverstheologie*: Sie ist historisch die Vorläuferin der ökumenischen Theologie, insofern sie an der Differenz zwischen konfessionellen Identitäten situiert war – allerdings war ihr Ziel weniger die Verständigung als die Verteidigung des eigenen Bekenntnisses.

Werfen wir damit einen Blick auf die Entstehung der ökumenischen Bewegung: Woraus speist sich das oben erwähnte Unbehagen an der Zersplitterung des Christentums, das im 19. Jh. nach und nach manifest wird? Man kann dafür mehrere Quellen ausfindig machen, etwa die Spiritualität des sog. *Pietismus* (die auf Strukturen weniger wert legt als auf innere Frömmigkeit) oder Jugendbewegungen (wo konfessionelle Normen weniger interessieren als authentischer Glaube). „Die Menschen, die zu uns kommen, erwarten ,Brot'", schreibt Frère Roger 1966 vergleichbar über die von ihm gegründete ökumenische Gemeinschaft in Taizé. „Gäben wir ihnen Steine, würden wir gegen unsere ökumenische Berufung verstoßen. Sie suchen Menschen, die Gott ausstrahlen" (1966, 125) – und nicht konfessionelle Konflikte.

Der mächtigste Impuls kommt daher aus den Bereichen Mission und Evangelisierung, weil innerchristliche Konflikte die Glaubwürdigkeit des Evangeliums infrage stellen. Wir können nicht verfolgen, wie christliche Mission in der sich kolonialistisch globalisierenden Welt des 19. Jh. mit imperialen Machtansprüchen verzahnt ist und ökumenische Verständigung davon katalysiert wird – das Problem als solches soll zumindest markiert sein. Für den Zweck unserer Darstellung jedenfalls ist sprechend, dass die *Weltmissionskonferenz in Edinburgh* 1910 (ohne Beteiligung der orthodoxen und römisch-katholischen Kirchen) als eigentliche Kickoff-Veranstaltung der ökumenischen Bewegung gilt. In der Folge stabilisiert sich diese in verschiedenen Etappen:

a) 1921 wird in Lake Mohonk bei New York der sog. *Internationale Missionsrat* (IMR) gegründet; er geht bereits auf eine Initiative in Edinburgh zurück, kann aber erst nach dem Ersten Weltkrieg konstituiert werden (ohne römisch-katholische Beteiligung). Ein wichtiger Impuls dafür war 1920 der Aufruf des Patriarchats von Konstantinopel, dass die Kirchen (analog zum damals entstehenden Völkerbund, einem Vorläufer der UNO) einen Kirchenbund gründen sollten.

b) 1925 findet in Stockholm die erste Weltkonferenz der *Bewegung für Praktisches Christentum (Life and Work)* statt; diese will vor allen theologischen Detailfragen Einmütigkeit in praktisch-karitativen Engagements anstreben (ohne römisch-katholische Beteiligung).

c) 1927 wird in Lausanne die erste Weltkonferenz der *Bewegung für Glauben und Kirchenverfassung (Faith and Order)* veranstaltet; dort versammeln sich 400 Vertreter aller großen Konfessionen, um theologische Grundlagenfragen zu erörtern (ohne römisch-katholische Beteiligung).

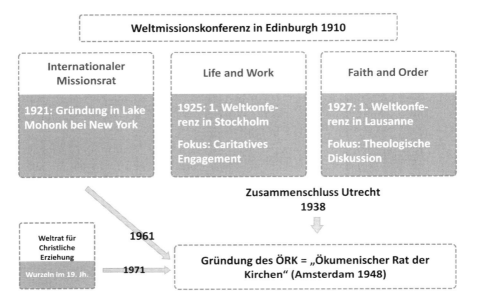

1938 schließen sich *Life and Work* und *Faith and Order* zusammen, 1948 entsteht daraus in Amsterdam der *Ökumenische Rat der Kirchen* (ÖRK) mit Sitz in Genf. 1961 vereinigen sich ÖRK und IMR, 1971 schließt sich der sog. *Weltrat für Christliche Erziehung*, der Wurzeln im 19. Jh. hat, an. Derzeit umfasst der ÖRK 350 Mitglieder, die sich regelmäßig bei Vollversammlungen austauschen.

Das ist ein nur kurzer Abriss des Problemhorizonts sowie der Geschichte der ökumenischen Bewegung, der die Folgefrage geradezu aufdrängt: Welche Perspektive auf dieses Bemühen um ökumenische Verständigung nimmt in lehramtlichen Äußerungen die römisch-katholische Kirche ein?

17.1.2 ... die Perspektiven der katholischen Kirche ...

Der erste Reflex, so lässt sich *cum grano salis* sagen, ist profunde Ablehnung. Diese wurzelt im Narrativ, dass es jeweils die *anderen* Konfessionen waren, die sich *aus eigener Schuld* von der römisch-katholischen Kirche abspalteten, und der Überzeugung, dass sie selbst bei dieser Trennung (im Gegensatz zu den anderen) *nichts an Wahrheit und Gnadenmitteln verloren* habe. In der Enzyklika *Mortalium animos* hält Pius XI. 1928 in diesem Sinn in aller Deutlichkeit fest: Es ist kein anderer Weg erlaubt, die Vereinigung aller Christen herbeizuführen, als durch die Förderung der Rückkehr der getrennten Brüder zur einen wahren Kirche Christi, von der sie sich einst unglücklicherweise getrennt haben. Zur einen wahren Kirche Christi, sagen Wir, die als solche gut erkennbar ist und gemäß dem Willen ihres Stifters für immer so bleiben wird, wie er selbst sie zum Heil aller eingerichtet hat. (MA 10)

Dieses Konzept der sog. *Rückkehr-Ökumene* ist bis zum Zweiten Vatikanum leitend, erst dann werden die Perspektiven justiert: Das Dekret *Unitatis redintegratio* über den Ökumenismus würdigt gleich zu Beginn, dass „unter unsern getrennten Brüdern ... unter der Einwirkung der Gnade des Heiligen Geistes [!] eine sich von Tag zu Tag ausbreitende Bewegung zur Wiederherstellung der Einheit aller Christen entstanden" ist (UR 1). Zwar hält man weiterhin fest, dass der katholischen Kirche die „Fülle der Wahrheit" wie jene der „Heilsmittel" anvertraut ist, dennoch anerkennt man, dass auch die anderen Konfessionen „nicht ohne Bedeutung und Gewicht im Geheimnis des Heiles" (UR 3) sind. Den ekklesiologischen Hintergrund für diese Neubewertungen bildet die (in Kapitel 15 ausführlich zitierte) dogmatische Konstitution *Lumen gentium*. Wegweisend ist etwa eine feine semantische Justierung in LG 8: War früher davon die Rede, dass die römisch-katholische Kirche die wahre Kirche Christi *ist (est)*, spricht LG nicht mehr von einer robusten Identitäts-, sondern Realisierungsrelation, wenn festgehalten wird, dass die wahre Kirche Christi in der römisch-katholischen Kirche verwirklicht ist *(subsistit in)*. Damit ist zugleich gesagt, dass auch außerhalb von ihr realisiert sein kann, was Menschen auf den Wegen ihres Lebens brauchen, um in und aus der Zuwendung Gottes zu leben:

> Diese Kirche, in dieser Welt als Gesellschaft verfasst und geordnet, ist verwirklicht [!] in der katholischen Kirche, die vom Nachfolger des Petrus und von den Bischöfen in Gemeinschaft mit ihm geleitet wird, auch wenn sich außerhalb ihres Gefüges mehrere Elemente der Heiligung und der Wahrheit finden, die als der Kirche Christi eigene Gaben auf die katholische Einheit hindrängen. (LG 8)

Will man die Überlegungen mit einem Bild veranschaulichen, legt sich vielleicht die Metapher der Karte nahe: Die römisch-katholische Kirche beansprucht nicht, bereits am Ziel zu sein, ist aber erkennbar zuversichtlich, das *beste erhältliche Kartenmaterial* zu haben – ohne auszuschließen, dass man auch mit anderen Karten gut unterwegs und hinreichend orientiert sein kann. Die Metapher ist nicht nur aufschlussreich, weil sie den *Anspruch auf Wahrheit* reflektiert (Karten müssen in gewisser Weise dem entsprechen, wie sich die Dinge wirklich verhalten) und das *Motiv der Heilsmittel* aufgreift (Karten sind Mittel, um an ein Ziel zu kommen), sondern auch, weil sie eine realistische Perspektive auf superlativische *Fülle*-Formulierungen eröffnen kann: Erfahrene Wanderer wissen, dass es bei anspruchsvollen Touren auf die Qualität des Kartenmaterials ankommen kann. Aber sie wissen auch, dass dieses sinnlos ist, wenn man es nicht angemessen verwendet, man eigene Fähigkeiten nicht richtig einschätzt, beratungsresistent ist oder trotzdem konsequent falsche Entscheidungen trifft: Um gut auf dem Weg zu sein, kann eine Karte aus Papier genauso hilfreich sein wie ein High-End-Satellitennavigationsgerät. Es spricht nichts dagegen, sich über Navigationstools und Hilfen auf dem Weg zu freuen – aber sehr viel gegen daraus resultierende Überheblichkeit. Und noch weniger spricht dagegen, sich mit anderen Wanderern zusammenzutun oder von ihnen zu lernen, um *gemeinsam* gut ans Ziel zu kommen (vgl. zur Kritik der Karten-Metapher 18.3.4 b).

Die damit erfolgte Öffnung führt nach dem Ende des Zweiten Vatikanum zur Zusammenarbeit der römisch-katholischen Kirche mit dem ÖRK, auch wenn sie kein Mitglied wird. 1995 liefert Johannes Paul II. mit seiner Enzyklika *Ut unum sint* weitere wichtige ökumenische Impulse, die in der eben skizzierten Spannung bleiben. *Zum einen* profiliert er, was im Bild der Wanderung eben angedeutet war: Wenn in anderen Gemeinschaften „gewisse Aspekte des christlichen Geheimnisses bisweilen sogar wirkungsvoller zutage treten" können als in der römisch-katholischen Kirche (ebd., 14), heißt das im Bild, dass manche Wege auf anderen Karten sogar besser verzeichnet sein können als auf den eigenen. *Zum anderen* bleibt aber das Motiv der „Fülle in der katholischen Kirche" grundsätzlich leitend (ebd.).

> Der Balanceakt zwischen beiden Anliegen bleibt auch in der Folge bestimmend. So schärft etwa die Erklärung *Dominus Iesus* der Kongregation für die Glaubenslehre unter ihrem damaligen Präfekten Kardinal Ratzinger (2000) jene Elemente ein, die es braucht, um von Kirchen im eigentlichen Sinn sprechen zu können. Die Fülle der Wahrheit und Heilsmittel ist wesentlich an das Bischofsamt in der apostolischen Sukzession gekoppelt (vgl. DI 17) – woraus folgt, dass die aus der Reformation hervorgegangenen Kirchen (die nicht in dieser Sukzession stehen, vgl. 17.2.2) als kirchliche Gemeinschaften zu bezeichnen sind. Die Einschärfung ist besonders im Licht der sog. *Gemeinsamen Erklärung zur Rechtfertigungslehre* (GER) spannend, die knapp zuvor am 31. Oktober 1999 unterzeichnet worden war: Die römisch-katholische Kirche und der Lutherische Weltbund stellen darin einen Konsens in Grundwahrheiten fest, was die (ursprünglich kirchentrennende) Lehre von der Rechtfertigung betrifft (vgl. 17.2.1). Die Möglichkeit einer solchen Verständigung muss im Licht von DI freudig erstaunen, denn sie impliziert, dass die Mitglieder des Lutherischen Weltbunds der Wahrheit im Kern nicht verlustig gegangen sein können, obwohl ihnen nach DI seit 500 Jahren fehlt, was für das *Bleiben in der Wahrheit* entscheidend ist – nämlich das *Bleiben in der apostolischen Sukzession*.

In der Synopse beider Texte findet sich wieder, was (nicht nur) die katholische Perspektive auf ökumenische Bemühungen im Ganzen umtreibt: die Frage, wie man an der *Einzigartigkeit und Wichtigkeit der eigenen Weggemeinschaft* festhalten und gleichzeitig *andere Gemeinschaften wirklich würdigen* kann – im Wissen, dass man gemeinsam versucht, aus der Zuwendung Gottes heraus zu leben, die Christus ist, dass man dabei vor den gleichen Herausforderungen steht und auf das gleiche Ziel hin unterwegs ist.

17.1.3 ... und eine offene Zukunft: Von Wunderkammern und Wimmelbildern

Lässt sich aus der Anamnese eine saubere Diagnose zum ökumenischen *status quo* oder eine Prognose ableiten? Zwar lässt sich über einzelne Dialogprozesse zwischen Konfessionen gut Bericht erstatten, aussagekräftiger ist aufs Ganze gesehen aber vielleicht eine andere Wahrnehmung, die etwa die evangelische Theologin Friederike Nüssel und die katholische Theologin Dorothea Sattler in einem gemeinsamen Buch festhalten: „Es erscheint zunehmend nicht mehr möglich, die vielfältigen ökumenischen Initiativen weltweit in einen organisatorischen Zusammenhang zu bringen. Eine Regionalisierung der Ökumenischen Bewegung steht an" (2008, 27).

Eine Religion, der über zwei Milliarden Menschen zugerechnet werden und die rund um den Globus in sehr unterschiedlichen kulturellen, ökonomischen, soziologischen, politischen u. a. Dynamiken steht, lässt sich nicht durch institutionalisierte Dialoge oder papierene Konsense in eine einmütige Gemeinschaft verwandeln – sie ist vielmehr ein überlebensgroßes Wimmelbild mit einer Vielzahl von Szenen und Ungleichzeitigkeiten. (Im Diskurs etablierter ist die Rede von einem ‚unüberholbaren Pluralismus im Denken der Gegenwart und der Zukunft', vgl. Fries/Rahner 1983, 53.) Die zentrifugalen und -petalen Kräfte in diesem Bild lassen sich nicht auf einen Nenner bringen: Manche innerchristlichen Kontroversen früherer Tage erscheinen heute wie in Formaldehyd gelegte Artefakte in konfessionellen Wunderkammern, Kuriosa ohne Streitwert. Aktuelle Streitpunkte wiederum mögen in der Sache hart sein, verblassen aber, wenn man sieht, dass Christen und Christinnen weltweit unabhängig von ihrer konfessionellen Zugehörigkeit verfolgt werden (weshalb etwa Papst Franziskus von einer „Ökumene des Blutes" spricht). Daneben und zugleich bilden sich konstant auch neue innerchristliche Verwerfungslinien (z. B. bei Gender-Themen, in Fragen von Migration, Klimawandel, Finanzmärkten, Gentechnik u. a.), sie verlaufen aber quer durch Konfessionen hindurch – oft durch weltanschauliche Hintergrundüberzeugungen oder andere Faktoren bestimmt (vgl. exemplarisch Haidt 2012, 109–216). Kurz: Die Objektebene konfessioneller Identitätspraktiken und ökumenischer Verständigungssuche ist disparat, bunt und weder diagnostisch noch prognostisch auf einen Nenner zu bringen. Vielleicht kann man daraus zumindest eine *nicht banale Selbstverständlichkeit* für die Metaebene auslesen: Die Wahrnehmung, dass a) *kirchentrennende Differenzen zwischen Konfessionen* mit einer Gemengelage kultureller, theologischer, politischer, ökonomischer u. a. Faktoren zusammenhängen, und dass umgekehrt b) *Einheit innerhalb einer Konfession* erstaunlich divers und plural realisiert ist, mahnt zu epistemischer Demut und vorsichtiger Urteilsbildung.

Wir belassen es bei dieser doppelten Wahrnehmung – komplexe Ausdifferenzierung auf *Objektebene*, Relevanz erkenntnistheoretischer Reflexion auf der *Metaebene* –, um weitere Schritte zu planen: Während im Blick auf Letzeres am Ende ein Wechsel in die Metaebene wartet (17.3), geht es zuvor auf Objektebene ins ökumenische Feld: Es stehen zwei Expeditionen in exemplarische *theologische* Diskursfelder konfessioneller Kontroversen und ökumenischer Verständigung an. Besonders die erste ist mit der Reformation verbunden: Es geht um die Frage der Rechtfertigung (17.2.1), während die zweite Reise in Canyons der Ämterfrage führen wird (17.2.2).

17.2 Zwei Expeditionen: Rechtfertigung und Amt

17.2.1 Das Problem der Rechtfertigung im feinen Ineinander von Freiheit und Gnade

„Wann willst du endlich einmal fromm werden und genug tun, damit du einen gnädigen Gott kriegst?" Das ist die *existentiell belastende* Schlüsselfrage, die der Augustinermönch Martin Luther (1483–1546) Anfang des 16. Jh. an sich selbst richtet (Taufe/ WA 37, 661,23 f.). Zieht man das Moment der Selbstanklage ab, wird das *systematische* Problem Luthers sichtbar: Was muss der Mensch tun, um vor Gottes strengem Gericht bestehen zu können, d. h. um vor seinem strengen, gerechten Blick *als gerechtfertigt* zu gelten? Oder noch kürzer formuliert: *Was muss man tun, um in den Augen Gottes gut genug zu sein?*

a) *Be a better version of yourself!* Luther und die Gnadenlosigkeit der Selbstoptimierung

Die Frage mag nach der Lektüre der bisherigen Kapitel unverständlich anmuten: Bisher war immer von der unbedingten Zuwendung Gottes die Rede gewesen, die allem menschlichen Tun und Sein vorausgeht – das war als Kern der Frohen Botschaft vom bereits angebrochenen Reich Gottes rekonstruiert worden (vgl. 11.2.1 f.). Wie kommt man von hier zum quälenden Zweifel Luthers, dass der Mensch nicht gut genug sein könnte, wenn Gott sich ihm doch bereits zugewandt hat? Versuchen wir, im Rekurs auf *drei Elemente* eine Antwort darauf zu geben (vgl. allg. Werbick 2013, 62–101; Langenfeld/Lerch 2018, 229–235).

> α) Ein *erstes entscheidendes Element* war uns bereits in 12.2.2 und dann in Varianten immer wieder begegnet: der Gedanke, dass das anbrechende Reich Gottes unser freies Ja braucht, dass Gott uns *nicht ohne uns* erlöst u. a. (vgl. 15.1.3; 16.2.2). Liest man diese Überzeugung invers, heißt das, dass es im Blick auf ein Leben aus Gottes Zuwendung durchaus auf das eigene Mitwirken ankommt: Auch wenn Gott bedingungslos Ja *zum Menschen* sagt, muss der Mensch diese Zuwendung annehmen bzw. darf sich nicht dagegen sperren – er *muss* sie in seinem Leben wirksam werden lassen. Darin wurzelt eine heikle Doppelfrage: Was *können*, was *müssen* wir dafür tun? Und wann tun wir *genug*?

β) Von hier aus wird ein *zweites Element* sichtbar, ohne das Luthers Theologie nicht denkbar ist: die zentrale Rolle der Kirche. Montieren wir verschiedene Motive früherer Passagen zusammen, entsteht daraus ein Bild, das grob ist, aber Luther lebensweltlich nicht unbekannt gewesen sein mag: Die Kirche – so Selbstwahrnehmung und -anspruch – verwaltet exklusiv jene *übernatürliche Medizin*, die der Mensch braucht, um trotz seiner *(erb)sündigen Existenz* objektiv *Anteil an Gottes Heilsprojekt* zu erhalten; das tut not, um am Ende vor *Gottes Gericht bestehen zu können* (die kursiven Motive beziehen sich auf 16.2.1; 10.2.2 b; 12.1; 19.4.1). Es ist klar, dass die Kirche durch die so interpretierte Vermittlungsrolle geradezu unantastbar ist: Immerhin gibt *sie* Antwort auf die Frage, was zu tun ist, bzw. organisiert, was getan werden muss. Sie ist *die* entscheidende Größe für die eigene Gottesbeziehung, das eigene Seelenheil.

γ) Vor diesem Hintergrund ist schließlich ein *drittes Element* anzusprechen: die Art und Weise, wie diese Vermittlungsrolle im real existierenden Frömmigkeitsbetrieb zur Zeit Luthers verwirklicht wurde und Druck auf Gläubige erzeugte. Das Stichwort Ablasshandel muss hier genügen: Hier wird etwas geboten, was man tun (bzw. erwerben) kann, um berechtigt hoffen zu dürfen, dass das eigene Engagement letztlich reicht. Aber diese Hoffnung ist eben dies: *Hoffnung*. Und diese dispensiert nicht davon, dass man ständig aktiv am Ball bleiben muss.

Die drei Elemente erklären zusammen Luthers existentielle Qual: Der Mensch muss für sein Heil *etwas tun*; was zu tun ist, ist *kirchlich organisiert*; und greifbar wird das, was zu tun ist, in einem ganzen Reigen *konkreter Frömmigkeitspraktiken* wie Ablasshandel, Wallfahrten, Fasten etc. In dieser Konstellation stellt sich Luther die eingangs zitierte Frage: „Wann willst du endlich einmal fromm werden und genug tun, damit du einen gnädigen Gott kriegst?" So spezifisch sie klingt, ihre Melodie ist selbst religiös unmusikalischen Ohren des 21. Jh. nicht ganz unvertraut. Tauscht man nur wenige Vokabel, findet man sich in Fragen, die auch säkulare Kinder der Gegenwart bedrängen: *Wann willst du endlich etwas aus deinem Leben machen: dich gesünder ernähren, einen Plan für die Zukunft machen, konsequent Sport treiben, das Prokrastinieren beenden, ein*e Alpha werden, Leadership zeigen --- ?* Hinter Fragen wie diesen steckt der Imperativ der Selbstoptimierung: *Be a better version of yourself!* Er spricht an, weil die Verheißung von Selbsttranszendenz daraus hervorleuchtet: Man kann mehr sein, als man aktuell ist. Zugleich ist aber ein unheilvoller Mechanismus struktureller Überforderung darin integriert: Es ist völlig unterbestimmt, *wann man genug getan hat und gut genug ist* – und nicht absehbar, ob es überhaupt möglich ist, *jemals* genug zu tun. Darin erweist sich die Verheißung als gnadenlos und unbarmherzig.

Genau das ist – wenn wir wieder ins religiöse Ausgangssetting zurückkehren – das Problem, das Luther hat und das er für uns erschließt: Im Hamsterrad der religiösen Selbstoptimierung überfällt ihn die Einsicht, dass *nichts* jemals gut genug sein *kann*, um vor Gottes Gerechtigkeit zu bestehen. Ein absolut gerechter Richter wie Gott kann *per definitionem* nicht übergehen, woran es noch fehlt – und *dass* es an etwas fehlt, ist für endliche und sündige Wesen unvermeidbar. Was folglich bleibt, ist die religiöse Erschöpfungsdepression. An dieser Stelle ist das sog. *Turmerlebnis* angesiedelt: In der Auslegung von Röm 1,17 erschließt sich Luther, was Gottes Gerechtigkeit *wirklich* meint – sie ist eine, die nicht verurteilt, sondern gerecht macht! Luther beginnt „die

Gerechtigkeit Gottes als eine zu verstehen, ... durch die uns der barmherzige Gott durch den Glauben gerecht macht" (Vorrede/WA 54, 186,5–7). Damit ändern sich die Perspektiven: Es ist *nicht* das, was *wir* tun, was uns in den Augen Gottes gut genug macht, d. h. uns vor ihm rechtfertigt. Was uns vor seinem Blick bestehen lässt, ist vielmehr und einzig allein, dass *Gott selbst sich für uns entschieden hat*. Diese *Entscheidung für uns* korreliert nicht mit unserer moralischen Qualität, unserer Liebenswürdigkeit o. Ä., sondern gründet einzig und allein in Gottes Barmherzigkeit, *die in Christus offenbar wurde*. Deshalb hängt letztlich alles an Christus: Der Glaube an ihn ist es, der uns rechtfertigt. *Wer aus dem Glauben an Christus heraus lebt, ist gut genug.*

b) Der heiße Kern des Problems: *non sine nobis* oder *in nobis sine nobis*?

Hier ist nun der eigentliche Knackpunkt situiert. Thomas etwa hätte den bisherigen Ausführungen wohl eher nickend gelauscht, aber bei der letzten Bemerkung zum Glauben eingeworfen, dass es hier durchaus auch auf unser Ja ankomme: Gottes Ja zu uns gilt bedingungslos, wird aber *nicht ohne uns* zu einem lebensformenden Vertrauen. Natürlich weiß auch er, dass Glaube, d. h. ein Leben aus dem Vertrauen auf die unbedingte Zuwendung Gottes, sich nicht durch eine Entscheidung einfach *herstellen* lässt – aber er hält fest, dass es doch *ein* aktives Moment von menschlicher Seite darin gibt (vgl. zur Komplexität des Glaubens 2.2.1). Luther hat recht, wenn er beobachtet, dass ein Leben, das von der Angst des Nichtgenügens beherrscht ist, nicht wirklich frei ist – und wenn er starkmacht, dass uns erst Gottes Zuwendung wahrhaft zur Freiheit befreit (vgl. Gal 5,1).

Und doch hält man katholisch die Intuition aufrecht, dass es auch eine Dimension der Freiheit *gegenüber der Gnade* gibt. Glaube verhält sich wie Liebe: *Verliebtheit* überfällt uns ohne eigenes Zutun – und doch gibt es ein Moment der Freiheit darin, wenn es darum geht, ob man sich ihr hingibt oder nicht, bzw. wenn es darum geht, das berauschende Gefühl in alltagstaugliche *Liebe* zu transformieren. Das war das erste der drei Elemente oben: Glauben ist Gnade, aber geschieht *nicht ohne uns – non sine nobis!* Oder nochmals mit Augustinus: Gott, „der dich ohne dich erschaffen hat, erlöst dich nicht ohne dich" (Sermo 169,13). Obwohl Luther der augustinischen Gnadentheologie verpflichtet ist (oder vielleicht: *weil* er sie *konsequent zu Ende* denken will), setzt er an dieser Stelle einen anderen Akzent in der Metapher: Der Mensch, der aus dem Glauben lebt, ‚entsteht' nicht anders als der Mensch überhaupt – *nämlich ohne eigenes Ja, eigenes Engagement, eigenes Zutun!*

> Wie der Mensch, bevor er zum Menschen geschaffen wird, nichts tut oder versucht, wodurch er ein Geschöpf wird, und wie er, wenn er dann gemacht und geschaffen ist, nichts tut oder versucht, wodurch er als Kreatur fortbesteht, sondern beides allein durch den Willen der allmächtigen Kraft und Güte Gottes geschieht, ... so sagen wir des Weiteren: Der Mensch, bevor er zu einem neuen Geschöpf des Reiches des Geistes erneuert wird, tut nichts, versucht nichts, wodurch er sich zu dieser Erneuerung und diesem Reich bereite. Wenn er danach geschaffen

ist, tut er nichts, versucht er nichts, wodurch er in diesem Reich bleibe. Sondern beides tut allein der Geist in uns, der uns ohne uns von neuem schafft ... (De servo arbitrio/WA 18, 754,1–11)

In nobis sine nobis – das nicht klar zu haben, ist der entscheidende Irrtum, von dem alle weiteren Probleme ausgehen: Glaube „ist nämlich das Werk Gottes, nicht des Menschen, wie Paulus lehrt. Das Übrige wirkt Gott mit uns und durch uns – das allein aber wirkt er in uns und ohne uns" (De captivitate Babylonica/WA 6, 530,16–18).

Ist das plausibel, etwa wenn man das obige Beispiel des Übergangs von Verliebtheit zu Liebe danebenlegt? Ist hier nicht doch das eigene, freie Mitwirken nötig? Luther würde an dieser Stelle (im Rekurs auf den späten Augustinus!) skeptisch bleiben: Der Mensch kann durchaus wollen, was ihm gefällt; aber was ihm gefällt und was nicht, ist seinem Willen entzogen. Der Wille ist Passagier seiner Prägungen, die vorgeben, wohin es sein Ja oder Nein zieht. Der Mensch ist nicht Herr im eigenen Haus und verfügt nicht über sich: Dass einem etwa eine Beziehung überhaupt als attraktive Option erscheint, ist nicht Gegenstand des freien Ja, sondern liegt dem Ja zu einer Beziehung bereits voraus – es ruft dieses Ja hervor! Nun mag es in innerweltlichen Dingen so sein, dass unsere Prägungen nicht so stark sind, dass sie Entscheidungen determinieren – diese Einschränkung legt Luther selbst nahe. Im Blick auf das Heil ist das allerdings irrelevant, weil sich die Lage dort anders darstellt: Weil der Mensch durch die Erbsünde *vollständig auf Sünde programmiert* und im *stahlharten Gehäuse seines narzisstischen Ego-Reflexes gefangen* ist (vgl. 10.2.2 b), ist er *absolut unfähig*, aus eigenen Stücken Ja zu Gott zu sagen. Das kann er nur, wenn Gott sich ihm zuvor *so unwiderstehlich anziehend* mitgeteilt hat, dass der Mensch dadurch wie ausgetauscht ist: Durch Gottes Zuwendung gleichsam aus sich selbst herausgerissen, kann er dann tatsächlich nicht mehr anders, *als zu Gott hingezogen zu sein, folglich Ja zu ihm zu sagen und aus dem Vertrauen auf ihn zu leben*. Das ist aber kein eigenes Tun, keine eigene Leistung, sondern ein Selbstläufer: Es ist allein Gnade (vgl. zu 12.2.5 analog zur Frage der Reue).

Luther schärft also das Moment der Unverfügbarkeit ein: Vielleicht nicht nur, aber ganz sicher im Bereich des Glaubens ist der Mensch völlig passiv, *mere passive*. Man entscheidet nicht souverän zwischen den Optionen, Gott zu vertrauen oder es nicht zu tun – sondern dieses Gottvertrauen stellt sich *ohne eigenes Zutun* ein, wenn Gott sich aus reiner Gnade dem Menschen zuwendet. Mit dieser Formulierung schlüpft der Gedankengang in sein bekanntestes Gewand: Es ist Gottes Gnade allein, auf die es ankommt – *sola gratia*.

c) Rückfragen, Interpretationen, Grundkonsense

Luthers Thesen (sowie die darin eröffnete Kritik auch im dritten, vor allem aber zweiten Element) initiieren im Verbund mit sozialen, politischen u. a. Entwicklungen sowie Initiativen Ulrich Zwinglis (1484–1531) und Johannes Calvins (1509–1564) die Reformation. Wir konzentrieren uns im Folgenden aber allein auf *einige* Aspekte der *systematischen* Debatte um Luthers Position. Von Interesse ist ja vor allem dies: Woran entzünden sich Rückfragen?

Bereits Erasmus von Rotterdam (um 1467–1536) stellt scharf die Frage nach dem Gottesbild: Wenn das Heil des Menschen ausschließlich von Gott bewirkt wird, weil

Gott *allein aus Gnade* gerecht macht – warum macht Gott dann nicht alle Menschen gerecht? Mehr noch: Warum straft er jene, die nicht an ihn glauben, *obwohl sie an ihrem Unglauben keine Schuld tragen*, mit der Hölle? Das Problem, das uns bereits bei Augustinus (10.2.2 b) begegnet war, taucht hier nochmals in aller Klarheit auf:

> Wenn ein Herr einem Sklaven, der mit Fußfesseln ... festgebunden wäre, immer wieder gebieten würde: „Weg da, tue dies und jenes, laufe und komme her", wenn er ihn wegen Ungehorsams hart bedrohte und ihm — ohne ihn indessen loszubinden – wegen seines Ungehorsams sogleich die Peitsche zeigte –, würde dann nicht mit Recht der Sklave seinen Herrn als geisteskrank oder als grausam bezeichnen, der ihn wegen Nichtausführung unausführbarer Befehle zu Tode peitschen ließe? (De libero arbitrio, IV 5)

Erasmus argumentiert mit einer *reductio in absurdum*: Die grausame Konsequenz ist nicht mit einem Gott kompatibel, über den hinaus Größeres nicht gedacht werden kann (4.3.2). Das wiederum ist ein Indiz dafür, dass (weil das Ergebnis absurd ist) etwas am Argumentationsgang nicht stimmen kann. Wo aber ist ein solcher Fehler identifizierbar?

Zum einen kann das Menschenbild als solches befragt werden: Ist der Mensch wirklich so sehr in sich selbst verkrümmt *(incurvatus in se)*, wie Luther es mit Augustinus denkt, dass er in allem von einem Ego-Trieb bestimmt ist? Ist der Mensch tatsächlich so vollständig auf Sünde programmiert, dass *nichts in ihm* sensibel und offen für einen Gott ist, der Liebe ist? Muss deshalb Gott, wenn er sich dem Menschen zuwendet, wirklich den Menschen gänzlich von sich selbst befreien und letztlich *in toto* neu erschaffen, damit er überhaupt jemanden vor sich hat, der von seiner Zuwendung so angezogen wird, dass er dann unwiderstehlich Ja zu ihr sagen muss? Obwohl auch die katholische Tradition Luthers Paten Augustinus verpflichtet ist, hat sie in dieser Frage andere Intuitionen kultiviert: Wie in 7.3.1 a dargelegt, denkt etwa Thomas eine prinzipielle Gottesverwiesenheit des Menschen an, die durch die Erbsünde zwar eingetrübt, aber nicht ausgelöscht ist. Entsprechend gilt, dass Gottes Gnade die menschliche Natur nicht absetzt und beendet, sondern voraussetzt und vollendet: *gratia non tollit naturam, sed supponit et perficit* (vgl. STh I q1 a8 ad2; STh I-II q99 a2 ad1). Oder klarer mit Rahner: Die menschliche (Freiheits- und Geist-)Natur ist in sich immer schon *und bleibend* dynamisch auf Gott verwiesen.

Vor diesem Hintergrund lässt sich *zum anderen* die Frage nach Freiheit stellen: Wenn unsere Programmierung durch die Sünde nicht so stark sein sollte wie angenommen – wäre dann nicht auch *in Dingen des Glaubens* jene Freiheit in Rechnung zu stellen, die *in weltlichen Dingen* nicht bestritten wird? Sieht man hingegen ganz von dieser Differenz ab (zumal ohnehin nicht klar ist, wie robust sie ist), verschärft man die Diskussion entscheidend – und findet sich mitten im Diskurs um Determinismus, Kompatibilismus etc. wieder. Er soll an dieser Stelle nicht nochmals aufgegriffen werden (vgl. 6.3.2; 10.2.3 a), zumindest eine Rückfrage sei aber skizziert: Ratifizieren wir in unseren Entscheidungen, wovon wir geprägt sind, oder sind wir zumindest ein

Stück weit auch in der Lage, in Distanz zu diesen Prägungen zu gehen (vgl. Haidt 2012, 79–82)? Begeisterte Verliebtheit mag wie von selbst unsere Zustimmung hervorrufen und zweifelsohne gibt es ein Moment der Passivität in dem, was wir wollen – aber der Fokus *allein* darauf belässt unscharf, was *zumindest auch* im Bild ist: Durch die Ritzen des Alltags dringt überall das Nichtnotwendige und in der gelebten Innenperspektive kann man nicht anders als in aller Unverfügbarkeit *auch* wahrzunehmen, dass es doch immer wieder so etwas wie eigenes Bemühen braucht.

Das Konzil von Trient (1545–1563) argumentiert in dem eben skizzierten Sinn: Es betont, dass die Erbsünde die menschliche Freiheitsnatur schwächt, aber nicht totaliter bestimmt (DH 1521). Daher hält das Konzil ein *dosiertes, aber wirkliches* Moment menschlicher Beteiligung fest, wenn es um unser Heil geht, freilich vor dem größeren Hintergrund eines *unumstrittenen Primats des vorgängigen Handelns Gottes*: Am Beginn steht der Ruf Gottes, durch den die Menschen

> – ohne dass ihrerseits irgendwelche Verdienste vorlägen – gerufen werden, so dass sie, die durch ihre Sünden von Gott abgewandt waren, durch seine erweckende und helfende Gnade darauf vorbereitet werden, sich durch freie Zustimmung und Mitwirkung mit dieser Gnade zu ihrer eigenen Rechtfertigung zu bekehren; wenn also Gott durch die Erleuchtung des Heiligen Geistes das Herz des Menschen berührt, tut der Mensch selbst, wenn er diese Einhauchung aufnimmt, weder überhaupt nichts – er könnte sie ja auch verschmähen –, noch kann er sich andererseits ohne die Gnade Gottes durch seinen freien Willen auf die Gerechtigkeit vor ihm zubewegen. (DH 1525)

Natürlich sind damit nicht alle Probleme gelöst: Katholischerseits führt der folgende Versuch, das hier beanspruchte Ineinander göttlichen Wirkens und menschlichen Mitwirkens präzise zu bestimmen, in den sog. *Gnadenstreit*, dessen wichtigste Proponenten der Jesuit Luis de Molina (1535–1600) und der Dominikaner Domingo Báñez (1528–1604) sind. Dass der Konflikt nicht ‚gelöst', sondern 1607 durch Papst Paul V. schlicht *unterbunden* wird (DH 1997), deutet an, wie komplex das Problem *in der Sache* ist – und zwar unabhängig davon, ob es inter- oder innerkonfessionell verhandelt wird (vgl. auch Leinsle 1995, 306–328).

Wir können die Diskussion nicht weiterverfolgen, aber von der letzten Beobachtung aus weitergehen: Gerade der weitere Verlauf der Geschichte zeigt, dass die verhandelten Fragen so subtil sind, dass verschiedene Perspektiven darauf plausibilisierbar sind. Das ist der Humus, auf dem nach langen Vorarbeiten jene *Gemeinsame Erklärung zur Rechtfertigungslehre* gedeiht, die 1999 zwischen dem Lutherischen Weltbund und der römisch-katholischen Kirche unterzeichnet wird. Sie konstatiert einen „Konsens in Grundwahrheiten der Rechtfertigungslehre und zeigt, dass die weiterhin unterschiedlichen Entfaltungen nicht länger Anlass für Lehrverurteilungen sind." (GER 5). 2017 wurde sie auch von der Weltgemeinschaft Reformierter Kirchen unterzeichnet. Damit verschwinden die *Fragen in der Sache* nicht, allerdings ist *auf der Metaebene* anerkannt, dass verschiedene Auslegungen *nicht kirchentrennend* sein müssen.

17.2.2 Die fragmentierte und vielschichtige Frage nach dem Amt

Das gegenwärtig umstrittenste Problem ökumenischer Verständigung ist die Frage nach dem kirchlichen Amt; mit ihr ist auch die Möglichkeit einer gemeinsamen Eucharistiefeier verbunden, die für sichtbare Gemeinschaft und Einheit zentral ist. Den größeren Horizont bildet dabei das Problem, wie sich das ordinierte Amt bzw. das sog. *besondere (Weihe-)Priestertum* zum sog. *gemeinsamen Priestertum aller Getauften* verhält. Was sind wesentliche Orientierungspunkte in der Zuordnung?

Lumen gentium hält fest, dass Laien und Geweihte „dem Wesen und nicht bloß dem Grade nach" (LG 10) unterschieden sind. Daraus folgt, dass normativ keine Konkurrenz zwischen beiden möglich ist: Es ist nicht so, dass geweihte Priester Christus zu 100% nachfolgen, während Laien das nur zu ermäßigten Konditionen, zu 70%, 50% oder weniger Prozent tun – das wäre jene problematische *graduelle* Unterscheidung, die zu vermeiden ist. Der Unterschied ist folglich anders zu bestimmen:

> Sie [die geweihten Hirten] wissen ja, dass sie von Christus nicht bestellt sind, um die ganze Heilsmission der Kirche an der Welt allein auf sich zu nehmen, sondern dass es ihre vornehmliche [!] Aufgabe ist, die Gläubigen so als Hirten zu führen und ihre Dienstleistungen und Charismen so zu prüfen, dass alle in ihrer Weise zum gemeinsamen Werk einmütig zusammenarbeiten. (LG 30)

Geweihte Priester sind also nicht exklusiv die geschichtlich bleibende Verkörperung des unbedingten Ja Gottes – das gilt (wie in 15.1.3 b erläutert) für die gesamte Kirche und aufgrund der Taufe für jede Christin, jeden Christen: *Christianus alter Christus!* Das steht hinter der Rede vom gemeinsamen Priestertum aller Getauften, dem das besondere Priesteramt als Dienst zugeordnet ist: Priesterlich in diesem besonderen Sinn zu agieren heißt spezifisch damit beauftragt zu sein, die Gemeinschaft der Getauften in der Vielfalt ihrer Charismen zu befähigen, das zu sein und immer mehr zu werden, was sie im Letzten ist – bleibende Verkörperung der unbedingten Zuwendung Gottes in der Welt. *In dieser Hinsicht* ist es sinnvoll zu sagen, dass das besondere Priestertum der Gemeinde gegenübersteht, weil es diese auf Verkündigung, Gottesdienst und Diakonie hin zu orientieren hat (15.2.3).

Mit diesen allgemeinen Klärungen aus katholischer Perspektive im Rücken lassen sich (zumindest) vier Diskursfelder rund um das besondere Amt identifizieren. Sie gehen wechselseitig ineinander über und werden binnen- und interkonfessionell unterschiedlich intensiv verhandelt (vgl. für einen detaillierteren Überblick Nüssel/Sattler 2008, 85–107).

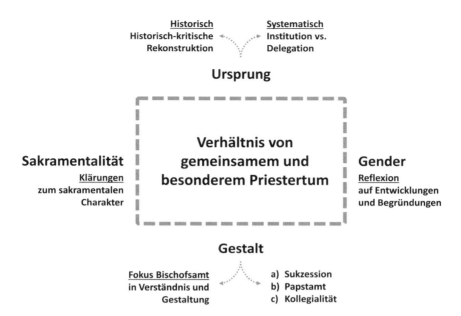

Wir können keine der Diskussionen auch nur im Ansatz angemessen nachzeichnen, diskursorientierende Probleme sollen aber zumindest *cum grano salis* kenntlich gemacht werden: Schematisch stellen sich Fragen

a) zur *Sakramentalität des Amts*. Umstritten ist hier vor allem hinsichtlich des eben angesprochenen „Wesensunterschieds", „ob mit dem character indelebilis [der Weihe] eine über die in der Taufe hinausgehende Gabe vermittelt wird, die einen besonderen Gnadenstand begründet" (Nüssel/Sattler 2008, 99);

b) zum *theologischen Ursprung und der historischen Herkunft des* ordinierten *Amts*. Diskutiert wird dabei in historischer Perspektive, was es etwa für die ökumenische Verständigung bedeutet, dass sich das *dreigliedrige Amt* (in der Facettierung Bischof/Priester/Diakon) erst ab dem 2. bzw. 3. Jh. durchsetzt und welche Spielräume sich daraus ergeben. Systematisch von Interesse ist hingegen etwa, ob das Amt von Gott eingesetzt (Institution) ist, wie die katholische Kirche lehrt, oder ob es sich aus dem gemeinsamen Priestertum aller Getauften ableitet, aus dem heraus es aus pragmatischer Übertragung entsteht (Delegation), wie in Teilen evangelischer Theologie überlegt wird;

c) nach der konkreten *Gestalt des besonderen Priestertums*. Auch hier ist die Auseinandersetzung mit dem dreigliedrigen Amt in seiner konkreten Gestalt angesiedelt; aus katholischer Perspektive allerdings gruppiert sich die Diskussion vor allem um das Bischofsamt, insofern „durch die Bischofsweihe die Fülle des Weihesakramentes übertragen wird" (LG 21). Ein *erster* Reflexionspunkt ist dabei die sog. *apostolische Sukzession*. Damit meint man eine durch die Geschichte hindurch kontinuierliche Linie an Bischofsweihen, die zu den Aposteln zurückführt. Diese Sukzession soll garantieren, dass der Geweihte die Lehre der Apostel (und nichts selbst Erfundenes) verkündet. Das auf diese Weise tradierte Amt wird als Zeichen und Ereignis dafür interpretiert, dass die Gemeinschaft der Glaubenden wirklich in der Wahrheit des Evangeliums Jesu bleibt – das heißt: Es ist selbst sakramental. In 17.1.2 war bereits angedeutet worden, dass in den Kirchen der Reformation diese Sukzession riss: In den deutschsprachigen Regionen fanden sich keine Bischöfe, die Anhänger Luthers zu Priestern oder Bischöfen weihten, sodass dort (durchaus im Einklang mit Modellen der mittelalterlichen Theologie!) Priester zu Priestern weihten. Im Blick darauf wird katholisch freilich von einem *defectus ordinis* gesprochen, dem Fehlen des Weihesakraments (vgl. UR 22) – dieses gilt als der eigentliche Grund dafür, dass keine gemeinsame Eucharistie möglich ist. Einen *zweiten* Reflexionspunkt bildet vor allem die katholische Sonderstellung des Bischofs von Rom, die – im Kontext des Unfehlbarkeitsdogmas, vgl. 15.2.3 – bereits kurz thematisiert worden war: War es dort um die *höchste Lehrautorität* gegangen, ist die päpstlich beanspruchte *oberste Jurisdiktionsgewalt* nochmals als eigenes Thema zu kennzeichnen, das vor allem auch im Gespräch mit der Orthodoxie relevant ist. Einen *dritten* Diskurspunkt liefern damit verknüpft Fragen rund um die Kollegialität der Bischöfe, sowohl, was ihre Einbindung in das Priestertum aller Getauften betrifft, als auch das genaue Verhältnis zum Papst als Haupt des Bischofskollegiums;

d) nach der *(Priester-)Weihe von Frauen*. Diese ist nicht nur ein wichtiges Thema ökumenischer Verständigung, sondern wird auch innerhalb der römisch-katholischen Kirche anhaltend lebendig diskutiert. Das hängt weniger (wie mitunter beargwöhnt wird) mit mutwilligem Ungehorsam o. Ä. zusammen als vielmehr damit, dass die drei Argumente, die in der Regel gegen die Priesterweihe für Frauen vorgebracht werden (Jesus selbst wählt ausschließlich Männer in den Zwölferkreis; ein Priester muss eine ‚natürliche Ähnlichkeit' mit Jesus haben; die Tradition der Kirche kennt keine Weihe von Frauen), für viele keine rechte Überzeugungskraft mehr entfalten. Kurzum: Die geistesgeschichtlichen und gesellschaftlichen Resonanzräume haben sich vielfach in einer Weise verändert, dass die genannten Gründe nicht mehr plausibel klingen oder als fair wahrgenommen werden. Daher ist hier nicht damit zu rechnen, dass diese Anfrage verschwinden oder an Relevanz verlieren wird.

Der Überblick vermittelt einen ersten Eindruck von *klassischen* Topoi ökumenischer Verständigung. Er erfasst aber zum einen den oben erwähnten Wimmelbild-Faktor nur unzureichend, d. h. die Pluriformität christlicher Leitungsformen auf globaler

Ebene. Zum anderen scheint hier kaum auf, was amtstheologische Reflexionen aktuell *eigentlich* herausfordert und besonders umtreibt, gerade in der römisch-katholischen Kirche: neben der erwähnten Frage der Priesterweihe für Frauen (bzw. ihrer Beteiligung in Leitungsgremien) etwa Missbrauchsskandale, Zölibatsfrage, Klerikalismus, *silencing*-Mechanismen, sinkende Priesterzahlen, konkrete Ausbildungs- und Leitungsdefizite, fehlende Gewaltenteilung u. a. m. Phänomene wie diese üben Druck aus, sich *ökumenisch gemeinsam* neu darüber zu verständigen, was das besondere Priestertum eigentlich bedeutet (und was nicht).

17.3 Epistemologische und hermeneutische Grundlagenfragen

17.3.1 Ignatius und Karl und Ludwig und Donald: Vier Köpfe für ein wenig Wohlwollen

Wechseln wir am Ende von materialen zu formalen Fragen, die sich um die Topoi *Konsens* und *Dissens* entspinnen. Ein weiteres Mal finden sich bleibend inspirierende Überlegungen dazu bei Karl Rahner, etwa in einem Beitrag von 1960: Im Ausgang vom Buch *Rechtfertigung* des Schweizer katholischen Theologen Hans Küng widmet er sich darin einigen „Fragen der Kontroverstheologie" und rührt an epistemologisch-hermeneutische Grundlagenprobleme.

Für unsere Zwecke reicht es, sich folgende formale Herausforderung für jede ökumenische Verständigung vor Augen zu führen: Einheit setzt Konsens in zentralen Glaubensinhalten voraus. Eine *Definition*, was notwendig dazu gehört, liefert aber kein *Kriterium, ob* Übereinstimmung in diesen Inhalten vorliegt, bzw. kein *Verfahren, wie* sich diese feststellen lässt: Wie lässt sich absolut sicher bestimmen, ob jemand *auf andere Weise tatsächlich das Gleiche* glaubt wie man selbst oder nicht? Psychologisch mag es verständlich sein, sichergehen zu wollen und zu fordern, dass jeder Konsensformel, auf die man sich verständigt hat, gleichsam *wirkliche Einheit* zugrunde liegen muss. Epistemologisch aber erzeugen solche Forderungen Probleme: Man wird nämlich nüchtern sagen müssen, dass eine solche gesuchte Übereinstimmung

> in einem *absoluten* [!] Sinn überhaupt nicht mit letzter Sicherheit feststellbar [ist], weil jede formula concordiae [= jede Konsensformel] zur Feststellung, dass man in der Sache und nicht nur in den Worten eins geworden sei, wieder einer formula concordiae formulae concordiae bedürfte und so ins Unendliche. (1960c, 244)

Die Sache ist sogar noch vertrackter, denn das Problem lässt sich binnenkonfessionell spiegeln: Wie etwa könnte der Papst in einem absoluten Sinn gewiss sein, dass er nicht nur die gleichen Formulierungen des Credos spricht, sondern *wirklich* das Gleiche damit meint wie die Konzilsväter der Alten Kirche? Und noch ein wenig weiter gefragt: Wie könnte man selbst sicher sein?

> Tritt man einen Schritt zurück, wird erkennbar, dass man es nicht mit einer ökumenischen oder theologischen Spezialfrage zu tun hat, sondern einem Schlüsselproblem der Sprachphilosophie des 20. Jh. Dort taucht es in anderer Form auf: Wie kann man sich sicher sein, einen Ausdruck wie „Katze" *wirklich* richtig zu verstehen und richtig zu verwenden, wenn man ihn immer nur an *endlich vielen Beispielen* erlernen kann? Anders formuliert: (Wie) Kann man jemals sicher sein, die *Regel*, welche die Verwendung eines Ausdrucks regelt, *wirklich* zu beherrschen? (Vgl. 9.3.1) Wir können nicht darstellen, wie sich etwa Wittgenstein prominent mit dieser Frage auseinandergesetzt hat (vgl. Dürnberger 2017a, 103–108), es lässt sich aber festhalten, dass er und Rahner zumindest *in gewisser Hinsicht* eine Intuition teilen: Wenn die zugrunde liegenden Vorstellungen von Konsens oder Regelfolgen absurde Konsequenzen erzeugen, muss man die Perspektiven darauf ändern.

Rahner argumentiert angesichts des oben freigelegten infiniten Regresses für die Umkehrung der Begründungspflichten: Wenn der *hermeneutisch-paranoide Zweifel*, ob *wirklich* das Gleiche geglaubt wird, das erste Wort hat, wird er inner- wie interkonfessionell konsequent auch das letzte haben. Daher gilt es, dem *hermeneutischen Wohlwollen* den Primat zuzugestehen: Es ist nicht solange Dissens zu unterstellen, bis absolut gewiss Konsens nachgewiesen werden kann (was schlechterdings unmöglich ist) – sondern es ist umgekehrt solange Konsens zu unterstellen, bis diese Unterstellung nicht mehr vernünftig zu halten ist:

> Um das Recht zu haben, in getrennten Kirchen zu leben, müsste man (um es einmal massiv zu formulieren) sicher wissen, dass man eindeutig uneins ist in der Wahrheit … Dieses Prinzip ergibt sich (so will mir scheinen) einerseits aus der christlichen Pflicht zur Einigkeit in einer Kirche und aus der wesenhaften Unmöglichkeit einer *absoluten* Sicherheit über eine *letzte* innere Überzeugungsgleichheit. (1960c, 245)

In der Beweislastumkehr verbindet sich *ökumenischer Leidensdruck* mit *geistlichen Forderungen* und *hermeneutischen Notwendigkeiten*: So kann man Verbindungen zu Rahners Ordensvater Ignatius von Loyola und dessen *Exerzitien* herstellen (vgl. 17.3.3), aber auch zu zentralen Einsichten der jüngeren Sprachphilosophie. Der US-amerikanische Philosoph Donald Davidson (1917–2003) etwa hält fest, dass Kommunikation ohne hermeneutisches Wohlwollen *prinzipiell* unmöglich sei: "Charity in interpreting the words and thoughts of others is unavoidable" (1967, 313). Würde *grundsätzlich und apriori* unterstellt, dass ein Gegenüber Ausdrücke anders versteht, anderes für wahr hält, unaufrichtig agiert etc., wäre Verständigung grundsätzlich unmöglich. Entsprechend ist das sog. *principle of charity*, von dem Davidson in diesem Zusammenhang spricht, keine moralische Tugend, sondern pragmatisch notwendig – und Rahner führt dies in einer ökumenischen Problemlage vor Augen.

17.3.2 Sie stehen da und können nicht anders: Das Problem stabiler Dissense

Vor diesem Hintergrund stellt sich nun erst sinnvoll die Frage nach dem Dissens. Die Herausforderung entsteht, wo sich die Unterstellung eines Konsenses nicht mehr aufrechterhalten lässt, und ist wie folgt zuzuspitzen: Wie soll man vernünftigerweise damit umgehen, wenn sich im Gespräch mit *epistemic peers* (mit epistemisch ebenbürtigen, also: gleichermaßen kompetenten, gutinformierten, wohlgesonnenen, intelligenten, nicht anders eingeschränkten etc. Diskursteilnehmern) stabile Dissense einstellen?

> Das Problem ist keineswegs theologiespezifisch und lässt sich rasch illustrieren, etwa an den Stararchäologen Christian und Silvia. Beide verfügen über eine in der Fachwelt einzigartige Begabung: Sie brauchen eine ausgegrabene Scherbe nur zwei Minuten zu begutachten, um ihr Alter fehlerfrei auf 50 Jahre genau einschätzen zu können; nachträgliche Tests haben ihre Urteile bislang ausnahmslos bestätigt. Bei einer Grabung am Dürrnberg kommt es nun zu einem Novum: Christian datiert eine Scherbe auf das 7., Silvia hingegen auf das 3. Jh. v. Chr. Die beiden diskutieren die Gründe für ihre Einschätzung, wägen Für und Wider ab, bleiben letztlich aber beim ersten Urteil. *Sie stehen da und können nicht anders:* Es bildet sich ein stabiler Dissens. Das Problem wird schärfer, wenn man Beispiele wählt, die spätere empirische Klärungen im Labor ausschließen, z.B. Dissense in moralischen oder existentiellen Fragen: Soll man wie Franz Jägerstätter (1907–1943) den Kriegsdienst in der deutschen Wehrmacht verweigern oder nicht (vgl. Scheuer 2007)? Die unterschiedlichen Beispiele sollen verdeutlichen, dass es – auch innerhalb der Theologie – ein breites Spektrum an Formen stabiler Dissense gibt (vgl. 5.5; vgl. auch die Frage nach dem Auferstehungsglauben 10.3.3 a).

Rein formal kann man in der ökumenischen Verständigung immer wieder stabile Dissense mit *epistemic peers* identifizieren, die in einem zweiten Schritt *lehramtlich* als kirchentrennend interpretiert werden: Sie sind nicht so von einem größeren Konsens unterfangen, dass die Differenzen als bloß unterschiedliche Auslegungen einer geteilten Grundwahrheit gelten. Die Folgefrage war bereits formuliert worden: *Was ist die rational gebotene Reaktion darauf, wenn man sich mit intelligenten, informierten, wohlgesinnten etc. Gesprächspartnerinnen in einem stabilen Dissens befindet?*

Auch hier gilt, dass wir das Problem in diesem Zusammenhang als solches kennzeichnen, aber nicht auf einzelne Bearbeitungsversuche hin analysieren können. Philosophisch ist der Diskurs dazu lebendig (vgl. Frances/Matheson 2018) – und es steht zu hoffen, dass er (nicht nur) der ökumenischen Theologie neue Impulse zu liefern vermag.

17.3.3 Keine Frage der Höflichkeit: Aussagen des Nächsten retten

Oben war kurz davon die Rede, dass sich eine Linie zwischen Rahner und Ignatius von Loyola ziehen lässt, was die Unterstellung von Einheit und Konsens betrifft. Dabei war insbesondere eine bekannte Bemerkung gemeint, die man in Ignatius' *Exerzitien* findet und als weitere, *als sechste Regel theologischer Reflexion* verstehen kann. Ignatius setzt nämlich einführend voraus, „dass jeder gute Christ mehr bereit sein muss, eine Aussage des Nächsten zu retten, als sie zu verdammen" (Exerzitien 22).

Im Kontext der geistlichen Übungen ist damit weder Aufforderung zur Naivität noch bloß moralischer Rat anvisiert. Das wird klar, wenn wir uns vor Augen führen, wo wir eine solche Ermahnung besonders benötigen: nämlich da, wo uns die Aussage unseres Nächsten aufrührt, nicht in den Kram passt, herausfordert – und wir deshalb dazu neigen, sie abzutun, indem wir sie schwächer verstehen, als sie vielleicht ist. Mit Nietzsche kann man vom *Ressentiment* sprechen, das hier am Werk ist und uns um Möglichkeiten des Denkens bringt: Indem man die andere Position auf Schwächen fixiert, bleibt das eigene Denken bequem, da unhinterfragt. Bereits in 3.3 war gesagt worden, dass darin ein Problem liegt: Man kann den eigenen Glauben am besten an starken anderen Positionen weiterentwickeln. Vielleicht lässt sich Ignatius' Hinweis über die Ökumene hinaus daher so interpretieren: *Sieh die Stärke, die im Gegenüber liegt, und lasse dich davon inspirieren!*

Man kann das eben Gesagte als weiteren Rat für (nicht nur) theologische Reflexion lesen: Er ermutigt, stets so zu arbeiten, dass das, was einem am Anderen seiner selbst begegnet, nicht auf dessen Fehler, Defizite oder Lücken reduziert, sondern in seiner Stärke aufgegriffen wird, d. h. von dem her, was es positiv zu sagen hat und an Lernmöglichkeiten bietet. Tatsächlich gibt es ja *einen* Fall, in dem wir in der Regel leicht dazu bereit sind, so wohlwollend zu verfahren: im Blick auf die *eigene* Tradition, *eigene* Positionen, *eigene* Gedanken. Diese Haltung auch *anderen* gegenüber kultivieren, ist nicht bloß ein Akt der Höflichkeit, sondern kann theologische Reflexion nicht nur in der Ökumene voranbringen.

18 Heil monopolisieren?

Das nächste Kapitel schließt – nicht systematisch notwendig, aber pragmatisch naheliegend – am letzten an. Ging es dort um das Verhältnis verschiedener christlicher Konfessionen untereinander, geht es jetzt darum, wie sich das Christentum zu anderen Religionen verhält: Was bedeutet es für den eigenen Glauben, dass andere nicht nur *anders*, sondern *anderes* glauben? Damit beschäftigt sich die sog. *Religionstheologie bzw. Theologie der Religionen*. Diese wird allgemein eingeführt (18.1), ehe die Positionen des Exklusivismus, Inklusivismus und Pluralismus vorgestellt werden (18.2–4). Am Ende soll die sog. *komparative Theologie* erläutert werden, die neue Wege in der Frage nach anderen Religionen erschließen will (18.5).

18.1 Religionstheologische Jobbeschreibung

Nun sag, wie hast du's mit den anderen *Religionen?* Das ist gleichsam die Gretchenfrage der Religionstheologie. Sie zu beantworten erfordert – so formuliert es 1996 die päpstlich bestellte sog. *Internationale Theologische Kommission* – zweierlei: Zum einen geht es aus der Perspektive des Christentums darum, „sich selbst im Kontext einer Pluralität von Religionen zu verstehen und zu bewerten", zum anderen gilt es, „den Sinn, die Funktion und den Eigenwert der Religionen in der Gesamtheit der Heilsgeschichte zu suchen" (1996, 7). Damit ist gewissermaßen der Job einer christlichen Religionstheologin umrissen: Sie muss sich einen Reim auf nichtchristliche Religionen (ihre Existenz, ihre Wahrheits- und Heilsansprüche u. a.) machen, *und* zugleich reflektieren, was das für das Verständnis des eigenen Glaubens bedeutet.

> Diese allgemeine Aufgabe lässt sich mit dem anglikanischen Theologen Perry Schmidt-Leukel auf fünf konkrete Probleme beziehen: Erstens stellt sich das *dogmatische Problem*, ob es eine Heilsbedeutung nichtchristlicher Religionen gibt und wie sie zu denken ist, zweitens das *praktische Problem*, wie man als Christ mit Menschen, Einrichtungen etc. anderer Religionen umgehen soll. Das *kriteriologische Problem* stellt drittens vor die Frage, anhand welcher Kriterien man andere Religionen angemessen beurteilen kann, während das *hermeneutische Problem* viertens fragt, ob und wie sich eine andere Religion vom Standpunkt der eigenen Religion angemessen verstehen lässt. Fünftens ist schließlich das *apologetische Problem* im Blick zu haben, ob sich die unterschiedlichen Wahrheits- und Heilsansprüche verschiedener Religionen nicht wechselseitig widerlegen (vgl. 2005, 35–61).

Die genannten Aufgaben lassen sich unterschiedlich adressieren. Seit den 1980ern hat sich dabei das sog. *Dreierschema* etabliert, um Antwortversuche systematisch zu gruppieren: Exklusivismus, Inklusivismus und Pluralismus (vgl. dazu und zum Folgenden ebd., 62–95). Der Bezugspunkt des Schemas ist die Eigenschaft P, *heilshafte Erkenntnis der letzten Wirklichkeit zu vermitteln*, sowie die Frage, wie oft diese Eigenschaft in Religionen vorkommt. Darauf lassen sich, so Schmidt-Leukel, vier Antworten geben: Streitet man ab, dass eine Religion überhaupt solche Erkenntnis vermittelt, begibt man sich aus der Religionstheologie in Fragen, die in diesem Buch bereits thematisiert wurden (z. B. ob die Annahme einer göttlichen Wirklichkeit gerechtfertigt ist, sie sich dem Menschen zu offenbaren vermag u. a. m.). Daher interessieren uns hier nur mehr die drei genuin theologischen Antworten:

- Dem *Exklusivismus* zufolge weist nur eine einzige Religion die gesuchte Eigenschaft P auf.
- Der *Inklusivismus* anerkennt, dass P in mehreren Religionen vorkommen kann, hält aber zugleich fest, dass die gesuchte heilshafte Erkenntnis der letzten Wirklichkeit nur in einer einzigen Religion *in höchster Weise* realisiert ist.
- Der *Pluralismus* betont demgegenüber, dass mehrere Religionen *in gleicher Güte* diese heilshafte Erkenntnis einer transzendenten Wirklichkeit vermitteln können.

Es gibt gute Gründe, das Dreierschema nicht unkritisch zu rezipieren (z. B. weil die Label implizit wertend sind, der Religionsbegriff nicht unstrittig ist u. a. m.), wir werden uns im Folgenden dennoch daran orientieren. Zwar ist nicht ausgeschlossen, dass sich das Schema als *Leiter* erweist, d. h. als etwas, das man – frei nach Wittgenstein – wegwerfen kann oder muss, nachdem man auf ihr hinaufgestiegen ist (vgl. TLP 6.54). Diese Möglichkeit ändert aber nichts daran, dass Schemata wie Leitern sinnvoll sind: Sie ermöglichen im Idealfall ein wenig Überblick.

18.2 Exklusivismus: Ötzi zwischen Feuer und Eis

Exklusivistische Positionen zeichnet aus, dass sie a) *der eigenen Religion* (als Glauben, Kirche etc. konkretisiert) exklusiv die Funktion zuschreiben, den Weg zum Heil zu eröffnen, während sie zugleich b) *von anderen Religionen* sagen, dass sie für das Heil hinderlich oder bestenfalls irrelevant seien. Interpretiert man das (wie weiter unten William Lane Craig) *rigide*, haben Nichtchristinnen keinen Zugang zum Heil. Versteht man es *gemäßigt*, kann man sagen, dass auch Nichtchristen zum Heil gelangen können, allerdings *trotz ihres religiösen Andersseins*.

Die wenigen Bemerkungen machen bereits deutlich, dass Exklusivismus unterschiedlich profiliert werden kann und es sinnvoll ist, von *konkreten* Positionen auszugehen. In unserem Kontext legt sich etwa der Blick auf die Formel *extra ecclesiam nulla salus* nahe, die von Cyprian stammt, aber vor allem von einem Schüler des Augustinus,

Fulgentius von Ruspe (um 462/467–533), geprägt wird. Das Konzil von Florenz bezieht sich 1442 auf ihn, wenn es lehrt, dass

> „niemand, der sich außerhalb der katholischen Kirche befindet, nicht nur (keine) Heiden", sondern auch keine Juden oder Häretiker und Schismatiker, des ewigen Lebens teilhaft werden können, sondern dass sie in das ewige Feuer wandern werden ..., wenn sie sich nicht vor dem Lebensende ihr angeschlossen haben ... (DH 1351)

Zwar muss man das Dokument kontextualisieren, um es angemessen zu decodieren (vgl. von Stosch 2012, 67 f.), allerdings lässt sich nicht bestreiten, dass es *einen* zentralen Orientierungspunkt im katholischen Nachdenken über andere Religionen bedeutet – allerdings *nicht den einzigen*. Es sind unterschiedliche Probleme, die dazu führen, dass die Formel *nicht restriktiv* interpretiert wird.

a) Ein wichtiger Grund dafür ist der biblisch bezeugte universale Heilswille Gottes: Gott „will, dass alle Menschen gerettet werden und zur Erkenntnis der Wahrheit gelangen" (1 Tim 2,4). Das führt wie von selbst zur Frage, warum etwa Ötzi aus dem Eis direkt „ins ewige Feuer wandern" soll – er hatte 3.000 Jahre vor Christus nie eine Chance, Christus kennenzulernen und Christ zu werden.

> Die Prädestination, die in diese Frage auf Gottes Vorherbestimmung verweist, war uns bereits begegnet (Gott bestimmt rein aus Gnade für das Heil vorher, wen auch immer er will, während er alle anderen gerechterweise verdammt) – ebenso die Argumente, die sie problematisch machen (10.2.2b). Der oben erwähnte Craig versucht in diesem Kontext die sog. *scientia media* zu profilieren, die im Gnadenstreit vom bereits erwähnten Luis de Molina entwickelt wurde (17.2.1 c). Damit ist gemeint, dass Gottes Wissen auch irreale Konditionale umfasst: Gott weiß in seiner Allwissenheit, ob Ötzi Christ geworden *wäre*, wenn er Jesus kennengelernt *hätte*; und da Gott weiß, dass Ötzi *aus eigener Entscheidung* Jesus abgelehnt hätte, hat er ihn raumzeitlich so platziert, wie er es getan hat – das ist, *cum grano salis*, die Konsequenz der Argumentation Craigs (vgl. 2000).
> Sie evoziert Fragen, die uns bereits begegnet sind: Ist unfehlbares Wissen dieser Art tatsächlich mit menschlicher Freiheit kompatibel (6.3.2)? Und falls ja: Warum erschafft Gott dann nicht nur Menschen, von denen er im Vorhinein weiß, dass sie frei Ja zu ihm sagen werden (10.2.3a, Prämisse 3, 4)? Auch ohne moralisch zynische Konsequenzen einzeln auszulesen, lässt sich konstatieren, dass die Lösung mehr Fragen erzeugt als beantwortet.

Deshalb schreibt etwa Thomas (freilich kompatibel mit der Prädestinationslehre, der er im Laufe seines Denkens mehr und mehr zuneigt), dass „viele Heiden eine Offenbarung in Bezug auf Christus erhalten" haben (STh II-II q2 a7 ad3) und es „wahrscheinlich" (probabile) ist, „dass vielen nichtchristlichen Generationen vor der Ankunft Christi das Geheimnis unserer Erlösung göttlich offenbart gewesen ist" (De ver. q14 a11 ad5; vgl. auch ebd., q14 a11 ad1).

b) Für Unruhe sorgen auch all jene, die *im lebensweltlichen Nahfeld von Christen* über die Klinge eines rigiden Exklusivismus springen: Muss man als Christin alternativlos realistischerweise davon ausgehen, dass ungetaufte, ungläubige Verwandte unrettbar verloren sind? Was ist mit jenen, die die Taufe bereits erbeten haben, aber kurz davor versterben? Und sollte der Glaube an den Gott Jesu wirklich zur Annahme verpflichten, dass ein ungetauftes Frühchen nach einer Fehlgeburt im Jenseits leiden muss?

c) Eine Variante dieses Problems findet sich im Blick auf *andere religiöse Traditionen*: Ist es plausibel, dass etwa Abraham, Isaak und Jakob in der Hölle schmoren, weil sie nicht getauft waren? Und gibt es nicht auch Güte und Gutheit in anderen, nichtchristlichen Religionskulturen? „Augenscheinlich finden sich auch in den nichtchristlichen Religionen [und Lebensorientierungen] zahlreiche Parallelen zu dem, was im Christentum als Ausdruck heilshafter Gotteserkenntnis gilt", schreibt Schmidt-Leukel (2005, 122) – eine kurze Erinnerung an Janusz Korczak und Stefania Wilczyńska mag genügen, um das Gewicht dieser Wahrnehmung zu zeigen (vgl. die vierte Zwischenreflexion).

Das Bewusstsein für diese Probleme ist theologiegeschichtlich stark genug, um rigide Interpretationen des Exklusivismus in der katholischen Kirche immer wieder zu unterlaufen (etwa im Kontext der Konflikte mit den sog. *Jansenisten* im 17. und 18. Jh., vgl. DH 2305; DH 2429). Versuchen wir wieder, skizzenhaft drei exemplarische Topoi der Tradition nachzuzeichnen, die balancierend wirken.

Zum einen findet sich der Topos der sog. *Ecclesia ab Abel*, der von Hebr 11,4 her von Augustinus geprägt wird: Gottes Heilsprojekt startet gleichsam unmittelbar nach der Vertreibung Adams und Evas aus dem Garten Eden – und man kann im Glauben Anteil daran haben. So

> schreitet die Kirche durch diese Welt, in diesen bösen Tagen, nicht erst seit der Zeit der leiblichen Gegenwart Christi und seiner Apostel, sondern schon seit Abel, den der gottlose Bruder

als den ersten Gerechten erschlug; und sie wird ihren Weg weitergehen zwischen Verfolgungen der Welt und Tröstungen Gottes bis zum Ende dieses Zeitalters. (De civitate Dei, XVIII 51)

Zum anderen entstehen vor allem im Mittelalter Spekulationen über einen sog. *Limbus* (Saum, Rand), eine Art *Vorhölle* (oder später *Vorhimmel*). Wir können hier nicht ausführen, was den sog. *limbus patrum* (für Gerechte des Alten Bundes) vom sog. *limbus puerorum* (für ungetaufte Kinder) unterscheidet, sondern weisen nur auf das Anliegen hinter der Spekulation hin: Man postuliert diese Zustände, um einerseits festhalten zu können, dass ohne Taufe keine *übernatürliche Seligkeit* erreicht werden kann, aber andererseits nicht denken zu müssen, dass schuldlos Ungetaufte in die Hölle kommen (sie können im Limbus zumindest *natürlich selig* werden). Es ist ein eschatologischer Workaround, der aber lehramtlich nicht fixiert wird.

Am wirkmächtigsten ist *drittens* der Gedanke des sog. *votum implicitum*. Seinen Humus bildet die Anerkennung, dass der explizite Wunsch nach der Taufe (ein sog. *votum explicitum*) im Falle eines vorzeitigen Todes bereits als heilsrelevant gelten darf (sog. *Begierdetaufe*) – und dass man eine solche Hoffnung auch in anderen Fällen haben darf, selbst wenn kein explizites Votum vorliegt.

> Man kann die Logik dahinter (quasi in einer Inversion der Argumentation Craigs) an kontrafaktischen Konditionalen erhellen. Im Alltag haben wir kein Problem mit Sätzen wie „Wenn Maria dabei gewesen wäre, hätte sie sich kaputtgelacht!" Wenn es keine große Sache ist anzunehmen, dass Maria sich kaputtgelacht *hätte*, wenn sie dabei gewesen *wäre* (weil Maria in Sachen Humor nun mal dazu neigt, unter gewissen Umständen einen Lachflash zu bekommen) – kann man dann im *Modus der Hoffnung* nicht *analog* annehmen, dass z. B. Sokrates wohl Christ geworden *wäre*, wenn er das Evangelium kennengelernt *hätte* (weil Sokrates eben charakterlich so disponiert ist, dass ihn die Frohe Botschaft sehr wahrscheinlich anspricht)? Und dass man das ähnlich auch für Ötzi hoffen darf? Hier wurzelt die Idee des *votum implicitum*: Es meint ein Votum für Christus, das zwar a) unausgesprochen ist (weil die äußeren Umstände fehlen, in denen es explizit werden kann), aber b) wirklich in der jeweiligen Person angelegt ist – und daher c) die Hoffnung erlaubt, dass diese Person gerettet ist.

In einem solchen Sinn spricht Thomas davon, dass wir bei den oben erwähnten Heiden einen sog. *impliziten Glauben* an Christus annehmen dürfen: Obwohl sie Christus nicht explizit kannten, hätten sie gleichsam einschlussweise bereits an ihn geglaubt bzw. für ihn votiert (vgl. STh II-II q2 a7 ad3).

Damit rühren wir freilich an den Punkt, an dem sich der gemäßigte Exklusivismus dem Inklusivismus annähert: Wenn man nicht annehmen will, dass unsere Dispositionen, Werthaltungen oder Neigungen radikal unabhängig von sozialen, kulturellen, religiösen u. a. Zusammenhängen sind, in denen wir leben – dann kann man anerkennen, dass eine nichtchristliche Religion positiven Einfluss auf ein *votum implicitum* haben kann. Eine solche *Spur* findet sich bei Karl Rahner in einem Beitrag, den er 1946 für die Salzburger Hochschulwochen verfasst: Darin schreibt er, ein *votum implicitum* meine „nicht bloß den rein geistigen Akt einer intelligiblen Person jenseits [!] des eigentlich Diesseitig-Geschichtlichen" – das *votum* ereignet sich nicht in der totalen Innerlichkeit der Person, völlig losgelöst davon, wo und wie die Person lebt, bzw. ihrer konkreten (kulturellen, sozialen, auch konfessionell-religiösen) Lebenswelt zum Trotz. Das *votum* ist vielmehr *in* jenen konkreten Zusammenhängen situiert und realisiert, in denen die Person lebt – und auf diese Weise, wenn auch außerhalb der rechtlich sakramentalen Kirche, „eine Teilnahme am Volke Gottes in der Dimension des ‚Fleisches'" (1948, 59). Darin vollzieht sich *in nuce* eine Abkehr vom gemäßigten Exklusivismus: Während für diesen ein Nichtkatholik ja nur *trotz seines gelebten religiösen Andersseins* einen Zugang zum Heil haben kann, deutet sich hier vorsichtig an, dass er *auch darin* einen Zugang haben könnte.

18.3 Inklusivismus: Albus Dumbledore und der Tod

18.3.1 Der Meteoriteneinschlag der Offenbarung Gottes

Inklusivistische Positionen zeichnet aus, dass sie a) *der eigenen Religion* (als Glauben, Kirche etc. konkretisiert) die Funktion zuschreiben, auf *singulär beste Weise* den Weg zum Heil zu eröffnen, während sie b) *von anderen Religionen* sagen, dass diese *in abgeschwächter Form* solche Heilswege sein können. Man spricht – ohne dass damit Mischformen ausgeschlossen sind – von superioristischen, lernoffenen, mutualen, pluralisierenden u. a. Varianten des Inklusivismus, d. h. auch hier ist eine Reihe von Schattierungen zu unterscheiden.

Vorweg ist zu notieren, dass die zuletzt gezeichnete Argumentation nicht als Spiegel historischer Entwicklungen verstanden werden darf: Inklusivistische Denkmotive sind keine *Nachkommen des Exklusivismus*, sondern finden sich – auch wenn der *terminus technicus* nicht auftaucht und trennscharfe Zuordnungen schwierig sind – bereits früh. Man könnte das konkret von Röm 11 her überlegen, wo es heißt, dass ganz Israel (ohne Taufe!) gerettet werden wird (vgl. Winkler 2013, 186–244), man kann das auch von einem Gedanken entwickeln, der sich bei Justin dem Märtyrer im 2. Jh. findet: Während der „ganze Logos" in Jesus Mensch wurde, finden sich ihm zufolge rund um den Erdkreis sog. *Samenkörner des Logos* (λόγοι σπερματικοί, logoi spermatikoi) verteilt – kleine Teilchen und Aspekte des Logos, die einzeln denkerisch, religiös u. a. kultiviert wurden:

> was auch immer die Denker und Gesetzgeber [anderer Kulturen, Weltgegenden, Religionen etc.] jemals Treffliches gesagt und gefunden haben, das ist von ihnen nach dem Teilchen vom Logos, das ihnen zuteil geworden war, durch Forschen und Anschauen mit Mühe erarbeitet worden. Da sie aber nicht das Ganze des Logos, der Christus ist, erkannten, so sprachen sie oft einander Widersprechendes aus. (Zweite Apologie, 10)

Der frühere Salzburger Dogmatiker Gottfried Bachl spielt essayistisch mit einem analogen Bild: „Die göttliche Offenbarung springt in der Atmosphäre der Welt in tausend Stücke" (2012, 63). Die Formulierung verpflanzt Justins Intuition in eine andere Bildwelt, in der die Menschenwerdung des Logos wie ein *Meteoriteneinschlag* erscheint: Dabei gibt es einen Einschlagkrater, d. h. einen Ort, an dem man in Fülle alles findet, was man zu finden nur erhoffen kann – Jesus von Nazaret. Kleine Splitter des Himmelskörpers gehen allerdings quer durch die ganze Raumzeit auf dem gesamten Globus nieder: Auch wer sie findet, kann erforschen, woraus der Meteorit besteht, auf diese Weise etwas von ihm erfahren und die so gewonnene Einsicht existentiell kultivieren. Wer sie kennt und annimmt, was darin steckt, bezieht sich so *eigentlich* auf Christus, wie Nikolaus Cusanus schreibt: „Er glaubt, ob er will oder nicht, an Christus" (Sermo 126 n7 43). Und *nicht trotz*, sondern *gerade wegen* dieser Funde und Forschungen wird er fragen: Gibt es nicht noch mehr davon – größer, besser, schöner?

Dieser Komparativ ist für den Inklusivismus, der im 20. Jh. zum bestimmenden religionstheologischen Paradigma der katholischen Theologie wird, strukturbildend. Wir werden in zwei Schlaglichtern nachvollziehen, wie er ausgearbeitet wird: einmal theologisch in Rahners Theorie des anonymen Christentums (18.3.2), einmal lehramtlich auf dem Zweiten Vatikanum (18.3.3).

18.3.2 "After all, death is but the next great adventure" – Karl Rahners anonymes Christentum

Eine der prägendsten und bekanntesten inklusivistischen Positionen entwickelt Karl Rahner. Nach dem Erscheinen der Enzyklika *Mystici Corporis Christi* von Pius XII. beginnt er, vermutlich erstmals im oben erwähnten Beitrag 1946, an einer entsprechenden systematischen Perspektive zu arbeiten. Sie ist im größeren Gefüge seiner anthropologischen Wende situiert, die wir in Grundzügen bereits kennengelernt haben.

> Was waren, um kurz 7.3.2 und 13.6 zu rekapitulieren, deren zentrale Motive? Der Mensch ist als Mensch in der Mitte seiner Existenz auf das Unbedingte ausgerichtet und darin immer schon implizit auf Gott hin dynamisiert – und zwar von Gott selbst: Insofern wir die dynamische Verwiesenheit nicht selbst herstellen, sondern uns in ihr vorfinden, muss jemand diese Dynamik *hervorgerufen* haben, genauer: uns *als eine solche Dynamik* geschaffen haben. Das konvergiert mit dem Topos einer transzendentalen, athematischen Offenbarung Gottes in uns: Indem Gott den Menschen frei als wesenhaft dynamisch auf sich hin erschafft, hat er sich ihm ineins und zugleich athematisch mitgeteilt und zugewandt. Das wird *transzendental mit-erfahren*, aber Menschen *können* versuchen (und versuchen tatsächlich immer wieder), das, was hier mit-erfahren wird, *kategorial zu übersetzen*: Sie *können* ihre Gottesverwiesenheit, die in einer athematischen Offenbarung Gottes gründet, frei annehmen und versuchen, ihr im eigenen Leben, Denken, Handeln, Feiern u. a. m. zu *entsprechen* (vgl. das Bild von Grundmelodie und Tanz in 13.6). In diesem Zusammenhang kommt Rahner auf etwas zu sprechen, was er die *kühnste Tat der Hoffnung* nennt

(vgl. 1984, 209): Menschen wagen zu hoffen, vielleicht *geschichtlich konkret finden* zu können, was dem entspricht, was sie *transzendental implizit mit-erfahren* – mehr noch: sie hoffen, dass ihnen das Unbedingte, auf das sie sich transzendental verwiesen erfahren und dem sie nachspüren, gleichsam in der Geschichte *entgegenkommt*. Das spitzt Rahner im Gedanken zu, dass der Mensch „in seinem Dasein, wenn [!] er es entschlossen annimmt, eigentlich immer schon so etwas wie eine ‚suchende Christologie' treibt" (ebd., 288). Es ist Rahner zufolge unter bestimmten Voraussetzungen also möglich, einen Nichtchristen als jemanden zu verstehen, der (wenn auch unbewusst) Gottes unbedingtes Ja in der Geschichte sucht.

Aus der Rekapitulation ergeben sich Konturen von Rahners Theorie des sog. *anonymen Christentums*: *Wenn* ein Mensch, der Jesus und das Evangelium nicht kennt, jene transzendentale Gottesverwiesenheit annimmt, die die Mitte seines Daseins ist; *wenn* er versucht, aus dem Vertrauen auf die darin gegebene Selbstmitteilung Gottes zu leben; *wenn* er danach strebt, ihr in seinem Leben zu entsprechen – dann lässt sich das so deuten, dass dieser Mensch (ohne es zu wissen und ungeachtet seiner expliziten Weltanschauung, Religion, Überzeugung o. Ä.) *anonym glaubt* und *anonym christlich ist*. Versuchen wir, diese erste Orientierung mit drei kurzen Fragen zu präzisieren.

a) *Was heißt: das eigene Dasein annehmen?* Rahner verknüpft christlichen Glauben (sei er explizit, sei er anonym) damit, sich selbst annehmen zu können. „Wer sein Menschsein ganz annimmt (ach, das ist unsagbar schwer, und dunkel bleibt es, ob wir es wirklich tun)", wer „sein Dasein, also seine Menschheit annimmt (und das ist so leicht nicht!) …, der sagt, auch wenn er es nicht weiß, zu Christus Ja" (1960a, 154). Es geht Rahner dabei insbesondere um die Annahme der eigenen Existenz, insofern sie endlich ist, d.h. *wesentlich den Tod umfasst*. Den eigenen Tod annehmen kann jemand, der die Welt nicht hasst, nämlich nur, *wenn er glaubt*: „Tod ist Fallen, und nur im Glauben [!] kann dieses Fallen als ein Fallen in die Hände des lebendigen Gottes, der Vater genannt wird, gedeutet" und darin angenommen werden (1958, 78 f.). *Ohne* Glauben ist Widerstand gegen den Tod die einzig sinnvolle Option, *allein im* Glauben ist seine Annahme auch für jene denkbar, „die die Welt nicht hassen" und das Leben zutiefst lieben (ebd., 93). Wenn etwa Prof. Dumbledore zu Harry Potter sagt: „After all, to the well-organised mind, death is but the next great adventure" (Rowling 2000, 320) – dann ließe sich das in Rahners Lesart wohl als literarischer Reflex anonymen Glaubens deuten: Den eigenen Tod als Abenteuer annehmen kann nur, *wer nicht wie Gott sein will* (vgl. Gen 3), sondern angesichts eigener Endlichkeit (implizit oder explizit!) dem vertraut, der einen *als endlich* erschaffen hat – und wer nicht auf jene *eigene* Großartigkeit setzt, die angesichts des Todes notwendig auf Nichts zusammenzurrt. Eine solche Annahme der eigenen Endlichkeit ist für Rahner ein Schlüssel, um christlichen Glauben zu verstehen: Den Tod kann nur annehmen, wer darauf vertraut, dass Gott uns *liebend zugewandt* ist und im Letzten *Ja zu uns* sagt. (Ein analoges Ineinander von Selbstannahme und Selbsttranszendenz qualifiziert auch Akte der Nächstenliebe, die für christliches Glauben ebenfalls konstitutiv sind, vgl. 1968, v. a. 285–296.)

b) *Was heißt: das Evangelium nicht kennen?* Die Theorie anonymen Christentums umfasst nur Menschen, die das Evangelium nicht kennen – aber was bedeutet das konkret? Offensichtlich betrifft sie Ötzi, aber gilt das auch für die atheistische Nachbarin, die eine kirchliche Schule besucht hat: *Darf man annehmen, dass sie eine anonyme Christin sein könnte, obwohl sie in ihrer Schulzeit ja vom Evangelium gehört hat? Oder muss man davon ausgehen, dass in diesem Fall eigene Schuld vorliegt – und sie daher die Hölle zu erwarten hat?* Rahner weist solche Gedankenspiele in aller Schärfe und ganz grundsätzlich zurück: „wir wissen bei keinem eine wirkliche und bestimmte Antwort. Bei keinem" (1961, 426). Wie es im Innersten eines Menschen aussieht, ist uns unbekannt, und wir sollten uns daher einschlägiger Urteile enthalten. Das gilt umso mehr, als gerade die Art und Weise, wie Kirche und Evangelium konkret begegnen, andere abschrecken kann, (weiter) explizit zu glauben: Man muss gar nicht auf Missbrauchsskandale verweisen, um das anzuerkennen. Gleichwohl ist Rahner, bei aller geforderten Diskretion im konkreten Einzelfall, *begrifflich* eindeutig: *Sofern* man das Evangelium *glaubwürdig* kennengelernt hat, ist *rein konzeptionell betrachtet* anonymer Glaube *grundsätzlich keine echte Option* mehr. Dann gilt es, entweder explizit zu glauben oder gar nicht mehr zu glauben – die Rückkehr ins anonyme Glauben ist verwehrt. Das hängt damit zusammen, dass expliziter Glaube den klaren Primat hat: Anonymer und expliziter Glaube sind prinzipiell ebenso wenig gleichrangig wie etwa ein unbewusst ersehnter und ein wirklicher Kuss – hier gibt es so etwas wie eine klare Abstufung. Und wie echte Küsse (als Realsymbole der Liebe, vgl. 16.3.1 c) gleichsam höhere Chancen eröffnen, dass sich eine tiefere Beziehung entwickelt, eröffnet nach Rahner auch der explizite, kirchlich-gemeinschaftlich gelebte Glaube an Christus eine größere Heilschance: *Man kann auf diese Weise stärker in Gottes Liebe hineinwachsen.* Das schließt nicht aus, dass im Einzelfall eine anonyme Christin „das Christentum echter ergreifen mag als in seinen expliziteren Formen", die ihr nichtssagend erscheinen können (1962a, 17) – so wie unter spezifischen Umständen eine konsequent kusslose Beziehung tiefer sein kann als eine, in der nur routinemäßig geknutscht wird. Zumindest am Grundsätzlichen ändert diese Ausnahme aber nichts: Für Rahner ist expliziter Glaube der Goldstandard des Gottvertrauens.

c) *Was heißt: ungeachtet seiner expliziten Religion?* Die Frage zielt darauf ab, ob man andere tatsächlich als anonyme Christinnen bezeichnen kann, selbst wenn diese sich selbst explizit als Buddhistin oder Muslima verstehen. Für Rahner ist das möglich. Er intendiert damit keine (apologetische) Vereinnahmung, sondern will primär *für die eigene Glaubensgemeinschaft* (dogmatisch) klären, dass auch Nichtchristen Heilswege haben können – und zwar *in ihren Religionen.* Der Schlüssel dafür ist die skizzierte Annahme des eigenen Daseins in seiner transzendentalen Gottesverwiesenheit; aber eben das ist kein geschichts- oder kulturfreier Akt: Es ist (wie bereits in der Überlegung von 1946 angedeutet) „schlechthin undenkbar", dass der Mensch seine dynamische Verwiesenheit auf Gott „in einer absolut privaten Innerlichkeit und außerhalb der faktischen, sich ihm anbietenden Religion seiner Umwelt habe vollziehen können" (1962b, 151). Es ist vielmehr nur allzu verständlich, dass der Einzelne der impliziten Gottesverwiesenheit seines Menschseins da nachspürt, wo es bereits andere getan haben. Religionen lassen sich gleichsam als kultivierte Suchbewegungen verstehen, der menschlichen Transzendenz gerecht zu werden: Sie sind kulturell stabilisierte Versuche, „die ursprüngliche, unreflexe und ungegenständliche Offenbarung geschichtlich zu vermitteln, zu reflektieren und satzhaft auszulegen" (1984, 176). Freilich sind sie mehr als Versuche: „In allen Religionen finden sich einzelne Momente solcher geglückter, von Gottes Gnade ermöglichter Vermittlung und Selbstreflexion des übernatürlich transzendentalen Verhältnisses des Menschen zu Gott" (ebd.). In diesem Sinne sind andere Religionen als heilsbedeutsam einzustufen: *Anonyme Christen* sagen nicht einfach trotz ihrer nichtchristlichen Religion Ja zu Christus, sondern – anonym, fragmentarisch, aber wirklich – *gerade in ihr, ihren Narrativen und Praktiken*. Diese sind anzuerkennen, *insofern* sie dem entsprechen, was Christinnen als Offenbarung bekennen.

18.3.3 Das Zweite Vatikanum: Eine heilsoptimistischere Neuorientierung

Das Zweite Vatikanum macht die inklusivistische Kritik am Exklusivimus stark und lanciert heilsoptimistischere Perspektiven. So hält die bereits mehrfach zitierte Konstitution *Lumen gentium* fest:

> Wer nämlich das Evangelium Christi und seine Kirche ohne Schuld nicht kennt, Gott aber aus ehrlichem Herzen sucht, seinen im Anruf des Gewissens erkannten Willen unter dem Einfluss der Gnade in der Tat zu erfüllen trachtet, kann das ewige Heil erlangen. Die göttliche Vorsehung verweigert auch denen das zum Heil Notwendige nicht, die ohne Schuld noch nicht zur ausdrücklichen Anerkennung Gottes gekommen sind, jedoch, nicht ohne die göttliche Gnade, ein rechtes Leben zu führen sich bemühen. Was sich nämlich an Gutem und Wahrem bei ihnen findet, wird von der Kirche als Vorbereitung für die Frohbotschaft und als Gabe dessen geschätzt, der jeden Menschen erleuchtet, damit er schließlich das Leben habe. (LG 16)

Zudem widmet das Konzil der Frage nach dem *Verhältnis der Kirche zu den nichtchristlichen Religionen* eine eigene Erklärung: *Nostra aetate*. Sie beginnt mit der *formalen* Verbindung der Religionen, nämlich der Auseinandersetzung mit den großen Fragen des Menschseins (NA 1), um dann *materiale* Ähnlichkeiten zu thematisieren und die *systematisch* entscheidende Positionierung vorzunehmen:

> Die katholische Kirche lehnt nichts von alledem ab, was in diesen [i. e. den nichtchristlichen] Religionen wahr und heilig ist. Mit aufrichtigem Ernst betrachtet sie jene Handlungs- und Lebensweisen, jene Vorschriften und Lehren, die zwar in manchem von dem abweichen, was sie

selber für wahr hält und lehrt, doch nicht selten einen Strahl jener Wahrheit erkennen lassen, die alle Menschen erleuchtet. (NA 2)

Die Verkündigung des unbedingten Ja Gottes, das Christus ist, bleibt weiterhin geboten, allerdings wird im Blick darauf Klugheit und Liebe im Umgang mit anderen eingeschärft (ebd.). Hinduismus und Buddhismus werden kurz, der Islam und vor allem das Judentum ausführlicher gewürdigt, um am Ende „jede Diskriminierung eines Menschen" zu verurteilen und zu Geschwisterlichkeit aufzurufen (NA 5).

Belassen wir es bei dieser knappen Darstellung einer systematischen Grundierung in Sachen Inklusivismus sowie der lehramtlichen Positionierung. Ohne jüngere Entwicklungen – etwa den *pluralitätssensiblen Inklusivismus* des belgischen Jesuiten Jacques Dupuis (1923–2004) u. a. m. – darstellen zu können, setzen wir den nächsten Schritt: Woran entzünden sich exemplarische Rückfragen an Inklusivismen?

18.3.4 Am spirituellen Existenzminimum? Rückfragen an inklusivistische Perspektiven

a) Eine Nivellierung christlichen Glaubens?

Wir beschränken uns abermals auf drei Kritikpunkte. Der *erste* bezieht sich auf eine *vermutete Nivellierung expliziten Christentums*: Hat Rahners Theorie des anonymen Christentums, so fragt Hans Urs von Balthasar (1905–1988) erkennbar skeptisch, nicht die Tendenz, „das ganze Christentum auf einen Humanismus zu reduzieren" und überflüssig zu machen (1966, 104)? Und wird die Kirche in ihrem missionarischen Eifer nicht gehemmt, wo sie annimmt, dass Heil auch anders möglich ist? In einer literarischen Fiktion spitzt er den Vorwurf polemisch zu: „Ihr habt euch [mit Theorien wie jener des anonymen Christentums] selber liquidiert und erspart uns damit die Verfolgung. Abtreten" (ebd., 112).

Selbst wenn man die sachliche Kritik aus der Polemik schält, trifft sie nicht: Wiederholt und deutlich schärft etwa Rahner ein, dass *erstens* die anonyme Hinordnung auf das Evangelium Mission erst ermöglicht, und *zweitens* expliziter und anonymer Glaube *keineswegs gleichrangig* sind. Kein Elternteil, so schreibt Rahner, ist von der Pflicht dispensiert, „seinem Kind einen möglichst günstigen Lebensstart zu ermöglichen ..., weil seinem Kind schon ein Existenzminimum gewährleistet ist" (1970a, 515). In diesem Bild ist das anonyme Christentum, wie es in anderen Religionen realisiert sein kann, das *spirituelle Existenzminimum*; damit *kann* man sein geistliches Leben bestreiten – aber ein *höherer Lebensstandard* ist fraglos besser. Das explizite Christentum ist genau das, es bedeutet ein echtes Mehr – nämlich eine *objektiv verbesserte Heilschance*. Man kann auch die Metapher der Karte hinzuziehen (vgl. 17.1.2): Inklusivisten wie Rahner bestreiten nicht, dass man mit minimalistischen Karten ans Ziel kommen kann, aber es ist klar, dass man *grundsätzlich* das Kartenmaterial verwenden sollte, das *mehr* Details aufweist – es bietet mehr Chancen anzukommen.

b) Anmaßende Selbstüberschätzung der eigenen Tradition?

Genau daran entzündet sich eine *zweite Anfrage*. Diese identifiziert in den Ausführungen eben eine *Überschätzung expliziten Christentums,* die mit *Arroganz, Vereinnahmung* und *Anmaßung* einhergeht.

Der *erste Teil der Anfrage* bezieht sich auf die These, dass expliziter Glaube objektiv größere Heilschancen eröffne. Die Auseinandersetzung damit rührt ans Grundsätzliche, u. a. deshalb, weil sie die Grenze der Kartenmetapher zeigt: Anders als diese suggeriert, ist Glaube kein bloßes Mittel zum Zweck, kein Tool – sondern bereits selbst *realsymbolische* Teilhabe an der Erlösung: Wer glaubt, begreift sich selbst und die Welt in der unbedingten Zuwendung Gottes geborgen und hat darin bereits Anteil am Heil. Das *reflex* zu glauben, erzeugt allerdings nicht *per se* ein heilvolleres und gottgemäßeres Leben: Auch eine Christin, die explizit glaubt, kann sich gewissermaßen gewaltig verfahren oder äußerste Gottesfinsternis erfahren (vgl. 15.1.4). Dennoch hält Rahner *im Grundsatz* am höheren Wert expliziten Glaubens fest: Dieser hängt damit zusammen, dass es a) eine *immanente Dynamik* hin zum expliziten, kategorialen Vollzug des Gottvertrauens gibt, der b) insofern *objektiv besser* (als ein anonymer) ist, als er mehr der Liebe entspricht, denn: „Die Liebe strebt nach mehr" (ebd.) – *sie will verstehen, erkennen, bewusst erleben und auskosten*. Damit ist das Problem nicht gelöst, aber der Raum weiterer Fragen erhellt: Wie legitimiert man den starken Bezug auf *Liebe* als zentralen Heils- und Erlösungstopos? Wie argumentiert man die immanente Dynamik von Liebe und Vertrauen hin auf *Explikation*? Wird damit nicht die eigene Tradition (in der Liebe ein theologisches Schlüsseltopos ist) als Maßstab verwendet, an dem sich andere messen lassen müssen? Und ist damit nicht wieder Anmaßung im Spiel?

Greifen wir das auf, um den *zweiten Teil der Anfrage* zu fokussieren: das Unbehagen an der Arroganz, die in Superioritätsmotiven steckt. Tatsächlich muss man derlei jeweils an *konkreten* Formulierungen diskutieren, um sich nicht in Schulhofstreitigkeiten zu verwickeln. Ganz allgemein lässt sich aber sagen, dass Rahner bereits 1948, als er erstmals *expressis verbis* von *anonymen Christen* spricht, andeutet, dass Inklusivismus wechselseitig zu denken ist: Wenn er eine atheistische Humanistin als *anonyme Christin* bezeichnet, muss er selbstverständlich zugestehen, dass sie ihn umgekehrt *in ihrem Deutungsrahmen* als *anonymen Humanisten* bezeichnet. „Das ist natürlich richtig, aber gar nichts Neues; solche verschiedene [sic!] Behauptungen gibt es auch über die gewöhnlichsten Sachverhalte" (Rahner 1949, 252; vgl. analog 1975, 276). Darin steckt zweierlei: zum einen ein Hinweis darauf, dass man nicht anders kann, als das Gegenüber auf Basis jener Kategorien zu deuten, über die man selbst verfügt *(hermeneutischer Inklusivismus)*; und zum anderen die Anerkennung, dass dies selbstverständlich auch für das Gegenüber, d. h. wechselseitig, gilt. Ein *mutualer bzw. reziproker Inklusivismus auf*

Gegenseitigkeit, wie ihn u. a. der deutsche Theologe Reinhold Bernhardt vertritt, versucht diese Intuition systematisch fruchtbar zu machen und auf diese Weise Superioritätsansprüche zu zivilisieren.

c) Apriorische Abwertung von Andersheit?

Eine dritte Anfrage bezieht sich auf die *apriorische Abwertung von Andersheit*: Klassisch inklusivistische Positionen, so etwa Klaus von Stosch, kennzeichnet eine „grundsätzliche Unfähigkeit, Andersdenkende in ihrer Andersheit anders als negativ zu bewerten" (2012, 96). Religiös Anderes kann und darf gemäß der inklusivistischen *Default-Einstellung* nur da positiv gewürdigt werden, wo es (wenn auch bloß defizitär, anfanghaft, anonym realisiert) etwas aufweist, *was dem Eigenen entspricht* – aber nicht in seiner genuinen Andersheit. Genau das wird angefragt: Es ist ein Unterschied ums Ganze, ob man *apriori* und *im Grundsatz* gewiss ist, dass Andersheit per se problematisch und der Andere daher *allgemein* defizitär sein *muss* – oder ob man sich *aposteriori* einen Reim darauf macht, was einem *konkret* begegnet. Dieser Reim kann selbstverständlich Distanzierung enthalten, *muss* es aber nicht. Selbst wenn man nämlich „darauf beharrt, *dass* alles über Gott Wissbare und für den Menschen Belangvolle in seinem Logos Jesus Christus gesagt ist, bedeutet das nicht, dass die Kirche auch verstanden hat, *was in diesem Logos gesagt ist*" – und deshalb kann man (auch) „durch die Begegnung mit anderen Religionen Entscheidendes über Gott und seine Offenbarung in Christus lernen" (ebd., 289; vgl. auch 15.2.1 a). Das Faktum der Dogmengeschichte jedenfalls zeigt, dass das Verstehen der Offenbarung Gottes in Christus kirchlich fortschreitet; und vielleicht kann man die in NA 2 markierte Differenz zwischen dem, *was wahr ist*, und dem, *was die Kirche für wahr hält*, so lesen: als Reflex auf fortschreitendes Verstehen. Selbst wenn man *hermeneutisch inklusivistisch* denken *muss*, folgt daraus nicht, dass man darin nicht lernen kann: Das Verstehen des Anderen wie des Eigenen kann sich dynamisch entwickeln (wie dies Varianten des sog. *lernoffenen Inklusivismus* zu denken versuchen).

Von Stosch zeichnet die Lage aber noch schärfer: Selbst da, wo die Begegnung mit dem religiös Anderen keinen Lernprozess initiiert oder sich bleibend Fremdheit einstellt, ist behutsame Urteilsbildung geraten. Bleibende Andersheit, argumentiert er trinitätstheologisch (2012, 98–100), ist christlich *nicht aus sich heraus* problematisch; das korreliert auch mit Alltagserfahrungen: Ist etwa nicht in Freundschaften denkbar, dass wir eine Freundin auch da schätzen, wo uns ein Teil ihrer Identität fremd bleibt und wir fasziniert vor etwas stehen, das sich *nicht* in Verstehen oder Lernen überführen lässt – etwa (horribile dictu!) ihr Katzen- und Salsa-Faible? Es ist nicht ausgeschlossen, dass das analog auch religiös denkbar ist: Es kann sein, dass sich nach christlichen Standards bleibend *nicht* erschließt, wie jemand in einer anderen religiösen Tradition eine Gottesbeziehung realisieren kann, dennoch – so *Gaudium et spes* – „müssen wir festhalten, dass der Heilige Geist allen [!] die Möglichkeit anbietet", dem „österlichen

Geheimnis in einer Gott bekannten Weise [!] verbunden zu sein" (GS 22). Wir hatten den Gedankengang *in all seiner Fragilität* schon in Rahners Theodizee kennengelernt (10.4), von Stosch spielt eine Variante davon religionstheologisch ein: „Liebe kann auch da noch Wertschätzung schenken, wo das Verstehen aufhört" (2012, 97). Oder mit GS 22 formuliert: Selbst wenn *wir* es nicht verstehen, kann *Gott bekannt sein*, wie ein konkreter nichtchristlicher Lebensweg ein Heilsweg sein kann. Es ist offensichtlich, dass auch diese Rückfragen neuen Klärungsbedarf erzeugen: Wann kippt Wertschätzung eines unverstandenen Fremden in blanke Irrationalität? Muss Andersheit nicht doch *material qualifiziert* sein, um *in ihrer Andersheit* akzeptabel zu sein (weil es ebenso irrational ist, Andersheit *formal allein aufgrund von Andersheit* zu würdigen wie sie zu abzulehnen)? Wieviel trägt das trinitätstheologische Argument aus? U. a. m.

Wir können diese Fragen nicht verfolgen, aber darauf hinweisen, dass sie in der sog. *komparativen Theologie*, wie sie etwa von Stosch vertritt, systematisch adressiert werden – und dass dabei die *aposteriorische Auseinandersetzung* der Königsweg ist: *Apriorisch* lässt sich derlei nicht verhandeln (vgl. 18.5).

18.4 Pluralismus: Ein Elefant im Raum der Religionen

18.4.1 Die elefantöse Intuition des Pluralismus

Pluralistische Positionen zeichnet aus, dass sie a) *der eigenen Religion* (als Glauben, Kirche etc. konkretisiert) die Funktion zuschreiben, einen Weg zum Heil zu eröffnen, während sie b) *von anderen Religionen* sagen, dass diese *in gleicher Qualität* ebenfalls Heilswege sein *können*. Die Formulierung macht deutlich, dass der religionstheologische Pluralismus nicht unterschiedslos *allen* religiösen Traditionen zuspricht, Heilswege zu sein, d. h. kein Relativismus ist. Strukturbildend ist vielmehr, dass *mehrere* Religionen (meist bezieht man sich auf die sog. *Weltreligionen* als *prima facie*-Kandidatinnen) *gleichwertig* zum Heil führen *können*.

> Die Grundintuition wird oftmals mit dem Gleichnis von den blinden Männern und dem Elefanten illustriert. Darin berühren blinde Männer unterschiedliche Körperteile eines Elefanten und kommen zu unterschiedlichen Urteilen, die widersprüchlich erscheinen, ohne es aber letztlich zu sein – sie alle beziehen sich auf den *einen* Elefanten. Das wird, etwa in einer berühmten Gedichtfassung von John Godfrey Saxe (1816–1887), letztlich zu folgender „Moral" verarbeitet: "So oft in theologic wars, / the disputants, I ween, // Rail on in utter ignorance, / Of what each other mean, // *And prate about an Elephant / Not one of them has seen!"* (1875, 136).

In ihrer aktuell bekanntesten Form wurde die elefantöse Intuition des Pluralismus von John Hick systematisch entfaltet bzw. wird sie gegenwärtig von Perry Schmidt-Leukel vertreten. Im Fokus stehen dabei weniger konfligierende Behauptungen über historische Ereignisse, sondern primär die Pluralität und Widersprüchlichkeit religiöser Traditionen hinsichtlich *transhistorischer Wahrheitsansprüche*: Wie soll und kann man systematisch damit umgehen, dass manche Religionen das Göttliche personal, manche impersonal denken?

18.4.2 John Hicks religionstheologischer Pluralismus

Wir legen für unsere Zwecke eine *lockere, dreischrittige Rekonstruktion* vor, wie der Pluralismus Divergenzen dieser Art systematisch einholt.

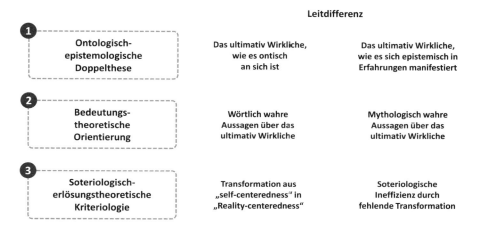

a) Ontologisch-epistemologische Doppelthese

John Hick unterscheidet das *ultimativ Wirkliche, wie es (ontisch, i. e. seinsmäßig) an sich ist*, vom *ultimativ Wirklichen, wie es sich (epistemisch, i. e. erkenntnismäßig) in unseren Erfahrungen manifestiert*. Die Leitmetapher des *ultimativ Wirklichen* ist als Chiffre für Transzendenz zu lesen: Um keine religiöse Tradition zu bevorzugen, spricht Hick nicht von Gott, vom Göttlichen o. Ä., sondern formal von *the Real* bzw. *the Ultimate*.

Von diesem ultimativ Wirklichen sagt Hick zweierlei. *Zum einen* stellt er die *ontologische These* auf, dass es alles menschliche Begreifen radikal übersteigt: Streng betrachtet ist *the Real* an sich nicht begreifbar (vgl. Motive der negativen Theologie, die hier relevant sind, 4.2.3). Allerdings geht Hick *zum anderen* davon aus, dass Menschen das *ultimativ Wirkliche* erfahren haben und auch erfahren können – freilich nicht, wie es *an sich* ist, sondern ausschließlich und strikt nach Maßgabe jener Vorstellungen, Begriffe, Emotionen u. a. m., über die sie in ihrem Weltbild, ihrer Tradition, ihrer Religionskultur verfügen. Auch religiöse Erfahrung und Erkenntnis ist begrifflich, kulturell u. a. vermittelt – darin besteht Hicks *epistemologische These*. Er greift dafür auf Kants Differenz zwischen (noumenalem) *Ding an sich* und (phainomenaler) Erscheinung dieses Dings zurück (vgl. 7.1.3) und extrapoliert sie religiös:

> I want to say that the noumenal Real is experienced and thought by different human mentalities, forming and formed by different religious traditions, as the range of gods and absolutes which the phenomenology of religion reports. (1989, 242)

Menschen können also das ultimative Wirkliche niemals so erkennen, wie es *an sich* ist, weil es alles menschliches Erkennen und Erfahren radikal transzendiert. Sie können allerdings Manifestationen dieser transzendenten Wirklichkeit erfahren – freilich stets *durch die Brille der jeweiligen Kultur, Religion, Mentalität*. Diese Brille formt und steuert aus, als was und wie *the Real* erfahren wird (vgl. analog die Rede von Begriffsschemata, 9.4.1). Das erklärt, warum das ultimativ Wirkliche einmal als Trinität, einmal als Shiva, einmal als Allah, einmal als impersonales Absolutum etc. erfahren wird. Solche Beschreibungen beziehen sich *nicht* auf das göttliche Wirkliche an sich, sondern darauf, wie sich dieses – geformt durch die Brillen der eigenen Traditionen – in der menschlichen Erfahrung manifestiert. Gleichwohl ist die Annahme einer ultimativen Wirklichkeit sinnvoll und notwendig, so Hick:

> But if the Real in itself is not and cannot be humanly experienced, why postulate such an unknown and unknowable *Ding an sich*? The answer is that the divine noumenon is a necessary [!] postulate of the pluralistic religious life of humanity. (Ebd., 249)

Die Anschlussfrage ist offenkundig: Wenn religiöse Traditionen lehren, dass das ultimativ Wirkliche an sich *gut* sei – kann das zutreffen, wenn das ultimativ Wirkliche *an sich* doch zugleich radikal unbeschreibbar ist? Wie könnte man überhaupt noch etwas über dieses Wirkliche sagen, das zutrifft?

b) Bedeutungstheoretische Orientierung

Im Blick darauf führt Hick nun die Unterscheidung zwischen *wörtlicher und mythologischer Bedeutung* ein. Tatsächlich ist vor dem Hintergrund des eben Erläuterten völlig ausgeschlossen, dass *wörtlich wahr* sein könnte, dass die ultimative, göttliche Wirklichkeit *an sich* gut ist – literal ist das schlichtweg falsch. Dennoch kann eine Beschreibung des transzendent Wirklichen *mythologisch wahr* sein, sofern sie in Menschen die angemessene Haltung gegenüber dem ultimativ Wirklichen hervorbringt. Konkret formuliert: Die Beschreibung der letzten Wirklichkeit im Christentum als trinitarisches Liebesgeschehen ist *wörtlich falsch* (weil die Wirklichkeit an sich radikal unbeschreibbar ist), *aber mythologisch wahr* (sofern sie in Menschen eine *angemessene Reaktion und Haltung* auf das ultimative Wirkliche hervorruft, stabilisiert und kultiviert). Das gilt analog auch für andere Beschreibungen anderer religiöser Traditionen: Sie sind wörtlich allesamt falsch, können aber mythologisch wahr sein, sofern sie passende Dispositionen erzeugen. Die Folgefrage liegt auf der Hand: Was ist eine angemessene Reaktion bzw. Haltung gegenüber der radikal unbeschreibbaren ultimativen Wirklichkeit?

c) Soteriologische Kriteriologie

Hier führt Hick die Differenz von *soteriologischer Effizienz und Ineffizienz* ein. Eine mythologische Beschreibung der ultimativen Wirklichkeit darf genau dann als mythologisch wahr gelten, wenn sie eine angemessene Haltung gegenüber diesem Wirklichen erzeugt; eine angemessene Haltung zeigt sich darin, dass die menschliche Existenz aus ihrer *Selbst*zentriertheit *(self-centeredness)* gelöst und *wirklichkeits*zentriert wird *(Reality-centeredness)*. Soteriologische Effizienz hängt also damit zusammen, dass Menschen aus ihrer Ego-Fixierung herauswachsen und sich an der ultimativen Wirklichkeit ausrichten – ein Prozess, der bei Hick mit der Entwicklung von *agape, karuna* etc. assoziiert wird. Was das konkret bedeutet, lässt sich allerdings nur klären, indem man (nicht ohne grundsätzliche ethische Vergewisserung, die philosophisch erfolgen muss) die Leitfiguren einer religiösen Tradition befragt: ihre Offenbarungsgestalten, Heiligen und religiösen Virtuosen. Daran wird dann erkennbar, wie die ultimative Wirklichkeit in menschlicher Erfahrung erlösend manifest wird bzw. wie in der darauf aufbauenden religiösen Tradition die skizzierte Transformation kultiviert wird. Diese kann – in verschiedenen Religionen, die die radikal unbeschreibbare, ultimative Wirklichkeit unterschiedlich konzeptualisieren – mit *gleicher soteriologischer Effizienz* geschehen.

Damit sind wir bei der pluralistischen These angelangt: Verschiedene Religionen können *gleichwertige Heilswege* sein. Das Christentum wird als ein solcher Heilsweg neben gleichwertigen anderen verstanden: In Botschaft, Leben, Sterben und Auferstehung Jesu wurde *the Real* wirklich manifest – allerdings in einem repräsentativen, nicht konstitutiven Sinn: Jesus (so fasst Schmidt-Leukel die pluralistische Pointe zusammen) ist „weder der einzige, noch der allen anderen überlegene Mittler heilshafter Transzendenzerkenntnis" (2005, 192). Auch hier können wir nicht darlegen, wie pluralistische Perspektiven weiterentwickelt wurden – etwa im sog. *potentiellen Pluralismus* des US-amerikanischen Theologen Schubert Ogden (1928–2019) oder des deutschen Theologen Michael Hüttenhoff –, sondern widmen uns im nächsten Schritt der kritischen Auseinandersetzung mit der vorgelegten Skizze.

18.4.3 Welche Gewinne bei welchen Verlusten? Kritische Würdigung

Wir beschränken uns abermals auf drei exemplarische Anfragen. Eine *erste* moniert, dass sich der Pluralismus insgesamt in ähnlichen Problemen wie der Inklusivismus wiederfindet und in dieser Hinsicht keine Plausibilitätsgewinne verbuchen kann. Ähnlich wie der Inklusivismus *apriorisch* beansprucht, dass das ideale religiöse Gegenüber sich *eigentlich* suchend auf Christus bezieht, beansprucht der Pluralismus *apriorisch*, dass das ideale religiöse Gegenüber sich *eigentlich* auf das religionsübergreifend identische *Real* bezieht. Beide Positionen haben induktive Anteile (insofern sie Beobachtung und Vergleich involvieren) und lassen sich als Hypothesen lesen, sie sind aber in ihren Standardvarianten aufgrund ihrer starken apriorischen Vorannahmen relativ robust. Diese Vorannahmen sind nicht unumstritten: Müsste man nicht *gerade im Pluralismus* konsequent mit der Möglichkeit rechnen, dass sich die großen religiösen Traditionen *nicht* alle auf das *identische* ultimativ Wirkliche beziehen? Ein apriorischer Monismus ist jedenfalls eine umstrittene Setzung, wie Hans Kessler schreibt:

> Anders als manche Pluralisten meinen, kreist eben nicht alles um die Sonne „Gott" [oder: the Real]. So kann es uns wechselseitig – gerade wegen des Interesses am jeweils anderen – nicht gleichgültig sein, was der jeweils andere als ‚höchste Realität' und Kriterium für ‚Heil' nimmt. (1996, 167)

Damit bringt man sich, so der US-amerikanische Jesuit Francis X. Clooney, zugleich tendenziell um Lernmöglichkeiten. Im Wissen, dass *the Real* an sich ohnehin absolut unbegreifbar ist, erscheint eine gewisse wechselseitige Abkapselung durchaus plausibel: "the pluralist effort to esteem other people's experience as 'theirs' and as different from 'ours' seems, probably unintentionally, to mean that *their* texts are to remain *theirs*, and ours *ours*, as we 'get there' on our own" (1998, 78). Auf ähnliche Weise lassen sich auch andere in 18.3.4 genannte Anfragemotive reformulieren, sodass man hier einen gewissen Gleichstand notieren mag. Problematischer kann man daher einschätzen, dass man *an dieser Stelle* strukturell nicht nur nichts gewinnt, sondern *an anderen Stellen* zugleich etwas zu verlieren droht.

Eine zweite Standardanfrage aus der Theologie bezieht sich in diesem Sinn auf fehlende Möglichkeiten des Pluralismus, Schlüsselmotive der christlichen Tradition angemessen zu reformulieren. Zwar ist es der Selbstanspruch christlicher Pluralisten, „christlich *und* zugleich pluralistisch" sein zu können, wie Schmidt-Leukel schreibt (2005, 192) – aber eben das ist strittig: Wie kann man pluralistisch weiterhin von der *Selbstmitteilung Gottes* sprechen, d. h. davon, dass Gott *selbst* sich in Jesus mitgeteilt hat, wenn das ultimativ Wirkliche, wie es metaphysisch *an sich* ist, und das ultimativ Wirkliche, wie es sich epistemisch manifestiert, streng geschieden sind? Wie lässt sich eine modalistische Identifikationstheologie vermeiden (vgl. 13.1) bzw. Rahners trinitätstheologisches Axiom aufrechterhalten (vgl. 14.3.2)? Von Stosch resümiert im Blick auf diese Herausforderungen, dass aktuell „die gängigen pluralistischen Theorien weder mit der traditionellen Christologie noch mit der christlichen Standardinterpretation der Trinitätstheologie vereinbar sind" (2012, 48).

Der systematische Nukleus der theologischen Kritik ist ein Unbehagen, das auch den Kern einer *dritten Anfrage* aus der Philosophie bildet: Wie tragfähig ist das Konzept radikaler Unbeschreibbarkeit, das für Hicks Pluralismus zentral ist (vgl. Motive der Kritik in 4.2)? Wie kann sich etwas, das radikal unbeschreibbar ist, dennoch *authentisch* in menschlichen Erfahrungen manifestieren? Und wie plausibel ist die Idee, es könne eine *angemessene* Haltung gegenüber dem ultimativ Wirklichen geben: Warum soll *gelebte Orthopraxie* den garstig breiten Graben zwischen uns und dem ultimativ Wirklichen an sich *mit Entsprechungen* überbrücken können, *propositionale Orthodoxie* aber nicht – wenn doch beide gleichermaßen Vollzüge eines endlichen Subjekts sind? Armin Kreiner hat diese erkenntnistheoretisch orientierten Anfragen, die dem Pluralismus an anderer Stelle Probleme verheißen, sehr prägnant zusammengefasst:

> Das Postulat eines „Real *an sich*" erscheint wie eine (im schlechten Sinn) metaphysische Adhoc-Hypothese, die das pluralistische Grundanliegen angesichts der Tatsache divergierender Wahrheitsansprüche retten soll, aber kaum überzeugend retten kann. Denn es bleibt letztlich unbegreiflich, wie ein transzendentes Wesen *a* authentisch als φ erfahren werden kann, obwohl *a* an sich nicht φ ist. Darüber hinaus bleibt ebenso unbegreiflich, wie die Beschreibung von *a* als φ eine adäquate Handlungsdisposition gegenüber *a* evozieren soll, obwohl doch *a* an sich gar nicht φ ist. (1996, 129)

Die drei skizzierten Anfragen mögen ein Faktor sein, warum der Pluralismus in aktuellen Diskursen nur eine Minderheitenposition darstellt. Allgemein lässt sich festhalten, dass die religionstheologische Debatte um die drei Großparadigmen Exklusivismus, Inklusivismus und Pluralismus gewisse Ermüdungserscheinungen zeigt und deshalb neue Wege der (Selbst-)Verständigung gesucht werden. Ein solcher soll im Folgenden vorgestellt werden.

18.5 *A new kid in town?* Das Projekt der komparativen Theologie

Ab den 1990ern entwickelt sich, zuerst im englischen, später auch im deutschen Sprachraum, die sog. *komparative Theologie*, die religionstheologische Fragen versetzt zum Dreierschema adressieren will. Dabei werden gegenwärtig zwei Strömungen unterschieden, die sich hinsichtlich ihrer konfessionellen Positionalität voneinander abheben: Die Schule rund um die Jesuiten Francis X. Clooney, James L. Fredericks und Catherine Cornille betont die konfessionelle Verankerung ihres Nachdenkens, während Denker wie Keith Ward oder Robert Cummings Neville eher konfessionsunabhängig arbeiten. In der deutschsprachigen Theologie ist Klaus von Stosch der wichtigste Proponent komparativer Theologie, die er ebenfalls konfessionell verankert versteht: Die entscheidende Herausforderung besteht dabei darin, „andere Religionen bzw. zumindest ihre Anhängerinnen und Anhänger in ihrer Andersheit" wertschätzen zu können, ohne dadurch „den eigenen Geltungsanspruch aufzugeben" (2012, 17 f.).

Was ist systematisch strukturbildend für diesen Zugang? Der zentrale Gedanke war uns wiederholt in der Kritik klassischer Positionen oben begegnet: von Stosch zufolge geht es in der komparativen Theologie wesentlich um den Übergang von einer apriorischen Beurteilung religiöser Vielfalt zu ihrer aposteriorischen Würdigung. Die Fragen der Theologie der Religionen [so zitiert er Francis Clooney] „werden also nicht völlig aufgegeben, sondern sie werden in präzisere Zusammenhänge verschoben, so dass sie auf der Basis spezifischer Traditionen beantwortet werden können" ... Komparative Theologie ist eben erst nach und im Licht von konkreten Vergleichen möglich. (Ebd., 227)

Religiöse Traditionen lassen sich weder *apriori* noch *in toto* in vergleichende oder bewertende Verhältnisse zueinander setzen, sondern nur *aposteriori* und *konkret*. Es ist gewissermaßen konsequent in Rechnung zu stellen, was bereits im letzten Kapitel im Blick auf ökumenische Verständigung eingeführt wurde: *der Wimmelbild-Faktor* (vgl. 17.1.3). Die unglaubliche Komplexität religiöser Erfahrungen, Praktiken, Überzeugungen, Interpretationen u. a. fordert bereits *im Blick auf die eigene Tradition* Vorsicht vor Pauschalurteilen und epistemische Demut. Nicht anders und weniger gilt das in der Begegnung *mit anderen Religionen*: Die Rede von *dem* Islam erschließt intellektuell genauso wenig wie jene von *dem* Christentum – denn sie macht Differenzen zwischen Sufismus und Wahhabismus, Amish und LGBTQIA+-*parishes* unsichtbar. Kurzum: Der Zug zum Konkreten ist für das Verstehen des Eigenen *und* des Fremden nicht ersetzbar. Folgt man Pieper, ist diese epistemologische Grundforderung komparativer Theologie bereits bei Thomas erkenntnisleitend: „Das Konkrete der Situation, aus welcher betrachtet der Sachverhalt vielleicht ein neues Gesicht zeigt – dies Konkrete ist nicht [apriorisch] errechenbar. In jeder ernsthaften konkreten Äußerung kommt etwas von der vielgesichtigen Realität selber zur Sprache", das man nicht vorab selbst konstruieren kann (1990, 119). In diesem Sinne setzt komparative Theologie auf die konkrete Begegnung und den mikrologischen Vergleich.

Folgen wir kurz von Stosch, um diese Grundorientierung mit bedeutungstheoretischen und kriteriologischen Überlegungen anzureichern. Eine *erste Reflexion* präzisiert, warum Globalvergleiche zwischen Religionen, die sich an *propositionalen Gehalten zentraler religiöser Überzeugungen* abarbeiten, irreführend sind. Am späten Wittgenstein orientiert erläutert von Stosch, dass religiöse Überzeugungen Eigenschaften mit Weltbildüberzeugungen teilen und daher nicht nur *kognitiv etwas aussagen*, sondern auch *das Leben regeln* (vgl. allg. 2001; 2.2.2 b). Es ist daher zu kurz gesprungen, allein zu analysieren, was Aussagen wie „Gott ist die Liebe" oder „Mohammed ist der Prophet Allahs" *propositional aussagen* – sondern es gilt wesentlich im Blick zu haben, wie solche fundamentalen Überzeugungen das Dasein von Gläubigen *praktisch regulieren,* und zwar in konkreten Zusammenhängen. Das lässt sich aber nur nachvollziehen, wenn man eine gewisse Bereitschaft mitbringt, das Leben anderer zu teilen (vgl. 2012, 203–208). Allerdings hat jemand, der ein paar Monate im Iran war, „den Islam" ebenso wenig verstanden wie jemand, der ein Semester in Köln verbracht hat, wissen kann, wie „die Deutschen" ticken – das wäre ein formidables Missverständnis! Es gilt also, den Zug zum mikrologischen Vergleich und zu präzisen Urteilen konsequent durchzuhalten. Im kleinteiligen Vergleich wird nicht nur das fremde Gegenüber in seinen Übereinstimmungen *und* Differenzen zur je eigenen Tradition besser verstanden, sondern auch diese selbst: Während der eigene Glaube sonst oftmals unhinterfragt und unbewusst das eigene Leben reguliert und den eigenen Blick auf die Welt prägt, wird man plötzlich seiner Unselbstverständlichkeit ansichtig – ähnlich wie Studierende „bei einem längeren Auslandsaufenthalt entdecken [mögen], wie viele Selbstverständlichkeiten im eigenen Weltzugang enthalten sind" (ebd., 188) und sich dann erstmals vertieft damit auseinandersetzen. Gerade die Begegnung mit dem Fremden eröffnet so die Möglichkeit, auch die eigene Tradition *besser als zuvor* kennenzulernen.

Die bisherigen Überlegungen führen zur Frage, anhand welcher Maßstäbe religiöse Andersheit zu beurteilen ist. Damit beschäftigt sich eine *zweite, kriteriologische Reflexion*. Aufgrund der Kritik apriorischer Zugriffe überrascht es nicht, dass sich „in der Zuwendung zum konkreten Anderen zeigen [muss], inwieweit Wertschätzung und Anerkennung seiner Andersheit möglich sind" und dass wir dabei „anhand fallibler und reversibler Kriterien entscheiden [müssen], welche Andersheit anzuerkennen ist und welche nicht" (2002, 309). Wir können hier nicht weiter *in extenso* darlegen, wie etwa von Stosch solche Kriterien entwickelt und sie theologisch *und* philosophisch argumentiert (vgl. 2012, 293–316). Er bleibt dabei jedenfalls der Grundintuition treu, dass es darum geht, am eigenen Geltungsanspruch festzuhalten, ohne die Andersheit des religiös Anderen *per se* abzuwerten. Das zeigt sich exemplarisch darin, dass er „die in Christus offenbarte Wirklichkeit Gottes" als „unaufgebbares Kriterium" markiert (ebd., 294), aber zugleich davor warnt, sie allzu hemdsärmelig in Anschlag zu bringen: Da „ich mich in meiner Auffassung der in Christus offenbarten Wahrheit täuschen kann, kann es in bestimmten Situationen voreilig sein, sie als Kriterium interreligiöser Urteilsbildung verwenden zu wollen" (ebd., 295).

Wir belassen es bei diesen wenigen Hinweisen zur komparativen Theologie, die in der denkerisch-glaubenden Auseinandersetzung mit anderen Religionen neue Wege versucht. Auch diese sind keineswegs unwidersprochen. So wird etwa moniert, dass sich komparative Theologie zwar als *new kid in town* auf der Party versteht, kurz nach Mitternacht an der Theke aber vor den gleichen, alten Fragen wie alle anderen steht: nämlich ob man die konkrete Position einer anderen Tradition als gleichwertig anerkennen kann (Pluralismus), sie ablehnen muss (Exklusivismus) oder als abgeschattete Variante der eigenen Tradition würdigen soll (Inklusivismus). In der Perspektive komparativer Theologie besteht freilich genau darin der entscheidende Unterschied: Es ist nicht das Gleiche, ob man bereits *vor der Party* alle Fragen im Wesentlichen beantwortet hat – oder sich ihnen *danach*, d. h. nach konkreten und intensiven Begegnungen stellt (und am nächsten Abend nochmals ausgeht, um mehr herauszufinden). Genau hier setzt dann aber die Rückfrage an, wie das mit dem Festhalten an einem „unaufgebbaren Kriterium" kompatibel ist: Wird hier nicht auch *apriori* argumentiert? Wenn darauf entgegnet wird, dass man in der Begegnung mit dem Anderen *je besser* verstehen kann, was dieses Kriterium bedeutet, stellt sich die Frage, ob hier nicht eine letztlich klassisch inklusivistische Denkfigur am Werk ist, die aber lernoffen ausgelegt wird – etwas, was der Inklusivismus deshalb hergibt, weil er nicht so luftdicht apriorisch ist wie vorab angenommen. Und mehr noch: Was ist in diesem Kontext überhaupt „apriorisch", was genau heißt „mikrologisch"? (Vgl. zu diesen u. a. Rückfragen Bernhardt 2019, 413–418).

Wir verfolgen aber weder diesen Diskurs noch die Suche nach neuen Party-Metaphern weiter, sondern schließen das Kapitel mit einer kurzen Bemerkung über Theologie in Zeiten religiöser Pluralität. Vielleicht tut man gut daran, religiöse Andersheit ebenso wie religiöse Übereinstimmung weitgehend zu entmythologisieren, gerade wo sie emotional stark aufgeladen sind. Weil die Dinge gleichermaßen existentiell relevant *und* intellektuell fein sind, braucht es besonders hier unaufgeregt nüchterne Theologie. Diese muss sich nicht aller Urteile enthalten, aber daraus folgt umgekehrt nicht, dass sie den Anspruch haben sollte, in allem abschließend über andere religiöse Traditionen befinden zu müssen. Was sie nur nicht vergessen darf, ist, dass sie auf Humanität und Geschwisterlichkeit geeicht ist (vgl. NA 5) – und zwar *nicht obwohl, sondern weil* sie über einen Gott nachdenkt, der „will, dass alle Menschen gerettet werden und zur Erkenntnis der Wahrheit gelangen" (1 Tim 2,4).

Sechste Zwischenreflexion

Die folgende Orientierungsübung kann kurz ausfallen. Die letzten Kapitel widmeten sich exemplarisch Fragen, die sich aus dem Versuch ergeben, gemeinsam mit anderen in und aus jenem Frieden Gottes zu leben, der gemäß dem christlichen Glauben Jesus Christus ist. Nun folgt eine Zäsur, d. h. die letzten Kapitel schließen nicht direkt daran an, sondern sie stellen sich *anderen* Problemen und verfolgen ein letztes Mal *neue* Perspektiven.

a) Kapitel 19 behandelt die Hoffnung auf die Auferstehung der Toten und das ewige Leben, von der am Ende des Glaubensbekenntnisses die Rede ist; es behandelt die Frage, wie diese Hoffnung in der christlichen Theologie aktuell ausbuchstabiert und diskutiert wird.
b) Kapitel 20 hingegen wird das Thema des ersten Kapitels aufgreifen und in anderer Weise nochmals über Theologie sprechen. Diesmal wird es darum gehen, Orientierung über theologische Profile und Ansätze zu gewinnen.

In diesem Sinne: *Auf in die letzten Streckenabschnitte!*

19 Leben erhoffen?

Der christliche Glaube lebt wesentlich aus dem Vertrauen in die *Auferstehung Jesu* (vgl. 11.3), die mit der Hoffnung auf die *Auferstehung aller Menschen* verbunden ist: Christus ist „von den Toten auferweckt worden als der Erste der Entschlafenen. Da nämlich durch einen Menschen der Tod gekommen ist, kommt durch einen Menschen auch die Auferstehung der Toten. Denn wie in Adam alle sterben, so werden in Christus alle lebendig gemacht werden" (1 Kor 15,20–22). Von diesem Gedanken her nimmt die sog. *Eschatologie* ihren Ausgang, die Lehre von den Eschata (τὰ ἔσχατα, ‚die letzten Dinge') bzw. von der Vollendung des Menschen und der Schöpfung: Sie entfaltet, was es bedeutet, dass Gottes unbedingtes Ja zu uns nicht durch den Tod begrenzt wird. Es ist wenig verwunderlich, dass in dieser Frage viele Probleme ineinanderschießen und das Kapitel zu sprengen drohen (vgl. für einen Überblick Reményi 2016). *Handlichkeit* ist also nur durch *Bescheidung* möglich, auch wenn es inhaltlich dicht bleibt. Da die Eschatologie im 20. Jh. zu den Diskursen gehört, in denen wohl die größten Umbrüche stattgefunden haben, fokussieren wir im Folgenden besonders dieses „Jahrhundert der Eschatologie" (Schwöbel 2002) und gehen darin streng exemplarisch vor: Wir stellen zuerst *ein* einst schulbuchübliches Modell christlicher Eschatologie vor (19.1), orientieren uns danach an *zwei* zentralen eschatologischen Fokussierungen (19.2) und thematisieren in der Folge *drei* diskursprägende Hypothesen (19.3), ehe wir in allgemeine Reflexionen auf die *vier* ‚letzten Dinge' wechseln (19.4). Das Ende bildet eine abschließende Bemerkung (19.5).

19.1 Ein schulbuchübliches Modell der Eschatologie

Am Beginn ist es sinnvoll, einen groben Überblick über die traditionell gelehrte Standardeschatologie zu gewinnen. Was sind die grundlegenden Topoi und Motive des Schulbuchmodells christlicher Eschatologie?

Nach dem individuellen Tod steht die (vom Leib getrennte) Seele vor dem individuellen bzw. Partikulargericht, in dem drei Urteile möglich sind: In besonderen Fällen (wie dem Martyrium) ist es denkbar, direkt in den Himmel zu kommen; auch der unmittelbare Gang in die Hölle ist möglich (bzw. wird sogar als gängigste Variante gedeutet, vgl. 10.2.2 b). Ist man hingegen grundsätzlich himmelsfähig, aber noch läuterungsbedürftig, wird man in das sog. *Purgatorium* (meist als *Fegefeuer* übersetzt) verwiesen, das als Ort der Reinigung verstanden wird. Von hier aus ist eine Herabstufung in die Hölle ausgeschlossen, allerdings der Wechsel in den Himmel sicher, sobald man – durchaus im Verbund mit den spirituellen Bemühungen noch Lebender – zur

Läuterung genug gelitten hat (sog. *satispassio*). Für bereits Verstorbene endet dieser sog. *Zwischenzustand (refrigerium interim)* mit dem sog. *Jüngsten Tag*. Dieser meint das (unterschiedlich konzipierte, grundsätzlich aber apokalyptisch-dramatische) Ende der Welt, auf welches das allgemeine bzw. Weltgericht folgt. In ihm werden die dann noch Lebenden gerichtet bzw. wird das Urteil über die zuvor Verstorbenen wiederholt (wer also einmal im Himmel war, wird es immer bleiben – das gilt analog für die Hölle). Änderungen gibt es insofern, als a) das Fegefeuer zu existieren aufhört und vor allem b) durch die sog. *Auferstehung des Leibes* die Seelen wieder mit ihren Leibern vereint werden: Die im *Zwischenzustand* für sich existierende Seele (die sog. *anima separata*) wird mit der Materie wiedervereint.

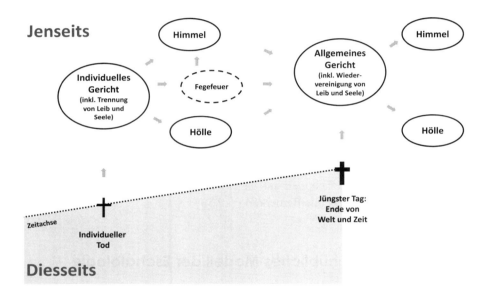

Man kann dieses eschatologische Modell nicht darlegen, ohne sich zugleich bewusst zu machen, mit welchen Hypotheken es spätestens seit Aufklärung und Religionskritik belastet ist. Selbst wenn man Nietzsches Polemik gegen *Hinterwelten* ausspart (8.5), sind die Anfragen gewichtig. Die Kritik der *theoretischen Vernunft* zielt primär auf die Projektion räumlich-zeitlicher u. a. Kategorien der Immanenz in die Transzendenz, etwa wenn von einem *physischen Feuer* der Hölle die Rede ist, über das Glück von Seelen *ohne Leib* spekuliert wird oder eine *Zwischenzeit* zwischen individuellem und allgemeinem Gericht angenommen wird, in der die Seele auf den Leib wartet u. a. Wie rational ist die Verlängerung immanenter Realitäten in die Transzendenz, wie tragfähig der Rekurs auf „Augenzeugenberichte" aus vermeintlichen Privatoffenbarungen, mystischen Jenseitsreisen u. Ä.? Was infrage steht, sind nicht bloß eschatologische Details, sondern überhaupt der Anspruch, Sinn- und Gehaltvolles über ein Leben nach dem Tod sagen zu können. Die *praktische Vernunft* hingegen macht darauf aufmerksam, dass und wie die Rede von Himmel, Hölle, Gericht und Fegefeuer (*intrinsisch*, wie Religionskritik sagen würde) mit fragwürdigen Praktiken verwoben war oder ist: Vertröstung, Einschüchterung, Moralisierung, Neurotisierung, Unterdrückung, Ökonomisierung u. a. m. (vgl. die Kritik Luthers in 17.2.1 a).

Man muss nicht weiter ins Detail gehen, um zu sehen, dass solche Anfragen *im Verband mit glaubenseigenen Rückfragen, mentalitätsgeschichtlichen Veränderungen u. a.* das skizzierte Standardmodell in seiner realexistierenden Form zu Recht empfindlich trafen. Damit steht man wir vor einer entscheidenden Frage: *Wie können wir verstehen, was der christliche Glaube über die Auferstehung der Toten und das ewige Leben sagt?* Dieser Leitfrage widmet sich das folgende Unterkapitel: Dessen erster Abschnitt wird eher Anfragen der theoretischen Vernunft, der zweite eher jene der praktischen Vernunft adressieren – und auf diese Weise ein wenig erhellen, welche Fokussierungen das 20. Jh. bringt.

19.2 Zur Hermeneutik eschatologischer Aussagen

19.2.1 Rahners Razor und das christologische Sparsamkeitsprinzip

Es ist nicht zuletzt (und ein weiteres Mal) Karl Rahner, der die genannte Leitfrage in einem kleinen Aufsatz von 1960 wegweisend adressiert. Gegen die eben beschriebene Attitüde der Liveberichterstattung aus dem Jenseits hält er fest, dass Eschatologie „nicht die antizipierende Reportage später erfolgender Ereignisse" ist (1960d, 414). Aussagen darüber, was im und nach dem Tod kommt, sind hermeneutisch anders aufzuschlüsseln: nicht als *Zusätze zur Selbstmitteilung Gottes* in Jesus Christus, sondern als *Extrapolationen* daraus. Denn, so Rahner im O-Ton,

> der Mensch als Christ weiß von seiner Zukunft weil und indem und darin, dass er durch die Offenbarung Gottes von sich selbst und seiner Erlösung in Christus weiß. Sein Wissen um die Eschata ist nicht eine zusätzliche Mitteilung zu der dogmatischen Anthropologie und Christologie, sondern nichts anderes als eben *deren* Transposition in den Modus der Vollendung. (Ebd., 415)

Für Rahner sind Anthropologie, Christologie und Eschatologie verknüpft: Es geht eschatologisch nicht darum, Neues über Gottes Verhältnis zum Menschen bzw. den Menschen in seiner Gottesverwiesenheit zu erfahren (etwa indem man mystische Entrückungen konsultiert, was Wartezeiten im Fegefeuer betrifft u. Ä.) – sondern es geht um nichts anderes als Gottes Offenbarung in Christus: Eschatologie interpretiert jenes *unbedingte Ja Gottes, das Christus ist*, im Blick darauf, was dieses Ja für uns *Menschen als sterbliche Wesen* bedeutet. Wenn Gottes *bedingungslose* Zuwendung wirklich unsere Gegenwart ist, dann ist sie (insofern sie unbedingt gilt) *auch unsere Zukunft – selbst noch, ja gerade im Tod*. Eschatologie ist der Versuch, das Vertrauen darauf auszufalten: Sie übersetzt ins Futurische, „was der Mensch als Christ in der Gnade als seine Gegenwart erlebt" (1984, 416), nämlich Gottes Zuwendung zum Menschen in Christus. Wir können das für unsere Zwecke (in Anlehnung an *Ockhams Rasiermesser bzw. Sparsamkeitsprinzip*) als *Rahners Razor* bezeichnen: *Rahners christologisches Sparsamkeitsprinzip* besagt, „dass *Christus* selbst das hermeneutische Prinzip aller eschatologischen Aussagen ist. Was nicht als christologische Aussage verstanden werden und gelesen werden kann, ist auch keine echte eschatologische Aussage, sondern Wahrsagerei" (1960d, 425). Die Bärte, aus denen solche Wahrsagerei hervorgeraunt wird, mögen ehrwürdig sein oder hip: Sie sind jedenfalls mithilfe des christologischen Rasiermessers zu stutzen. Was es im Blick auf den Tod und ein Leben danach zu wissen gibt, ist schlicht, dass Gott uns unbedingt liebt: Das ist das einzige, worauf es ankommt – und es ist bereits in Christus offenbar.

Rahners eschatologisches Sparsamkeitsprinzip – Eschatologie ist auf anthropologisch grundierte *Christologie* zu reduzieren! – kann man *anders* auch bei Hans Urs von Balthasar finden. Zwar hat er deutliche Vorbehalte, was Rahners Verknüpfung von Anthropologie und Christologie betrifft, weil er eine Nivellierung der Aussagen über Christus befürchtet: Gott wird, so fürchtet er, in seiner Zuwendung zu uns auf eine *anthropologische* Funktion reduziert, obwohl er mehr als das ist, was er *von uns aus gesehen für uns* ist. Klammert man dieses Unbehagen ein, kann man aber auch bei ihm prominent einen Gedanken finden, der Christologie und Eschatologie analog aufeinander bezieht. Der Sache nach geht es in der Eschatologie um nichts anderes als die Begegnung mit Gott in seinem Ja zu uns, Christus:

> Gott ist das „Letzte Ding" des Geschöpfs. Er ist als Gewonnener Himmel, als Verlorener Hölle, als Prüfender Gericht, als Reinigender Fegfeuer. Er ist Der, woran das Endliche stirbt und wodurch es zu Ihm, in Ihm aufersteht. Er ist es aber so, wie er der Welt zugewendet ist, nämlich in seinem Sohn *Jesus Christus*, der die Offenbarkeit Gottes und damit der Inbegriff der „Letzten Dinge" ist. (1960, 282)

Die konsequente christologische Engführung ist keineswegs neu, denn die „großen Theologen" wussten immer darum (ebd.); dennoch tut *Wiedererinnerung* daran not.

19.2.2 Die irreduzibel politische Dimension der christlichen Hoffnung

Als Wiedererinnerung an eine verschüttete Dimension christlichen Hoffens lässt sich auch eine weitere Entwicklung deuten, die gleichsam parallel (und mit korrigierenden Momenten) zur eben skizzierten christologischen Reduktion stattfindet. Sie betrifft das *praktisch-politische Moment* christlicher Hoffnung: Anders als die Religionskritik argwöhnt, ist das christliche Vertrauen auf ein ewiges Leben bei Gott nichts, was vertröstet, passiv macht und herrschende Unrechtsverhältnisse im Diesseits stabilisiert – sondern es birgt umgekehrt Potential zur Kritik daran bzw. zum solidarischen Widerstand dagegen. In diesem Sinn arbeiten etwa der evangelische Theologe Jürgen Moltmann in seiner 1964 erschienenen *Theologie der Hoffnung*, die bereits zitierte Dorothee Sölle oder auch der bereits vorgestellte Johann Baptist Metz (vgl. 8.6).

> Konzentrieren wir uns im Folgenden exemplarisch auf Metz: Welche Impulse bringt er in die Eschatologie ein? Wegweisend ist seine Erinnerung daran, dass der genuin biblische Wurzelgrund eschatologischen Hoffens nicht einfach die Endlichkeit des Daseins ist, die den Wunsch nach Unendlichkeit aufkommen lässt. Vielmehr sind es Erfahrungen des Leidens und Unrechts, die zu Gott rufen lassen: Wenn Gott dieser Welt sein lebensschaffendes Wort als schöpferisches Prinzip eingestiftet hat (vgl. 6.4.1) – dann kann er doch jene nicht dem Tod überlassen, die sich von seinem Wort leiten lassen, die dafür einstehen und deshalb Unrecht erleiden! In diesem Sinne sagt im Alten Testament ein Märtyrer, der wegen seiner Treue zu Gottes Geboten gefoltert wird, zu seinem Peiniger: „Du nimmst uns dieses Leben; aber der König der Welt wird uns zu einem neuen, ewigen Leben auferstehen lassen, weil wir für seine Gesetze gestorben sind" (2 Makk 7,9). Die Hoffnung auf Auferstehung und Vollendung hat also einen *spezifischen* Ort, der ihr nicht äußerlich ist, sondern sie innerlich bestimmt: Das Hoffen auf ewiges Leben ist zutiefst vom Engagement für Gerechtigkeit bewegt bzw. umgekehrt von Erfahrungen des Leidens und des Unrechts geprägt – es ist *in nuce* auf Fragen menschenwürdigen (Zusammen-)Lebens gepolt.
>
> Daran zu erinnern ist wichtig, da die „anthropologische Reduktion der eschatologischen Zeit" dazu tendiert, Eschatologie zu individualisieren und Fragen nach einer Hoffnung für alle subtil stillzulegen (1992c, 173) – hier ist eine Spannung zu Rahner bemerkbar. Diese erklärt auch, warum Metz das *Apokalyptische* verstärkt als christliche Lebens- und Denkform profiliert: Apokalypse meint nicht bildgewaltige Freude an finaler Zerstörung, sondern entsteht (wie etwa die Offenbarung des Johannes, die vor dem Horizont von Verfolgungen situiert ist) aus dem Leiden an Unrechtsverhältnissen. „Die Bosheit", so schreibt Gottfried Bachl, hat ja „eines ihrer stärksten Motive in der Erwartung, dass *das Leben weitergeht*, dass sie in den Prozess der Gesellschaft integriert wird, das Gedächtnis erlischt und die Opfer selbstverständlich werden" (1985, 87). Genau diesem Zeitverständnis des *Immer-weiter-so*, in dem Güte *wie* Inhumanität unterschiedslos im Bauch der Geschichte verschwinden, wird die Hoffnung auf die große Unterbrechung und Enthüllung (*Apokalypse* stammt von ἀποκάλυψις, ‚Enthüllung') entgegengesetzt: *Alles wird ein Ende haben, alles wird aufgedeckt werden – und zwar durch Gottes Kommen!* Daher muss die Gottesbotschaft der biblischen Traditionen, so Metz, „als Zeitbotschaft gehört werden, näherhin als Botschaft von der befristeten Zeit, von der Zeit mit Finale" (1999, 34). Dieses Finale lässt sich nicht selbst herbeiführen (eben das ist eine Grunderfahrung der Opfer: dass sie der Gewalt dieser

Welt *kein* Ende setzen können), sondern das Ende ist *ausschließlich* von Gott zu erwarten und zu erbitten. Dass das apokalyptische ‚Finale der Zeit' in schrecklichen Bildern beschrieben wird (vgl. Offb 14,6–20,15), ist dabei ebenso verstörend wie nachvollziehbar: Gottes Intervention für die Opfer ist keine bloß kosmetische Veränderung des Antlitzes dieser Welt, sondern dessen radikale Veränderung – und daher wird sie entsprechend radikal beschrieben.

Die gespannte Orientierung auf Gottes Kommen ist durch die Menschwerdung des Logos nicht überholt: Die ersten Christen erwarten nach der Himmelfahrt Christi die sog. *Parusie*, die „Ankunft unseres Herrn Jesus Christus" (1 Thess 5,23), die zugleich für das endgültige Ende der Welt steht; die sog. *Parusieverzögerung* gehört zu den ersten großen theologischen Herausforderungen dieser Zeit (vgl. 2 Petr 3,1–13). Für uns ist hier aber entscheidend, dass in der Erwartung des ‚Kommens des Herrn' Metz zufolge etwas zum Ausdruck kommt, was auch heute noch für den christlichen Glauben normativ ist. Auch dieser fragt und hat für sich und andere unablässig zu fragen: *Wie lange noch, Herr?* (Ps 13,1). Das *Marána thá: Unser Herr, komm!* gilt folglich auch heute noch (1 Kor 16,22).

Das erklärt, warum Eschatologie – als Reflexion auf die *Vollendung* des Menschen und der Welt, die ineins das *Ende und Enthüllung* herrschenden Unrechts impliziert – Metz zufolge nicht einfach *ein* Thema der Theologie ist: „sie muss radikal verstanden werden: als Form *aller* theologischen Aussagen" (1968, 83). In allem, was im Glauben gesagt, gelebt und reflektiert wird, muss gleichsam die gespannte Erwartung auf Gottes noch ausstehendes Kommen, das Leid und Unrecht ein Ende setzt, mitgesetzt sein. Deshalb ist Glaube nicht bloß (existentielles, aber geschichtsloses) Vertrauen, dass Gott die Menschen unbedingt liebt, sondern auch (geschichtlich wache, leidsensible) Hoffnung darauf, dass Gottes Zuwendung die Zukunft aller sein wird. Darin ist zugleich ein sog. *eschatologischer Vorbehalt* verkapselt: Alles, was jetzt ist, steht unter dem Vorbehalt, dass Gottes vollendendes Kommen noch aussteht – was sich ewig wähnt, mag dann kollabieren, was sich verloren meint, gerettet sein.

Metz hält also die politisch-praktische Grundierung christlicher Eschatologie fest: Diese hat weder mit transhumanistischen Träumen von Unsterblichkeit noch mit ideologischer Vertröstung auf ein jenseitiges Später zu tun. Vielmehr ist sie mit dem Engagement für Humanität und Gerechtigkeit verstrickt und mit dem Leiden an Unrecht vernäht: Ohne Bezug darauf lässt sich nicht verstehen, was die Hoffnung auf ein ewiges Leben im christlichen Sinn überhaupt meint.

19.3 Umbrüche: Klassische Problemorte des 20. Jh.

Die skizzierten, weithin formalen Überlegungen sind *ein* Ergebnis eschatologischer Neuorientierungen (vgl. weiterführend Gruber 2010). Im Folgenden soll es nun darum gehen, an drei konkreteren Diskursen des 20. Jh. Suchbewegungen nachzuzeichnen, wie die christliche Hoffnung auf ein endgültiges, vollendetes Sein bei Gott zu verstehen ist.

19.3.1 Ganztodhypothese: Unsterblichkeit der Seele *oder* Auferstehung der Toten?

Ein erster Diskurs kommt aus der evangelischen Theologie und kreist um die Frage, wie genau Tod und Auferstehung zu verstehen sind. Sie stellt sich bedrängend angesichts der Millionen Toten der Geschichtskatastrophen des 20. Jh., hat ihren theologischen *nervus rerum* allerdings im klassisch soteriologischen Problem, ob und was der Mensch zu seinem Heil beitragen könne (vgl. 17.2.1). Eschatologisch lässt sich das in die Frage übersetzen, *ob und was der Mensch zu einem ewigen Leben bei Gott beitragen kann*. Zwei theologisch verbreitete, oft unbekümmert nebeneinander verwendete Redeweisen legen unterschiedliche Antworten darauf nahe:

– Die Rede von der *Unsterblichkeit der Seele* suggeriert, es gäbe am Menschen etwas, das vom Tod nicht betroffen ist, nämlich die Seele. Zumindest diese ihm eigene Unsterblichkeit (so mag der Topos insinuieren) kann der Mensch *formal* ins ewige Leben bei Gott einbringen, sie trägt gleichsam die *material* geschenkte Freude himmlischer Existenz. Sensibilisiert durch Luthers Kritik am Motiv eines möglichen geschöpflichen Beitrags zum ewigen Heil (vgl. 17.2.1), forcieren evangelische Theologen wie Karl Barth, Oscar Cullmann (1902–1999) oder Eberhard Jüngel deshalb alternativ

– die Rede von der *Auferstehung der Toten*: Diese macht klar, dass der Mensch nichts an und in sich hat, das er zum ewigen Sein bei Gott beitragen kann: Er stirbt vollständig, nicht nur sein Leib, sondern auch seine Seele. Der Tod reißt den Menschen *als Ganzen* ins Nichts. „Das Sterben des Menschen ist ein wirkliches Zuende-sein und kein heimliches ‚Weitermachen' und ‚Fortleben'" (1946, 182), so der evangelische Theologe Helmut Thielicke (1908–1986).

Kurzum: Der Mensch stirbt ganz. *Gott allein* ist es, der auch im Tod *ohne uns an uns* handelt: Er schafft uns *vollständig neu* und erweckt uns aus dem Tod zu einem Leben mit ihm auf. Welchen Rückfragen ist diese Hypothese exemplarisch ausgesetzt?

Eine *erste* bezweifelt, dass der Topos der unsterblichen Seele wirklich Eigenmächtigkeit des Menschen angesichts Gottes bzw. des Todes ausdrücken soll, will oder muss. *Schöpfungstheologisch* gelesen ist er vielmehr Ausdruck des Glaubens daran, dass der Mensch von Gott „unwiderruflich ins Eigene, in die Selbständigkeit gerufen wurde" und bleibend vor Gott gestellt ist: Eben diese „Unausweichlichkeit des Vor-Gott-gestellt-Seins kann … auch durch den Tod nicht aufgehoben werden", so Gisbert Greshake (1982a, 108.109). Eine *zweite Anfrage* zielt auf das Problem der Hölle: Muss man annehmen, dass Gott auch Menschen aus dem Nichts auferweckt, die sich gegen ihn entschieden haben? Platt gefragt: Schafft Gott sie tatsächlich wunderbar *als jene Sünder* neu, die sie zuvor waren, um sie ewig in die Hölle werfen zu können? Die *dritte, wohl drängendste Frage* schließt unmittelbar an: *Wer* ist es eigentlich, den Gott in die Hölle wirft oder zu einem Leben bei sich ruft? Ist es die Person, die gelebt hat – oder bloß ihre perfekte Kopie? Selbst wenn nämlich die in der Auferstehung neu erschaffene Person wunderbar mit den gleichen Charakterzügen, Erinnerungen u. a. ausgestattet wird und in allem der verstorbenen *völlig gleicht*: Sie gleicht ihr eben nur perfekt, *ist sie aber nicht.* Himmel und Hölle beträfen dann nur perfekte Kopien unserer selbst – aber nicht uns selbst, weil wir ja radikal und absolut zu existieren aufhören.

Neben der theologischen Kritik ist es vor allem dieses philosophische Problem der Identität, das die reservierte katholische Rezeption der Ganztodhypothese erklärt. Damit ist ein zentrales Problem aber erst auf dem Tisch: Gerade wenn man an der Identität festhält, steht man vor der Frage, wie Auferstehung als *unsere* Auferstehung zu denken ist: Ist es die Seele, deren Unsterblichkeit gerade Thema war, die unsere Identität verbürgt? Wenn aber die Seele a) die Identität des Selbst garantiert und sie b) zudem auch ohne Materie himmlisch selig sein kann, wozu braucht es dann überhaupt die spätere Auferstehung des Leibes? Thomas jedenfalls rät zur Vorsicht, den Menschen nur als Seele zu begreifen: „*anima mea non est ego* – meine Seele ist nicht Ich" (Super I Cor. XV l2). Ihm zufolge ist es „gegen die Natur [der menschlichen Seele], ohne Körper zu sein" (STh I q118 a3 c). Wenn man aber die *Wiederzusammenfügung von Seele und Materie* als in irgendeiner Weise doch entscheidend betrachtet: Wie erklärt man dann die wirkliche Seligkeit der Seele im Zwischenzustand? Und braucht es dann nicht *ein weiteres, drittes Prinzip*, das verbürgt, dass geistige und materielle ‚Komponente' *so* zusammenfügt werden, dass sie wirklich dieselbe Person ‚ergeben'? Mit Fragen wie diesen setzt sich eine andere Hypothese auseinander, die wir im folgenden Abschnitt behandeln.

19.3.2 Auferstehung-im-Tod-Hypothese: Caesar, Napoleon, JFK – und wir

a) Warum wir alle gemeinsam mit Caesar, Napoleon und JFK sterben

Der eben bereits mehrfach zitierte Gisbert Greshake steht mit dem Bibliker Gerhard Lohfink im Zentrum eines weiteren prominenten Eschatologie-Diskurses, der nicht zuletzt die eben genannten Probleme lösen will: Sie formulieren die Hypothese, dass Auferstehung *im vollen Wortsinn* bereits *im Moment des individuellen Todes* geschieht.

> Um das spannende Moment daran zu verstehen, müssen wir nochmals kurz in die schulbuchübliche Eschatologie blicken: Diese nimmt einen Zwischenzustand an, in dem die Seele zwischen individuellem und allgemeinem Gericht auf den Leib wartet, mit dem sie erst nach dem allgemeinen Gericht wiedervereinigt wird – die Auferstehung im vollen Sinn erfolgt erst am Jüngsten Tag. Dieses Modell bereitet doppelte Schwierigkeiten: *zum einen* trägt es zeitliche Kategorien in die Transzendenz ein (Kann es bei Gott noch Zeit geben?), *zum anderen* ergeben sich

die im letzten Abschnitt geäußerten anthropologischen Bedenken (Wie kann die Seele ohne Leib glücklich sein? U. a. m.). Die Hypothese von der Auferstehung im Tod zielt sowohl auf das temporale als auch das anthropologische Problem.

α) Die *Bearbeitung des temporalen Problems* können wir an boethianisch-thomanische Überlegungen rückbinden (vgl. 6.3.1 a): Da Gott atemporal außerhalb der Zeit existiert, gibt es für ihn kein Vorher und Nachher; daher existiert streng genommen kein Zwischenzustand, in dem die Seele auf den Leib warten müsste. Pointiert formuliert: Caesar stirbt *nicht vor* Napoleon und John F. Kennedy *nicht nach* diesen beiden – in der Zeitlosigkeit Gottes ereignet sich gewissermaßen alles im gleichen Moment. Das betrifft auch unser eigenes Sterben: Auch wir sterben in gewisser Weise nicht nach ihnen, sondern kippen im Tod *gemeinsam mit der gesamten Menschheitsgeschichte* in die Atemporalität (der Liebe) Gottes – individuelles und allgemeines Gericht sind nicht zeitlich separiert, sondern ereignen sich miteinander. Mit Lohfink: „*Mit unserer eigenen persönlichen Welt ist die übrige Welt und die gesamte Geschichte untrennbar verknüpft. Im Tod tritt deshalb zusammen mit uns selbst die gesamte übrige Geschichte vor Gott hin*" (1982, 219).

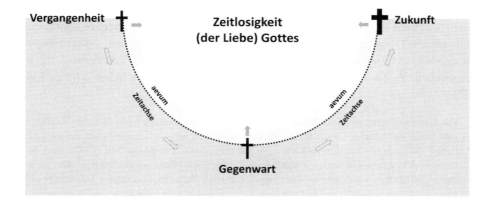

β) Die *Bearbeitung des anthropologischen Problems* wiederum können wir auf eine Unterscheidung beziehen, die wir bereits in 11.3.2 kennengelernt haben: die Differenz von Leib und Körper. Wir wiederholen hier nicht mehr *in extenso*, was der Unterscheidung zugrunde liegt, weisen aber auf die darin eröffnete Deutung hin, die für die hier diskutierte Hypothese leitend ist: Eine *vollständige, d. h. auch leibliche Auferstehung* ist bereits *im Tod* möglich, weil das dynamische, biologisch-körperliche Prozessmaterial unserer Personalität (das nach dem Tod als Leichnam verwest und in anderes organisches

Leben eingehen kann) für die Auferstehung nicht nötig ist. Kurz: Es gibt schlicht nichts, worauf eine Seele noch warten müsste.

Verwesende Leichname sind daher für Greshake/Lohfink kein Argument dafür, dass Auferstehung im vollen Wortsinn noch ausstehen müsse: Ein Leichnam ist zwar der ‚körperliche Letztausdruck einer menschlichen Person' (vgl. Gasser in 11.3.2), aber gerade darin nicht mit der fraglichen Person identisch. Diese Differenz gilt bereits zu Lebzeiten: Auch für die Identität der Person, die wir zeit unseres irdischen Lebens sind, ist *nicht* die exakte Identität involvierter Atome, Moleküle oder Zellen die entscheidende Kenngröße. Diese können wechseln, während wir selbst dieselbe Person bleiben, die sich in einem (ständig wandelnden, prozessualen) biologischen Material realisiert; die (kommunikativ angereicherte, geschichtlich mitbestimmte, kulturell geprägte etc.) Realisierungsrelation war in 11.3.2 als *Leiblichkeit* ausgedeutet worden. Aus den Beobachtungen bisher lässt sich zwar folgern, dass Personen *in irgendeiner Weise realisiert* sein müssen, aber daraus folgt nicht, so Thomas Schärtl, dass sie in jeder möglichen Welt auch „notwendigerweise *biologisch* … realisiert sein" müssen: Es gibt „keine logische und begriffliche Notwendigkeit, die besagt, dass diese Realisation nicht auch anders erfolgen könnte" (2008, 136). Daher muss man Auferstehung auch nicht im Modus einer *Restitution* denken (i. e. als Wiederherstellung der Einheit von Seele und biologischem Material), für die dann eine *anima separata* und deren Wartezeit auf die Materie einzupreisen sind (weil Gott einmal geschaffene Materie nicht zurücklässt). Vielmehr legt es sich nahe, Auferstehung als von Gott geschenkte, umfassend vollendende *Transformation der Realisierungsweise von Personen* zu denken: „*Auferstehung ist die eschatologische Transformation einer Person P* – [und zwar] eine Verwandlung, die im Augenblick des Todes einsetzt", so ein Formulierungsvorschlag Schärtls (ebd., 136–137).

> Für Greshake spielt in seiner Modellierung leiblicher Auferstehung nicht nur die Überlegung eine Rolle, dass *Materie an sich* für die Auferstehung *nicht nötig* ist, sondern auch Rahners Gedanke, dass „*die physische Welt als solche* … in sich grundsätzlich ‚unvollendbar'" ist (1967e, 594). Materie *für sich genommen* ist weder vollendungsbedürftig noch -fähig, sondern nur *im Blick auf uns und unsere Identität* von Interesse – wir fragen nur nach ihr, soweit sie unsere Identität betrifft (und gleichsam *seelisch verinnerlicht* wird). Auch C. S. Lewis verfolgt eine solche Spur, wenn er sagt, dass Materie sogar in diesem Leben „für uns bedeutungslos [bliebe], wenn sie nicht der Ursprung der Sinneserfahrung wäre" (1978, 130) und *in dieser Hinsicht* unsere Erfahrungen und darin unsere Identität formte: Ohne Bezug auf diese identitätskonstitutiven Erfahrungen könnten wir tatsächlich nicht wir selbst sein *oder als wir selbst auferstehen*. Allerdings gibt es eine andere Form, selbige in all ihrer Tiefe präsent zu haben, als durch erneute sinnliche Wahrnehmung: Bereits jetzt haben wir „ein schwaches zeitweiliges Vermögen, tote Sinneserfahrungen aus ihrem Grabe zu erwecken. Ich meine natürlich das Gedächtnis" (ebd.). In dieser Spur denkt Lewis auch leibliche Auferstehung: „Materie wird uns nur erfahrbar, indem sie zur Sinnesempfindung (wenn wir sie wahrnehmen) oder zum Begriffsinhalt (wenn wir sie verstehen) wird. Das heißt, indem sie Seele wird. Jenes [!] Element der Seele, das so zustande kommt, wird meines Erachtens auferweckt und verherrlicht" (ebd., 132) – nicht aber ihr materielles Bezugsmaterial.

b) Warum wir *nicht* alle gemeinsam mit Caesar, Napoleon und JFK sterben

Die kritische Auseinandersetzung bezieht sich auf beide Teile der Hypothese, profiliert etwa bei Joseph Ratzinger. Dessen *erste Anfrage* gilt der unzureichenden Würdigung der Materie: Die These von der Auferstehung im Tod „entmaterialisiert die Auferstehung; sie schließt ein, dass die reale Materie nicht am Vollendungsgeschehen teilhat" (2012, 194). Hier drückt sich Unbehagen an einer *zu harten Trennung* des Körperlichen vom Leiblich-Seelischen aus: Wird in der skizzierten Argumentation der Leib letztlich nicht *vollständig* an die Seele assimiliert und alles Körperliche zu einer Art Trägerrakete degradiert, die bei genügend Höhe einfach abgeworfen wird – und dann als ontologischer Sondermüll durchs metaphysische Universum schwebt? Kehrt darin nicht verdeckt jene Leibfeindlichkeit wieder, die das Christentum so oft heimgesucht hat, aber der Schöpfungstheologie zutiefst widerspricht: weil *alles* gut geschaffen ist? Zwar denkt auch Ratzinger leibliche nicht einfach als körperliche Auferstehung (vgl. 1971, 265 f.) und keinesfalls als punktgenaue Wiederzuweisung von Atomen – das wäre ein physizistisches Missverständnis! Dennoch ist es ihm zufolge andererseits unmöglich anzunehmen, dass *in einem neuen Himmel und auf einer neuen Erde* (vgl. Offb 21,1) die Materie ins Nichts oder in ewige, stumpfe Irrelevanz falle – gerade eine *kosmische Hoffnungsperspektive* muss hier radikal inklusiv sein:

> Ein ewiges beziehungsloses und damit auch statisches Nebeneinander der materiellen und der geistigen Welt widerspricht dem Wesenssinn der Geschichte, widerspricht der Schöpfung Gottes und widerspricht dem Wort der Bibel. Deswegen muss ... dem Satz widersprochen werden: „Die Materie ‚an sich' ... ist unvollendbar" ... Das würde ... einen letzten Dualismus bedeuten, bei dem der ganze Bereich der Materie aus dem Schöpfungsziel herausgenommen und zu einer Wirklichkeit zweiter Ordnung gemacht wird. (2012, 155; die Auslassung *im zitierten Satz* stammt von Ratzinger selbst)

Zur (Auferstehungs-)Existenz bei Gott gehört folglich, dass *verwandelte* „Materie ganz neu und definitiv dem Geist zu eigen und dieser ganz eins mit der Materie sein wird" (ebd., 154). In dieser Hinsicht verbinden sich Restitution und Transformation: Die Einheit von Geist und Materie, die schon das irdische Leben ausmacht, wird *wiederhergestellt*, aber zugleich in Einsheit *verwandelt*. Lässt sich die Hoffnung, die sich darin ausdrückt, positiv fassen? Das Moment der (je größeren) Transformation scheint bestimmend zu sein, denn Ratzinger ist forciert zurückhaltend: „Es gibt keine Vorstellbarkeit der neuen Welt. Es gibt auch keinerlei irgendwie konkretisierbaren ... Aussagen über die Art des Materiebezugs der Menschen in der neuen Welt und über den ‚Auferstehungsleib'" (ebd., 156).

Nun lässt sich fragen, was man durch diese Position in der Sache gewinnt, welche Probleme man sich damit erneut einhandelt oder gar nicht anzugehen vermag (vgl. Schärtl 2005, 559 f.). Wir verfolgen aber nicht diesen Strang, sondern einen anderen. Man könnte nämlich das eben Gesagte zugeben und *dennoch* an der *Auferstehung im Tod* festhalten wollen, indem man einfach auf das *erste* Element der Hypothese verweist:

Wenn es für Gott kein Vorher und Nachher gibt, geschieht auch eine etwaige Vereinigung der Seele mit einer verwandelten Materie nicht erst später, *sondern im Moment des Sterbens*.

Daran entzündet sich freilich die *zweite große Anfrage Ratzingers*: Wie tragfähig ist die Zuordnung von Zeit und Ewigkeit, die hier vorgenommen wird? Hier tauchen der Sache nach Fragen auf, die analog bereits in der Kritik der Atemporalität in 6.3.1 b begegnet sind: *Aus unserer zeitlich gebundenen Perspektive* fallen individueller Tod und allgemeines Weltgericht eben nicht ineins; soll diese unsere Perspektive nicht illusionär sein, muss das Fortlaufen der Geschichte mit dem Gedanken vermittelt werden, dass sie in Gottes Perspektive bereits zum Jüngsten Tag gelangt ist – andernfalls steht hier, so Herbert Vorgrimler, der Verdacht einer „Entwertung der noch ausstehenden Geschichte" im Raum (1978, 125).

c) Und jetzt? Das stets neue Spiel mit – Überhangfragen

Man kann allgemein festhalten, dass Greshake und Lohfink Anfragen detailliert bearbeitet haben. Sie weisen vor allem den zuletzt genannten Verdacht vehement zurück und versuchen ihn systematisch zu adressieren: Das oben genannte *Hineinkippen in die Liebe Gottes* im Tod ist als Verwandlungs- und Vollendungs*prozess* ausbuchstabieren, der über-, aber nicht völlig außerzeitlich ist (so etwa Lohfink, der dafür den Begriff des *aevum* neu fruchtbar machen will; dieser stellt bei Thomas eine dritte Zeitform zwischen *tempus* und *aeternitas* dar, i. e. zwischen der Temporalität irdischen Daseins und der Atemporalität Gottes; vgl. 1982, 64–75; 145–151). Man kann die leitende Überlegung vielleicht in einer Formulierung Schärtls fassen: „Die Verwandlung geschieht *im* Augenblick des Todes. Das schließt aber nicht aus, dass diese Verwandlung nicht ihrerseits prozessual gedacht werden kann" (2008, 140).

Es wird niemanden, der das Buch bis hier gelesen hat, überraschen, dass auch der (bereits ursprünglich gemachte, später vertiefte) Vorschlag eines prozessualen Moments in der Auferstehung im Tod nicht allumfassend Applaus oder gar ein Ende der Debatte erzeugt hat. Einen gewissen Einschnitt bedeutete allerdings die – mit Bezug darauf ausgesprochene – Warnung der Glaubenskongregation in Rom, aus der Tradition empfangene und pastoral bewährte Vorstellungen nicht vorschnell über Bord zu werfen: Dadurch „werden die Gläubigen verwirrt, weil sie ihre gewohnte Sprechweise und die ihnen vertrauten Begriffe nicht mehr wiederfinden" (1979, 4). Das hat theologische Versuche, sich über die involvierten *sachlichen Fragen* zu verständigen, aber nicht beendet – wohl auch, weil *gerade* das schulbuchübliche Modell der Eschatologie in der Pastoral kontinuierlich Überhangfragen erzeugt.

19.3.3 Endentscheidungshypothese: Kann man erst *im Tod* Ja oder Nein zu Gott sagen?

Eine weitere, anders gelagerte eschatologische Diskussion entspinnt sich schließlich um einen Gedanken, den wir indirekt bereits kennengelernt haben: Im Kontext von Rahners Theorie des anonymen Christentums war davon die Rede, dass Glaube mit dem Annehmenkönnen der eigenen Endlichkeit, spezifisch: des eigenen Todes verbunden sei (18.3.2). Die Verbindung von Tod und Freiheit, die hier aufscheint, wird von Rahner noch ungleich enger bestimmt: Der Tod ist nicht bloß Widerfahrnis von außen, zu dem man sich frei zu verhalten hat, sondern wird überhaupt als „Tat des Menschen von innen" bzw. „aktives Sich-zur-Vollendung-Bringen" gedacht (1958, 29.30). Wir können dieses Motiv, das sich auch bei anderen zeitgenössischen Denkern findet, hier weder sauber ableiten noch entfalten, wollen aber in lockerer Rekonstruktion *eine* Variante dieser Überlegungen vorstellen: die sog. *Endentscheidungshypothese*, die vor allem mit Ladislaus Boros (1927–1981) verbunden ist.

> Für den Beginn leihen wir uns dazu eine These, die uns analog in der *person-making-theodicy* begegnet war: nämlich dass es im menschlichen Dasein darum geht, als Person zu reifen (vgl. 10.2.2 a). Der Tod lässt sich nicht einfach als Feind solchen Reifens interpretieren, sondern als ermöglichendes Moment: *Ohne Tod* wäre alles wiederholbar oder revidierbar, *mit ihm* hat jede Entscheidung Gewicht. Gerade weil wir nicht endlos leben, ist wichtig, was wir mit unserem Leben anfangen und wie wir miteinander umgehen. Boros arbeitet die Beobachtung auf folgende These hin aus: Endlichkeit, präziser: die Größe, die unsere Endlichkeit in diesem Leben realiter konstituiert, nämlich: *der Tod ist das* Medium, in dem der Mensch seine Freiheit erst wirklich zu realisieren und personal zu reifen vermag. Das wird noch klarer, wenn man hinzunimmt, dass der Mensch sich *auf seinem Lebensweg* konstitutiv im Modus der Vorläufigkeit befindet. Zwar fällt er Entscheidungen, tut es aber *noch auf dem Weg*, d. h. als Subjekt, das noch *im Werden* begriffen ist. Alle Vorläufigkeit und Revidierbarkeit verschwinden erst, wo der Weg *zu Ende* ist und der Mensch endgültig im Ziel – und das ist der Tod. Erst hier findet menschliche Freiheit gleichsam die Möglichkeit, endgültig und wirklich sie *selbst zu sein*.
>
> Was eben philosophisch angetragen war, lässt sich theologisch fortbestimmen. Auch christlich kommt dem Tod besondere Dignität zu, weil er – so Boros – der herausgehobene Ort der Begegnung mit Gott ist, der in sich selbst Liebe ist: Der Tod ist „die höchste, entscheidendste, klarste und innerlichste Christusbegegnung" (1967, 173). Von dieser darf man glaubend annehmen, dass sie das kennzeichnet, was *jede* Christusbegegnung auszeichnet: dass sie uns nicht zu *Objekten* degradiert, sondern als *Subjekte* ruft und ernst nimmt, mehr noch: uns (gerade weil wir erst im Tod endgültig ganz wir selbst sind) ermöglicht, zum ersten Mal wirklich Subjekte unseres Lebens zu sein. Gerade die Begegnung mit Gott im Tod ermöglicht uns erst, endgültig Ja oder Nein zu ihm zu sagen: „*Der Tod ist der erste [!] vollpersonale Akt des Menschen und somit der seinsmäßig bevorzugte Ort des Bewusstwerdens, der Freiheit, der Gottbegegnung und der Entscheidung über das ewige Schicksal*" (ebd.). Dabei sprechen nicht nur die genannten Gründe für eine Endentscheidung im Tod, sondern auch andere, die sehr viel konkreter sind: Diese Theorie erlaubt zu denken, dass wirklich *jeder* Mensch Ja oder Nein zu Gott sagen kann (gleich, ob er ihn zeit seines Lebens kennenlernen konnte oder nicht, kennengelernt hat oder nicht) – und zwar weil jeder Mensch *im Tod* die Möglichkeit dazu hat (ebd., 116–122; vgl. eine andere Variante in 10.2.3 a in der

Diskussion von Prämisse 6: Dort ist allerdings *nicht* davon die Rede, man könne *erst* im Tod wirklich Ja oder Nein zu Gott sagen).

Mit welchen Rückfragen ist die Endentscheidungshypothese konfrontiert? *Zum einen* stilisiert sie den Tod auf eine Weise zum *eigentlichen* Ort menschlicher Freiheit, die nicht problemlos einleuchtet. Auch wenn Boros keine empirische These aufstellt, da der Moment des Todes *nur vom Einzelnen* erlebt wird, ist die fehlende Verankerung im eigenen Miterleben des Sterbens anderer eine massive Hypothek: *Allzu oft* erleben wir den Tod anderer so, dass er sie zu früh aus dem Leben reißt (und eben nicht ganz macht), Menschen lähmt (und nichts daran Freiheitszuwachs andeutet), sie geradezu aus ihrem humanen Selbstsein zieht (und nicht auf Authentizität zuläuft). Die These, all diese konkreten Tode wären *gegen den äußeren Anschein eigentlich* Medien vollpersonalen Selbstseins, wirkt in diesem Licht ideologieverdächtig (vgl. 2.2.2 c). Fragwürdig ist *zum anderen* auch, dass der sog. *„erste vollpersonale Akt"* des Menschen aus allen materiellen, kommunikativen, lebensgeschichtlichen u. a. Bezügen herausgelöst ist – *wirkliches* Selbst- und Freisein des Menschen wird jenseits davon lokalisiert. Damit wird nicht nur die Entscheidung für oder gegen Gott solipsistisch und ohne wirkliche (lebens-)geschichtliche Verankerung gedacht, sondern – so Greshake – auch insgesamt „die Bedeutung des konkreten Lebens, der konkreten menschlichen Geschichte entwertet" (1982, 129).

19.4 Was bedeutet es, mit unbedingter Liebe konfrontiert zu sein?

Wechseln wir damit zu den klassischen Topoi der christlichen Eschatologie: Himmel, Hölle, Gericht und Purgatorium. Bereits oben haben wir den Schlüssel erhalten, den Hans Urs von Balthasar all jenen an die Hand gibt, die sich in entsprechende Diskurse aufmachen: *Gott ist das letzte Ding des Geschöpfs!* (Vgl. 19.2.1) Wir werden versuchen, die genannten Topoi mit diesem Gedanken hermeneutisch zu erschließen und dabei (lose und ohne systematischen *drive*) zehn mögliche Dimensionen christlicher Eschatologien zu skizzieren. Der Passepartout für dieses Unterfangen ist eine einfach klingende Frage: *Was bedeutet es, Gottes vorbehaltlos unbedingter Zuwendung zu begegnen?*

19.4.1 Gericht: Von der Gefährlichkeit des Nachhausekommens

Was bedeutet „Gericht" im christlichen Glauben? Meist wurde damit ein göttliches Letzturteil über die eigene Existenz assoziiert: „Unmittelbar nach dem Hinscheiden", schreibt Ludwig Ott 1952 in seiner Schuldogmatik, „findet das besondere Gericht statt, in welchem durch einen göttlichen Urteilsspruch über das ewige Schicksal des Verstorbenen entschieden wird" (2005, 642). Diese Redeweise unterstreicht gewissermaßen den *Ernst der Lage*, erhellt aber deren *existentielle Dimension* nur spärlich: Die juristische Modellierung bringt kaum zur Geltung, was es bedeutet, in der eigenen Armseligkeit, Bösartigkeit, Unvollkommenheit, Bedürftigkeit einem Du zu begegnen, das einen unbedingt liebt.

> Vielleicht können wir dafür in erster Lesung auf eine Analyse Joseph Piepers zurückgreifen. Pieper fragt, was sich ereignet, wenn uns jemand liebt bzw. liebend ansieht, und findet eine paradoxe Verschränkung von Ermutigung und Beschämung vor: In der liebenden Zuwendung eines Anderen erfährt man sich nicht nur bestätigt, sondern „geschieht außerdem, und durchaus begreiflicherweise, so etwas wie Beschämung: indem man das Geliebtwerden erfährt, fühlt man sich beschämt" (2014, 74 f.). Subtil mischt sich in die Entdeckung, geliebt zu werden, beschämtes Erröten – bloß: Warum? Pieper deutet dies *cum grano salis* so: Im Licht der Liebe erkennt man, dass man nicht so *liebenswürdig* ist, wie die bewundernde Zuwendung des Anderen behauptet. Man bleibt nicht nur, aber eben doch auch und entschieden hinter dem zurück, was der Andere sieht (oder zu sehen meint); und indem man diese Differenz (im Medium der Liebe des anderen) erkennt, ist man beschämt. Um es in einem lebensnahen Beispiel zu verdichten, das wir im Folgenden das *Frühstücksbeispiel* nennen: Wer nach einer durchzechten Nacht nach Hause kommt und wer am Frühstückstisch dem arglos fürsorglichen Blick seiner/s unwissenden Geliebten begegnet, den/die er/sie in eben dieser Nacht auf einer Club-Toilette betrogen hat – dem kann dieser Blick schmerzlich Wahrheit über sich selbst eröffnen.

Geht man vom Bild solchen Nachhausekommens aus, kann man jene Gefährlichkeit der Auferstehung nachvollziehen, von der Gottfried Bachl spricht und die mit der Rede vom ‚Gericht' gemeint ist:

> Die Auferstehung ist gefährlich, denn sie ist für den Menschen der Augenblick der Wahrheit, nicht vor dem gnadenlosen Prinzip der Gerechtigkeit, sondern vor dem Gott, der durch den Menschensohn die Erfahrung der Erde an sich hat. ... [Dieser Augenblick der Wahrheit vor Gott] ist eine angsterregende Herausforderung an jedes Individuum, denn individuell, als hellste Aufmerksamkeit für die Person, ist das Gericht gemeint, nicht als quantitative Bilanz des Guten und des Bösen. (1985, 86 f.)

Die individualistisch getönte Erstannäherung blockiert andere Deutungen nicht, der christliche Glaube an das Gericht weist *zweitens* zugleich eine zutiefst *politische Dimension* auf: nämlich die apokalyptische Hoffnung, dass die Geschichte *nicht* immer so weitergeht und *nicht* alle Unterschiede ins Vergessen hinabsinken. Benedikt XVI. sieht in der „Frage der Gerechtigkeit [sogar] das eigentliche, jedenfalls das stärkste Argument für den Glauben an das ewige Leben" (Spe salvi 43). Das Gericht ist direkt auf die Gerechtigkeitsfrage bezogen, so auch Bachl: „Keiner wird vergessen und keiner kann sich verstecken" (1985, 87).

Bachl deutet an dieser Stelle zugleich eine theologische Inversion an, die ein eschatologischer Ertrag des 20. Jh. ist: ‚Gericht' meint nicht nur Begegnung der Schöpfung mit Gott, sondern auch Gottes mit seiner Schöpfung – in ihrer selbstgewählten

Unfähigkeit zur Liebe (wie die Tradition immer betonte), *aber auch in all ihrem Geschundensein und Leid.* Wenn auch nur ein Geschöpf Nein sagt – zu Gott, der Liebe ist (vgl. 19.4.3), aber auch zur eigenen gemarterten Existenz (falls Freiheit und Liebe erfahrenes Leid nicht ‚aufwiegen' sollten, vgl. 10.2.3 a) –, ist dann das Projekt Schöpfung, ist dann Gott selbst als Projektverantwortlicher *im Gericht* gleichsam gescheitert? Vom Sterbebett des Religionsphilosophen Romano Guardini (1885–1968) ist überliefert, dass ihn an seinem Lebensende genau dies umgetrieben habe:

> „Er werde sich im Letzten Gericht nicht nur fragen lassen, sondern auch selber fragen; er hoffe in Zuversicht, dass ihm dann der Engel die wahre Antwort nicht versagen werde auf die Frage, die ihm kein Buch, auch die Schrift selber nicht, die ihm kein Dogma und kein Lehramt, die ihm keine ‚Theodizee' und Theologie, auch die eigene nicht, habe beantworten können: Warum, Gott, zum Heil die fürchterlichen Umwege, das Leid der Unschuldigen, die Schuld?" (Rahner 1980a, 465)

Drängender als zuvor zeigt sich hier nach den Geschichtskatastrophen des 20. Jh. die *Theodizee als Thema der Eschatologie.* Wenn es in der Begegnung mit Gott *umfassend* um die Wahrheit des eigenen Lebens geht, dann geht es zweifelsohne darum, ob sich in diesem Leben (anfanghaft) ein Ja zu jener unbedingten Liebe realisiert hat, die Gott ist. *Aber zugleich geht es auch darum,* ob man zu seinem Leben Ja sagen kann – und das ist eine andere, neue Frage, die *drittens* eine *theodizeebezogene Dimension* der Eschatologie sichtbar macht (vgl. die Erläuterung am Ende von Prämisse 6 in 10.2.3 b).

19.4.2 Purgatorium: Das transformative Moment der Liebe Gottes

Was bedeutet „Fegefeuer" oder besser: „Purgatorium" im christlichen Glauben? Die Ausführungen eben enthielten dafür bereits den zentralen Gedanken, insofern sie andeuteten, dass im Gericht selbst noch ein prozessuales Moment anzunehmen sei. Der christliche Glaube (so abermals Bachl) kann ja mit „Gericht" nicht meinen, die Begegnung mit der Liebe Gottes

> bedeute schlechthin den Sieg der Vergangenheit, als würde nun, nachdem das Spiel gespielt ist, Gewinn und Verlust zusammengezählt und das Ergebnis ewig gemacht. Das wäre nichts anderes als die Befestigung der Endlichkeit in ihrem unerlösten Zustand, und Gott wäre vom Schicksal oder von einer bloßen Funktion für die ewige Bedeutung dessen, was der Mensch ist, nicht zu unterscheiden. (1980, 168 f.)

Was hier aufscheint, ist *viertens* die *transformative Dimension,* die die Begegnung mit der unbedingten Liebe Gottes auch eschatologisch auszeichnet. Diese fixiert, wen sie liebt, nicht abschätzig in den jämmerlichen Momenten seiner Existenz, sondern wirkt in seiner Zuwendung auch verwandelnd – zumindest da, wo die Liebe im Anderen eine Güte freilegen kann, die Missgunst, Zynismus, Geringschätzung nicht wahrgenommen hätten. Der Blick der Liebe *ist* das Gericht, wie eben skizziert wurde, gerade darin ist er aber zugleich auch das Medium jener (schmerzlichen) Transformation, die traditionell Purgatorium bezeichnet wurde. Wer sich etwa am oben beschriebenen Frühstückstisch in Grund und Boden schämt – und zwar, weil er *im Grunde* offensichtlich doch anders tickt –, ist bereits in Distanz zu dem getreten, was er nachts getan hat; in dieser Hinsicht ist er zugleich in einen schmerzhaften Prozess verstrickt, den er nicht aktiv steuert, sondern den er (eben weil er *zumindest grundsätzlich doch anders ist*) durchleidet und den er nicht von sich aus einfach beenden kann.

Man ist natürlich sofort wieder mit dem Zeitproblem konfrontiert (Prozesse benötigen Zeit, vgl. das *aevum* in 19.3.2 c; vgl. allg. 6.3.1), wichtiger scheint hier aber ein anderer Gedanke, der eine *fünfte Dimension* erschließt: Dieser Transformationsprozess wird in der katholischen Tradition (die ihm weitaus mehr Aufmerksamkeit als andere Traditionen geschenkt hat) *nicht individualistisch* interpretiert. Die allgemeine Wahrnehmung, die dabei *eschatologisch extrapoliert* wird, ist wohlbekannt: Es gibt ein soziales Moment in dem, was wir sind und werden (vgl. 8.6.1), auch da, wo wir uns zum Guten oder Schlechten verändern. Es ist trivial, aber deshalb nicht weniger wahr: Ob etwa jemand in der Lage ist, sich aus seiner Bösartigkeit herauszuschälen, oder ob er darin authentisch wird – *das hängt nicht nur,* aber auch *davon ab, wie andere mit ihm umgehen: von ihrer Güte, Größe und Geduld.* Kurz: Es gibt eben eine *soziale Dimension* in unseren Identitäten und ihren Transformationsprozessen – und das gilt auch für unsere Gottesbeziehung. Auch sie ist gleichsam *von anderen mit*ermöglicht, -geprägt, -verformt oder verunmöglicht: Ob und wie wir es schaffen, unser Leben zu ändern und uns von Gottes Willen bestimmen zu lassen – das ist *auch* ein Gemeinschaftsprojekt, d. h. hat *auch* eine *soziale Dimension* (vgl. 15.1.4).

Die katholische Tradition deutet diese Wahrnehmung in der Lehre vom Purgatorium *eschatologisch* aus: Nicht nur auf Erden, sondern noch im Tod stehen wir *nicht allein* im Prozess, christusförmig zu werden. An dieser Stelle ist ein Exkurs zur Verengung und ökonomischen Auslegung des Gedankens (Ablasshandel) sowie zur reformatorischen Kritik daran (vgl. 17.2.1 a) ebenso möglich wie ein Blick auf das emanzipatorische Moment, das in der Lehre vom Purgatorium liegt (vgl. Dürnberger 2006). Ein anderer Weg liegt näher, da er zum *in der Sache* schärfsten Diskurs führt, der von hier aus erreichbar ist – wir folgen daher wenig überraschend diesem. Von besonderem Interesse ist nämlich die genaue Bestimmung der *Dreierkonstellation Gott – Mensch – Mitmensch,* die eben so poetisch wie unspezifisch als Medium jenes schmerzlichen Transformationsprozesses rekonstruiert worden war, in dem wir in die Liebe Gottes hineinwachsen: *Wie genau sind diese drei Größen aufeinander resonant, wie sehr sind sie in besagtem Prozess miteinander verschränkt?*

Traditionell fokussierte die Theologie eine einzige, idealisierte Relation: Der *Mitmensch* kann (durch Christus und Kirche vermittelt) helfen, dass *der Mensch* nach dem

Tod in Gott prozessual vollendet wird – das *Gebet für die armen Seelen im Fegefeuer* ist *ein* verdichteter Ausdruck dieser Intuition. Im 20. Jh. wird allerdings die *soziale Dimension der Vollendung* schärfer als zuvor von anderen Problemen her reflektiert. Zumindest drei idealtypische Fragen legen sich nahe, wie die Grafik illustriert. Wenn wir das mittlere Problem (das u. a. ein Stimulans religionstheologischer Neuorientierung war, vgl. 18.2 b) in eine spätere Überlegung integrieren, verbleiben vor allem zwei spiegelbildliche Fragen, die Eschatologien nach Auschwitz umtreiben:

- *Zum einen* stellt sich die Frage, ob ein reuiger Mörder (in Gott) vollendet werden kann, wenn sein Opfer nicht in der Lage ist, ihm zu verzeihen. Anders formuliert: Kann Gott den Mörder gleichsam *an einer Aussöhnung mit seinem Opfer* vorbei vollenden? (Vgl. das Levinas-Zitat in 12.3.1).
- *Zum anderen* und ungleich irritierender taucht eine Frage auf, die etwa der Wiener Dogmatiker Jan-Heiner Tück „für bedenkenswert" hält – nämlich „ob das Opfer [!] nur dann den Frieden mit dem vergebungswilligen Gott findet, wenn es dem Mörder verzeiht" (2009, 119).

Gott

Mensch im Tod

als Mörder: (Wie) Kann der Mensch als Mörder in Gott vollendet werden, wenn ihm sein Opfer nicht verzeiht? **Mit-Mensch als Opfer**

als Freund: (Wie) Kann der Mensch in Gott vollendet werden, wenn sein Freund nicht auch vollendet ist? **Mit-Mensch als Freund**

als Opfer: (Wie) Kann der Mensch als Opfer in Gott vollendet werden, wenn er seinem Mörder nicht verzeiht? **Mit-Mensch als Mörder**

Bei Magnus Striet findet man in diesem Kontext den Gedanken, „dass *keine* Freiheit zu ihrer Vollendung gelangt sein wird, solange auch nur noch *eine* Freiheit unversöhnt ist" (1998, 75). Was diese Betonung der sozialen Verwobenheit der Erlösung konkret bedeutet, wird unmittelbar danach klar: Striet zufolge heißt dies, „auch die Ermordeten von Auschwitz blieben unversöhnt [d. h. im vorliegenden Kontext: im Purgatorium], solange sie ihren Mördern nicht verzeihen könnten" (ebd.). Die Position hat harten Widerspruch erzeugt, etwa von Klaus von Stosch: Das beschriebene Modell führt „zu dem Resultat, dass der im Vernichtungslager Vergaste nur dann Versöhnung in Gott findet, wenn er seinem Mörder verzeiht. Diese Beobachtung alleine sollte eigentlich genügen, um die Korrekturbedürftigkeit dieses Versöhnungsmodells zuzugeben" (2006b, 207). Ein Junktim zwischen Opfer-Täter-Versöhnung *und* Vollendung in Gott, das implizit eine Art moralischen Imperativ zur Verzeihung zur Folge hat, wird auch aus dem Grund kritisiert, dass hier Freiheitsgeschichte ins Jenseits verlängert scheint: Wenn die katholische Tradition den *Transformationsprozess Purgatorium* ausschließlich in der Terminologie des Leidens und Erleidens schildert, dann deshalb, weil der Tod das Ende aller Freiheitsaktivitäten ist: Das Purgatorium ist zwar prozesshaft, aber nicht mehr freiheitsbestimmt. Versöhnung und Vollendung können deshalb nicht Gegenstand geschöpflicher (Vergebungs-)Aktivität sein, sondern sind ausschließlich Sache Gottes.

Kommen wir damit kurz zu einer *sechsten Dimension*, die Eschatologien gerade im Blick auf das Purgatorium neu reflektieren. Diese Dimension ist in anderer Hinsicht transformativ, vielleicht könnte man sie zur Unterscheidung *therapeutisch* nennen: Wenn das Purgatorium der Prozess des Hineinwachsens in Gottes Liebe nach dem Tod ist, impliziert das Läuterung von Sünde; man kann aber auch überlegen, ob dieser Prozess nicht auch jenen ein solches Hineinwachsen in Gottes Zuwendung ermöglicht, die (soweit wir sagen können) in ihrer irdischen Existenz wenig oder nichts davon erfahren haben und die sich nie frei dafür entscheiden konnten – denken wir nur an früh verstorbene Kinder. Rahner fragt sogar, ob „die Möglichkeiten des ‚Fegfeuers' auch noch den Raum bedeuten könnten für eine post-mortale [sic!] Freiheitsgeschichte bei dem, dem eine solche Geschichte in seinem irdischen Leben versagt war" (1980b, 447). Der Gedanke war uns in anderer Form bei John Hick in Prämisse 6 der *free will defense* begegnet, er soll hier markiert werden, ohne dass wir ihn ausführlich diskutieren können (vgl. 10.2.3 a; zuvor bereits 10.2.2 a) – er birgt jedenfalls Probleme, die nicht zu gering zu veranschlagen sind (vgl. von Stosch 2010, 121–124). Unabhängig davon ist aber zu notieren, dass die angesprochene *therapeutische Dimension* (die mit der Theodizee-Frage verschaltet ist und auch das Problem der Vollendung des ganzen Kosmos impliziert) verstärkt im Fokus neuerer Eschatologien steht.

19.4.3 Hölle: Reale Möglichkeit absoluter Selbstbezogenheit, Hoffnung auf den späten Nachmittag

Was bedeutet „Hölle" im christlichen Glauben? Rein begrifflich meint Hölle nach Rahner „das Nein zu Gott als die letzte und totale Entscheidung des Menschen gegen

Gott, die letzte vom Wesen der Freiheit selbst her nicht mehr revidierbare Entscheidung" (2009, 668). Eine solche letzte Entscheidung gegen Gott ist *als Möglichkeit* in der menschlichen Existenz angelegt: Wenn man sich *frei gewählt* in einer solchen Identität einlebt, wird dies von Gott *unbedingt respektiert*. Aspekte des Gedankens lassen sich auch im *Frühstücksbeispiel* reformulieren: Es ist denkbar, dass der Mensch von der Liebe seiner/s Geliebten *in keiner Weise mehr positiv* erreicht wird – und dass sich nichts anderes regt als unwirsche Zurückweisung (weil Liebe so unglaublich lästig ist), zynische Verachtung (über seine/ihre Naivität) und selbstbezogene Gleichgültigkeit (weil man sich in einem entsprechenden Habitus eingerichtet hat). *Das* ließe sich gleichsam als *totale Beziehungsverweigerung* interpretieren (auch wenn zumindest im Beispiel Änderung noch möglich ist).

Die Hölle als endgültige Entscheidung gegen Gott jedenfalls kann im engeren Sinn kein positiver Gehalt des Glaubens sein, d.h. eines *Vertrauens auf Gott*, sondern ist eher als (bereits biblisch bezeugtes) *Implikat* des Glaubens zu verstehen, das sich daraus im Verbund mit anderen Überlegungen *ex negativo als Möglichkeit* ergibt.

> Angesichts dieser ersten, reduzierten Einordnung mag die oftmals extreme Fixierung der kirchlichen und theologischen Tradition auf die Hölle irritieren, nicht zuletzt wo ihr der Hang zur handfesten Literalität eigen ist (etwa wenn erläutert wird, dass die Hölle *sinnliches Strafleiden* durch *physisches* Feuer umfasse, vgl. Ott 2005, 649 f.): Warum ist die Tradition so im Bann des Gedankens, die Hölle sei nicht nur prinzipielle Möglichkeit, sondern gut gefüllte Wirklichkeit? Woher stammt die Faszination an der *massa damnata*, vermischt mit der Freude daran, dass ewig Verlorene auch ewig gequält werden? Wieso das Belächeln jener „Sorte mitleidiger Menschen", die nicht glauben will, „dass es für bestimmte oder gar für alle Menschen, die der gerechteste Richter dereinst zur Strafpein der Hölle verurteilen wird, eine Strafe auf Ewigkeit geben soll" (De civitate Dei, XXI 17)?
>
> Für solche Positionen gibt es viele *Ursachen* (vgl. dazu Bachl 2005, 104 f.), aber nur wenige *Gründe*, die heute nicht befremdlich wirken. Auf den vermutlich stärksten Grund für die Hölle verweist der Soziologe Peter L. Berger (1929–2017): Es ist die Wahrnehmung, dass es Verbrechen gibt, die schlicht zum Himmel schreien – und diese „schreien auch nach der Hölle … Die monströse Tat heischt nicht nur nach Verurteilung, sondern nach *Verdammung* – und zwar in der ganzen religiösen Befrachtung des Wortes" (1970, 98). Die Interpretation liefert den wichtigsten Gesichtspunkt, um den Topos der Hölle nicht vorschnell abzumoderieren (nämlich: das Problem der Gerechtigkeit!), beantwortet aber die entscheidende Frage nicht, sondern stellt sie erst: Folgt aus der definiten Verdammung der monströsen *Tat* auch umstandslos das ewige Urteil über *Täter und Täterin*?

Die Theologie hat sich im letzten Jahrhundert in besonders intensiver Weise an dieser Frage abgearbeitet. Prominent und einflussreich sind besonders Überlegungen von Balthasars: Auch er setzt voraus, dass Gott die freie Entscheidung des Menschen noch da unbedingt achtet, wo sie gegen ihn gerichtet ist. Allerdings fragt er, „ob es Gott nicht freisteht, dem von ihm abgewendeten Sünder in der Ohnmachtsgestalt des Gekreuzigten, von Gott verlassenen Bruders zu begegnen" (1974a, 443). Christus erfährt ja am Kreuz *freiwillig, aber aus Liebe* eine letzte Verlassenheit, die ihn in gewisser

Weise mit dem Sünder verbindet: Dieser hat sich ja *freiwillig, wenn auch gegen die Liebe* in eine solche letzte Verlassenheit manövriert. Damit findet sich an geradezu unmöglicher Stelle ein zarter Anknüpfungspunkt für Gottes Liebe im Sünder: Könnte die *gemeinsame (Gott-)Verlassenheit* nicht das Medium einer Verwandlung des Sünders sein? Dieses fragile Motiv baut von Balthasar in der sog. *Theologie des Karsamstags* aus. Er bezieht sich darin auf den *descensus Christi ad inferos*, von dem das Credo spricht („hinabgestiegen in das Reich des Todes", vgl. 1 Petr 3,19; 4,5), und überlegt, wie der tote Christus am Karsamstag in das Reich des Todes hinabsinkt, i. e. in jene letzte Gottesferne, in die sich der Sünder hineingelebt hat. Durch seine bloße Präsenz nun

> stört er [dort] die vom Sünder angestrebte absolute Einsamkeit: der Sünder, der von Gott weg „verdammt" sein will [und im Reich des Todes, i. e. in der Gottesferne existiert], findet in seiner Einsamkeit Gott wieder, aber Gott in der absoluten Ohnmacht der Liebe, der sich unabsehbar in der Nicht-Zeit mit dem sich Verdammenden solidarisiert. (1974b, 408)

Dieser Abstieg in die Unterwelt ist ein Bild dafür, dass Gott den Sündern – unaufdringlich, passiv, aber wirklich – auch da unbedingt zugewandt bleibt, wo sie sich von ihm abgewandt haben. Die Frage, die sich nun stellt, ist einfach: Sollten wir im Vertrauen auf einen Gott, der selbst im Eschaton dem Sünder zugewandt bleibt, nicht auch darauf vertrauen dürfen, dass seine Zuwendung etwas im Sünder freilegen könnte, das darauf anspricht?

Was so formuliert abstrakt klingt, tun wir (um das mittlere Problem in 19.4.2 aufzugreifen) wie selbstverständlich und mit Verve, wenn es um Freunde und Familie geht: Weil wir uns ein letztes Glück nicht ohne unsere Eltern, Kinder oder Freunde vorstellen können, hoffen wir wie von selbst, dass sie Teil des himmlischen Glücks sind. Warum aber sollte man diese Hoffnung nur regional kultivieren? *Warum sollte man nicht allgemein hoffen dürfen, dass sich die vermeintliche Hölle als Purgatorium entpuppt, d. h. die je größere Liebe Gottes in der Selbstbezogenheit des Sünders nicht doch den Keim einer Entscheidung für die Liebe sichtbar macht – und zum Wachsen bringt?* Und weiter gefragt: *Soll und muss man nicht sogar hoffen*, dass im Letzten in allen Menschen ein Ja zu Gott offenbar wird, d. h. die Hölle leer ist? Von Balthasars Antwort ist (mit einer Formulierung Verweyens im Hintergrund) eindeutig:

> Wer mit der Möglichkeit auch nur *eines* auf ewig Verlorenen *außer seiner selbst* rechnet, der kann kaum vorbehaltlos lieben … schon der leiseste Hintergedanke an eine endgültige Hölle für andere verführt in Augenblicken, wo das menschliche Miteinander besonders schwierig wird, dazu, den andern sich selbst zu überlassen. (1999, 59)

Von Balthasar entwickelt mit seiner Hoffnung auf eine leere Hölle einen vom Kreuz her eschatologisch bestimmten Heilsoptimismus (anders als etwa Rahner, der diesen Optimismus gnadentheologisch in der Anthropologie verankert). Die Argumentation nimmt dabei Fäden der sog. *Apokatastasislehre* auf, die mit Origenes verbunden ist und eine *Allversöhnung* am Ende aller Tage konzipiert, bleibt aber dezenter als diese: Der

Ausgang des Gerichts ist offen. Hier wird bei von Balthasar das bereits oben erwähnte inversive Moment manifest: Sollte am Ende das definitive Nein eines Menschen zu Gott (oder zum eigenen Dasein, vgl. 19.4.1) stehen – dann meldet sich „angesichts dieser Möglichkeit der Gedanke einer Tragödie, für den Menschen nicht nur, sondern für Gott [!] selbst" (1983, 272).

Damit lassen sich eine *siebte und achte Dimension* christlicher Eschatologie notieren, die spezifisch auf die Hölle bezogen sind: *Zum einen* wird Hölle als reale Möglichkeit modelliert, von der *zum anderen* zu hoffen ist, dass sie nicht aktualisiert wird. Es liegt nahe, an dieser Stelle zudem eine *neunte Dimension* zu verhandeln, die zwar auch für die anderen Topoi gilt, aber im Blick auf die Hölle besonders drastisch betont wurde: *die eschatologische Passivität des Menschen*. Ihr Bezugspunkt ist klar: Mit dem Tod endet *nach klassischer Vorstellung* die Freiheitsgeschichte des Menschen, d. h. es ist nicht mehr möglich, sich umzuentscheiden – es wird vielmehr endgültig, wer man (geworden) ist (vgl. anders 19.3.3 bzw. kritisch dazu Rahners Bemerkung über eine mögliche postmortale Freiheitsgeschichte in 19.4.2). Diese Logik war bereits dem Topos des Gerichts inhärent: Ob man beim Nachhausekommen nach besagter Nacht im *Frühstücksbeispiel* Scham und Reue empfindet oder nicht, ist ebenso wenig Gegenstand einer punktuellen Entscheidung wie Freude beim Wiedersehen mit einem guten Freund – sondern es ist Ausdruck dessen, wer man (geworden) ist. Deshalb kann man auch die eben skizzierte Präsenz Christi beim Sünder im Reich des Todes nicht so modellieren, dass sie dessen *aktive oder gar kalkulierte* Umentscheidung hervorrufen soll oder könnte. Leitend ist vielmehr die Hoffnung, dass sich (auch wenn der *erste* Reflex ein anderer gewesen sein mag) letztlich doch etwas im Sünder als resonant für die Liebe erweist. Um es einmal naiv zu formulieren: Auch wer an besagtem Frühstückstisch instinktiv zumacht, kann in einer ruhigen Minute spätnachmittags andere Regungen in sich spüren (weil er oder sie *doch nicht, nicht nur* oder *nicht so* zynisch ist, dass die Liebe des Anderen nichts hervorrufen würde außer selbstbezügliche Reaktionen); zumindest ist eine solche Regung nicht ausgeschlossen und kann man darauf hoffen. Das ist gewissermaßen die Hoffnung, die von Balthasar einholen will: die Hoffnung auf den späten Nachmittag.

Daraus ergibt sich in der Zusammenschau eine Art hoffnungsorientierte Standarddeutung der Hölle, die Eschatologien der Gegenwart auszeichnet: Ihr zufolge ist es möglich, dass im Tod in der Begegnung mit Gottes unbedingter Zuwendung ein totales Nein manifest wird, d. h. offenbar wird, dass ein Mensch sich *im Letzten* der Liebe verschlossen hat und der Ego-Reflex seine letzte, authentische Identität geworden ist – *aber es ist nicht gewiss*. Deshalb kann und darf, ja soll man auf einen anderen Ausgang dieser Begegnung hoffen und darauf, dass die Hölle leer ist.

19.4.4 Himmel: Wirkliches Nachhausekommen, *further up and further in*

Was bedeutet „Himmel" im christlichen Glauben? Die grundsätzlichen Orientierungen dafür haben wir bereits im Blick auf die *Auferstehung Christi* gewonnen: *Himmel meint die Vollendung einer Existenz in jener Liebe, die Gott in sich selbst ist* (11.3.1). Die Formulierung rekapituliert indirekt nochmals die anderen Topoi (nämlich Gericht, Transformation oder Verweigerung: In Liebe vollendet werden kann nur, was Liebe bzw. liebenswürdig, -fähig, -bedürftig ist) – aber ihr eigentlicher Bezugspunkt ist eine *Hoffnung*. Wenn christlich vom Himmel die Rede ist, geht es um die Hoffnung, dass die Begegnung mit der unbedingten Zuwendung Gottes *im Letzten* glückliches, geschenktes Nachhausekommen ist: das Trocknen aller Tränen, ein herrliches Festmahl, ein Lachen und Tanzen, ja eine Hochzeit, das freudige Erstaunen über die Liebe selbst. Versuchen wir, diese Bilder in drei Bemerkungen näher zu bestimmen.

α) Eine *erste, wichtige Reflexionslinie* hatten wir bereits in 12.3.3 kennengelernt: In Marcels berühmtem Aperçu „Einen Menschen lieben, heißt sagen: du wirst nicht sterben" blitzte die intrinsische Bezogenheit von Liebe auf Auferstehung, mithin Vollendung und Himmel auf. Auch bei Thomas findet man ein analoges Motiv: „Das Erste, das ein Liebender will, ist, dass der Geliebte existiert und lebt" (STh II-II q25 a7 c; vgl. auch 12.4) – und dieses Wollen ist von Sterblichkeit und Tod eigentümlich unbeeindruckt. Liebe ist intrinsisch *auf die Existenz des Geliebten* und das heißt angesichts von Leid und Tod: *auf seine Auferstehung, sein ewiges Leben* bezogen (und darin auch auf die eigene, weil Liebe beim Geliebten sein will; vgl. Hld 3,1 und die gesamte Dynamik dieses Texts)! Damit ist Auferstehung entsprechend material qualifiziert: Es geht dabei nicht bloß um formal ewiges Leben, denn ewiges Leben *an und für sich* ist witzlos, wie die kanadische Band *Arcade Fire* singt: "If I can't find you there: I don't care" (2013) – es geht um die Vollendung von Liebe.

β) Eine *zweite Bemerkung* kann hier andocken, weil sich daraus erschließt, warum das ewige Leben christlich als Glück, eben *als Himmel* gedacht wird. Alles Glück, so Pieper, hat den gemeinsamen Nenner, dass man etwas empfängt, erhält, an etwas teilhat, das man liebt; deshalb gilt, dass „alles menschliche Glücklichsein … im Grunde *Glück der Liebe* ist" (2014, 133). Das hellt den Konnex von Auferstehung, Himmel und Glückseligkeit auf: Himmel meint tiefstes Glück, insofern es um die Heilung, Rettung und Vollendung dessen geht, was wir lieben – und zwar durch und in jener Liebe, über die hinaus keine größere gedacht werden kann: Gott. Gott, *d. h. die Liebe selbst*, ist daher der eigentliche Grund himmlischer Freude. Eine von Thomas geprägte Lesart identifiziert den tiefsten Vollzug dieses Glücks in der Schau von Gottes Wesen, d.h. gleichsam im Erkennen, *dass Gott selbst die Liebe* (vgl. die Rede von der *visio beata* in 12.3.5); eine mit Johannes Duns Scotus verbundene Lesart hält dagegen fest, dass ein solches Erkennen kein Glück sein könnte, wenn es nicht bereits liebend affiziert wäre – Lieben ist also dem Erkennen gegenüber prioritär. Wichtiger als diese theologiegeschichtliche Kontroverse ist allerdings

γ) eine *dritte Bemerkung*, die eine mögliche letzte und *zehnte Dimension* benennt: Auch wenn Himmel im Kern die noch ausständige, nach dem Tod erhoffte Vollendung in Gott meint, gibt es – wie in allen anderen Topoi – eine *präsentische Dimension*: Das Nachhausekommen in die Liebe Gottes ist *schon jetzt* im Gang, der Pilgerweg jetzt ist bereits Teil davon. Bereits in der Gegenwart können wir Momente eines Glücks erfahren, die nicht wieder schlecht gemacht werden können und Vollendung bereits in sich tragen: Benni, der die weinende Anna tröstet und sein Eis mit ihr teilt, Franziska, die sich lachend auf den menschlichen Kuschelhaufen wirft, Anna, die an einem Sommerregensonntag völlig in ihrer Bastelei versinkt – wie sollte die Freude darüber und darin nicht bereits wirklich jene Vollendung in sich tragen, von der wir hier sprechen? All das Schöne, Gute und Wahre, i.e. das *bonum* unseres Lebens hier, wird nicht erst durch seine Vollendung später gut, sondern ist schon jetzt Moment jener Vollendung, die wir erhoffen (vgl. vierte Zwischenreflexion).

Nachhausekommen ist kein geographischer Vorgang, vielleicht ist es eher mit dem Ankommen in einer Art Meisterschaft (etwa des gemeinsamen Musizierens) vergleichbar: Nach langer Übung kommt man allmählich in dem an, was man tut – und es ist wie ein Geschenk: Alles beginnt in einer gewissen Leichtigkeit und mit Esprit von der Hand zu gehen, neue Stücke wie Improvisationen erschließen sich spielerisch. Solches Ankommen ist nicht geographisch, es ist auch kein Ende, sondern eines, das neue Welten eröffnet – in ruhiger Dankbarkeit, mit freudigem Erstaunen. Thomas betont diesen Aspekt, um klarzumachen, dass man des Himmels nicht überdrüssig werden kann (vgl. ScG III 62). Gott übersteigt die „Möglichkeiten umfassenden Begreifens" (Super Sent. IV d49 q2 a3 ad8) – und deshalb wird seine Unbegreiflichkeit im Himmel nicht verschwinden, sondern uns bleibend und dankbar erstaunen. Darin liegt der zutiefst dynamische Aspekt der Vollendung: Die Reise zu Gott wird mit dem Tod vorbei sein, die Reise in Gott aber mag erst beginnen. Oder wie es bei C. S. Lewis (vgl. 2001, 755) heißt: *further up and further in!*

19.5 Ein letzter Wechsel auf die Meta-Ebene: *Deus semper maior*

Glaube kann die Grenze des Todes ebenso wenig überspringen wie die Vernunft. Wo immer im letzten Kapitel der Eindruck entstand, dies sei ja doch der Fall, muss man nochmals korrigierend draufblicken und ohne Rührung den Rotstift ansetzen: Glaube lebt nicht aus einem besonderen Wissen um das, was kommen wird, sondern allein vom Vertrauen auf die Zuwendung Gottes, die in Christus offenbar ist.

Karl Rahner hat kurz vor seinem Tod in einem berühmten, letzten Vortrag am Schluss einen Gedanken formuliert, der dies – gegen jede anthropologische Reduktion, Nivellierung oder Funktionalisierung des Glaubens – nochmals besonders profiliert. Der letzte Teil dieses Vortrags ist eschatologisch und kommt auf die „Erwartung des ‚Kommenden'" zu sprechen (vgl. 2004, 59). Theologie, so mahnt Rahner darin eindrücklich, darf die „radikale Unbegreiflichkeit dessen, was mit Ewigem Leben wirklich gemeint ist", nicht verharmlosen (ebd., 60). Der Hinweis ist in der Eschatologie situiert, aber nicht darauf begrenzt, weil es letztlich die *Unbegreiflichkeit Gottes* ist, um die es darin geht: *Gott selbst* ist dieses Ewige Leben, das die christliche Hoffnung umtreibt. Und von diesem Gott glauben wir, dass er zwar nicht restlos unbeschreibbar ist und man von ihm „nicht bloß ... schweigen kann" – aber darüber „vergessen wir dann meistens", dass wir „unsere Aussagen immer auch hineinfallen lassen [müssen] in die schweigende Unbegreiflichkeit Gottes selber" (ebd., 27). Es ist weniger ein moralischer Appell als Quintessenz eigener Erfahrungen und eine essayistisch-existentielle Erinnerung an die Analogielehre (vgl. ebd., 25–32; 4.2.2), die Rahner hier einer vergesslichen Theologie ans Herz legt: Gott ist *mehr als* die Erfüllung unserer Wünsche und Bedürfnisse, er ist stets *größer als* das, was sich theologisch ausdenken lässt. Wir können diese Erinnerung für unsere Zwecke als eine letzte Regel theologischen Nachdenkens interpretieren, vielleicht am passendsten in jener schlichten Variante, die mit Rahners Ordensvater Ignatius von Loyola verbunden wird: *Deus semper maior – Gott ist je immer größer.*

20 Theorietheorien entwickeln?

Das letzte Kapitel greift das Thema der ersten nochmals auf: Es geht ein letztes Mal um Theologie, *präziser:* das Projekt systematischer Theologie. Deren regulatives Ideal bildet der Gedanke, *in games of giving and asking for reasons* (Wilfried Sellars/Robert B. Brandom) Rechenschaft vom Glauben zu geben, wie es in den letzten Kapiteln skizzenhaft angedeutet wurde. Im Folgenden aber geht es nun um die *Rechenschaft von dieser Rechenschaft*, um die *Theorien hinter den Theorien*, quasi um ein kleines Stück *Theorietheorie*: Welche Ansätze und Positionen der Glaubensverantwortung lassen sich grob unterscheiden, welcher Rationalitätsbegriff liegt ihnen zugrunde und mit welchem Begründungsanspruch werden die einzelnen Strategien verfolgt? Kurzum: Es geht in *drei Abschnitten* um eine minimalistische wissenschaftstheoretische Erstorientierung, auf welche Weise die vernunftgemäße Verantwortung des Glaubens theologisch interpretiert und umgesetzt wurde und wird (vgl. allg. auch: Göcke 2018; Schmidinger/Viertbauer 2016; Dürnberger 2014; 2017c; 2019).

20.1 Caritasmensch oder Immobilienhai? Zur Rationalität von Lebensentscheidungen

Wie lassen sich theologische Paradigmen, Denkformen, Ansätze, Stile, *turns* so anordnen, dass ein hilfreicher Überblick entsteht? Die bisherigen Tagesausflüge in einzelne Diskursfelder mögen ein Bewusstsein dafür erzeugt haben, dass die Aufgabe, die in dieser Frage steckt, nicht trivial ist. Dennoch ist es eine interessante Übung, ein paar Skizzen zur Orientierung zu versuchen – nicht mit Feder und dokumentenechter Tusche, sondern mit kleinem Bleistift und viel Radiergummi.

Hilfe und Inspiration für einen solchen *super-rough sketch* findet sich etwa bei Jürgen Habermas: Wie andere auch unterscheidet er in der Philosophie das ontologische, das mentalistische und das linguistische Paradigma (vgl. 2009a, 20). Die Differenzierung greift vertraute Aspekte der drei Vernunftparadigmen in 3.1 auf und erlaubt, eine *erste Achse* zu zeichnen, die in der Theologie Denkformen und -rahmen benennt. Terminologisch leicht verändert sprechen wir deshalb im Folgenden von der *Orientierung am Sein*, der *Orientierung am Subjekt* sowie der *Orientierung an intersubjektiven Aprioris*. Die letzte Formulierung ist erkennbar anders gesetzt: Sie soll verdeutlichen, dass der *linguistic turn* nicht als letzte Referenzgröße gelten kann, sondern es um ein Cluster an kommunikativ stabilisierten, historisch variablen, kulturell vermittelten u. a. Bezugsrahmen geht, in denen das eigene Nachdenken situiert ist; das lose einigende Band kann man darin sehen, dass es jeweils Aprioris sind, die gleichsam intersubjektiv realisiert sind.

Eine *zweite Achse* kann sich hingegen am Rationalitäts- bzw. Begründungsanspruch orientieren. Die Leitfrage bezieht sich dabei auf das Ideal von Rationalität, dem ein theologischer Ansatz genügen muss, um als vernünftig im idealen Sinn zu gelten. Ist dieses Ideal die Letztbegründung, d. h. braucht eine *im idealen Sinn* rationale Verantwortung einer eigenen (Glaubens-)Position den konstitutiven Bezug auf notwendige, infallible, unhintergehbare Bezugspunkte? Oder kann man, um als rational zu gelten, auch mit Sicherheiten arbeiten, von denen man weiß, dass man sie nicht *absolut* begründen kann und dass sie sich im Austausch mit anderen Positionen weiterentwickeln können? Oder aber begreift man Rationalität überhaupt derart mit ihren verschiedenen Aprioris verschmolzen, dass sich Begründungen gleichsam immer nur auf lokale, fluide und relative Plausibilitäten beziehen können?

Das Gesagte mag ein wenig abstrakt anmuten, deshalb rekonstruieren wir das Problem nochmals mithilfe eines Beispiels. Wir gehen dazu von einer bewusst stark überzeichneten Frage aus, in der ein junger Mensch vor einer Lebensentscheidung steht: *Soll er sich lieber bei der Caritas engagieren oder herzloser Immobilienhai werden?* Gesucht ist dabei nicht nur eine inhaltliche Antwort, sondern auch die Reflexion auf Rationalitätsstandards in Sachen Lebensentscheidungen: *Was braucht es eigentlich, um in der Überzeugung gerechtfertigt zu sein, dass das eine (und nicht das andere) die angemessene, erfüllende Lebensoption ist?* Die skizzierten Positionen der zweiten Achse legen drei verschiedene Antworten nahe:

— Wer Vernunft als restlos oder weitgehend relativ auf ihre lebensweltliche Situierung begreift, wird antworten, dass die Antwort darauf letztlich von der eigenen Erziehung, Kultur, vom eigenen Weltbild etc. abhängt – diese liefern Maßstäbe, an denen wir bemessen, ob man zu Caritasmensch oder Immobilienhai werden sollte. Allgemeine, übergreifende Standards, um Fragen wie diese zu beantworten, gibt es nicht. Deshalb kann man sich in seinem Nachdenken darüber nur auf Plausibilitäten beziehen, die in verschiedenen Biographien, Lebenswelten etc. vorhanden sind und diese ausmachen.

— Wer Vernunft am Ideal der Letztbegründung entlang denkt, wird anders reagieren: *Lebensentscheidungen* vertragen sich nicht mit einem solch schwammigen Vorgehen! Damit eine Antwort nicht mal gerechtfertigt ist, mal nicht (je nachdem, wie man erzogen wurde oder eben gerade drauf ist), sondern wirklich trägt, braucht es eine Art Urmeter: An diesem Maßstab ist dann allgemein zu bemessen, ob die Entscheidung zugunsten der Caritas vernünftig(er) ist. Anders formuliert: Um beurteilen zu können, ob die Arbeit in der Caritas die voraussichtlich angemessene(re), erfüllende(re) Lebensoption ist, muss man eruieren, was dem Menschen als Menschen angemessen ist und ihn erfüllt – *und zwar ganz grundsätzlich, d. h. im Voraus zu all den Kontexten, in denen er lebt, und Tagesverfassungen, in denen er sein mag.* Um dabei nicht wieder in (kontext- und stimmungs-)abhängige und bedingte Antworten zu verfallen, muss man sich auf etwas beziehen, das gleichsam allen Bedingungen und konkreten Antworten *vorausliegt*, d. h. etwas, das *unbedingt und unhintergehbar* gewiss ist. Das meint Letztbegründung: die philosophische Freilegung eines unbedingten, unhintergehbaren Maßstabs. Auf diesen bezieht man sich dann, wenn man eine Antwort darauf sucht, ob karitatives Engagement vernünftigerweise als angemessene, erfüllende Lebensentscheidung beur-

Caritasmensch oder Immobilienhai? Zur Rationalität von Lebensentscheidungen 435

teilt werden kann. Ohne Rekurs auf solch einen unbedingten, unhintergehbaren Maßstab jedenfalls kann eine Lebensentscheidung nicht als rational im idealen Sinne gelten.
– Wer Vernunft als fallibles, dynamisches Vermögen begreift, wird eine dritte Antwort geben, die sich von den bisherigen abhebt. Es ist weder möglich noch nötig, einen unbedingten, unhintergehbaren Maßstab ausfindig zu machen, der uns in der fraglichen Entscheidung einzig und allein helfen könnte. Man kann auch da, wo es keinen *absolut gewissen* Orientierungspunkt gibt, zu rationalen Entscheidungen kommen. Das hängt wesentlich damit zusammen, dass wir (anders als die erste Position insinuiert) in dem, was wir für rational halten, keineswegs in der Geiselhaft unserer Herkunft, Biografie oder Tagesverfassung sind: Im Austausch von Gründen und Gegengründen und im Abgleich verschiedener Perspektiven können wir je besser beurteilen lernen, welche Entscheidung vernünftigerweise zu treffen ist. Darin wird mit der Fallibilität auch eine gewisse Dynamik und Lernoffenheit deutlich.

Auch diese drei Positionen sind grob modelliert, aber sie liefern Anhaltspunkte, um die besagte zweite Achse zu ziehen: Modelle einer letztbegründenden Vernunft stehen dann neben Konzepten fallibler Rationalität und Vorstellungen von einer restlos kontextualisierten Vernunft.

Die beiden Achsen erlauben uns zu heuristischen Zwecken eine Skizze, in der Buchstaben als Platzhalter für theologische Ansätze fungieren: a bis g sind theologische Positionen, die im Laufe des Buches vorkamen. Da es ein künstliches Glasperlenspiel wäre, jeder möglichen Kombination einen Ansatz zuzuordnen, beschränken wir uns allein auf exemplarisch relevante Varianten – im Wissen, dass das Diktum von Alfred Korzybski (1879–1950) gilt: „A map is *not* the territory it represents" (1994, 58). Im Folgenden werden wir in zwei Abschnitten sowohl die x- als auch die y-Achse erläutern – und im zweiten lüften, welcher Buchstabe für welchen Ansatz stehen könnte.

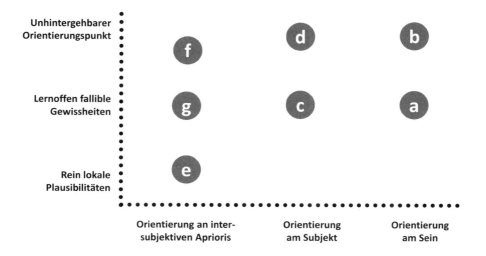

20.2 Erste Achse: Das Sein, das Subjekt und die intersubjektiven Aprioris

20.2.1 Orientierung am Sein

„Es gibt eine Wissenschaft, welche das Seiende als Seiendes untersucht" und sich für „die Prinzipien und die höchsten Ursachen" interessiert (Metaphysik IV 1003a). Eine mächtige Tradition theologischen Nachdenkens orientiert sich an dem, was Aristoteles hier in der Metaphysik schreibt: Sie reflektiert den eigenen Glauben in systematischer Perspektive im Paradigma des Seins, an dem sich auch die sog. *prima philosophia* orientiert. Eine exemplarische Variante solchen Denkens war uns bei den Gottesbegriffen und -beweisen bei Thomas begegnet (4.3.2, 5.3): Die fünf Wege etwa setzen bei der *Struktur des Seienden* an (nämlich in Ursachen und Wirkungen gegliedert zu sein bzw. eine Ordnung aufzuweisen), um dann auf das *ipsum esse per se subsistens* zu schließen. Gott wird auf rationale Weise zum Thema, indem man bei der Struktur des Seienden ansetzt, d. h. er wird im Denkrahmen des Seins zum Thema gemacht.

Spätestens mit Kant ist diese denkerische Grundorientierung philosophisch, aber auch theologisch unter Druck geraten (vgl. 3.1.2). Allerdings gibt es eine Renaissance metaphysischen Denkens, die in den Weiterentwicklungen des *linguistic turn* situiert ist, gleichsam eine „metaphysische Wende der analytischen Philosophie" (Irlenborn/Koritensky 2013, 10): Das Unbehagen an idealistischen Tendenzen innerhalb der sprachorientierten Philosophie erzeugt den Impuls einer Rückkehr ‚zu den Dingen selbst', steht damit aber mitunter in Spannung zu den Einsichten Kants (vgl. 9.3.1 a). Diskursprägend ist diese erneuerte metaphysische Orientierung in analytisch geprägten Theologien, wie sie auch im deutschen Sprachraum verstärkt präsent sind. Oftmals kennzeichnet sie das Gespräch mit den Naturwissenschaften, etwa wenn Richard Swinburne eine probabilistische Neuinterpretation der fünf Wege des Thomas vorlegt (vgl. 5.3.3); auch das Denken William Lane Craigs ist hier zu situieren (vgl. ebd., 18.2).

> Blickt man auf *nichtanalytische* Spielarten gegenwärtiger Theologie, lässt sich hier am ehesten wohl der Ansatz des Jesuiten Peter Knauer einordnen, dessen Denken uns vor allem in der Theodizee begegnet war: Knauer geht davon aus, dass die Wirklichkeit in sich selbst widersprüchlich strukturiert ist (etwa aufgrund des Phänomens der Identität und Nichtidentität: Wie kann etwas es selbst bleiben, wenn es sich zugleich verändert?). Ihm zufolge blitzt hier ein Widerspruchsproblem auf, das wir nicht in die Wirklichkeit hineinlesen, sondern das *in der Wirklichkeit selbst* steckt – und das man vernünftigerweise nur dann lösen kann, wenn man annimmt, dass die Wirklichkeit eine geschaffene Größe ist; auf diese Weise argumentiert Knauer für die *Geschöpflichkeit der Welt*, um von hier aus theologisch weiterzuarbeiten (vgl. 1991, 22–81).

20.2.2 Orientierung am Subjekt

Die Wende zum Subjekt ist gemeinhin mit René Descartes (3.1.2a), vor allem aber mit Immanuel Kant (3.1.2c; 7.1) verbunden. Das primäre Interesse dieser Wende, so Kant, gilt den „*Grenzen der menschlichen Vernunft*, und da ein kleines Land jederzeit viel Grenze hat, überhaupt auch mehr daran liegt, seine Besitzungen wohl zu kennen … als blindlings auf Eroberungen auszugehen", ist eben zuerst Erkenntnis- und Vernunftkritik zu betreiben (Träume A 115–116). Kurz: Ehe es ums Sein des Seienden geht, muss man wissen, was sich überhaupt davon und daran erkennen lassen könnte, d.h. sind Bedingungen der Möglichkeit von Erkenntnis reflektieren. Diese transzendentale Vergewisserung in erkenntnistheoretischer Absicht wird durch analoge Klärungen in praktischer Perspektive flankiert.

Viele theologische Ansätze insbesondere im deutschsprachigen Raum machen die hier vollzogene, sehr grundsätzliche Wende mit und interpretieren sie auf eigene Weise. Als prominentester Vertreter, der auch an entsprechender Stelle situiert war, kann Karl Rahner gelten (auch wenn Kant nicht die prägende Figur seines Denkens war, vgl. 7.3), zudem ist Thomas Pröpper zu nennen (vgl. 12.3). Hier wird jeweils an Vollzügen des Subjekts angesetzt und darin eine Verwiesenheit auf Unbedingtes, auf Gott freigelegt (vgl. bereits 5.4). Am Subjekt anzusetzen bedeutet also nicht, *in ihm* zu verbleiben, vielmehr weisen geistige Dynamiken des Subjekts (das athematische Vorgreifen auf das absolute Geheimnis, so Rahner, oder das Zueinander bedingter und unbedingter Freiheit, so Pröpper) über sich selbst hinaus und erschließen das Gottesthema: Das Subjekt selbst hat gewissermaßen einen Gottesindex.

Ein weiterer theologischer Ansatz, der hier zu erwähnen ist, stammt von Hansjürgen Verweyen. Er setzt bei der Elementarstruktur der Vernunft an: Vernunft zeichnet elementar aus, auf unbedingte Einheit gepolt zu sein, aber zugleich immer Differenz zu setzen – sie kann Identität nur in Differenz haben (z. B. *etwas* nur in Differenz zu *anderem* denken). Aus dieser Dynamik endlicher Vernunft heraus rekonstruiert Verweyen das Gottesthema: Um die beschriebene Struktur der Vernunft als nichtabsurd verstehen zu können, muss man sie als von einem unbedingten Sein hervorgegangen begreifen, d.h. man muss „die absurd erscheinende Elementarstruktur der menschlichen Vernunft als … Äußerung eines unbedingt einen, aber der Differenz mächtigen Seins" begreifen (2002, 158) – und eben das ist Gott (vgl. 10.3.3b).

20.2.3 Orientierung an intersubjektiven Aprioris

Die größeren Entwicklungen, die mit dem Label *linguistic turn* verbunden sind, hatten wir bereits ausführlich dargestellt (vgl. Kapitel 9). Wir können das, was sich hier (auch) ereignet, *vereinfachend* als Entdeckung intersubjektiver Aprioris deuten: Sprache stellt historisch-dynamische, sozial verkörperte Bedingungen der Möglichkeit jener geistigen Vollzüge dar, von denen eben vage die Rede war. Man kann diese Entdeckung *systematisch* mit anderen geistesgeschichtlichen und philosophischen Entwicklungen in Beziehung setzen, auch wenn diese *historisch* unabhängig davon sind und eigene *spins* aufweisen: Die Entdeckung von Geschichte und Gesellschaft, von Kultur und Gender, von Materialität und Performativität u. a. m. beziehen sich nicht nur, aber auch auf Apriori s, die gleichsam qua *Intersubjektivität* entstehen.

Aufgrund der Breite des so eröffneten Spektrums lassen sich hier eine Reihe von Ansätzen einordnen, die in diesem Buch vorkamen: Man kann Johann Baptist Metz nennen, sofern er *Geschichte und Gesellschaft* als theologische Bezugsrahmen identifiziert (8.6), ebenso Klaus von Stosch, sofern er von Wittgenstein her argumentiert und die (kontingente, bewegliche) interreligiöse Begegnung als *locus theologicus* profiliert (18.5 u. a.).

> Auch der Ansatz des Münsteraner Fundamentaltheologen Jürgen Werbick lässt sich hier einordnen. Er bestimmt Rationalität als Vermögen das zu würdigen, was ist und sein soll. Was dabei unbedingt zur Würdigung aufruft und um Würdigung bittet, ist *zum einen* der Andere in seiner Würde (der Andere ist um seiner selbst willen anzuerkennen, nicht, weil er mir nützlich ist) und zum anderen die Wahrheit (die ebenfalls um ihrer selbst willen anzuerkennen ist – und nicht, weil sie nützlich ist); die *Herausforderung der Rationalität* besteht darin, diesem Anruf zu entsprechen. Diese Überlegungen lassen sich insofern als auf intersubjektive Apriori s und Rahmen bezogen begreifen, weil Werbick – vor allem aufgrund seiner Nietzsche-Lektüren – festhält, dass das Vermögen der Würdigung lebensweltlich verwurzelt ist bzw. sich in konkreten Begegnungen bewähren muss: In der konkret-materialen Bestimmung dessen, was zu würdigen ist bzw. was Würdigung meint, „findet man sich sofort in den Konflikt der Interpretationen verstrickt, in dem strittig ist, was es bedeutet, zur Rationalität herausgefordert zu sein, und ob der Sinn dieser Herausforderung mit ‚Würdigung' adäquat umschrieben ist" (2005, 878). In dieser Hinsicht sind variable Diskurse und Praktiken als Lebens- und Bewährungsraum systematischen Nachdenkens ausgezeichnet.

20.3 Zweite Achse: Vernunftbegriff und Begründungsanspruch

20.3.1 Lebensweltlich determinierte Vernunft: Im Gehäuse lebensweltlicher Plausibilitäten

Die zweite Achse orientiert sich nicht an gewählten Denkrahmen und -formen, sondern an verknüpften Rationalitätsansprüchen: Was muss ein theologisch-systematischer Ansatz leisten, um als rational im idealen Sinn zu gelten? Was ist der Goldstandard der Rationalität?

Beginnen wir den Weg gleichsam von hinten: von Ansätzen, die Rationalität als restlos oder weitgehend relativ auf ihre lebensweltliche Situierung begreifen – und zwar nicht nur in genetischer, sondern auch in normativer Hinsicht: ob etwas rational akzeptabel ist, wird gleichsam ausschließlich von einem Weltbild, einer Kultur, einem Sprachspiel, einer Erziehung etc. bestimmt. Wir können nochmals Linien zur Pluralitätssensibilität in 3.1.3 b ziehen und eine Standardkritik wiederholen. Mit Putnam kann man sie so formulieren:

> Wenn man sagt, etwas sei in einem bestimmten Sprachspiel wahr [oder gerechtfertigt oder vernünftig], bezieht man einen Standpunkt außerhalb dieses Sprachspiels und äußert sich kommentierend darüber. Das ist etwas anderes als sich selbst am Sprachspiel zu beteiligen. Was immer der Anlass sein mag für den Wunsch, Äußerungen wie „es ist wahr", „es ist vernünftig" oder „es ist gerechtfertigt" durch Formulierungen wie „es ist in meinem Sprachspiel wahr", „es ist in meinem Sprachspiel vernünftig" oder „es ist in meinem Sprachspiel gerechtfertigt" zu ersetzen ..., es ist etwas, das uns den Wunsch eingibt, uns von unserem eigenen Sprachspiel zu *distanzieren*. (1997, 223)

Diese ‚Distanzierung' mag man unterschiedlich deuten; sie ist jedenfalls ein Hinweis darauf, dass wir nicht simpel in vorhandene Überzeugungen, Weltbilder o. Ä. eingepfercht sind, sondern das Vermögen besitzen, selbige zwar nicht vollständig, aber doch *dynamisch zu transzendieren* (zur transzendierenden Dynamik des menschlichen Geistes vgl. Rahner in 7.3). Das ereignet sich idealtypisch in Lernprozessen: In solchen werden neue Einsichten nicht bloß in statische Weltbilder eingefügt, sondern diese selbst auch dynamisiert und verändert (vgl. Dürnberger 2017a). Mit Habermas formuliert:

> Dass Gesprächspartner, und seien sie einander noch so fremd, im Diskurs grundsätzlich voneinander lernen und zugleich prüfen können, was sie im Umgang mit einer gemeinsam als objektiv unterstellten Welt gelernt haben, ist ein Faktum. Dieses Faktum des miteinander verschränkten Lernens *voneinander* und *von der Welt* wäre nicht zu erklären, wenn nicht Konzepte wie Wahrheit, Rationalität und Rechtfertigung in jeder Sprachgemeinschaft, sei's auch im Lichte verschiedener Interpretationen, *dieselbe* pragmatische Rolle spielten und auf diese Weise eine jeweils *gemeinsame* Orientierung am Ziel der Verständigung über kontext-transzendierende Geltungsansprüche ermöglichen würden. (2009a, 20)

Warum der lange philosophische Seitenweg? Er zeigt, dass es nicht ganz einfach ist, sich einen belastbaren Begriff einer restlos kontextualisierten Vernunft zu machen. Wo er religionsphilosophisch oder theologisch im Spiel ist – etwa im Kontext des *Wittgensteinian Fideism*, der in 9.3.1 Thema war und in der Grafik oben als „e" notiert ist –, ist er rasch mit Rückfragen der skizzierten Art konfrontiert.

20.3.2 Das Ideal der Letztbegründung: Die Freilegung unhintergehbarer Bezugspunkte

Kommen wir damit zu einem Rationalitätsprofil, das vor allem die deutschsprachige systematische Theologie ungleich stärker geprägt hat und prägt (vgl. allg. Müller 1998). Es geht dabei um Ansätze, die beanspruchen, *philosophisch argumentierend* unhintergehbare, sichere Orientierungspunkte freizulegen, um dann im Bezug darauf *theologisch argumentierend* Bedeutung und Rationalität des Glaubens auszuweisen. Meist ist von Letztbegründungen die Rede, weil es darum geht, fixe, archimedische, letztverbindliche Orientierungspunkte zu rekonstruieren. Was gemeint ist, wird klarer, wenn wir uns nochmals einen Ansatz vor Augen führen, den wir bereits kennengelernt haben und der diesem Ideal verpflichtet ist: Thomas Pröpper lässt sich, so seine eigene Auskunft,

> gern der theologischen Gruppe der theologischen „Letztbegründer" zuordnen: Um den Gottesgedanken erreichen und zugleich die Glaubenswahrheit als unbedingt bedeutsam ausweisen zu können, rekurriere ich auf das Unbedingte im Menschen. Letztbegründung ist eben dieses Zurückgehen einer Begründung bis auf ein nicht mehr hintergehbares Unbedingtes. (2011, 585 f., Fn. 100)

Hier wird Anspruch wie Verfahren deutlich: Es gilt *philosophisch* ein unhintergehbares Unbedingtes freizulegen, das im Menschsein (seiner Vernunft, seiner Freiheit etc.) selbst gegeben ist. Bei Pröpper ist das, wie in 12.3 dargestellt, die formal unbedingte Freiheit, die der material bedingten Freiheit ermöglichend vorausliegt: Ohne sie vorauszusetzen, können wir Liebe, Moralität, Verständigung u. a. nicht denken, d. h. formal unbedingte Freiheit ist „Bedingung des Menschseins schlechthin" (1988, 183). An dieses Letztbegründungsverfahren schließt – nach der Analyse einer möglichen Absurdität menschlicher Freiheit – der Relevanzaufweis an: Von hier aus soll die *unbedingte* Bedeutsamkeit der christlichen Glaubenswahrheit für den Menschen ausgewiesen werden. Was der christliche Glaube bezeugt, ist folglich nicht je nach Kultur, Erziehung oder Tagesform für den Menschen relevant, sondern geht ihn unbedingt als Mensch an.

> Nicht nur Pröpper ist in der Grafik oben als „d" vermerkt, sondern auch Verweyen: Er schaltet aller theologischen Rede von Offenbarung, Erlösung u. a. eine *erstphilosophische* Vergewisserung vor. Die Schrittigkeit lässt sich wie folgt nachzeichnen: Christlicher Glaube behauptet einen *letztgültigen Sinn* menschlicher Existenz, der in der Offenbarung und ihrer geschichtlichen Vermittlung gleichsam erschlossen ist. Da auch andere Religionen, Weltanschauungen etc. eine solche Sinnbehauptung aufstellen, steht man als Christin vor einer anspruchsvollen Herausforderung: Wer letztgültigen Sinn behauptet, „auf den menschliche Existenz von ihrem eigenen Wesen her hingeordnet ist" (2002, 35), kann nicht die eigene Tradition als Argument anführen (etwa: ‚Es ist ja christlich belegt, dass der Mensch nach Sinn sucht!'). Vielmehr muss man *rein philosophisch* zeigen können, dass menschliche Existenz *wirklich* auf letztgültigen Sinn hingeord-

net ist bzw. danach sucht, d. h. man muss vorab zeigen, dass es tatsächlich „ein alle menschliche Vernunft betreffendes *Sinnproblem* gibt" (ebd., 142). Erst von einem solch *unhintergehbaren Sinnproblem* her lässt sich ein *Vorbegriff letztgültigen Sinns* bestimmen, an dem sich ein *Sinnangebot* zu bewähren hat. Die Überlegungen laufen daher auf eine einfache Frage zu: Gibt es ein *unhintergehbares Sinnproblem menschlicher Existenz* und worin besteht es? Verweyen identifiziert es wie oben angedeutet in der absurd erscheinenden Elementarstruktur des menschlichen Bewusstseins (20.2.2) – und arbeitet von hier aus weiter, um den christlichen Glauben im Rekurs auf diesen erstphilosophisch gewonnenen Orientierungspunkt rational zu verantworten. Ein dritter, prominenter Ansatz mit Letztbegründungsanspruch soll noch genannt sein, auch er ist unter „d" einzuordnen: Der Münsteraner Theologe und Philosoph Klaus Müller setzt dafür ebenfalls im Subjekt an, präziser: bei dessen apriorisch impliziertem, präreflexivem Vertrautsein mit sich selbst (vgl. 1998; 2010).

Die drei genannten Ansätze sind exemplarisch für theologische Theorien mit Letztbegründungsprofilen im Rahmen eines subjektphilosophischen Paradigmas. Im *ontologischen* Denkrahmen lassen sich zumindest analoge Ansprüche identifizieren: Der erwähnte Ansatz Knauers (in der Grafik als „b" markiert) geht von einem vernünftig nicht bestreitbaren Widerspruchsproblem *in der Wirklichkeit selbst* aus, das er als *unhintergehbaren* Ausgangspunkt für jede weitere Theoriebildung beansprucht. Auch Ansätze, die dem *dritten* Denkrahmen zuzuordnen sind, können mit Letztbegründungsanspruch entwickelt werden: In der Philosophie steht dafür paradigmatisch Karl-Otto Apel (1922–2017), der in seiner sog. *Transzendentalpragmatik* Voraussetzungen freilegt, die jeder sprachlichen Verständigung unhintergehbar und notwendig zugrunde liegen (weil etwa jeder, der Wahrheit leugnet, bereits Wahrheit beansprucht – hier wird in der Struktur sprachlicher Verständigung ein unhintergehbares Moment sichtbar). Religionsphilosophisch und theologisch ist etwa Hans-Joachim Höhn davon inspiriert, wenn er – ausgehend von einer existentialpragmatischen Analyse der „unhintergehbaren Formen und Konstellationen menschlichen Daseins" (2017b, 63) – die existentielle Relevanz und rationale Vertretbarkeit eines religiösen Daseinsverhältnisses bestimmt; insgesamt ist sein theologischer Ansatz aber wohl differenzierter zu bewerten und nicht umstandslos hier einzuordnen (weshalb das „f", das für ihn steht, in der Grafik leicht versetzt ist; vgl. ausführlich Höhn 2011).

Kritik an diesen Letztbegründungsprogrammen erfolgt *zwischen* unterschiedlichen Ansätzen selbst (so zwischen Pröpper, Verweyen und Müller, die jeweils unterschiedliche Probleme als unhintergehbare Ausgangspunkte auszeichnen und unterschiedliche Folgerungen daraus ziehen), vor allem aber von Positionen aus, die einem anderen Leitbild rationaler Verantwortung folgen. Ihnen und ihrer Kritik widmet sich der folgende Abschnitt.

20.3.3 Schwankende Schale Vernunft: Die Arbeit mit falliblen Sicherheiten

Theologisches Denken, das in der oben gezeichneten Achse gleichsam das mittlere Spektrum abdeckt, bestreitet die Notwendigkeit eines unhintergehbaren, sicheren Goldstandards, der allen rationalen Engagements orientierend vorausliegt bzw. an dem unsere philosophischen wie theologischen Argumentationen letztlich bemessen werden können.

Die Diskussion in diesem Punkt ist wesentlich von philosophischen Überlegungen bestimmt. *Eine* Kritik haben wir in analoger Form bereits kennengelernt: Begriffliche oder denkerische Notwendigkeiten sind eben solche – *begriffliche und denkerische*, aber nicht *ontologische Notwendigkeiten* (vgl. 5.2.3 d). Damit wird aber höchstens das *ontologische* Paradigma, nicht die anderen berührt: Diese differenzieren klar zwischen begrifflicher Operation und metaphysischer These. Pröpper etwa hat nicht den Anspruch, die Existenz von Freiheit metaphysisch aufzuweisen, sondern argumentiert eher damit, dass wir gar nicht anders können, als sie praktisch zu beanspruchen bzw. zu unterstellen: *Wenn* wir (mit dem *common sense* unserer alltäglichen Erfahrung) denken wollen, dass Phänomene wie Liebe, Moralität oder Kommunikation wirklich sind, *dann* können wir nicht anders, als zu unterstellen, dass wir (und andere) frei sind; *wenn* wir aber in diesen Phänomenen konkret sich realisierende Freiheit denken wollen, *dann* ist es auch begrifflich notwendig, formal unbedingte Freiheit als Bedingung ihrer Möglichkeit zu denken – genau das zeichnet

> die Methode ... der *transzendentalen Reduktion* [aus], d.h. der begrifflichen und logisch kontrollierten Zurückführung eines Gegebenen auf ein Nichtgegebenes, ohne welches das erste nicht als möglich gedacht werden kann. Allerdings ist sie keinesfalls umkehrbar in ein Verfahren der transzendentalen Deduktion, da die transzendentale Reflexion für das Faktum, dessen Möglichkeit und Bedeutung sie erschließt, doch niemals aufkommen kann. (2011, 510)

Diese metaphysische Enthaltsamkeit verhindert Rückfragen des skizzierten Typs, es stellen sich freilich andere. Eine bezieht sich etwa darauf, wie genau die als unhintergehbar ermittelten Kriterien ihre argumentative Relevanz und Triftigkeit entfalten: So scheint es so zu sein, dass das, worauf etwa der als unhintergehbares Kriterium ausgewiesene Freiheitsbegriff verpflichtet, was er ermöglicht und was er nicht erlaubt, dem Subjekt nicht einfach transparent ist – die Bedeutung bzw. der Gehalt des Freiheitsbegriffs entfaltet sich in geschichtlichen Auseinandersetzungen und wird in Diskursen bestimmt bzw. fortbestimmt. Auch das Verständnis eines unbedingten Kriteriums scheint einem gewissen Prozess der Entwicklung und Fort- und vielleicht sogar Um- und Neubestimmung zu unterliegen – in konkreten Sprachspielen und Diskursen, in denen darum gerungen wird, was etwa das Kriterium der Freiheit wirklich bedeutet bzw. wie daran bemessen wird, ob etwas vernunftgemäß ist. Schnädelbach hat das wie folgt formuliert: Die bloße Tatsache, dass das

> Projekt einer reflexiven *Letztbegründung* im Medium transzendentaler Reflexion ... argumentativ umstritten ist, zeigt doch, dass ein ein für allemal abgeschlossenes *set* von Argumentationsregeln, das jeder „immer schon" akzeptiert hätte, der überhaupt argumentiert, einfach nicht existiert; wer das gleichwohl glaubt, kann gar nicht anders, als seinen skeptischen Argumentationsgegnern immer bloß Blindheit oder Böswilligkeit (oder beides) vorzuwerfen. (2000, 269)

Man muss den letzten Satz nicht unterschreiben, um den Punkt im Argument zu sehen: Auch unhintergehbare Kriterien regeln ihre Anwendung nicht selbst. Ob und wie sie in Diskursen sinnvoll angewandt werden können, steht selbst immer neu zur Diskussion – und *darin* bestimmt sich ihr Gehalt.

Habermas hat dafür folgendes Bild geprägt: „Die kommunikative Vernunft ist gewiss eine schwankende Schale – aber sie ertrinkt nicht im Meer der Kontingenzen, auch wenn das Erzittern auf hoher See der einzige Modus ist, in der sie Kontingenzen ‚bewältigt'" (2009b, 152). Es gehört zum ‚Schicksal' der Vernunft, auf der wir wie auf einem Schiff vorankommen, nicht im Trockendock zu liegen: Der sichere, trockene Ort, an dem man alle Lecks sichten und dichten kann, ist nicht erreichbar, wir sind mitten auf offener See (oder, wie er an anderer Stelle mit Blick auf Hegel schreibt: im „Handgemenge der welthistorischen Gestalten des objektiven Geistes" – 2019b, 378). Aber auch wenn es nicht ohne Erzittern abgeht, kann man Lecks erkennen, abdichten und wirklich vorankommen – freilich auf einer beweglichen Grundlage.

Tritt man aus den philosophischen Detaildiskussionen, lässt sich festhalten, dass die hier verhandelten Ansätze davon ausgehen, dass sich Überzeugungen auch ohne Rekurs auf einen archimedischen Punkt rational verantworten lassen. Mit Klaus von Stosch (der sich in der Grafik bei „g" findet): „Ein Argument kann auch überzeugen, wenn es nicht als unhintergehbar ausgewiesen ist" (2006, 336). Dass es keine unhintergehbaren Ausgangs- und Orientierungspunkte gibt, bedeutet umgekehrt nicht, dass der Irrationalität das Wort geredet wird: Es ist im Blick auf Lebensentscheidungen für Vernunftgemäßheit hinreichend, sich unter endlichen Bedingungen redlich an den besten Gründen und Gegengründen zu orientieren, die verfügbar sind, auch wenn man um ihre prinzipielle Fallibilität weiß (vgl. allgemein zu einer solchen Position 3.3; vgl. auch Weber 2017; Breul 2019).

Eine Reihe von Ansätzen, die im Buch vorgestellt wurden, lassen sich diesem Begründungsprofil zuordnen. Auch wenn es aufgrund der (kultur-, geistes- und philosophie-)geschichtlichen Distanz nicht ganz einfach ist, vorneuzeitliche Denkformen in der Grafik zu verorten, mag man etwa das Denken des Thomas hier einordnen: Seine Orientierung am Ideal der *Konvenienz* legt nahe, dass ein Argument auch dann gut sein kann, wenn es nicht über Zwischenschritte in einem *fundamentum inconcussum* verankert ist. Das Motiv eines Unbedingten im Menschen, an dem theologisch angeknüpft wird, ist ihm fremd, auch die Gottesbeweise sind als *viae* und nicht *demonstra-*

tiones ausgezeichnet. Man könnte historisch nachzeichnen, wie sich in der Scholastik Begründungsanforderungen verändern (etwa indem man sich nicht mehr an der *Topik* des Aristoteles orientiert, sondern an seiner *Zweiten Analytik,* und damit die Standards verschärft), insgesamt allerdings scheint die Einordnung des Thomas davon nicht berührt – in der Grafik oben wäre er unter „a" zu finden. Ähnlich lässt sich auch der zweite Denker einordnen, der in dieser Einführung immer wieder prominent vorkam: Karl Rahner.

> Rahner plädiert für die transzendentale Methode innerhalb der Theologie und scheint damit *prima facie* nahe an den oben genannten Pröpper und Verweyen zu stehen. Gleichwohl sind besonders diese skeptisch, was sein Vorgehen betrifft: Rahners Modellierung des übernatürlichen Existentials, i. e. einer gnadenhaft immer schon dynamisierten Verwiesenheit des menschlichen Geistes auf Gott, unterminiert die Differenz von Glaube und Vernunft. Sie verunmöglicht damit auch die *rein philosophische* Erhebung eines Urmeters, an dem dann *theologisch* zu messen wäre, was glaubend beansprucht wird – und unterläuft somit strukturell das, was Letztbegründungsprogramme beanspruchen. Auch Rahner selbst deutet Distanz dazu an, wenn er etwa festhält, dass es (sei es mit transzendentalen, sei es mit anderen Methoden) nicht möglich sei, an einen neutralen, archimedischen Punkt zu gelangen – oder wie er formuliert: auf eine „höhere Position". Rahner zufolge besteht der unüberholbare Pluralismus der gegenwärtigen geistigen Situation nicht zuletzt darin, dass eine solch „höhere Position, von der als einer und gemeinsamer ... [theologische Argumentationen] beurteilt werden können, vom einzelnen Theologen gar nicht erreicht werden kann" (1970b, 15). In der Gegenwart, schreibt er an anderer Stelle, ist „die Theologie nicht nur geschichtlich bedingt, sondern sich [zum ersten Mal] auch ihrer Bedingtheit bewusst und dazu der Unausweichlichkeit dieser Bedingtheit" (1970c, 85) – und das heißt auch, dass sie diese Bedingtheit nicht methodisch durch den Rekurs auf Unbedingtes salvieren kann: Sie bleibt noch da, wo sie dies tut, in einen *Konflikt der Interpretationen* (Ricœur) eingelassen, in dem argumentative Akzeptabilität an sehr vielen Faktoren hängt. Gleichwohl kann man in solchen Konflikten in immer neuen Anläufen angesichts unterschiedlicher Anfragen für die Rationalität christlichen Glaubens argumentieren. Das ist es auch, was Rahner (allzu bescheiden, aber aufschlussreich) im Blick auf sich selbst feststellt: Seine systematische Theologie sei nicht zuletzt „dadurch gekennzeichnet, dass fast nur in einer unsystematischen, von Augenblicksbedürfnissen diktierten Weise *Einzel*themen behandelt wurden" (ebd., 80). Rahner wäre in der Grafik entsprechend wohl unter „c" zu finden (vgl. ausführlicher Siebenrock 2017, 191–204).

Es ließe sich noch ausführen, dass die meisten analytischen Theologinnen hier angesiedelt sind, ebenso wie Markus Knapp (2006), der oben erwähnte Jürgen Werbick und viele mehr (konkret unter „g"). Ein grobes Bild sollte aber auch ohne weitere detaillierte Ausführungen erkennbar geworden sein – und um nichts mehr geht es ja in ersten Annäherungen: grundsätzliche Orientierungen und grobe Bilder.

Siebte Zwischenreflexion: Wir Hobbits

Im letzten Absatz des letzten Kapitels war eben von *ersten Annäherungen* die Rede. Ist dies das letzte Wort dieses Buchs: der Hinweis, dass es um grundsätzliche Orientierungen und grobe Bilder theologischer Positionen ging – verbunden mit der Hoffnung, dass beides vielleicht auch ein wenig vermittelt werden konnte? Der Gedanke stand am Anfang des Buchs, der Hinweis darauf steht auch an seinem Ende – in dieser Hinsicht ist ein solcher Abschluss wohl tatsächlich stimmig.

Es gibt aber noch eine andere Hoffnung, die sich darin ganz leise zu Wort meldet: nämlich darauf, *dass das Beste noch nicht vorbei ist* – und dass *Ihre* eigenen theologischen Arbeiten dazugehören werden: zum spannendsten und erhellendsten, was die Theologie der Zukunft zu bieten hat, wenn sie über Gottes unbedingtes Ja an alle Menschen nachdenkt. Wie diese Zukunft aussehen wird, lässt sich seriös nicht sagen. Das kann Angst machen, weil Ungewissheit und Transformationen üblicherweise Angst machen, aber es stecken darin immer auch Möglichkeiten und neue Aufbrüche – gerade im Vertrauen auf den Gott Jesu.

Deshalb ist das hier auch keine Schlussreflexion, sondern tatsächlich eine weitere, eine *siebte Zwischenreflexion* auf einem Weg, der nach vorne weist. Vielleicht sind wir letztlich (wie es dezent bereits am Beginn in 1.4 anklang und nun mit Tolkien 2002, 35 nochmals anklingen soll) – vielleicht sind wir letztlich doch am ehesten mit Hobbits vergleichbar, die am Vorabend echter, großer Abenteuer stehen: nicht blauäugig, aber unverzagt, in gespannter Erwartung des Kommenden, aber nicht ohne Gelassenheit. Oder um es mit Bilbo Beutlin zu sagen: *The Road goes ever on and on!*

Lektüre- und Arbeitsorientierung

Vorbemerkungen

Das vorliegende Buch ist aus Kursen an der Universität zu Köln und der Universität Salzburg heraus entstanden. Es ist aber kein Arbeitsbuch im engeren Sinn, sondern eine *freistehende Konstruktion*, die einen Kurs weder ersetzen kann noch darstellen soll; das hängt damit zusammen, dass eine Publikation nicht jenen lebendigen Austausch integrieren kann, den gemeinsamer Diskurs erzeugt, ergibt sich *prima facie* aber auch bereits daraus, dass sich 20 Kapitel nicht problemlos in die universitär üblichen 15 Kurswochen gießen lassen – hier will das Buch bewusst mehr Material und Möglichkeiten bieten (der Umfang der meisten Kapitel ist für sich genommen allerdings auf das Lektürepensum einer Woche angelegt, auch wenn *ects*-Konstellationen eigens zu berücksichtigen sind und Auswahl auch innerhalb einzelner Einheiten erfahrungsgemäß sinnvoll ist; es gibt jedenfalls unterschiedliche Routen durchs Gelände der Gedanken und Ideen). Wie im Vorwort erwähnt, finden sich Inspirationen, wie dieses Buch als Teil eines Kurses verwendet werden kann, auf www.gutelehre.at unter dem Label „Theologie und Glaube I&II – ein postsäkulares Theorielabor"; ein wenig weiteres, praktisches Material findet sich auch auf www.uni-salzburg.at/syt/md/basics.

Im Folgenden soll es deshalb nicht um eine didaktische Einbettung, sondern nur eine *kleine praktische Zurüstung* gehen. Die Erfahrung aus den Kursen zeigt wenig überraschend, wie wertvoll strukturierte und fokussierte Lektüren in der Eigenarbeitszeit sind. Die gängigste Möglichkeit, Fokus und Struktur zu schaffen, ist üblicherweise die Arbeit mit Leitfragen und -aufgaben; im Folgenden findet sich ein Set solcher Fragen und Aufgaben, das die Arbeit mit dem Buch orientieren kann. Nicht alle sind gleichermaßen für erste Annäherungen geeignet, vor allem manche mit „E" (für *Erweiterung*) gekennzeichneten Aufgaben eignen sich mitunter eher für spätere Relektüren – im Allgemeinen kann man aber im Rekurs auf den folgenden Katalog die eigene Lektüre ein wenig anleiten.

Set 1: Theologisch denken?

1) Erklären Sie einem*r nichttheologischen Bekannten, was Theologie ist. Berücksichtigen Sie dabei, was die beiden Bezugsgrößen der Theologie sind, was Material-, was Formalobjekt der Theologie ist sowie welche Arbeitsteilung sich innerhalb der Theologie etabliert hat.

2) Erläutern Sie Aufgaben und Themen der systematischen Theologie und setzen Sie sie dabei von Religionsphilosophie und Religionswissenschaften ab!
3) Welche Rolle spielt Rationalität innerhalb der Theologie? Warum darf man Vernunft in theologischen Fragen nicht vernachlässigen?
E Suchen Sie drei historische und aktuelle Beispiele, in denen Ihrer Meinung nach Vernunft und Glaube konfliktiv aufeinander bezogen sind. Welche Lernprozesse gab es in den historischen Fällen, welche Lernprozesse erwarten Sie in den aktuellen?

Set 2: Religiös glauben?

1) Erläutern Sie, was Glaube (in einem christlichen Sinn) ist; verwenden Sie dabei die Begriffe *fides qua, fides quae, credere Deum, credere Deo, credere in Deum* sowie doxastischer und fiduzieller Glaube! Arbeiten Sie dabei mit jeweils neuen Beispielen!
2) Legen Sie dar, ob und in welchen Hinsichten christlicher Glaube a) entlang von Kippbildern erläutert werden kann bzw. b) wie eine Weltbildüberzeugung (im Sinn Wittgensteins) verstanden werden kann; nehmen Sie dabei zugleich auf das Immunisierungsproblem Bezug!
3) Skizzieren Sie, wie Johann Baptist Metz Glauben modelliert (ein vertiefender Bezug auf Ausführungen in 8.6 ist sinnvoll); was daran finden Sie ansprechend, was überzeugt Sie weniger?
4) Welche Überlegungen tragen das Konzept der *loci theologici*? Stellen Sie die leitende Überlegung dar und schlagen Sie drei neue *loci alieni* vor; begründen Sie Ihren Vorschlag!
E Erläutern Sie, wie sich christlicher Glaube im Anschluss an Überlegungen Basil Mitchells verstehen lässt! Arbeiten Sie dafür ein neues Gleichnis aus!

Set 3: Vernünftig sein?

1) Legen Sie das Konzept spekulativer Vernunft in seinen Grundzügen dar, stellen Sie seine christliche Adaption vor und erläutern Sie, aus welchen Gründen es in die Krise kam!
2) Schreiben Sie einen Dialog zwischen einem Voluntaristen und einer Intellektualistin zur Frage, ob Gott einen Stein zu schaffen vermag, der schwerer ist, als er heben kann; die beiden Positionen sollen möglichst deutlich werden (Hilfe finden Sie auch in 6.2.2b).
3) Rekonstruieren Sie drei zentrale Motive der Vernunftkritik seit dem 19. Jahrhundert; was daran überzeugt sie, was sehen Sie kritisch?

4) Liefern Sie eine differenzierte Definition des Begriffs ‚Rationalität'!
5) Wie sind intersubjektive Koordination von Perspektiven und Orientierung an Objektivität (möglicherweise) miteinander verschränkt?
E Identifizieren Sie einen argumentativen Fehler in einem theologischen Text Ihrer Wahl, idealiter im vorliegenden Buch! (Inhaltliche Fehler wie *falsche Jahresangaben* o.Ä. sind irrelevant, es geht um einen Fehler in der Argumentation selbst). Verfassen Sie alternativ einen Text, in dem gut verschleiert drei argumentative Fehler vorkommen (und bitten Sie im Anschluss eine/n Mitstudierende/n um eine Korrektur).

Set 4: Gott definieren?

1) Welche drei Wege von Gott zu sprechen unterscheidet man traditionell? Was bedeutet „analoge Rede"? Welche beiden Formen von Analogien gibt es? Geben Sie jeweils neue Beispiele!
2) Stellen Sie Grundgedanken und Anliegen der negativen Theologie dar! (Erweitert: Ziehen Sie Verbindungslinien zur Analogielehre sowie entweder zum thomanischen, cusanischen oder anselmianischen Gottesbegriff!)
3) Erläutern und kritisieren Sie den cusanischen/thomanischen/anselmianischen Gottesbegriff! Was meint der jeweilige Begriff, welche Einsichten erschließt er, welche Probleme sehen Sie?
4) Eine Anfrage an Anselms Gottesbegriff lautet: Wenn über Gott hinaus nichts Größeres gedacht werden kann, dann ist Gott auch größer als gedacht werden kann – womit ein Widerspruch vorliegt. Nehmen Sie dazu Stellung!
E Schreiben Sie ein neues Kapitel 4.4 mit dem Titel „Drei weitere Spielsysteme" – in dem Sie nach entsprechender Recherche drei weitere Gottesbegriffe vorstellen; dabei müssen mindestens zwei Gottesbegriffe von *Theologinnen* (ggf. außerhalb Europas) stammen.

Set 5: Gott beweisen?

1) Skizzieren Sie Methode und Gedankengang des ontologischen Gottesbeweises; stellen Sie zwei kritische Anfragen dar!
2) Beantworten Sie folgende Fragen und entwickeln Sie zugleich eine Grafik dazu: Wie funktionieren im Unterschied zum ontologischen Gottesbeweis kosmologische bzw. teleologische Argumente? Wie unterscheiden sich kosmologische und teleologische Beweisgänge? Welche zwei kosmologischen Varianten sind zudem zu unterscheiden?

3) Skizzieren Sie die beiden Beweis-Typen, die Thomas von Aquin vorlegt; legen Sie die Grundstruktur seiner Beweise dar und erklären Sie dabei mithilfe eines Beispiels, warum ein infiniter Regress für Thomas ausgeschlossen ist. Kritisieren Sie die *quinque viae* unter zumindest drei Hinsichten!
4) Welches sind die allen einsehbaren Fakten, von denen Kant in seinem moralischen Gottesaufweis ausgeht? Warum führen diese Fakten in ein Dilemma? Wie hängen Sittengesetz und das Postulat von Gottes Existenz zusammen?
E Schreiben Sie ein Dramolett (in sieben kurzen Akten), in dem Anselm, Thomas und Kant gemeinsam in einer WG wohnen und an sieben Tagen sieben Aspekte von Gottesbeweisen und ihrer Kritik diskutieren.
E Recherchieren Sie den sog. *letzten Gottesbeweis* von Robert Spaemann (1927–2018) und machen Sie sich grob mit seiner Grundstruktur vertraut. Wie lässt sich dieser Beweis einordnen, wie kritisieren?

Set 6: Gott beschreiben?

1) Rekonstruieren Sie a) wie Israel Gottes Einzigkeit entdeckt oder b) wie im Neuplatonismus zugunsten der Einzigkeit/Einheit des göttlichen Einen argumentiert wird; erläutern Sie einen Grundgedanken der jüngeren Kritik am Monotheismus und stellen Sie Rückfragen!
2) Erläutern Sie gängige Versuche, Allmacht zu konzipieren sowie (allgemeine oder spezifische) Herausforderungen; wählen Sie ein Konzept von Allmacht, um es näher vorzustellen.
3) Welches Verhältnis Gottes zur Zeit favorisieren Boethius und Thomas von Aquin? Stellen Sie ihr Modell sowie kritische Rückfragen dar!
4) Welche Herausforderungen stellen sich im Blick auf die Eigenschaft Allwissenheit? Wie wurde/wird versucht, Gottes Allwissenheit mit menschlicher Freiheit zu versöhnen?
5) Welche theologische Entdeckung macht Israel im Exil in Babylon? In welchem Sinn lässt sich Schöpfungstheologie als Theologie von Heil und Erlösung verstehen? (Weiterführend: Was bedeutet die damit verbundene *Entzauberung der Welt*?)
6) Fassen Sie die Pointe jenes Allmachtsbegriffs zusammen, den Kierkegaard skizziert; nutzen Sie nach Möglichkeit lebensweltliche Analogien, um den zentralen Gedanken zu veranschaulichen.
7) Was besagt die „Je mehr Gott, desto mehr Mensch"-Regel?
E Verschaffen Sie sich einen groben Überblick, wie aktuell in der sog. *analytischen Theologie* (wahlweise: in der *feministischen Theologie* oder in *Befreiungstheologien*) das Prädikat *Allmacht* systematisch diskutiert wird. Verschaffen Sie sich zugleich einen kleinen Einblick, (ob und) auf welche Weise *Gottes (All-)Macht* gegenwärtig in den

Bibelwissenschaften thematisiert wird. Wo identifizieren Sie Berührungspunkte und Verbindungslinien, wo bleiben lose Fäden?

Set 7: Gott anthropologisch freilegen?

1) Was sind die wesentlichen Pointen von Kants kritischer Erkenntnistheorie? Erläutern Sie Grundlinien der transzendentalen Wende und Folgen für die Theologie, besonders im Blick auf die Frage nach der Existenz Gottes sowie seiner möglichen Offenbarung.
2) Erklären Sie die Begriffe *apriori, aposteriori, synthetisch* und *analytisch* und erläutern Sie anhand ihrer Kombinationen, ob hier jeweils Erkenntnis vorliegt.
3) Schreiben Sie (in einer Zusammenschau aller bisherigen Informationen) eine knappe Skizze zum Gottesbegriff Kants.
4) Was bedeutet es, dass Offenbarung Thomas zufolge „gemäß der menschlichen Natur" erfolge?
5) Stellen Sie die anthropologische Wende bei Karl Rahner dar! Was ist ihr Hintergrund, was sind ihre zentralen gedanklichen Schritte und welche theologischen Möglichkeiten ergeben sich daraus?
6) Welche Paradigmen von Offenbarungsmodellen werden theologiegeschichtlich in der Regel unterschieden? Wie versteht das Zweite Vatikanum Offenbarung?
E Erstellen Sie eine Grafik, die die anthropologische Wende Rahners darstellt!
E Schreiben Sie wahlweise einen Abschnitt „Kants Gottesbegriff" oder „Rahners Gottesbegriff" für ein neues Kapitel 4.4, das neuere Gottesbegriffe umfasst.
E Versuchen Sie (mit Rekurs auf die Grafik in 7.1.2) die Möglichkeit analytischer Wahrheit aposteriori zu verteidigen, indem Sie auf das Beispiel aus 5.2.3c Bezug nehmen: „Wasser ist H_2O". (Könnte diese Option theologisch relevant sein?)

Set 8: Gott genealogisch entlarven?

1) Skizzieren Sie die tragenden religionskritischen Überlegungen Ludwig Feuerbachs! Was sind starke Einsichten, wo stellen sich Rückfragen?
2) Skizzieren Sie die tragenden religionskritischen Überlegungen von Karl Marx! Wo übernimmt er Gedanken Feuerbachs, wo entwickelt er diese auf welche Weise weiter? Welcher Zugriff überzeugt sie mehr, was kann man als religiöser Mensch daraus lernen, wo ist die Position von Marx zu kritisieren?
3) Skizzieren Sie die tragenden religionskritischen Überlegungen Sigmund Freuds! Wo übernimmt er vorhandene Überlegungen, wo setzt er eigene Akzente? Was sind Ihrer Einschätzung nach triftige Anfragen, wo stellen sich Rückfragen?

4) Skizzieren Sie (in der Synopse mit 3.1.3) die tragenden religionskritischen Überlegungen Friedrich Nietzsches! In welcher Weise hebt er sich von Feuerbach, Marx und Freud ab? Was daran überzeugt Sie, welche Anfragen stellen sich?
5) Antworten Sie auf die Kritik, dass man Religion doch sehr schön aus dem menschlichen Bedürfnis nach Sicherheit herleiten und dadurch letztlich widerlegen könne. Was entgegnen Sie dem Vorwurf, dass Religion grundsätzlich Opium fürs Volk sei und letztlich die herrschenden Machtverhältnisse aufrechterhalte?
6) Erläutern Sie die grundlegenden theologischen Perspektiven von Johann Baptist Metz, indem sie diese zum einen von Rahner, zum anderen von religionskritischen Anfragen her konturieren!
E Recherchieren Sie eine übliche Erklärung von Religion, Religiosität und Spiritualität innerhalb evolutionärer Theoriebildungen (etwa bei Edward O. Wilson oder Jonathan Haidt): Wie wird hier Religion a) erklärt und b) bewertet? Was folgt daraus für die Theologie? (Folgt daraus überhaupt etwas?)
E Stellen Sie eine These auf, was gegenwärtig als *Opium des Volkes* fungiert! Welche Rolle spielt gegenwärtig Religion, wenn es darum geht, Machtverhältnisse unsichtbar zu machen?

Set 9: Gott sprachlich dekonstruieren?

1) Stellen Sie Grundmotive des sog. *linguistic turn* dar und erläutern Sie die entscheidenden Fragen an die Theologie, die sich daraus historisch ergeben haben! Formulieren Sie eine kritische Würdigung des Sinnlosigkeitsverdachts!
2) Welche Möglichkeiten gab und gibt es, auf die STT zu reagieren? Wählen Sie eine der vier vorgestellten Entwicklungen und erläutern Sie sie in Grundzügen!
3) Skizzieren Sie einige der Dynamiken, aufgrund derer die Sprachphilosophie ihre Funktion als Leitstern philosophischer Diskurse verlor! Stellen Sie dabei zugleich leitende Motive hinter den sog. *cultural turns* dar; in welcher Hinsicht sind diese theologisch relevant?
E Schreiben Sie für ein imaginäres Konzil eine argumentativ dichte Rede zugunsten a) eines bleibend hellenistisch geprägten Christentums, b) der Wichtigkeit kontextueller Theologie *oder* c) der zentralen Rolle interkultureller Theologien.

Set 10: Gott rechtfertigen?

1) Beschreiben Sie die Struktur des Theodizee-Problems! Welche Lösungsansätze kann man grundsätzlich wählen?

2) Erstellen Sie ein kleines Glossar, in dem folgende Begriffe erklärt werden: *malum morale*, *malum physicum*, Depotenzierung (ontologisch bzw. teleologisch), Ästhetisierung, Moralisierung, Spiritualisierung, Funktionalisierung (epistemisch, pädagogisch, evolutionär), Bonisierung, *reductio in mysterium*, *free will defense*, *natural law defense*.
3) Stellen Sie Intuition und Ansatz a) der Überlegungen Peter Knauers oder b) der Prozesstheologie in Sachen Theodizee dar und skizzieren Sie jeweils deren zentrale Überlegungen. Was spricht für, was gegen den jeweiligen Ansatz?
4) Entwickeln Sie im Rekurs auf die irenäische Theodizee eine Darstellung von Varianten der Funktionalisierung des *malum*, indem Sie sich konkret auf die sog. *person-making-theodicy* von John Hick beziehen: Wie wird das *malum* hier gedeutet? Schließen Sie mit einer kritischen Würdigung dieses Problemzugriffs.
5) Entwickeln Sie im Rekurs auf die augustinische Theodizee eine Darstellung der Moralisierung des *malum*, indem Sie konkret zentrale theologische Überlegungen des Augustinus (etwa zur Erbsünde) referieren: Wie wird das *malum* hier gedeutet? Schließen Sie mit einer kritischen Würdigung dieses Problemzugriffs.
6) Entwickeln Sie im Rekurs auf eine origenistisch inspirierte Theodizee eine Darstellung der Spiritualisierung des *malum*: Wie wird dieses hier gedeutet? Schließen Sie mit einer kritischen Würdigung dieses Problemzugriffs.
7) Stellen Sie in eigenen Worten Ansatz und Grundgedanken der sog. *free will defense* vor und präsentieren Sie zwei Prämissen dieses Arguments in kritischer Darstellung und Abwägung möglicher Einwände!
8) Stellen Sie dar, wie *free will defense* und *natural law defense* verbunden sind und stellen sie letztere in ihrer Architektur vor!
9) Arbeiten Sie den zentralen moralischen Einwand heraus, mit dem der Glaube an Gott auf dem Forum der praktischen Vernunft konfrontiert ist. Erläutern Sie, in welche Probleme eine moralisch motivierte Ablehnung eines rettenden Gottes kommen kann bzw. in welchem Sinn man „Gott" als Protest, als Schrei nach Gerechtigkeit verstehen kann!
E Schreiben Sie einen Brief aus der Perspektive Dostojewskis oder Camus' an William James, in dem Sie sich mit dessen (in 10.2.2a skizzierten) Position auseinandersetzen.
E Schreiben Sie ein Kapitel 10.5 auf der Basis von Immanuel Kants Text „Über das Misslingen aller philosophischen Versuche in der Theodizee"; stellen Sie Verbindungen zu anderen Positionen und Reflexionen in Kapitel 10 her.

Set 11: Jesus lebt?

1) Rekonstruieren Sie in eigenen Worten den Zusammenhang von *Gotteslehre, Theodizee* und *Christologie*, wie dieser in der vierten Zwischenreflexion exemplarisch bestimmt wird. (Erscheint Ihnen das plausibel?)
2) Welcher Begründungsanspruch wird innerhalb der Christologie traditionell (etwa bei Thomas) verfolgt? Erläutern Sie in Ihrer Antwort zugleich die Begriffe *Konvenienz, Extrinsezismus* und *Intrinsezismus*!
3) Stellen Sie (historisch-kritisch sensibilisiert) dar, was den Kern der Frohen Botschaft Jesu bildet: Was meint Reich Gottes, was unterscheidet Jesus von Johannes dem Täufer, warum ist die Botschaft konfliktiv?
4) Entwickeln Sie eine Position zum Kreuzestod Jesu: Warum wurde Jesus ermordet? Welche Konflikte liegen seiner Ermordung zugrunde? Wie ging Jesus in den Tod? War diese Tod von Gott gewollt? In welchem Sinn hat das Kreuz erlösende Bedeutung?
5) Wie ist der Begriff *Auferstehung* zu verstehen? Decken Sie in Ihrer Antwort drei Aspekte ab, wobei sie einen besonders fokussieren: Warum ist das, Auferstehung meint, existentiell relevant? Was kann die Rede von *leiblicher* Auferstehung bedeuten? Und woran lässt sich Auferstehung epistemisch festmachen?
6) Wie wird Jesu Tod nach Ostern von Jüngern und Jüngerinnen gedeutet? Welche grundlegenden Überlegungen finden sich bei Thomas Aquin zur Notwendigkeit des Kreuzes?
E Recherchieren Sie, wie in traditionellen Kirchenliedern, neuem geistlichen Liedgut oder *Worship Songs* der Tod Jesu interpretiert wird (alternativ: Recherchieren Sie Predigten, Zeugnisse, *Preaches* dazu). Welche Differenzen, welche Gemeinsamkeiten finden sich? Welche Interpretationen halten Sie theologisch für erhellend, welche für nicht vertretbar? Welche Kriterien sind für Ihr Urteil ausschlaggebend?

Set 12: Christus erlöst?

1) Auf welche Weise wird Erlösung in lateinischen und griechischen Soteriologien modelliert? (Welche Stärken und Schwächen identifizieren Sie darin?)
2) Legen Sie eine differenzierte Beschreibung des Konzepts *Ehre* im Kontext der anselmianischen Soteriologie vor. Auf welche Weise kann Gott in diesem Modell auf die Sünde reagieren – und warum sind diese Reaktionen nicht möglich? Wie lässt sich das Dilemma für Anselm letztlich lösen?
3) Stellen Sie Teile der kritischen Diskussion zu Anselms Satisfaktionstheorie dar! Welche Argumente halten Sie für unzureichend, welche für zutreffend?

4) Charakterisieren Sie Thomas Pröppers soteriologischen Ansatz! Wie versteht er den Menschen, warum ist er erlösungsbedürftig, worin besteht Erlösung?
5) Stellen Sie Teile der kritischen Diskussion zu Pröppers Soteriologie dar! Welche Überlegungen halten Sie für unzureichend, welche für plausibel?
E Entwickeln Sie eine Grafik, wie Augustinus und Pröpper den Menschen in seiner Erlösungsbedürftigkeit verstehen! Was sind die zentralen Differenzen, wo sehen Sie möglicherweise Berührungspunkte? Entwickeln Sie davon ausgehend eine eigene Soteriologie: Wie würden Sie selbst fundamental menschliche Erlösungsbedürftigkeit bestimmen?
E Schreiben Sie einen Abschnitt „Pröppers Gottesbegriff" für ein neues Kapitel 4.4, das neuere Gottesbegriffe umfasst.
E Recherchieren Sie eine alternative Soteriologie und stellen Sie diese in kritischer Würdigung im Vergleich zu den beiden anderen Modellen dar, um ein neues Kapitel 12.4 zu schreiben! Vorschlag: Greifen Sie auf Überlegungen des französischen Philosophen René Girard (1923–2015) zurück, wie sie Raymund Schwager SJ (1935–2004) theologisch fruchtbar gemacht hat.)

Set 13: Hypostatisch vereint?

1) Stellen Sie christologische Orientierungen im frühen Nachdenken über Jesus als Christus dar und erläutern Sie die Unterschiede zwischen Logos-Theologien und Monarchianern: Was sind deren jeweilige Stärken und Schwächen?
2) Skizzieren Sie die arianische Position im Bezug auf die Frage, ob Christus Gott oder Geschöpf sei und erläutern Sie die entsprechenden philosophischen sowie theologischen Argumente!
3) Wie reagiert das Konzil von Nicäa auf die Theologie des Arius? Auf welche Argumente stützt man sich, was wird verbindlich festgehalten? Stellen Sie zugleich *eines* der weiterführenden Folgeprobleme dar!
4) Was ist die Grundidee des sog. *Apollinarismus*? Nehmen Sie kritisch Stellung zu diesem Konzept. Welche Position bezieht Konstantinopel I dazu und wie lässt sich diese begründen?
5) Warum argumentiert Nestorius gegen die Bezeichnung Marias als Gottesmutter? Wie argumentiert Kyrill von Alexandrien dafür? (Stellen Sie bei der Beantwortung der Fragen Positionen der antiochenischen und der alexandrinischen Schule dar und erklären Sie den Begriff der *Idiomenkommunikation*!)
6) Was legt das Konzil von Chalcedon in Bezug auf Christus fest und worauf reagiert es damit? Erläutern Sie v. a. die vier Qualifikationen, die sich auf die Naturen beziehen und verweisen Sie auf Positionen, die damit ausgeschlossen werden sollen!

7) In welchem Sinn ist das *de mallon* ein geheimes Schlüsselchen des Chalcedonense? In welcher Beziehung steht es zum sog. *christlichen Grundgesetz* in 6.4.3 und was besagt dieses?
8) Nehmen Sie auf die Christologie Rahners Bezug und beantworten Sie folgende Fragen: Ist Jesus Mensch wie wir? Worin ist er uns gleich, worin unterscheidet er sich von uns? Könnte Gott auch öfters inkarnieren?
E Suchen Sie aktuelle Texte und Aussagen, die Ihrer Einschätzung nach dem christlichen Grundgesetz exemplarisch entsprechen (es zum Ausdruck bringen) bzw. ihm widersprechen (es verdunkeln oder konterkarieren)!

Set 14: Trinitarisch eins?

1) Was sind wichtige biblische Grundlagen eines trinitarischen Gottesbildes? Welche Konflikte bestimmen die ersten Jahrhunderte im Blick auf die Göttlichkeit des Heiligen Geist? Was sind die wegweisenden Einsichten?
2) Stellen Sie in eigenen Worten drei revolutionäre Momente dar, die in der Trinitätstheologie stecken; wählen Sie eines davon aus und entwickeln Sie neue Illustrationen, Beispiele u. a. dafür!
3) Welche Modelle von Trinitätstheologien bilden sich theologiegeschichtlich aus? Wählen Sie eines: Nennen Sie Grundideen, Vertreter, Stärken bzw. Gefahren!
4) Erläutern Sie die Begriffe *immanente* und *ökonomische* Trinität! Verwenden Sie dabei die Begriffe *Appropriationen, Proprietäten* und *Relationen*; stellen Sie davon ausgehend das trinitätstheologische Axiom Rahners dar!
E Versuchen Sie alle *Liebes-Analogien*, die in diesem Kapitel vorkommen, konsequent durch *Friedens-Analogien* zu ersetzen! Welche Alternativen sind erhellend, wo gibt es Grenzen? Welche weiteren Analogien sind möglich? (Vgl. einführend das Ende der vierten Zwischenreflexion, wo dies kurz Thema ist.)

Set 15: Heil verkörpern?

1) Was ist Kirche? Wie verhalten sich Jesus Christus, der Heilige Geist und die Kirche in systematischer Hinsicht? (Erarbeiten Sie eine Grafik dazu!)
2) Wie ist Kirchengründung zu verstehen: Hat Jesus die Kirche explizit gegründet? Was ereignet sich an Pfingsten?
3) Wie lässt sich die verstörende Hinfälligkeit der Kirche auf so vielen Ebenen systematisch verständlich machen?
4) Geben Sie einen Überblick über verschiedene Kirchenbilder und erläutern Sie, was sie jeweils besonders gut zur Geltung bringen bzw. weniger gut erhellen!

5) Erläutern Sie, in welchem Sinne die Kirche eine, heilig, katholisch und apostolisch ist! Stellen Sie zugleich die Grundvollzüge der Kirche dar!
6) Erläutern Sie das Infallibilitätsdogma: Was bedeutet Unfehlbarkeit?
E Suchen Sie realsymbolische Konstellationen in ihrem lebensweltlichen Kontext: Wo gibt es Performanzen (der Zuwendung), die realisieren, was sie bezeichnen?

Set 16: Heil performen?

1) Erklären Sie in eigenen Worten, was ein Sakrament ist und in welchem Sinn die Kirche als Sakrament bezeichnet werden kann.
2) Skizzieren Sie die Sakramententheologie des Augustinus. Nehmen Sie dabei lose Bezug auf seine Theorie der Erbsünde in 10.2.2b (um zu erhellen, warum spezifische Zeichen der Liebe Gottes nötig werden) und stellen Sie drei prägende Motive dar!
3) Skizzieren Sie Transformationen der Sakramententheologie in der mittelalterlichen Theologie; erläutern Sie dabei die *Gültigkeit, Erlaubtheit, Wirksamkeit* und *Notwendigkeit* von Sakramenten – was sollen die Reflexionen darauf jeweils sicherstellen, was wird dabei strukturell weniger belichtet?
4) Erläutern Sie sakramententheologische Aufbrüche des 20. Jh. und klären Sie dabei den Begriff des Realsymbols (im Rekurs auf neue, eigene Beispiele) sowie das Konzept der Ubiquität der Gnade!
5) Stellen Sie klassische Lehre der Transsubstantiation in Grundzügen dar, erklären Sie ihre Plausibilitätsverluste in der Moderne und wie aktuell versucht wird, sie in einer Ontologie der Artefakte neu zu plausibilisieren!
E Schreiben Sie 16.3.3 vollständig neu, indem sie mit neuen, frischeren, besseren Beispielen und Illustrationen darstellen, was die Rede von der performativen Dimension christlichen Glaubens meint!
E Entwickeln Sie eine Art neues Sakrament, d. h. ein Realsymbol der Liebe Gottes, das da situiert ist, wo Menschen *heute* die unbändige Feier der Zuwendung Gottes in besonderer Weise nötig haben!

Set 17: Heillos zerstritten?

1) Stellen Sie die Geschichte der ökumenischen Bewegung dar und erläutern Sie die Position der katholischen Kirche im Lauf des 20. Jh. dazu!
2) Erläutern Sie die Position Martin Luthers zur Rechtfertigung: Machen Sie sie so stark wie möglich und nutzen Sie möglichst aussagekräftige Beispiele für die leitende Intuition!

3) Skizzieren Sie die Anfragen der katholischen Tradition an Luthers Konzept der Rechtfertigung: Machen Sie diese so stark wie möglich und verwenden Sie möglichst aussagekräftige Beispiele! Stellen Sie die Position des Tridentinums sowie den gegenwärtigen Stand des ökumenischen Gesprächs in dieser Frage dar!
4) Lesen Sie die *Gemeinsame Erklärung zur Rechtfertigungslehre*. Wie kommt diese gemeinsame Erklärung zustande: Was sind tragende Argumente, was ist die leitende hermeneutische Einstellung?
5) Liefern Sie einen Überblick über die theologischen Themenfelder und Differenzen im Bereich des Amts!
E Sammeln Sie Beispiele, in denen Sie sich mit guten Freund*innen in stabilen Dissensen befinden! Gibt es eine klassische Struktur solcher Fälle, wie gehen Sie damit um? Was sind Kennzeichen eines rationalen Umgangs damit?

Set 18: Heil monopolisieren?

1) Mit welchen Fragen und Problemen beschäftigt sich eine Theologie der Religionen? Was ist ihr Schlüsselproblem und welche religionstheologischen Positionen werden in der Regel unterschieden? (Zusatz: Bringen Sie diese Positionen in 140 oder 280 Zeichen auf den Punkt!)
2) Was besagt der religionstheologische Exklusivismus und welche Spielarten sind zu unterscheiden? Welche Modifikationen werden aus welchen Wahrnehmungen heraus theologiegeschichtlich diskutiert? Erläutern Sie dabei inbesondere, was den Inklusivismus von einem gemäßigten Exklusivismus unterscheidet!
3) Rekonstruieren Sie Rahners Theorie des anonymen Christentums! Welche Vorteile bietet sie, welche Probleme lauern hier, wo wird sie kritisiert? (Wie überzeugend ist die Position, wie plausibel die Kritik Ihrer Einschätzung nach?)
4) Welche religionstheologische Position vertritt die katholische Kirche? Stellen Sie diese Position und etwaige Anfragen daran dar!
5) Stellen Sie die pluralistische Position am Beispiel John Hicks dar! Rekonstruieren Sie exemplarische kritische Anfragen!
6) Wie setzt die komparative Theologie an? Aus welchen Gründen halten Sie diese Alternative für überzeugend/nicht-überzeugend?
E Notieren Sie für sich einen Tag lang, wo Sie im Umgang mit anderen Menschen und Positionen exklusivistische, inklusivistische oder pluralistische Denk- und Deutungsmuster nutzen. Welche Zuordnung überwiegt? Ist die Differenzierung hilfreich, um Ihre Beziehung zu anderen aufzuschlüsseln?

Set 19: Leben erhoffen?

1) Was besagt *Rahners Razor*? Verwenden Sie dieses hermeneutische Prinzip und erklären Sie, was unter dieser Prämisse die Rede vom *Purgatorium* meint!
2) Stellen Sie dar, warum und auf welche Weise Johann Baptist Metz die apokalyptische Dimension des christlichen Glaubens profiliert! Versuchen Sie auf dieser Basis zu erhellen, was *Gericht* meint!
3) Stellen Sie a) die *Ganztodhypothese* oder b) die *Endentscheidungshypothese* in ihren Stärken dar und kritisieren Sie diese anschließend!
4) Erläutern Sie die These von der *Auferstehung im Tod*, stellen Sie Argumente und Gegenargumente dar und beziehen Sie selbst Position: Welche der beiden Alternativen erachten Sie aus welchen Gründen für plausibel/plausibler?
5) Erläutern Sie, was christlich a) mit *Gericht* oder b) mit *Purgatorium* gemeint ist; nehmen Sie dabei jeweils auf neuere Diskussionen Bezug und stellen Sie jeweils Bezüge zum Theodizee-Diskurs her!
6) Erläutern Sie, was christlich für und gegen die Existenz der Hölle spricht! Erläutern Sie dabei Hans Urs von Balthasars Überlegungen zu einer *Theologie des Karsamstags*!
7) Entwickeln Sie eine Grafik mit erläuternden Infoboxen zu jenen zehn eschatologischen Dimensionen, die verstreut in der Darstellung von Gericht, Purgatorium, Hölle und Himmel vorkommen!
E Schreiben Sie einen Essay zur Frage, was für Sie Himmel bedeutet!

Set 20: Theorietheorien entwickeln?

1) Stellen Sie ein Raster vor, wie sich systematisch-theologische Ansätze schematisch strukturieren lassen! Ordnen Sie einen theologischen Ansatz Ihrer Wahl in dieses Raster ein und begründen Sie Ihre Verortung.
2) Stellen Sie einen systematisch-theologischen Ansatz dar und klären Sie a) in welchem Paradigma er aus welchen Gründen denkt und b) welchen Begründungsanspruch er im Gegensatz zu anderen Ansätzen erhebt.
3) Legen Sie dar, wo Sie Ihr eigenes theologisches Denken verorten würden!
E Recherchieren Sie fundamentaltheologische Ansätze von *drei Theologinnen* und tragen Sie ihn in das vorgegebene Raster ein!
E Recherchieren Sie fundamentaltheologische Ansätze aus *nicht-europäischen* Kontexten, tragen Sie sie in das vorgegebene Raster ein und erläutern Sie, ob und in welcher Hinsicht der kulturelle, gesellschaftliche o.a. Hintergrund einer theologischen Position im Diskurs relevant sein kann!

Zusätze

E Schreiben Sie für ein imaginäres Kapitel 21 „Profile schärfen?" einen Abschnitt zum theologischen Profil des Augustinus; greifen Sie auf alle relevanten Passagen zu ihm in diesem Buch zurück und nutzen Sie weitere Sekundärliteratur, um ein Profil seines theologischen Denkens zu skizzieren.

E Schreiben Sie für ein imaginäres Kapitel 21 „Profile schärfen?" einen Abschnitt zum theologischen Profil des Thomas; greifen Sie auf alle relevanten Passagen zu ihm in diesem Buch zurück und nutzen Sie weitere Sekundärliteratur, um ein Profil seines theologischen Denkens zu skizzieren.

E Eignen Sie sich Grundzüge des Denkens der evangelischen Theologin Dorothee Sölle *oder* des evangelischen Theologen Karl Barth an und schreiben Sie für ein imaginäres Kapitel 21 „Profile schärfen?" einen Abschnitt zu ihrem bzw. seinem theologischen Profil.

E Entwickeln Sie eine kleine *Harmatologie*, i. e. eine „Lehre" von der Sünde, indem Sie relevante Auskünfte dazu im Buch sichten und nach eigenen Gesichtspunkten zusammenstellen: Was kann sinnvoll unter Sünde verstanden werden?

E Entwickeln Sie eine kleine theologische *Anthropologie*, i. e. eine „Lehre" vom Menschen in theologischer Perspektive, indem Sie zuerst alle relevanten, größeren Positionen im Buch sichten (etwa: Augustinus, Thomas, Luther, Rahner, Pröpper u. a.), sortieren und dann nach eigenen Gesichtspunkten zusammenstellen: Wie wird hier jeweils Menschsein verstanden? Welche Perspektiven fehlen Ihnen, welche würden Sie selbst einbringen?

E Schreiben Sie für ein Kapitel Ihrer Wahl bessere Leitfragen!

E Im Buch verstreut finden sich *sieben Regeln theologischen Nachdenkens* (4.3.3 a; 6.4.3; 8.6.3; 11.4.3; 15.3; 17.3.3; 19.5). Tragen Sie diese alle zusammen, formulieren Sie sie in eigenen Worten nochmals und entwickeln Sie für sich eine gut begründete Hierarchie. Streichen Sie dann die unwichtigste davon. Alternativ: Erweitern Sie dieses Set um drei weitere Regeln; greifen Sie dazu auf eigene Erfahrungen zurück oder nutzen Sie Interviews mit für Sie relevanten Personen.

Literaturverzeichnis

Vorbemerkungen

Es ist sinnvoll, dem Literaturverzeichnis einige Hinweise zu Literatur, Zitation und Textgestaltung voranzuschicken. a) Bei *Singular- oder Pluralformen* folgt der Text keiner einheitlichen Regelung, weibliche und männliche Varianten stehen eher unregelmäßig nebeneinander. b) *Zitate* aus Texten mit sog. alter Rechtschreibung wurden an die neueren Vorgaben angeglichen; in älteren Übersetzungen wurden mitunter dezente Adaptionen zugunsten besserer Lesbarkeit vorgenommen. Eckige Klammern in Zitaten sind, wenn nicht anders angegeben, Einfügungen des Autors *dieser* Arbeit; dasselbe gilt für Auslassungen, die mit drei Punkten markiert sind. c) *Leichte Einrückungen* und ein kleinerer Schrifttyp markieren (wo es sich nicht um Zitate handelt) Überlegungen und Darstellungen, die eher erörternden Charakter haben, während der eigentliche Gedankengang in Normalform formatiert ist. d) *Literaturangaben* sind stets in Kurzform notiert: Quellen mit lehramtlichem Charakter mit den üblichen Kürzeln, Quellen der Theologie- und Philosophiegeschichte mit einem Kurztitel und allgemeine Literatur mit Jahresangabe. Stellen aus der Heiligen Schrift werden (falls nicht anders angegeben) in der revidierten Einheitsübersetzung von 2016 zitiert. e) *Online verfügbare Ausgaben* werden nicht immer, aber oftmals zitiert, um so die leichtere Zugänglichkeit für eigene Lektüren zu erhöhen. Links zu Online-Quellen konnten nur bis zum Zeitpunkt der Publikation eingesehen werden; auf spätere Veränderungen kann kein Einfluss genommen werden, weshalb eine Haftung etc. dafür ausgeschlossen ist. f) Die häufige *Wir-Formulierung* will anzeigen, dass man schreibend, lesend und denkend *gemeinsam* auf dem Weg ist; sie soll zugleich auch Pascals Mahnung beherzigen, dass Autoren „lieber ‚unser Buch, unser Kommentar, unsere Geschichte usw.' sagen [sollten], da meist mehr des Guten anderer als von ihnen darin steht" (Pensées, Nr. 43). Das trifft auch auf dieses Buch zu, das folgende Literaturverzeichnis ist nur ein kleiner Beleg dafür.

Quellen mit lehramtlichem Charakter

DH = Denzinger, Heinrich, Kompendium der Glaubensbekenntnisse und kirchlichen Lehrentscheidungen, verbessert, erweitert und unter Mitarbeit von Helmut Hoping herausgegeben von Peter Hünermann, Freiburg/Basel/Wien ^{42}2009.

Dokumente des Zweiten Vatikanischen Konzils, in: Der Heilige Stuhl, verfügbar unter: http://www.vatican.va/archive/hist_councils/ii_vatican_council/index_ge.htm, zuletzt geprüft am 19.09.2019.

- DV = Dogmatische Konstitution „Dei verbum" über die göttliche Offenbarung, zitiert nach: http://www.vatican.va/archive/hist_councils/ii_vatican_council/documents/vat-ii_const_19651118_dei-verbum_ge.html
- GS = Pastorale Konstitution „Gaudium et spes" über die Kirche in der Welt von heute, zitiert nach: http://www.vatican.va/archive/hist_councils/ii_vatican_council/documents/vat-ii_const_19651207_gaudium-et-spes_ge.html
- LG = Dogmatische Konstitution „Lumen gentium" über die Kirche, zitiert nach: http://www.vatican.va/archive/hist_councils/ii_vatican_council/documents/vat-ii_const_19641121_lumen-gentium_ge.html
- NA = Erklärung „Nostra aetate" über das Verhältnis der Kirche zu den nichtchristlichen Religionen, zitiert nach: http://www.vatican.va/archive/hist_councils/ii_vatican_council/documents/vat-ii_decl_19651028_nostra-aetate_ge.html
- UR = Dekret „Unitatis redintegratio" über den Ökumenismus, zitiert nach: http://www.vatican.va/archive/hist_councils/ii_vatican_council/documents/vat-ii_decree_19641121_unitatis-redintegratio_ge.html

Benedikt XVI., Spe salvi = Benedikt XVI., Enzyklika „Spe salvi" an die Bischöfe, an die Priester und Diakone, an die gottgeweihten Personen und an alle Christgläubigen über die christliche Hoffnung, 30. November 2007, in: Der Heilige Stuhl, verfügbar unter http://w2.vatican.va/content/benedict-xvi/de/encyclicals/documents/hf_ben-xvi_enc_20071130_spe-salvi.html, zuletzt geprüft am 19.07.2019.

Franziskus, Evangelii gaudium = Franziskus, Nachsynodales Apostolisches Schreiben „Evangelii gaudium" des Heiligen Vaters Papst Franziskus an die Bischöfe, an die Priester und Diakone, an die Personen des geweihten Lebens und an die christgläubigen Laien über die Verkündigung des Evangeliums in der Welt von heute, 24. November 2013, in: Der Heilige Stuhl, verfügbar unter: http://w2.vatican.va/content/francesco/de/apost_exhortations/documents/papa-francesco_esortazione-ap_20131124_evangelii-gaudium.html, letzte Aktualisierung am 26.11.2013, zuletzt geprüft am 25.04.2019.

GER = Gemeinsame Erklärung zur Rechtfertigungslehre des Lutherischen Weltbundes und der Katholischen Kirche, in: Der Heilige Stuhl, verfügbar unter: http://www.vatican.va/roman_curia/pontifical_councils/chrstuni/documents/rc_pc_chrstuni_doc_31101999_cath-luth-joint-declaration_ge.html, zuletzt geprüft am 19.09.2019.

Johannes XXIII., Pacem in terris = Johannes XXIII., Enzyklika „Pacem in terris" an die ehrwürdigen Brüder, die Patriarchen, Primaten, Erzbischöfe, Bischöfe und die anderen Oberhirten, die in Frieden und Gemeinschaft mit dem Apostolischen Stuhl leben, an den Klerus und die Christgläubigen des ganzen Erdkreises sowie an alle Menschen guten Willens über den Frieden unter allen Völkern in Wahrheit, Gerechtigkeit, Liebe und Freiheit, 11. April 1963, in: Der Heilige Stuhl, verfügbar unter: http://w2.vatican.va/content/john-xxiii/de/encyclicals/documents/hf_j-xxiii_enc_11041963_pacem.html, zuletzt geprüft am 19.09.2019.

Johannes Paul II., Fides et ratio = Johannes Paul II., Enzyklika „Fides et ratio" an die Bischöfe der katholischen Kirche über das Verhältnis von Glaube und Vernunft, 14. September 1998, in: Der Heilige Stuhl, verfügbar unter: http://w2.vatican.va/content/john-paul-ii/de/encyclicals/documents/hf_jp-ii_enc_14091998_fides-et-ratio.html, zuletzt geprüft am 13.08.2019.

Johannes Paul II., Evangelium Vitae = Johannes Paul II., Enzyklika „Evangelium Vitae" an die Bischöfe, Priester und Diakone, die Ordensleute und Laien sowie an alle Menschen guten Willens über den Wert und die Unantastbarkeit des menschlichen Lebens, 25. März 1995, in: Der Heilige Stuhl, verfügbar unter: http://w2.vatican.va/content/john-paul-ii/de/encyclicals/documents/hf_jp-ii_enc_25031995_evangelium-vitae.html, zuletzt geprüft am 25.04.2019.

Johannes Paul II., Ut unum sint = Johannes Paul II., Enzyklika „Ut unum sint" über den Einsatz für die Ökumene, 25. Mai 1995, in: Der Heilige Stuhl, verfügbar unter: http://w2.vatican.va/content/john-paul-ii/de/encyclicals/documents/hf_jp-ii_enc_25051995_ut-unum-sint.html, zuletzt geprüft am 19.09.2019.

Pius XII., Mystici corporis = Pius XII., Enzyklika „Mystici Corporis Christi" an die ehrwürdigen Brüder, die Patriarchen, Primaten, Erzbischöfe, Bischöfe und die anderen Oberhirten, die in Frieden und Gemeinschaft mit dem Apostolischen Stuhle leben, über den mystischen Leib Jesu Christi, 29. Juni 1943, in: Der Heilige Stuhl, verfügbar unter: http://w2.vatican.va/content/pius-xii/de/encyclicals/documents/hf_p-xii_enc_29061943_mystici-corporis-christi.html, zuletzt geprüft am 19.09.2019.

Pius XI., Mortalium animos = Pius XI., Litterae Encyclicae „Mortalium animos" ad rr. dd. Patriarchas, Primates, Archiepiscopos, Episcopos, aliosque locorum Ordinarios pacem et communionem cum Apostolica Sede habentes, de vera religionis unitate fovenda, 6. Jänner 1928, in: Der Heilige Stuhl, lateinisch verfügbar unter: http://w2.vatican.va/content/pius-xi/la/encyclicals/documents/hf_p-xi_enc_19280106_mortalium-animos.html, zuletzt geprüft am 19.09.2019. – Eigene Übersetzung.

Kongregation für die Glaubenslehre, Dominus Iesus = Kongregation für die Glaubenslehre „Dominus Iesus" über die Einzigkeit und die Heilsuniversalität Jesu Christi und der Kirche, 6. August 2000, in: Der Heilige Stuhl, verfügbar unter: http://www.vatican.va/roman_curia/congregations/cfaith/documents/rc_con_cfaith_doc_20000806_dominus-iesus_ge.html, zuletzt geprüft am 19.09.2019.

Kongregation für die Glaubenslehre, Schreiben der Kongregation für die Glaubenslehre zu einigen Fragen der Eschatologie vom 17. Mai 1979, hg. vom Sekretariat der Deutschen Bischofskonferenz, in: Deutsche Bischofskonferenz, verfügbar unter https://www.dbk-shop.de/media/files_public/dbwebew pmp/DBK_211.pdf, zuletzt geprüft am 19.07.2019.

Quellen der Theologie- und Philosophiegeschichte

Anselm, Cdh = Anselm von Canterbury, Cur deus homo. Warum Gott Mensch geworden. Lateinisch und deutsch, besorgt u. übers. von Franciscus Salesius Schmitt, Darmstadt 1956.

Anselm, Monologion = Anselm von Canterbury, Monologion, in: ders., Monologion. Proslogion. Die Vernunft und das Dasein Gottes. Deutsch-lateinische Ausgabe übersetzt, eingeleitet und erläutert von Rudolf Allers, Köln 1966, 11–190.

Anselm, Proslogion = Anselm von Canterbury, Proslogion, in: ders., Monologion. Proslogion. Die Vernunft und das Dasein Gottes. Deutsch-lateinische Ausgabe übersetzt, eingeleitet und erläutert von Rudolf Allers, Köln 1966, 191–243.

Aristoteles, Metaphysik = Aristoteles, Metaphysik. Nach der Übersetzung von Hermann Bonitz, bearbeitet von Horst Seidl (Philosophische Schriften in sechs Bänden, Bd. 5), Hamburg 1995.

Athanasius, Contra Gentes = Athanasius, Gegen die Heiden (Contra Gentes), in Übersetzung online auf: https://www.unifr.ch/bkv/buch141.htm, auf Basis von: ders., Ausgewählte Schriften Band 2. Aus dem Griechischen übersetzt von Anton Stegmann und Hans Mertel (BKV, 1. Reihe, Band 31), München 1917, 531–601.

Athanasius, De incarnatione = Athanasius, Über die Menschwerdung des Logos und dessen leibliche Erscheinung unter uns (De incarnatione Verbi), in Übersetzung online auf: https://www.unifr.ch/bkv/buch142.htm, auf Basis von: ders., Ausgewählte Schriften Band 2. Aus dem Griechischen übersetzt von Anton Stegmann und Hans Mertel (BKV, 1. Reihe, Band 31), München 1917, 602–676.

Athanasius, Epistula I ad Serapionem = Athanasius, Epistula I ad Serapionem, in: ders., Epistulae I–IV ad Serapionem. Edition besorgt von Kyriakos Savvidis (Athanasius Werke I/1. Die Dogmatischen Schriften, 4. Lfg.), hg. von Dietmar Wyrwa, Berlin/New York 2010, 447–534. – Eigene Übersetzung.

Augustinus, De doctrina Christiana = Augustinus, De doctrina Christiana libri quatuor, online auf: https://www.augustinus.it/latino/dottrina_cristiana/index.htm, auf Basis von: Augustinus, Opera Omnia III/1 = PL 34 (Patrologiae Cursus Completus, Series Latina, hg. von Jacques-Paul Migne), Paris 1865, 16–122. – Eigene Übersetzung.

Augustinus, De civitate Dei = Augustinus, Der Gottesstaat. De civitate Dei. Lateinisch-Deutsch, in zwei Bänden, hg. und übersetzt von Carl Johann Perl, Paderborn u. a. 1979.

Augustinus, Confessiones = Augustinus, Bekenntnisse. Zweisprachige Ausgabe. Eingeleitet, übersetzt und erläutert von Joseph Bernhart, mit einem Vorwort von Ernst Ludwig Grasböck, Frankfurt a. M. 1987.

Augustinus, Enchiridion = Augustinus, Das Handbüchlein. De Fide, Spe et Charitate. Übertragen und erläutert von Paul Simon, Paderborn u. a. ²1962.

Augustinus, Epistula 89 bzw. 102 = Augustinus, Epistolae, online auf: https://www.augustinus.it/latino/lettere/index.htm, auf Basis von: Augustinus, Opera Omnia II = PL 33 (Patrologiae Cursus Completus, Series Latina, hg. von Jacques-Paul Migne), Paris 1902. – Eigene Übersetzung.

Augustinus, In Evangelium Ioannis Tractatus = Augustinus, In Evangelium Ioannis Tractatus centum viginti quatuor, online auf: https://www.augustinus.it/latino/commento_vsg/index.htm, auf Basis von: Augustinus, Opera Omnia III/2 = PL 35 (Patrologiae Cursus Completus, Series Latina, hg. von Jacques-Paul Migne), Paris 1864, 1379–1976. – Eigene Übersetzung.

Augustinus, Sermo 52, 68, 169 bzw. 227 = Augustinus, Sermones, online auf: https://www.augustinus.it/latino/discorsi/index2.htm, auf Basis von: Augustinus, Opera Omnia V/1 = PL 38 (Patrologiae Cursus Completus, Series Latina, hg. von Jacques-Paul Migne), Paris 1865. – Eigene Übersetzung.

Augustinus, De trinitate = Augustinus, De trinitate libri quindecim, online auf: https://www.augustinus.it/latino/trinita/index.htm, auf Basis von: Augustinus, Opera Omnia VIII = PL 42 (Patrologiae Cursus Completus, Series Latina, hg. von Jacques-Paul Migne), Paris 1865, 819–1098. – Eigene Übersetzung.

Bacon, Instauratio = Bacon, Francis, Instauratio Magna. Große Erneuerung der Wissenschaften, in: Neues Organon. Teilband 1, hg. von Wolfgang Krohn, Hamburg 1990, 2–67.

Bernhard von Clairvaux, Epistula 338 = Bernhard von Clairvaux, Epistula 338, in: ders., Opera Omnia I = PL 182 (Patrologiae Cursus Completus, Series Latina, hg. von Jacques-Paul Migne), Paris 1879, 542–544.

Büchner, Dantons Tod = Büchner, Georg, Dantons Tod. Ein Drama, in: ders., Werke und Briefe, hg. von Werner R. Lehmann, München 1980, 7–68.

Boethius, De consolatione philosophiae = Boethius, Trost der Philosophie. Übersetzt und herausgegeben von Karl Büchner, mit einer Einführung von Friedrich Klingner, Stuttgart ²2016.

Bonaventura, Sent. III = Bonaventura, In Tertium Librum Sententiarum (Opera Omnia, Bd. 3), ediert vom Collegium des Hl. Bonaventura, Quaracchi 1887.

Cusanus, Das Nicht-Andere = von Kues, Nikolaus, Das Nicht-Andere, in: ders., Philosophisch-theologische Schriften (Band 2), hg. von Leo Gabriel, übersetzt und kommentiert von Dietlind und Wilhelm Dupré, Wien 1966, 443–565.

Cusanus, De principio = von Kues, Nikolaus, Tu quis es (De principio). Über den Ursprung. Lateinisch-Deutsch, neu übersetzt, eingeleitet und mit Anmerkungen herausgegeben von Karl Bormann, Hamburg 2001.

Cusanus, Sermo 126 = von Kues, Nikolaus, Tu es Petrus (Sermo 126), in: ders., Opera Omnia XVIII. Sermones III (1452–1455), Fasciculus 1: Sermones 122–140, hg. von Rudolf Haubst und Heinrich Pauli, Hamburg 1995. – Eigene Übersetzung.

Cyprian von Karthago, De dominica oratione = Cyprian von Karthago, Über das Gebet des Herrn (De dominica oratione), in Übersetzung online auf: http://www.unifr.ch/bkv/buch148.htm, auf Basis von: Des heiligen Kirchenvaters Caecilius Cyprianus sämtliche Schriften. Aus dem Lateinischen übersetzt von Julius Baer (BKV, 1. Reihe, Band 34), München 1918.

Descartes, Meditationes = Descartes, René, Meditationen über die Grundlagen der Philosophie. Auf Grund der Ausgaben von Artur Buchenau neu herausgegeben von Lüder Gäde, Hamburg 1993.

Didache = Die Didache. Mit kritischem Apparat, hg. von Hans Lietzmann, Berlin [6]1962. – Eigene Übersetzung.

Epiktet, Handbüchlein = Epiktet, Das Buch vom geglückten Leben. Aus dem Griechischen von Carl Conz; bearbeitet und mit einem Nachwort von Bernhard Zimmermann, München [10]2017.

Erasmus von Rotterdam, De libero arbitrio = Erasmus von Rotterdam, Vom freien Willen, hg. von Otto Schumacher, Göttingen [6]1988.

Eutyches, Synode von 448 = Eutyches, Sitzungsprotokoll der endemischen Synode von 448, in: Ohlig, Karl-Heinz (Hg.), Christologie 1. Von den Anfängen bis zur Spätantike (Texte zur Theologie Dogmatik 4,1), Graz/Wien/Köln 1989, 191–193.

Feuerbach, Wesen des Christentums = Feuerbach, Ludwig, Das Wesen des Christenthums (Sämtliche Werke 6), hg. von Wilhelm Bolin, Stuttgart-Bad Cannstatt [2]1960.

Feuerbach, Wesen der Religion = Feuerbach, Ludwig, Das Wesen der Religion. Ergänzungen und Erläuterungen, in: ders., Erläuterungen und Ergänzungen zum Wesen des Christenthums (Sämtliche Werke 7), hg. von Wilhelm Bolin, Stuttgart-Bad Cannstatt [2]1960, 390–520.

Freud, Neue Folge = Freud, Sigmund, Neue Folge der Vorlesungen zur Einführung in die Psychoanalyse (1933), in: ders., Studienausgabe 1. Vorlesungen zur Einführung in die Psychoanalyse und Neue Folge (Conditio humana), hg. von Alexander Mitscherlich, Frankfurt a. M. 1969, 586–608.

Freud, Zwangshandlungen = Freud, Sigmund, Zwangshandlungen und Religionsausübungen (1907), in: ders., Studienausgabe 7. Zwang, Paranoia und Perversion (Conditio humana), hg. von Alexander Mitscherlich, Frankfurt a. M. 1973, 13–21.

Freud, Zukunft einer Illusion = Freud, Sigmund, Die Zukunft einer Illusion (1927), in: ders., Studienausgabe 9. Fragen der Gesellschaft, Ursprünge der Religion (Conditio humana), hg. von Alexander Mitscherlich, Frankfurt a. M. 1974, 139–189.

Gaunilo, Pro insipiente = Gaunilo, Quid ad haec respondeat quidam pro insipiente/Was jemand anstelle des Toren hierauf erwidern könnte, in: Anselm von Canterbury, Proslogion/Anrede. Lateinisch/deutsch, Stuttgart 2005, 76–89.

Gregor von Nazianz, Epistula 101 = Gregor von Nazianz, Epistula I ad Cledonium Presbyterum contra Apollinarum, in: ders., Opera Omnia III = PG 37 (Patrologiae Cursus Completus, Series Graeca, hg. von Jacques-Paul Migne), Paris 1862, 175–194. – Eigene Übersetzung.

Gregor von Nazianz, Oratio 31 = Gregor von Nazianz, Oratio 31, in: ders., Opera Omnia II = PG 36 (Patrologiae Cursus Completus, Series Graeca, hg. von Jacques-Paul Migne), Paris 1858, 133–172. – Eigene Übersetzung.

Hamann, Metakritik = Hamann, Johann G., Metakritik über den Purismus der Vernunft (1784), in: ders., Werke 3. Schriften über Sprache, Mysterien, Vernunft. 1772–1788, hg. von Josef Nadler, Wien 1951, 281–289.

Hegel, Geschichte = Hegel, Georg Wilhelm Friedrich, Vorlesungen über die Philosophie der Geschichte (Werke in zwanzig Bänden, Bd. 12), hg. von Eva Moldenhauer und Karl Markus Michel, Frankfurt a. M. 1970.

Hippolyt von Rom, Widerlegung aller Häresien = Hippolyt von Rom, Widerlegung aller Häresien (Refutatio omnium haeresium), in Übersetzung online auf: https://www.unifr.ch/bkv/buch76.htm, auf Basis von: Des heiligen Hippolytus von Rom – Widerlegung aller Häresien. Aus dem Griechischen übersetzt von Graf Konrad Preysing (BKV, 1. Reihe, Band 40), München 1922.

Hugo von St. Viktor, De sacr. = Hugo von St. Viktor, De Sacramentis Christianae fidei, in: ders., Opera Omnia II = PL 176 (Patrologiae Cursus Completus, Series Latina, hg. von Jacques-Paul Migne), Paris 1854, 173–618. – Eigene Übersetzung.

Hume, Untersuchung = Hume, David, Eine Untersuchung über den menschlichen Verstand. Übersetzt von Raoul Richter, mit einer Einführung herausgegeben von Manfred Kühn, Hamburg 2015.

Ignatius, Epistola n. 1854 = Ignatius von Loyola, Epistola Patri Antonio Brandano (n. 1854), in: Monumenta Historica Societatis Iesu, Series Prima: S. Ignatii de Loyola Soc. Jesu fundatoris Epistolae et Instructiones 3 (1550–1551), Madrid 1905, 506–513.

Ignatius, Exerzitien = Ignatius von Loyola, Die Exerzitien (Christliche Meister 45), hg. von Hans Urs von Balthasar, Einsiedeln/Freiburg i. Br. [11]1993.

Irenäus von Lyon, Contra Haereses = Irenäus von Lyon, Gegen die Häresien (Contra Haereses), in Übersetzung online auf: http://www.unifr.ch/bkv/buch 62.htm, auf Basis von: Des heiligen Irenäus fünf Bücher gegen die Häresien. Aus dem Griechischen übersetzt von E. Klebba (BKV, 1. Reihe, Band 3), München 1912.

James, Pragmatismus und Religion = James, William, Der Pragmatismus. Ein neuer Name für alte Denkmethoden, Hamburg ²1994.

James, Will to Believe = James, William, The Will to Believe, in: ders., The Will to Believe. Essays in Popular Philosophy, New York u. a. 1919, 1–31.

James, Dilemma = James, William, The Dilemma of Determinism, in: ders., The Will to Believe. Essays in Popular Philosophy, New York u. a. 1919, 145–183.

Justin der Märtyrer, Zweite Apologie = Justin der Märtyrer, Zweite Apologie, in Übersetzung online auf: https://www.unifr.ch/bkv/buch22.htm, auf Basis von: Frühchristliche Apologeten und Märtyrerakten, Band I (BKV, 1. Reihe, Band 12), München 1913, 139–155.

Justin der Märtyrer, Dialog = Justin der Märtyrer, Dialog mit dem Juden Tryphon, in Übersetzung online auf: https://www.unifr.ch/bkv/buch43.htm, auf Basis von: ders., Dialog; Pseudo-Justinus, Mahnrede. Aus dem Griechischen übersetzt von Philipp Hauser (BKV, 1. Reihe, Band 33), Kempten/München 1917, 1–231.

Kant, Anthropologie = Kant, Immanuel, Anthropologie in pragmatischer Absicht, in: ders., Schriften zur Anthropologie, Geschichtsphilosophie, Politik und Pädagogik. Zweiter Teil (Werke in 10 Bänden, Bd. 10), hg. von Wilhelm Weischedel, Darmstadt 1981, 395–690.

Kant, GMS = Kant, Immanuel, Grundlegung zur Metaphysik der Sitten, in: ders., Schriften zur Ethik und Religionsphilosophie. Erster Teil (Werke in 10 Bänden, Bd. 6), hg. von Wilhelm Weischedel, Darmstadt 1981, 7–102.

Kant, KdU = Kant, Immanuel, Kritik der Urteilskraft, in: ders., Kritik der Urteilskraft und Schriften zur Naturphilosophie (Werke in 10 Bänden, Bd. 8), hg. von Wilhelm Weischedel, Darmstadt 1981, 233–620.

Kant, KpV = Kant, Immanuel, Kritik der praktischen Vernunft, in: ders., Schriften zur Ethik und Religionsphilosophie. Erster Teil (Werke in 10 Bänden, Bd. 6), hg. von Wilhelm Weischedel, Darmstadt 1981, 103–304.

Kant, KrV = Kant, Immanuel, Kritik der reinen Vernunft (Werke in 10 Bänden, Bd. 3 und 4), hg. von Wilhelm Weischedel, Darmstadt 1981.

Kant, Prolegomena = Kant, Immanuel, Prolegomena zu einer jeden künftigen Metaphysik, die als Wissenschaft wird auftreten können, in: ders., Schriften zur Metaphysik und Logik (Werke in 10 Bänden, Bd. 5), hg. von Wilhelm Weischedel, Darmstadt 1981, 109–264.

Kant, Religion = Kant, Immanuel, Religion innerhalb der Grenzen der bloßen Vernunft, in: ders., Schriften zur Ethik und Religionsphilosophie. Zweiter Teil (Werke in zehn Bänden, Bd. 7), hg. v. Wilhelm Weischedel, Darmstadt 1981, 645–879.

Kant, Streit = Kant, Immanuel, Der Streit der Fakultäten, in: ders., Schriften zur Anthropologie, Geschichtsphilosophie, Politik und Pädagogik. Erster Teil (Werke in 10 Bänden, Bd. 9), hg. von Wilhelm Weischedel, Darmstadt 1981, 261–393.

Kant, Träume = Kant, Immanuel, Träume eines Geistsehers, erläutert durch Träume der Metaphysik, in: ders., Vorkritische Schriften bis 1768. Zweiter Teil (Werke in 10 Bänden, Bd. 2), hg. von Wilhelm Weischedel, Darmstadt 1981, 919–989.

Kierkegaard, Reflexionen = Kierkegaard, Sören, Reflexionen über Christentum und Naturwissenschaft, in: ders., Eine literarische Anzeige. (Gesammelte Werke, 17. Abt.), hg. von Emmanuel Hirsch und Hayo Gerdes, Gütersloh 1983, 123–140.

Laktanz, De ira Dei = Laktanz, Vom Zorne Gottes. Eingeleitet, herausgegeben, übertragen und erläutert von Heinrich Kraft und Antonie Wlostok (Texte zur Forschung, Bd. 4). 2., durchgesehene und ergänzte Auflage, Darmstadt 1971.

Laurentius von Brindisi, In Parasceve = Laurentius von Brindisi, Feria Sexta in Parasceve, in: ders., Opera Omnia VI: Quadragesimale tertium. A patribus min. Capuccinis Provinciae Venetae e textu originali nun primum in lucem edita notisque illustrata, Padua 1941, 684–726. – Eigene Übersetzung.

Leibniz, De rerum = Leibniz, Gottfried Wilhelm, Über den ersten Ursprung der Dinge (De rerum originatione radicali), in: ders., Fünf Schriften zur Logik und Metaphysik, übersetzt und herausgegeben von Herbert Herring, Stuttgart 1995, 35–45.

Leibniz, Monadologie = Leibniz, Gottfried Wilhelm, Monadologie. Französisch/Deutsch, übersetzt und herausgegeben von Hartmut Hecht, Stuttgart 1998.

Luther, De captivitate Babylonica/WA 6 = De captivitate Babylonica ecclesiae praeludium (1520), in: D. Martin Luthers Werke. Kritische Gesamtausgabe (WA 6), Weimar 1888, 484–573. – Eigene Übersetzung.

Luther, Taufe/WA 37 = Luther, Martin, Von der heiligen Taufe (1934). Predigten D. Mart. Luth. Nr. 73, in: ders., D. Martin Luthers Werke. Kritische Gesamtausgabe (WA 37), Weimar 1910, 627–672. – Eigene sprachliche Adaptierungen zur leichteren Lesbarkeit.

Luther, Vorrede/WA 54 = Vorrede zum ersten Band der Gesamtausgaben der lateinischen Schriften (1545), in: D. Martin Luthers Werke. Kritische Gesamtausgabe (WA 54), Weimar 1928, 176–187. – Eigene Übersetzung.

Luther, De servo arbitrio/WA 18 = De servo arbitrio (1525), in: D. Martin Luthers Werke. Kritische Gesamtausgabe (WA 18), Weimar 1908, 551–787. – Eigene Übersetzung.

Marx, Einleitung = Marx, Karl, Zur Kritik der Hegelschen Rechtsphilosophie. Einleitung, in: MEW 1, hg. vom Institut für Marxismus-Leninismus beim Zentralkomitee der SED. 13., überarbeitete Auflage, Berlin 1981, 378–391.

Nietzsche, Also sprach Zarathustra = Nietzsche, Friedrich, Kritische Gesamtausgabe (Werke) VI/1. Also sprach Zarathustra. Ein Buch für alle und keinen (Chemnitz 1883), hg. von Giorgio Colli und Mazzino Montinari, Berlin/New York 1968.

Nietzsche, Der Antichrist = Nietzsche, Friedrich, Der Antichrist. Fluch auf das Christenthum, in: ders., Kritische Gesamtausgabe (Werke) VI/3. Der Fall Wagner. Götzen-Dämmerung. Der Antichrist. Ecce homo. Dionysos-Dithyramben. Nietzsche contra Wagner, hg. von Giorgio Colli und Mazzino Montinari, Berlin/New York 1969, 163–252.

Nietzsche, Ursprung = Nietzsche, Friedrich, Vom Ursprung der Religion, in: ders., Kritische Gesamtausgabe (Werke) VIII/3. Nachgelassene Fragmente. Anfang 1888 bis Anfang Januar 1889, hg. von Giorgio Colli und Mazzino Montinari, Berlin/New York 1972, 97–98.

Nietzsche, Geschichte = Nietzsche, Friedrich, Zur Geschichte des Gottesbegriffs, in: ders., Kritische Gesamtausgabe (Werke) VIII/3. Nachgelassene Fragmente. Anfang 1888 bis Anfang Januar 1889, hg. von Giorgio Colli und Mazzino Montinari, Berlin/New York 1972, 321–325.

Nietzsche, Fröhliche Wissenschaft = Nietzsche, Friedrich, Die fröhliche Wissenschaft. Neue Ausgabe mit einem Anhange: Lieder des Prinzen Vogelfrei (1882), in: ders., Kritische Gesamtausgabe (Werke) V/2. Idyllen aus Messina. Die fröhliche Wissenschaft. Nachgelassene Fragmente. Frühjahr 1881 bis Sommer 1882, hg. von Giorgio Colli und Mazzino Montinari, Berlin/New York 1973, 11–335.

Nietzsche, Fragmente = Nietzsche, Friedrich, Kritische Gesamtausgabe (Werke) VIII/1. Nachgelassene Fragmente. Herbst 1885 bis Herbst 1887, hg. von Giorgio Colli und Mazzino Montinari, Berlin/New York 1974.

Origenes, Homiliae in Ezechielem = Origenes, Homiliae in Ezechielem, in: ders., Opera Omnia III = PG 13 (Patrologiae Cursus Completus, Series Graeca, hg. von Jacques-Paul Migne), Paris 1862, 663–768. – Eigene Übersetzung.

Origenes, Selecta in Ezechielem = Origenes, Selecta in Ezechielem, in: ders., Opera Omnia III = PG 13 (Patrologiae Cursus Completus, Series Graeca, hg. von Jacques-Paul Migne), Paris 1862, 767–826. – Eigene Übersetzung.

Origenes, princ. = Origenes, Über die Grundlehren der Glaubenswissenschaft (De principiis), in Übersetzung online auf: https://www.unifr.ch/bkv/buch439.htm, auf Basis von: ders., Über die Grundlehren der Glaubenswissenschaft. Wiederherstellungsversuch von Karl Fr. Schnitzer, Stuttgart 1835.

Pascal, Memorial = Pascal, Blaise, Das Memorial, in: ders., Über die Religion und über einige andere Gegenstände (Pensées), übertragen und herausgegeben von Ewald Wasmuth, Heidelberg ⁶1963, 248–249.

Pascal, Pensées = Pascal, Blaise, Über die Religion und über einige andere Gegenstände (Pensées), übertragen und herausgegeben von Ewald Wasmuth, Heidelberg ⁶1963.

Peirce, Neglected Argument = Peirce, Charles Sanders, Ein vernachlässigtes Argument für die Realität Gottes, in: ders., Religionsphilosophische Schriften. Übersetzung unter Mitarbeit von Helmut Maaßen, eingeleitet, kommentiert und herausgegeben von Hermann Deuser (Philosophische Bibliothek, Bd. 478), Hamburg 1995, 329–359.

Petrus Lombardus, Sent. = Petrus Lombardus, Sententiarum Libri Quatuor, in: ders., Opera Omnia II = PL 192 (Patrologiae Cursus Completus, Series Latina, hg. von Jacques-Paul Migne), Paris 1855, 519–964. – Eigene Übersetzung.

Plotin, Über das Eine = Plotin, Ausgewählte Schriften, hg., übers. und kommentiert von Christian Tornau, Stuttgart 2001.

Pseudo-Dionysius Areopagita, Von den Namen = Pseudo-Dionysius Areopagita, Von den Namen zum Unnennbaren (Sigillum 7), hg. von Endre von Ivánka, Einsiedeln ³1990.

Richard von Sankt-Viktor, Dreieinigkeit = Richard von Sankt-Victor, Die Dreieinigkeit (Christliche Meister 4), hg. von Hans Urs von Balthasar, Einsiedeln 1980.

Scotus, Lectura I = Johannes Duns Scotus, Lectura prol. – I, dist. 1–7 (Opera Omnia, Bd. 16), ediert von Karl Balić u. a., Città del Vaticano 1960. – Eigene Übersetzung.

Scotus, Ordinatio I = Johannes Duns Scotus, Ordinatio I, dist. 4–10 (Opera Omnia, Bd. 4), ediert von Karl Balić u. a., Città del Vaticano 1956. – Eigene Übersetzung.

Scotus, Ordinatio III = Johannes Duns Scotus, Ordinatio III, dist. 26–40 (Opera Omnia, Bd. 10), ediert von Barnaba Hechich u. a., Città del Vaticano 2007. – Eigene Übersetzung.

Tertullian, Adversus Praxean = Tertullian, Gegen Praxeas (Adversus Praxean), online auf: https://www.unifr.ch/bkv/buch84.htm, auf Basis von: Tertullians sämtliche Schriften. Aus dem Lateinischen übersetzt von Karl Adam Heinrich Kellner, Köln 1882, 508–558.

Thomas, De articulis fidei = Thomas von Aquin, De articulis Fidei et Ecclesiae sacramentis ad archiepiscopum Panormitanum, online auf: http://www.corpusthomisticum.org/oss.html, auf Basis von: Textum Taurini 1954 editum et automato translatum a Roberto Busa SJ in taenias magneticas denuo recognovit Enrique Alarcón atque instruxit. – Eigene Übersetzung.

Thomas, De ente = Thomas von Aquin, De ente et essentia/Das Seiende und das Wesen. Lateinisch/Deutsch. Übersetzt, kommentiert und herausgegeben von Franz Leo Beeretz, Stuttgart ³2008.

Thomas, ScG = Thomas von Aquin, Summa contra Gentiles (4 Bände), Darmstadt ²2005.

Thomas, STh = Thomas von Aquin, Summa Theologiae, online auf: http://www.corpus thomisticum.org/repedleo.html, auf Basis von: Opera omnia iussu Leonis XIII P. M. edita, IV–XII, Rom 1888–1906. – Eigene Übersetzung.

Thomas, STh Suppl. = Thomas von Aquin, Supplementum, in: ders., Summa Theologiae. Opera omnia iussu Leonis XIII P. M. edita, XII, Rom 1906. – Eigene Übersetzung.

Thomas, De pot. = Thomas von Aquin, Quaestiones disputatae de potentia, online auf: http://www.corpusthomisticum.org/qdp1.html, auf Basis von: Textum Taurini 1953 editum et automato translatum a Roberto Busa SJ in taenias magneticas denuo recognovit Enrique Alarcón atque instruxit. – Eigene Übersetzung.

Thomas, De ver. = Thomas von Aquin, Quaestiones disputatae de veritate, online auf: Zitiert nach: http://www.corpusthomisticum.org/qdv01.html, auf Basis von: Textum adaequatum Leonino 1972 edito ex plagulis de prelo emendatum ac translatum a Roberto Busa SJ in taenias magneticas denuo recognovit Enrique Alarcón atque instruxit. – Eigene Übersetzung.

Thomas, In Apost. = Thomas von Aquin, Expositio in Symbolum Apostolorum, online auf: http://www.corpusthomisticum.org/csv.html, auf Basis von: Textum Taurini 1954 editum et automato translatum a Roberto Busa SJ in taenias magneticas, denuo recognovit Enrique Alarcón atque instruxit. – Eigene Übersetzung.

Thomas, In Iob = Thomas von Aquin, Expositio super Iob ad litteram, online auf: http://www.corpusthomisticum.org/cio03.html, auf Basis von: Textum Leoninum Romae 1965 editum et automato translatum a Roberto Busa SJ in taenias magneticas denuo recognovit Enrique Alarcón atque instruxit. – Eigene Übersetzung.

Thomas, Super Sent. = Thomas von Aquin, Scriptum super Sententiis, online auf: http://www.corpusthomisticum.org/snp3001.html, auf Basis von: Textum Parmae 1858 editum et automato translatum a Roberto Busa SJ in taenias magneticas denuo recognovit Enrique Alarcón atque instruxit. – Eigene Übersetzung.

Thomas, Super I Cor. = Thomas von Aquin, Super I Epistolam B. Pauli ad Corinthios lectura (Reportatio vulgata), online auf: http://www.corpusthomisticum.org/c1v.html, auf Basis von: Textum Taurini 1953 editum et automato translatum a Roberto Busa SJ in taenias magneticas denuo recognovit Enrique Alarcón atque instruxit. – Eigene Übersetzung.

Wittgenstein, Grundlagen = Wittgenstein, Ludwig, Bemerkungen über die Grundlagen der Mathematik (Werkausgabe Band 6), Frankfurt a. M. 1984.

Wittgenstein, PU = Wittgenstein, Ludwig, Philosophische Untersuchungen, in: ders., Werkausgabe Band 1, Frankfurt a. M. 1984, 225–618.

Wittgenstein, TLP = Wittgenstein, Ludwig, Tractatus logico-philosophicus, in: ders., Werkausgabe Band 1, Frankfurt a. M. 1984, 7–85.

Wittgenstein, ÜG = Wittgenstein, Ludwig, Über Gewißheit, in: ders., Werkausgabe Band 8, Frankfurt a. M. 1984, 113–257.

Allgemeine Literatur

Andresen u. a. 2011 = Andresen, Carl u. a., Die christlichen Lehrentwicklungen bis zum Ende des Spätmittelalters (HDThG 1), bearbeitet von Adolf Martin Ritter, Göttingen 2011.

Arcade Fire 2013 = Arcade Fire, Reflektor, in: dies., Reflektor 2013 [Musikwerk].

Bachl 1980 = Bachl, Gottfried, Über den Tod und das Leben danach, Graz/Wien/Köln 1980.

Bachl 1985 = Bachl, Gottfried, Die Zukunft nach dem Tod, Freiburg i. Br./Basel/Wien 1985.

Bachl 2012 = Bachl, Gottfried, Wem gehört Jesus?, in: ders., Gott bewegt, hg. von Alois Halbmayr, Würzburg 2012, 55–67.

Bachmann-Medick 2006 = Bachmann-Medick, Doris, Cultural Turns. Neuorientierungen in den Kulturwissenschaften, Reinbek bei Hamburg 2006.

Balthasar 1960 = von Balthasar, Hans Urs, Umrisse der Eschatologie, in: ders., Verbum caro (Skizzen zur Theologie 1), Einsiedeln 1960, 276–300.

Balthasar 1966 = von Balthasar, Hans Urs, Cordula oder der Ernstfall (Kriterien 2), Einsiedeln 1966.

Balthasar 1974a = von Balthasar, Hans Urs, Eschatologie im Umriß, in: ders., Pneuma und Institution (Skizzen zur Theologie 4), Einsiedeln 1974, 410–455.

Balthasar 1974b = von Balthasar, Hans Urs, Über Stellvertretung, in: ders., Pneuma und Institution (Skizzen zur Theologie 4), Einsiedeln 1974, 401–409.

Balthasar 1983 = von Balthasar, Hans Urs, Theodramatik 4. Das Endspiel, Einsiedeln 1983.

Balthasar 1999 = von Balthasar, Hans Urs, Kleiner Diskurs über die Hölle. Apokatastasis (Neue Kriterien, 1). Neuausgabe, Einsiedeln/Trier 1999.

Barth 1981 = Barth, Karl, Fides quaerens intellectum. Anselms Beweis der Existenz Gottes im Zusammenhang mit seines theologischen Programms (1931), hg. von Eberhard Jüngel und Ingolf U. Dalferth (Karl Barth-Gesamtausgabe: II. Akademische Werke), Zürich 1981.

Benedikt XVI. 2007 = Benedikt XVI., Glaube, Vernunft und Universität. Erinnerungen und Reflexionen, in: Dohmen, Christoph (Hg.), Die „Regensburger Vorlesung" Papst Benedikts XVI. im Dialog der Wissenschaften, Regensburg 2007, 11–26.

Benjamin 1974 = Benjamin, Walter, Über den Begriff der Geschichte, in: ders., Gesammelte Schriften I/2, hg. von Rolf Tiedemann und Hermann Schweppenhäuser, Frankfurt a. M. 1974, 691–704.

Berger 1970 = Berger, Peter L., Auf den Spuren der Engel. Die moderne Gesellschaft und die Wiederentdeckung der Transzendenz, Frankfurt a. M. 1970.

Bernhardt 2019 = Bernhardt, Reinhold, Inter-Religio. Das Christentum in Beziehung zu anderen Religionen (Beiträge zu einer Theologie der Religionen 16), Zürich 2019.

Bertram u. a. 2008 = Bertram, Georg W./Lauer, David/Liptow, Jasper/Seel, Martin, In der Welt der Sprache, Konsequenzen des semantischen Holismus, Frankfurt a. M. 2008.

Blumenberg 1996 = Blumenberg, Hans, Die Legitimität der Neuzeit. Erneuerte Ausgabe, Frankfurt a. M. 1996.

Blumenberg 2003 = Blumenberg, Hans, Arbeit am Mythos, in: Barner, Wilfried/Detken, Anke/Wesche, Jörg (Hg.), Texte zur modernen Mythentheorie, Stuttgart 2003, 194–218.

Boff 1982 = Boff, Leonardo, Kleine Sakramentenlehre, Düsseldorf ^{5}1982.

Bonhoeffer 1998 = Bonhoeffer, Dietrich, An Eberhard Bethge. Tegel, 16. und 18. 7. 1944, in: ders., Widerstand und Ergebung. Briefe und Aufzeichnungen aus der Haft (DBW 8), hg. von Christian Gremmels, Eberhard Bethge und Renate Bethge, Gütersloh 1998, 526–538.

Boros 1967 = Boros, Ladislaus, Mysterium mortis. Der Mensch in der letzten Entscheidung, Olten/Freiburg i. Br. ^{6}1967.

Brandom 2000 = Brandom, Robert B., Expressive Vernunft. Begründung, Repräsentation und diskursive Festlegung, Frankfurt a. M. 2000.

Brandom 2001 = Brandom, Robert B., Begründen und Begreifen. Eine Einführung in den Inferentialismus. Frankfurt a. M. 2001.

Breul 2019 = Breul, Martin, Diskurstheoretische Glaubensverantwortung. Konturen einer religiösen Epistemologie in Auseinandersetzung mit Jürgen Habermas (ratio fidei 68), Regensburg 2019.

Bromand/Kreis 2011 = Bromand, Joachim/Kreis, Guido, Was sind Gottesbeweise?, in: dies. (Hg.), Gottesbeweise. Von Anselm bis Gödel, Berlin 2011, 9–28.

Butler 1991 = Butler, Judith, Das Unbehagen der Geschlechter, Frankfurt a. M. 1991

Camus 2012 = Camus, Albert, Die Pest, Reinbek bei Hamburg ^{79}2012.

Camus 2013 = Camus, Albert, Der Mythos des Sisyphos, Reinbek bei Hamburg ^{15}2013.

Carnap 1931 = Carnap, Rudolf, Überwindung der Metaphysik durch logische Analyse der Sprache, in: Erkenntnis 2 (1931), 219–241.

Chesterton 1997 = Chesterton, Gilbert K., Platitudes Undone. Facsimile Edition of Holbrook Jacksons ‚Platitudes in the Making Precepts and Advices for Gentlefolk' with original handwritten responses of G.K. Chesterton, San Francisco 1997.

Chesterton 2008a = Gilbert K., Das blaue Kreuz, in: Father Browns Einfalt. Erzählungen, Frankfurt a. M./Leipzig 2008, 9–38.

Chesterton 2008b = Chesterton, Gilbert K., Das Wunder von Moon Crescent, in: ders., Father Browns Ungläubigkeit. Erzählungen, Frankfurt a. M./Leipzig 2008, 108–144.

Clooney 1998 = Clooney, Francis X., Reading the World in Christ. From Comparison to Inclusivism, in: D'Costa, Gavin (Hg.), Christian Uniqueness Reconsidered (Faith meets faith series), Maryknoll, New York [5]1998, 60–80.

Coldplay 2008 = Coldplay, Lost!, in: Viva la Vida or Death and All His Friends 2008 [Musikwerk].

Communauté de Taizé 2005 = Communauté de Taizé, Seek and You Will Find. Questions on the Christian Faith and the Bible, Harrisburg/Pennsylvania/London 2005.

Craig 2000 = Craig, William Lane, "No Other Name". A Middle Knowledge Perspective on the Exclusivity of Salvation through Christ, in: Quinn, Philip L./Meeker, Kevin (Hg.), The Philosophical Challenge of Religious Diversity, New York u. a. 2000, 38–53.

Craig 2011 = Craig, William Lane, Der kosmologische *kalām*-Gottesbeweis, in: Bromand, Joachim/Kreis, Guido (Hg.), Gottesbeweise. Von Anselm bis Gödel, Berlin 2011, 564–598.

Daly 1986 = Daly, Mary, Jenseits von Gottvater, Sohn & Co: Aufbruch zu einer Philosophie der Frauenbefreiung, München [4]1986.

Daston 2001 = Daston, Lorraine, Wunder und Beweis im frühneuzeitlichen Europa, in: dies., Wunder, Beweise und Tatsachen. Zur Geschichte der Rationalität, Frankfurt a. M. 2001, 29–76.

Davidson 1967 = Davidson, Donald, Truth and Meaning, in: Synthese 17/3 (1967), 304–323.

Davidson 2005 = Davidson, Donald, Was ist eigentlich ein Begriffsschema?, in: ders./Rorty, Richard, Wozu Wahrheit? Eine Debatte, hg. und mit einem Nachwort von Mike Sandbothe, Frankfurt a. M. 2005.

Delp 1984 = Delp, Alfred, Gesammelte Schriften 4. Aus dem Gefängnis, hg. von Roman Bleistein, Frankfurt a. M. 1984.

Dirscherl 2006 = Dirscherl, Erwin, Grundriss theologischer Anthropologie. Die Entschiedenheit des Menschen angesichts des Anderen, Regensburg 2006.

Dockter 2019 = Dockter, Cornelia, Freiheit in unvermittelt-unmittelbarer Gottesbeziehung? Eine Diskussion der Christologie Georg Essens, in: von Stosch, Klaus/Wendel, Saskia/Breul, Martin/Langenfeld, Aaron (Hg.), Streit um die Freiheit. Philosophische und theologische Perspektiven, Paderborn 2019, 393–419.

Dougherty 2014 = Dougherty, Trent, The Problem of Animal Pain. A Theodicy for All Creatures Great and Small (Palgrave Frontiers in Philosophy of Religion), Basingstoke, Hampshire/New York 2014.

Dostojewski 1986 = Dostojewskij, Fjodor M., Die Brüder Karamasow (Erster und zweiter Teil), Frankfurt a. M. 1986.

Dreßing 2018 = Dreßing, Harald u. a., Sexueller Missbrauch an Minderjährigen durch katholische Priester, Diakone und männliche Ordensangehörige im Bereich der Deutschen Bischofskonferenz. Projektbericht (MHG-Studie), in: Deutsche Bischofskonferenz, online auf: https://www.dbk.de/fileadmin/redaktion/diverse_downloads/dossiers_2018/MHG-Studie-gesamt.pdf, zuletzt geprüft am 19.09.2019.

Dreyfus/Taylor 2016 = Dreyfus, Hubert/Taylor, Charles, Die Wiedergewinnung des Realismus. Aus dem Englischen von Joachim Schulte, Berlin 2016.

Dünzl 2006 = Dünzl, Franz, Kleine Geschichte des trinitarischen Dogmas in der Alten Kirche, Freiburg i. Br./Basel/Wien 2006.

Dürnberger 2006 = Dürnberger, Martin, Die Heterotopie des Fegefeuers. Über das Befreiende im Schrecklichen, in: Hoff, Gregor Maria (Hg.), Gott im Kommen (Berichtsband der Salzburger Hochschulwochen 2006), Innsbruck/Wien 2006, 259–282.

Dürnberger 2014 = Dürnberger, Martin (Hg.), Theorietheorie in theologischer Absicht = Salzburger Theologische Zeitschrift 18 (1/2014).

Dürnberger 2017a = Dürnberger, Martin, Die Dynamik religiöser Überzeugungen. Skizzen zu einer postanalytischen Epistemologie und Hermeneutik christlichen Glaubens im Diskurs mit Robert B. Brandom, Paderborn 2017.

Dürnberger 2017b = Dürnberger, Martin, (Post-)Analytische Philosophie: Hilary Putnam, Donald Davidson und Robert B. Brandom, in: Breul, Martin/Langenfeld, Aaron (Hg.), Kleine Philosophiegeschichte. Eine Einführung in das Theologiestudium, Paderborn 2017, 271–281.

Dürnberger 2017c = Dürnberger, Martin/Langenfeld, Aaron/Lerch, Magnus/Wurst, Melanie (Hg.), Stile der Theologie. Einheit und Vielfalt katholischer Systematik in der Gegenwart (ratio fidei 60), Regensburg 2017.

Dürnberger 2019 = Dürnberger, Martin, Angst, Tod, Schuld, Leid, Absurdes. Theologische Theorietheorie, in: Gmainer-Pranzl, Franz/Hoff, Gregor Maria (Hg.), Das Theologische der Theologie. Wissenschaftstheoretische Reflexionen – methodische Bestimmungen – disziplinäre Konkretionen (Salzburger Theologische Studien 62), Innsbruck/Wien 2019, 127–146.

Eco 1977 = Eco, Umberto, Zeichen. Einführung in einen Begriff und seine Geschichte, Frankfurt a. M. 1977.

Ebner 2007 = Ebner, Martin, Jesus von Nazaret. Was wir von ihm wissen können, Stuttgart 2007.

Essen 2001 = Essen, Georg, Die Freiheit Jesu. Der neuchalkedonische Enhypostasiebegriff im Horizont neuzeitlicher Subjekt- und Personphilosophie (ratio fidei 5), Regensburg 2001.

Flasch 1998 = Flasch, Kurt, Nikolaus von Kues. Geschichte einer Entwicklung. Vorlesungen zur Einführung in seine Philosophie, Frankfurt a. M. 1998.

Flew 1974 = Flew, Antony, Theologie und Falsifikation. Ein Symposium (Erster Beitrag), in: Dalferth, Ingolf U. (Hg.), Sprachlogik des Glaubens. Texte analytischer Religionsphilosophie und Theologie zur religiösen Sprache (BEvTh 66), München 1974, 84–87.

Flint 1988 = Flint, Thomas P., Two Accounts of Providence, in: Morris, Thomas V. (Hg.), Divine and Human Action: Essays on the Metaphysics of Theism, Ithaca, New York/London 1988, 147–181.

Fößel 2007 = Fößel, Thomas Peter, Freiheit als Paradigma der Theologie? Methodische und inhaltliche Anfragen an das Theoriekonzept von Thomas Pröpper, in: ThPh 82 (2007), 217–251.

Fößel 2018 = Fößel, Thomas Peter, Offenbare Auferstehung. Eine Studie zur Auferstehung Jesu Christi in offenbarungstheologischer Perspektive, Paderborn 2018.

Frances/Matheson 2018 = Frances, Bryan/Matheson, Jonathan, Art. Disagreement, in: The Stanford Encyclopedia of Philosophy (Spring 2018 Edition), verfügbar unter https://plato.stanford.edu/archives/spr2018/entries/disagreement/, letzte Aktualisierung am 23.02.2018, zuletzt geprüft am 02.06.2019.

Frankfurt 1964 = Frankfurt, Harry G., The Logic of Omnipotence, in: PhRev 73 (1964/2), 262–263.

Frankfurt 1969 = Frankfurt, Harry G., Alternate Possibilities and Moral Responsibility, in: JPh 66 (1969), 829–839.

Frankl 2000 = Frankl, Viktor E., … trotzdem ja zum Leben sagen. Ein Psychologe erlebt das Konzentrationslager (dtv 30142), München ^{19}2000.

Frère Roger 1966 = Einmütig im Pluralismus (1966), in: Die Grundlagen der Communauté von Taizé. Gott will, dass wir glücklich sind (Gesammelte Schriften von Frère Roger 1), Freiburg i. Br./Basel/Wien 2016, 109–150.

Frère Roger 2004 = Frère Roger, Etwas ganz Einfaches. In: Communauté de Taizé, verfügbar unter https://www.taize.fr/de_article1127.html. Letzte Aktualisierung am 12.10.2004. Zuletzt geprüft am 24.10.2018.

Frère Roger 2005 = Frère Roger, Eine Zukunft in Frieden. In: Communauté de Taizé, verfügbar unter https://www.taize.fr/de_article7533.html. Letzte Aktualisierung am 08.12.2007. Zuletzt geprüft am 24.10.2018.

Frère Roger 2001 = Frère Roger, Die Quellen von Taize (2001), in: ders., Die Grundlagen der Communauté von Taizé. Gott will, dass wir glücklich sind (Gesammelte Schriften von Frère Roger 1), Freiburg i. Br./Basel/Wien 2016, 9–47.

Fries/Rahner 1983 = Fries, Heinrich/Rahner, Karl, Einigung der Kirchen – reale Möglichkeit (QD 100), Freiburg i. Br./Basel/Wien 1983.

Gasser 2017 = Gasser, Georg, Personale Identität und leibliche Auferstehung, in: ders./Jaskolla, Ludwig/Schärtl, Thomas (Hg.), Handbuch für analytische Theologie (Studien zur systematischen Theologie, Ethik und Philosophie 11), Münster 2017, 611–640.

Geach 1969 = Peter, The Moral Law and the Law of God, in: ders., God and the Soul (Studies in Ethics and the Philosophy of Religion), London 1969, 117–129.

Gmainer-Pranzl 2016a = Gmainer-Pranzl, Franz, Fremdheit – ein Problem der Gesellschaft als Anspruch der Theologie, in: ders./Eneida Jacobsen (Hg.), Deslocamentos – Verschiebungen theologischer Erkenntnis. Ein ökumenisches und interkulturelles Projekt (Salzburger Theologische Studien 54/interkulturell 16), Innsbruck 2016, 161–193.

Gmainer-Pranzl 2016b = Gmainer-Pranzl, Franz, „Theologie Interkulturell". Überlegungen zu einer kritischen Theorie des Globalen, in: ders./Angela Schottenhammer (Hg.), Wissenschaft und globales Denken (Salzburger Interdisziplinäre Diskurse 7), Frankfurt 2016, 55–89.

Göcke 2018 = Göcke, Benedikt Paul (Hg.), Die Wissenschaftlichkeit der Theologie, Band 1: Historische und systematische Perspektiven (Studien zur systematischen Theologie, Ethik und Philosophie 13/1), Münster 2018.

Goodman 1990 = Goodman, Nelson, Weisen der Welterzeugung, Frankfurt a. M. 1990.

Gosepath 1992 = Gosepath, Stefan, Aufgeklärtes Eigeninteresse. Eine Theorie theoretischer und praktischer Rationalität, Frankfurt a. M. 1992.

Greshake 1982a = Greshake, Gisbert, Das Verhältnis „Unsterblichkeit der Seele" und „Auferstehung des Leibes" in problemgeschichtlicher Sicht, in: ders./Lohfink, Gerhard, Naherwartung – Auferstehung – Unsterblichkeit. Untersuchungen zur christlichen Eschatologie (QD 71), Freiburg i. Br./Basel/Wien ⁴1982, 82–120.

Greshake 1982b = Greshake, Gisbert, Bemerkungen zur Endentscheidungshypothese, in: ders./Lohfink, Gerhard, Naherwartung – Auferstehung – Unsterblichkeit. Untersuchungen zur christlichen Eschatologie (QD 71), Freiburg i. Br./Basel/Wien ⁴1982, 121–130.

Greshake 1983a = Greshake, Gisbert, Der Wandel der Erlösungsvorstellungen in der Theologiegeschichte, in: ders., Gottes Heil – Glück des Menschen. Theologische Perspektiven, Freiburg i. Br./Basel/Wien 1983, 50–79.

Greshake 1983b = Greshake, Gisbert, Erlösung und Freiheit. Eine Neuinterpretation der Erlösungslehre Anselms von Canterbury, in: ders., Gottes Heil – Glück des Menschen. Theologische Perspektiven, Freiburg i. Br./Basel/Wien 1983, 80–104.

Greshake 2007 = Greshake, Gisbert, Der dreieine Gott. Eine trinitarische Theologie, Freiburg i. Br. ⁵2007.

Griffin 2000 = Griffin, David Ray, Process Theology and the Christian Good News. A Response to Classical Free Will Atheism, in: Cobb, John B./Pinnock, Clark H. (Hg.), Searching for an Adequate God. A Dialogue Between Process and Free Will Theists, Grand Rapids, Michigan/Cambridge 2000, 1–38.

Griffin 2010 = Griffin, David Ray, Schöpfung aus dem Chaos und das Problem des Übels, in: Loichinger, Alexander/Kreiner, Armin (Hg.), Theodizee in den Weltreligionen. Ein Studienbuch, Paderborn u. a. 2010, 48–65.

Grillmeier 1989 = Grillmeier, Alois, Jesus der Christus im Glauben der Kirche 2/2. Die Kirche von Konstantinopel im 6. Jahrhundert, Freiburg i. Br./Basel/Wien 1989.

Grössl 2015 = Grössl, Johannes, Die Freiheit des Menschen als Risiko Gottes. Der Offene Theismus als Konzeption der Vereinbarkeit von menschlicher Freiheit und göttlicher Allwissenheit (Studien zur systematischen Theologie, Ethik und Philosophie 3), Münster 2015.

Gruber 2010 = Gruber, Franz, Der Diskurs der Hoffnung. Zur Hermeneutik eschatologischer Aussagen, in: Arens, Edmund (Hg.), Zeit denken. Eschatologie im interdisziplinären Diskurs (QD 234), Freiburg i. Br./Basel/Wien 2010, 19–45.

Gruber 2013 = Gruber, Judith, Theologie nach dem Cultural Turn. Interkulturalität als theologische Ressource, Stuttgart 2013.

Habermas 1981 = Habermas, Jürgen, Theorie des kommunikativen Handelns (2 Bände), Frankfurt a. M. 1981.

Habermas 1985 = Habermas, Jürgen, Der philosophische Diskurs der Moderne. Zwölf Vorlesungen, Frankfurt a. M. 1985.

Habermas 1988 = Habermas, Jürgen, Motive nachmetaphysischen Denkens, in: ders., Nachmetaphysisches Denken, Frankfurt a. M. 1988, 35–62.

Habermas 1997 = Habermas, Jürgen, Israel oder Athen: Wem gehört die anamnetische Vernunft? Johann Baptist Metz zur Einheit in der multikulturellen Vielfalt, in: ders., Vom sinnlichen Eindruck zum symbolischen Ausdruck. Philosophische Essays, Frankfurt a. M. 1997, 98–111.

Habermas 2001 = Habermas, Jürgen, Glauben und Wissen. Friedenspreis des Deutschen Buchhandels 2001, Frankfurt a. M. 2001.

Habermas 2009a = Habermas, Jürgen, Einleitung, in: ders., Kritik der Vernunft (Philosophische Texte 5), Frankfurt a. M. 2009, 9–32.

Habermas 2009b = Habermas, Jürgen, Die Einheit der Vernunft in der Vielfalt ihrer Stimmen, in: ders., Kritik der Vernunft (Philosophische Texte 5), Frankfurt a. M. 2009, 117–154.

Habermas 2009c = Das Sprachspiel verantwortlicher Urheberschaft und das Problem der Willensfreiheit. Wie lässt sich der epistemische Dualismus mit einem ontologischen Monismus versöhnen, in: ders., Kritik der Vernunft (Philosophische Texte 5), Frankfurt a. M. 2009, 271–341.

Habermas 2012 = Habermas, Jürgen, Die Lebenswelt als Raum symbolisch verkörperter Gründe, in: ders., Nachmetaphysisches Denken II. Aufsätze und Repliken, Berlin 2012, 54–76.

Habermas 2019a = Habermas, Jürgen, Auch eine Geschichte der Philosophie. Band 1: Die okzidentale Konstellation von Glauben und Wissen, Berlin 2019.

Habermas 2019b = Habermas, Jürgen, Auch eine Geschichte der Philosophie. Band 2: Vernünftige Freiheit. Spuren eines Diskurses über Glauben und Wissen, Berlin 2019.

Haidt 2012 = Haidt, Jonathan, The Righteous Mind. Why Good People are Divided by Politics and Religion, London 2012.

Halbmayr 2000 = Halbmayr, Alois, Lob der Vielheit. Zur Kritik Odo Marquards am Monotheismus (Salzburger Theologische Studien 13), Innsbruck/Wien 2000.

Halbmayr/Hoff 2008 = Halbmayr, Alois/Hoff, Gregor Maria, Negative Theologie heute? Zum aktuellen Stellenwert einer umstrittenen Tradition (QD 226), Freiburg i. Br. 2008.

Hasker 2001 = Hasker, William, The Foreknowledge Conundrum, in: IJPR 50 (2001), 97–114.

Hauschild/Drecoll 2016 = Hauschild, Wolf-Dieter/Drecoll, Volker Henning, Alte Kirche und Mittelalter (Lehrbuch der Kirchen- und Dogmengeschichte 1), Gütersloh ^{5}2016.

Heidegger 2006 = Heidegger, Martin, Die onto-theo-logische Verfassung der Metaphysik (1956/57), in: ders., Identität und Differenz (Gesamtausgabe, 1. Abteilung, Bd. 11), hg. von Friedrich-Wilhelm von Herrmann, Frankfurt a. M. ^{2}2006, 51–79.

Hick 1989 = Hick, John, An Interpretation of Religion. Human Responses to the Transcendent, Basingstoke, Hampshire/London 1989.

Hick 1998 = Hick, John, Verifikation im Jenseits, in: Hoerster, Norbert (Hg.), Glaube und Vernunft. Texte zur Religionsphilosophie, Stuttgart 1998, 218–226.

Hick 2009 = Hick, John, Evil and the God of Love. 2. Ed., reissued with a New Preface, Basingstoke 2009.

Hick 2010 = Hick, John, Eine irenäische Theodizee, in: Loichinger, Alexander/Kreiner, Armin (Hg.), Theodizee in den Weltreligionen. Ein Studienbuch, Paderborn u. a. 2010, 87–103.

Höhn 1994 = Höhn, Hans-Joachim, Gegen-Mythen. Religionsproduktive Tendenzen der Gegenwart (QD 154), Freiburg i. Br./Basel/Wien 1994.

Höhn 2008 = Höhn, Hans-Joachim, Der fremde Gott. Glaube in postsäkularer Kultur, Würzburg 2008.

Höhn 2010 = Höhn, Hans-Joachim, Zeit und Sinn. Religionsphilosophie postsäkular, Paderborn u. a. 2010.

Höhn 2011 = Höhn, Hans-Joachim, Gott – Offenbarung – Heilswege. Fundamentaltheologie, Würzburg 2011.

Höhn 2015 = Höhn, Hans-Joachim, Praxis des Evangeliums – Partituren des Glaubens. Wege theologischer Erkenntnis, Würzburg 2015.

Höhn 2017a = Höhn, Hans-Joachim, „Deus semper maior". Gottes Existenz und Eigenschaften aus der Perspektive einer Relationalen Ontologie, in: ThPh 92 (2017), 481–508.

Höhn 2017b = Höhn, Hans-Joachim, Existentiale Semiotik des Glaubens. Systematische Theologie – nach dem „cultural turn", in: Dürnberger, Martin u. a. (Hg.), Stile der Theologie. Einheit und Vielfalt katholischer Systematik in der Gegenwart (ratio fidei 60), Regensburg 2017, 55–79.

Hoff 2004 = Hoff, Gregor Maria, Religionskritik heute, Regensburg 2004.

Hoff 2009 = Hoff, Gregor Maria, Die neuen Atheismen. Eine notwendige Provokation, Regensburg 2009.

Hoff 2011 = Hoff, Gregor Maria, Ekklesiologie (Gegenwärtig Glauben Denken 6), Paderborn u. a. 2011.

Hoff 2015 = Hoff, Gregor Maria, Ein anderer Atheismus. Spiritualität ohne Gott?, Regensburg 2015.

Hoff 2018 = Hoff, Gregor Maria, Kirche zu, Problem tot! Theologische Reflexionen zum Missbrauchsproblem in der katholischen Kirche, in: Religion, zum Teufel! (Kursbuch 196, hg. von Armin Nassehi), Hamburg 2018, 26–41.

Horkheimer/Adorno 1969 = Horkheimer, Max/Adorno, Theodor W., Dialektik der Aufklärung, Frankfurt a. M. 1969.

Internationale Theologenkommission 1996 = Internationale Theologenkommission, Das Christentum und die Religionen, hg. vom Sekretariat der Deutschen Bischofskonferenz (Arbeitshilfen 136), Bonn 1996, in Übersetzung online auf: http://www.vatican.va/roman_curia/congregations/cfaith/cti_documents/rc_cti_1997_cristianesimo-religioni_ge.pdf. Zuletzt geprüft am 27.06.2019.

Irlenborn/Koritensky 2013 = Irlenborn, Bernd/Koritensky, Andreas, Einleitung, in: dies. (Hg.), Analytische Religionsphilosophie (Neue Wege der Forschung), Darmstadt 2013, 9–16.

Jonas 1987 = Jonas, Hans, Der Gottesbegriff nach Auschwitz. Eine jüdische Stimme, Frankfurt a. M. 1987.

Johnson/Zurlo 2018 = Johnson, Todd M./Zurlo, Gina A. (Hg.), World Christian Database, in: Center for the Study of Global Christianity, Leiden/Boston 2018, verfügbar unter https://worldchristiandatabase.org/. Zuletzt geprüft am 01.07.2018.

Kany 2018 = Kany, Roland, Christologie im antiken Christentum, in: Ruhstorfer, Karlheinz (Hg.), Christologie, Paderborn 2018, 141–213.

Kasper 2011 = Kasper, Walter, Katholische Kirche. Wesen. Wirklichkeit. Sendung, Freiburg i. Br. ²2011.

Kessler 1995 = Kessler, Hans, Das Kreuz und die Auferstehung, in: Schmidinger, Heinrich (Hg.), Jesus von Nazaret (Salzburger Hochschulwochen 1994), Graz/Wien/Köln 1995, 149–184.

Kessler 1996 = Kessler, Hans, Pluralistische Religionstheologie und Christologie. Thesen und Fragen, in: Schwager, Raymund (Hg.), Christus allein? Der Streit um die pluralistische Religionstheologie (QD 160), Freiburg i. Br./Basel/Wien 1996, 158–173.

Kessler 2002 = Kessler, Hans, Sucht den Lebenden nicht bei den Toten. Die Auferstehung Jesu Christi in biblischer, fundamentaltheologischer und systematischer Sicht. Erweiterte Neuausgabe, Würzburg 2002.

Kling 2015 = Kling, Marc-Uwe, Die Känguru-Trilogie (Band 1–3), Berlin 2015.

Knapp 2006 = Knapp, Markus, Verantwortetes Christsein heute. Theologie zwischen Metaphysik und Postmoderne, Freiburg i. Br. 2006.

Knauer 1991 = Knauer, Peter, Der Glaube kommt vom Hören. Ökumenische Fundamentaltheologie, Freiburg i. Br./Basel/Wien ⁶1991.

Knauer 2003 = Knauer, Peter, Eine andere Antwort auf das „Theodizeeproblem" – was der Glaube für den Umgang mit dem Leid ausmacht, in: ThPh 78 (2003), 193–211.

Knauer 2004 = Peter, Erlösung aus der Theodizeefrage, in: Communitas. Périodique bimestriel: Foyer Catholique Européen, November 2004, 16–17. Zitiert nach: http://peter-knauer.de/30.html. Letzte Aktualisierung am 18.07.2013. Zuletzt geprüft am 07.09.2019.

Knop 2007 = Knop, Julia, Sünde – Freiheit – Endlichkeit. Christliche Sündentheologie im theologischen Diskurs der Gegenwart (ratio fidei 31), Regensburg 2007.

Korzybski 1994 = Korzybski, Alfred, Science and Sanity. An Introduction to Non-Aristotelian Systems and General Semantics, New York ⁵1994.

Kraschl 2012 = Kraschl, Dominikus, Artefakte, Substanzen und Transsubstantiation. Ein Klärungsversuch, in: ZKTh 134/2 (2012), 181–201.

Kreiner 1996 = Kreiner, Armin, Philosophische Probleme der pluralistischen Religionstheologie, in: Schwager, Raymund (Hg.), Christus allein? Der Streit um die pluralistische Religionstheologie (QD 160), Freiburg i. Br./Basel/Wien 1996, 118–131.

Kreiner 1997 = Kreiner, Armin, Gott im Leid. Zur Stichhaltigkeit der Theodizee-Argumente (QD 168), Freiburg i. Br./Basel/Wien 1997.

Kreiner 2001 = Kreiner, Armin, Das Theodizee-Problem und Formen seiner argumentativen Bewältigung, in: EuS 12/2 (2001), 147–157.

Kreiner 2006 = Kreiner, Armin, Das wahre Antlitz Gottes – oder was wir meinen, wenn wir Gott sagen, Freiburg i. Br./Basel/Wien 2006.

Kreiner 2017 = Kreiner, Armin, Gottes Güte und das Leid in der Welt, in: Gasser, Georg/Jaskolla, Ludwig/Schärtl, Thomas (Hg.), Handbuch für analytische Theologie (Studien zur systematischen Theologie, Ethik und Philosophie 11), Münster 2017, 429–452.

Kummer 2006 = Kummer, Christian, Evolution und Schöpfung. Zur Auseinandersetzung mit der neokreationistischen Kritik an Darwins Theorie, in: StdZ 224 (1/2006), 31–42.

Lang 1981 = Lang, Bernhard, Die Jahwe-allein-Bewegung, in: ders. (Hg.), Der einzige Gott. Die Geburt des biblischen Monotheismus, München 1981, 47–83.

Lang 2003 = Lang, Bernhard, Die Jahwe-Allein-Bewegung. Neue Erwägungen über die Anfänge des biblischen Monotheismus, in: Oeming, Manfred/Schmid, Konrad (Hg.), Der eine Gott und die Götter. Polytheismus und Monotheismus im antiken Israel (AThANT 82), Zürich 2003, 97–110.

Langenfeld 2016 = Langenfeld, Aaron, Das Schweigen brechen. Christliche Soteriologie im Kontext islamischer Theologie (Beiträge zur Komparativen Theologie 22), Paderborn 2016.

Langenfeld/Lerch 2018 = Langenfeld, Aaron/Lerch, Magnus, Theologische Anthropologie, Paderborn 2018.

Langthaler 2014 = Langthaler, Rudolf, Geschichte, Ethik und Religion im Anschluss an Kant. Philosophische Perspektiven „zwischen skeptischer Hoffnungslosigkeit und dogmatischem Trotz" (Deutsche Zeitschrift für Philosophie, Sonderbände 19/1 und 19/2), Berlin 2014.

Laubach 2017 = Laubach, Thomas (Hg.), Gender – Theorie oder Ideologie? Freiburg i. Br. 2017.

Leinsle 1995 = Leinsle, Ulrich G., Einführung in die scholastische Theologie, Paderborn u. a. 1995.

Lerch 2015 = Lerch, Magnus, Selbstmitteilung Gottes. Herausforderungen einer freiheitstheoretischen Offenbarungstheologie (ratio fidei 56), Regensburg 2015.

Levinas 1992 = Levinas, Emmanuel, Eine Religion für Erwachsene, in: ders., Schwierige Freiheit. Versuch über das Judentum, Frankfurt a. M. 1992, 21–37.

Levinas 1995 = Levinas, Emmanuel, Zwischen uns. Versuche über das Denken an den Anderen (Edition Akzente), München/Wien 1995.

Lewis 1978 = Lewis, Clive S., Was Auferstehung sein könnte, in: ders., Du fragst mich, wie ich bete. Briefe an Malcolm (Beten heute 7), Einsiedeln ²1978, 127–133.

Lewis 2001 = Lewis, Clive S., The Last Battle, in: The Chronicles of Narnia, London 2001, 665–767.

Lewis 2007 = Lewis, Clive S., The Problem of Pain, in: ders., The Complete C.S. Lewis Signature Classics, New York 2007, 543–646.

Lewis 2008 = Lewis, Clive S., Was man Liebe nennt. Zuneigung, Freundschaft, Eros, Agape, Basel ⁸2008.

Löffler 2013 = Löffler, Winfried, Einführung in die Religionsphilosophie. 2., überarbeitete Auflage, Darmstadt 2013.

Lohfink 1982 = Lohfink, Gerhard, Was kommt nach dem Tod?, in: Greshake, Gisbert/ Lohfink, Gerhard, Naherwartung – Auferstehung – Unsterblichkeit. Untersuchungen zur christlichen Eschatologie (QD 71), Freiburg i. Br./Basel/Wien ⁴1982, 208–223.

Mackie 1985 = Mackie, John L., Das Wunder des Theismus. Argumente für und gegen die Existenz Gottes, Stuttgart 1985.

Marcel 1962 = Marcel, Gabriel, Geheimnis des Seins (Wissenschaft und Weltbild), Wien 1952.

Maric 2013 = Maric, René, Josep Guardiola i Sala, der moderne Visionär, in: https://spielverlagerung.de/2013/01/16/trainerportrat-josep-guardiola-i-sala-der-moderne-visionar, zuletzt geprüft am 11.01.2019.

Marquard 2003 = Marquard, Odo, Lob des Polytheismus, in: Barner, Wilfried/Detken, Anke/Wesche, Jörg (Hg.), Texte zur modernen Mythentheorie, Stuttgart 2003, 222–238.

McCormick 1996 = McCormick, Peter J. (Hg.), Starmaking. Realism, Anti-Realism, and Irrealism, Cambridge (MA)/London 1996.

McFague 2001 = McFague, Sallie, Life abundant. Rethinking theology and economy for a planet in peril, Minneapolis 2001.

McLaren 2006 = McLaren, Malcolm, Punk Rock: 30 Years of Subversion, in: BBC, verfügbar unter http://news.bbc.co.uk/2/hi/entertainment/5263364.stm. Letzte Aktualisierung am 18.08.2006, zuletzt geprüft am 11.01.2019.

Meixner 2004 = Meixner, Uwe, Einführung in die Ontologie, Darmstadt 2004.

Mitchell 1985 = Mitchell, Basil, Falsifizierbarkeit und Gottvertrauen, in: Hoerster, Norbert (Hg.), Glaube und Vernunft. Texte zur Religionsphilosophie, Stuttgart 1985, 215–218.

Metz 1968 = Metz, Johann Baptist, Kirche und Welt im eschatologischen Horizont, in: ders., Zur Theologie der Welt, Mainz/München 1968, 75–89.

Metz 1990 = Metz, Johann Baptist, Theologie als Theodizee?, in: Oelmüller, Willi (Hg.), Theodizee – Gott vor Gericht?, München 1990, 103–118.

Metz 1992a = Metz, Johann Baptist, Konzept einer politischen Theologie als praktischer Fundamentaltheologie, in: ders., Glaube in Geschichte und Gesellschaft. Studien zu einer praktischen Fundamentaltheologie (Welt der Theologie), Mainz ⁵1992, 60–90.

Metz 1992b = Metz, Johann Baptist, Transzendental-idealistisches oder narrativ-praktisches Christentum? Die Theologie vor der Identitätskrise des gegenwärtigen Christentums, in: ders., Studien zu einer praktischen Fundamentaltheologie (Welt der Theologie), Mainz ⁵1992, 152–164.

Metz 1992c = Metz, Johann Baptist, Wider die falschen Alternativen in der christlichen Eschatologie, in: ders., Glaube in Geschichte und Gesellschaft. Studien zu einer praktischen Fundamentaltheologie (Welt der Theologie), Mainz ⁵1992, 172–174.

Metz 1995 = Metz, Johann Baptist, Theodizee-empfindliche Gottesrede, in: ders. (Hg.), „Landschaft aus Schreien". Zur Dramatik der Theodizeefrage, Mainz 1995, 81–102.

Metz 1996 = Metz, Johann Baptist, Athen versus Jerusalem? Was das Christentum dem europäischen Geist schuldig geblieben ist, in: Orientierung 60/5 (1996), 59–60.

Metz 1997 = Metz, Johann B., Unterwegs zu einer nachidealistischen Theologie, in: ders., Zum Begriff der neuen politischen Theologie. 1967–1997, Mainz 1997, 103–118.

Metz 1999 = Metz, Johann Baptist, Gott. Wider den Mythos von der Ewigkeit der Zeit, in: Peters, Tiemo Rainer/Urban, Claus (Hg.), Ende der Zeit? Die Provokation der Rede von Gott, Mainz 1999, 32–49.

Metz 2006a = Metz, Johann Baptist, Memoria passionis. Ein provozierendes Gedächtnis in pluralistischer Gesellschaft, Freiburg i. Br. ⁴2006.

Metz 2006b = Metz, Johann Baptist, Intellektuelle Leidenschaft und spirituelle Courage [Interview], in: Batlogg, Andreas R./Michalski, Melvin E. (Hg.), Begegnungen mit Karl Rahner. Weggefährten erinnern sich, Freiburg/Basel/Wien 2006, 116–133.

Moltmann 1964 = Moltmann, Jürgen, Theologie der Hoffnung. Untersuchungen zur Begründung und zu den Konsequenzen einer christlichen Eschatologie (BEvTh 38), München 1964.

Moltmann 2010 = Moltmann, Jürgen, Der gekreuzigte Gott, in: Loichinger, Alexander/Kreiner, Armin (Hg.), Theodizee in den Weltreligionen. Ein Studienbuch, Paderborn u. a. 2010, 125–134.

Müller 1998 = Müller, Klaus, Wieviel Vernunft braucht der Glaube? Erwägungen zur Begründungsproblematik, in: ders. (Hg.), Fundamentaltheologie. Fluchtlinien und gegenwärtige Herausforderungen, Regensburg 1998, 77–100.

Müller 2001 = Müller, Klaus, Gott erkennen. Das Abenteuer der Gottesbeweise, Regensburg 2001.

Müller 2010 = Müller, Klaus, Zum Rationalitätskonzept der Fundamentaltheologie. Analytische Rationalität und Letztbegründung aus der Theorie der Subjektivität, in: Meyer zu Schlochtern, Josef/Siebenrock, Roman A. (Hg.), Wozu Fundamentaltheologie? Zur Grundlegung der Theologie im Anspruch von Glaube und Vernunft (Paderborner Theologische Studien 52), Paderborn u. a. 2010, 289–306.

Murray 2008 = Murray, Michael J., Nature Red in Tooth and Claw. Theism and the Problem of Animal Suffering, Oxford u. a. 2008.

Nagel 1999 = Nagel, Thomas, Das letzte Wort, Stuttgart 1999.

Nagel 2008 = Nagel, Thomas, Wie fühlt es sich an, eine Fledermaus zu sein?, in: ders., Letzte Fragen. Mortal Questions, hg. und mit einem Schriftverzeichnis versehen von Michael Gebauer, Hamburg 2008, 229–249.

Nassehi 2006 = Nassehi, Armin, Der soziologische Diskurs der Moderne, Frankfurt a. M. 2006.

Nassehi 2011 = Nassehi, Armin, Gesellschaft der Gegenwarten. Studien zur Theorie der modernen Gesellschaft II, Berlin 2011.

Neuhaus 2003 = Neuhaus, Gerd, Der Absolutheitsanspruch des Christentums, in: Schmidinger, Heinrich (Hg.), Identität und Toleranz. Christliche Spiritualität im interreligiösen Spiegel (Berichtsband der Salzburger Hochschulwochen 2003), Innsbruck/Wien 2003, 115–150.

Neurath 1932 = Neurath, Otto, Protokollsätze, in: Erkenntnis 3 (1932/33), 204–214.

Newman 1965 = Newman, John Henry, Summe christlichen Denkens, hg. von Walter Lipgens, Freiburg i. Br./Basel/Wien ²1965.

Niemand 1998 = Niemand, Christoph, Jesu Tod – ein Opfertod?, in: ThPQ 146 (1998), 115–124.

Nüssel/Sattler 2008 = Nüssel, Friederike/Sattler, Dorothea, Einführung in die ökumenische Theologie, Darmstadt 2008.

Oppy 2011 = Oppy, Graham, Über die Aussichten erfolgreicher Beweise für Theismus oder Atheismus, in: Bromand, Joachim/Kreis, Guido (Hg.), Gottesbeweise. Von Anselm bis Gödel, Berlin 2011, 599–642.

O'Neill 2003 = O'Neill, Onora, Vernünftige Hoffnung. Tanner Lecture 1 über Kants Religionsphilosophie, in: Nagl, Ludwig (Hg.), Religion nach der Religionskritik (Wiener Reihe. Themen der Philosophie 12), Wien/Berlin 2003, 86–110.

Ott 2005 = Ott, Ludwig, Grundriß der katholischen Dogmatik, Bonn ¹¹2005.

Peukert 2009 = Peukert, Helmut, Wissenschaftstheorie – Handlungstheorie – Fundamentale Theologie. Analysen zu Ansatz und Status theologischer Theoriebildung, Frankfurt a. M. ³2009.

Pieper 1990 = Pieper, Josef, Thomas von Aquin. Leben und Werk. 4., veränderte Auflage, München ⁴1990.

Pieper 2014 = Pieper, Josef, Über die Liebe, München 2014.

Pike 1998 = Pike, Nelson, Göttliche Allwissenheit und freies Handeln, in: Jäger, Christoph (Hg.), Analytische Religionsphilosophie, Paderborn u. a. 1998, 125–145.

Phillips 1970 = Phillips, Dewi Z., Faith and Philosophical Enquiry, London 1970.

Pröpper 1988 = Pröpper, Thomas, Erlösungsglaube und Freiheitsgeschichte. Eine Skizze zur Soteriologie ²1988.

Pröpper 1993 = Pröpper, Thomas, Allmacht. III. Systematisch-theologisch, in: Lexikon für Theologie und Kirche (LThK), Band 1, Freiburg i. Br. ³1993, 411–417.

Pröpper 1994 = Pröpper, Thomas, Erstphilosophischer Begriff oder Aufweis letztgültigen Sinnes? Anfragen an Hansjürgen Verweyens ‚Grundriß der Fundamentaltheologie', in: ThQ 174 (1994) 272–287.

Pröpper 1996 = Pröpper, Thomas, Sollensevidenz, Sinnvollzug und Offenbarung. Im Gespräch mit Hansjürgen Verweyen, in: Larcher, Gerhard/Müller, Klaus/Pröpper Thomas (Hg.), Hoffnung, die Gründe nennt. Zu Hansjürgen Verweyens Projekt einer erstphilosophischen Glaubensverantwortung, Regensburg 1996, 27–48.

Pröpper 2011 = Pröpper, Thomas, Theologische Anthropologie. In zwei Teilbänden, Freiburg i. Br./Basel/Wien 2011.

Putnam 1991 = Putnam, Hilary, Repräsentation und Realität, Frankfurt a. M. 1991.

Putnam 1997 = Putnam, Hilary, Für eine Erneuerung der Philosophie, Stuttgart 1997.

Quine 2011 = Quine, Willard Van Orman, Zwei Dogmen des Empirismus, in: ders., Von einem logischen Standpunkt aus. Drei ausgewählte Aufsätze. Englisch/Deutsch, hg. von Roland Bluhm und Christian Nimtz, Stuttgart 2011, 56–127.

Radiohead 2003 = Radiohead, Backdrifts (Honeymoon is over), in: Hail to the thief 2003 [Musikwerk].

Rahner 1948 = Rahner, Karl, Die Zugehörigkeit zur Kirche nach „Corporis Christi mystici", in: Mager, Alois (Hg.), Kirche – Weltanschauung – soziale Frage (Salzburger Hochschulwochen 1946), Salzburg 1948, 47–60. – Der Beitrag ist fälschlich Karl Rahners Bruder *Hugo Rahner* zugeschrieben, stammt aber von Karl.

Rahner 1949 = Rahner, Karl, Diskussion zu dem Trialog „Der Gesetzesbegriff in der christlichen Offenbarung", in: Moser, Simon (Hg.), Gesetz und Wirklichkeit. 4. Internationale Hochschulwochen des österreichischen College Alpbach, Tirol 1948, Innsbruck/Wien 1949, 251–254.

Rahner 1954a = Rahner, Karl, Über den Versuch eines Aufrisses einer Dogmatik, in: ders., Schriften zur Theologie 1. Gott, Christus, Maria, Gnade, Einsiedeln/Zürich/Köln 1954, 9–47.

Rahner 1954b = Rahner, Karl, Probleme der Christologie von heute, in: ders., Schriften zur Theologie 1. Gott, Christus, Maria, Gnade, Einsiedeln/Zürich/Köln 1954, 169–222.

Rahner 1956 = Rahner, Karl, Über die ewige Bedeutung der Menschheit Jesu für unser Gottesverhältnis, in: ders., Schriften zur Theologie 3. Zur Theologie des geistlichen Lebens, Einsiedeln/Zürich/Köln 1956, 47–60.

Rahner 1958 = Rahner, Karl, Zur Theologie des Todes (QD 2), Freiburg i. Br. 1958.

Rahner 1960a = Rahner, Karl, Zur Theologie der Menschwerdung, in: ders., Schriften zur Theologie 4. Neuere Schriften, Einsiedeln/Zürich/Köln 1960, 137–155.

Rahner 1960b = Rahner, Karl, Zur Theologie des Symbols, in: ders., Schriften zur Theologie 4. Neuere Schriften, Einsiedeln/Zürich/Köln 1960, 275–311.

Rahner 1960c = Rahner, Karl, Fragen der Kontroverstheologie über die Rechtfertigung, in: ders., Schriften zur Theologie 4. Neuere Schriften, Einsiedeln/Zürich/Köln 1960, 237–271.

Rahner 1960d = Rahner, Karl, Theologische Prinzipien der Hermeneutik eschatologischer Aussagen, in: ders., Schriften zur Theologie 4. Neuere Schriften, Einsiedeln/Zürich/Köln 1960, 401–428.

Rahner 1961 = Rahner, Karl, Der Christ und seine ungläubigen Verwandten, in: ders., Schriften zur Theologie 3. Zur Theologie des geistlichen Lebens, Einsiedeln/Zürich/Köln ⁴1961, 419–439.

Rahner 1962a = Rahner, Karl, Über die Möglichkeit des Glaubens heute, in: ders., Schriften zur Theologie 5, Einsiedeln/Zürich/Köln 1962, 11–32.

Rahner 1962b = Rahner, Karl, Das Christentum und die nichtchristlichen Religionen, in: ders., Schriften zur Theologie 5, Einsiedeln/Zürich/Köln 1962, 136–158.

Rahner 1967a = Rahner, Karl, Die Forderung nach einer „Kurzformel" des christlichen Glaubens, in: ders., Schriften zur Theologie 8. Einsiedeln/Zürich/Köln 1967, 153–164.

Rahner 1967b = Rahner, Karl, ‚Ich glaube an Jesus Christus'. Zur Deutung eines Glaubensartikels, in: ders., Schriften zur Theologie 8, Einsiedeln/Zürich/Köln 1967, 213–217.

Rahner 1967c = Rahner, Karl, Grundsätzliche Überlegungen zur Anthropologie und Protologie im Rahmen der Theologie, in: Feiner, Johannes/Löhrer, Magnus (Hg.), Mysterium salutis. Grundriß heilsgeschichtlicher Dogmatik 2. Die Heilsgeschichte vor Christus, Einsiedeln/Zürich/Köln 1967, 406–420.

Rahner 1967d = Rahner, Karl, Der dreifaltige Gott als transzendenter Urgrund der Heilsgeschichte, in: Feiner, Johannes/Löhrer, Magnus (Hg.), Mysterium salutis. Grundriß heilsgeschichtlicher Dogmatik 2. Die Heilsgeschichte vor Christus, Einsiedeln/Zürich/Köln 1967, 317–401.

Rahner 1967e = Rahner, Karl, Immanente und transzendente Vollendung der Welt, in: ders., Schriften zur Theologie 8, Einsiedeln/Zürich/Köln 1967, 593–609.

Rahner 1968 = Rahner, Karl, Über die Einheit von Gottes- und Nächstenliebe, in: ders., Schriften zur Theologie 6, Einsiedeln/Zürich/Köln ²1968, 277–298.

Rahner 1970a = Rahner, Karl, Anonymes Christentum und Missionsauftrag der Kirche, in: ders., Schriften zur Theologie 9, Einsiedeln/Zürich/Köln 1970, 498–515.

Rahner 1970b = Rahner, Karl, Der Pluralismus in der Theologie und die Einheit des Bekenntnisses in der Kirche, in: ders., Schriften zur Theologie 9, Einsiedeln/Zürich/Köln 1970, 11–33.

Rahner 1970c = Rahner, Karl, Überlegungen zur Methode der Theologie, in: ders., Schriften zur Theologie 9, Einsiedeln/Zürich/Köln 1970, 79–126.

Rahner 1972 = Rahner, Karl, Überlegungen zum personalen Vollzug des sakramentalen Geschehens, in: ders., Schriften zur Theologie 10, Einsiedeln/Zürich/Köln 1972, 405–429.

Rahner 1974 = Rahner, Karl, Die siebenfältige Gabe. Über die Sakramente der Kirche, München 1974.

Rahner 1975 = Rahner, Karl, Der eine Jesus Christus und die Universalität des Heils, in: ders., Schriften zur Theologie 12. Theologie aus Erfahrung des Geistes, Einsiedeln/Zürich/Köln 1975, 251–282.

Rahner 1978 = Rahner, Karl, Die menschliche Sinnfrage vor dem absoluten Geheimnis Gottes, in: ders., Schriften zur Theologie 13. Gott und Offenbarung, Einsiedeln/Zürich/Köln 1978, 111–128.

Rahner 1980a = Rahner, Karl, Warum läßt Gott uns leiden?, in: ders., Schriften zur Theologie 14. In Sorge um die Kirche, Einsiedeln/Zürich/Köln 1980, 450–466.

Rahner 1980b = Rahner, Karl, Fegfeuer, in: ders., Schriften zur Theologie 14. In Sorge um die Kirche, Einsiedeln/Zürich/Köln 1980, 435–449.

Rahner 1984 = Rahner, Karl, Grundkurs des Glaubens. Einführung in den Begriff des Christentums, Freiburg i. Br./Basel/Wien 1984.

Rahner 1986 = Rahner, Karl, Wie kann man nach Auschwitz an Gott glauben, in: ders., Politische Dimensionen des Christentums. Ausgewählte Texte zu Fragen der Zeit, hg. von Herbert Vorgrimler, München 1986, 95–96.

Rahner 2004 = Rahner, Karl, Von der Unbegreiflichkeit Gottes. Erfahrungen eines katholischen Theologen, Freiburg i. Br./Basel/Wien 2004.

Rahner 2007 = Rahner, Karl, Zugänge zum theologischen Denken. Gespräch mit Theologiestudenten im Proseminar von Albert Raffelt an der Universität Freiburg/Br., 1974, in: ders., Im Gespräch über Kirche und Gesellschaft. Interviews und Stellungnahmen (Sämtliche Werke 31), hg. von der Karl-Rahner-Stiftung, Freiburg i. Br. 2007, 109–120.

Rahner 2009 = Rahner, Karl, Hinüberwandern zur Hoffnung. Grundsätzliches über die Hölle, in: ders., Anstöße systematischer Theologie: Beiträge zu Fundamentaltheologie und Dogmatik (Sämtliche Werke 30), hg. von der Karl-Rahner-Stiftung, Freiburg i. Br. 2009, 668–673.

Ramsey 1957 = Ramsey, Ian T., Religious Language. An Empirical Placing of Theological Phrases, London 1957.

Ratzinger 1969 = Ratzinger, Joseph, Primat und Episkopat, in: Das neue Volk Gottes. Entwürfe zur Ekklesiologie, Düsseldorf 1969, 121–146.

Ratzinger 2005 = Ratzinger, Joseph, Was die Welt zusammenhält. Vorpolitische moralische Grundlagen eines freiheitlichen Staates, in: Schuller, Florian (Hg.), Dialektik der Säkularisierung. Über Glaube und Vernunft, Freiburg i. Br. 2005, 39–60.

Ratzinger 2012 = Ratzinger, Joseph, Eschatologie – Tod und ewiges Leben, Regensburg ^{2}2012.

Reményi 2016 = Reményi, Matthias, Auferstehung denken. Anwege, Grenzen und Modelle personaleschatologischer Theoriebildung, Freiburg i. Br. 2016.

Rescher 1999 = Rescher, Nicholas, Die Begründung von Rationalität: Warum der Vernunft folgen?, in: Gosepath, Stefan (Hg.), Motive, Gründe, Zwecke. Theorien praktischer Rationalität, Frankfurt a. M. 1999, 246–263.

Rettenbacher 2019 = Rettenbacher, Sigrid, Außerhalb der Ekklesiologie keine Religionstheologie. Eine postkoloniale Theologie der Religionen (Beiträge zu einer Theologie der Religionen 15), Zürich 2019.

Ricken 2007 = Ricken, Friedo, „Übersichtliche Darstellung" und Analogie der Erfahrung, in: ders., Glauben weil es vernünftig ist, Stuttgart 2007, 95–109.

Rosa 2016 = Rosa, Hartmut, Resonanz. Eine Soziologie der Weltbeziehung, Berlin 2016.

Rowling 2000 = Rowling, Joanne K., Harry Potter and the Philosopher's Stone, London 2000.

Russell 1965 = Russell, Bertrand, Warum ich kein Christ bin, München ^{5}1965.

Sander 2005 = Sander, Hans-Joachim, Theologischer Kommentar zur Pastoralkonstitution über die Kirche in der Welt von heute *Gaudium et Spes*, in: Hünermann, Peter/Hilberath, Bernd Jochen (Hg.), Herders Theologischer Kommentar zum Zweiten Vatikanischen Konzil (Band 4), Freiburg/Basel/Wien 2005, 581–886.

Saxe 1975 = Saxe, John Godfrey, The Blind Men and the Elephant. A Hindoo Fable, in: ders., The Poems of John Godfrey Saxe. Complete Edition. With Illustrations, Boston 1875, 135–136.

Schärtl 2005 = Schärtl, Thomas, Auferstehung denken. Metaphysische Hintergrundfragen, in: Communio 42/5 (2005), 551–562.

Schärtl 2008 = Schärtl, Thomas, Was heißt „Auferstehung des Leibes"?, in: Gruber, Franz/Kögerler, Reinhart/Dürnberger, Martin (Hg.), Homo animal materiale. Die materielle Bestimmtheit des Menschen (Forum St. Stephan 18), Linz 2008, 105–149.

Schärtl 2013a = Schärtl, Thomas, Trinität, Einheit und Eigenschaften Gottes, in: Tatari, Muna/von Stosch, Klaus (Hg.), Trinität – Anstoß für das islamisch-christliche Gespräch (Beiträge zur Komparativen Theologie 7), Paderborn u. a. 2013, 13–68.

Schärtl 2013b = Schärtl, Thomas, Trinität als Gegenstand der Analytischen Theologie, in: ZKTh 135/1 (2013), 26–50.

Schatz 1985 = Schatz, Klaus, Welche bisherigen päpstlichen Lehrentscheidungen sind ‚ex cathedra'?. Historische und theologische Überlegungen, in: Löser, Werner/Lehmann, Karl/Lutz-Bachmann, Matthias (Hg.), Dogmengeschichte und katholische Theologie, Würzburg 1985, 404–422.

Scheuer 2007 = Scheuer, Manfred, Selig die keine Gewalt anwenden. Das Zeugnis des Franz Jägerstätter, Innsbruck/Wien 2007.

Schmidinger 2000 = Schmidinger, Heinrich, Metaphysik. Ein Grundkurs, Stuttgart/Berlin/Köln 2000.

Schmidinger/Viertbauer = Schmidinger, Heinrich/Viertbauer, Klaus (Hg.), Glauben denken. Zur philosophischen Durchdringung der Gottrede im 21. Jahrhundert, Darmstadt 2016.

Schmidt-Leukel 2005 = Schmidt-Leukel, Perry, Gott ohne Grenzen. Eine christliche und pluralistische Theologie der Religionen, Gütersloh 2005.

Schnädelbach 2000 = Schnädelbach, Herbert, Rationalitätstypen, in: ders., Philosophie in der modernen Kultur, Frankfurt a. M. 2000, 256–281.

Schnädelbach 2007 = Schnädelbach, Herbert, Vernunft (Grundwissen Philosophie), Stuttgart 2007.

Schreiber 2018a = Schreiber, Stefan, Von der Verkündigung Jesu zum verkündigten Christus, in: Ruhstorfer, Karlheinz (Hg.), Christologie, Paderborn 2018, 69–140.

Schreiber 2018b = Schreiber, Stefan, Begleiter durch das Neue Testament, Ostfildern 2018.

Schupp 1974 = Schupp, Franz, Glaube – Kultur – Symbol. Versuch einer kritischen Theorie sakramentaler Praxis, Düsseldorf 1974.

Schupp 2003a = Schupp, Franz, Geschichte der Philosophie im Überblick. Band 1: Antike, Hamburg 2003.

Schupp 2003b = Schupp, Franz, Geschichte der Philosophie im Überblick. Band 2: Christliche Antike/Mittelalter, Hamburg 2003.

Schupp 2003c = Schupp, Franz, Geschichte der Philosophie im Überblick. Band 3: Neuzeit, Hamburg 2003.

Schwöbel 2002 = Schwöbel, Christoph, Die Letzten Dinge zuerst? Das Jahrhundert der Eschatologie im Rückblick, in: ders., Gott in Beziehung. Studien zur Dogmatik, Tübingen 2002, 437–468.

Sennett 2004 = Sennett, Richard, Respekt im Zeitalter der Ungleichheit (BvT 74), Berlin 2004.

Sennett 2008 = Sennett, Richard, Die Kultur des neuen Kapitalismus (BvT 342), Berlin ³2008.

Siebenrock 2017 = Siebenrock, Roman A., ‚reductio in mysterium': Theologie als transzendentaltheologische Entfaltung der Verwiesenheit des Menschen ins Geheimnis, in: in: Dürnberger, Martin u. a. (Hg.), Stile der Theologie. Einheit und Vielfalt katholischer Systematik in der Gegenwart (ratio fidei 60), Regensburg 2017, 181–204.

Siebenrock/Amor 2014 = Siebenrock, Roman A./Amor, Christoph J. (Hg.), Handeln Gottes. Beiträge zur aktuellen Debatte (QD 262), Freiburg i. Br. 2014.

Slenczka 2016 = Slenczka, Notger, Gotteslehre, in: Leppin, Volker (Hg.), Thomas Handbuch (Handbücher Theologie), Tübingen 2016, 291–306.

Sloterdijk 2001 = Sloterdijk, Peter, Tau von den Bermudas. Über einige Regime der Einbildungskraft, Frankfurt a. M. 2001.

Sobrino 1995 = Sobrino, Jon, Systematische Christologie: Jesus Christus, der absolute Mittler des Reiches Gottes. In: Ellacuría, Ignacio/Sobrino, Jon (Hg.), Mysterium Liberationis. Grundbegriffe der Theologie der Befreiung (1), Luzern 1995, 567–591.

Sölle 1970 = Sölle, Dorothee, Stellvertretung. Ein Kapitel Theologie nach dem ‚Tode Gottes', Stuttgart/Berlin ⁶1970.

Sommer 2000 = Sommer, Volker, Destruktives Verhalten bei Tieren. Über Eigennutz [sic!] und Selbstlosigkeit, über Gut und Böse, in: Kessler, Hans (Hg.), Leben durch Zerstörung? Über das Leiden in der Schöpfung. Ein Gespräch der Wissenschaften, Würzburg 2000, 38–52.

Southgate 2008 = Southgate, Christopher, The Groaning of Creation. God, Evolution, and the Problem of Evil, Louisville, Kentucky 2008.

Stosch 2001 = von Stosch, Klaus, Glaubensverantwortung in doppelter Kontingenz. Untersuchungen zur Verortung fundamentaler Theologie nach Wittgenstein (ratio fidei 7), Regensburg 2001.

Stosch 2002 = von Stosch, Klaus, Komparative Theologie – ein Ausweg aus dem Grunddilemma jeder Theologie der Religionen?, in: ZKTh 124/3 (2002), 294–311.

Stosch 2006a = von Stosch, Klaus, Einführung in die Systematische Theologie, Paderborn 2006.

Stosch 2006b = von Stosch, Klaus, Gott – Macht – Geschichte. Versuch einer theodizeesensiblen Rede vom Handeln Gottes in der Welt, Freiburg i. Br./Basel/Wien 2006.

Stosch 2010 = von Stosch, Klaus, Auf der Suche nach einer neuen Form eschatologischen Denkens. Verlegenheiten und tastende Antworten, in: Englert, Rudolf u. a. (Hg.), Was letztlich zählt – Eschatologie (Jahrbuch der Religionspädagogik 26), Neukirchen-Vluyn 2010, 119–136.

Stosch 2012 = von Stosch, Klaus, Komparative Theologie als Wegweiser in der Welt der Religionen (Beiträge zur Komparativen Theologie 6), Paderborn u. a. 2012.

Stosch 2013 = von Stosch, Klaus, Theodizee, Stuttgart 2013.

Stosch 2017 = von Stosch, Klaus, Trinität, Paderborn 2017.

Striet 1998 = Striet, Magnus, Versuch über die Auflehnung. Philosophisch-theologische Überlegungen zur Theodizeefrage, in: Wagner, Harald (Hg.), Mit Gott streiten. Neue Zugänge zum Theodizee-Problem (QD 169), Freiburg i. Br./Basel/Wien 1998, 48–89.

Strotmann 2015 = Strotmann, Angelika, Der historische Jesus: eine Einführung, Paderborn ²2015.

Stump/Gasser/Grössl 2015 = Stump, Eleonore/Gasser, Georg/Grössl, Johannes (Hg.), Göttliches Vorherwissen und menschliche Freiheit. Beiträge aus der aktuellen analytischen Religionsphilosophie, Stuttgart 2015.

Swinburne 1993 = Swinburne, Richard, The Coherence of Theism. Revised Edition (Clarendon Library of Logic and Philosophy), Oxford/New York 1993.

Swinburne 1998 = Swinburne, Richard, Gott und Zeit, in: Jäger, Christoph (Hg.), Analytische Religionsphilosophie, Paderborn u. a. 1998, 196–217.

Swinburne 2011 = Swinburne, Richard, Die Existenz Gottes, in: Bromand, Joachim/Kreis, Guido (Hg.), Gottesbeweise. Von Anselm bis Gödel, Berlin 2011, 518–535.

Szpilman 2003 = Szpilman, Władysław, Der Pianist. Mein wunderbares Überleben, München ⁷2003.

Taylor 2009 = Taylor, Charles, Ein säkulares Zeitalter, Frankfurt a. M. 2009.

Theißen/Merz 2001 = Theißen, Gerd/Merz, Annette, Der historische Jesus. Ein Lehrbuch. 3., durchgesehene und um Literaturnachträge ergänzte Auflage, Göttingen ³2001.

Tück 2009 = Tück, Jan-Heiner, In die Wahrheit kommen. Das Gericht Jesu Christi: Annäherungen an ein eschatologisches Motiv, in: Herkert, Thomas/Reményi, Matthias (Hg.), Zu den letzten Dingen. Neue Perspektiven der Eschatologie, Darmstadt 2009, 99–122.

Tolkien 1997 = Tolkien, John Ronald Reuel, Der Herr der Ringe. Viertes Buch: Der Ring geht nach Osten (Gesamtausgabe, übersetzt von Margaret Carroux), Stuttgart 1997.

Tolkien 2002 = Tolkien, John Ronald Reuel, The Lord of the Rings, London 2002.

Tomasello 2006 = Tomasello, Michael, Die kulturelle Entwicklung des menschlichen Denkens, Frankfurt a. M. 2006.

Tomasello 2010 = Tomasello, Michael, Warum wir kooperieren (edition unseld 36), Berlin 2010.

Thielicke 1946 = Thielicke, Helmut, Tod und Leben. Studien zur christlichen Anthropologie, Tübingen ²1946.

Tugendhat 1976 = Tugendhat, Ernst, Vorlesungen zur Einführung in die sprachanalytische Philosophie, Frankfurt a. M. 1976.

Vorgrimler 1978 = Vorgrimler, Herbert, Der Tod im Denken und Leben des Christen, Düsseldorf 1978.

Vorgrimler 1993 = Vogrimler, Herbert, Theologische Gotteslehre (Leitfaden Theologie 3), Düsseldorf ³1993.

Verbeek 2010 = Verbeek, Bernhard, Sterblichkeit: Der paradoxe Kunstgriff des Lebens – Eine Betrachtung vor dem Hintergrund der modernen Biologie, in: Oehler, Jochen (Hg.), Der Mensch – Evolution, Natur und Kultur. Beiträge zu unserem heutigen Menschenbild, Berlin/Heidelberg 2010, 59–73.

Verweyen 1994 = Verweyen, Hansjürgen, Glaubensverantwortung heute. Zu den ‚Anfragen' von Thomas Pröpper, in: ThQ 174 (1994), 288–303.

Verweyen 2002 = Verweyen, Hansjürgen, Gottes letztes Wort. Grundriß der Fundamentaltheologie, Regensburg ⁴2002.

Verweyen 2008 = Verweyen, Hansjürgen, Einführung in die Fundamentaltheologie, Darmstadt 2008.

Verweyen 2013 = Verweyen, Hansjürgen, Was ist Freiheit? Fragen an Thomas Pröpper, in: ThPh 88 (2013), 510–535.

Ward 1990 = Ward, Keith, Sentient Afterlife, in: Linzey, Andrew/Regan, Tom (Hg.), Animals and Christianity. A Book of Readings, Eugene, Oregon 1990, 104–105.

Weber 2017 = Weber, Anne, Zwischen Kampf um Anerkennung, lebensweltlichen Krisenphänomenen und herrschaftsfreier Verständigung. Eine Befundanalyse im Horizont theologischer Wissenschaftstheorie, in: Dürnberger, Martin u. a. (Hg.), Stile der Theologie. Einheit und Vielfalt katholischer Systematik in der Gegenwart (ratio fidei 60), Regensburg 2017, 109–119.

Wellmer 1985 = Wellmer, Albrecht, Zur Dialektik von Moderne und Postmoderne. Vernunftkritik nach Adorno, Frankfurt a. M. 1985.

Wellmer 2016 = Wellmer, Albrecht, Sprachphilosophie. Eine Vorlesung, Frankfurt a. M. ²2016.

Wendel 2002 = Wendel, Saskia, Affektiv und inkarniert. Ansätze Deutscher Mystik als subjekttheoretische Herausforderung (ratio fidei 15), Regensburg 2002.

Wendel 2016 = Wendel, Saskia, Von der Frauenfrage zum Geschlechterdiskurs. Eine Standortbestimmung theologischer Gender-Forschung, in: Herder Korrespondenz Spezial 1 (2016), 38–41.

Wendel 2017 = Wendel, Saskia, „It's the body, stupid!" Die politische Bedeutung von Gender-Theorien für die theologische Reflexion, in: Laubach, Thomas (Hg.), Gender – Theorie oder Ideologie? Freiburg i. Br. 2017, 201–214.

Wendel 2019 = Wendel, Saskia, Religion und Glaubenspraxis. Konzepte und Positionen Theologischer Geschlechterforschung, in: Kortendiek, Beate u. a. (Hg.): Handbuch interdisziplinäre Geschlechterforschung, Wiesbaden 2019, 1265–1270.

Werbick 2005 = Werbick, Jürgen, Den Glauben verantworten. Eine Fundamentaltheologie, Freiburg i. Br./Basel/Wien ³2005.

Werbick 2013 = Werbick, Jürgen, Gnade, Paderborn 2013.

Whitehead 1987 = Whitehead, Alfred North, Prozeß und Realität. Entwurf einer Kosmologie, Frankfurt a. M. 1987.

Wiesel 1987 = Wiesel, Elie, Die Nacht zu begraben, Elischa, Frankfurt a. M./Berlin 1987.

Wiesel 1995 = Wiesel, Elie, Alle Flüsse fließen ins Meer. Autobiographie, Hamburg 1995.

Winkler 2013 = Winkler, Ulrich, Wege der Religionstheologie. Von der Erwählung zur komparativen Theologie (Salzburger Theologische Studien 46/interkulturell 10), Innsbruck/Wien 2013.

Bildquellen

Hasen-Enten-Kopf (auf Seite 38): https://commons.wikimedia.org/wiki/File:PSM_V54_D328_Optical_illusion_of_a_duck_or_a_rabbit_head.png (Public Domain), zuletzt geprüft am 19.09.2019.

Namenregister

Aaron (fiktiver Jünger) 262 f.
Adorno, Theodor W. 58 f.
Alexander von Alexandrien 292
Amor, Christoph J. 231
Andresen, Carl 313
Anselm von Canterbury **83–96**, 98, 102, 104, 109 f., 137, 178, 269, **271–279**, 319 f., 449 f., 454
Apel, Karl-Otto 441
Apollinaris von Laodicea 296 f., 304
Arcade Fire 429
Aristoteles 78, 151 f., 195 f., 218, 315, 436, 444
Arius **292–294**, 455
Athanasius von Alexandrien 293, 295 f., 305, 313–315
Augustinus 70, 208, **212–217**, **318 f.**, 330 f., **348–350**, 353, **372–374**, 384, 386, 453, 455, 457, 460
Austin, John L. 361

Bachl, Gottfried 389, 411, 421 f., 426
Bachmann-Medick, Doris 194
Balthasar, Hans Urs von 393, 410, 420, **426–428**, 459
Bacon, Francis 82
Báñez, Domingo 375
Barth, Karl 83, 319, 413, 460
Basilius von Caesarea 313 f.
Benedikt XVI. 196, 421
Benjamin, Walter 178
Berger, Peter L. 426
Bergmann, Gustav 181
Bernhard von Clairvaux 40, 47
Bernhardt, Reinhold 395, 403, 474
Bertram, Georg W. 192
Beutlin, Bilbo 445

Beutlin, Frodo 108
Blumenberg, Hans 53, 117
Boethius 126, 132, 450
Boff, Leonardo 321, 358
Bonaventura 41
Bonhoeffer, Dietrich 218
Boros, Ladislaus **419 f.**
Boso 272
Brandom, Robert B. 57, 188, 433
Breul, Martin 82, 443
Bromand, Joachim 87, 111
Büchner, Georg 201
Butler, Judith 361

Caesar, Gaius Iulius 414 f., 417
Calvin, Johannes 373
Camus, Albert 140, 173, 235, 239, 281, 286, 453
Cano, Melchior 45
Carnap, Rudolf 182, 185 f.
Cassirer, Ernst 193
Chesterton, Gilbert K. 21, 29, 87
Clooney, Francis X. 400–402
Coelestin I. 300
Coldplay 168 f.
Communauté de Taizé 312
Cornille, Catherine 401
Crabbe, Vincent 273, 276
Craig, William Lane 99, 384 f., 387, 436
Cullmann, Oscar 413
Cusanus, Nikolaus **74–77**, 82 f., 116, 389
Cyprian von Karthago 331, 384

Daly, Mary 194
Darwin, Charles 100, 162

Daston, Lorraine 349
Davidson, Donald 192, 380
Dawkins, Richard 161
de Molina, Luis 375, 385
Delp, Alfred 206
Dennett, Daniel 161
Descartes, René **53 f.**, 93, 139, 318, 437
Dioskur von Alexandrien 301
Dirscherl, Erwin 286
Dockter, Cornelia 304
Don Juan 320
Dostojewski, Fjodor M. **235–237**, 242 f., 263, 453
Dougherty, Trent 234
Drecoll, Volker Henning 290 f., 295 f.
Dreßing, Harald 334
Dreyfus, Hubert 193
Dumbledore, Albus 388, 390
Dünzl, Franz 290, 292
Dupuis, Jacques 393
Dürnberger, Martin 153, 182, 188, 346, 380, 423, 433, 439

Ebner, Martin 253 f.
Eco, Umberto 339
Epiktet 270
Epikur 201, 203
Erasmus von Rotterdam 373 f.
Essen, Georg 304, 322
Eutyches **299–301**

Father Brown 29, 87
Feuerbach, Ludwig 140, **161–166**, 171, 451 f.
Flasch, Kurt 75–77
Flavian von Konstantinopel 300 f.
Flew, Antony 183 f., 190
Flint, Thomas P. 128
Fößel, Thomas Peter 257, 286

Frances, Bryan 381
Frankfurt, Harry G. 123, 129 f., 224
Frankl, Viktor E. 228 f.
Franziskus (Papst) 332, 369
Fredericks, James L. 401
Frege, Friedrich Ludwig Gottlob 182, 187
Frère Roger 34, 47, 261, 332, 365
Freud, Sigmund 140, 161, **166–168**, 452
Fries, Heinrich 369
Fulgentius von Ruspe 385

Gamdschie, Sam(weis) 108
Gasser, Georg 128, 259 f., 416
Gaunilo 93, 95
Geach, Peter 217
Gilson, Étienne 122
Girard, René 455
Gmainer-Pranzl, Franz 197
Göcke, Benedikt Paul 433
Gödel, Kurt 111
Gollum 105, 108
Goodman, Nelson 191 f.
Gosepath, Stefan 60
Goyle, Gregory 273, 276
Granger, Hermine 273, 276
Gregor von Nazianz 296, **313–316**
Gregor von Nyssa 313 f.
Greshake, Gisbert **269 f.**, 274, 277, 317, 321, **413–418**, 420
Griffin, David Ray 204 f.
Grillmeier, Alois 304
Grössl, Johannes 128
Gruber, Franz 412
Gruber, Judith 195
Guardini, Romano 422
Guardiola, Pep 205

Habermas, Jürgen 53, 56 f., 59, 64, 82, 130, 140, 192 f., 195, 222, 225, 433, 439, 443
Haidt, Jonathan 334, 369, 375, 452
Halbmayr, Alois 74, 118
Hamann, Johann G. 181
Harnack, Adolf von 195
Harris, Sam 161
Hasker, William 128
Hauschild, Wolf-Dieter 290 f., 295 f.
Hegel, Georg Wilhelm Friedrich 211, 443
Heidegger, Martin 81, 140, 154, 157, 238
Hick, John 185 f., **210–212**, 216, 230 f., **396–401**, 425, 453, 458
Hippolyt von Rom 291
Hitchens, Christopher 161
Hoff, Gregor Maria 74, 161, 331, 335
Höhn, Hans-Joachim 60, 73, 128, 194, 240, 361, 441
Holmstrom, John 185
Horkheimer, Max 58 f.
Hugo von St. Viktor 351
Hume, David **54 f.**, 102 f., 145
Hüttenhoff, Michael 399

Ijob 217, 254
Internationale Theologische Kommission 383
Ignatius von Loyola 206, 380, 382, 431
Irenäus von Lyon 137, **208–210**, 269
Irlenborn, Bernd 436

Jägerstätter, Franz 381
James, William 89, 131, 210, 229, 453
Jastrow, Joseph 38
Jean Paul 117

Jesaja 134
Johannes XXIII. 338
Johannes der Täufer 253 f., 454
Johannes Grammatikos 303
Johannes Paul II. 23, 334, 368
Johnson, Philipp E. 100
Johnson, Todd M. 363
Jonas, Hans 119, 121
Jüngel, Eberhard 413
Justin der Märtyrer 290, 388 f.

Kant, Immanuel **54 f.**, 61, 63, **87–89**, 93–95, 102, **104–110**, 139, **143–152**, 154 f., 157 f., 161, 174, 181, 189, 191, 222, 241, 248, 279, 397, 436 f., 450 f., 453
Kany, Roland 298
Karamasow, Aljoscha 236
Karamasow, Iwan **235–239**, 282
Kasper, Walter 339
Kennedy, John F. 414 f., 417
Kephas 261, 263
Kessler, Hans 255, **261–264**, 400
Keynes, John Maynard 282
Kierkegaard, Sören **135 f.**, 140, 173, 283, 450
Kling, Marc-Uwe 286
Klinger, Elmar 45
Knapp, Markus 444
Knauer, Peter 121, **206 f.**, 232, 436, 441, 453
Knop, Julia 264
Konstantin (Kaiser) 294
Korczak, Janusz 245 f., 386
Koritensky, Andreas 436
Korzybski, Alfred 435
Kraschl, Dominikus 359 f.
Kreiner, Armin 70, 73, 122, 124, 127 f., 204, 221, 225, **231–234**, 401
Kreis, Guido 87, 111
Krings, Hermann 280

Kuenen, Abraham 118
Kummer, Christian 100
Küng, Hans 379
Kyrill von Alexandrien **299 f.**, 303, 455

Laktanz 202
Lang, Albert 45
Lang, Bernhard 114
Langenfeld, Aaron 222, 277, 286, 370
Langthaler, Rudolf 152
Laubach, Thomas 194
Laurentius von Brindisi 278
Leftow, Brian 319
Leibniz, Gottfried Wilhelm 98, 201 f.
Leinsle, Ulrich G. 375
Leo I. 301
Leontios von Byzanz 303
Leontius von Jerusalem 304
Lerch, Magnus 137, 222, 286, 370
Levinas, Emmanuel 110, 211, 219, 227, 279, 424
Lewis, Clive Staples 123, 165, 173, 234, 320, 416, 430
Locke, John 54
Löffler, Winfried 88
Lohfink, Gerhard **414–418**
Loichinger, Alexander 204
Luther, Martin 331, **370–375**, 378, 409, 413, 457 f., 460

Mackie, John L. 128
Marcel, Gabriel 282
Maréchal, Joseph 151
Maric, René 205
Markian (Kaiser) 301
Marquard, Odo 117
Marx, Karl 140, 161, 165 f., 171, 173 f., 177, 451 f.
Matheson, Jonathan 381

McCormick, Peter J. 192
McFague, Sallie 137
McGonagall, Minerva 272 f., 276
McLaren, Malcolm 185
Meixner, Uwe 82
Merz, Annette 253
Metz, Johann Baptist 44, 161, **173–178**, 195, 200, 232, **240 f.**, 270, **411 f.**, 438, 448, 452, 459
Midas 320
Mitchell, Basil George **33 f.**, 42, 48, 190, 448
Mohammed 402
Moltmann, Jürgen 218, 321, 411
Moore, George Edward 39, 182
Mulder, Fox William 39
Müller, Klaus 30, 95 f., 440 f.
Murray, Michael J. 234

Nagel, Thomas 65, 128
Napoleon Bonaparte 414 f., 417
Nassehi, Armin 140, 345
Nestorius **298–300**, 302, 455
Neuhaus, Gerd 118
Neurath, Otto 182, 189
Neville, Robert Cummings 401
Newman, John Henry 24
Niemand, Christoph 265
Nietzsche, Friedrich 55, 58, 140, 161, **168–173**, 239, 241, 320, 335, 382, 408, 438, 452
Nitsche, Bernhard 322
Noët von Smyrna 291
Norris, Chuck 119
Nüssel, Friederike 369, 376 f.

O'Neill, Onora 105
Ogden, Schubert 399
Oppy, Graham 111
Origenes 208, **217–219**, 292, 295 f., 299, 427

Ott, Ludwig 420, 426
Ötzi 384 f., 387, 391

Paracelsus 333
Pascal, Blaise 81, 88 f., 461
Paul V. 375
Paulus 42, 45, 51, 196, 207, 213 f., 216, 257, 260, 265, 268, 270, 289, 311, 313, 328, 332, 335, 341, 344, 347, 373
Peirce, Charles Sanders 89, 192
Petrus 342, 344, 367
Petrus Lombardus 351 f.
Peukert, Helmut 238
Phillips, Dewi Z. 188
Philo von Alexandrien 290
Pieper, Josef 79, 402, 421, 429
Pike, Nelson 129
Pius IX. 337
Pius XI. 366
Pius XII. 339, 389
Platon 50
Plotin **115–117**, 126, 134, 293
Pontius Pilatus 257
Potter, Harry 390
Praxeas 291
Pröpper, Thomas 136, 212, 241, **279–285**, 287, 307, 437, **440–442**, 444, 455, 460
Pseudo-Dionysius Areopagita 73
Pulcheria (Kaiserin) 301
Putnam, Hilary 191 f., 439

Quine, Willard Van Orman 189

Radiohead 215
Rahner, Karl 70, 127, 131, **136 f.**, 143, **151–159**, 174–176, 178, 219, **242–244**, 252, 257, **305–309**, 319, **323 f.**, 331, **355–358**, 369, 374, **379 f.**, 382, 387, **389–396**, 400, **409–411**, 416, 419, 422, 425, 427 f., **430 f.**, 437, 439, 444, 451 f., 456, 458–460
Ramsey, Ian T. 37
Ratzinger, Joseph 49, 259, 266, 269, 278, 287, 334 f., 343, 368, **417 f.**
Reimarus, Hermann Samuel 260
Reményi, Matthias 407
Rescher, Nicholas 63
Rettenbacher, Sigrid 195
Richard von St. Viktor **318–321**
Ricken, Friedo 262
Ricœur, Paul 140, 444
Rieux, Bernard 173, 235, 238 f.
Rorty, Richard 57
Rosa, Hartmut 286
Rowling, Joanne K. 390
Russell, Bertrand 101, 182

Sabellius 291
Sander, Hans-Joachim 338
Sartre, Jean-Paul 140, 173
Sattler, Dorothea 369, 376 f.
Saxe, John Godfrey 396
Schärtl, Thomas 259, 319, 322, 416 f.
Schatz, Klaus 343
Scheuer, Manfred 381
Schillebeeckx, Edward 359
Schlick, Moritz 182
Schmidinger, Heinrich 82, 115, 433
Schmidt-Leukel, Perry 383 f., 386, 396, 399 f.
Schnädelbach, Herbert 49 f., 52, 60, 443
Schoonenberg, Piet 359
Schopenhauer, Arthur 55
Schreiber, Stefan 253, 257, 260, 263
Schupp, Franz 50, 75, 147, 349, 354
Schwager, Raymund 455

Schweitzer, Albert 253
Schwöbel, Christoph 407
Scotus, Johannes Duns 72, **84 f.**, **122 f.**, 131, 220, 429
Scully, Dana Katherine 39
Searle, John 361
Sellars, Wilfried 433
Sennett, Richard 286
Siebenrock, Roman 231, 444
Slenczka, Notger 98
Sloterdijk, Peter 117
Sméagol 105, 108
Sobrino, Jon 44
Sokrates 387
Sölle, Dorothee 218, 411, 460
Sommer, Volker 209
Southgate, Christopher 234
Stosch, Klaus von 38, 178, 223, 225, **229–232**, 242, 293, 317, 385, 395 f., **400–403**, 425, 438, 443
Striet, Magnus 322, 425
Strotmann, Angelika 253
Stump, Eleonore 128
Swinburne, Richard 100, 124, 126, 321, 436
Szpilman, Władysław 246

Taylor, Charles 53, 193
Tertullian 274, 291, 348
Theißen, Gerd 253
Theodosius II. (Kaiser) 301
Thielicke, Helmut 413
Thomas von Aquin 35 f., 43, **70 f.**, **77–83**, 87–89, **93–104**, 109 f., 116, 123 f., 126, 128, **151–154**, 157, 159, 199, 210, 212, 217, 251, 267, **276–278**, 286, **308 f.**, 319, 331 f., **353–355**, 358, 372, 374, **385–387**, 402, 414, 416, 418, **429 f.**, 436 f., 440, **443 f.**, 450 f., 454 f., 460
Tolkien, John Ronald Reuel 32, 107, 445
Tomasello, Michael 64, 193
Tück, Jan-Heiner 424
Tugendhat, Ernst 64

Verbeek, Bernhard 209
Verweyen, Hansjürgen **240–242**, **262–264**, 427, 437, **440 f.**, 444
Viertbauer, Klaus 433
Vorgrimler, Herbert 134, 418

Waldenfels, Hans 45
Ward, Keith 234, 401
Weasley, Ron 273, 276
Weber, Anne 443
Wellmer, Albrecht 55, 59
Wells, Herbert George 183
Wendel, Saskia 194, 286
Werbick, Jürgen 370, 438, 444
Whitehead, Alfred North 204, 206
Wiesel, Elie 177, 228 f.
Wilczyńska, Stefania 245, 386
Wilhelm von Ockham 52
Winkler, Ulrich 388
Wisdom, John 183
Wittgenstein, Ludwig **37–40**, 43, 57, 81, 186–191, 197, 260, 312, 380, 384, 402, 438, 448
Wolff, Christian 143

Zurlo, Gina A. 363
Zwingli, Ulrich 373

Sachregister

Abkippender Sechser 204
actus essendi 78 f.
actus purus 80, 218
aevum 415, 418, 423
Agennesie 314
Alleinwirksamkeit 120, 216
Allmacht 89, 113, **118–125**, 130, 135 f., 162, 199, 202–205, 218, 225, 231, 234, 286
  – aktuale Allmacht **120–122**
  – potentielle Allmacht **122–124**
Allversöhnung 427
Allwirksamkeit 120 f.
Allwissenheit 26, 113, 119, 125, **127–131**, 202, 226, 385
amor fati 171
Amt/Ämterfrage **376–379**
analogia entis 72
Analogielehre **71–73**, 431
Analytisch 143 f., 336, 436
Analytische Philosophie 182
Anathema(tismen) 294
Anglikanische Gemeinschaft 364
anima separata 408, 416
animal schnifzel 52, 123
animal symbolicum 193, 358
Anonymes Christentum **389–393**, 419
Anthropologie 174, 286, 307, 409 f., 427
Anthropologische Wende **151–158**
Antirealismus 192
Apokalypse 411
Apokatastasislehre 427
Apollinarismus **296–298**, 302
Apologetik 29, 178
Aposteriorisch 143, 395, 402

Apostolische Sukzession 378
Appropriationen 315
Apriorisch 143 f., 146 f., 380, 395, 399, 402 f., 441
Äquivozität/äquivoke Rede 71 f.
Area-51-Überzeugung 39
Ästhetisierung des Übels 209
Atemporalität Gottes 125, 127, 415, 418
Atheismus 170, 201
Attributions-/Proportions-Analogie 72
Auferstehung 207, 248, 251 f., **257–264**, 266 f., 269, 284, 287–289, 399, 405, 407–409, 411, 413–418, 421, 429
Auferstehung-im-Tod-Hypothese 414–418
Augustinische Theodizee **212–217**

Babylonisches Exil **114 f.**, **133 f.**
Befreiungstheologie 176, 196
Begierdetaufe 387
Begriffsschema 191 f.
belief that 35
Beobachterperspektive 55, 104 f.
Bewegung für Glauben und Kirchenverfassung 365
Bewegung für Praktisches Christentum 365
Bischof(samt) 342, 377 f.
bonum complens appetitum 151 f., 157
Bund 114, **132–135**, 247, 265
Buße 347
Byzantinisch-orthodoxe Kirchen 363

causa prima non causata 80, 111
character indelebilis 348, 377
Christliches Grundgesetz **136 f.**, 175, 261, 304, 323, 338
Christologie 122, 173, **245–248**, 251 f., **288–309**, 313, 390, 400, 409 f.
– Ab-/Aufstiegschristologien 289
– Alexandrinische Christologie 299
– Antiochenische Christologie 298
– Aszendenz-/Deszendenzchristologien 289
– Christologien von oben/unten 289
– Engelschristologien 290
– Geistchristologien 290
christotokos 299
Christus 22, 31 f., 44, 159, 178, 207 f., 218, 230, **245**, 247, 251 f., 257 f., 260–264, 267–269, 271, 275 f., 278, **288–309**, 311–313, 323, 327–333, 336, 338–341, 345, 347–351, 354, 356, 358, 360 f., 363, 368, 372, 376, 385, 387–393, 395, 400, 403, 407, 409–412, 423, 426, 430
cogito ergo sum 53, 318
coincidentia oppositorum 75 f.
communio communiorum 340, 345
communio sanctorum 339
communio-Ekklesiologie 339
concupiscentia 214
consensus antecedens 343 f.
consensus succedens 343 f.
credere Deo 35, 47, 150
credere Deum (esse) 35, 47
credere in Deum 35, 47, 211
cultural turns 140, **194–197**, 199

de locis theologicis 30 f.
defectus ordinis 378
Deismus 30, 111
Dekonstruktion 181
demonstratio catholica 30
demonstratio christiana 30, 150
demonstratio religiosa 30
depositum fidei 34, 45
Depotenzierung des Übels 212
descensus Christi ad inferos 427
Determinismus 104, 129, 222, 225, 374
deus malignus 201
Deutscher Idealismus 55
disclosure-Erfahrung 37, 47, 246
docta ignorantia 77
Dogma 69, 343 f., 422
Dogmatik 29, 31
Doketismus 291
Donatismus 350
Doxastischer Operator 35
Dreierschema 383 f., 401
Dreikapitelstreit 304
Dynamische Verwiesenheit auf das Unbedingte **154–157**, **305–309**, 389, 391

Ecclesia ab Abel 386
Ehe 199, 347, 354, 356, 364, 437
Ekklesiologie 29, 325, 327, 336
Emanationslehre 116
embodied cognition 193
Empirismus 54, 82, 143, 145, 182
Endentscheidungshypothese **419 f.**
Enhypostasie-Lehre 303
ens 78, 212
ens necessarium 102, 201
epistemic peers 381
Epistemische Distanz 211, 231

Erlösung 206, 210, 215, 267,
  269–289, 291, 293, 299, 315,
  385, 394, 409, 425, 440
Erweckungsformeln 260
Eschatologie 29, 122, **407–431**
Eschatologischer Vorbehalt 344, 412
esse **77–81**, 91, 98, 115 f., 137, 318,
  354
esse commune 79
essentia **78–81**, 115 f., 354
Eucharistie 325, 339, 347–350,
  354 f., **358–360**
Evidentielles Problem des Übels 229
Ewigkeit 113, **125–127**, 171, 287,
  418, 426
Existential, übernatürliches **154–157**,
  305–309, 389, 391
Existenzphilosophie/existenzphilosophische Wende 140
Exklusivismus 321, **383–388**, 401,
  403
  – gemäßigt 384, 386–388
  – rigide 384–386
Extension 94

Feministische Theologie 137, 194
fides qua (creditur) **34–44**, 187, 350
fides quae (creditur) 34 f., **44–47**,
  187, 350
fides quaerens intellectum 90, 271
filioque 317
fine tuning-Argument 100, 103
Firmung 347
Formalobjekt (der Theologie) 22
free will defense **219–231**, 234, 242 f.,
  245, 259, 425
Freiheit 36, 104 f., 109 f., 119, 121,
  128–131, 136, 153, 156, 162, 199,
  206, 214, **219–235**, 244, 247, 256,
  270 f., 273, 276 f., **279–287**, 305,
  329–331, 353, 355, 370–375, 385,
  419 f., 422, 425 f., 437, 440, 442
Fundamentaltheologie 29, 31
fundamentum inconcussum 53, 443
Funktionalisierung des Leids
  208–213, 218, 430

Galgen-Beispiel (bei Kant) 106
Gallikanismus 343
Ganztodhypothese **413 f.**
Gärtner-Parabel 183
gender 194, 197
Gericht 254, 348, 370 f., 408, 410,
  414 f., **420–423**, 429
Glaube **33–48**
  – doxastischer Glaube 35
  – fiduzieller Glaube 35
Gnade(ntheologie) **158**, 215 f.,
  255, 270, **277 f.**, 307, 311, 331,
  349–353, **355–358**, 367, **370–375**,
  385, 392, 410
Gnadenstreit 375, 385
Gnosis 291
Gottesbegriff 31, 69, **74–85**, 113,
  126, 283, 436
Gottesbeweis 53, 63, **87–111**, 158,
  201, 283
  – (kalām- und metaphysisch-)
    kosmologische Beweise 96–99,
    101–104
  – letzter Gottesbeweis 450
  – moralischer Beweis 104–110
  – ontologischer Beweis 89–96
  – teleologische Beweise 99–104

Hasen-Enten-Kopf 38, 42, 47, 153
Heilsgeschichte/-ökonomie 117,
  131, **290**, 315 f., 323, 349, 383
Hellenisierung des Christentums
  195 f.

Hermeneutisches Wohlwollen 380
Himmel 21, 76, 162, 167, 186, 196, 205, 212 f., 215 f., 235 f., 243, 254, 277, 343 f., **407–410**, 414, 417, 420, 426, **429–431**
Historisch-kritische Methode 114, 251–253
Hölle 216, 374, 386 f., 391, **407–410**, 413, 420, **425–428**
Homotimie, homotimon 314
homousios **294–298**
Hylemorphismus 354
Hypostase **292–299**, **302–305**, 314, 316, 323

iconic turn 193 f.
id quo maius cogitari non potest 83, 91, 335
ideae innatae 53
Identifikationstheologie 291, 295 f., 313 f., 400
Ideologie 27, 41
Idiomenkommunikation **299–302**
Impliziter Glaube 387
Indefektibilität der Kirche 343
Induktionsproblem 54, 183
Infallibilität des Papstes **341–344**
Infralapsarisches Caveat 178 f.
Inkarnation 271, 275 f., 307 f.
Inklusivismus 383 f., **387–396**, 399, 401, 403
— hermeneutisch 394
— lernoffen 395, 403
— mutual/reziprok 394 f.
Inkulturationstheologien 196
Intellektualismus 51, 123 f.
intelligent design 100, 103
Intension 94
Internationaler Missionsrat 365

ipsum esse per se subsistens 77, 152, 436
Irenäische Theodizee **208–213**, 216
Irritationssensibilität des Glaubens **42 f.**, 47, 200, 246

Jahwe-allein-Bewegung 114
Jansenismus 386
Jüngster Tag 408, 414, 418

Kalām-kosmologische Argumentation 97
Kappadozier, drei 313 f.
Karten-Metapher 367 f., 393
Kategorial 154–158, 280, 306 f., 389
Kirche **328–346**
— apostolisch **340 f.**, 457
— eine **340**
— heilig **340**
— katholisch **340**
know-how 44, 193
Kommerzium dreier Freiheiten 321
Kommunikative Rationalität 64, 193, 443
Komparative Theologie 383, 396, **401–404**
Kompatibilismus 222
Konfessionskunde 364
Konkupiszenz 214
Kontroverstheologie 364, 379
Konvenienz 278, 443, 454
Konzil
— von Chalcedon 300–303
— von Ephesos 298–300
— von Konstantinopel I 295–298
— von Konstantinopel II 303
— von Nicäa 292–294
— von Trient (Tridentinum) 355 f.
Krankensalbung 347
Kulturkampf 344

Latin trinitarianism 318
Leben-Jesu-Forschung 253
Lehramt der Kirche
— außerordentlich/ordentlich 342 f.
— sensus Ecclesiae/fidei/fidelium 343
Libertarismus 222
Limbus (patrum et puerorum) 387
linguistic turn 140, **181–194**, 199, 433, 436 f.
loci theologici (alieni et proprii) 45, 338
Logisches Problem des Übels 229
Logischer Positivismus 182, 187, 189
logoi spermatikoi 388
Logos-Sarx-Schema 296
Logos-Theologie 291
Lutherischer Weltbund 364, 375

malum metaphysicum 202
malum morale 202, 220, 236
malum physicum 202, 220, 228, 231, 233, 235 f.
Materialobjekt (der Theologie) 22
memoria passionis 177 f.
Menschwerdung Gottes 81, 307–309
Messias 245, 252 f., 268, 311
Metaphysik 78, **81 f.**, 115, 132, 139, **143–146, 184 f.**, 195, 218, 354, 436
Metaphysisch-kosmologische Argumentation 98
Miaphysitismus **300–303**
Modalismus 291, 295, 298
Monarchianismus 291
Monolatrie 113 f.
Monophysitismus 300, 304
Monotheismus **113–118**, 134, 249, **290–293**, 318, 321, **324**
Monotheletismus 304

Moralisierung des Leids 208, 212–217
mysterion 347
Mystischer Leib Jesu Christi 339

Nachmetaphysisches Denken 82
natural law defense 219 f., **231–234**
Neuchalcedonismus 303
Neuer Atheismus 161
Neun-Punkte-Problem 109
Neuplatonismus 115 f., 450
Neuthomismus 151
Nicäno-Konstantinopolitanum 298
Nominalismus 52–54, 81
non discutit-Problem 47
non-aliud **74–77**, 132
Noumenon 148

Ökumene **363–382**, 463
Ökumenische Bewegung 364
Ökumenischer Rat der Kirchen 366
Ökumenische Theologie 325, 364, 381
Offenbarung(sverständnis) **150–158**, 245–249
— epiphanisch 153
— instruktionstheoretisch 153
— kommunikationstheoretisch 158 f.
Omnipotenz 118 f., 125
Omnitemporalität 125 f.
Ontologie 78
Onto-Theologie 81
Opium des Volkes 165
Option für die Armen 176
Orientalisch-orthodoxe Kirchen 363
Orthodoxie 363, 378, 401
Ostererzählungen 260
othering 194
ousia **294–296**

Papst(amt) 341–344, 377 f.
- höchste Lehrautorität 341–344, 378
- oberste Jurisdiktionsgewalt 378
Pariser Lehrverurteilungen 122
Parusie 412
Parusieverzögerung 412
Patripassianismus 291
peccatum originale (Erbsünde) 51, 178, **212–217**, 277, 349, **373–375**
perfectio simpliciter 85
performance 347, 356, **360–362**
Performanz 140, 186, 361
Perichorese 321, 339
person-making-theodicy 210–212
Phaenomena 148
Phänomenologie 141, 190, 259
philosophy of mind 193
Pietismus 365
Pluralismus 118, 369, 383 f., **396–401**, 403
- potentieller Pluralismus 399
Pneumatologie 29, 311–314
Pneumatomachen **296–298**, 313
Polyjahwismus 113 f.
Polymythie 117 f.
Polytheismus 113 f., 117
postcolonial turn 194
potentia Dei absoluta et ordinata 122 f.
potentia passiva 80
Prädestinationslehre 215, 385
Prädikativer Satz 64
Präexistenz (des Logos) 289, 293
Priestertum, -weihe **376–379**
- besonderes Priestertum 376 f.
- gemeinsames Priestertum aller Getauften 376 f.
- Priesterweihe von Frauen 378
prima philosophia 139, 182, 436

primum movens, quod a nullo movetur 98
principle of charity 380
privatio boni **212 f.**, 216
Projektionsthese 162
Proportionalitäts-Analogie 72
Proportionalitätsaxiom **136 f.**
Proportions-Analogie 72
Propositionale Einstellung 35
Propositionaler Gehalt 35 f., 64, 402
Proprietäten **315 f.**
prosopon **302 f.**, 314
Protestatheismus 237
Prozessphilosophie 204
Prozesstheologie 204, 453
Purgatorium 407, 420, **422–425**, 427, 459

Qualia-Phänomen 41, 193
Quamas 214, 231
quinque viae **96–104**, 154, 450

Rationalismus 53, 143, 145, 172
Räubersynode 301
Real, the **397–400**
Realismus 192–194, 476
Realsymbol 307 f., **357 f.**, 457
Rechtfertigungslehre 370–375
reductio in mysterium 203, 242–244, 453
Reformation 370–375
refrigerium interim 408
regressus ad infinitum 97, 101
Regulatives Prinzip 149
Reine Anschauungsform 146
Reiner Verstandesbegriff 146
Relationen, innertrinitarisch 316 f., 323 f.
Religionskritik **161–179**
- extern 161

- genealogisch 161
- intern 161
- interreligiös 161

Religionstheologie 157, 325, **383–404**
religious epistemology 37
Rückkehr-Ökumene 367

sacramenta maiora et minora 348
Sakramente(ntheologie) 325, **347–362**
Salzburger Hochschulwochen 387, 476, 482, 486 f.
Samenkörner des Logos 388
Satisfaktionstheorie 269, **271–278**
satispassio 408
Satz vom zureichenden Grunde 98, 101
Schöpfung 51, 116, 127, 130 f., **133–137**, 173, 201 f., 206, 213, 219 f., 224, 236, **272–276**, 293 f., 299, 315, 320, 323, **348–350**, 407, 417, 421
scientia media 385
sensus Ecclesiae/fidei/fidelium 343
Sinn-Triadische These 182
Social trinitarianism 318
societas perfecta **337–339**
Soteriologie **269–288**
soul-making-theodicy 210–212
spatial turn 194
Spiritualisierung des Leids 208, **217–219**, 228, 291
Sprachspiele 187
Stabile Dissense 381
Stein-Paradoxon **119**, 121–124
Stoa 50, 289
Stockholm-Syndrom 172
Subordinatianismus 293
Substanzmetaphysik 204, 316

Sünde 51, 117, 178, 254 f., 258, **264 f.**, 269–287, 301, **331–336**
- peccatum originale (Erbsünde) 51, 178, **212–217**, 349, **373–375**
- Strukturen der Sünde 334

Synthetisch 143 f.
Synthetische Urteile a priori 144, 147

tabula rasa 54, 145–147
Taufe 253, 325, 337, 339, 347–350, 354, 370, 376 f., 386–388
Teilnehmerperspektive 55, 105, 222
Teleologischer Gottesbeweis 99–104
Teleologische Theodizee 213
Theodizee **201–244**
Theologie(n) **21–32**
- analytische Theologie 444, 450
- des Karsamstags **427 f.**
- der Religionen **383–404**
- interkulturelle Theologien 197
- kontextuelle Theologien 195 f.
- nachidealistisch **173–178**
- natürliche Theologie 27
- negative Theologie 73, 314
- neue politische Theologie 173–177

Theologische Erkenntnislehre 34, 44
theotokos 298, 302
Tomus Leonis ad Flavianum 301 f.
Transfinalisation, -signifikation 359
Transsubstantiation **358–360**
Transzendentale Idee 149
Transzendentale Wende **139**, **143–148**
Transzendentaler Schein 149, 158
Transzendentalpragmatik 441
Transzendenz **115 f.**, **134 f.**, 146, 154, 156, 289, 293, 308, 316, 392, 397, 408, 414
Trennungschristologie 299

Tridentinum 355 f.
Trinität(stheologie) **311–324**
 – Appropriationen und Proprietäten 315 f.
 – Relationen, heilsökonomisch und immanent 314–317
 – trinitätstheologisches Axiom Rahners **323 f.**
Turmerlebnis (Luthers) 371

Unbegreiflichkeit Gottes 70, **242–244**, **430 f.**
Unionsformel (von 432/433) 300
Universalienrealismus 52
Univozität/univoke Rede 71 f.
Unsterblichkeit der Seele 108 f., 413 f.
unum argumentum **89–96**
Unveränderlichkeit Gottes 81, 113, 125, 129, **131 f.**, **216–218**

vasa gratiae 352, 356
Vermischungschristologie 298
Vernunft **49–66**
 – instrumentelle 58
 – kommunikative 63–66, 193, 443
 – kritische 53–55
 – praktische 88, 104, 107–109, 150, 203, 239, 409
 – spekulative **50–52**
 – theoretische 88, 104, 109, 149, 203, 216
Vertretungssymbol 357
via affirmationis, eminentiae et negationis 71
Volk Gottes **337–340**, 345
Voluntarismus **51–55**, 60, 81, 122 f., 135, 139, 189, 196, 278, 287
votum explicitum 387
votum implicitum 387

Wachstumsgleichnisse 255
Weltbildüberzeugungen 38–43, 47, 402
Weltgemeinschaft Reformierter Kirchen 364
Weltrat für Christliche Erziehung 366
Wiener Kreis 182
Wittgensteinian Fideism 188, 439

Zeichen der Zeit 337 f.